CÓDIGO ELEITORAL BRASILEIRO

Lei nº 4.737, de 15 de julho de 1965

E LEGISLAÇÃO CORRELATA

Atualizado até a
Lei nº 12.891, de 11 de dezembro de 2013
MINIRREFORMA ELEITORAL

A UFIR foi extinta, sendo congelada no valor de R$ 1,0641 pelo § 3º do art. 29 da Medida Provisória nº 1.973-67, de 26.10.2000, tendo sido a nº 2.176-79, de 23.8.2001, sua última reedição e, posteriormente, convertida na Lei nº 10.522, de 19.7.2002.

O livro é a porta que se abre para a realização do homem.

Jair Lot Vieira

Supervisão Editorial
JAIR LOT VIEIRA

CÓDIGO ELEITORAL BRASILEIRO

Lei nº 4.737, de 15 de julho de 1965

E LEGISLAÇÃO CORRELATA

Atualizado até a
Lei nº 12.891, de 11 de dezembro de 2013
MINIRREFORMA ELEITORAL

TEXTO CONSOLIDADO COM REMISSÕES E REFERÊNCIAS LEGAIS

LEGISLAÇÃO COMPLEMENTAR,
ALTERADORA E CORRELATA

Partidos Políticos

Eleições

Inelegibilidade

Lei da Ficha Limpa

Responsabilidade Fiscal,
Administrativa e Criminal

Propaganda Eleitoral

Pesquisa Eleitoral

Enriquecimento Ilícito

Responsabilidade dos
Prefeitos e Vereadores

ÍNDICE ALFABÉTICO-REMISSIVO

15ª Edição revista e atualizada

edipro

CÓDIGO ELEITORAL BRASILEIRO

Lei nº 4.737, de 15 de julho de 1965

E LEGISLAÇÃO CORRELATA

Atualizado até a Lei nº 12.891, de 11 de dezembro de 2013

Supervisão Editorial: Jair Lot Vieira

15ª Edição 2014 – Revista e atualizada até o DOU e o DJ de 30.1.2014

Editores: Jair Lot Vieira e Maíra Lot Vieira Micales
Coordenação editorial: Fernanda Godoy Tarcinalli
Editoração: Alexandre Rudyard Benevides
Revisão: Equipe Edipro
Arte: Equipe Edipro

Dados Internacionais de Catalogação na Publicação (CIP)
(Câmara Brasileira do Livro, SP, Brasil)

Brasil.

Código eleitoral brasileiro : Lei nº 4.737, de 15.7.1965 – Lei dos partidos políticos : Lei nº 9.096, de 19.9.1995 – Lei das eleições : Lei nº 9.504, de 30.9.1997 – Lei das inelegibilidades : Lei Complementar nº 64, de 18.5.1990 – Legislação complementar e alteradora / supervisão editorial Jair Lot Vieira. -- 15ª ed. revista e atualizada – São Paulo : EDIPRO, 2014 (Série Legislação).

"Texto consolidado e anotado. Lei dos Partidos Políticos. Legislação complementar, alteradora e correlata. Estabelece normas para as eleições."

ISBN 978-85-7283-864-1

1. Eleições – Leis e legislação – Brasil 2. Partidos políticos – Leis e legislação – Brasil I. Vieira, Jair Lot, 1946- II. Lei dos partidos políticos.

93-3112 CDU-342.8(81)(094.4)

Índices para catálogo sistemático:
1. Brasil : Código eleitoral : CDU-342.8(81)(094.4)

EDITORA AFILIADA

edições profissionais ltda.
São Paulo: Fone (11) 3107-4788 – Fax (11) 3107-0061
Bauru: Fone (14) 3234-4121 – Fax (14) 3234-4122
www.edipro.com.br

SUMÁRIO

Nota do editor

Nesta edição apresentamos a Legislação Eleitoral de caráter geral, não constando as Resoluções, Portarias, Instruções etc. específicas para cada eleição, as quais podem ser encontradas em: ***www.tse.jus.br/legislacao/pesquisa-a-legislacao-eleitoral***

Código Eleitoral Brasileiro

LEI Nº 4.737, DE 15 DE JULHO DE 1965
ATUALIZADO ATÉ A LEI Nº 12.891, DE 11.12.2013

Institui o Código Eleitoral.

O Presidente da República,

Faço saber que sanciono a seguinte Lei, aprovada pelo Congresso Nacional, nos termos do art. 4º, *caput*, do Ato Institucional de 9 de abril de 1964.

- *Ato Institucional revogado pela CF/1988.*

Parte Primeira
INTRODUÇÃO

Art. 1º. Este Código contém normas destinadas a assegurar a organização e o exercício de direitos políticos, precipuamente os de votar e ser votado.

Parágrafo único. O Tribunal Superior Eleitoral expedirá instruções para sua fiel execução.

Art. 2º. Todo poder emana do povo e será exercido em seu nome, por mandatários escolhidos, direta e secretamente, dentre candidatos indicados por partidos políticos nacionais, ressalvada a eleição indireta nos casos previstos na Constituição e leis específicas.

- *V. arts. 1º, parágrafo único, 14 e 81, § 1º, da CF/1988.*

Art. 3º. Qualquer cidadão pode pretender investidura em cargo eletivo, respeitadas as condições constitucionais e legais de elegibilidade e incompatibilidade.

- *V. art. 14, §§ 3º, 4º, 6º a 8º, da CF/1988.*

Art. 4º. São eleitores os brasileiros maiores de 18 anos que se alistarem na forma da lei.

- *V. art. 14, § 1º, II, "c", da CF/1988.*

Art. 5º. Não podem alistar-se eleitores:

- *V. art. 14, § 2º, da CF/1988.*

I – os analfabetos;

- *Implicitamente revogado pelo art. 14, § 1º, II, "a", da CF/1988.*

II – os que não saibam exprimir-se na língua nacional;

III – os que estejam privados, temporária ou definitivamente, dos direitos políticos.

- *V. art. 15, da CF/1988.*

Parágrafo único. Os militares são alistáveis desde que oficiais, aspirantes a oficiais, guardas-marinha, subtenentes ou suboficiais, sargentos ou alunos das escolas militares de ensino superior para formação de oficiais.

- *V. art. 14, §§ 2º e 8º, da CF/1988.*

Art. 6º. O alistamento e voto são obrigatórios para os brasileiros de um e outro sexo, salvo:

- *V. art. 14, § 1º, I, da CF/1988.*

I – quanto ao alistamento:

a) os inválidos;

b) os maiores de setenta anos;

- *V. art. 14, § 1º, II, "b", da CF/1988.*

c) os que se encontrem fora do País.

II – quanto ao voto:

a) os enfermos;

b) os que se encontrem fora do seu domicílio;

c) os funcionários civis e os militares, em serviço que os impossibilite de votar.

Art. 7º. O eleitor que deixar de votar e não se justificar perante o Juiz Eleitoral até 30 (trinta) dias após a realização da eleição, incorrerá na multa de 3 (três) a 10 (dez) por cento sobre o salário mínimo da região, imposta pelo Juiz Eleitoral e cobrada na forma prevista no art. 367 desta Lei.

- *Art. 7º,* caput, *com redação dada pela Lei nº 4.961/1966.*
- *V. arts. 7º e 16 da Lei nº 6.091/1974.*

§ 1º. Sem a prova de que votou na última eleição, pagou a respectiva multa ou de que se justificou devidamente, não poderá o eleitor:

I – inscrever-se em concurso ou prova para cargo ou função pública, investir-se ou empossar-se neles;

II – receber vencimentos, remuneração, salário ou proventos de função ou emprego público, autárquico ou paraestatal, bem como fundações governamentais, empresas, institutos e sociedades de qualquer natureza, mantidas ou subvencionadas pelo Governo ou que exerçam serviço público delegado, correspondentes ao segundo mês subsequente ao da eleição;

III – participar de concorrência pública ou administrativa da União, dos Estados, dos Territórios, do Distrito Federal ou dos Municípios, ou das respectivas autarquias;

IV – obter empréstimos nas autarquias, sociedades de economia mista, caixas econômicas federais ou estaduais, nos institutos e caixas de previdência social, bem como em qualquer estabelecimento de crédito mantido pelo Governo, ou de cuja administração este participe, e com essas entidades celebrar contratos;

V – obter passaporte ou carteira de identidade;

VI – renovar matrícula em estabelecimento de ensino oficial ou fiscalizado pelo Governo;

- *Ver arts. 1º e 3º da Lei nº 6.236/1975.*

VII – praticar qualquer ato para o qual se exija quitação do serviço militar ou imposto de renda.

§ 2º. Os brasileiros natos ou naturalizados, maiores de 18 anos, salvo os excetuados nos arts. 5º e 6º, nº I, sem prova de estarem alistados, não poderão praticar os atos relacionados no parágrafo anterior.

§ 3º. Realizado o alistamento eleitoral pelo processo eletrônico de dados, será cancelada a inscrição do eleitor que não votar em 3 (três) eleições consecutivas, não pagar a multa ou não se justificar no prazo de 6 (seis) meses, a contar da data da última eleição a que deveria ter comparecido.

- *§ 3º acrescido pela Lei nº 7.663/1988.*

Art. 8º. O brasileiro nato que não se alistar até os 19 anos ou o naturalizado que não se alistar até um ano depois de adquirida a nacionalidade brasileira incorrerá na multa de 3 (três) a 10 (dez) por cento sobre o valor do salário mínimo da região, imposta pelo Juiz e cobrada no ato da inscrição eleitoral através de selo federal inutilizado no próprio requerimento.

- *Art. 8º,* caput, *com redação dada pela Lei nº 4.961/1966.*

Parágrafo único. Não se aplicará a pena ao não alistado que requerer sua inscrição eleitoral até o centésimo primeiro dia anterior à eleição subsequente à data em que completar dezenove anos.

- *Parágrafo único acrescido pela Lei nº 9.041/1995.*

Art. 9º. Os responsáveis pela inobservância do disposto nos arts. 7º e 8º incorrerão na multa de 1 (um) a 3 (três) salários mínimos vigentes na Zona Eleitoral ou de suspensão disciplinar até 30 (trinta) dias.

Art. 10. O Juiz Eleitoral fornecerá aos que não votarem por motivo justificado e aos não alistados nos termos dos arts. 5º e 6º, nº I, documento que os isente das sanções legais.

Art. 11. O eleitor que não votar e não pagar a multa, se se encontrar fora de sua Zona e necessitar de documento de quitação com a Justiça Eleitoral, poderá efetuar o pagamento perante o Juízo da Zona em que estiver.

§ 1º. A multa será cobrada no máximo previsto, salvo se o eleitor quiser aguardar que o Juiz da Zona em que se encontrar solicite informações sobre o arbitramento ao Juízo da inscrição.

§ 2º. Em qualquer das hipóteses, efetuado o pagamento através de selos federais inutilizados no próprio requerimento, o Juiz que recolheu a multa comunicará o fato ao da Zona de inscrição e fornecerá ao requerente comprovante do pagamento.

- *O art. 15 da Lei nº 5.143/1966 aboliu o imposto do selo.*

Parte Segunda
DOS ÓRGÃOS DA JUSTIÇA ELEITORAL

Art. 12. São órgãos da Justiça Eleitoral:

I – o Tribunal Superior Eleitoral, com sede na Capital da República e jurisdição em todo o País;

II – um Tribunal Regional, na Capital de cada Estado, no Distrito Federal e, mediante proposta do Tribunal Superior, na Capital de Território;

- *V. art. 120 c/c art. 33, § 3º, da CF/1988.*

III – Juntas Eleitorais;

IV – Juízes Eleitorais.

Art. 13. O número de Juízes dos Tribunais Regionais não será reduzido, mas poderá ser elevado até nove, mediante proposta do Tribunal Superior, e na forma por ele sugerida.

Art. 14. Os Juízes dos Tribunais Eleitorais, salvo motivo justificado, servirão obrigatoriamente por dois anos, e nunca por mais de dois biênios consecutivos.

§ 1º. Os biênios serão contados, ininterruptamente, sem o desconto de qualquer afastamento, nem mesmo o decorrente de licença, férias, ou licença especial, salvo no caso do § 3º.

- *§ 1º acrescido pela Lei nº 4.961/1966.*

§ 2º. Os Juízes afastados por motivo de licença, férias e licença especial, de suas funções na Justiça Comum, ficarão, automaticamente, afastados da Justiça Eleitoral pelo tempo correspondente, exceto quando, com períodos de férias coletivas, coincidir a realização de eleição, apuração ou encerramento de alistamento.

- *§ 2º acrescido pela Lei nº 4.961/1966.*

§ 3º. Da homologação da respectiva convenção partidária até a apuração final da eleição, não poderão servir como Juízes nos Tribunais Eleitorais, ou como Juiz Eleitoral, o cônjuge, parente consanguíneo legítimo ou ilegítimo, ou afim, até o segundo grau, de candidato a cargo eletivo registrado na circunscrição.

- *§ 3º acrescido pela Lei nº 4.961/1966.*

§ 4º. No caso de recondução para o segundo biênio, observar-se-ão as mesmas formalidades indispensáveis à primeira investidura.

- *§ 4º, primitivo parágrafo único, renumerado pela Lei nº 4.961/1966.*

Art. 15. Os substitutos dos membros efetivos dos Tribunais Eleitorais serão escolhidos, na mesma ocasião e pelo mesmo processo, em número igual para cada categoria.

TÍTULO I – DO TRIBUNAL SUPERIOR

Art. 16. Compõe-se o Tribunal Superior Eleitoral:

I – mediante eleição, pelo voto secreto:

a) de três Juízes, dentre os Ministros do Supremo Tribunal Federal; e

- *V. art. 119, I, "a", da CF/1988.*

b) de dois Juízes, dentre os membros do Tribunal Federal de Recursos;

- *V. art. 119, I, "b", da CF/1988.*

II – por nomeação do Presidente da República, de dois dentre seis advogados de notável saber jurídico e idoneidade moral, indicados pelo Supremo Tribunal Federal.

- *O Tribunal Federal de Recursos foi extinto pela CF/1988 e substituído pelo Superior Tribunal de Justiça.*

§ 1º. Não podem fazer parte do Tribunal Superior Eleitoral cidadãos que tenham entre si parentesco, ainda que por afinidade, até o quarto grau, seja o vínculo legítimo ou ilegítimo, excluindo-se neste caso o que tiver sido escolhido por último.

§ 2º. A nomeação de que trata o inciso II deste artigo não poderá recair em cidadão que ocupe cargo público de que seja demissível *ad nutum*; que seja diretor, proprietário ou sócio de empresa beneficiada com subvenção, privilégio, isenção ou favor em virtude de contrato com a administração pública; ou que exerça mandato de caráter político, federal, estadual ou municipal.

- *Art. 16 com redação dada pela Lei nº 7.191/1984.*

Art. 17. O Tribunal Superior Eleitoral elegerá para seu Presidente um dos Ministros do Supremo Tribunal Federal, cabendo ao outro a Vice-Presidência, e para Corregedor-Geral da Justiça Eleitoral um dos seus membros.

- *V. art. 119, parágrafo único, da CF/1988, que altera essa disposição.*

Art. 119. O Tribunal Superior Eleitoral compor-se-á, no mínimo, de sete membros, escolhidos: (...)

Parágrafo único. O Tribunal Superior Eleitoral elegerá seu Presidente e o Vice-Presidente dentre os Ministros do Supremo Tribunal Federal, e o Corregedor Eleitoral dentre os Ministros do Superior Tribunal de Justiça.

§ 1º. As atribuições do Corregedor-Geral serão fixadas pelo Tribunal Superior Eleitoral.

§ 2º. No desempenho de suas atribuições o Corregedor-Geral se locomoverá para os Estados e Territórios nos seguintes casos:

I – por determinação do Tribunal Superior Eleitoral;

II – a pedido dos Tribunais Regionais Eleitorais;

III – a requerimento de partido, deferido pelo Tribunal Superior Eleitoral;

IV – sempre que entender necessário.

§ 3º. Os provimentos emanados da Corregedoria-Geral vinculam os Corregedores Regionais, que lhes devem dar imediato e preciso cumprimento.

Art. 18. Exercerá as funções de Procurador-Geral junto ao Tribunal Superior Eleitoral, o Procurador-Geral da República, funcionando, em suas faltas e impedimentos, seu substituto legal.

Parágrafo único. O Procurador-Geral poderá designar outros membros do Ministério Público da União, com exercício no Distrito Federal, e sem prejuízo das respectivas funções, para auxiliá-lo junto ao Tribunal Superior Eleitoral, onde não poderão ter assento.

Art. 19. O Tribunal Superior delibera por maioria de votos, em sessão pública, com a presença da maioria de seus membros.

Parágrafo único. As decisões do Tribunal Superior, assim na interpretação do Código Eleitoral em face da Constituição e cassação de registro de partidos políticos, como sobre quaisquer recursos que importem anulação geral de eleições ou perda de diplomas, só poderão ser tomadas com a presença de todos os seus membros. Se ocorrer impedimento de algum Juiz, será convocado o substituto ou o respectivo suplente.

Art. 20. Perante o Tribunal Superior, qualquer interessado poderá arguir a suspeição ou impedimento dos seus membros, do Procurador-Geral ou de funcionários de sua Secretaria, nos casos previstos na lei processual civil ou penal e por motivo de parcialidade partidária, mediante o processo previsto em regimento.

Parágrafo único. Será ilegítima a suspeição quando o excipiente a provocar ou, depois de manifestada a causa, praticar ato que importe aceitação do arguido.

Art. 21. Os Tribunais e Juízes inferiores devem dar imediato cumprimento às decisões, mandados, instruções e outros atos emanados do Tribunal Superior Eleitoral.

Art. 22. Compete ao Tribunal Superior:

I – processar e julgar originariamente:

a) o registro e a cassação de registro de partidos políticos, dos seus diretórios nacionais e de candidatos à Presidência e Vice-Presidência da República;

b) os conflitos de jurisdição entre Tribunais Regionais e Juízes Eleitorais de Estados diferentes;

c) a suspeição ou impedimento aos seus membros, ao Procurador-Geral e aos funcionários da sua Secretaria;

d) os crimes eleitorais e os comuns que lhes forem conexos cometidos pelos seus próprios Juízes e pelos Juízes dos Tribunais Regionais;

e) o *habeas corpus* ou mandado de segurança, em matéria eleitoral, relativos a atos do Presidente da República, dos Ministros de Estado e dos Tribunais Regionais; ou, ainda, o *habeas corpus,* quando houver perigo de se consumar a violência antes que o Juiz competente possa prover sobre a impetração;

- *A execução da locução "mandado de segurança" foi suspensa pela Resolução nº 132/1984 do Senado Federal, por inconstitucionalidade proferida pelo Supremo Tribunal Federal.*
- *V. art. 105, I, "c", in fine, da CF/1988.*

f) as reclamações relativas a obrigações impostas por lei aos partidos políticos, quanto à sua contabilidade e à apuração da origem dos seus recursos;

g) as impugnações à apuração do resultado geral, proclamação dos eleitos e expedição de diploma na eleição de Presidente e Vice-Presidente da República;

h) os pedidos de desaforamento dos feitos não decididos nos Tribunais Regionais dentro de trinta dias da conclusão ao Relator, formulados por partido, candidato, Ministério Público ou parte legitimamente interessada;

- *Alínea "h" com redação dada pela Lei nº 4.961/1966.*

i) as reclamações contra os seus próprios Juízes que, no prazo de trinta dias a contar da conclusão, não houverem julgado os feitos a eles distribuídos;

- *Alínea "i" acrescida pela Lei nº 4.961/1966.*

j) a ação rescisória, nos casos de inelegibilidade, desde que intentada dentro do prazo de 120 (cento e vinte) dias de decisão irrecorrível, possibilitando-se o exercício do mandato eletivo até o seu trânsito em julgado.

- *Alínea "j" acrescida pela Lei Complementar nº 86/1996.*
- *A ADIn nº 1.459-5, DJ de 7.5.1999, declarou a inconstitucionalidade da expressão "possibilitando-se o exercício do mandato eletivo até o seu trânsito em julgado".*

II – julgar os recursos interpostos das decisões dos Tribunais Regionais nos termos do art. 276, inclusive os que versarem matéria administrativa.

Parágrafo único. As decisões do Tribunal Superior são irrecorríveis, salvo nos casos do art. 281.

Art. 23. Compete ainda, privativamente, ao Tribunal Superior:

I – elaborar o seu Regimento Interno;

II – organizar a sua Secretaria e a Corregedoria-Geral, propondo ao Congresso Nacional a criação ou extinção dos cargos administrativos e a fixação dos respectivos vencimentos, provendo-os na forma da lei;

III – conceder aos seus membros licença e férias, assim como afastamento do exercício dos cargos efetivos;

IV – aprovar o afastamento do exercício dos cargos efetivos dos Juízes dos Tribunais Regionais Eleitorais;

V – propor a criação de Tribunal Regional na sede de qualquer dos Territórios;

VI – propor ao Poder Legislativo o aumento do número dos Juízes de qualquer Tribunal Eleitoral, indicando a forma desse aumento;

VII – fixar as datas para as eleições de Presidente e Vice-Presidente da República, Senadores e Deputados Federais, quando não o tiverem sido por lei;

VIII – aprovar a divisão dos Estados em Zonas Eleitorais ou a criação de novas Zonas;

IX – expedir as instruções que julgar convenientes à execução deste Código;

X – fixar a diária do Corregedor-Geral, dos Corregedores Regionais e auxiliares em diligência fora da sede;

XI – enviar ao Presidente da República a lista tríplice organizada pelos Tribunais de Justiça, nos termos do art. 25;

- *Os §§ do art. 25 que tratavam do processamento da lista tríplice pelo TSE, foram suprimidos pela Lei nº 7.191/1984.*

XII – responder, sobre matéria eleitoral, às consultas que lhe forem feitas em tese por autoridade com jurisdição federal ou órgão nacional de partido político;

XIII – autorizar a contagem dos votos pelas Mesas Receptoras nos Estados em que essa providência for solicitada pelo Tribunal Regional respectivo;

XIV – requisitar força federal necessária ao cumprimento da lei, de suas próprias decisões ou das decisões dos Tribunais Regionais que o solicitarem, e para garantir a votação e a apuração;

- *Inciso XIV com redação dada pela Lei nº 4.961/1966.*

XV – organizar e divulgar a Súmula de sua jurisprudência;

XVI – requisitar funcionários da União e do Distrito Federal quando o exigir o acúmulo ocasional do serviço de sua Secretaria;

XVII – publicar um boletim eleitoral;

XVIII – tomar quaisquer outras providências que julgar convenientes à execução da legislação eleitoral.

Art. 24. Compete ao Procurador-Geral, como chefe do Ministério Público Eleitoral:

I – assistir às sessões do Tribunal Superior e tomar parte nas discussões;

II – exercer a ação pública e promovê-la até final, em todos os feitos de competência originária do Tribunal;

III – oficiar em todos os recursos encaminhados ao Tribunal;

IV – manifestar-se, por escrito ou oralmente, em todos os assuntos submetidos à deliberação do Tribunal, quando solicitada sua audiência por qualquer dos Juízes, ou por iniciativa sua, se entender necessário;

V – defender a jurisdição do Tribunal;

VI – representar ao Tribunal sobre a fiel observância das leis eleitorais, especialmente quanto à sua aplicação uniforme em todo o País;

VII – requisitar diligências, certidões e esclarecimentos necessários ao desempenho de suas atribuições;

VIII – expedir instruções aos órgãos do Ministério Público junto aos Tribunais Regionais;

IX – acompanhar, quando solicitado, o Corregedor-Geral, pessoalmente ou por intermédio de Procurador que designe, nas diligências a serem realizadas.

TÍTULO II – DOS TRIBUNAIS REGIONAIS

Art. 25. Os Tribunais Regionais Eleitorais compor-se-ão:

- *Art. 25,* caput, *com redação dada pela Lei nº 7.191/1984.*

I – mediante eleição, pelo voto secreto:

- *Inciso I,* caput, *com redação dada pela Lei nº 7.191/1984.*

a) de dois Juízes, dentre os Desembargadores do Tribunal de Justiça; e

- *Alínea "a" com redação dada pela Lei nº 7.191/1984.*

b) de dois Juízes de Direito, escolhidos pelo Tribunal de Justiça;

- *Alínea "b" com redação dada pela Lei nº 7.191/1984.*

II – do Juiz Federal e, havendo mais de um, do que for escolhido pelo Tribunal Federal de Recursos; e

- *Inciso II com redação dada pela Lei nº 7.191/1984.*
- *V. art. 120, II, da CF/1988.*

III – por nomeação do Presidente da República de dois dentre seis cidadãos de notável saber jurídico e idoneidade moral, indicados pelo Tribunal de Justiça.

- *Inciso III com redação dada pela Lei nº 7.191/1984.*
- *V. art. 120, III, da CF/1988.*

§ 1º. A lista tríplice organizada pelo Tribunal de Justiça será enviada ao Tribunal Superior Eleitoral.

- *Ver Resolução TSE nº 21.461/2003.*

§ 2º. A lista não poderá conter nome de Magistrado aposentado ou de membro do Ministério Público.

- *§ 2º com redação pela Lei nº 4.961/1966.*
- *Ac.-STF, de 15.12.99, no RMS nº 23.123: este dispositivo foi recepcionado pela Constituição e não foi revogado pela Lei nº 7.191/1994.*

§ 3º. Recebidas as indicações o Tribunal Superior divulgará a lista através de edital, podendo os partidos, no prazo de cinco dias, impugná-la com fundamento em incompatibilidade.

§ 4º. Se a impugnação for julgada procedente quanto a qualquer dos indicados, a lista será devolvida ao Tribunal de origem para complementação.

§ 5º. Não havendo impugnação, ou desprezada esta, o Tribunal Superior encaminhará a lista ao Poder Executivo para a nomeação.

§ 6º. Não podem fazer parte do Tribunal Regional pessoas que tenham entre si parentesco, ainda que por afinidade, até o 4º grau, seja o vínculo legítimo ou ilegítimo, excluindo-se neste caso a que tiver sido escolhida por último.

- *§ 6º, primitivo § 8º, renumerado pelo Decreto-Lei nº 441/1969.*

§ 7º. A nomeação de que trata o nº II deste artigo não poderá recair em cidadão que tenha qualquer das incompatibilidades mencionadas no art. 16, § 4º.

- *§ 7º, primitivo § 9º, renumerado pelo Decreto-Lei nº 441/1969.*
- *A remissão ao § 4º do art. 16 deste código refere-se a sua redação original. Com redação dada pela Lei nº 7.191/1984, a matéria contida no § 4º do art. 16 passou a ser tratada no § 2º.*
- *O Decreto-Lei nº 441/1969, revogou os §§ 6º e 7º do art. 25, passando os §§ 8º e 9º a constituir, respectivamente, os §§ 6º e 7º.*
- *A Lei nº 7.191/1984, ao alterar o art. 25, não fez nenhuma referência aos parágrafos constantes do artigo modificado. Segundo decisões do TSE (Resoluções TSE nºs 12.391/1985 e 18.318/1992, e Ac.-TSE nº 12.641/96) e do STF (Ac.-STF, de 15.12.1999, no RMS nº 23.123), os referidos parágrafos não foram revogados pela lei citada.*

Art. 26. O Presidente e o Vice-Presidente do Tribunal Regional serão eleitos por este dentre os três Desembargadores do Tribunal de Justiça; o terceiro Desembargador será o Corregedor Regional da Justiça Eleitoral.

- *V. art. 120, § 2º, da CF/1988.*

§ 1º. As atribuições do Corregedor Regional serão fixadas pelo Tribunal Superior Eleitoral e, em caráter supletivo ou complementar, pelo Tribunal Regional Eleitoral perante o qual servir.

§ 2º. No desempenho de suas atribuições, o Corregedor Regional se locomoverá para as Zonas Eleitorais nos seguintes casos:

I – por determinação do Tribunal Superior Eleitoral ou do Tribunal Regional Eleitoral;

II – a pedido dos Juízes Eleitorais;

III – a requerimento de partido, deferido pelo Tribunal Regional;

IV – sempre que entender necessário.

Art. 27. Servirá como Procurador Regional junto a cada Tribunal Regional Eleitoral o Procurador da República no respectivo Estado e, onde houver mais de um, aquele que for designado pelo Procurador-Geral da República.

§ 1º. No Distrito Federal, serão as funções de Procurador Regional Eleitoral exercidas pelo Procurador-Geral da Justiça do Distrito Federal.

§ 2º. Substituirá o Procurador Regional em, suas faltas ou impedimentos, o seu substituto legal.

§ 3º. Compete aos Procuradores Regionais exercer, perante os Tribunais junto aos quais servirem, as atribuições do Procurador-Geral.

§ 4º. Mediante prévia autorização do Procurador-Geral, poderão os Procuradores Regionais requisitar, para auxiliá-los nas suas funções, membros do Ministério Público local, não tendo estes, porém, assento nas sessões do Tribunal.

Art. 28. Os Tribunais Regionais deliberam por maioria de votos, em sessão pública, com a presença da maioria de seus membros.

§ 1º. No caso de impedimento e não existindo *quorum*, será o membro do Tribunal substituído por outro da mesma categoria, designado na forma prevista na Constituição.

§ 2º. Perante o Tribunal Regional, e com recurso voluntário para o Tribunal Superior, qualquer interessado poderá arguir a suspeição dos seus membros, do Procurador Regional, ou de funcionários da sua Secretaria, assim como dos Juízes e Escrivães Eleitorais, nos casos previstos na lei processual civil e por motivo de parcialidade partidária, mediante o processo previsto em Regimento.

§ 3º. No caso previsto no parágrafo anterior, será observado o disposto no parágrafo único do art. 20.

- *§ 3º acrescido pela Lei nº 4.961/1966.*

Art. 29. Compete aos Tribunais Regionais:

I – processar e julgar originariamente:

a) o registro e o cancelamento do registro dos diretórios estaduais e municipais de partidos políticos, bem como de candidatos a Governador, Vice-Governador, e membros do Congresso Nacional e das Assembleias Legislativas;

b) os conflitos de jurisdição entre Juízes Eleitorais do respectivo Estado;

c) a suspeição ou impedimentos aos seus membros, ao Procurador Regional e aos funcionários da sua Secretaria, assim como aos Juízes e Escrivães Eleitorais;

d) os crimes eleitorais cometidos pelos Juízes Eleitorais;

e) o *habeas corpus* ou mandado de segurança, em matéria eleitoral, contra ato de autoridades que respondam perante os Tribunais de Justiça por crime de responsabilidade e, em grau de recurso, os denegados ou concedidos pelos Juízes Eleitorais; ou, ainda, o *habeas corpus* quando houver perigo de se consumar a violência antes que o Juiz competente possa prover sobre a impetração;

f) as reclamações relativas a obrigações impostas por lei aos partidos políticos, quanto à sua contabilidade e à apuração da origem dos seus recursos;

g) os pedidos de desaforamento dos feitos não decididos pelos Juízes Eleitorais em trinta dias da sua conclusão para julgamentos, formulados por partido, candidato, Ministério Público ou parte legitimamente interessada, sem prejuízo das sanções decorrentes do excesso de prazo.

• *Alínea "g" com redação dada pela Lei nº 4.961/1966.*

II – julgar os recursos interpostos:

a) dos atos e das decisões proferidas pelos Juízes e Juntas Eleitorais;

b) das decisões dos Juízes Eleitorais que concederem ou denegarem *habeas corpus* ou mandado de segurança.

Parágrafo único. As decisões dos Tribunais Regionais são irrecorríveis, salvo nos casos do art. 276.

Art. 30. Compete, ainda, privativamente, aos Tribunais Regionais:

I – elaborar o seu Regimento Interno;

II – organizar a sua Secretaria e a Corregedoria Regional, provendo-lhes os cargos na forma da lei, e propor ao Congresso Nacional, por intermédio do Tribunal Superior, a criação ou supressão de cargos e a fixação dos respectivos vencimentos;

III – conceder aos seus membros e aos Juízes Eleitorais licença e férias, assim como afastamento do exercício dos cargos efetivos, submetendo, quanto àqueles, a decisão à aprovação do Tribunal Superior Eleitoral;

IV – fixar a data das eleições de Governador e Vice-Governador, Deputados Estaduais, Prefeitos, Vice-Prefeitos, Vereadores e Juízes de Paz, quando não determinada por disposição constitucional ou legal;

V – constituir as Juntas Eleitorais e designar a respectiva sede e jurisdição;

VI – indicar ao Tribunal Superior as Zonas Eleitorais ou Seções em que a contagem dos votos deva ser feita pela Mesa Receptora;

VII – apurar, com os resultados parciais enviados pelas Juntas Eleitorais, os resultados finais das eleições de Governador e Vice-Governador, de membros do Congresso Nacional e expedir os respectivos diplomas, remetendo dentro do prazo de 10 (dez) dias após a diplomação, ao Tribunal Superior, cópia das atas de seus trabalhos;

VIII – responder, sobre matéria eleitoral, às consultas que lhe forem feitas, em tese, por autoridade pública ou partido político;

IX – dividir a respectiva circunscrição em Zonas Eleitorais, submetendo essa divisão, assim como a criação de novas Zonas, à aprovação do Tribunal Superior;

X – aprovar a designação do Ofício de Justiça que deva responder pela Escrivania Eleitoral durante o biênio;

XI – (revogado);

• *Inciso XI revogado pela Lei nº 8.868/1994.*

XII – requisitar a força necessária ao cumprimento de suas decisões e solicitar ao Tribunal Superior a requisição de força federal;

XIII – autorizar, no Distrito Federal e nas capitais dos Estados, ao seu Presidente e, no interior, aos Juízes Eleitorais, a requisição de funcionários federais, estaduais ou municipais para auxiliarem os escrivães eleitorais, quando o exigir o acúmulo ocasional do serviço;

XIV – requisitar funcionários da União e, ainda, no Distrito Federal e em cada Estado ou Território, funcionários dos respectivos quadros administrativos, no caso de acúmulo ocasional de serviço de suas Secretarias;

XV – aplicar as penas disciplinares de advertência e de suspensão até 30 (trinta) dias aos Juízes Eleitorais;

XVI – cumprir e fazer cumprir as decisões e instruções do Tribunal Superior;

XVII – determinar, em caso de urgência, providências para a execução da lei na respectiva circunscrição;

XVIII – organizar o fichário dos eleitores do Estado;

XIX – suprimir os mapas parciais de apuração, mandando utilizar apenas os boletins e os mapas totalizadores, desde que o menor número de candidatos às eleições proporcionais justifique a supressão, observadas as seguintes normas:

a) qualquer candidato ou partido poderá requerer ao Tribunal Regional que suprima a exigência dos mapas parciais de apuração;

b) da decisão do Tribunal Regional, qualquer candidato ou partido político poderá, no prazo de 3 (três) dias, recorrer para o Tribunal Superior, que decidirá em 5 (cinco) dias;

c) a supressão dos mapas parciais de apuração só será admitida até seis meses antes da data da eleição;

d) os boletins e mapas de apuração serão impressos pelos Tribunais Regionais, depois de aprovados pelo Tribunal Superior;

e) o Tribunal Regional ouvirá os partidos na elaboração dos modelos dos boletins e mapas de apuração a fim de que estes atendam às peculiaridades locais, encaminhando os modelos que aprovar, acompanhados das sugestões ou impugnações formuladas pelos partidos, à decisão do Tribunal Superior.

- *Inciso XIX acrescido pela Lei nº 4.961/1966.*

Art. 31. Faltando num Território o Tribunal Regional, ficará a respectiva circunscrição eleitoral sob a jurisdição do Tribunal Regional que o Tribunal Superior designar.

TÍTULO III – DOS JUÍZES ELEITORAIS

Art. 32. Cabe a jurisdição de cada uma das Zonas Eleitorais a um Juiz de Direito em efetivo exercício e, na falta deste, ao seu substituto legal que goze das prerrogativas do art. 95 da Constituição.

- *Refere-se à Carta Magna de 1946, correspondendo ao art. 95, da CF/1988.*

Parágrafo único. Onde houver mais de uma vara, o Tribunal Regional designará aquela ou aquelas a que incumbe o serviço eleitoral.

Art. 33. Nas Zonas Eleitorais onde houver mais de uma serventia de justiça, o Juiz indicará ao Tribunal Regional a que deve ter o anexo da escrivania eleitoral pelo prazo de dois anos.

§ 1º. Não poderá servir como escrivão eleitoral, sob pena de demissão, o membro de diretório de partido político, nem o candidato a cargo eletivo, seu cônjuge e parente consanguíneo ou afim até o segundo grau.

§ 2º. O escrivão eleitoral, em suas faltas e impedimentos, será substituído na forma prevista pela lei de organização judiciária local.

Art. 34. Os Juízes despacharão todos os dias na sede da sua Zona Eleitoral.

Art. 35. Compete aos Juízes:

I – cumprir e fazer cumprir as decisões e determinações do Tribunal Superior e do Regional;

II – processar e julgar os crimes eleitorais e os comuns que lhe forem conexos, ressalvada a competência originária do Tribunal Superior e dos Tribunais Regionais;

III – decidir *habeas corpus* e mandado de segurança, em matéria eleitoral, desde que essa competência não esteja atribuída privativamente à instância superior;

IV – fazer as diligências que julgar necessárias à ordem e presteza do serviço eleitoral;

V – tomar conhecimento das reclamações que lhe forem feitas verbalmente ou por escrito, reduzindo-as a termo, e determinando as providências que cada caso exigir;

VI – indicar para aprovação do Tribunal Regional, a Serventia de Justiça que deve ter o anexo da escrivania eleitoral;

VII – (revogado);

- *Inciso VII revogado pela Lei nº 8.868/1994.*

VIII – dirigir os processos eleitorais e determinar a inscrição e a exclusão de eleitores;

IX – expedir títulos eleitorais e conceder transferência de eleitor;

X – dividir a Zona em Seções Eleitorais;

XI – mandar organizar, em ordem alfabética, relação dos eleitores de cada Seção, para remessa à Mesa Receptora, juntamente com a pasta das folhas individuais de votação;

XII – ordenar o registro e cassação do registro dos candidatos aos cargos eletivos municipais e comunicá-los ao Tribunal Regional;

XIII – designar, até 60 (sessenta) dias antes das eleições, os locais das Seções;

XIV – nomear, 60 (sessenta) dias antes da eleição, em audiência pública anunciada com pelo menos 5 (cinco) dias de antecedência, os membros das Mesas Receptoras;

XV – instruir os membros das Mesas Receptoras sobre as suas funções;

XVI – providenciar para a solução das ocorrências que se verificarem nas Mesas Receptoras;

XVII – tomar todas as providências ao seu alcance para evitar os atos viciosos das eleições;

XVIII – fornecer aos que não votaram por motivo justificado e aos não alistados, por dispensados do alistamento, um certificado que os isente das sanções legais;

XIX – comunicar, até às 12 horas do dia seguinte à realização da eleição, ao Tribunal Regional e aos delegados de partidos credenciados, o número de eleitores que votaram em cada uma das Seções da Zona sob sua jurisdição, bem como o total de votantes da Zona.

TÍTULO IV – DAS JUNTAS ELEITORAIS

Art. 36. Compor-se-ão as juntas eleitorais de um Juiz de Direito, que será o Presidente, e de 2 (dois) ou 4 (quatro) cidadãos de notória idoneidade.

§ 1º. Os membros das Juntas Eleitorais serão nomeados 60 (sessenta) dias antes da eleição, depois de aprovação do Tribunal Regional, pelo Presidente deste, a quem cumpre também designar-lhes a sede.

§ 2º. Até 10 (dez) dias antes da nomeação, os nomes das pessoas indicadas para compor as Juntas serão publicados no órgão oficial do Estado, podendo qualquer partido, no prazo de 3 (três) dias, em petição fundamentada, impugnar as indicações.

§ 3º. Não podem ser nomeados membros das Juntas, escrutinadores ou auxiliares:

- *V. art. 64 da Lei nº 9.504/1997.*

I – os candidatos e seus parentes, ainda que por afinidade, até o segundo grau, inclusive, e bem assim o cônjuge;

II – os membros de diretórios de partidos políticos devidamente registrados e cujos nomes tenham sido oficialmente publicados;

III – as autoridades e agentes policiais, bem como os funcionários no desempenho de cargos de confiança do Executivo;

IV – os que pertencerem ao serviço eleitoral.

Art. 37. Poderão ser organizadas tantas Juntas quantas permitir o número de Juízes de Direito que gozem das garantias do art. 95 da Constituição, mesmo que não sejam Juízes Eleitorais.

- *Refere-se à Carta de 1946, correspondendo ao art. 95, da CF/1988.*

Parágrafo único. Nas Zonas em que houver de ser organizada mais de uma Junta, ou quando estiver vago o cargo de Juiz Eleitoral ou estiver este impedido, o Presidente do Tribunal Regional, com a aprovação deste, designará Juízes de Direito da mesma ou de outras comarcas para presidirem as Juntas Eleitorais.

Art. 38. Ao Presidente da Junta é facultado nomear, dentre cidadãos de notória idoneidade, escrutinadores e auxiliares em número capaz de atender à boa marcha dos trabalhos.

§ 1º. É obrigatória essa nomeação sempre que houver mais de dez urnas a apurar.

§ 2º. Na hipótese do desdobramento da Junta em Turmas, o respectivo Presidente nomeará um escrutinador para servir como Secretário em cada Turma.

§ 3º. Além dos Secretários a que se refere o parágrafo anterior, será designado pelo Presidente da Junta um escrutinador para Secretário-Geral, competindo-lhe:

I – lavrar as atas;

II – tomar por termo ou protocolar os recursos, neles funcionando como escrivão;

III – totalizar os votos apurados.

Art. 39. Até 30 (trinta) dias antes da eleição, o Presidente da Junta comunicará ao Presidente do Tribunal Regional as nomeações que houver feito e divulgará a composição do órgão por edital publicado ou afixado, podendo qualquer partido oferecer impugnação motivada, no prazo de 3 (três) dias.

Art. 40. Compete à Junta Eleitoral:

I – apurar, no prazo de 10 (dez) dias, as eleições realizadas nas Zonas Eleitorais sob a sua jurisdição;

II – resolver as impugnações e demais incidentes verificados durante os trabalhos da contagem e da apuração;

III – expedir os boletins de apuração mencionados no art. 179;

IV – expedir diploma aos eleitos para cargos municipais.

Parágrafo único. Nos Municípios onde houver mais de uma Junta Eleitoral, a expedição dos diplomas será feita pela que for presidida pelo Juiz Eleitoral mais antigo, à qual as demais enviarão os documentos da eleição.

Art. 41. Nas Zonas Eleitorais em que for autorizada a contagem prévia dos votos pelas Mesas Receptoras, compete à Junta Eleitoral tomar as providências mencionadas no art. 195.

PARTE TERCEIRA
DO ALISTAMENTO

- *V. Lei nº 6.996/1982, que dispõe sobre a utilização de processamento eletrônico de dados nos serviços eleitorais e dá outras providências.*
- *V. Lei nº 7.444/1985, que dispõe sobre a implantação do processamento eletrônico de dados no alistamento eleitoral e a revisão do eleitorado e dá outras providências.*

TÍTULO I – DA QUALIFICAÇÃO E INSCRIÇÃO

Art. 42. O alistamento se faz mediante a qualificação e inscrição do eleitor.

Parágrafo único. Para o efeito da inscrição, é domicílio eleitoral o lugar de residência ou moradia do requerente, e, verificado ter o alistando mais de uma, considerar-se-á domicílio qualquer delas.

Art. 43. O alistando apresentará em cartório ou local previamente designado, requerimento em fórmula que obedecerá ao modelo aprovado pelo Tribunal Superior.

Art. 44. O requerimento, acompanhado de 3 (três) retratos, será instruído com um dos seguintes documentos, que não poderão ser supridos mediante justificação:

I – carteira de identidade expedida pelo órgão competente do Distrito Federal ou dos Estados;

II – certificado de quitação do serviço militar;

III – certidão de idade extraída do Registro Civil;

IV – instrumento público do qual se infira, por direito, ter o requerente idade superior a dezoito anos e do qual conste, também, os demais elementos necessários à sua qualificação;

V – documento do qual se infira a nacionalidade brasileira, originária ou adquirida, do requerente.

Parágrafo único. Será devolvido o requerimento que não contenha os dados constantes do modelo oficial, na mesma ordem, em caracteres inequívocos.

Art. 45. O escrivão, o funcionário ou o preparador, recebendo a fórmula e documentos, determinará que o alistando date e assine a petição e, em ato contínuo, atestará terem sido a data e a assinatura lançadas na sua presença; em seguida, tomará a assinatura do requerente na folha individual de votação e nas duas vias do título eleitoral, dando recibo da petição e do documento.

- *V. art. 18 da Lei nº 7.332/1985.*

§ 1º. O requerimento será submetido ao despacho do Juiz nas 48 (quarenta e oito) horas seguintes.

§ 2º. Poderá o Juiz, se tiver dúvida quanto à identidade do requerente ou sobre qualquer outro requisito para o alistamento, converter o julgamento em diligência para que o alistando esclareça ou complete a prova ou, se for necessário, compareça pessoalmente à sua presença.

§ 3º. Se se tratar de qualquer omissão ou irregularidade que possa ser sanada, fixará o Juiz, para isso, prazo razoável.

§ 4º. Deferido o pedido, no prazo de cinco dias, o título e o documento que instruiu o pedido serão entregues pelo Juiz, escrivão, funcionário ou preparador. A entrega far-se-á ao próprio eleitor, mediante recibo, ou a quem o eleitor autorizar por escrito o recebimento, cancelando-se o título cuja assinatura não for idêntica à do requerimento de inscrição e à do recibo.

O recibo será obrigatoriamente anexado ao processo eleitoral, incorrendo o Juiz, que não o fizer, na multa de 1 (um) a 5 (cinco) salários mínimos regionais, na qual incorrerão ainda o escrivão, funcionário ou preparador, se responsáveis, bem como qualquer deles, se entregarem ao eleitor o título cuja assinatura não for idêntica do requerimento de inscrição e à do recibo ou o fizerem a pessoa não autorizada por escrito.

- *§ 4º com redação dada pela Lei nº 4.961/1966.*
- *V. art. 18 da Lei nº 7.332/1985.*

§ 5º. A restituição de qualquer documento não poderá ser feita antes de despachado o pedido de alistamento pelo Juiz Eleitoral.

§ 6º. Quinzenalmente, o Juiz Eleitoral fará publicar pela imprensa, onde houver, ou por editais, a lista dos pedidos de inscrição, mencionando os deferidos, os indeferidos e os convertidos em diligência, contando-se dessa publicação o prazo para os recursos a que se refere o parágrafo seguinte.

§ 7º. Do despacho que indeferir o requerimento de inscrição caberá recurso interposto pelo alistando, e o do que o deferir poderá recorrer qualquer delegado de partido.

§ 8º. Os recursos referidos no parágrafo anterior serão julgados pelo Tribunal Regional Eleitoral dentro de 5 (cinco) dias.

§ 9º. Findo esse prazo, sem que o alistando se manifeste, ou logo que seja desprovido o recurso em instância superior, o Juiz inutilizará a folha individual de votação assinada pelo requerente, a qual ficará fazendo parte integrante do processo e não poderá, em qualquer tempo, ser substituída, nem dele retirada, sob pena de incorrer o responsável nas sanções previstas no art. 293.

§ 10. No caso de indeferimento do pedido, o Cartório devolverá ao requerente, mediante recibo, as fotografias e o documento com que houver instruído o seu requerimento.

§ 11. O título eleitoral e a folha individual de votação somente serão assinados pelo Juiz Eleitoral depois de preenchidos pelo cartório e de deferido o pedido, sob as penas do art. 293.

- *§ 11 com redação dada pela Lei nº 4.961/1966.*

§ 12. É obrigatória a remessa ao Tribunal Regional da ficha do eleitor, após a expedição do seu título.

- *§ 12 acrescido pela Lei nº 4.961/1966.*

Art. 46. As folhas individuais de votação e os títulos serão confeccionados de acordo com o modelo aprovado pelo Tribunal Superior Eleitoral.

§ 1º. Da folha individual de votação e do título eleitoral constará a indicação da Seção em que o eleitor tiver sido inscrito, a qual será localizada dentro do distrito judiciário ou administrativo de sua residência e o mais próximo dela, considerados a distância e os meios de transporte.

§ 2º. As folhas individuais de votação serão conservadas em pastas, uma para cada Seção Eleitoral; remetidas, por ocasião das eleições, às Mesas Receptoras serão por estas encaminhadas com a urna e os demais documentos da eleição às Juntas Eleitorais, que as devolverão, findos os trabalhos da apuração, ao respectivo cartório, onde ficarão guardadas.

§ 3º. O eleitor ficará vinculado permanentemente à Seção Eleitoral indicada no seu título, salvo:

I – se se transferir de Zona ou Município, hipótese em que deverá requerer transferência;

II – se, até 100 (cem) dias antes da eleição, provar, perante o Juiz Eleitoral, que mudou de residência dentro do mesmo Município, de um Distrito para outro ou para lugar muito distante da Seção em que se acha inscrito, caso em que serão feitas na folha de votação e no título eleitoral, para esse fim exibido, as alterações correspondentes, devidamente autenticadas pela autoridade judiciária.

§ 4º. O eleitor poderá, a qualquer tempo, requerer ao Juiz Eleitoral a retificação de seu título eleitoral ou de sua folha individual de votação, quando neles constar erro evidente, ou indicação de Seção diferente daquela a que devesse corresponder a residência indicada no pedido de inscrição ou transferência.

- *§ 4º acrescido pela Lei nº 4.961/1966.*

§ 5º. O título eleitoral servirá de prova de que o eleitor está inscrito na Seção em que deve votar. E, uma vez datado e assinado pelo Presidente da Mesa Receptora, servirá, também, de prova de haver o eleitor votado.

- *§ 5º, primitivo § 4º, renumerado pela Lei nº 4.961/ 1966.*

Art. 47. As certidões de nascimento ou casamento, quando destinadas ao alistamento eleitoral, serão fornecidas gratuitamente, segundo a ordem dos pedidos apresentados em cartório pelos alistandos ou delegados de partido.

§ 1º. Os Cartórios de Registro Civil farão ainda, gratuitamente, o registro de nascimento, visando ao fornecimento de certidão aos alistandos, desde que provem carência de recursos, ou aos delegados de partido, para fins eleitorais.

- *§ 1º acrescido pela Lei nº 6.018/1974, com a consequente renumeração dos antigos §§ 1º ao 3º.*

§ 2º. Em cada Cartório de Registro Civil haverá um livro especial, aberto e rubricado pelo Juiz Eleitoral, onde o cidadão ou o delegado de partido deixará expresso o pedido de certidão para fins eleitorais, datando-o.

- *§ 2º acrescido, primitivamente como § 1º, pela Lei nº 4.961/1966 e renumerado pela Lei nº 6.018/1974.*

§ 3º. O escrivão, dentro de quinze dias da data do pedido, concederá a certidão, ou justificará, perante o Juiz Eleitoral, por que deixa de fazê-lo.

- *§ 3º acrescido, primitivamente como § 2º, pela Lei nº 4.961/1966 e renumerado pela Lei nº 6.018/1974.*

§ 4º. A infração ao disposto neste artigo sujeitará o escrivão às penas do art. 293.

- *§ 4º acrescido, primitivamente como § 3º, pela Lei nº 4.961/1966 e renumerado pela Lei nº 6.018/1974.*

Art. 48. O empregado, mediante comunicação com 48 (quarenta e oito) horas de antecedência, poderá deixar de comparecer ao serviço, sem prejuízo do salário e por tempo não excedente a 2 (dois) dias, para o fim de se alistar eleitor ou requerer transferência.

Art. 49. Os cegos alfabetizados pelo sistema "Braille", que reunirem as demais condições de alistamento, podem qualificar-se mediante o preenchimento da fórmula impressa e a aposição do nome com as letras do referido alfabeto.

§ 1º. De forma idêntica serão assinadas a folha individual de votação e as vias do título.

§ 2º. Esses atos serão feitos na presença também de funcionários de estabelecimento especializado de amparo e proteção de cegos, conhecedor do sistema "Braille", que subscreverá, com o Escrivão ou funcionário designado, a seguinte declaração, a ser lançada no modelo de requerimento: *"Atestamos que a presente fórmula, bem como a folha individual de votação e vias do título foram subscritas pelo próprio, em nossa presença"*.

Art. 50. O Juiz Eleitoral providenciará para que se proceda ao alistamento nas próprias sedes dos estabelecimentos de proteção aos cegos, marcando previamente dia e hora para tal fim, podendo se inscrever na Zona Eleitoral correspondente todos os cegos do Município.

§ 1º. Os eleitores inscritos em tais condições deverão ser localizados em uma mesma Seção da respectiva Zona.

§ 2º. Se, no alistamento realizado pela forma prevista nos artigos anteriores, o número de eleitores não alcançar o mínimo exigido, este se completará com a inclusão de outros, ainda que não sejam cegos.

Art. 51. (Revogado).

- *Art. 51 revogado pela Lei nº 7.914/1989.*

Capítulo I – Da Segunda Via

Art. 52. No caso de perda ou extravio de seu título, requererá o eleitor ao Juiz do seu domicílio eleitoral, até 10 (dez) dias antes da eleição, que lhe expeça segunda via.

§ 1º. O pedido de segunda via será apresentado em Cartório, pessoalmente, pelo eleitor, instruído o requerimento, no caso de inutilização ou dilaceração, com a primeira via do título.

§ 2º. No caso de perda ou extravio do título, o Juiz, após receber o requerimento de segunda via, fará publicar, pelo prazo de 5 (cinco) dias, pela imprensa, onde houver, ou por editais, a notícia do extravio ou perda e do requerimento de segunda via, deferindo o pedido, findo este prazo, se não houver impugnação.

Art. 53. Se o eleitor estiver fora do seu domicílio eleitoral, poderá requerer a segunda via ao Juiz da Zona em que se encontrar, esclarecendo se vai recebê-la na sua Zona ou na em que requereu.

§ 1º. O requerimento, acompanhado de um novo título assinado pelo eleitor na presença do escrivão ou de funcionário designado e de uma fotografia, será encaminhado ao Juiz da Zona do eleitor.

§ 2º. Antes de processar o pedido, na forma prevista no artigo anterior, o Juiz determinará que se confira a assinatura constante do novo título com a da folha individual de votação ou do requerimento de inscrição.

§ 3º. Deferido o pedido, o título será enviado ao Juiz da Zona que remeteu o requerimento, caso o eleitor haja solicitado essa providência, ou ficará em cartório aguardando que o interessado o procure.

§ 4º. O pedido de segunda via formulado nos termos deste artigo só poderá ser recebido até 60 (sessenta) dias antes do pleito.

Art. 54. O requerimento de segunda via, em qualquer das hipóteses, deverá ser assinado sobre selos federais, correspondentes a 2% (dois por cento) do salário mínimo da Zona Eleitoral de inscrição.

Parágrafo único. Somente será expedida segunda via ao eleitor que estiver quite com a Justiça Eleitoral, exigindo-se, para o que foi multado e ainda não liquidou a dívida, o prévio pagamento, através de selo federal inutilizado nos autos.

- *O art. 15 da Lei nº 5.143/1966 extinguiu o imposto do selo.*

Capítulo II – Da Transferência

Art. 55. Em caso de mudança de domicílio, cabe ao eleitor requerer ao Juiz do novo domicílio sua transferência, juntando o título anterior.

§ 1º. A transferência só será admitida satisfeitas as seguintes exigências:

I – entrada do requerimento no cartório eleitoral do novo domicílio até 100 (cem) dias antes da data da eleição;

II – transcorrência de pelo menos 1 (um) ano da inscrição primitiva;

III – residência mínima de 3 (três) meses no novo domicílio, atestada pela autoridade policial ou provada por outros meios convincentes.

- *V. art. 8º da Lei nº 6.996/1982.*

§ 2º. O disposto nos nºs II e III do parágrafo anterior não se aplica quando se tratar de transferência de título eleitoral de servidor público civil, militar, autárquico, ou de membro de sua família, por motivo de remoção ou transferência.

- *§ 2º com redação dada pela Lei nº 4.961/1966.*

Art. 56. No caso de perda ou extravio do título anterior, declarado esse fato na petição de transferência, o Juiz do novo domicílio, como ato preliminar, requisitará, por telegrama, a confirmação do alegado à Zona Eleitoral onde o requerente se achava inscrito.

§ 1º. O Juiz do antigo domicílio, no prazo de 5 (cinco) dias, responderá por ofício ou telegrama, esclarecendo se o interessado é realmente eleitor, se a inscrição está em vigor, e, ainda, qual o número e a data da inscrição respectiva.

§ 2º. A informação mencionada no parágrafo anterior suprirá a falta do título extraviado, ou perdido, para o efeito da transferência, devendo fazer parte integrante do processo.

Art. 57. O requerimento de transferência de domicílio eleitoral será imediatamente publicado na imprensa oficial na Capital, e em Cartório nas demais localidades, podendo os interessados impugná-la no prazo de 10 (dez) dias.

- *Art. 57,* caput*, com redação dada pela Lei nº 4.961/1966.*

§ 1º. Certificado o cumprimento do disposto neste artigo, o pedido deverá ser desde logo decidido, devendo o despacho do Juiz ser publicado pela mesma forma.

- *§ 1º com redação dada pela Lei nº 4.961/1966.*

§ 2º. Poderá recorrer para o Tribunal Regional Eleitoral, no prazo de 3 (três) dias, o eleitor que pediu a transferência, sendo-lhe a mesma negada, ou qualquer delegado de partido, quando o pedido for deferido.

§ 3º. Dentro de 5 (cinco) dias, o Tribunal Regional Eleitoral decidirá do recurso interposto nos termos do parágrafo anterior.

§ 4º. Só será expedido o novo título decorridos os prazos previstos neste artigo e respectivos parágrafos.

Art. 58. Expedido o novo título, o Juiz comunicará a transferência ao Tribunal Regional competente, no prazo de 10 (dez) dias, enviando-lhe o título eleitoral, se houver, ou documento a que se refere o § 1º do art. 56.

§ 1º. Na mesma data comunicará ao Juiz da Zona de origem a concessão da transferência e requisitará a "Folha Individual de Votação".

§ 2º. Na nova folha individual de votação, ficará consignado, na coluna destinada a "Anotações", que a inscrição foi obtida por transferência e, de acordo com os elementos constantes do título primitivo, qual o último pleito em que o eleitor transferido votou. Essa anotação constará, também, de seu título.

- *V. art. 12 c/c art. 3º, I e II, da Lei nº 6.996/1982.*
- *V. art. 6º,* caput *e § 1º, da Lei nº 7.444/1985.*

§ 3º. O processo de transferência só será arquivado após o recebimento da folha individual de votação da Zona de origem, que dele ficará constando, devidamente inutilizada, mediante aposição de carimbo a tinta vermelha.

§ 4º. No caso de transferência de Município ou Distrito dentro da mesma Zona, deferido o pedido, o Juiz determinará a transposição da folha individual de votação para a pasta correspondente ao novo domicílio, a anotação de mudança no título eleitoral e comunicará ao Tribunal Regional para a necessária averbação na ficha do eleitor.

Art. 59. Na Zona de origem, recebida do Juiz do novo domicílio a comunicação de transferência, o Juiz tomará as seguintes providências:

I – determinará o cancelamento da inscrição do transferido e a remessa, dentro de três dias, da folha individual de votação ao Juiz requisitante;

II – ordenará a retirada do fichário da segunda parte do título;

III – comunicará o cancelamento ao Tribunal Regional a que estiver subordinado, que fará a devida anotação na ficha de seus arquivos;

IV – se o eleitor havia assinado ficha de registro de partido, comunicará ao Juiz do novo domicílio e, ainda, ao Tribunal Regional, se a transferência foi concedida para outro Estado.

Art. 60. O eleitor transferido não poderá votar no novo domicílio eleitoral em eleição suplementar à que tiver sido realizada antes de sua transferência.

Art. 61. Somente será concedida transferência ao eleitor que estiver quite com a Justiça Eleitoral.

§ 1º. Se o requerente não instruir o pedido de transferência com o título anterior, o Juiz do novo domicílio, ao solicitar informação ao da Zona de origem, indagará se o eleitor está quite com a Justiça Eleitoral, ou, não o estando, qual a importância da multa imposta e não paga.

§ 2º. Instruído o pedido com o título, e verificado que o eleitor não votou em eleição anterior, o Juiz do novo domicílio solicitará informações sobre o valor da multa arbitrada na Zona de origem, salvo se o eleitor não quiser aguardar a resposta, hipótese em que pagará o máximo previsto.

§ 3º. O pagamento da multa, em qualquer das hipóteses dos parágrafos anteriores, será comunicado ao juízo de origem para as necessárias anotações.

Capítulo III – Dos Preparadores

Art. 62. (Revogado).

- *Art. 62 revogado pela Lei nº 8.868/1994.*

Art. 63. (Revogado).

- *Art. 63 revogado pela Lei nº 8.868/1994.*

Art. 64. (Revogado).

- *Art. 64 revogado pela Lei nº 8.868/1994.*

Art. 65. (Revogado).

- *Art. 65 revogado pela Lei nº 8.868/1994.*

Capítulo IV
Dos Delegados de Partido perante o Alistamento

Art. 66. É licito aos partidos políticos, por seus delegados:

I – acompanhar os processos de inscrição;

II – promover a exclusão de qualquer eleitor inscrito ilegalmente e assumir a defesa do eleitor cuja exclusão esteja sendo promovida;

III – examinar, sem perturbação do serviço e em presença dos servidores designados, os documentos relativos ao alistamento eleitoral, podendo deles tirar cópias ou fotocópias.

§ 1º. Perante o Juízo Eleitoral, cada partido poderá nomear 3 (três) delegados.

§ 2º. Perante os preparadores, cada partido poderá nomear até 2 (dois) delegados, que assistam e fiscalizem os seus atos.

§ 3º. Os delegados a que se refere este artigo serão registrados perante os Juízes Eleitorais, a requerimento do Presidente do Diretório Municipal.

§ 4º. O delegado credenciado junto ao Tribunal Regional Eleitoral poderá representar o partido junto a qualquer Juízo ou preparador do Estado, assim como o delegado credenciado perante o Tribunal Superior Eleitoral poderá representar o partido perante qualquer Tribunal Regional, Juízo ou preparador.

Capítulo V – Do Encerramento do Alistamento

Art. 67. Nenhum requerimento de inscrição eleitoral ou de transferência será recebido dentro dos 100 (cem) dias anteriores à data da eleição.

- *V. art. 91,* caput, *da Lei nº 9.504/1997.*

Art. 68. Em audiência pública, que se realizará às 14 (quatorze) horas do 69º (sexagésimo nono) dia anterior à eleição, o Juiz Eleitoral declarará encerrada a inscrição de eleitores na respectiva Zona e proclamará o número dos inscritos até às 18 (dezoito) horas do dia anterior, o que comunicará incontinenti ao Tribunal Regional Eleitoral, por telegrama, e fará público em edital, imediatamente afixado no lugar próprio do Juízo, e divulgado pela imprensa, onde houver, declarando nele o nome do último eleitor inscrito e o número do respectivo título, fornecendo aos diretórios municipais dos partidos cópia autêntica desse edital.

§ 1º. Na mesma data será encerrada a transferência de eleitores, devendo constar do telegrama do Juiz Eleitoral ao Tribunal Regional Eleitoral, do edital e da cópia deste fornecida aos diretórios municipais dos partidos e da publicação da imprensa, os nomes dos 10 (dez) últimos eleitores, cujos processos de transferência estejam definitivamente ultimados, e o número dos respectivos títulos eleitorais.

§ 2º. O despacho de pedido de inscrição, transferência, ou segunda via, proferido após esgotado o prazo legal, sujeita o Juiz Eleitoral às penas do art. 291.

Art. 69. Os títulos eleitorais resultantes dos pedidos de inscrição ou de transferência serão entregues até 30 (trinta) dias antes da eleição.

Parágrafo único. A segunda via poderá ser entregue ao eleitor até a véspera do pleito.

Art. 70. O alistamento reabrir-se-á em cada Zona, logo que estejam concluídos os trabalhos da sua Junta Eleitoral.

TÍTULO II
DO CANCELAMENTO E DA EXCLUSÃO

Art. 71. São causas de cancelamento:

I – a infração aos arts. 5º e 42;

II – a suspensão ou perda dos direitos políticos;

- *V. art. 15, da CF/1988.*

III – a pluralidade de inscrição;

IV – o falecimento do eleitor;

V – deixar de votar em 3 (três) eleições consecutivas.

- *Inciso V com redação dada pela Lei nº 7.663/1988.*

§ 1º. A ocorrência de qualquer das causas enumeradas neste artigo acarretará a exclusão do eleitor, que poderá ser promovida *ex officio*, a requerimento de delegado de partido ou de qualquer eleitor.

§ 2º. No caso de ser algum cidadão maior de 18 (dezoito) anos privado temporária ou definitivamente dos direitos políticos, a autoridade que impuser essa pena providenciará para que o fato seja comunicado ao Juiz Eleitoral ou ao Tribunal Regional da circunscrição em que residir o réu.

§ 3º. Os oficiais de Registro Civil, sob as penas do art. 293, enviarão, até o dia 15 (quinze) de cada mês, ao Juiz Eleitoral da Zona em que oficiarem, comunicação dos óbitos de cidadãos alistáveis, ocorridos no mês anterior, para cancelamento das inscrições.

§ 4º. Quando houver denúncia fundamentada de fraude no alistamento de uma Zona ou Município, o Tribunal Regional poderá determinar a realização de correição e, provada a fraude em proporção comprometedora, ordenará a revisão do eleitorado, obedecidas as Instruções do Tribunal Superior e as recomendações que, subsidiariamente, baixar, com o cancelamento de ofício das inscrições correspondentes aos títulos que não forem apresentados à revisão.

- *§ 4º acrescido pela Lei nº 4.961/1966.*
- *V. art. 92 da Lei nº 9.504/1997.*

Art. 72. Durante o processo e até a exclusão pode o eleitor votar validamente.

Parágrafo único. Tratando-se de inscrições contra as quais hajam sido interpostos recursos das decisões que as deferiram, desde que tais recursos venham a ser providos pelo Tribunal Regional ou Tribunal Superior, serão nulos os votos se o seu número for suficiente para alterar qualquer representação partidária ou classificação de candidato eleito pelo princípio majoritário.

Art. 73. No caso de exclusão, a defesa pode ser feita pelo interessado, por outro eleitor ou por delegado de partido.

Art. 74. A exclusão será mandada processar *ex officio* pelo Juiz Eleitoral, sempre que tiver conhecimento de alguma das causas do cancelamento.

Art. 75. O Tribunal Regional, tomando conhecimento através de seu fichário, da inscrição do mesmo eleitor em mais de uma Zona sob sua jurisdição, comunicará o fato ao Juiz competente para o cancelamento, que de preferência deverá recair:

I – na inscrição que não corresponda ao domicílio eleitoral;

II – naquela cujo título não haja sido entregue ao eleitor;

III – naquela cujo título não haja sido utilizado para o exercício do voto na última eleição;

IV – na mais antiga.

Art. 76. Qualquer irregularidade determinante de exclusão será comunicada por escrito e por iniciativa de qualquer interessado ao Juiz Eleitoral, que observará o processo estabelecido no artigo seguinte.

Art. 77. O Juiz Eleitoral processará a exclusão pela forma seguinte:

I – mandará autuar a petição ou representação com os documentos que a instruírem;

II – fará publicar edital com prazo de 10 (dez) dias para ciência dos interessados, que poderão contestar dentro de 5 (cinco) dias;

III – concederá dilação probatória de 5 (cinco) a 10 (dez) dias, se requerida;

IV – decidirá no prazo de 5 (cinco) dias.

Art. 78. Determinado, por sentença, o cancelamento, o Cartório tomará as seguintes providências:

I – retirará, da respectiva pasta, a folha de votação, registrará a ocorrência no local próprio para "Anotações" e juntá-la-á ao processo de cancelamento;

II – registrará a ocorrência na coluna de "Observações" do livro de inscrição;

III – excluirá dos fichários as respectivas fichas, colecionando-as à parte;

IV – anotará, de forma sistemática, os claros abertos na pasta de votação para o oportuno preenchimento dos mesmos;

V – comunicará o cancelamento ao Tribunal Regional para anotação no seu fichário.

Art. 79. No caso de exclusão por falecimento, tratando-se de caso notório, serão dispensadas as formalidades previstas nos nºs II e III do art. 77.

Art. 80. Da decisão do Juiz Eleitoral caberá recurso no prazo de 3 (três) dias, para o Tribunal Regional, interposto pelo excluendo ou por delegado de partido.

Art. 81. Cessada a causa do cancelamento, poderá o interessado requerer novamente a sua qualificação e inscrição.

PARTE QUARTA
DAS ELEIÇÕES

TÍTULO I – DO SISTEMA ELEITORAL

- *V. arts. 1º ao 5º da Lei nº 9.504/1997, sobre período das eleições.*

Art. 82. O sufrágio é universal e direto; o voto, obrigatório e secreto.

- *V. art. 14, da CF/1988.*

Art. 83. Na eleição direta para o Senado Federal, para Prefeito e Vice-Prefeito, adotar-se-á o princípio majoritário.

- *Art. 83 com redação dada pela Lei nº 6.534/1978.*
- *V. art. 77, § 2º, c/c arts. 28 e 32, § 2º, da CF/1988.*

Art. 84. A eleição para a Câmara dos Deputados, Assembleias Legislativas e Câmaras Municipais obedecerá ao princípio da representação proporcional na forma desta Lei.

- *V. art. 32, §§ 2º e 3º, c/c arts. 27 e 45, da CF/1988.*

Art. 85. A eleição para Deputados Federais, Senadores e suplentes, Presidente e Vice-Presidente da República, Governadores, Vice-Governadores e Deputados Estaduais far-se-á, simultaneamente, em todo o País.

- *V. art. 32, §§ 2º e 3º, c/c arts. 27 e 45, da CF/1988.*

Art. 86. Nas eleições presidenciais, a circunscrição será o País; nas eleições federais e estaduais, o Estado; e nas municipais, o respectivo Município.

Capítulo I – Do Registro dos Candidatos

- *V. arts. 10 a 16-A da Lei nº 9.504/1997.*

Art. 87. Somente podem concorrer às eleições candidatos registrados por partidos.

Parágrafo único. Nenhum registro será admitido fora do período de 6 (seis) meses antes da eleição.

- *V. art. 1º da Lei nº 7.454/1985.*

Art. 88. Não é permitido registro de candidato, embora para cargos diferentes, por mais de uma circunscrição ou para mais de um cargo na mesma circunscrição.

Parágrafo único. Nas eleições realizadas pelo sistema proporcional, o candidato deverá ser filiado ao partido, na circunscrição em que concorrer, pelo tempo que for fixado nos respectivos estatutos.

- *V. art. 1º da Lei nº 7.454/1985.*

Art. 89. Serão registrados:

I – no Tribunal Superior Eleitoral os candidatos a Presidente e Vice-Presidente da República;

II – nos Tribunais Regionais Eleitorais os candidatos a Senador, Deputado Federal, Governador e Vice-Governador e Deputado Estadual;

III – nos Juízos Eleitorais os candidatos a Vereador, Prefeito e Vice-Prefeito e Juiz de Paz.

Art. 90. Somente poderão inscrever candidatos os partidos que possuam diretório devidamente registrado na circunscrição em que se realizar a eleição.

Art. 91. O registro de candidatos a Presidente e Vice-Presidente, Governador e Vice-Governador, ou Prefeito e Vice-Prefeito, far-se-á sempre em chapa única e indivisível, ainda que resulte a indicação de aliança de partidos.

§ 1º. O registro de candidatos a Senador far-se-á com o do suplente partidário.

- *V. art. 46, § 3º, da CF/1988.*

§ 2º. Nos Territórios far-se-á o registro do candidato a Deputado com o do suplente.

- *V. art. 45, § 2º, da CF/1988.*

Art. 92. (Revogado).

- *Art. 92 revogado pela Lei nº 9.504/1997.*

Art. 93. O prazo da entrada em Cartório ou na Secretaria do Tribunal, conforme o caso, de requerimento de registro de candidato a cargo eletivo terminará, improrrogavelmente, às 18 (dezoito) horas do 90º (nonagésimo) dia anterior à data marcada para a eleição.

- *Art. 93,* caput*, com redação dada pela Lei nº 6.978/1982.*
- *V. art. 11 da Lei nº 9.504/1997.*

§ 1º. Até o 70º (septuagésimo) dia anterior à data marcada para a eleição, todos os requerimentos devem estar julgados, inclusive os que tiverem sido impugnados.

- *§ 1º com redação dada pela Lei nº 6.978/1982.*

§ 2º. As convenções partidárias para a escolha dos candidatos serão realizadas, no máximo, até 10 (dez) dias antes do término do prazo do pedido de registro no Cartório Eleitoral ou na Secretaria do Tribunal.

- *§ 2º com redação dada pela Lei nº 6.978/1982.*
- *V. art. 8º da Lei nº 9.504/1997.*

§ 3º. Nesse caso, se se tratar de eleição municipal, o juiz eleitoral deverá apresentar a sentença no prazo de 2 (dois) dias, podendo o recorrente, nos 2 (dois) dias seguintes, aditar as razões do recurso; no caso de registro feito perante o Tribunal, se o relator não apresentar o acórdão no prazo de 2 (dois) dias, será designado outro relator, na ordem da votação, o qual deverá lavrar o acórdão no prazo de 3 (três) dias, podendo o recorrente, nesse mesmo prazo, aditar as suas razões.

Art. 94. O registro pode ser promovido por delegado de partido, autorizado em documento autêntico, inclusive telegrama, de quem responda pela direção partidária e sempre com assinatura reconhecida por tabelião.

§ 1º. O requerimento de registro deverá ser instruído:

I – com a cópia autêntica da ata da Convenção que houver feito a escolha do candidato, a qual deverá ser conferida com o original na Secretaria do Tribunal ou no Cartório Eleitoral;

II – com autorização do candidato em documento com a assinatura reconhecida por Tabelião;

III – com certidão fornecida, pelo Cartório Eleitoral da Zona de inscrição, em que conste que o registrando é eleitor;

IV – com prova de filiação partidária, salvo para os candidatos a Presidente e Vice-Presidente, Senador e respectivo suplente, Governador e Vice-Governador, Prefeito e Vice-Prefeito;

- *V. art. 14, § 3º, V, da CF/1988.*

V – com folha corrida fornecida pelos cartórios competentes, para que se verifique se o candidato está no gozo dos direitos políticos (arts. 132, III, e 135 da Constituição Federal);

- *Inciso V com redação dada pela Lei nº 4.961/ 1966.*
- *O dispositivo citado é da Carta de 1946. V. arts. 14, § 3º, II, e 15, da CF/1988.*

VI – com declaração de bens, de que constem a origem e as mutações patrimoniais.

- *V. art. 11, IV, da Lei nº 9.504/1997.*

§ 2º. A autorização do candidato pode ser dirigida diretamente ao órgão ou Juiz competente para o registro.

Art. 95. O candidato poderá ser registrado sem o prenome, ou com o nome abreviado, desde que a supressão não estabeleça dúvida quanto à sua identidade.

- *V. art. 12 da Lei nº 9.504/1997.*

Art. 96. Será negado o registro a candidato que, pública ou ostensivamente, faça parte ou seja adepto de partido político cujo registro tenha sido cassado com fundamento no art. 141, § 13, da Constituição Federal.

- *O dispositivo citado é da Carta de 1946. V. art. 17, da CF/1988.*
- *V. arts. 13 e 14 da Lei nº 9.504/1997.*

Art. 97. Protocolado o requerimento de registro, o Presidente do Tribunal ou o Juiz Eleitoral, no caso de eleição municipal ou distrital, fará publicar imediatamente edital para ciência dos interessados.

§ 1º. O edital será publicado na Imprensa Oficial, nas Capitais e afixado em Cartório, no local de costume, nas demais Zonas.

§ 2º. Do pedido de registro caberá, no prazo de 2 (dois) dias, a contar da publicação ou afixação do edital, impugnação articulada por parte de candidato ou de partido político.

§ 3º. Poderá, também, qualquer eleitor, com fundamento em inelegibilidade ou incompatibilidade do candidato ou na incidência deste no art. 96, impugnar o pedido de registro, dentro do mesmo prazo, oferecendo prova do alegado.

- *V. art. 14, §§ 10 e 11, da CF/1988.*
- *V. arts. 3º e 4º da Lei Complementar nº 64/1990.*
- *V. art. 14 da Lei nº 9.504/1997.*

§ 4º. Havendo impugnação, o partido requerente do registro terá vista dos autos, por 2 (dois) dias, para falar sobre a mesma, feita a respectiva intimação na forma do § 1º.

Art. 98. Os militares alistáveis são elegíveis, atendidas as seguintes condições:

- *V. art. 14, §§ 2º e 8º, da CF/1988.*

I – o militar que tiver menos de 5 (cinco) anos de serviço será, ao se candidatar a cargo eletivo, excluído do serviço ativo;

- *V. art. 14, § 8º, I, da CF/1988.*

II – o militar em atividade com 5 (cinco) ou mais anos de serviço, ao se candidatar a cargo eletivo, será afastado, temporariamente, do serviço ativo, como agregado, para tratar de interesse particular;

- *V. art. 14, § 8º, II, da CF/1988.*

III – o militar não excluído e que vier a ser eleito, será, no ato da diplomação, transferido para a reserva ou reformado.

- *V. art. 14, §§ 2º e 8º, da CF/1988.*
- *V. arts. 52, 80 e 82 da Lei nº 6.880, de 9.12.1980 (Estatuto dos Militares).*

Parágrafo único. O Juízo ou Tribunal que deferir o registro de militar candidato a cargo eletivo, comunicará imediatamente a decisão à autoridade a que o mesmo estiver subordinado, cabendo igual obrigação ao partido, quando lançar a candidatura.

Art. 99. Nas eleições majoritárias, poderá qualquer partido registrar na mesma circunscrição candidato já por outro registrado, desde que o outro partido e o candidato o consintam por escrito até 10 (dez) dias antes da eleição, observadas as formalidades do art. 94.

- *V. art. 9º da Lei nº 9.504/1997.*

Parágrafo único. A falta de consentimento expresso acarretará a anulação do registro promovido, podendo o partido prejudicado requerê-la ou recorrer da resolução que ordenar o registro.

Art. 100. Nas eleições realizadas pelo sistema proporcional, o Tribunal Superior Eleitoral, até 6 (seis) meses antes do pleito, reservará para cada partido, por sorteio, em sessão realizada com a presença dos delegados de partido, uma série de números a partir de 100 (cem).

- *Art.100,* caput, *com redação dada pela Lei nº 7.015/1982.*

§ 1º. A sessão a que se refere o *caput* deste artigo será anunciada aos partidos com antecedência mínima de 5 (cinco) dias

- *§ 1º com redação dada pela Lei nº 7.015/1982.*

§ 2º. As Convenções partidárias para escolha dos candidatos sortearão, por sua vez, em cada Estado e Município, os números que devam corresponder a cada candidato.

- *§ 2º com redação dada pela Lei nº 7.015/1982.*
- *V. art. 15, § 2º, da Lei nº 9.504/1997.*

§ 3º. Nas eleições para Deputado Federal, se o número de partidos não for superior a 9 (nove), a cada um corresponderá obrigatoriamente uma centena, devendo a numeração dos candidatos ser sorteada a partir da unidade, para que ao primeiro candidato do primeiro partido corresponda o número 101 (cento e um), ao do segundo partido, 201 (duzentos e um), e assim sucessivamente.

- *§ 3º com redação dada pela Lei nº 7.015/1982.*

§ 4º. Concorrendo 10 (dez) ou mais partidos, a cada um corresponderá uma centena a partir de 1.101 (mil cento e um), de maneira que a todos os candidatos sejam atribuídos sempre 4 (quatro) algarismos, suprimindo-se a numeração correspondente à série 2.001 (dois mil e um) a 2.100 (dois mil e cem), para reiniciá-la em 2.101 (dois mil cento e um), a partir do décimo partido.

- *§ 4º com redação dada pela Lei nº 7.015/1982.*

§ 5º. Na mesma sessão, o Tribunal Superior Eleitoral sorteará as séries correspondentes aos Deputados Estaduais e Vereadores, observando, no que couber, as normas constantes dos parágrafos anteriores, e de maneira que a todos os candidatos sejam atribuídos sempre números de 4 (quatro) algarismos.

- *§ 5º com redação dada pela Lei nº 7.015/1982.*
- *V. art. 15 da Lei nº 9.504/1997.*

Art. 101. Pode qualquer candidato requerer, em petição com firma reconhecida, o cancelamento do registro do seu nome.

- *Art. 101,* caput, *com redação dada pela Lei nº 6.553/1978.*

§ 1º. Desse fato, o Presidente do Tribunal ou o Juiz, conforme o caso, dará ciência imediata ao partido que tenha feito a inscrição, ao qual ficará ressalvado o direito de substituir por outro o nome cancelado, observadas todas as formalidades exigidas para o registro e desde que o novo pedido seja apresentado até 60 (sessenta) dias antes do pleito.

§ 2º. Nas eleições majoritárias, se o candidato vier a falecer ou renunciar dentro do período de 60 (sessenta) dias mencionados no parágrafo anterior, o partido poderá substituí-lo; se o registro do novo candidato estiver deferido até 30 (trinta) dias antes do pleito, serão confeccionadas novas cédulas, caso contrário serão utilizadas as já impressas, computando-se para o novo candidato os votos dados ao anteriormente registrado.

- *V. art. 13 da Lei nº 9.504/1997.*

§ 3º. Considerar-se-á nulo o voto dado ao candidato que haja pedido o cancelamento de sua inscrição, salvo na hipótese prevista no parágrafo anterior, *in fine*.

§ 4º. Nas eleições proporcionais, ocorrendo a hipótese prevista neste artigo, ao substituto será atribuído o número anteriormente dado ao candidato cujo registro foi cancelado.

- *V. art. 13, § 3º, da Lei nº 9.504/1997.*

§ 5º. Em caso de morte, renúncia, inelegibilidade e preenchimento de vagas existentes nas respectivas chapas, tanto em eleições proporcionais quanto majoritárias, as substituições e indicações se processarão pelas Comissões Executivas.

- *§ 5º acrescido pela Lei nº 6.553/1978.*

Art. 102. Os registros efetuados pelo Tribunal Superior serão imediatamente comunicados aos Tribunais Regionais e por estes aos Juízes Eleitorais.

Parágrafo único. Os Tribunais Regionais comunicarão também ao Tribunal Superior os registros efetuados por eles e pelos Juízes Eleitorais.

- *V. art. 16 da Lei nº 9.504/1997.*

Capítulo II – Do Voto Secreto

- *V. arts. 59 a 62 e 82 a 89 da Lei nº 9.504/1997.*

Art. 103. O sigilo do voto é assegurado mediante as seguintes providências:

I – o uso de cédulas oficiais em todas as eleições, de acordo com modelo aprovado pelo Tribunal Superior;

II – isolamento do eleitor em cabina indevassável para o só efeito de assinalar na cédula o candidato de sua escolha e, em seguida, fechá-la;

III – verificação da autenticidade da cédula oficial à vista das rubricas;

IV – emprego de urna que assegure a inviolabilidade do sufrágio e seja suficientemente ampla para que não se acumulem as cédulas na ordem em que forem introduzidas.

Capítulo III – Da Cédula Oficial

- *V. art. 83 da Lei nº 9.504/1997.*

Art. 104. As cédulas oficiais serão confeccionadas e distribuídas exclusivamente pela Justiça Eleitoral, devendo ser impressas em papel branco, opaco e pouco absorvente. A impressão será em tinta preta, com tipos uniformes de letra.

§ 1º. Os nomes dos candidatos para as eleições majoritárias devem figurar na ordem determinada por sorteio.

§ 2º. O sorteio será realizado após o deferimento do último pedido de registro, em audiência presidida pelo Juiz ou Presidente do Tribunal, na presença dos candidatos e delegados de partido.

§ 3º. A realização da audiência será anunciada com 3 (três) dias de antecedência, no mesmo dia em que for deferido o último pedido de registro, devendo os delegados de partido ser intimados por ofício sob protocolo.

§ 4º. Havendo substituição de candidatos após o sorteio, o nome do novo candidato deverá figurar na cédula na seguinte ordem:

I – se forem apenas 2 (dois), em último lugar;

II – se forem 3 (três), em segundo lugar;

III – se forem mais de 3 (três), em penúltimo lugar;

IV – se permanecer apenas 1 (um) candidato e forem substituídos 2 (dois) ou mais, aquele ficará em primeiro lugar, sendo realizado novo sorteio em relação aos demais.

§ 5º. Para as eleições realizadas pelo sistema proporcional, a cédula conterá espaço para que o eleitor escreva o nome ou o número do candidato de sua preferência e indique a sigla do partido.

§ 6º. As cédulas oficiais serão confeccionadas de maneira tal que, dobradas, resguardem o sigilo do voto, sem que seja necessário o emprego de cola para fechá-las.

Capítulo IV – Da Representação Proporcional

Art. 105. Fica facultado a 2 (dois) ou mais partidos coligarem-se para o registro de candidatos comuns a Deputado Federal, Deputado Estadual e Vereador.

- *Art. 105,* caput, *com redação dada pela Lei nº 7.454/1985.*
- *V. art. 29 da Lei nº 9.096/1995.*
- *V. art. 6º da Lei nº 9.504/1997.*

§ 1º. A deliberação sobre coligação caberá à Convenção Regional de cada partido, quando se tratar de eleição para a Câmara dos Deputados e Assembleias Legislativas, e à Convenção Municipal, quando se tratar de eleição para a Câmara de Vereadores, e será aprovada mediante a votação favorável da maioria, presentes 2/3 (dois terços) dos convencionais, estabelecendo-se, na mesma oportunidade, o número de candidatos que caberá a cada partido.

- *§ 1º acrescido pela Lei nº 7.454/1985.*
- *V. art. 7º da Lei nº 9.504/1997.*

§ 2º. Cada partido indicará em Convenção os seus candidatos e o registro será promovido em conjunto pela Coligação.

- *§ 2º acrescido pela Lei nº 7.454/1985.*
- *V. art. 6º, § 3º, da Lei nº 9.504/1997.*

Art. 106. Determina-se o quociente eleitoral dividindo-se o número de votos válidos apurados pelo de lugares a preencher em cada circunscrição eleitoral, desprezada a fração se igual ou inferior a meio, equivalente a um, se superior.

- *V. art. 5º da Lei nº 9.504/1997.*

Parágrafo único. (Revogado).

- *Parágrafo único revogado pela Lei nº 9.504/1997.*

Art. 107. Determina-se para cada partido ou coligação o quociente partidário, dividindo-se pelo quociente eleitoral o número de votos válidos dados sob a mesma legenda ou coligação de legendas, desprezada a fração.

- *Art. 107 com redação dada pela Lei nº 7.454/1985.*

Art. 108. Estarão eleitos tantos candidatos registrados por um partido ou coligação quantos o respectivo quociente partidário indicar, na ordem da votação nominal que cada um tenha recebido.

- *Art. 108 com redação dada pela Lei nº 7.454/1985.*

Art. 109. Os lugares não preenchidos com a aplicação dos quocientes partidários serão distribuídos mediante observância das seguintes regras:

- *Art. 109,* caput, *com redação dada pela Lei nº 7.454/1985.*

I – dividir-se-á o número de votos válidos atribuídos a cada partido ou coligação de partidos pelo número de lugares por ele obtido, mais um, cabendo ao partido ou coligação que apresentar a maior média um dos lugares a preencher.

- *Inciso I com redação dada pela Lei nº 7.454/1985.*

II – repetir-se-á a operação para a distribuição de cada um dos lugares.

- *Inciso II com redação dada pela Lei nº 7.454/1985.*

§ 1º. O preenchimento dos lugares com que cada partido ou coligação for contemplado far-se-á segundo a ordem de votação recebida pelos seus candidatos.

- *§ 1º com redação dada pela Lei nº 7.454/1985.*

§ 2º. Só poderão concorrer à distribuição dos lugares os partidos e coligações que tiverem obtido quociente eleitoral.

- *§ 2º com redação dada pela Lei nº 7.454/1985.*

Art. 110. Em caso de empate, haver-se-á por eleito o candidato mais idoso.

Art. 111. Se nenhum partido ou coligação alcançar o quociente eleitoral, considerar-se-ão eleitos, até serem preenchidos todos os lugares, os candidatos mais votados.

- *Art. 111 com redação dada pela Lei nº 7.454/ 1985.*

Art. 112. Considerar-se-ão suplentes da representação partidária:

I – os mais votados sob a mesma legenda e não eleitos efetivos das listas dos respectivos partidos;

II – em caso de empate na votação, na ordem decrescente da idade.

Art. 113. Na ocorrência de vaga, não havendo suplente para preenchê-la, far-se-á eleição, salvo se faltarem menos de nove meses para findar o período do mandato.

- *V. art. 56, § 2º, da CF/1988.*

TÍTULO II
DOS ATOS PREPARATÓRIOS DA VOTAÇÃO

Art. 114. Até 70 (setenta) dias antes da data marcada para a eleição, todos os que requererem inscrição como eleitor, ou transferência, já devem estar devidamente qualificados e os respectivos títulos prontos para a entrega, se deferidos pelo Juiz Eleitoral.

Parágrafo único. Será punido nos termos do art. 293 o Juiz Eleitoral, o escrivão eleitoral, o preparador ou o funcionário responsável pela transgressão do preceituado neste artigo ou pela não entrega do título pronto ao eleitor que o procurar.

Art. 115. Os Juízes Eleitorais, sob pena de responsabilidade, comunicarão ao Tribunal Regional, até 30 (trinta) dias antes de cada eleição, o número de eleitores alistados.

Art. 116. A Justiça Eleitoral fará ampla divulgação através dos comunicados transmitidos em obediência ao disposto no art. 250, § 5º, pelo rádio e televisão, bem assim por meio de cartazes afixados em lugares públicos, dos nomes dos candidatos registrados, com indicação do partido a que pertençam, bem como do número sob que foram inscritos, no caso dos candidatos a Deputado e a Vereador.

- *O citado art. 250 foi revogado pela Lei nº 9.504/ 1997.*
- *V. art. 93 da Lei nº 9.504/1997.*

Capítulo I – Das Seções Eleitorais

Art. 117. As Seções Eleitorais, organizadas à medida em que forem sendo deferidos os pedidos de inscrição, não terão mais de 400 (quatrocentos) eleitores nas capitais e de 300 (trezentos) nas demais localidades, nem menos de 50 (cinquenta) eleitores.

- *V. art. 11, parágrafo único, da Lei nº 6.996/ 1982.*
- *V. art. 84, parágrafo único, da Lei nº 9.504/1997.*

§ 1º. Em casos excepcionais, devidamente justificados, o Tribunal Regional poderá autorizar que sejam ultrapassados os índices previstos neste artigo, desde que essa providência venha facilitar o exercício do voto, aproximando o eleitor do local designado para a votação.

§ 2º. Se, em Seção destinada aos cegos, o número de eleitores não alcançar o mínimo exigido, este se completará com outros, ainda que não sejam cegos.

Art. 118. Os Juízes Eleitorais organizarão relação de eleitores de cada Seção, a qual será remetida aos Presidentes das Mesas Receptoras para facilitação do processo de votação.

- *V. art. 133, I, deste Código.*

Capítulo II – Das Mesas Receptoras

- *V. arts. 63 e 64 da Lei nº 9.504/1997.*

Art. 119. A cada Seção Eleitoral corresponde uma Mesa Receptora de votos.

Art. 120. Constituem a Mesa Receptora um Presidente, um primeiro e um segundo mesários, dois secretários e um suplente, nomeados pelo Juiz Eleitoral 60 (sessenta) dias antes da eleição, em audiência pública, anunciada pelo menos com 5 (cinco) dias de antecedência.

- *Art. 120,* caput, *com redação dada pela Lei nº 4.961/1966.*

§ 1º. Não podem ser nomeados Presidentes e mesários:

- *V. art. 63, § 2º, da Lei nº 9.504/1997.*

I – os candidatos e seus parentes, ainda que por afinidade, até o segundo grau, inclusive, e bem assim o cônjuge;

- *V. art. 64 da Lei nº 9.504/1997.*

II – os membros de diretórios de partidos desde que exerçam função executiva;

III – as autoridades e agentes policiais, bem como os funcionários no desempenho de cargos de confiança do Executivo;

IV – os que pertencerem ao serviço eleitoral.

§ 2º. Os mesários serão nomeados, de preferência, entre os eleitores da própria Seção, e, dentre estes, os diplomados em escola superior, os professores e os serventuários da Justiça.

§ 3º. O Juiz Eleitoral mandará publicar no jornal oficial, onde houver, e, não havendo, em cartório, as nomeações que tiver feito, e intimará os mesários através dessa publicação, para constituírem as Mesas no dia e lugares designados, às 7 (sete) horas.

§ 4º. Os motivos justos que tiverem os nomeados para recusar a nomeação, e que ficarão à livre apreciação do Juiz Eleitoral, somente poderão ser alegados até 5 (cinco) dias a contar da nomeação, salvo se sobrevindos depois desse prazo.

§ 5º. Os nomeados que não declararem a existência de qualquer dos impedimentos referidos no § 1º incorrem na pena estabelecida pelo art. 310.

Art. 121. Da nomeação da Mesa Receptora qualquer partido poderá reclamar ao Juiz Eleitoral, no prazo de 2 (dois) dias, a contar da audiência, devendo a decisão ser proferida em igual prazo.

- *V. art. 63,* caput, *da Lei nº 9.504/1997.*

§ 1º. Da decisão do Juiz Eleitoral caberá recurso para o Tribunal Regional interposto dentro de 3 (três) dias, devendo, dentro de igual prazo, ser resolvido.

§ 2º. Se o vício da constituição da Mesa resultar da incompatibilidade prevista no nº I do § 1º do art. 120, e o registro do candidato for posterior à nomeação do mesário, o prazo para reclamação será contado da publicação dos nomes dos candidatos registrados. Se resultar de qualquer das proibições dos nºs II, III e IV, e em virtude de fato superveniente, o prazo se contará do ato da nomeação ou eleição.

§ 3º. O partido que não houver reclamado contra a composição da Mesa não poderá arguir, sob esse fundamento, a nulidade da Seção respectiva.

Art. 122. Os Juízes deverão instruir os mesários sobre o processo da eleição, em reuniões para esse fim convocadas com a necessária antecedência.

Art. 123. Os mesários substituirão o Presidente, de modo que haja sempre quem responda pessoalmente pela ordem e regularidade do processo eleitoral, e assinarão a ata da eleição.

§ 1º. O Presidente deve estar presente ao ato de abertura e de encerramento da eleição, salvo força maior, comunicando o impedimento aos mesários e secretários, pelo menos 24 (vinte e quatro) horas antes da abertura dos trabalhos, ou imediatamente, se o impedimento se der dentro desse prazo ou no curso da eleição.

§ 2º. Não comparecendo o Presidente até às 7:30 (sete horas e trinta minutos), assumirá a presidência o primeiro mesário e, na sua falta ou impedimento, o segundo mesário, um dos secretários ou o suplente.

§ 3º. Poderá o Presidente, ou membro da Mesa que assumir a Presidência, nomear *ad hoc*, dentre os eleitores presentes e obedecidas as prescrições do § 1º do art. 120, os que forem necessários para completar a Mesa.

Art. 124. O membro da Mesa Receptora que não comparecer no local em dia e hora determinados para a realização de eleição, sem justa causa apresentada ao Juiz Eleitoral, até 30 (trinta) dias após, incorrerá na multa de 50% (cinquenta por cento) de 1 (um) salário mínimo vigente na Zona Eleitoral, cobrada mediante selo federal inutilizado no requerimento em que for solicitado o arbitramento ou através de executivo fiscal.

- *O art. 15 da Lei nº 5.143/1966 extinguiu o imposto do selo.*

§ 1º. Se o arbitramento e pagamento da multa não for requerido pela mesário faltoso, a multa será arbitrada e cobrada na forma prevista no art. 367.

§ 2º. Se o faltoso for servidor público ou autárquico, a pena será de suspensão até 15 (quinze) dias.

§ 3º. As penas previstas neste artigo serão aplicadas em dobro se a Mesa Receptora deixar de funcionar por culpa dos faltosos.

§ 4º. Será também aplicada em dobro, observado o disposto nos §§ 1º e 2º, a pena ao membro da Mesa que abandonar os trabalhos no decurso da votação sem justa causa apresentada ao Juiz até 3 (três) dias após a ocorrência.

Art. 125. Não se reunindo, por qualquer motivo, a Mesa Receptora, poderão os eleitores pertencentes à respectiva Seção votar na Seção mais próxima, sob a jurisdição do mesmo Juiz, recolhendo-se os seus votos à urna da Seção em que deveriam votar, a qual será transportada para aquela em que tiverem de votar.

§ 1º. As assinaturas dos eleitores serão recolhidas nas folhas de votação da Seção a que pertencerem, as quais, juntamente com as cédulas oficiais e o material restante, acompanharão a urna.

§ 2º. O transporte da urna e dos documentos da Seção será providenciado pelo Presidente da Mesa, mesário ou secretário que comparecer, ou pelo próprio Juiz, ou pessoa que ele designar para esse fim, acompanhando-a os fiscais que o desejarem.

Art. 126. Se no dia designado para o pleito deixarem de se reunir todas as Mesas de um Município, o Presidente do Tribunal Regional determinará dia para se realizar o mesmo, instaurando-se inquérito para a apuração das causas da irregularidade e punição dos responsáveis.

Parágrafo único. Essa eleição deverá ser marcada dentro de 15 (quinze) dias, pelo menos, para se realizar no prazo máximo de 30 (trinta) dias.

Art. 127. Compete ao Presidente da Mesa Receptora, e, em sua falta, a quem o substituir:

I – receber os votos dos eleitores;

II – decidir imediatamente todas as dificuldades ou dúvidas que ocorrerem;

III – manter a ordem, para o que disporá de força pública necessária;

IV – comunicar ao Juiz Eleitoral, que providenciará imediatamente as ocorrências cuja solução deste dependerem;

V – remeter à Junta Eleitoral todos os papeis que tiverem sido utilizados durante a recepção dos votos;

VI – autenticar, com a sua rubrica, as cédulas oficiais e numerá-las nos termos das instruções do Tribunal Superior Eleitoral;

VII – assinar as fórmulas de observações dos fiscais ou delegados de partido, sobre as votações;

VIII – fiscalizar a distribuição das senhas e, verificando que não estão sendo distribuídas, segundo a sua ordem numérica, recolher as de numeração intercalada, acaso retidas, as quais não se poderão mais distribuir;

IX – anotar o não comparecimento do eleitor no verso da folha individual de votação.

- *Inciso IX acrescido pela Lei nº 4.961/1966.*

Art. 128. Compete aos secretários:

I – distribuir aos eleitores as senhas de entrada previamente rubricadas ou carimbadas segundo a respectiva ordem numérica;

II – lavrar a ata da eleição;

III – cumprir as demais obrigações que lhes forem atribuídas em instruções.

Parágrafo único. As atribuições mencionadas no nº I serão exercidas por um dos secretários e as constantes dos nºs II e III pelo outro.

Art. 129. Nas eleições proporcionais, os Presidentes das Mesas Receptoras deverão zelar pela preservação das listas de candidatos afixadas dentro das cabinas indevassáveis, tomando imediatas providências para a colocação de nova lista no caso de inutilização total ou parcial.

Parágrafo único. O eleitor que inutilizar ou arrebatar as listas afixadas nas cabinas indevassáveis ou nos edifícios onde funcionarem Mesas Receptoras incorrerá nas penas do art. 297.

Art. 130. Nos estabelecimentos de internação coletiva de hansenianos os membros das Mesas Receptoras serão escolhidos de preferência entre os médicos e funcionários sadios do próprio estabelecimento.

Capítulo III
A Fiscalização Perante as Mesas Receptoras

- *V. arts. 65 a 72 da Lei nº 9.504/1997.*

Art. 131. Cada partido poderá nomear 2 (dois) delegados em cada Município e 2 (dois) fiscais junto a cada Mesa Receptora, funcionando um de cada vez.

- *V. art. 65 da Lei nº 9.504/1997.*

§ 1º. Quando o Município abranger mais de uma Zona Eleitoral, cada partido poderá nomear 2 (dois) delegados junto a cada uma delas.

§ 2º. A escolha de fiscal e delegado de partido não poderá recair em quem, por nomeação do Juiz Eleitoral, já faça parte da Mesa Receptora.

- *V. art. 65,* caput, *da Lei nº 9.504/1997.*

§ 3º. As credenciais expedidas pelos partidos, para os fiscais, deverão ser visadas pelo Juiz Eleitoral.

- *V. art. 65, §§ 2º e 3º, da Lei nº 9.504/1997.*

§ 4º. Para esse fim, o delegado do partido encaminhará as credenciais ao Cartório, juntamente com os títulos eleitorais dos fiscais credenciados, para que, verificado pelo escrivão que as inscrições correspondentes aos títulos estão em vigor e se referem aos nomeados, carimbe as credenciais e as apresente ao Juiz para o visto.

- *V. art. 65 da Lei nº 9.504/1997.*

§ 5º. As credenciais que não forem encaminhadas ao Cartório pelos delegados de partido, para os fins do parágrafo anterior, poderão ser apresentadas pelos próprios fiscais para a obtenção do visto do Juiz Eleitoral.

- *V. art. 65 da Lei nº 9.504/1997.*

§ 6º. Se a credencial apresentada ao Presidente da Mesa Receptora não estiver autenticada na forma do § 4º, o fiscal poderá funcionar perante a Mesa, mas o seu voto não será admitido, a não ser na Seção em que seu nome estiver incluído.

§ 7º. O fiscal de cada partido poderá ser substituído por outro no curso dos trabalhos eleitorais.

Art. 132. Pelas Mesas Receptoras serão admitidos a fiscalizar a votação, formular protestos e fazer impugnações, inclusive sobre a identidade do eleitor, os candidatos registrados, os delegados e os fiscais dos partidos.

- *V. art. 66 da Lei nº 9.504/1997.*

TÍTULO III – DO MATERIAL PARA A VOTAÇÃO

Art. 133. Os Juízes Eleitorais enviarão ao Presidente de cada Mesa Receptora, pela menos 72 (setenta e duas) horas antes da eleição, o seguinte material:

I – relação dos eleitores da Seção, que poderá ser dispensada, no todo ou em parte, pelo respectivo Tribunal Regional Eleitoral em decisão fundamentada e aprovada pelo Tribunal Superior Eleitoral;

- *Inciso I com redação dada pela Lei nº 6.055/1974.*

II – relações dos partidos e dos candidatos registrados, as quais deverão ser afixadas no recinto das Seções Eleitorais em lugar visível, e dentro das cabinas indevassáveis as relações de candidatos a eleições proporcionais;

III – as folhas individuais de votação dos eleitores da Seção, devidamente acondicionadas;

- *V. art. 12 c/c art. 6º, I e II da Lei nº 6.996/1982.*
- *V. art. 6º, § 1º, da Lei nº 7.444/1985.*

IV – uma folha de votação para os eleitores de outras Seções, devidamente rubricada;

V – uma urna vazia, vedada pelo Juiz Eleitoral, com tiras de papel ou pano forte;

VI – sobrecartas maiores para os votos impugnados ou sobre os quais haja dúvida;

VII – cédulas oficiais;

VIII – sobrecartas especiais para remessa à Junta Eleitoral dos documentos relativos à eleição;

IX – senhas para serem distribuídas aos eleitores;

X – tinta, canetas, penas, lápis e papel, necessários aos trabalhos;

XI – folhas apropriadas para impugnação e folhas para observação de fiscais de partidos;

XII – modelo da ata a ser lavrada pela Mesa Receptora;

XIII – material necessário para vedar, após a votação, a fenda da urna;

XIV – um exemplar das instruções do Tribunal Superior Eleitoral;

XV – material necessário à contagem dos votos, quando autorizada;

XVI – outro qualquer material que o Tribunal Regional julgue necessário ao regular funcionamento da Mesa.

- *A Lei nº 4.961/1966 revogou o primitivo inciso VI, que tinha a seguinte redação: "VI – invólucro especial para recepção dos votos em separado;" e renumerou os incisos VII a XVII para VI a XVI.*

§ 1º. O material de que trata este artigo deverá ser remetido por protocolo ou pelo correio acompanhado de uma relação ao pé da qual o destinatário declarará o que recebeu e como o recebeu, e aporá sua assinatura.

§ 2º. Os Presidentes da Mesa que não tiverem recebido até 48 (quarenta e oito) horas antes do pleito o referido material deverão diligenciar para o seu recebimento.

§ 3º. O Juiz Eleitoral, em dia e hora previamente designados em presença dos fiscais e delegados dos partidos, verificará, antes de fechar e lacrar as urnas, se estas estão completamente vazias; fechadas, enviará uma das chaves, se houver, ao Presidente da Junta Eleitoral e a da fenda, também, se houver, ao Presidente da Mesa Receptora, juntamente com a urna.

Art. 134. Nos estabelecimentos de internação coletiva para hansenianos serão sempre utilizadas urnas de lona.

TÍTULO IV – DA VOTAÇÃO

Capítulo I – Dos Lugares da Votação

- *V. arts. 59 a 62 da Lei nº 9.504/1997.*

Art. 135. Funcionarão as Mesas Receptoras nos lugares designados pelos Juízes Eleitorais 60 (sessenta) dias antes da eleição, publicando-se a designação.

§ 1º. A publicação deverá conter a Seção com a numeração ordinal e local em que deverá funcionar, com a indicação da rua, número e qualquer outro elemento que facilite a localização pelo eleitor.

§ 2º. Dar-se-á preferência aos edifícios públicos, recorrendo-se aos particulares se faltarem aqueles em número e condições adequadas.

§ 3º. A propriedade particular será obrigatória e gratuitamente cedida para esse fim.

§ 4º. É expressamente vedado o uso de propriedade pertencente a candidato, membro do diretório de partido, delegado de partido ou autoridade policial, bem como dos respectivos cônjuges e parentes, consanguíneos ou afins, até o 2º grau, inclusive.

§ 5º. Não poderão ser localizadas Seções Eleitorais em fazenda, sítio ou qualquer propriedade rural privada, mesmo existindo no local prédio público, incorrendo o Juiz nas penas do art. 312, em caso de infringência.

- *§ 5º com redação dada pela Lei nº 4.961/1966.*

§ 6º. Os Tribunais Regionais, nas Capitais, e os Juízes Eleitorais, nas demais Zonas, farão ampla divulgação da localização das Seções.

§ 6º-A. Os Tribunais Regionais Eleitorais deverão, a cada eleição, expedir instruções aos Juízes Eleitorais, para orientá-los na escolha dos locais de votação de mais fácil acesso para o eleitor deficiente físico.

- *§ 6º-A acrescido pela Lei nº 10.226/2001.*

§ 6º-B. (Vetado).

- *§ 6º-B acrescido pela Lei nº 10.226/2001.*

§ 7º. Da designação dos lugares de votação poderá qualquer partido reclamar ao Juiz Eleitoral, dentro de 3 (três) dias a contar da publicação, devendo a decisão ser proferida dentro de 48 (quarenta e oito) horas.

- *§ 7º acrescido pela Lei nº 4.961/1966.*

§ 8º. Da decisão do Juiz Eleitoral caberá recurso para o Tribunal Regional, interposto dentro de 3 (três) dias, devendo no mesmo prazo, ser resolvido.

- *§ 8º acrescido pela Lei nº 4.961/1966.*

§ 9º. Esgotados os prazos referidos nos §§ 7º e 8º deste artigo, não mais poderá ser alegada, no processo eleitoral, a proibição contida em seu § 5º.

- *§ 9º acrescido pela Lei nº 6.336/1976.*

Art. 136. Deverão ser instaladas Seções nas vilas e povoados, assim como nos estabelecimentos de internação coletiva, inclusive para cegos e nos leprosários onde haja, pelo menos, 50 (cinquenta) eleitores.

Parágrafo único. A Mesa Receptora designada para qualquer dos estabelecimentos de internação coletiva deverá funcionar em local indicado pelo respectivo diretor; o mesmo critério será adotado para os estabelecimentos especializados para proteção dos cegos.

Art. 137. Até 10 (dez) dias antes da eleição, pelo menos, comunicarão os Juízes Eleitorais aos chefes das repartições públicas e aos proprietários, arrendatários ou administradores das propriedades particulares, a resolução de que serão os respectivos edifícios, ou parte deles, utilizados para o funcionamento das Mesas Receptoras.

Art. 138. No local destinado à votação, a Mesa ficará em recinto separado do público; ao lado haverá uma cabina indevassável onde os eleitores, à medida que comparecerem, possam assinalar a sua preferência na cédula.

Parágrafo único. O Juiz Eleitoral providenciará para que nos edifícios escolhidos sejam feitas as necessárias adaptações.

Capítulo II
Da Polícia dos Trabalhos Eleitorais

Art. 139. Ao Presidente da Mesa Receptora e ao Juiz Eleitoral cabe a polícia dos trabalhos eleitorais.

Art. 140. Somente podem permanecer no recinto da Mesa Receptora os seus membros, os candidatos, um fiscal, um delegado de cada partido e, durante o tempo necessário à votação, o eleitor.

§ 1º. O Presidente da Mesa, que é, durante os trabalhos, a autoridade superior, fará retirar do recinto ou do edifício quem não guardar a ordem e compostura devidas e estiver praticando qualquer ato atentatório da liberdade eleitoral.

§ 2º. Nenhuma autoridade estranha à Mesa poderá intervir, sob pretexto algum, em seu funcionamento, salvo o Juiz Eleitoral.

Art. 141. A força armada conservar-se-á a cem metros da Seção Eleitoral e não poderá aproximar-se do lugar da votação, ou nele penetrar, sem ordem do Presidente da Mesa.

Capítulo III – Do Início da Votação

Art. 142. No dia marcado para a eleição, às 7 (sete) horas, o Presidente da Mesa Receptora, os mesários e os secretários verificarão se no lugar designado estão em ordem o material remetido pelo Juiz e a urna destinada a recolher os votos, bem como se estão presentes os fiscais de partido.

Art. 143. Às 8 (oito) horas, supridas as deficiências, declarará o Presidente iniciados os trabalhos, procedendo-se, em seguida, à votação, que começará pelos candidatos e eleitores presentes.

§ 1º. Os membros da Mesa e os fiscais de partido deverão votar no correr da votação, depois que tiverem votado os eleitores que já se encontravam presentes no momento da abertura dos trabalhos, ou no encerramento da votação.

- *§ 1º, primitivo parágrafo único, renumerado pela Lei nº 4.961/1966.*

§ 2º. Observada a prioridade assegurada aos candidatos, tem preferência para votar o Juiz Eleitoral da Zona, seus auxiliares de serviço, os eleitores de idade avançada, os enfermos e as mulheres grávidas.

- *§ 2º acrescido pela Lei nº 4.961/1966.*

Art. 144. O recebimento dos votos começará às 8 (oito) horas e terminará, salvo o disposto no art. 153, às 17 (dezessete) horas.

Art. 145. O Presidente, mesários, secretários, suplentes e os delegados e fiscais de partido votarão, perante as Mesas em que servirem, sendo que os delegados e fiscais, desde que a credencial esteja visada na forma do art. 131, § 3º; quando eleitores de outras Seções, seus votos serão tomados em separado.

- *Art. 145,* caput, *com redação dada pela Lei nº 4.961/1966.*

§ 1º. O suplente de mesário que não for convocado para substituição decorrente de falta, somente poderá votar na seção em que estiver incluído o seu nome.

- *§ 1º revogado pela Lei nº 4.961/1966 e restabelecido pela Lei nº 7.332/1985.*

§ 2º. Com as cautelas constantes do art. 147, § 2º, poderão ainda votar fora da respectiva seção:

- *§ 2º renumerado para parágrafo único pela Lei nº 4.961/1966 e restabelecido pela Lei nº 7.332/1985.*

I – o Juiz Eleitoral, em qualquer Seção da Zona sob sua jurisdição, salvo em eleições municipais, nas quais poderá votar em qualquer Seção do Município em que for eleitor;

II – o Presidente da República, o qual poderá votar em qualquer Seção Eleitoral do País, nas eleições presidenciais; em qualquer Seção do Estado em que for eleitor, nas eleições para Governador, Vice-Governador, Senador, Deputado Federal e Estadual; em qualquer Seção do Município em que estiver inscrito, nas eleições para Prefeito, Vice-Prefeito e Vereador;

III – os candidatos à Presidência da República, em qualquer Seção Eleitoral do País, nas eleições presidenciais, e, em qualquer Seção do Estado em que forem eleitores, nas eleições de âmbito estadual;

IV – os Governadores, Vice-Governadores, Senadores, Deputados Federais e Estaduais, em qualquer Seção do Estado, nas eleições de âmbito nacional e estadual; em qualquer Seção do Município de que sejam eleitores, nas eleições municipais;

V – os candidatos a Governador, Vice-Governador, Senador, Deputado Federal e Estadual, em qualquer Seção do Estado de que sejam eleitores, nas eleições de âmbito nacional e estadual;

VI – os Prefeitos, Vice-Prefeitos e Vereadores, em qualquer Seção de Município que representarem, desde que eleitores do Estado, sendo que, no caso de eleições municipais, nelas somente poderão votar se inscritos no município;

VII – os candidatos a Prefeito, Vice-Prefeito e Vereador, em qualquer Seção de Município, desde que dele sejam eleitores;

VIII – os militares, removidos ou transferidos dentro do período de 6 (seis) meses antes do pleito, poderão votar nas eleições para Presidente e Vice-Presidente da República na localidade em que estiverem servindo;

IX – os policiais militares em serviço.

- *Inciso IX acrescido pela Lei nº 9.504/1997.*

§ 3º. Os eleitores referidos neste artigo votarão mediante as cautelas enumeradas no art. 147, § 2º, não sendo, porém, os seus votos, recolhidos à urna, e sim a um invólucro especial de papel ou pano forte, o qual será lacrado e rubricado pelos membros da mesa e fiscais presentes e encaminhado à Junta Eleitoral com a urna e demais documentos da eleição.

- *§ 3º revogado pela Lei nº 4.961/1966 e restabelecido pela Lei nº 7.332/1985.*

Capítulo IV – Do Ato de Votar

Art. 146. Observar-se-á na votação o seguinte:

I – o eleitor receberá, ao apresentar-se na Seção, e antes de penetrar no recinto da Mesa, uma senha numerada, que o secretário rubricará, no momento, depois de verificar, pela relação dos eleitores da Seção, que o seu nome consta da respectiva pasta;

II – no verso da senha o secretário anotará o número de ordem da folha individual da pasta, número esse que constará da relação enviada pelo Cartório à Mesa Receptora;

III – admitido a penetrar no recinto da Mesa, segundo a ordem numérica das senhas, o eleitor apresentará ao Presidente seu título, o qual poderá ser examinado por fiscal ou delegado de partido, entregando, no mesmo ato, a senha;

IV – pelo número anotado no verso da senha, o Presidente, ou mesário, localizará a folha individual de votação, que será confrontada com o título e poderá também ser examinada por fiscal ou delegado de partido;

V – achando-se em ordem o título e a folha individual e não havendo dúvida sobre a identidade do eleitor, o Presidente da Mesa o convidará a lançar sua assinatura no verso da folha individual de votação; em seguida, entregar-lhe-á a cédula única rubricada no ato pelo Presidente e mesários e numerada de acordo com as instruções do Tribunal Superior, instruindo-o sobre a forma de dobrá-la, fazendo-o passar à cabina indevassável, cuja porta ou cortina será cerrada em seguida;

- *V. art. 18 da Lei nº 7.332/ 1985.*

VI – o eleitor será admitido a votar, ainda que deixe de exibir no ato da votação o seu título, desde que seja inscrito na Seção e conste da respectiva pasta a sua folha individual de votação; nesse caso, a prova de ter votado será feita mediante certidão que obterá posteriormente, no Juízo competente;

VII – no caso da omissão da folha individual na respectiva pasta, verificada no ato da votação, será o eleitor, ainda, admitido a votar, desde que exiba o seu título eleitoral e dele conste que o portador é inscrito na Seção, sendo o seu voto, nesta hipótese, tomado em separado e colhida sua assinatura na folha de votação modelo 2 (dois). Como ato preliminar da apuração do voto, averiguar-se-á se se trata de eleitor em condições de votar, inclusive se realmente pertence à Seção;

- *V. art. 12, § 4º, da Lei nº 6.996/1982.*

VIII – verificada a ocorrência de que trata o número anterior, a Junta Eleitoral, antes de encerrar os seus trabalhos, apurará a causa da omissão. Se tiver havido culpa ou dolo, será aplicada ao responsável, na primeira hipótese, a multa de até 2 (dois) salários mínimos, e, na segunda, a de suspensão até 30 (trinta) dias;

IX – na cabina indevassável, onde não poderá permanecer mais de um minuto, o eleitor indicará os candidatos de sua preferência e dobrará a cédula oficial, observadas as seguintes normas:

a) assinalando com uma cruz, ou de modo que torne expressa a sua intenção, o quadrilátero correspondente ao candidato majoritário de sua preferência;

b) escrevendo o nome, o prenome, ou o número do candidato de sua preferência nas eleições proporcionais;

- *Alínea "b" com redação dada pela Lei nº 7.434/1985.*

c) escrevendo apenas a sigla do partido de sua preferência, se pretender votar só na legenda;

- *A alínea "c" havia sido revogada pelo art. 4º da Lei nº 6.989/1982 e foi restabelecida pela Lei nº 7.332/1985, art. 20, que cita o art. 145 quando, na verdade, trata-se do art. 146.*

X – ao sair da cabina, o eleitor depositará na urna a cédula;

XI – ao depositar a cédula na urna, o eleitor deverá fazê-lo de maneira a mostrar a parte rubricada à Mesa e aos fiscais de partido, para que verifiquem, sem nela tocar, se não foi substituída;

XII – se a cédula oficial não for a mesma, será o eleitor convidado a voltar à cabina indevassável e a trazer seu voto na cédula que recebeu; se não quiser tornar à cabina ser-lhe-á recusado o direito de voto, anotando-se a ocorrência na ata e ficando o eleitor retido pela Mesa, e à sua disposição, até o término da votação ou a devolução da cédula oficial já rubricada e numerada;

XIII – se o eleitor, ao receber a cédula ou ao recolher-se à cabina de votação, verificar que a cédula se acha estragada ou, de qualquer modo, viciada ou assinalada ou se ele próprio, por imprudência, imprevidência ou ignorância, a inutilizar, estragar ou assinalar erradamente, poderá pedir uma outra ao Presidente da Seção Eleitoral, restituindo, porém, a primeira, a qual será imediatamente inutilizada à vista dos presentes e sem quebra do sigilo do que o eleitor haja nela assinalado;

XIV – introduzida a sobrecarta na urna, o Presidente da Mesa devolverá o título ao eleitor, depois de datá-lo e assiná-lo; em seguida rubricará, no local próprio, a folha individual de votação.

- *V. art. 12, c/c art. 6º, I e II, da Lei nº 6.996/1982.*
- *V. art. 6º, § 1º, da Lei nº 7.444/1985.*

Art. 147. O Presidente da Mesa dispensará especial atenção à identidade de cada eleitor admitido a votar. Existindo dúvida a respeito, deverá exigir-lhe a exibição da respectiva carteira, e, na falta desta, interrogá-lo sobre os dados constantes do título, ou da folha individual de votação, confrontando a assinatura do mesmo com a feita na sua presença pelo eleitor, e mencionando na ata a dúvida suscitada.

§ 1º. A impugnação à identidade do eleitor, formulada pelos membros da Mesa, fiscais, delegados, candidatos ou qualquer eleitor, será apresentada verbalmente ou por escrito, antes de ser o mesmo admitido a votar.

§ 2º. Se persistir a dúvida ou for mantida a impugnação, tomará o Presidente da Mesa as seguintes providências:

I – escreverá numa sobrecarta branca o seguinte: "Impugnado por F";

II – entregará ao eleitor a sobrecarta branca, para que ele, na presença da Mesa e dos fiscais, nela coloque a cédula oficial que assinalou, assim como o seu título, a folha de impugnação e qualquer outro documento oferecido pelo impugnante;

III – determinará ao eleitor que feche a sobrecarta branca e a deposite na urna;

IV – anotará a impugnação na ata.

§ 3º. O voto em separado, por qualquer motivo, será sempre tomado na forma prevista no parágrafo anterior.

- *V. art.12, § 4º, da Lei nº 6.996/1982.*

Art. 148. O eleitor somente poderá votar na Seção Eleitoral em que estiver incluído o seu nome.

§ 1º. Essa exigência somente poderá ser dispensada nos casos previstos no art. 145 e seus parágrafos.

- *V. art. 62 da Lei nº 9.504/1997.*

§ 2º. Aos eleitores mencionados no art. 145 não será permitido votar sem a exibição do título, e nas folhas de votação modelo 2 (dois), nas quais lançarão suas assinaturas, serão sempre anotadas na coluna própria as Seções mencionadas nos títulos retidos.

§ 3º. Quando se tratar de candidato, o Presidente da Mesa Receptora verificará, previamente, se o nome figura na relação enviada à Seção, e quando se tratar de fiscal de partido, se a credencial está devidamente visada pelo Juiz Eleitoral.

§ 4º. (Revogado).

- *§ 4º revogado pela Lei nº 4.961/1966.*

§ 5º. (Revogado).

- *§ 5º revogado pela Lei nº 4.961/1966.*

Art. 149. Não será admitido recurso contra a votação, se não tiver havido impugnação perante a Mesa Receptora, no ato da votação, contra as nulidades arguidas.

Art. 150. O eleitor cego poderá:

I – assinar a folha individual de votação em letras de alfabeto comum ou do sistema Braille;

II – assinalar a cédula oficial, utilizando também qualquer sistema;

III – usar qualquer elemento mecânico que trouxer consigo, ou lhe for fornecido pela Mesa, e que lhe possibilite exercer o direito de voto.

Art. 151. (Revogado).

- *Art. 151,* caput, *revogado pela Lei nº 7.914/1989.*

I – (revogado);

- *Inciso I revogado pela Lei nº 7.914/1989.*

II – (revogado);

- *Inciso II revogado pela Lei nº 7.914/1989.*

III – (revogado);

- *Inciso III revogado pela Lei nº 7.914/1989.*

IV – (revogado).

- *Inciso IV revogado pela Lei nº 7.914/1989.*

§ 1º. (Revogado).

- *§ 1º revogado pela Lei nº 4.961/1966.*

§ 2º. (Revogado).

- *§ 2º revogado pela Lei nº 4.961/1966.*

Art. 152. Poderão ser utilizadas máquinas de votar, a critério e mediante regulamentação do Tribunal Superior Eleitoral.

Capítulo V – Do Encerramento da Votação

Art. 153. Às 17 (dezessete) horas, o Presidente fará entregar as senhas a todos os eleitores presentes e, em seguida, os convidará, em voz alta, a entregar à Mesa seus títulos, para que sejam admitidos a votar.

Parágrafo único. A votação continuará na ordem numérica das senhas e o título será devolvido ao eleitor, logo que tenha votado.

Art. 154. Terminada a votação e declarado o seu encerramento pelo Presidente, tomará este as seguintes providências:

I – vedará a fenda de introdução da cédula na urna, de modo a cobri-la inteiramente com tiras de papel ou pano forte, rubricadas pelo Presidente e mesários e, facultativamente, pelos fiscais presentes; separará todas as folhas de votação correspondentes aos eleitores faltosos e fará constar, no verso de cada uma delas, na parte destinada à assinatura do eleitor, a falta verificada, por meio de breve registro, que autenticará com a sua assinatura;

- *Inciso I com redação dada pela Lei nº 4.961/ 1966.*

II – encerrará, com a sua assinatura, a folha de votação modelo 2 (dois), que poderá ser também assinada pelos fiscais;

III – mandará lavrar, por um dos secretários, a ata da eleição, preenchendo o modelo fornecido pela Justiça Eleitoral para que conste:

a) os nomes dos membros da Mesa que hajam comparecido, inclusive o suplente;

b) as substituições e nomeações feitas;

c) os nomes dos fiscais que hajam comparecido e dos que se retiraram durante a votação;

d) a causa, se houver, do retardamento para o começo da votação;

e) o número, por extenso, dos eleitores da Seção que compareceram e votaram e o número dos que deixaram de comparecer;

f) o número, por extenso, de eleitores de outras Seções que hajam votado e cujos votos hajam sido recolhidos ao invólucro especial;

g) o motivo de não haverem votado alguns dos eleitores que compareceram;

h) os protestos e as impugnações apresentados pelos fiscais, assim como as decisões sobre eles proferidas, tudo em seu inteiro teor;

i) a razão de interrupção da votação, se tiver havido, e o tempo da interrupção;

j) a ressalva das rasuras, emendas e entrelinhas porventura existentes nas folhas de votação e na ata, ou a declaração de não existirem;

IV – mandará, em caso de insuficiência de espaço no modelo destinado ao preenchimento, prosseguir a ata em outra folha devidamente rubricada por ele, mesários e fiscais que o desejarem, mencionando esse fato na própria ata;

V – assinará a ata com os demais membros da Mesa, secretários e fiscais que quiserem;

VI – entregará a urna e os documentos do ato eleitoral ao Presidente da Junta ou à agência do Correio mais próxima, ou a outra vizinha que ofereça melhores condições de segurança e expedição, sob recibo em triplicata com a indicação de hora, devendo aqueles documentos serem encerrados em sobrecartas rubricadas por ele e pelos fiscais que o quiserem;

VII – comunicará em ofício, ou impresso próprio, ao Juiz Eleitoral da Zona a realização da eleição, o número de eleitores que votaram e a remessa da urna e dos documentos à Junta Eleitoral;

VIII – enviará, em sobrecarta fechada, uma das vias do recibo do Correio à Junta Eleitoral e a outra ao Tribunal Regional.

§ 1º. Os Tribunais Regionais poderão prescrever outros meios de vedação das urnas.

§ 2º. No Distrito Federal e nas capitais dos Estados poderão os Tribunais Regionais determinar normas diversas para a entrega de urnas e papeis eleitorais, com as cautelas destinadas a evitar violação ou extravio.

Art. 155. O Presidente da Junta Eleitoral e as agências do Correio tomarão as providências necessárias para o recebimento da urna e dos documentos referidos no artigo anterior.

§ 1º. Os fiscais e delegados de partidos tem direito de vigiar e acompanhar a urna desde o momento da eleição, durante a permanência nas agências do Correio e até a entrega à Junta Eleitoral.

- *V. art. 66 da Lei nº 9.504/1997.*

§ 2º. A urna ficará permanentemente à vista dos interessados e sob a guarda de pessoa designada pelo Presidente da Junta Eleitoral.

- *V. art. 66 da Lei nº 9.504/1997.*

Art. 156. Até às 12 (doze) horas do dia seguinte à realização da eleição, o Juiz Eleitoral é obrigado, sob pena de responsabilidade e multa de 1 (um) a 2 (dois) salários mínimos, a comunicar ao Tribunal Regional e aos delegados de partido perante ele credenciados, o número de eleitores que votaram em cada uma das Seções da Zona sob sua jurisdição, bem como o total de votantes da Zona.

§ 1º. Se houver retardamento nas medidas referidas no art. 154, o Juiz Eleitoral, assim que receba o ofício constante desse dispositivo, nº VII, fará a comunicação constante deste artigo.

§ 2º. Essa comunicação será feita por via postal, em ofícios registrados de que o Juiz Eleitoral guardará cópia no arquivo da Zona, acompanhada do recibo do Correio.

§ 3º. Qualquer candidato, delegado ou fiscal de partido poderá obter, por certidão, o teor da comunicação a que se refere este artigo, sendo defeso ao Juiz Eleitoral recusá-la ou procrastinar a sua entrega ao requerente.

Art. 157. (Revogado).

- *Art. 157 revogado pela Lei nº 7.914/1989.*

TÍTULO V – DA APURAÇÃO

Capítulo I – Dos Órgãos Apuradores

Art. 158. A apuração compete:

I – às Juntas Eleitorais, quanto às eleições realizadas na Zona sob sua jurisdição;

II – aos Tribunais Regionais, a referente às eleições para Governador, Vice-Governador, Senador, Deputado Federal e Estadual, de acordo com os resultados parciais enviados pelas Juntas Eleitorais;

- *V. art. 13 da Lei nº 6.996/1982.*

III – ao Tribunal Superior Eleitoral, nas eleições para Presidente e Vice-Presidente da República, pelos resultados parciais remetidos pelos Tribunais Regionais.

Capítulo II – Da Apuração nas Juntas

Seção I – Disposições Preliminares

Art. 159. A apuração começará no dia seguinte ao das eleições e, salvo motivo justificado, deverá terminar dentro de 10 (dez) dias.

- *V. art. 14 da Lei nº 6.996/1982.*

§ 1º. Iniciada a apuração, os trabalhos não serão interrompidos aos sábados, domingos e dias feriados, devendo a Junta funcionar das 8 (oito) às 18 (dezoito) horas, pelo menos.

§ 2º. Em caso de impossibilidade de observância do prazo previsto neste artigo, o fato deverá ser imediatamente justificado perante o Tribunal Regional, mencionando-se as horas ou dias necessários para o adiamento, que não poderá exceder a 5 (cinco) dias.

- *§ 2º com redação dada pela Lei nº 4.961/1966.*

§ 3º. Esgotado o prazo e a prorrogação estipulada neste artigo, ou não tendo havido em tempo hábil pedido de prorrogação, a respectiva Junta Eleitoral perde a competência para prosseguir na apuração, devendo o seu Presidente remeter, imediatamente ao Tribunal Regional, todo o material relativo à votação.

- *§ 3º acrescido pela Lei nº 4.961/1966.*

§ 4º. Ocorrendo a hipótese prevista no parágrafo anterior, competirá ao Tribunal Regional fazer a apuração.

• *§ 4º acrescido pela Lei nº 4.961/1966.*

§ 5º. Os membros da Junta Eleitoral responsáveis pela inobservância injustificada dos prazos fixados neste artigo estarão sujeitos à multa de 2 (dois) a 10 (dez) salários mínimos, aplicada pelo Tribunal Regional.

• *§ 5º acrescido pela Lei nº 4.961/1966.*

Art. 160. Havendo conveniência, em razão do número de urnas a apurar, a Junta poderá subdividir-se em Turmas, até o limite de 5 (cinco), todas presididas por algum dos seus componentes.

Parágrafo único. As dúvidas que forem levantadas em cada Turma serão decididas por maioria de votos dos membros da Junta.

Art. 161. Cada partido poderá credenciar perante as Juntas até 3 (três) fiscais, que se revezem na fiscalização dos trabalhos.

• *V. art. 65 da Lei nº 9.504/1997.*

§ 1º. Em caso de divisão da Junta em Turmas, cada partido poderá credenciar até 3 (três) fiscais para cada Turma.

§ 2º. Não será permitida, na Junta ou Turma, a atuação de mais de 1 (um) fiscal de cada partido.

Art. 162. Cada partido poderá credenciar mais de 1 (um) delegado perante a Junta, mas no decorrer da apuração só funcionará 1 (um) de cada vez.

Art. 163. Iniciada a apuração da urna, não será a mesma interrompida, devendo ser concluída.

Parágrafo único. Em caso de interrupção por motivo de força maior, as cédulas e as folhas de apuração serão recolhidas à urna, e esta fechada e lacrada, o que constará da ata.

Art. 164. É vedado às Juntas Eleitorais a divulgação, por qualquer meio, de expressões, frases ou desenhos estranhos ao pleito, apostos ou contidos nas cédulas.

§ 1º. Aos membros, escrutinadores e auxiliares das Juntas que infringirem o disposto neste artigo será aplicada a multa de 1 (um) a 2 (dois) salários mínimos vigentes na Zona Eleitoral, cobrados através de executivo fiscal ou da inutilização de selos federais no processo em que for arbitrada a multa.

• *O art. 15 da Lei nº 5.143/1966 extinguiu o imposto do selo.*

§ 2º. Será considerada dívida líquida e certa, para efeito de cobrança, a que for arbitrada pelo Tribunal Regional e inscrita em livro próprio na Secretaria desse órgão.

Seção II – Da Abertura da Urna

Art. 165. Antes de abrir cada urna a Junta verificará:

I – se há indício de violação da urna;

II – se a Mesa Receptora se constituiu legalmente;

III – se as folhas individuais de votação e as folhas modelo 2 (dois) são autênticas;

IV – se a eleição se realizou no dia, hora e local designados e se a votação não foi encerrada antes das 17 (dezessete) horas;

V – se foram infringidas as condições que resguardam o sigilo do voto;

VI – se a Seção Eleitoral foi localizada com infração ao disposto nos §§ 4º e 5º do art. 135;

VII – se foi recusada, sem fundamento legal, a fiscalização de partidos aos atos eleitorais;

VIII – se votou eleitor excluído do alistamento sem ser o seu voto tomado em separado;

IX – se votou eleitor de outra Seção, a não ser nos casos expressamente admitidos;

X – se houve demora na entrega da urna e dos documentos, conforme determina o nº VI do art. 154;

XI – se consta nas folhas individuais de votação dos eleitores faltosos o devido registro de sua falta.

• *Inciso XI acrescido pela Lei nº 4.961/1966.*

§ 1º. Se houver indício de violação da urna, proceder-se-á da seguinte forma:

I – antes da apuração, o Presidente da Junta indicará pessoa idônea para servir como perito e examinar a urna com assistência do representante do Ministério Público;

II – se o perito concluir pela existência de violação e o seu parecer for aceito pela Junta, o Presidente desta comunicará a ocorrência ao Tribunal Regional, para as providências de lei;

III – se o perito e o representante do Ministério Público concluírem pela inexistência de violação, far-se-á a apuração;

IV – se apenas o representante do Ministério Público entender que a urna foi violada, a Junta decidirá, podendo aquele, se a decisão não for unânime, recorrer imediatamente para o Tribunal Regional;

V – não poderão servir de peritos os referidos no art. 36, § 3º, nºs I a IV.

§ 2º. As impugnações fundadas em violação da urna somente poderão ser apresentadas até a abertura desta.

§ 3º. Verificado qualquer dos casos dos nºs II, III, IV e V do artigo, a Junta anulará a votação, fará a apuração dos votos em separado e recorrerá de ofício para o Tribunal Regional.

§ 4º. Nos casos dos nºs VI, VII, VIII, IX e X, a Junta decidirá se a votação é válida, procedendo à apuração definitiva em caso afirmativo, ou na forma do parágrafo anterior, se resolver pela nulidade da votação.

§ 5º. A Junta deixará de apurar os votos da urna que não estiver acompanhada dos documentos legais e lavrará termo relativo ao fato, remetendo-a, com cópia da sua decisão, ao Tribunal Regional.

Art. 166. Aberta a urna, a Junta verificará se o número de cédulas oficiais corresponde ao de votantes.

- *Art. 66,* caput, *com redação dada pela Lei nº 4.961/1966.*

§ 1º. A incoincidência entre o número de votantes e o de cédulas oficiais encontradas na urna não constituirá motivo de nulidade da votação, desde que não resulte de fraude comprovada.

- *§ 1º com redação dada pela Lei nº 4.961/1966.*

§ 2º. Se a Junta entender que a incoincidência resulta de fraude, anulará a votação, fará a apuração em separado e recorrerá de ofício para o Tribunal Regional.

Art. 167. Resolvida a apuração da urna, deverá a Junta, inicialmente:

I – examinar as sobrecartas brancas contidas na urna, anulando os votos referentes aos eleitores que não podiam votar;

- *Inciso I com redação dada pela Lei nº 4.961/1966.*

II – misturar as cédulas oficiais dos que podiam votar com as demais existentes na urna.

- *Inciso II com redação dada pela Lei nº 4.961/1966.*

III – (revogado);

- *Inciso III revogado pela Lei nº 4.961/1966.*

IV – (revogado).

- *Inciso IV revogado pela Lei nº 4.961/1966.*

Art. 168. As questões relativas à existência de rasuras, emendas e entrelinhas nas folhas de votação e na ata da eleição, somente poderão ser suscitadas na fase correspondente à abertura das urnas.

Seção III – Das Impugnações e dos Recursos

Art. 169. À medida que os votos forem sendo apurados, poderão os fiscais e delegados de partido, assim como os candidatos, apresentar impugnações que serão decididas de plano pela Junta.

- *V. arts. 66 e 69 da Lei nº 9.504/1997.*

§ 1º. As Juntas decidirão por maioria de votos as impugnações.

- *V. art. 71 da Lei nº 9.504/1997.*

§ 2º. De suas decisões cabe recurso imediato, interposto verbalmente ou por escrito, que deverá ser fundamentado no prazo de 48 (quarenta e oito) horas para que tenha seguimento.

§ 3º. O recurso, quando ocorrerem eleições simultâneas, indicará expressamente a eleição a que se refere.

§ 4º. Os recursos serão instruídos de ofício, com certidão da decisão recorrida; se interpostos verbalmente, constará, também, da certidão o trecho correspondente do boletim.

- *§ 4º com redação dada pela Lei nº 4.961/1966.*
- *V. art. 70 da Lei nº 9.504/1997*

Art. 170. As impugnações quanto à identidade do eleitor, apresentadas no ato da votação, serão resolvidas pelo confronto da assinatura tomada no verso da folha individual de votação com a existente no anverso; se o eleitor votou em separado, no caso de omissão da folha individual na respectiva pasta, confrontando-se a assinatura da folha modelo 2 (dois) com a do título eleitoral.

Art. 171. Não será admitido recurso contra a apuração se não tiver havido impugnação perante a Junta, no ato da apuração, contra as nulidades arguidas.

Art. 172. Sempre que houver recurso fundado em contagem errônea de votos, vícios de cédulas ou de sobrecartas para votos em separado, deverão as cédulas ser conservadas em invólucro lacrado, que acompanhará o recurso e deverá ser rubricado pelo Juiz Eleitoral, pelo recorrente e pelos delegados de partido que o desejarem.

- *Art. 172 com redação dada pela Lei nº 4.961/1966.*

Seção IV – Da Contagem dos Votos

Art. 173. Resolvidas as impugnações, a Junta passará a apurar os votos.

Parágrafo único. Na apuração, poderá ser utilizado sistema eletrônico, a critério do Tribunal Superior Eleitoral e na forma por ele estabelecida.

- *Parágrafo único acrescido pela Lei nº 6.978/1982.*
- *V. Leis nº 6.996/1982 e nº 7.444/1985.*
- *V. art. 14, parágrafo único c/c art. 1º da Lei nº 6.996/1982.*

Art. 174. As cédulas oficiais, à medida em que forem sendo abertas, serão examinadas e lidas em voz alta por um dos componentes da Junta.

§ 1º. Após fazer a declaração dos votos em branco e antes de ser anunciado o seguinte, será aposto na cédula, no lugar correspondente à indicação do voto, um carimbo com a expressão "em branco", além da rubrica do Presidente da Turma.

- *§ 1º com redação dada pela Lei nº 6.055/1974.*

§ 2º. O mesmo processo será adotado para o voto nulo.

- *§ 2º com redação dada pela Lei nº 6.055/1974.*

§ 3º. Não poderá ser iniciada a apuração dos votos da urna subsequente, sob as penas do art. 345, sem que os votos em branco da anterior estejam todos registrados pela forma referida no § 1º.

- *§ 3º acrescido, primitivamente como § 2º pela Lei nº 4.961/1966 e renumerado pela Lei nº 6.055/1974.*

§ 4º. As questões relativas às cédulas somente poderão ser suscitadas nessa oportunidade.

- *§ 4º, primitivo parágrafo único, transformado em § 3º pela Lei nº 4.961/1966 e renumerado para § 4º pela Lei nº 6.055/1974.*

Art. 175. Serão nulas as cédulas:

I – que não corresponderem ao modelo oficial;

II – que não estiverem devidamente autenticadas;

III – que contiverem expressões, frases ou sinais que possam identificar o voto.

§ 1º. Serão nulos os votos, em cada eleição majoritária:

I – quando forem assinalados os nomes de dois ou mais candidatos para o mesmo cargo;

II – quando a assinalação estiver colocada fora do quadrilátero próprio, desde que torne duvidosa a manifestação da vontade do eleitor.

§ 2º. Serão nulos os votos, em cada eleição pelo sistema proporcional:

- *§ 2º, primitivo § 3º, renumerado pela Lei nº 4.961/1966, que revogou o original § 2º.*

I – quando o candidato não for indicado, através do nome ou do número, com clareza suficiente para distingui-lo de outro candidato ao mesmo cargo, mas de outro partido, e o eleitor não indicar a legenda;

II – se o eleitor escrever o nome de mais de um candidato ao mesmo cargo, pertencentes a partidos diversos, ou, indicando apenas os números, o fizer também de candidatos de partidos diferentes;

III – se o eleitor, não manifestando preferência por candidato, ou o fazendo de modo que não se possa identificar o de sua preferência, escrever duas ou mais legendas diferentes no espaço relativo à mesma eleição;

IV – se o eleitor escrever apenas a sigla partidária, não indicando o candidato de sua preferência.

- *Inciso IV acrescido pela Lei nº 6.989/1982 e restabelecido pela Lei nº 7.332/1985.*

§ 3º. Serão nulos, para todos os efeitos, os votos dados a candidatos inelegíveis ou não registrados.

- *§ 3º, primitivo § 4º, renumerado pela Lei nº 4.961/1966.*

§ 4º. O disposto no parágrafo anterior não se aplica quando a decisão de inelegibilidade ou de cancelamento de registro for proferida após a realização da eleição a que concorreu o candidato alcançado pela sentença, caso em que os votos serão contados para o partido pelo qual tiver sido feito o seu registro.

- *§ 4º acrescido pela Lei nº 7.179/1983.*
- *V. Lei nº 7.332/1985.*

Art. 176. Contar-se-á o voto apenas para a legenda, nas eleições pelo sistema proporcional:

- *Art. 176,* caput, *com redação dada pela Lei nº 8.037/1990.*

I – se o eleitor escrever apenas a sigla partidária, não indicando o candidato de sua preferência;

- *Inciso I com redação dada pela Lei nº 8.037/1990.*

II – se o eleitor escrever o nome de mais de 1 (um) candidato do mesmo partido.

- *Inciso II com redação dada pela Lei nº 8.037/1990.*

III – se o eleitor, escrevendo apenas os números, indicar mais de 1 (um) candidato do mesmo partido;

- *Inciso III com redação dada pela Lei nº 8.037/1990.*

IV – se o eleitor não indicar o candidato através do nome ou do número com clareza suficiente para distingui-lo de outro candidato do mesmo partido.

- *Inciso IV com redação dada pela Lei nº 8.037/1990.*

Art. 177. Na contagem dos votos para as eleições realizadas pelo sistema proporcional observar-se-ão, ainda, as seguintes normas:

- *Art. 177,* caput, *com redação dada pela Lei nº 8.037/1990.*

I – a inversão, omissão ou erro de grafia do nome ou prenome não invalidará o voto, desde que seja possível a identificação do candidato;

- *Inciso I com redação dada pela Lei nº 8.037/1990.*

II – se o eleitor escrever o nome de 1 (um) candidato e o número correspondente a outro da mesma legenda ou não, contar-se-á o voto para o candidato cujo nome foi escrito, bem como para a legenda a que pertence;

- *Inciso II com redação dada pela Lei nº 8.037/1990.*

III – se o eleitor escrever o nome ou o número de 1 (um) candidato e a legenda de outro partido, contar-se-á o voto para o candidato cujo nome ou número foi escrito;

- *Inciso III com redação dada pela Lei nº 8.037/1990.*

IV – se o eleitor escrever o nome ou o número de 1 (um) candidato a Deputado Federal na parte da cédula referente a Deputado Estadual ou vice-versa, o voto será contado para o candidato cujo nome ou número foi escrito;

- *Inciso IV com redação dada pela Lei nº 8.037/1990.*

V – se o eleitor escrever o nome ou o número de candidato em espaço da cédula que não seja o correspondente ao cargo para o qual o candidato foi registrado, será o voto computado para o candidato e respectiva legenda, conforme o registro.

- *Inciso V com redação dada pela Lei nº 8.037/1990.*

Art. 178. O voto dado ao candidato a Presidente da República entender-se-á dado também ao candidato a Vice-Presidente, assim como o dado aos candidatos a Governador, Senador, Deputado Federal nos territórios, prefeitos e Juiz de Paz entender-se-á dado ao respectivo vice ou suplente.

- *Extinta a Justiça de Paz eletiva pelo Ato Institucional nº 11, de 14.8.1969.*
- *V. arts. 45, § 2º, e 46, § 3º, da CF/1988.*

Art. 179. Concluída a contagem dos votos, a Junta ou turma deverá:

I – transcrever nos mapas referentes à urna a votação apurada;

II – expedir boletim contendo o resultado da respectiva Seção, no qual serão consignados o número de votantes, a votação individual de cada candidato, os votos de cada legenda partidária, os votos nulos e os em branco, bem como recursos, se houver.

- *V. arts. 68 e 87, § 6º, da Lei nº 9.504/1997.*

§ 1º. Os mapas, em todas as suas folhas, e os boletins de apuração, serão assinados pelo Presidente e membros da Junta e pelos fiscais de partido que o desejarem.

§ 2º. O boletim a que se refere este artigo obedecerá a modelo aprovado pelo Tribunal Superior Eleitoral, podendo, porém, na sua falta, ser substituído por qualquer outro expedido por Tribunal Regional ou pela própria Junta Eleitoral.

§ 3º. Um dos exemplares do boletim de apuração será imediatamente afixado na sede da Junta, em local que possa ser copiado por qualquer pessoa.

§ 4º. Cópia autenticada do boletim de apuração será entregue a cada partido por intermédio do delegado ou fiscal presente, mediante recibo.

§ 5º. O boletim de apuração ou sua cópia autenticada, com a assinatura do Juiz e pelo menos de um dos membros da Junta, fará prova do resultado apurado, podendo ser apresentado ao Tribunal Regional, nas eleições federais e estaduais, sempre que o número de votos constantes dos mapas recebidos pela Comissão Apuradora não coincidir com os nele consignados.

- *V. arts. 68, § 1º, e 87, § 2º, da Lei nº 9.504/1997.*

§ 6º. O partido ou candidato poderá apresentar o boletim na oportunidade concedida pelo art. 200, quando terá vista do relatório da Comissão Apuradora, ou antes, se durante os trabalhos da Comissão tiver conhecimento da incoincidência de qualquer resultado.

§ 7º. Apresentado o boletim, será aberta vista aos demais partidos, pelo prazo de 2 (dois) dias, os quais somente poderão contestar o erro indicado com a apresentação de boletim da mesma urna, revestido das mesmas formalidades.

- *V. art. 69 da Lei nº 9.504/1997.*

§ 8º. Se o boletim apresentado na contestação consignar outro resultado, coincidente ou não com o que figurar no mapa enviado pela Junta, a urna será requisitada e recontada pelo próprio Tribunal Regional, em sessão.

- *V. art. 88 da Lei nº 9.504/1997.*

§ 9º. A não expedição do boletim imediatamente após a apuração de cada urna e antes de se passar à subsequente, sob qualquer pretexto, constitui o crime previsto no art. 313.

- *V. art. 68, § 2º, da Lei nº 9.504/1997.*

Art. 180. O disposto no artigo anterior e em todos os seus parágrafos aplica-se às eleições municipais, observadas somente as seguintes alterações:

I – o boletim de apuração poderá ser apresentado à Junta até 3 (três) dias depois de totalizados os resultados, devendo os partidos ser cientificados, através de seus delegados, da data em que começará a correr esse prazo;

II – apresentado o boletim, será observado o disposto nos §§ 7º e 8º do artigo anterior, devendo a recontagem ser procedida pela própria Junta.

Art. 181. Salvo nos casos mencionados nos artigos anteriores, a recontagem de votos só poderá ser deferida pelos Tribunais Regionais, em recurso interposto imediatamente após a apuração de cada urna.

Parágrafo único. Em nenhuma outra hipótese poderá a Junta determinar a reabertura de urnas já apuradas para recontagem de votos.

Art. 182. Os títulos dos eleitores estranhos à Seção serão separados para remessa, depois de terminados os trabalhos da Junta, ao Juiz Eleitoral da Zona neles mencionados, a fim de que seja anotado na folha individual de votação o voto dado em outra Seção.

Parágrafo único. Se, ao ser feita a anotação, no confronto do título com a folha individual, se verificar incoincidência ou outro indício de fraude, serão autuados tais documentos e o Juiz determinará as providências necessárias para apuração do fato e consequentes medidas legais.

Art. 183. Concluída a apuração, e antes de se passar à subsequente, as cédulas serão recolhidas à urna, sendo esta fechada e lacrada, não podendo ser reaberta senão depois de transitada em julgado a diplomação, salvo nos casos de recontagem de votos.

Parágrafo único. O descumprimento do disposto no presente artigo, sob qualquer pretexto, constitui o crime eleitoral previsto no art. 314.

Art. 184. Terminada a apuração, a Junta remeterá ao Tribunal Regional, no prazo de 24 (vinte e quatro) horas, todos os papeis eleitorais referentes às eleições estaduais ou federais, acompanhados dos documentos referentes à apuração, juntamente com a ata geral dos seus trabalhos, na qual serão consignadas as votações apuradas para cada legenda e candidato e os votos não apurados, com a declaração dos motivos por que não o foram.

- *Art. 184,* caput, *com redação dada pela Lei nº 4.961/1966.*

§ 1º. Essa remessa será feita em invólucro fechado, lacrado e rubricado pelos membros da Junta, delegados e fiscais de partido, por via postal, ou sob protocolo, conforme for mais rápida e segura a chegada ao destino.

- *§ 1º, primitivo parágrafo único, renumerado pela Lei nº 4.961/1966.*

§ 2º. Se a remessa dos papeis eleitorais de que trata este artigo não se verificar no prazo nele estabelecido, os membros da Junta estarão sujeitos à multa correspondente à metade do salário mínimo regional por dia de retardamento.

- *§ 2º acrescido pela Lei nº 4.961/1966.*

§ 3º. Decorridos 15 (quinze) dias sem que o Tribunal Regional tenha recebido os papeis referidos neste artigo ou comunicação de sua expedição, determinará ao Corregedor Regional ou Juiz Eleitoral mais próximo que os faça apreender e enviar imediatamente, transferindo-se para o Tribunal Regional a competência para decidir sobre os mesmos.

- *§ 3º acrescido pela Lei nº 4.961/1966.*

Art. 185. Sessenta dias após o trânsito em julgado da diplomação de todos os candidatos eleitos nos pleitos eleitorais realizados simultaneamente e prévia publicação de edital de convocação, as cédulas serão retiradas das urnas e imediatamente incineradas, na presença do Juiz Eleitoral e em ato público, vedado a qualquer pessoa, inclusive ao Juiz, o seu exame na ocasião da incineração.

- *Art. 185,* caput, *com redação dada pela Lei nº 6.055/1974.*

Parágrafo único. Poderá ainda a Justiça Eleitoral, tomadas as medidas necessárias à garantia do sigilo, autorizar a reciclagem industrial das cédulas, em proveito do ensino público de 1º (primeiro) Grau ou de instituições beneficentes.

- *Parágrafo único acrescido pela Lei nº 7.977/1989.*

Art. 186. Com relação às eleições municipais e distritais, uma vez terminada a apuração de todas as urnas, a Junta resolverá as dúvidas não decididas, verificará o total dos votos apurados, inclusive os votos em branco, determinará o quociente eleitoral e os quocientes partidários e proclamará os candidatos eleitos.

§ 1º. O Presidente da Junta fará lavrar, por um dos secretários, a ata geral concernente às eleições referidas neste artigo, da qual constará o seguinte:

I – as Seções apuradas e o número de votos apurados em cada urna;

II – as Seções anuladas, os motivos por que foram e o número de votos não apurados;

III – as Seções onde não houve eleição e os motivos;

IV – as impugnações feitas, a solução que lhes foi dada e os recursos interpostos;

V – a votação de cada legenda na eleição para Vereador;

VI – o quociente eleitoral e os quocientes partidários;

VII – a votação dos candidatos a Vereador, incluídos em cada lista registrada, na ordem da votação recebida;

VIII – a votação dos candidatos a Prefeito, Vice-Prefeito e a Juiz de Paz, na ordem da votação recebida.

- *Extinta a Justiça de Paz eletiva pelo Ato Institucional nº 11, de 14.8.1969.*

§ 2º. Cópia da ata geral da eleição municipal, devidamente autenticada pelo Juiz, será enviada ao Tribunal Regional e ao Tribunal Superior Eleitoral.

Art. 187. Verificando a Junta Apuradora que os votos das Seções anuladas e daquelas cujos eleitores foram impedidos de votar, poderão alterar a representação de qualquer partido ou classificação de candidato eleito pelo princípio majoritário, nas eleições municipais, fará imediata comunicação do fato ao Tribunal Regional que marcará, se for o caso, dia para a renovação da votação naquelas Seções.

§ 1º. Nas eleições suplementares municipais observar-se-á, no que couber, o disposto no art. 201.

§ 2º. Essas eleições serão realizadas perante novas Mesas Receptoras, nomeadas pelo Juiz Eleitoral e apuradas pela própria Junta que, considerando os anteriores e os novos resultados, confirmará ou invalidará os diplomas que houver expedido.

§ 3º. Havendo renovação de eleições para os cargos de Prefeito e Vice-Prefeito, os diplomas somente serão expedidos depois de apuradas as eleições suplementares.

§ 4º. Nas eleições suplementares, quando se referirem a mandatos de representação proporcional, a votação e a apuração far-se-ão exclusivamente para as legendas registradas.

Seção V
Da Contagem dos Votos pela Mesa Receptora

Art. 188. O Tribunal Superior Eleitoral poderá autorizar a contagem de votos pelas Mesas Receptoras, nos Estados em que o Tribunal Regional indicar as Zonas ou Seções em que esse sistema deva ser adotado.

Art. 189. Os mesários das Seções em que for efetuada a contagem dos votos serão nomeados escrutinadores da Junta.

Art. 190. Não será efetuada a contagem dos votos pela Mesa se esta não se julgar suficientemente garantida, ou se qualquer eleitor houver votado sob impugnação, devendo a Mesa, em um ou outro caso, proceder na forma determinada para as demais, das Zonas em que a contagem não foi autorizada.

Art. 191. Terminada a votação, o Presidente da Mesa tomará as providências mencionadas nas alíneas II, III, IV e V do art. 154.

Art. 192. Lavrada e assinada a ata, o Presidente da Mesa, na presença dos demais membros, fiscais e delegados de partido, abrirá a urna e o invólucro e verificará se o número de cédulas oficiais coincide com o de votantes.

§ 1º. Se não houver coincidência entre o número de votantes e o de cédulas oficiais encontradas na urna e no invólucro, a Mesa Receptora não fará a contagem dos votos.

§ 2º. Ocorrendo a hipótese prevista no parágrafo anterior, o Presidente da Mesa determinará que as cédulas e as sobrecartas sejam novamente recolhidas à urna e ao invólucro, os quais serão fechados e lacrados, procedendo, em seguida, na forma recomendada pelas alíneas VI, VII e VIII do art. 154.

Art. 193. Havendo coincidência entre o número de cédulas e o de votantes, deverá a Mesa, inicialmente, misturar as cédulas contidas nas sobrecartas brancas, da urna e do invólucro, com as demais.

§ 1º. Em seguida, proceder-se-á à abertura das cédulas e contagem dos votos, observando--se o disposto nos arts. 169 e seguintes, no que couber.

§ 2º. Terminada a contagem dos votos, será lavrada ata resumida, de acordo com o modelo aprovado pelo Tribunal Superior e da qual constarão apenas as impugnações acaso apresentadas, figurando os resultados no boletim que se incorporará à ata, e do qual se dará cópia aos fiscais dos partidos.

Art. 194. Após a lavratura da ata, que deverá ser assinada pelos membros da Mesa, fiscais e delegados de partido, as cédulas e as sobrecartas serão recolhidas à urna, sendo esta fechada, lacrada e entregue ao Juiz Eleitoral pelo Presidente da Mesa ou por um dos mesários, mediante recibo.

§ 1º. O Juiz Eleitoral poderá, havendo possibilidade, designar funcionários para recolher as urnas e demais documentos nos próprios locais da votação ou instalar postos e locais diversos para seu recebimento.

§ 2º. Os fiscais e delegados de partido podem vigiar e acompanhar a urna desde o momento da eleição, durante a permanência nos postos arrecadadores e até a entrega à Junta.

Art. 195. Recebida a urna e documentos, a Junta deverá:

I – examinar a sua regularidade, inclusive quanto ao funcionamento normal da Seção;

II – rever o boletim de contagem de votos da Mesa Receptora, a fim de verificar se está aritmeticamente certo, fazendo dele constar que, conferido, nenhum erro foi encontrado;

III – abrir a urna e conferir os votos sempre que a contagem da Mesa Receptora não permitir o fechamento dos resultados;

IV – proceder à apuração, se da ata da eleição constar impugnação de fiscal, delegado, candidato ou membro da própria Mesa em relação ao resultado de contagem dos votos;

V – resolver todas as impugnações constantes da ata da eleição;

VI – praticar todos os atos previstos na competência das Juntas Eleitorais.

Art. 196. De acordo com as instruções recebidas, a Junta Apuradora poderá reunir os membros das Mesas Receptoras e demais componentes da Junta em local amplo e adequado no dia seguinte ao da eleição, em horário previamente fixado, e a proceder à apuração na forma estabelecida nos arts. 159 e seguintes, de uma só vez ou em duas ou mais etapas.

Parágrafo único. Nesse caso, cada partido poderá credenciar um fiscal para acompanhar a apuração de cada urna, realizando-se esta sob a supervisão do Juiz e dos demais membros da Junta, aos quais caberá decidir, em cada caso, as impugnações e demais incidentes verificados durante os trabalhos.

Capítulo III
Da Apuração nos Tribunais Regionais

Art. 197. Na apuração, compete ao Tribunal Regional:

I – resolver as dúvidas não decididas e os recursos interpostos sobre as eleições federais e estaduais e apurar as votações que haja validado em grau de recurso;

II – verificar o total dos votos apurados, entre os quais se incluem os em branco;

III – determinar os quocientes eleitoral e partidário, bem como a distribuição das sobras;

IV – proclamar os eleitos e expedir os respectivos diplomas;

V – fazer a apuração parcial das eleições para Presidente e Vice-Presidente da República.

Art. 198. A apuração pelo Tribunal Regional começará no dia seguinte ao em que receber os primeiros resultados parciais das Juntas e prosseguirá sem interrupção, inclusive nos sábados, domingos e feriados, de acordo com o horário previamente publicado, devendo terminar 30 (trinta) dias depois da eleição.

§ 1º. Ocorrendo motivos relevantes, expostos com a necessária antecedência, o Tribunal Superior poderá conceder prorrogação desse prazo, uma só vez e por 15 (quinze) dias.

- *§ 1º, primitivo parágrafo único, renumerado pela Lei nº 4.961/1966.*

§ 2º. Se o Tribunal Regional não terminar a apuração no prazo legal, seus membros estarão sujeitos à multa correspondente à metade do salário mínimo regional por dia de retardamento.

- *§ 2º acrescido pela Lei nº 4.961/1966.*

Art. 199. Antes de iniciar a apuração, o Tribunal Regional constituirá, com 3 (três) de seus membros, presidida por um destes, uma Comissão Apuradora.

§ 1º. O Presidente da Comissão designará um funcionário do Tribunal para servir de secretário e para auxiliarem os seus trabalhos, tantos outros quantos julgar necessários.

§ 2º. De cada sessão da Comissão Apuradora será lavrada ata resumida.

§ 3º. A Comissão Apuradora fará publicar no órgão oficial, diariamente, um boletim com a indicação dos trabalhos realizados e do número de votos atribuídos a cada candidato.

§ 4º. Os trabalhos da Comissão Apuradora poderão ser acompanhados por delegados dos partidos interessados, sem que, entretanto, neles intervenham com protestos, impugnações ou recursos.

§ 5º. Ao final dos trabalhos a Comissão Apuradora apresentará ao Tribunal Regional os mapas gerais da apuração e um relatório, que mencione:

I – o número de votos válidos e anulados em cada Junta Eleitoral, relativos a cada eleição;

II – as Seções apuradas e os votos nulos e anulados de cada uma;

III – as Seções anuladas, os motivos por que o foram e o número de votos anulados ou não apurados;

IV – as Seções onde não houve eleição e os motivos;

V – as impugnações apresentadas às Juntas e como foram resolvidas por elas, assim como os recursos que tenham sido interpostos;

VI – a votação de cada partido;

VII – a votação de cada candidato;

VIII – o quociente eleitoral;

IX – os quocientes partidários;

X – a distribuição das sobras.

Art. 200. O relatório a que se refere o artigo anterior ficará na Secretaria do Tribunal, pelo prazo de 3 (três) dias, para exame dos partidos e candidatos interessados, que poderão examinar também os documentos em que ele se baseou.

§ 1º. Terminado o prazo supra, os partidos poderão apresentar as suas reclamações, dentro de 2 (dois) dias, sendo estas submetidas a parecer da Comissão Apuradora que, no prazo de 3 (três) dias, apresentará aditamento ao relatório com a proposta das modificações que julgar procedentes, ou com a justificação da improcedência das arguições.

- *§ 1º, primitivo parágrafo único, renumerado pela Lei nº 4.961/1966.*

§ 2º. O Tribunal Regional, antes de aprovar o relatório da Comissão Apuradora e, em 3 (três) dias improrrogáveis, julgará as impugnações e as reclamações não providas pela Comissão Apuradora e, se as deferir, voltará o relatório à Comissão para que sejam feitas as alterações resultantes da decisão.

- *§ 2º acrescido pela Lei nº 4.961/1966.*

Art. 201. De posse do relatório referido no artigo anterior, reunir-se-á o Tribunal, no dia seguinte, para o conhecimento do total dos votos apurados e, em seguida, se verificar que os votos das Seções anuladas e daquelas cujos eleitores foram impedidos de votar poderão alterar a representação de qualquer partido ou classificação de candidato eleito pelo princípio majoritário, ordenará a realização de novas eleições.

Parágrafo único. As novas eleições obedecerão às seguintes normas:

I – o Presidente do Tribunal fixará, imediatamente, a data, para que se realizem dentro de 15 (quinze) dias, no mínimo, e de 30 (trinta) dias, no máximo, a contar do despacho que a fixar, desde que não tenha havido recurso contra a anulação das Seções;

II – somente serão admitidos a votar os eleitores da Seção que hajam comparecido à eleição anulada, e os de outras Seções que ali houverem votado;

III – nos casos de coação que haja impedido o comparecimento dos eleitores às urnas, no de encerramento da votação antes da hora legal, e quando a votação tiver sido realizada em dia, hora e lugar diferentes dos designados, poderão votar todos os eleitores da Seção e somente estes;

IV – nas Zonas onde apenas uma Seção for anulada, o Juiz Eleitoral respectivo presidirá a Mesa Receptora; se houver mais de uma Seção anulada, o Presidente do Tribunal Regional Eleitoral designará os Juízes Presidentes das respectivas Mesas Receptoras;

V – as eleições realizar-se-ão nos mesmos locais anteriormente designados, servindo os mesários e secretários que pelo Juiz forem nomeados, com a antecedência de, pelo menos 5 (cinco) dias, salvo se a anulação for decretada por infração dos §§ 4º e 5º do art. 135;

VI – as eleições assim realizadas serão apuradas pelo Tribunal Regional.

Art. 202. Da reunião do Tribunal Regional será lavrada ata geral, assinada pelos seus membros e da qual constarão:

I – as Seções apuradas e o número de votos apurados em cada uma;

II – as Seções anuladas, as razões por que o foram e o número de votos não apurados;

III – as Seções onde não tenha havido eleição e os motivos;

IV – as impugnações apresentadas às Juntas Eleitorais e como foram resolvidas;

V – as Seções em que se vai realizar ou renovar a eleição;

VI – a votação obtida pelos partidos;

VII – o quociente eleitoral e o partidário;

VIII – os nomes dos votados na ordem decrescente de votos;

IX – os nomes dos eleitos;

X – os nomes dos suplentes, na ordem em que devem substituir ou suceder.

§ 1º. Na mesma sessão, o Tribunal Regional proclamará os eleitos e os respectivos suplentes e marcará a data para a expedição solene dos diplomas em sessão pública, salvo quanto a Governador e Vice-Governador, se ocorrer a hipótese prevista na Emenda Constitucional nº 13.

- *A Emenda Constitucional nº 13, de 8.4.1965, alterava a Constituição Federal de 1946.*
- *V. art. 77, § 3º, c/c art. 28, da CF/1988.*

§ 2º. O Vice-Governador e o suplente de Senador considerar-se-ão eleitos em virtude da eleição do Governador e do Senador com os quais se candidatarem.

- *V. art. 46, § 3º, da CF/1988.*

§ 3º. Os candidatos a Governador e Vice-Governador somente serão diplomados depois de realizadas as eleições suplementares referentes a esses cargos.

- *V. art. 77, § 3º, c/c art. 28, da CF/1988.*

§ 4º. Um traslado da ata da sessão, autenticado com a assinatura de todos os membros do Tribunal que assinaram a ata original, será remetido ao Presidente do Tribunal Superior.

§ 5º. O Tribunal Regional comunicará o resultado da eleição ao Senado Federal, Câmara dos Deputados e Assembleia Legislativa.

Art. 203. Sempre que forem realizadas eleições de âmbito estadual juntamente com eleições para Presidente e Vice-Presidente da República, o Tribunal Regional desdobrará os seus trabalhos de apuração, fazendo tanto para aquelas como para esta, uma ata geral.

§ 1º. A Comissão Apuradora deverá, também, apresentar relatórios distintos, um dos quais referente apenas às eleições presidenciais.

§ 2º. Concluídos os trabalhos da apuração, o Tribunal Regional remeterá ao Tribunal Superior os resultados parciais das eleições para Presidente e Vice-Presidente da República, acompanhados de todos os papeis que lhe digam respeito.

Art. 204. O Tribunal Regional, julgando conveniente, poderá determinar que a totalização dos resultados de cada urna seja realizada pela própria Comissão Apuradora.

Parágrafo único. Ocorrendo essa hipótese, serão observadas as seguintes regras:

I – a decisão do Tribunal será comunicada, até 30 (trinta) dias antes da eleição aos Juízes Eleitorais, aos diretórios dos partidos e ao Tribunal Superior;

II – iniciada a apuração os Juízes Eleitorais remeterão ao Tribunal Regional, diariamente, sob registro postal ou por portador, os mapas de todas as urnas apuradas no dia;

III – os mapas serão acompanhados de ofício sucinto, que esclareça apenas a que Seções correspondem e quantas ainda faltam para completar a apuração da Zona;

IV – havendo sido interposto recurso em relação a urna correspondente aos mapas enviados, o Juiz fará constar do ofício, em seguida à indicação da Seção, entre parênteses, apenas esse esclarecimento – "houve recurso";

V – a ata final da Junta não mencionará, no seu texto, a votação obtida pelas partidos e candidatos, a qual ficará constando dos boletins de apuração do Juízo, que dela ficarão fazendo parte integrante;

VI – cópia autenticada da ata, assinada por todos os que assinaram o original, será enviada ao Tribunal Regional na forma prevista no art. 184;

VII – a Comissão Apuradora, à medida em que for recebendo os mapas, passará a totalizar os votos, aguardando, porém, a chegada da cópia autêntica da ata para encerrar a totalização referente a cada Zona;

VIII – no caso de extravio de mapa, o Juiz Eleitoral providenciará a remessa de 2ª via, preenchida à vista dos delegados de partido especialmente convocados para esse fim e pelos resultados constantes do boletim de apuração que deverá ficar arquivado no Juízo.

Capítulo IV – Da Apuração no Tribunal Superior

Art. 205. O Tribunal Superior fará a apuração geral das eleições para Presidente e Vice-Presidente da República pelos resultados verificados pelos Tribunais Regionais em cada Estado.

Art. 206. Antes da realização da eleição, o Presidente do Tribunal sorteará dentre os Juízes, o relator de cada grupo de Estados, ao qual serão distribuídos todos os recursos e documentos da eleição referentes ao respectivo grupo.

Art. 207. Recebidos os resultados de cada Estado, e julgados os recursos interpostos das decisões dos Tribunais Regionais, o relator terá o prazo de 5 (cinco) dias para apresentar seu relatório, com as conclusões seguintes:

I – os totais dos votos válidos e nulos do Estado;

II – os votos apurados pelo Tribunal Regional que devem ser anulados;

III – os votos anulados pelo Tribunal Regional que devem ser computados como válidos;

IV – a votação de cada candidato;

V – o resumo das decisões do Tribunal Regional sobre as dúvidas e impugnações, bem como dos recursos que hajam sido interpostos para o Tribunal Superior, com as respectivas decisões e indicação das implicações sobre os resultados.

Art. 208. O relatório referente a cada Estado ficará na Secretaria do Tribunal, pelo prazo de 2 (dois) dias, para exame dos partidos e candidatos interessados, que poderão examinar também os documentos em que ele se baseou e apresentar alegações ou documentos sobre o relatório, no prazo de 2 (dois) dias.

Parágrafo único. Findo esse prazo, serão os autos conclusos ao relator, que, dentro em 2 (dois) dias, os apresentará a julgamento, que será previamente anunciado.

Art. 209. Na sessão designada será o feito chamado a julgamento de preferência a qualquer outro processo.

§ 1º. Se o relatório tiver sido impugnado, os partidos interessados poderão, no prazo de 15 (quinze) minutos, sustentar oralmente as suas conclusões.

§ 2º. Se do julgamento resultarem alterações na apuração efetuada pelo Tribunal Regional, o acórdão determinará que a Secretaria, dentro em 5 (cinco) dias, levante as folhas de apuração parcial das Seções cujos resultados tiverem sido alterados, bem como o mapa geral da respectiva circunscrição, de acordo com as alterações decorrentes do julgado, devendo o mapa, após o visto do relator, ser publicado na Secretaria.

§ 3º. A esse mapa admitir-se-á, dentro em 48 (quarenta e oito) horas de sua publicação, impugnação fundada em erro de conta ou de cálculo decorrente da própria sentença.

Art. 210. Os mapas gerais de todas as circunscrições com as impugnações, se houver, e a folha de apuração final levantada pela Secretaria, serão autuados e distribuídos a um relator-geral, designado pelo Presidente.

Parágrafo único. Recebidos os autos, após a audiência do Procurador-Geral, o relator, dentro de 48 (quarenta e oito) horas, resolverá as impugnações relativas aos erros de conta ou de cálculo, mandando fazer as correções, se for o caso, e apresentará, a seguir, o relatório final com os nomes dos candidatos que deverão ser proclamados eleitos e os dos demais candidatos, na ordem decrescente das votações.

Art. 211. Aprovada em sessão especial a apuração geral, o Presidente anunciará a votação dos candidatos, proclamando a seguir eleito Presidente da República o candidato mais votado que tiver obtido maioria absoluta de votos, excluídos, para a apuração desta, os em branco e os nulos.

- *V. art. 77, § 2º, da CF/1988.*
- *V. art. 2º,* caput, *da Lei nº 9.504/1997.*

§ 1º. O Vice-Presidente considerar-se-á eleito em virtude da eleição do Presidente com o qual se candidatar.

- *V. art. 77, § 1º, da CF/1988.*
- *V. art. 2º, § 4º, da Lei nº 9.504/1997.*

§ 2º. Na mesma sessão o Presidente do Tribunal Superior designará a data para a expedição solene dos diplomas em sessão pública.

Art. 212. Verificando que os votos das Seções anuladas e daquelas cujos eleitores foram impedidos de votar, em todo o País, poderão alterar a classificação de candidato, ordenará o Tribunal Superior a realização de novas eleições.

§ 1º. Essas eleições serão marcadas desde logo pelo Presidente do Tribunal Superior e terão lugar no primeiro domingo ou feriado que ocorrer após o 15º (décimo quinto) dia a contar da data do despacho, devendo ser observado o disposto nos nºs II a VI do parágrafo único do art. 201.

§ 2º. Os candidatos a Presidente e Vice-Presidente da República somente serão diplomados depois de realizadas as eleições suplementares referentes a esses cargos.

Art. 213. Não se verificando a maioria absoluta, o Congresso Nacional, dentro de quinze dias após haver recebido a respectiva comunicação do Presidente do Tribunal Superior Eleitoral, reunir-se-á em sessão pública para se manifestar sobre o candidato mais votado, que será considerado eleito se, em escrutínio secreto, obtiver metade mais um dos votos dos seus membros.

§ 1º. Se não ocorrer a maioria absoluta referida no *caput* deste artigo, renovar-se-á, até 30 (trinta) dias depois, a eleição em todo o País, à qual concorrerão os dois candidatos mais votados, cujos registros estarão automaticamente revalidados.

- *V. art. 77, § 3º, da CF/1988.*

§ 2º. No caso de renúncia ou morte, concorrerá à eleição prevista no parágrafo anterior o substituto registrado pelo mesmo partido político ou coligação partidária.

- *V. art. 77, § 4º, da CF/1988.*

Art. 214. O Presidente e o Vice-Presidente da República tomarão posse a 15 (quinze) de março, em sessão do Congresso Nacional.

Parágrafo único. No caso do § 1º do artigo anterior, a posse realizar-se-á dentro de 15 (quinze) dias a contar da proclamação do resultado da segunda eleição, expirando, porém, o mandato a 15 (quinze) de março do quarto ano.

- *O art. 214 e parágrafo único não foram recepcionados pela CF/1988 (V. arts. 78 e 82).*

Capítulo V – Dos Diplomas

Art. 215. Os candidatos eleitos, assim como os suplentes, receberão diploma assinado pelo Presidente do Tribunal Superior, do Tribunal Regional ou da Junta Eleitoral, conforme o caso.

Parágrafo único. Do diploma deverá constar o nome do candidato, a indicação da legenda sob a qual concorreu, o cargo para o qual foi eleito ou a sua classificação como suplente, e, facultativamente, outros dados a critério do Juiz ou do Tribunal.

Art. 216. Enquanto o Tribunal Superior não decidir o recurso interposto contra a expedição do diploma, poderá o diplomado exercer o mandato em toda a sua plenitude.

Art. 217. Apuradas as eleições suplementares o Juiz ou o Tribunal reverá a apuração anterior, confirmando ou invalidando os diplomas que houver expedido.

Parágrafo único. No caso de provimento, após a diplomação, de recurso contra o registro de candidato ou de recurso parcial, será também revista a apuração anterior para confirmação ou invalidação de diplomas, observado o disposto no § 3º do art. 261.

Art. 218. O Presidente de Junta ou de Tribunal que diplomar militar candidato a cargo eletivo comunicará imediatamente a diplomação à autoridade a que o mesmo estiver subordinado, para os fins do art. 98.

Capítulo VI – Das Nulidades da Votação

Art. 219. Na aplicação da lei eleitoral, o Juiz atenderá sempre aos fins e resultados a que ela se dirige, abstendo-se de pronunciar nulidades sem demonstração de prejuízo.

Parágrafo único. A declaração de nulidade não poderá ser requerida pela parte que lhe deu causa nem a ela aproveitar.

Art. 220. É nula a votação:

I – quando feita perante Mesa não nomeada pelo Juiz Eleitoral, ou constituída com ofensa à letra da lei;

II – quando efetuada em folhas de votação falsas;

III – quando realizada em dia, hora, ou local diferentes do designado ou encerrada antes das 17 (dezessete) horas;

IV – quando preterida formalidade essencial do sigilo dos sufrágios;

V – quando a Seção Eleitoral tiver sido localizada com infração do disposto nos §§ 4º e 5º do art. 135.

- *Inciso V acrescido pela Lei nº 4.961/1966 (anteriormente, com a mesma redação, constituía ele o inciso I do art. 221).*

Parágrafo único. A nulidade será pronunciada quando o órgão apurador conhecer do ato ou dos seus efeitos e a encontrar provada, não lhe sendo lícito supri-la, ainda que haja consenso das partes.

Art. 221. É anulável a votação:

I – quando houver extravio de documento reputado essencial;

- *Inciso I, primitivo inciso II, renumerado pela Lei nº 4.961/1966 que revogou o original inciso.*

II – quando for negado ou sofrer restrição o direito de fiscalizar, e o fato constar da ata ou de protesto interposto, por escrito, no momento;

- *Inciso II, primitivo inciso III, renumerado pela Lei nº 4.961/1966 que revogou o original inciso.*

III – quando votar, sem as cautelas do art. 147, § 2º:

a) eleitor excluído por sentença não cumprida por ocasião da remessa das folhas individuais de votação à Mesa, desde que haja oportuna reclamação de partido;

b) eleitor de outra Seção, salvo a hipótese do art. 145;

c) alguém com falsa identidade em lugar do eleitor chamado.

- *Inciso III, primitivo inciso IV, renumerado pela Lei nº 4.961/1966, que revogou o original inciso.*

Art. 222. É também anulável a votação, quando viciada de falsidade, fraude, coação, uso de meios de que trata o art. 237, ou emprego de processo de propaganda ou captação de sufrágios vedado por lei.

§ 1º. (Revogado).

- *§ 1º revogado pela Lei nº 4.961/1966.*

§ 2º. (Revogado).

- *§ 2º revogado pela Lei nº 4.961/1966.*

Art. 223. A nulidade de qualquer ato, não decretada de ofício pela Junta, só poderá ser arguida quando de sua prática, não mais podendo ser alegada, salvo se a arguição se basear em motivo superveniente ou de ordem constitucional.

§ 1º. Se a nulidade ocorrer em fase na qual não possa ser alegada no ato, poderá ser arguida na primeira oportunidade que para tanto se apresente.

§ 2º. Se se basear em motivo superveniente, deverá ser alegada imediatamente, assim que se tornar conhecida, podendo as razões do recurso ser aditadas no prazo de 2 (dois) dias.

§ 3º. A nulidade de qualquer ato, baseada em motivo de ordem constitucional, não poderá ser conhecida em recurso interposto fora do prazo. Perdido o prazo numa fase própria, só em outra que se apresentar poderá ser arguida.

- *§ 3º com redação dada pela Lei nº 4.961/1966.*

Art. 224. Se a nulidade atingir a mais de metade dos votos do País nas eleições presidenciais, do Estado nas eleições federais e estaduais ou do município nas eleições municipais, julgar-se-ão prejudicadas as demais votações e o Tribunal marcará dia para nova eleição dentro do prazo de 20 (vinte) a 40 (quarenta) dias.

§ 1º. Se o Tribunal Regional, na área de sua competência, deixar de cumprir o disposto neste artigo, o Procurador Regional levará o fato ao conhecimento do Procurador-Geral, que providenciará junto ao Tribunal Superior para que seja marcada imediatamente nova eleição.

§ 2º. Ocorrendo qualquer dos casos previstos neste capítulo, o Ministério Público promoverá, imediatamente, a punição dos culpados.

Capítulo VII – Do Voto no Exterior

Art. 225. Nas eleições para Presidente e Vice-Presidente da República, poderá votar o eleitor que se encontrar no exterior.

§ 1º. Para esse fim, serão organizadas Seções Eleitorais, nas sedes das Embaixadas e Consulados Gerais.

§ 2º. Sendo necessário instalar duas ou mais Seções, poderá ser utilizado local em que funcione serviço do Governo brasileiro.

Art. 226. Para que se organize uma Seção Eleitoral no exterior, é necessário que na circunscrição sob a jurisdição da Missão Diplomática ou do Consulado Geral haja um mínimo de 30 (trinta) eleitores inscritos.

Parágrafo único. Quando o número de eleitores não atingir o mínimo previsto no parágrafo anterior, os eleitores poderão votar na Mesa Receptora mais próxima desde que localizada no mesmo país, de acordo com a comunicação que lhes for feita.

Art. 227. As Mesas Receptoras serão organizadas pelo Tribunal Regional do Distrito Federal mediante proposta dos chefes de Missão e cônsules-gerais, que ficarão investidos, no que for aplicável, das funções administrativas de Juiz Eleitoral.

Parágrafo único. Será aplicável às Mesas Receptoras o processo de composição e fiscalização partidária vigente para as que funcionam no território nacional.

Art. 228. Até 30 (trinta) dias antes da realização da eleição, todos os brasileiros eleitores, residentes no estrangeiro, comunicarão à sede da Missão Diplomática ou ao Consulado Geral, em carta, telegrama ou qualquer outra via, a sua condição de eleitor e sua residência.

§ 1º. Com a relação dessas comunicações e com os dados do registro consular, serão organizadas as folhas de votação, e notificados os eleitores da hora e local da votação.

§ 2º. No dia da eleição, só serão admitidos a votar os que constem da folha de votação e os passageiros e tripulantes de navios e aviões de guerra e mercantes que, no dia, estejam na sede das Sessões Eleitorais.

- *Foi publicado no DOU, erroneamente, como "Sessões", quando o correto é "Seções".*

Art. 229. Encerrada a votação, as urnas serão enviadas pelos cônsules-gerais às sedes das Missões Diplomáticas. Estas as remeterão, pela mala diplomática, ao Ministério das Relações Exteriores, que delas fará entrega ao Tribunal Regional Eleitoral do Distrito Federal, a quem competirá a apuração dos votos e julgamento das dúvidas e recursos que hajam sido interpostos.

Parágrafo único. Todo o serviço de transporte do material eleitoral será feito por via aérea.

Art. 230. Todos os eleitores que votarem no exterior terão os seus títulos apreendidos pela Mesa Receptora.

Parágrafo único. A todo eleitor que votar no exterior, será concedido comprovante para a comunicação legal ao Juiz Eleitoral de sua Zona.

Art. 231. Todo aquele que, estando obrigado a votar, não o fizer, fica sujeito, além das penalidades previstas para o eleitor que não vota no território nacional, à proibição de requerer qualquer documento perante a repartição diplomática a que estiver subordinado, enquanto não se justificar.

Art. 232. Todo o processo eleitoral realizado no estrangeiro fica diretamente subordinado ao Tribunal Regional do Distrito Federal.

Art. 233. O Tribunal Superior Eleitoral e o Ministério das Relações Exteriores baixarão as instruções necessárias e adotarão as medidas adequadas para o voto no exterior.

Art. 233-A. Aos eleitores em trânsito no território nacional é igualmente assegurado o direito de voto nas eleições para Presidente e Vice-Presidente da República, em urnas especialmente instaladas nas capitais dos Estados e na forma regulamentada pelo Tribunal Superior Eleitoral.

- *Art. 233-A acrescido pela Lei nº 12.034/2009.*

Parte Quinta
DISPOSIÇÕES VÁRIAS

TÍTULO I – DAS GARANTIAS ELEITORAIS

Art. 234. Ninguém poderá impedir ou embaraçar o exercício do sufrágio.

Art. 235. O Juiz Eleitoral, ou o Presidente da Mesa Receptora, pode expedir salvo-conduto com a cominação de prisão por desobediência até 5 (cinco) dias, em favor do eleitor que sofrer violência, moral ou física, na sua liberdade de votar, ou pelo fato de haver votado.

Parágrafo único. A medida será válida para o período compreendido entre 72 (setenta e duas) horas antes até 48 (quarenta e oito) horas depois do pleito.

Art. 236. Nenhuma autoridade poderá, desde 5 (cinco) dias antes e até 48 (quarenta e oito) horas depois do encerramento da eleição, prender ou deter qualquer eleitor, salvo em flagrante delito ou em virtude de sentença criminal condenatória por crime inafiançável, ou, ainda, por desrespeito a salvo-conduto.

§ 1º. Os membros das Mesas Receptoras e os fiscais de partido, durante o exercício de suas funções, não poderão ser detidos ou presos, salvo o caso de flagrante delito; da mesma garantia gozarão os candidatos desde 15 (quinze) dias antes da eleição.

§ 2º. Ocorrendo qualquer prisão, o preso será imediatamente conduzido à presença do Juiz competente que, se verificar a ilegalidade da detenção, a relaxará e promoverá a responsabilidade do coator.

Art. 237. A interferência do poder econômico e o desvio ou abuso do poder de autoridade, em desfavor da liberdade do voto, serão coibidos e punidos.

- *V. art. 41-A Lei nº 9.504/1997.*

§ 1º. O eleitor é parte legítima para denunciar os culpados e promover-lhes a responsabilidade, e a nenhum servidor público, inclusive de autarquia, de entidade paraestatal e de sociedade de economia mista, será lícito negar ou retardar ato de ofício tendente a esse fim.

§ 2º. Qualquer eleitor ou partido político poderá se dirigir ao Corregedor-Geral ou Regional, relatando fatos e indicando provas e pedir abertura de investigação para apurar uso indevido do poder econômico, desvio ou abuso do poder de autoridade, em benefício de candidato ou de partido político.

§ 3º. O Corregedor, verificada a seriedade da denúncia, procederá ou mandará proceder a investigações, regendo-se estas, no que lhes for aplicável, pela Lei nº 1.579, de 18 de março de 1952.

- *A Lei nº 1.579/1952 dispõe sobre as Comissões Parlamentares de Inquérito.*

Art. 238. É proibida, durante o ato eleitoral, a presença de força pública no edifício em que funcionar Mesa Receptora, ou nas imediações, observado o disposto no art. 141.

Art. 239. Aos partidos políticos é assegurada a prioridade postal durante os 60 (sessenta) dias anteriores à realização das eleições, para remessa de material de propaganda de seus candidatos registrados.

TÍTULO II – DA PROPAGANDA PARTIDÁRIA

- *V. arts. 45 a 49 da Lei nº 9.096/1995.*
- *V. arts. 36 a 57-I da Lei nº 9.504/1997.*

Art. 240. A propaganda de candidatos a cargos eletivos somente é permitida após a respectiva escolha pela convenção.

Parágrafo único. É vedada, desde 48 (quarenta e oito) horas antes e até 24 (vinte e quatro) horas depois da eleição, qualquer propaganda política mediante radiodifusão, televisão, comícios ou reuniões públicas.

- *V. art. 7º da Lei nº 12.034/2009.*

Art. 241. Toda propaganda eleitoral será realizada sob a responsabilidade dos partidos e por eles paga, imputando-se-lhes solidariedade nos excessos praticados pelos seus candidatos e adeptos.

- *V. arts. 17 a 27 da Lei nº 9.504/1997.*

Parágrafo único. A solidariedade prevista neste artigo é restrita aos candidatos e aos respectivos partidos, não alcançando outros partidos, mesmo quando integrantes de uma mesma coligação.

- *Parágrafo único acrescido pela Lei nº 12.891/2013.*

Art. 242. A propaganda, qualquer que seja a sua forma ou modalidade, mencionará sempre a legenda partidária e só poderá ser feita em língua nacional, não devendo empregar meios publicitários destinados a criar, artificialmente, na opinião pública, estados mentais, emocionais ou passionais.

- *Art. 242,* caput, *com redação dada pela Lei nº 7.476/1986.*
- *V. art. 6º, § 2º, e art. 40 da Lei nº 9.504/1997.*

Parágrafo único. Sem prejuízo do processo e das penas cominadas, a Justiça Eleitoral adotará medidas para fazer impedir ou cessar imediatamente a propaganda realizada com infração do disposto neste artigo.

Art. 243. Não será tolerada propaganda:

I – de guerra, de processos violentos para subverter o regime, a ordem política e social ou de preconceitos de raça ou de classes;

II – que provoque animosidade entre as Forças Armadas ou contra elas, ou delas contra as classes e instituições civis;

III – de incitamento de atentado contra pessoas ou bens;

IV – de instigação à desobediência coletiva ao cumprimento da lei de ordem pública;

V – que implique em oferecimento, promessa ou solicitação de dinheiro, dádiva, rifa, sorteio ou vantagem de qualquer natureza;

VI – que perturbe o sossego público, com algazarra ou abusos de instrumentos sonoros ou sinais acústicos;

VII – por meio de impressos ou de objeto que pessoa, inexperiente ou rústica, possa confundir com moeda;

VIII – que prejudique a higiene e a estética urbana ou contravenha a posturas municipais ou a outra qualquer restrição de direito;

IX – que caluniar, difamar ou injuriar quaisquer pessoas, bem como órgãos ou entidades que exerçam autoridade pública.

§ 1º. O ofendido por calúnia, difamação ou injúria, sem prejuízo e independentemente da ação penal competente, poderá demandar, no Juízo Cível, a reparação do dano moral, respondendo por este o ofensor e, solidariamente, o partido político deste, quando responsável por ação ou omissão, e quem quer que, favorecido pelo crime, haja de qualquer modo contribuído para ele.

- *§ 1º acrescido pela Lei nº 4.961/1966.*

§ 2º. No que couber, aplicar-se-ão na reparação do dano moral, referido no parágrafo anterior, os arts. 81 a 88 da Lei nº 4.117, de 27 de agosto de 1962.

- *§ 2º acrescido pela Lei nº 4.961/1966.*
- *Os artigos 81 a 88 da Lei nº 4.117/1982 foram revogados pelo Decreto-Lei nº 236/1967.*

§ 3º. É assegurado o direito de resposta a quem for injuriado, difamado ou caluniado através da imprensa, rádio, televisão, ou alto-falante, aplicando-se, no que couber, os arts. 90 e 96 da Lei nº 4.117, de 27 de agosto de 1962.

- *§ 3º acrescido pela Lei nº 4.961/1966.*
- *Os dispositivos citados da Lei nº 4.117/1962, que "institui o Código Brasileiro de Telecomunicações", foram revogados pelo Decreto-Lei nº 236/1967. O assunto neles tratado já se encontrava regulamentado pela Lei nº 5.250/1967, que "regula a liberdade de manifestação do pensamento" – nos arts. 49 a 57 e 29 a 36, respectivamente. O processo e julgamento do direito de resposta, na Justiça Eleitoral, passou a ser regulamentado pelo art. 58 e seus parágrafos da Lei nº 9.504/1997.*

Art. 244. É assegurado aos partidos políticos registrados o direito de, independentemente de licença da autoridade pública e do pagamento de qualquer contribuição:

I – fazer inscrever, na fachada de suas sedes e dependências, o nome que os designe, pela forma que melhor lhes parecer;

II – instalar e fazer funcionar, normalmente, das 14 (quatorze) às 22 (vinte e duas) horas, nos 3 (três) meses que antecederem as eleições, alto-falantes ou amplificadores de voz, nos locais referidos, assim como em veículos seus, ou à sua disposição, em território nacional, com observância da legislação comum.

- *V. art. 39, § 3º, da Lei nº 9.504/1997.*

Parágrafo único. Os meios de propaganda a que se refere o nº II deste artigo não serão permitidos, a menos de 500 metros:

- *O art. 39, § 3º, da Lei nº 9.504/1997, estipula nova distância em não inferior a 200 (duzentos) metros.*

I – das sedes do Executivo Federal, dos Estados, Territórios e respectivas Prefeituras Municipais;

II – das Câmaras Legislativas Federais, Estaduais e Municipais;

III – dos Tribunais Judiciais;

IV – dos hospitais e casas de saúde;

V – das escolas, bibliotecas públicas, igrejas e teatros, quando em funcionamento;

VI – dos quartéis e outros estabelecimentos militares.

Art. 245. A realização de qualquer ato de propaganda partidária ou eleitoral, em recinto aberto, não depende de licença da polícia.

- *V. art. 39,* caput, *da Lei nº 9.504/1997.*

§ 1º. Quando o ato de propaganda tiver de realizar-se em lugar designado para a celebração de comício, na forma do disposto no art. 3º da Lei nº 1.207, de 25 de outubro de 1950, deverá ser feita comunicação à autoridade policial, pelo menos 24 (vinte e quatro) horas antes de sua realização.

- *A Lei nº 1.207/1950, que dispõe sobre o direito de reunião, estabelece:*

"Art. 3º. No Distrito Federal e nas cidades a autoridade policial de maior categoria, ao começo de cada ano, fixará as praças destinadas a comício e dará publicidade a esse ato. Qualquer modificação só entrará em vigor dez dias depois de publicada.

§ 1º. Se a fixação se fizer em lugar inadequado que importe, de fato, em frustrar o direito de reunião, qualquer indivíduo poderá reclamar da autoridade policial indicação de lugar adequado. Se a autoridade, dentro de dois dias, não o fizer ou indicar lugar inadequado, poderá o reclamante impetrar ao Juiz competente mandado de segurança que lhe garanta o direito de comício, embora não pretenda no momento realizá-lo. Em tal caso, caberá ao Juiz indicar o lugar apropriado, se a polícia, modificando o seu ato, não o fizer.

§ 2º. A celebração do comício, em praça fixada para tal fim, independe de licença da polícia; mas o promotor do mesmo, pelo menos vinte e quatro horas antes da sua realização, deverá fazer a devida comunicação à autoridade policial, a fim de que esta lhe garanta, segundo a priori-

dade do aviso, o direito contra qualquer que, no mesmo dia, hora e lugar, pretenda celebrar outro comício."

§ 2º. Não havendo local anteriormente fixado para a celebração de comício, ou sendo impossível ou difícil nele realizar-se o ato de propaganda eleitoral, ou havendo pedido para designação de outro local, a comunicação a que se refere o parágrafo anterior será feita, no mínimo, com antecedência de 72 (setenta e duas) horas, devendo a autoridade policial, em qualquer desses casos, nas 24 (vinte e quatro) horas seguintes, designar local amplo e de fácil acesso, de modo que não impossibilite ou frustre a reunião.

§ 3º. Aos órgãos da Justiça Eleitoral compete julgar das reclamações sobre a localização dos comícios e providências sobre a distribuição equitativa dos locais aos partidos.

Art. 246. (Revogado).

- *Art. 246 revogado pela Lei nº 9.504/1997.*

Art. 247. (Revogado).

- *Art. 247 revogado pela Lei nº 9.504/1997.*

Art. 248. Ninguém poderá impedir a propaganda eleitoral, nem inutilizar, alterar ou perturbar os meios lícitos nela empregados.

Art. 249. O direito de propaganda não importa restrição ao poder de polícia quando este deva ser exercido em benefício da ordem pública.

- *V. art. 41 da Lei nº 9.504/1997.*

Art. 250. (Revogado).

- *Art. 250 revogado pela Lei nº 9.504/1997.*

Art. 251. No período destinado à propaganda eleitoral gratuita não prevalecerão quaisquer contratos ou ajustes firmados pelas empresas que possam burlar ou tornar inexequível qualquer dispositivo deste Código ou das instruções baixadas pelo Tribunal Superior Eleitoral.

- *V. art. 46 da Lei nº 9.096/ 1995.*

Art. 252. (Revogado).

- *Art. 252 revogado pelo Decreto-Lei nº 1.538/ 1977.*

Art. 253. (Revogado).

- *Art. 253 revogado pelo Decreto-Lei nº 1.538/ 1977.*

Art. 254. (Revogado).

- *Art. 254 revogado pelo Decreto-Lei nº 1.538/ 1977.*

Art. 255. Nos 15 (quinze) dias anteriores ao pleito é proibida a divulgação, por qualquer forma, de resultados de prévias ou testes pré-eleitorais.

- *V. art. 26 da Lei nº 7.773/1989.*
- *V. art. 33 da Lei nº 9.504/1997.*

Art. 256. As autoridades administrativas federais, estaduais e municipais proporcionarão aos partidos, em igualdade de condições, as facilidades permitidas para a respectiva propaganda.

§ 1º. No período da campanha eleitoral, independentemente do critério de prioridade, os serviços telefônicos, oficiais ou concedidos, farão instalar, na sede dos diretórios devidamente registrados, telefones necessários, mediante requerimento do respectivo Presidente e pagamento das taxas devidas.

- *§ 1º acrescido pela Lei nº 4.961/1966.*

§ 2º. O Tribunal Superior Eleitoral baixará as instruções necessárias ao cumprimento do disposto no parágrafo anterior, fixando as condições a serem observadas.

- *§ 2º acrescido pela Lei nº 4.961/1966.*

TÍTULO III – DOS RECURSOS

Capítulo I – Disposições Preliminares

Art. 257. Os recursos eleitorais não terão efeito suspensivo.

Parágrafo único. A execução de qualquer acórdão será feita imediatamente através de comunicação por ofício, telegrama, ou, em casos especiais, a critério do Presidente do Tribunal, através de cópia do acórdão.

Art. 258. Sempre que a lei não fixar prazo especial, o recurso deverá ser interposto em 3 (três) dias da publicação do ato, resolução ou despacho.

Art. 259. São preclusivos os prazos para interposição de recurso, salvo quando neste se discutir matéria constitucional.

Parágrafo único. O recurso em que se discutir matéria constitucional não poderá ser interposto fora do prazo. Perdido o prazo numa fase própria, só em outra que se apresentar poderá ser interposto.

Art. 260. A distribuição do primeiro recurso que chegar ao Tribunal Regional ou Tribunal Superior, prevenirá a competência do relator para todos os demais casos do mesmo Município ou Estado.

Art. 261. Os recursos parciais, entre os quais não se incluem os que versarem matéria referente ao registro de candidatos, interpostos para os Tribunais Regionais no caso de eleições municipais, e para o Tribunal Superior no caso de eleições estaduais ou federais, serão julgados à medida que derem entrada nas respectivas Secretarias.

§ 1º. Havendo dois ou mais recursos parciais de um mesmo Município ou Estado, ou se todos, inclusive os de diplomação, já estiverem no Tribunal Regional ou no Tribunal Superior, serão eles julgados seguidamente, em uma ou mais sessões.

§ 2º. As decisões com os esclarecimentos necessários ao cumprimento serão comunicadas de uma só vez ao Juiz Eleitoral ou ao Presidente do Tribunal Regional.

§ 3º. Se os recursos de um mesmo Município ou Estado deram entrada em datas diversas, sendo julgados separadamente, o Juiz Eleitoral ou o Presidente do Tribunal Regional aguardará a comunicação de todas as decisões para cumpri-las, salvo se o julgamento dos demais importar em alteração do resultado do pleito que não tenha relação com o recurso já julgado.

§ 4º. Em todos os recursos, no despacho que determinar a remessa dos autos à instância superior, o Juízo *a quo* esclarecerá quais os ainda em fase de processamento e, no último, quais os anteriormente remetidos.

§ 5º. Ao se realizar a diplomação, se ainda houver processo pendente de decisão em outra instância, será consignado que os resultados poderão sofrer alterações decorrentes desse julgamento.

§ 6º. Realizada a diplomação, e decorrido o prazo para recurso, o Juiz ou Presidente do Tribunal Regional comunicará à instância superior se foi ou não interposto recurso.

Art. 262. O recurso contra expedição de diploma caberá somente nos casos de inelegibilidade superveniente ou de natureza constitucional e de falta de condição de elegibilidade.

I – (revogado);

II – (revogado);

III – (revogado);

IV – (revogado).

• *Art. 262 com a redação dada pela Lei nº 12.891/ 2013.*

Art. 263. No julgamento de um mesmo pleito eleitoral, as decisões anteriores sobre questões de direito constituem prejulgados para os demais casos, salvo se contra a tese votarem 2/3 (dois terços) dos membros do Tribunal.

Art. 264. Para os Tribunais Regionais e para o Tribunal Superior caberá, dentro de 3 (três) dias, recurso dos atos, resoluções ou despachos dos respectivos Presidentes.

Capítulo II – Dos Recursos Perante as Juntas e Juízos Eleitorais

Art. 265. Dos atos, resoluções ou despachos dos Juízos ou Juntas Eleitorais caberá recurso para o Tribunal Regional.

Parágrafo único. Os recursos das decisões das Juntas serão processados na forma estabelecida pelos arts. 169 e seguintes.

Art. 266. O recurso independerá de termo e será interposto por petição devidamente fundamentada, dirigida ao Juiz Eleitoral e acompanhada, se o entender o recorrente, de novos documentos.

Parágrafo único. Se o recorrente se reportar a coação, fraude, uso de meios de que trata o art. 237 ou emprego de processo de propaganda ou captação de sufrágios vedado por lei, dependentes de prova a ser determinada pelo Tribunal, bastar-lhe-á indicar os meios a ela conducentes.

• *Parágrafo único acrescido pela Lei nº 4.961/ 1966.*

Art. 267. Recebida a petição, mandará o Juiz intimar o recorrido para ciência do recurso, abrindo-se-lhe vista dos autos a fim de, em prazo igual ao estabelecido para a sua interposição, oferecer razões, acompanhadas ou não de novos documentos.

§ 1º. A intimação se fará pela publicação da notícia da vista no jornal que publicar o expediente da Justiça Eleitoral, onde houver, e nos demais lugares, pessoalmente pelo escrivão, independente de iniciativa do recorrente.

§ 2º. Onde houver jornal oficial, se a publicação não ocorrer no prazo de 3 (três) dias, a intimação se fará pessoalmente ou na forma prevista no parágrafo seguinte.

§ 3º. Nas Zonas em que se fizer intimação pessoal, se não for encontrado o recorrido dentro de 48 (quarenta e oito) horas, a intimação se fará por edital afixado no foro, no local de costume.

§ 4º. Todas as citações e intimações serão feitas na forma estabelecida neste artigo.

§ 5º. Se o recorrido juntar novos documentos, terá o recorrente vista dos autos por 48 (quarenta e oito) horas para falar sobre os mesmos, contado o prazo na forma deste artigo.

§ 6º. Findos os prazos a que se referem os parágrafos anteriores, o Juiz Eleitoral fará, dentro de 48 (quarenta e oito) horas, subir os autos ao Tribunal Regional com a sua resposta e os documentos em que se fundar, sujeito à multa de 10% (dez por cento) do salário mínimo regional por dia de retardamento, salvo se entender de reformar a sua decisão.

• *§ 6º com redação dada pela Lei nº 4.961/ 1966.*

§ 7º. Se o Juiz reformar a decisão recorrida, poderá o recorrido, dentro de 3 (três) dias, requerer suba o recurso como se por ele interposto.

Capítulo III
Dos Recursos nos Tribunais Regionais

Art. 268. No Tribunal Regional nenhuma alegação escrita ou nenhum documento poderá ser oferecido por qualquer das partes, salvo o disposto no art. 270.

- *Art. 268 com redação dada pela Lei nº 4.961/1966.*

Art. 269. Os recursos serão distribuídos a um relator em 24 (vinte e quatro) horas e na ordem rigorosa da antiguidade dos respectivos membros, esta última exigência sob pena de nulidade de qualquer ato ou decisão do relator ou do Tribunal.

§ 1º. Feita a distribuição, a Secretaria do Tribunal abrirá vista dos autos à Procuradoria Regional, que deverá emitir parecer no prazo de 5 (cinco) dias.

§ 2º. Se a Procuradoria não emitir parecer no prazo fixado, poderá a parte interessada requerer a inclusão do processo na pauta, devendo o Procurador, nesse caso, proferir parecer oral na assentada do julgamento.

Art. 270. Se o recurso versar sobre coação, fraude, uso de meios de que trata o art. 237, ou emprego de processo de propaganda ou captação de sufrágios vedado por lei, dependentes de provas indicadas pelas partes ao interpô-lo ou ao impugná-lo, o relator no Tribunal Regional deferi-lo-á em 24 (vinte e quatro) horas da conclusão, realizando-se ela no prazo improrrogável de 5 (cinco) dias.

- *Art. 270,* caput, *com redação dada pela Lei nº 4.961/1966.*

§ 1º. Admitir-se-ão como meios de prova para apreciação pelo Tribunal as justificações e as perícias processadas perante o Juiz Eleitoral da Zona, com citação dos partidos que concorreram ao pleito e do representante do Ministério Público.

- *§ 1º acrescido pela Lei nº 4.961/1966.*

§ 2º. Indeferindo o relator a prova, serão os autos, a requerimento do interessado, nas 24 (vinte e quatro) horas seguintes, presentes à primeira sessão do Tribunal, que deliberará a respeito.

- *§ 2º acrescido pela Lei nº 4.961/1966.*

§ 3º. Protocoladas as diligências probatórias, ou com a juntada das justificações ou diligências, a Secretaria do Tribunal abrirá, sem demora, vista dos autos, por 24 (vinte e quatro) horas, seguidamente, ao recorrente e ao recorrido para dizerem a respeito.

- *§ 3º acrescido pela Lei nº 4.961/1966.*

§ 4º. Findo o prazo acima, serão os autos conclusos ao relator.

- *§ 4º acrescido pela Lei nº 4.961/1966.*

Art. 271. O relator devolverá os autos à Secretaria no prazo improrrogável de 8 (oito) dias para, nas 24 (vinte e quatro) horas seguintes, ser o caso incluído na pauta de julgamento do Tribunal.

§ 1º. Tratando-se de recurso contra a expedição de diploma, os autos, uma vez devolvidos pelo relator, serão conclusos ao Juiz imediato em antiguidade, como revisor, o qual deverá devolvê-los em 4 (quatro) dias.

§ 2º. As pautas serão organizadas com um número de processos que possam ser realmente julgados, obedecendo-se rigorosamente à ordem da devolução dos mesmos à Secretaria pelo relator ou revisor, nos recursos contra a expedição de diploma, ressalvadas as preferências determinadas pelo Regimento do Tribunal.

Art. 272. Na sessão do julgamento, uma vez feito o relatório pelo relator, cada uma das partes poderá, no prazo improrrogável de 10 (dez) minutos, sustentar oralmente as suas conclusões.

Parágrafo único. Quando se tratar de julgamento de recursos contra a expedição de diploma, cada parte terá 20 (vinte) minutos para sustentação oral.

Art. 273. Realizado o julgamento, o relator, se vitorioso, ou o relator designado para redigir o acórdão, apresentará a redação deste, o mais tardar, dentro em 5 (cinco) dias.

§ 1º. O acórdão conterá uma síntese das questões debatidas e decididas.

§ 2º. Sem prejuízo do disposto no parágrafo anterior, se o Tribunal dispuser de serviço taquigráfico, serão juntas ao processo as notas respectivas.

Art. 274. O acórdão, devidamente assinado, será publicado, valendo como tal a inserção da sua conclusão no órgão oficial.

§ 1º. Se o órgão oficial não publicar o acórdão no prazo de 3 (três) dias, as partes serão intimadas pessoalmente e, se não forem encontradas no prazo de 48 (quarenta e oito) horas, a intimação se fará por edital afixado no Tribunal, no local de costume.

§ 2º. O disposto no parágrafo anterior aplicar-se-á a todos os casos de citação ou intimação.

Art. 275. São admissíveis embargos de declaração:

I – quando há no acórdão obscuridade, dúvida ou contradição;

II – quando for omitido ponto sobre que devia pronunciar-se o Tribunal.

§ 1º. Os embargos serão opostos dentro em 3 (três) dias da data da publicação do acórdão, em petição dirigida ao relator, na qual será indicado o ponto obscuro, duvidoso, contraditório ou omisso.

§ 2º. O relator porá os embargos em Mesa para julgamento, na primeira sessão seguinte, proferindo o seu voto.

§ 3º. Vencido o relator, outro será designado para lavrar o acórdão.

§ 4º. Os embargos de declaração suspendem o prazo para a interposição de outros recursos, salvo se manifestamente protelatórios e assim declarados na decisão que os rejeitar.

Art. 276. As decisões dos Tribunais Regionais são terminativas, salvo os casos seguintes, em que cabe recurso para o Tribunal Superior:

• *V. art. 121, § 4º, da CF/1988.*

I – especial:

a) quando forem proferidas contra expressa disposição de lei;

b) quando ocorrer divergência na interpretação de lei entre dois ou mais Tribunais Eleitorais.

II – ordinário:

a) quando versarem sobre expedição de diplomas nas eleições federais e estaduais;

b) quando denegarem *habeas corpus* ou mandado de segurança.

• *V. art. 121, § 4º, V, da CF/1988.*

§ 1º. É de 3 (três) dias o prazo para a interposição do recurso, contado da publicação da decisão nos casos dos nºs I, letras "a" e "b" e II, letra "b" e da sessão da diplomação no caso do nº II, letra "a".

§ 2º. Sempre que o Tribunal Regional determinar a realização de novas eleições, o prazo para a interposição dos recursos, no caso do nº II, "a", contar-se-á da sessão em que, feita a apuração das Seções renovadas, for proclamado o resultado das eleições suplementares.

Art. 277. Interposto recurso ordinário contra decisão do Tribunal Regional, o Presidente poderá, na própria petição, mandar abrir vista ao recorrido para que, no mesmo prazo, ofereça as suas razões.

Parágrafo único. Juntadas as razões do recorrido, serão os autos remetidos ao Tribunal Superior.

Art. 278. Interposto recurso especial contra decisão do Tribunal Regional, a petição será juntada nas 48 (quarenta e oito) horas seguintes e os autos conclusos ao Presidente dentro de 24 (vinte e quatro) horas.

§ 1º. O Presidente, dentro em 48 (quarenta e oito) horas do recebimento dos autos conclusos, proferirá despacho fundamentado, admitindo ou não o recurso.

§ 2º. Admitido o recurso, será aberta vista dos autos ao recorrido para que, no mesmo prazo, apresente as suas razões.

§ 3º. Em seguida serão os autos conclusos ao Presidente, que mandará remetê-los ao Tribunal Superior.

Art. 279. Denegado o recurso especial, o recorrente poderá interpor, dentro em 3 (três) dias, agravo de instrumento.

§ 1º. O agravo de instrumento será interposto por petição que conterá:

I – a exposição do fato e do direito;

II – as razões do pedido de reforma da decisão;

III – a indicação das peças do processo que devem ser trasladadas.

§ 2º. Serão obrigatoriamente trasladadas a decisão recorrida e a certidão da intimação.

§ 3º. Deferida a formação do agravo, será intimado o recorrido para, no prazo de 3 (três) dias, apresentar as suas razões e indicar as peças dos autos que serão também trasladadas.

§ 4º. Concluída a formação do instrumento, o Presidente do Tribunal determinará a remessa dos autos ao Tribunal Superior, podendo, ainda, ordenar a extração e a juntada de peças não indicadas pelas partes.

§ 5º. O Presidente do Tribunal não poderá negar seguimento ao agravo, ainda que interposto fora do prazo legal.

§ 6º. Se o agravo de instrumento não for conhecido, porque interposto fora do prazo legal, o Tribunal Superior imporá ao recorrente multa correspondente ao valor do maior salário mínimo vigente no País, multa essa que será inscrita e cobrada na forma prevista no art. 367.

§ 7º. Se o Tribunal Regional dispuser de aparelhamento próprio, o instrumento deverá ser formado com fotocópias ou processos semelhantes, pagas as despesas, pelo preço do custo, pelas partes, em relação às peças que indicarem.

Capítulo IV
Dos Recursos no Tribunal Superior

Art. 280. Aplicam-se ao Tribunal Superior as disposições dos arts. 268, 269, 270, 271 (*caput*), 272, 273, 274 e 275.

Art. 281. São irrecorríveis as decisões do Tribunal Superior, salvo as que declararem a invalidade de lei ou ato contrário à Constituição Federal e as denegatórias de *habeas corpus* ou mandado de segurança, das quais caberá recurso ordinário para o Supremo Tribunal Federal, interposto no prazo de 3 (três) dias.

• *V. art. 121, § 3º, da CF/1988.*

§ 1º. Juntada a petição nas 48 (quarenta e oito) horas seguintes, os autos serão conclusos ao Presidente do Tribunal, que, no mesmo prazo, proferirá despacho fundamentado, admitindo ou não o recurso.

§ 2º. Admitido o recurso, será aberta vista dos autos ao recorrido para que, dentro de 3 (três) dias, apresente as suas razões.

§ 3º. Findo esse prazo, os autos serão remetidos ao Supremo Tribunal Federal.

Art. 282. Denegado o recurso, o recorrente poderá interpor, dentro de 3 (três) dias, agravo de instrumento, observado o disposto no art. 279 e seus parágrafos, aplicada a multa a que se refere o § 6º pelo Supremo Tribunal Federal.

TÍTULO IV – DISPOSIÇÕES PENAIS

Capítulo I – Disposições Preliminares

Art. 283. Para os efeitos penais são considerados membros e funcionários da Justiça Eleitoral:

I – os magistrados que, mesmo não exercendo funções eleitorais, estejam presidindo Juntas Apuradoras ou se encontrem no exercício de outra função por designação de Tribunal Eleitoral;

II – os cidadãos que temporariamente integram órgãos da Justiça Eleitoral;

III – os cidadãos que hajam sido nomeados para as Mesas Receptoras ou Juntas Apuradoras;

IV – os funcionários requisitados pela Justiça Eleitoral.

§ 1º. Considera-se funcionário público, para os efeitos penais, além dos indicados no presente artigo, quem, embora transitoriamente ou sem remuneração, exerce cargo, emprego ou função pública.

§ 2º. Equipara-se a funcionário público quem exerce cargo, emprego ou função em entidade paraestatal ou em sociedade de economia mista.

Art. 284. Sempre que este Código não indicar o grau mínimo, entende-se que será ele de 15 (quinze) dias para a pena de detenção e de 1 (um) ano para a de reclusão.

Art. 285. Quando a lei determina a agravação ou atenuação da pena sem mencionar o *quantum*, deve o Juiz fixá-la entre 1/5 (um quinto) e 1/3 (um terço), guardados os limites da pena cominada ao crime.

Art. 286. A pena de multa consiste no pagamento ao Tesouro Nacional, de uma soma de dinheiro, que é fixada em dias-multa. Seu montante é, no mínimo, 1 (um) dia-multa e, no máximo, 300 (trezentos) dias-multa.

§ 1º. O montante do dia-multa é fixado segundo o prudente arbítrio do Juiz, devendo este ter em conta as condições pessoais e econômicas do condenado, mas não pode ser inferior ao salário mínimo diário da região, nem superior ao valor de um salário mínimo mensal.

§ 2º. A multa pode ser aumentada até o triplo, embora não possa exceder o máximo genérico (*caput*), se o Juiz considerar que, em virtude da situação econômica do condenado, é ineficaz a cominada, ainda que no máximo, ao crime de que se trate.

Art. 287. Aplicam-se aos fatos incriminados nesta Lei as regras gerais do Código Penal.

- *V. art. 90 da Lei nº 9.504/1997.*

Art. 288. Nos crimes eleitorais cometidos por meio da imprensa, do rádio ou da televisão, aplicam-se exclusivamente as normas deste Código e as remissões a outra lei nele contempladas.

Capítulo II – Dos Crimes Eleitorais

- *V. art. 11 da Lei nº 6.091/1974.*
- *V. arts. 73 a 78 da Lei nº 9.504/1997.*

Art. 289. Inscrever-se, fraudulentamente, eleitor:

Pena – reclusão até 5 anos e pagamento de 5 a 15 dias-multa.

Art. 290. Induzir alguém a se inscrever eleitor com infração de qualquer dispositivo deste Código:

Pena – reclusão até 2 anos e pagamento de 15 a 30 dias-multa.

Art. 291. Efetuar o Juiz, fraudulentamente, a inscrição de alistando:

Pena – reclusão até 5 anos e pagamento de 5 a 15 dias-multa.

Art. 292. Negar ou retardar a autoridade judiciária, sem fundamento legal, a inscrição requerida:

Pena – pagamento de 30 a 60 dias-multa.

Art. 293. Perturbar ou impedir de qualquer forma o alistamento:

Pena – detenção de 15 dias a 6 meses ou pagamento de 30 a 60 dias-multa.

Art. 294. (Revogado).

- *Art. 294 revogado pela Lei nº 8.868/1994.*

Art. 295. Reter título eleitoral contra a vontade do eleitor:

Pena – detenção até 2 meses ou pagamento de 30 a 60 dias-multa.

- *V. art. 91, parágrafo único, da Lei nº 9.504/1997.*

Art. 296. Promover desordem que prejudique os trabalhos eleitorais:

Pena – detenção até 2 meses e pagamento de 60 a 90 dias-multa.

Art. 297. Impedir ou embaraçar o exercício do sufrágio:

Pena – detenção até 6 meses e pagamento de 60 a 100 dias-multa.

Art. 298. Prender ou deter eleitor, membro de Mesa Receptora, fiscal, delegado de partido ou candidato, com violação do disposto no art. 236:

Pena – reclusão até 4 anos.

Art. 299. Dar, oferecer, prometer, solicitar ou receber, para si ou para outrem, dinheiro, dádiva, ou qualquer outra vantagem, para obter ou dar voto e para conseguir ou prometer abstenção, ainda que a oferta não seja aceita:

Pena – reclusão até 4 anos e pagamento de 5 a 15 dias-multa.

Art. 300. Valer-se o servidor público da sua autoridade para coagir alguém a votar ou não votar em determinado candidato ou partido:

Pena – detenção até 6 meses e pagamento de 60 a 100 dias-multa.

Parágrafo único. Se o agente é membro ou funcionário da Justiça Eleitoral e comete o crime prevalecendo-se do cargo, a pena é agravada.

Art. 301. Usar de violência ou grave ameaça para coagir alguém a votar, ou não votar, em determinado candidato ou partido, ainda que os fins visados não sejam conseguidos:

Pena – reclusão até 4 anos e pagamento de 5 a 15 dias-multa.

Art. 302. Promover, no dia da eleição, com o fim de impedir, embaraçar ou fraudar o exercício do voto, a concentração de eleitores sob qualquer forma, inclusive o fornecimento gratuito de alimento e transporte coletivo:

Pena – reclusão de 4 a 6 anos e pagamento de 200 a 300 dias-multa.

- *Art. 302 com redação dada pelo Decreto-Lei nº 1.064/1969.*

Art. 303. Majorar os preços de utilidades e serviços necessários à realização de eleições, tais como transporte e alimentação de eleitores, impressão, publicidade e divulgação de matéria eleitoral:

Pena – pagamento de 250 a 300 dias-multa.

Art. 304. Ocultar, sonegar, açambarcar ou recusar, no dia da eleição, o fornecimento normalmente a todos, de utilidades, alimentação e meios de transporte, ou conceder exclusividade dos mesmos a determinado partido ou candidato:

Pena – pagamento de 250 a 300 dias-multa.

Art. 305. Intervir autoridade estranha à Mesa Receptora, salvo o Juiz Eleitoral, no seu funcionamento sob qualquer pretexto:

Pena – detenção até 6 meses e pagamento de 60 a 90 dias-multa.

Art. 306. Não observar a ordem em que os eleitores devem ser chamados a votar:

Pena – pagamento de 15 a 30 dias-multa.

Art. 307. Fornecer ao eleitor cédula oficial já assinalada ou por qualquer forma marcada:

Pena – reclusão até 5 anos e pagamento de 5 a 15 dias-multa.

Art. 308. Rubricar e fornecer a cédula oficial em outra oportunidade que não a de entrega da mesma ao eleitor:

Pena – reclusão até 5 anos e pagamento de 60 a 90 dias-multa.

Art. 309. Votar ou tentar votar mais de uma vez, ou em lugar de outrem:

Pena – reclusão até 3 anos.

Art. 310. Praticar, ou permitir o membro da Mesa Receptora que seja praticada qualquer irregularidade que determine a anulação de votação, salvo no caso do art. 311:

Pena – detenção até 6 meses ou pagamento de 90 a 120 dias-multa.

Art. 311. Votar em Seção Eleitoral em que não está inscrito, salvo nos casos expressamente previstos, e permitir, o Presidente da Mesa Receptora, que o voto seja admitido:

Pena – detenção até 1 mês ou pagamento de 5 a 15 dias-multa para o eleitor e de 20 a 30 dias-multa para o Presidente da Mesa.

Art. 312. Violar ou tentar violar o sigilo do voto:

Pena – detenção até 2 anos.

Art. 313. Deixar o Juiz e os membros da Junta de expedir o boletim de apuração imediatamente após a apuração de cada urna e antes de passar à subsequente, sob qualquer pretexto e ainda que dispensada a expedição pelos fiscais, delegados ou candidatos presentes:

Pena – pagamento de 90 a 120 dias-multa.

Parágrafo único. Nas Seções Eleitorais em que a contagem for procedida pela Mesa Receptora, incorrerão na mesma pena o Presidente e os mesários que não expedirem imediatamente o respectivo boletim.

- *V. art. 68 da Lei nº 9.504/1997.*

Art. 314. Deixar o Juiz e os membros da Junta de recolher as cédulas apuradas na respectiva urna, fechá-la e lacrá-la, assim que terminar a apuração de cada Seção e antes de passar à subsequente, sob qualquer pretexto e ainda que dispensada a providência pelos fiscais, delegados ou candidatos presentes:

Pena – detenção até 2 meses ou pagamento de 90 a 120 dias-multa.

Parágrafo único. Nas Seções Eleitorais em que a contagem dos votos for procedida pela Mesa Receptora, incorrerão na mesma pena o Presidente e os mesários que não fecharem e lacrarem a urna após a contagem.

Art. 315. Alterar nos mapas ou nos boletins de apuração a votação obtida por qualquer candidato ou lançar nesses documentos votação que não corresponda às cédulas apuradas:

Pena – reclusão até 5 anos e pagamento de 5 a 15 dias-multa.

Art. 316. Não receber ou não mencionar nas atas da eleição ou da apuração os protestos devidamente formulados ou deixar de remetê-los à instância superior:

Pena – reclusão até 5 anos e pagamento de 5 a 15 dias-multa.

Art. 317. Violar ou tentar violar o sigilo da urna ou dos invólucros:

Pena – reclusão de 3 a cinco anos.

Art. 318. Efetuar a Mesa Receptora a contagem dos votos da urna quando qualquer eleitor houver votado sob impugnação (art. 190):

Pena – detenção até 1 mês ou pagamento de 30 a 60 dias-multa.

Art. 319. Subscrever o eleitor mais de uma ficha de registro de um ou mais partidos:

Pena – detenção até 1 mês ou pagamento de 10 a 30 dias-multa.

Art. 320. Inscrever-se o eleitor, simultaneamente, em dois ou mais partidos:

Pena – pagamento de 10 a 20 dias-multa.

• *V. art. 22, parágrafo único, da Lei nº 9.096/1995.*

Art. 321. Colher assinatura do eleitor em mais de uma ficha de registro de partido:

Pena – detenção até 2 meses ou pagamento de 20 a 40 dias-multa.

Art. 322. (Revogado).

• *Art. 322 revogado pela Lei nº 9.504/1997.*

Art. 323. Divulgar, na propaganda, fatos que sabe inverídicos, em relação a partidos ou candidatos e capazes de exercerem influência perante o eleitorado:

Pena – detenção de 2 meses a 1 ano ou pagamento de 120 a 150 dias-multa.

Parágrafo único. A pena é agravada se o crime é cometido pela imprensa, rádio ou televisão.

Art. 324. Caluniar alguém, na propaganda eleitoral, ou visando a fins de propaganda, imputando-lhe falsamente fato definido como crime:

Pena – detenção de 6 meses a 2 anos e pagamento de 10 a 40 dias-multa.

§ 1º. Nas mesmas penas incorre quem, sabendo falsa a imputação, a propala ou divulga.

§ 2º. A prova da verdade do fato imputado exclui o crime, mas não é admitida:

I – se, constituindo o fato imputado crime de ação privada, o ofendido não foi condenado por sentença irrecorrível;

II – se o fato é imputado ao Presidente da República ou chefe de governo estrangeiro;

III – se do crime imputado, embora de ação pública, o ofendido foi absolvido por sentença irrecorrível.

Art. 325. Difamar alguém, na propaganda eleitoral, ou visando a fins de propaganda, imputando-lhe fato ofensivo à sua reputação:

Pena – detenção de 3 meses a 1 ano e pagamento de 5 a 30 dias-multa.

Parágrafo único. A exceção da verdade somente se admite se o ofendido é funcionário público e a ofensa é relativa ao exercício de suas funções.

Art. 326. Injuriar alguém, na propaganda eleitoral, ou visando a fins de propaganda, ofendendo-lhe a dignidade ou o decoro:

Pena – detenção até 6 meses ou pagamento de 30 a 60 dias-multa.

§ 1º. O Juiz pode deixar de aplicar a pena:

I – se o ofendido, de forma reprovável, provocou diretamente a injúria;

II – no caso de retorsão imediata, que consista em outra injúria.

§ 2º. Se a injúria consiste em violência ou vias de fato, que, por sua natureza ou meio empregado, se considerem aviltantes:

Pena – detenção de 3 meses a 1 ano e pagamento de 5 a 20 dias-multa, além das penas correspondentes à violência previstas no Código Penal.

Art. 327. As penas cominadas nos arts. 324, 325 e 326 aumentam-se de um terço, se qualquer dos crimes é cometido:

I – contra o Presidente da República ou chefe de governo estrangeiro;

II – contra funcionário público, em razão de suas funções;

III – na presença de várias pessoas, ou por meio que facilite a divulgação da ofensa.

Art. 328. (Revogado).

• *Art. 328 revogado pela Lei nº 9.504/1997.*

Art. 329. (Revogado).

- *Art. 329 revogado pela Lei nº 9.504/1997.*

Art. 330. Nos casos dos arts. 328 e 329, se o agente repara o dano antes da sentença final, o Juiz pode reduzir a pena.

- *Os arts. 328 e 329 foram revogados pela Lei nº 9.504/1997.*

Art. 331. Inutilizar, alterar ou perturbar meio de propaganda devidamente empregado:

Pena – detenção até 6 meses ou pagamento de 90 a 120 dias-multa.

Art. 332. Impedir o exercício de propaganda:

Pena – detenção até 6 meses e pagamento de 30 a 60 dias-multa.

Art. 333. (Revogado).

- *Art. 333 revogado pela Lei nº 9.504/1997.*

Art. 334. Utilizar organização comercial de vendas, distribuição de mercadorias, prêmios e sorteios para propaganda ou aliciamento de eleitores:

Pena – detenção de 6 meses a 1 ano e cassação do registro se o responsável for candidato.

Art. 335. Fazer propaganda, qualquer que seja a sua forma, em língua estrangeira:

Pena – detenção de 3 a 6 meses e pagamento de 30 a 60 dias-multa.

Parágrafo único. Além da pena cominada, a infração ao presente artigo importa na apreensão e perda do material utilizado na propaganda.

Art. 336. Na sentença que julgar ação penal pela infração de qualquer dos arts. 322, 323, 324, 325, 326, 328, 329, 331, 332, 333, 334 e 335, deve o Juiz verificar, de acordo com o seu livre convencimento, se o diretório local do partido, por qualquer dos seus membros, concorreu para a prática de delito, ou dela se beneficiou conscientemente.

- *Os arts. 322, 328, 329 e 333 foram revogados pela Lei nº 9.504/1997.*

Parágrafo único. Nesse caso, imporá o Juiz ao diretório responsável pena de suspensão de sua atividade eleitoral por prazo de 6 (seis) a 12 (doze) meses, agravada até o dobro nas reincidências.

Art. 337. Participar, o estrangeiro ou brasileiro que não estiver no gozo dos seus direitos políticos, de atividades partidárias, inclusive comícios e atos de propaganda em recintos fechados ou abertos:

Pena – detenção até 6 meses e pagamento de 90 a 120 dias-multa.

- *V. art. 107 da Lei nº 6.815/1980.*

Parágrafo único. Na mesma pena incorrerá o responsável pelas emissoras de rádio ou televisão que autorizar transmissões de que participem os mencionados neste artigo, bem como o diretor de jornal que lhes divulgar os pronunciamentos.

Art. 338. Não assegurar o funcionário postal a prioridade prevista no art. 239:

Pena – pagamento de 30 a 60 dias-multa.

Art. 339. Destruir, suprimir ou ocultar urna contendo votos, ou documentos relativos à eleição:

Pena – reclusão de 2 a 6 anos e pagamento de 5 a 15 dias-multa.

Parágrafo único. Se o agente é membro ou funcionário da Justiça Eleitoral e comete o crime prevalecendo-se do cargo, a pena é agravada.

Art. 340. Fabricar, mandar fabricar, adquirir, fornecer, ainda que gratuitamente, subtrair ou guardar urnas, objetos, mapas, cédulas ou papeis de uso exclusivo da Justiça Eleitoral:

Pena – reclusão até 3 anos e pagamento de 3 a 15 dias-multa.

Parágrafo único. Se o agente é membro ou funcionário da Justiça Eleitoral e comete o crime prevalecendo-se do cargo, a pena é agravada.

Art. 341. Retardar a publicação, ou não publicar, o diretor ou qualquer outro funcionário de órgão oficial federal, estadual ou municipal, as decisões, citações ou intimações da Justiça Eleitoral:

Pena – detenção até 1 mês ou pagamento de 30 a 60 dias-multa.

Art. 342. Não apresentar o órgão do Ministério Público, no prazo legal, denúncia ou deixar de promover a execução de sentença condenatória:

Pena – detenção até 2 meses ou pagamento de 60 a 90 dias-multa.

Art. 343. Não cumprir o Juiz o disposto no § 3º do art. 357:

Pena – detenção até 2 meses ou pagamento de 60 a 90 dias-multa.

Art. 344. Recusar ou abandonar o serviço eleitoral sem justa causa:

Pena – detenção até 2 meses ou pagamento de 90 a 120 dias-multa.

Art. 345. Não cumprir a autoridade judiciária, ou qualquer funcionário dos órgãos da Justiça Eleitoral, nos prazos legais, os deveres impostos por este Código, se a infração não estiver sujeita a outra penalidade:

Pena – pagamento de 30 a 90 dias-multa.

- *Art. 345 com redação dada pela Lei nº 4.961/1966.*
- *V. art. 58, § 7º, da Lei nº 9.504/1997.*

Art. 346. Violar o disposto no art. 377:

Pena – detenção até 6 meses e pagamento de 30 a 60 dias-multa.

Parágrafo único. Incorrerão na pena, além da autoridade responsável, os servidores que prestarem serviços e os candidatos, membros ou diretores de partido que derem causa à infração.

Art. 347. Recusar alguém cumprimento ou obediência a diligências, ordens ou instruções da Justiça Eleitoral ou opor embaraços à sua execução:

Pena – detenção de 3 meses a 1 ano e pagamento de 10 a 20 dias-multa.

Art. 348. Falsificar, no todo ou em parte, documento público, ou alterar documento público verdadeiro, para fins eleitorais:

Pena – reclusão de 2 a 6 anos e pagamento de 15 a 30 dias-multa.

§ 1º. Se o agente é funcionário público e comete o crime prevalecendo-se do cargo, a pena é agravada.

§ 2º. Para os efeitos penais, equipara-se a documento público o emanado de entidade paraestatal, inclusive Fundação do Estado.

Art. 349. Falsificar, no todo ou em parte, documento particular, ou alterar documento particular, verdadeiro, para fins eleitorais:

Pena – reclusão até 5 anos e pagamento de 3 a 10 dias-multa.

Art. 350. Omitir, em documento público ou particular, declaração que dele devia constar ou nele inserir ou fazer inserir declaração falsa ou diversa da que devia ser escrita, para fins eleitorais:

Pena – reclusão até 5 anos e pagamento de 5 a 15 dias-multa, se o documento é público, e reclusão até 3 anos e pagamento de 3 a 10 dias-multa, se o documento é particular.

Parágrafo único. Se o agente da falsidade documental é funcionário público e comete o crime prevalecendo-se do cargo ou se a falsificação ou alteração é de assentamentos de registro civil, a pena é agravada.

Art. 351. Equipara-se a documento (arts. 348, 349 e 350) para os efeitos penais, a fotografia, o filme cinematográfico, o disco fonográfico ou fita de ditafone a que se incorpore declaração ou imagem destinada a prova de fato juridicamente relevante.

Art. 352. Reconhecer como verdadeira, no exercício da função pública, firma ou letra que o não seja, para fins eleitorais:

Pena – reclusão até 5 anos e pagamento de 5 a 15 dias-multa, se o documento é público, e reclusão até 3 anos e pagamento de 3 a 10 dias-multa, se o documento é particular.

Art. 353. Fazer uso de qualquer dos documentos falsificados ou alterados, a que se referem os arts. 348 a 352:

Pena – a cominada à falsificação ou à alteração.

Art. 354. Obter, para uso próprio ou de outrem, documento público ou particular, material ou ideologicamente falso, para fins eleitorais:

Pena – a cominada à falsificação ou à alteração.

Capítulo III – Do Processo das Infrações

- *V. art. 90,* caput, *da Lei nº 9.504/1997.*

Art. 355. As infrações penais definidas neste Código são de ação pública.

Art. 356. Todo cidadão que tiver conhecimento de infração penal deste Código deverá comunicá-la ao Juiz Eleitoral da Zona onde a mesma se verificou.

§ 1º. Quando a comunicação for verbal, mandará a autoridade judicial reduzi-la a termo assinado pelo apresentante e por duas testemunhas, e a remeterá ao órgão do Ministério Público local, que procederá na forma deste Código.

§ 2º. Se o Ministério Público julgar necessários maiores esclarecimentos e documentos complementares ou outros elementos de convicção, deverá requisitá-los diretamente de quaisquer autoridades ou funcionários que possam fornecê-los.

Art. 357. Verificada a infração penal, o Ministério Público oferecerá a denúncia dentro do prazo de 10 (dez) dias.

§ 1º. Se o órgão do Ministério Público, ao invés de apresentar a denúncia, requerer o arquivamento da comunicação, o Juiz, no caso de considerar improcedentes as razões invocadas, fará remessa da comunicação ao Procurador Regional e este oferecerá a denúncia, designará outro Promotor para oferecê-la, ou insistirá no pedido de arquivamento, ao qual só então estará o Juiz obrigado a atender.

§ 2º. A denúncia conterá a exposição do fato criminoso com todas as suas circunstâncias, a qualificação do acusado ou esclarecimentos pelos quais se possa identificá-lo, a classificação do crime e, quando necessário, o rol das testemunhas.

§ 3º. Se o órgão do Ministério Público não oferecer a denúncia no prazo legal, representará contra ele a autoridade judiciária, sem prejuízo da apuração da responsabilidade penal.

§ 4º. Ocorrendo a hipótese prevista no parágrafo anterior, o Juiz solicitará ao Procurador Regional a designação de outro Promotor, que, no mesmo prazo, oferecerá a denúncia.

§ 5º. Qualquer eleitor poderá provocar a representação contra o órgão do Ministério Público se o Juiz, no prazo de 10 (dez) dias, não agir de ofício.

Art. 358. A denúncia será rejeitada quando:

I – o fato narrado evidentemente não constituir crime;

II – já estiver extinta a punibilidade, pela prescrição ou outra causa;

III – for manifesta a ilegitimidade da parte ou faltar condição exigida pela lei para o exercício da ação penal.

Parágrafo único. Nos casos do nº III, a rejeição da denúncia não obstará ao exercício da ação penal, desde que promovida por parte legítima ou satisfeita a condição.

Art. 359. Recebida a denúncia, o juiz designará dia e hora para o depoimento pessoal do acusado, ordenando a citação deste e a notificação do Ministério Público.

- *Art. 359,* caput, *com redação dada pela Lei nº 10.732/2003.*

Parágrafo único. O réu ou seu defensor terá o prazo de 10 (dez) dias para oferecer alegações escritas e arrolar testemunhas.

- *Parágrafo único acrescido pela Lei nº 10.732/2003.*

Art. 360. Ouvidas as testemunhas de acusação e da defesa e praticadas as diligências requeridas pelo Ministério Público e deferidas ou ordenadas pelo Juiz, abrir-se-á o prazo de 5 (cinco) dias a cada uma das partes – acusação e defesa – para alegações finais.

Art. 361. Decorrido esse prazo, e conclusos os autos ao Juiz dentro de 48 (quarenta e oito) horas, terá o mesmo 10 (dez) dias para proferir a sentença.

Art. 362. Das decisões finais de condenação ou absolvição cabe recurso para o Tribunal Regional, a ser interposto no prazo de 10 (dez) dias.

Art. 363. Se a decisão do Tribunal Regional for condenatória, baixarão imediatamente os autos à instância inferior para a execução da sentença, que será feita no prazo de 5 (cinco) dias, contados da data da vista ao Ministério Público.

Parágrafo único. Se o órgão do Ministério Público deixar de promover a execução da sentença, serão aplicadas as normas constantes dos §§ 3º, 4º e 5º do art. 357.

Art. 364. No processo e julgamento dos crimes eleitorais e dos comuns que lhes forem conexos, assim como nos recursos e na execução que lhes digam respeito, aplicar-se-á, como lei subsidiária ou supletiva, o Código de Processo Penal.

TÍTULO V
DISPOSIÇÕES GERAIS E TRANSITÓRIAS

Art. 365. O serviço eleitoral prefere a qualquer outro, é obrigatório e não interrompe o interstício de promoção dos funcionários para ele requisitados.

- *V. Lei nº 6.999/1982, que dispõe sobre a requisição de servidores públicos pela Justiça Eleitoral.*

Art. 366. Os funcionários de qualquer órgão da Justiça Eleitoral não poderão pertencer a diretório de partido político ou exercer qualquer atividade partidária, sob pena de demissão.

Art. 367. A imposição e a cobrança de qualquer multa, salvo no caso das condenações criminais, obedecerão às seguintes normas:

I – no arbitramento, será levada em conta a condição econômica do eleitor;

II – arbitrada a multa de ofício ou a requerimento do eleitor, o pagamento será feito através de selo federal inutilizado no próprio requerimento ou no respectivo processo;

- *O art. 15 da Lei nº 5.143/1966 extinguiu o imposto do selo.*

III – se o eleitor não satisfizer o pagamento no prazo de 30 (trinta) dias, será considerada dívida líquida e certa, para efeito de cobrança mediante executivo fiscal, a que for inscrita em livro próprio no Cartório Eleitoral;

IV – a cobrança judicial da dívida será feita por ação executiva na forma prevista para a cobrança da dívida ativa da Fazenda Pública, correndo a ação perante os Juízes Eleitorais;

V – nas Capitais e nas Comarcas onde houver mais de um Promotor de Justiça, a cobrança da dívida far-se-á por intermédio do que for designado pelo Procurador Regional Eleitoral;

VI – os recursos cabíveis, nos processos para cobrança da dívida decorrente de multa, serão interpostos para a instância superior da Justiça Eleitoral;

VII – em nenhum caso haverá recurso de ofício;

VIII – as custas, nos Estados, Distrito Federal e Territórios, serão cobradas nos termos dos respectivos Regimentos de Custas;

IX – os Juízes Eleitorais comunicarão aos Tribunais Regionais, trimestralmente, a importância total das multas impostas nesse período e quanto foi arrecadado através de pagamentos feitos na forma dos nºs II e III;

X – idêntica comunicação será feita pelos Tribunais Regionais ao Tribunal Superior.

§ 1º. As multas aplicadas pelos Tribunais Eleitorais serão consideradas líquidas e certas, para efeito de cobrança mediante executivo fiscal, desde que inscritas em livro próprio na Secretaria do Tribunal competente.

- *§ 1º acrescido pela Lei nº 4.961/1966.*

§ 2º. A multa pode ser aumentada até dez vezes, se o Juiz, ou Tribunal, considerar que, em virtude da situação econômica do infrator, é ineficaz, embora aplicada no máximo.

- *§ 2º acrescido pela Lei nº 4.961/1966 (cuja redação é a mesma do primitivo parágrafo único).*

§ 3º. O alistando ou o eleitor, que comprovar devidamente o seu estado de pobreza, ficará isento do pagamento de multa.

- *§ 3º acrescido pela Lei nº 4.961/1966.*

§ 4º. Fica autorizado o Tesouro Nacional a emitir selos, sob a designação "Selo Eleitoral", destinados ao pagamento de emolumentos, custas, despesas e multas, tanto as administrativas como as penais, devidas à Justiça Eleitoral.

- *§ 4º acrescido pela Lei nº 4.961/1966.*

§ 5º. Os pagamentos de multas poderão ser feitos através de guias de recolhimento, se a Justiça Eleitoral não dispuser de selo eleitoral em quantidade suficiente para atender aos interessados.

- *§ 5º acrescido pela Lei nº 4.961/1966.*
- *O art. 15 da Lei nº 5.143/1966 extinguiu o imposto do selo.*

Art. 368. Os atos requeridos ou propostos em tempo oportuno, mesmo que não sejam apreciados no prazo legal, não prejudicarão aos interessados.

Art. 369. O Governo da União fornecerá, para ser distribuído por intermédio dos Tribunais Regionais, todo o material destinado ao alistamento eleitoral e às eleições.

Art. 370. As transmissões de natureza eleitoral feitas por autoridades e repartições competentes gozam de franquia postal, telegráfica, telefônica, radiotelegráfica ou radiotelefônica, em linhas oficiais ou nas que sejam obrigadas a serviço oficial.

Art. 371. As repartições públicas são obrigadas, no prazo máximo de 10 (dez) dias, a fornecer às autoridades, aos representantes de partidos ou a qualquer alistando as informações e certidões que solicitarem relativas à matéria eleitoral, desde que os interessados manifestem especificamente as razões e os fins do pedido.

Art. 372. Os tabeliães não poderão deixar de reconhecer nos documentos necessários à instrução dos requerimentos e recursos eleitorais, as firmas de pessoas de seu conhecimento ou das que se apresentarem com 2 (dois) abonadores conhecidos.

Art. 373. São isentos de selo os requerimentos e todos os papeis destinados a fins eleitorais e é gratuito o reconhecimento de firma pelos tabeliães, para os mesmos fins.

Parágrafo único. Nos processos-crime e nos executivos fiscais referentes a cobrança de multas, serão pagas custas nos termos do Regimento de Custas de cada Estado, sendo as devidas à União pagas através de selos federais inutilizados nos autos.

- *O art. 15 da Lei nº 5.143/1966 extinguiu o imposto do selo.*

Art. 374. Os membros dos Tribunais Eleitorais, os Juízes Eleitorais e os servidores públicos requisitados para os Órgãos da Justiça Eleitoral que, em virtude de suas funções nos mencionados órgãos não tiverem as férias que lhe couberem, poderão gozá-las no ano seguinte, acumuladas ou não.

- *Art. 374,* caput, *com redação dada pela Lei nº 4.961/1966.*

Parágrafo único. (Revogado).

- *Parágrafo único revogado pela Lei nº 4.961/1966.*

Art. 375. Nas áreas contestadas, enquanto não forem fixados definitivamente os limites interestaduais, far-se-ão as eleições sob a jurisdição do Tribunal Regional da Circunscrição Eleitoral em que, do ponto de vista da administração judiciária estadual, estejam elas incluídas.

Art. 376. A proposta orçamentária da Justiça Eleitoral será anualmente elaborada pelo Tribunal Superior, de acordo com as propostas parciais que lhe forem remetidas pelos Tribunais Regionais, e dentro das normas legais vigentes.

Parágrafo único. Os pedidos de créditos adicionais que se fizerem necessários ao bom andamento dos serviços eleitorais, durante o exercício, serão encaminhados em relação trimestral à Câmara dos Deputados, por intermédio do Tribunal Superior.

Art. 377. O serviço de qualquer repartição, federal, estadual, municipal, autarquia, fundação do Estado, sociedade de economia mista, entidade mantida ou subvencionada pelo Poder Público, ou que realiza contrato com este, inclusive o respectivo prédio e suas dependências, não poderá ser utilizado para beneficiar partido ou organização de caráter político.

Parágrafo único. O disposto neste artigo será tornado efetivo, a qualquer tempo, pelo órgão competente da Justiça Eleitoral, conforme o âmbito nacional, regional ou municipal do órgão infrator, mediante representação fundamentada de autoridade pública, representante partidário, ou de qualquer eleitor.

Art. 378. O Tribunal Superior organizará, mediante proposta do Corregedor-Geral, os serviços da Corregedoria, designando, para desempenhá-los, funcionários efetivos do seu quadro e transformando o cargo de um deles, diplomado em Direito e de conduta moral irrepreensível, no de Escrivão da Corregedoria, símbolo PJ-1, a cuja nomeação serão inerentes, assim na Secretaria como nas diligências, as atribuições de titular de Ofício de Justiça.

Art. 379. Serão considerados de relevância os serviços prestados pelos mesários e componentes das Juntas Apuradoras.

§ 1º. Tratando-se de servidor público, em caso de promoção, a prova de haver prestado tais serviços será levada em consideração para efeito de desempate, depois de observados os critérios já previstos em leis ou regulamentos.

§ 2º. Persistindo o empate de que trata o parágrafo anterior, terá preferência, para a promoção, o funcionário que tenha servido maior número de vezes.

§ 3º. O disposto neste artigo não se aplica aos membros ou servidores da Justiça Eleitoral.

Art. 380. Será feriado nacional o dia em que se realizarem eleições de data fixada pela Constituição Federal; nos demais casos, serão as eleições marcadas para um domingo ou dia já considerado feriado por lei anterior.

- *V. art. 1º da Lei nº 9.504/1997.*

Art. 381. Esta Lei não altera a situação das candidaturas a Presidente ou Vice-Presidente da República e a Governador ou Vice-Governador de Estado, desde que resultantes de convenções partidárias regulares e já registradas ou em processo de registro, salvo a ocorrência de outros motivos de ordem legal ou constitucional que as prejudiquem.

Parágrafo único. Se o registro requerido se referir isoladamente a Presidente ou a Vice-Presidente da República e a Governador ou Vice-Governador de Estado, a validade respectiva dependerá de complementação da chapa conjunta na forma e nos prazos previstos neste Código (Constituição, art. 81, com a redação dada pela Emenda Constitucional nº 9).

- *A Constituição citada é a de 1946 e a Emenda Constitucional nº 9 é a de 22.7.1964.*

Art. 382. Este Código entrará em vigor 30 dias após a sua publicação.

Art. 383. Revogam-se as disposições em contrário.

Brasília, 15 de julho de 1965; 114º da Independência e 77º da República.

H. Castello Branco

DOU de 19.7.1965

Retificado em 30.7.1965

Constituição da República Federativa do Brasil

DE 5 DE OUTUBRO DE 1988
(EXCERTOS)

TÍTULO I – DOS PRINCÍPIOS FUNDAMENTAIS

Art. 1º. A República Federativa do Brasil, formada pela união indissolúvel dos Estados e Municípios e do Distrito Federal, constitui-se em Estado Democrático de Direito e tem como fundamentos:

....

V – o pluralismo político.

Parágrafo único. Todo o poder emana do povo, que o exerce por meio de representantes eleitos ou diretamente, nos termos desta Constituição.

....

TÍTULO II
DOS DIREITOS E GARANTIAS FUNDAMENTAIS

Capítulo I
Dos Direitos e Deveres Individuais e Coletivos

Art. 5º. Todos são iguais perante a lei, sem distinção de qualquer natureza, garantindo-se aos brasileiros e aos estrangeiros residentes no País a inviolabilidade do direito à vida, à liberdade, à igualdade, à segurança e à propriedade, nos termos seguintes:

....

VIII – ninguém será privado de direitos por motivo de crença religiosa ou de convicção filosófica ou política, salvo se as invocar para eximir-se de obrigação legal a todos imposta e recusar-se a cumprir prestação alternativa, fixada em lei;

....

XVI – todos podem reunir-se pacificamente, sem armas, em locais abertos ao público, independentemente de autorização, desde que não frustrem outra reunião anteriormente convocada para o mesmo local, sendo apenas exigido prévio aviso à autoridade competente;

....

XXXV – a lei não excluirá da apreciação do Poder Judiciário lesão ou ameaça a direito;

....

LXX – o mandado de segurança coletivo pode ser impetrado por:

a) partido político com representação no Congresso Nacional;

....

LXXI – conceder-se-á mandado de injunção sempre que a falta de norma regulamentadora torne inviável o exercício dos direitos e liberdades constitucionais e das prerrogativas inerentes à nacionalidade, à soberania e à cidadania;

....

LXXVII – são gratuitas as ações de *habeas corpus* e *habeas data* e, na forma da lei, os atos necessários ao exercício da cidadania;

- *V. Lei nº 9.265/1996 sobre a gratuidade dos atos necessários ao exercício da cidadania.*

LXXVIII – a todos, no âmbito judicial e administrativo, são assegurados a razoável duração do processo e os meios que garantam a celeridade de sua tramitação.

- *Inciso LXXVIII acrescido pela Emenda Constitucional nº 45, de 8.12.2004.*

§ 1º. As normas definidoras dos direitos e garantias fundamentais tem aplicação imediata.

§ 2º. Os direitos e garantias expressos nesta Constituição não excluem outros decorrentes do regime e dos princípios por ela adotados, ou dos tratados internacionais em que a República Federativa do Brasil seja parte.

§ 3º. Os tratados e convenções internacionais sobre direitos humanos que forem aprovados, em cada Casa do Congresso Nacional, em dois turnos, por três quintos dos votos dos respectivos membros, serão equivalentes às emendas constitucionais.

- *§ 3º acrescido pela Emenda Constitucional nº 45, de 8.12.2004.*

§ 4º. O Brasil se submete à jurisdição de Tribunal Penal Internacional a cuja criação tenha manifestado adesão.

- *§ 4º acrescido pela Emenda Constitucional nº 45, de 8.12.2004.*

....

Capítulo III – Da Nacionalidade

Art. 12. São brasileiros:

I – natos:

a) os nascidos na República Federativa do Brasil, ainda que de pais estrangeiros, desde que estes não estejam a serviço de seu país;

b) os nascidos no estrangeiro, de pai brasileiro ou mãe brasileira, desde que qualquer deles esteja a serviço da República Federativa do Brasil.

c) os nascidos no estrangeiro de pai brasileiro ou de mãe brasileira, desde que sejam registrados em repartição brasileira competente ou venham a residir na República Federativa do Brasil e optem, em qualquer tempo, depois de atingida a maioridade, pela nacionalidade brasileira;

- *Alínea "a" com redação dada pela Emenda Constitucional nº 54, de 20.9.2007.*

II – naturalizados:

a) os que, na forma da lei, adquiram a nacionalidade brasileira, exigidas aos originários de países de língua portuguesa apenas residência por um ano ininterrupto e idoneidade moral;

b) os estrangeiros de qualquer nacionalidade, residentes na República Federativa do Brasil há mais de quinze anos ininterruptos e sem condenação penal, desde que requeiram a nacionalidade brasileira.

- *Alínea "b" com redação dada pela Emenda Constitucional de Revisão nº 3, de 7.6.1994.*

§ 1º. Aos portugueses com residência permanente no País, se houver reciprocidade em favor de brasileiros, serão atribuídos os direitos inerentes ao brasileiro, salvo os casos previstos nesta Constituição.

- *§ 1º com redação dada pela Emenda Constitucional de Revisão nº 3, de 7.6.1994.*
- *V. Decreto nº 70.391/1972, que promulga a Convenção sobre Igualdade de Direitos e Deveres entre Brasileiros e Portugueses.*
- *V. Decreto nº 70.436/1972, que regulamenta a aquisição, pelos portugueses, dos direitos e obrigações, previstos no Estatuto da Igualdade.*

§ 2º. A lei não poderá estabelecer distinção entre brasileiros natos e naturalizados, salvo nos casos previstos nesta Constituição.

§ 3º. São privativos de brasileiro nato os cargos:

I – de Presidente e Vice-Presidente da República;

II – de Presidente da Câmara dos Deputados;

III – de Presidente do Senado Federal;

IV – de Ministro do Supremo Tribunal Federal;

V – da carreira diplomática;

VI – de oficial das Forças Armadas;

VII – de Ministro de Estado da Defesa.

- *Inciso VII acrescido pela Emenda Constitucional nº 23, de 2.9.1999.*

§ 4º. Será declarada a perda da nacionalidade do brasileiro que:

I – tiver cancelada sua naturalização, por sentença judicial, em virtude de atividade nociva ao interesse nacional;

II – adquirir outra nacionalidade, salvo nos casos:

- *Inciso II com redação dada pela Emenda Constitucional de Revisão nº 3, de 7.6.1994.*

a) de reconhecimento de nacionalidade originária pela lei estrangeira;

b) de imposição de naturalização, pela norma estrangeira, ao brasileiro residente em Estado estrangeiro, como condição para permanência em seu território ou para o exercício de direitos civis.

- *Alíneas "a" e "b" acrescidas pela Emenda Constitucional de Revisão nº 3, de 7.6.1994.*

....

Capítulo IV – Dos Direitos Políticos

Art. 14. A soberania popular será exercida pelo sufrágio universal e pelo voto direto e secreto, com valor igual para todos, e, nos termos da lei, mediante:

I – plebiscito;

II – referendo;

III – iniciativa popular.

- *V. Lei nº 9.709/1998 que regulamenta a execução do disposto nos incisos supracitados.*

§ 1º. O alistamento eleitoral e o voto são:

I – obrigatórios para os maiores de dezoito anos;

II – facultativos para:

a) os analfabetos;

b) os maiores de setenta anos;

c) os maiores de dezesseis e menores de dezoito anos.

§ 2º. Não podem alistar-se como eleitores os estrangeiros e, durante o período do serviço militar obrigatório, os conscritos.

§ 3º. São condições de elegibilidade, na forma da lei:

I – a nacionalidade brasileira;

II – o pleno exercício dos direitos políticos;

III – o alistamento eleitoral;

IV – o domicílio eleitoral na circunscrição;

V – a filiação partidária;

VI – a idade mínima de:

a) trinta e cinco anos para Presidente e Vice-Presidente da República e Senador;

b) trinta anos para Governador e Vice-Governador de Estado e do Distrito Federal;

c) vinte e um anos para Deputado Federal, Deputado Estadual ou Distrital, Prefeito, Vice-Prefeito e Juiz de Paz;

d) dezoito anos para Vereador.

§ 4º. São inelegíveis os inalistáveis e os analfabetos.

§ 5º. O Presidente da República, os Governadores de Estado e do Distrito Federal, os Prefeitos e quem os houver sucedido, ou substituído no curso dos mandatos poderão ser reeleitos para um único período subsequente.

- *§ 5º com redação dada pela Emenda Constitucional nº 16, de 4.6.1997.*

§ 6º. Para concorrerem a outros cargos, o Presidente da República, os Governadores de Estado e do Distrito Federal e os Prefeitos devem renunciar aos respectivos mandatos até seis meses antes do pleito.

§ 7º. São inelegíveis, no território de jurisdição do titular, o cônjuge e os parentes consanguíneos ou afins, até o segundo grau ou por adoção, do Presidente da República, de Governador de Estado ou Território, do Distrito Federal, de Prefeito ou de quem os haja substituído dentro dos seis meses anteriores ao pleito, salvo se já titular de mandato eletivo e candidato à reeleição.

§ 8º. O militar alistável é elegível, atendidas as seguintes condições:

- *V. arts. 5º, parágrafo único, e 98 do Código Eleitoral.*

I – se contar menos de dez anos de serviço, deverá afastar-se da atividade;

II – se contar mais de dez anos de serviço, será agregado pela autoridade superior e, se eleito, passará automaticamente, no ato da diplomação, para a inatividade.

§ 9º. Lei complementar estabelecerá outros casos de inelegibilidade e os prazos de sua cessação, a fim de proteger a probidade administrativa, a moralidade para o exercício do mandato, considerada a vida pregressa do candidato, e a normalidade e legitimidade das eleições contra a influência do poder econômico ou o abuso do exercício de função, cargo ou emprego na administração direta ou indireta.

- *§ 9º com redação dada pela Emenda Constitucional de Revisão nº 4, de 7.6.1994.*
- *V. Lei Complementar nº 64, de 18.5.1990, que estabelece, de acordo com este parágrafo, casos de inelegibilidade, prazos de cessação e determina outras providências.*

§ 10. O mandato eletivo poderá ser impugnado ante a Justiça Eleitoral no prazo de quinze dias contados da diplomação, instruída a ação com provas de abuso do poder econômico, corrupção ou fraude.

- *V. Lei nº 9.265/1996, art. 1º, IV: gratuidade das ações de impugnação de mandato eletivo.*

§ 11. A ação de impugnação de mandato tramitará em segredo de justiça, respondendo o autor, na forma da lei, se temerária ou de manifesta má-fé.

Art. 15. É vedada a cassação de direitos políticos, cuja perda ou suspensão só se dará nos casos de:

- *V. Decreto-Lei nº 201/1967, arts. 6º, I, e 8º, I: cassação do mandato de Prefeito e Vereador declarado pelo Presidente da Câmara, quando ocorrer cassação dos direitos políticos ou condenação por crime funcional ou eleitoral.*

I – cancelamento da naturalização por sentença transitada em julgado;

II – incapacidade civil absoluta;

III – condenação criminal transitada em julgado, enquanto durarem seus efeitos;

IV – recusa de cumprir obrigação a todos imposta ou prestação alternativa, nos termos do art. 5º, VIII;

V – improbidade administrativa, nos termos do art. 37, § 4º.

Art. 16. A lei que alterar o processo eleitoral entrará em vigor na data de sua publicação, não se aplicando à eleição que ocorra até um ano da data de sua vigência.

- *Art. 16 com redação dada pela Emenda Constitucional nº 4, de 14.9.1993.*

Capítulo V – Dos Partidos Políticos

Art. 17. É livre a criação, fusão, incorporação e extinção de partidos políticos, resguardados a soberania nacional, o regime democrático, o pluripartidarismo, os direitos fundamentais da pessoa humana e observados os seguintes preceitos:

I – caráter nacional;

II – proibição de recebimento de recursos financeiros de entidade ou governo estrangeiros ou de subordinação a estes;

III – prestação de contas à Justiça Eleitoral;

IV – funcionamento parlamentar de acordo com a lei.

§ 1º. É assegurada aos partidos políticos autonomia para definir sua estrutura interna, organização e funcionamento e para adotar os critérios de escolha e o regime de suas coligações eleitorais, sem obrigatoriedade de vinculação entre as candidaturas em âmbito nacional, estadual, distrital ou municipal, devendo seus estatutos estabelecer normas de disciplina e fidelidade partidária.

- *§ 1º com redação dada pela Emenda Constitucional nº 52, de 8.3.2006.*

§ 2º. Os partidos políticos, após adquirirem personalidade jurídica, na forma da lei civil, registrarão seus estatutos no Tribunal Superior Eleitoral.

§ 3º. Os partidos políticos tem direito a recursos do fundo partidário e acesso gratuito ao rádio e à televisão, na forma da lei.

§ 4º. É vedada a utilização pelos partidos políticos de organização paramilitar.

TÍTULO III
DA ORGANIZAÇÃO DO ESTADO

Capítulo I
Da Organização Político-Administrativa

Art. 18. A organização político-administrativa da República Federativa do Brasil compreende a União, os Estados, o Distrito Federal e os Municípios, todos autônomos, nos termos desta Constituição.

§ 1º. Brasília é a Capital Federal.

§ 2º. Os Territórios Federais integram a União, e sua criação, transformação em Estado ou reintegração ao Estado de origem serão reguladas em lei complementar.

§ 3º. Os Estados podem incorporar-se entre si, subdividir-se ou desmembrar-se para se anexarem a outros, ou formarem novos Estados ou Territórios Federais, mediante aprovação da população diretamente interessada, através de plebiscito, e do Congresso Nacional por lei complementar.

§ 4º. A criação, a incorporação, a fusão e o desmembramento de municípios far-se-ão por lei estadual, dentro do período determinado por lei complementar federal, e dependerão de consulta prévia, mediante plebiscito, às populações dos Municípios envolvidos, após divulgação dos Estudos de Viabilidade Municipal, apresentados e publicados na forma da lei.

- *§ 4º com redação dada pela Emenda Constitucional nº 15, de 12.9.1996.*

....

Capítulo II – Da União

....

Art. 22. Compete privativamente à União legislar sobre:

I – direito civil, comercial, penal, processual, eleitoral, agrário, marítimo, aeronáutico, espacial e do trabalho;

- *V. Código Comercial: Lei nº 556, de 25.6.1850 – Código Civil: Lei nº 10.406, de 10.1.2002 – Código Penal: Decreto-Lei nº 2.848, de 7.12.1940 – Código de Processo Penal: Decreto-Lei nº 3.689, de 3.10.1941 – Consolidação das Leis do Trabalho: Decreto-Lei nº 5.452, de 1º.5.1943 – Código Eleitoral: Lei nº 4.737, de 15.7.1965 – Código de Processo Civil: Lei nº 5.869, de 11.1.1973 – Código Brasileiro de Aeronáutica: Lei nº 7.565, de 19.12.1986.*

....

Parágrafo único. Lei complementar poderá autorizar os Estados a legislar sobre questões específicas das matérias relacionadas neste artigo.

....

Capítulo III – Dos Estados Federados

....

Art. 27. O número de Deputados à Assembleia Legislativa corresponderá ao triplo da representação do Estado na Câmara dos Deputados e, atingido o número de trinta e seis, será acrescido de tantos quantos forem os Deputados Federais acima de doze.

§ 1º. Será de quatro anos o mandato dos Deputados Estaduais, aplicando-se-lhes as regras desta Constituição sobre sistema eleitoral, inviolabilidade, imunidades, remuneração, perda de mandato, licença, impedimentos e incorporação às Forças Armadas.

§ 2º. O subsídio dos Deputados Estaduais será fixado por lei de iniciativa da Assembleia Legislativa, na razão de, no máximo, 75% (setenta e cinco por cento) daquele estabelecido, em espécie, para os Deputados Federais, observado o que dispõem os arts. 39 § 4º, 57, § 7º, 150, II, 153, III e 153, § 2º, I.

- *§ 2º com redação dada pela Emenda Constitucional nº 19, de 4.6.1998.*

§ 3º. Compete às Assembleias Legislativas dispor sobre seu regimento interno, polícia e serviços administrativos de sua secretaria, e prover os respectivos cargos.

§ 4º. A lei disporá sobre a iniciativa popular no processo legislativo estadual.

Art. 28. A eleição do Governador e do Vice-Governador de Estado, para mandato de quatro anos, realizar-se-á no primeiro domingo de outubro, em primeiro turno, e no último domingo de outubro, em segundo turno, se houver, no ano anterior ao do término do mandato de seus antecessores, e a posse ocorrerá em primeiro de janeiro do ano subsequente, observado, quanto ao mais, o disposto no art. 77.

- Caput *com redação dada pela Emenda Constitucional nº 16, de 4.6.1997.*
- *V. Lei nº 9.504/1997, que estabelece normas para as eleições.*

§ 1º. Perderá o mandato o Governador que assumir outro cargo ou função na administração pública direta ou indireta, ressalvada a posse em virtude de concurso público e observado o disposto no art. 38, I, IV e V.

- *§ 1º, primitivo parágrafo único, renumerado e com redação dada pela Emenda Constitucional nº 19, de 4.6.1998.*

§ 2º. Os subsídios do Governador, do Vice-Governador e dos Secretários de Estado serão fixados por lei de iniciativa da Assembleia Legislativa, observado o que dispõem os arts. 37, XI, 39, § 4º, 150 II, 153, III e 153, § 2º, I.

- *§ 2º acrescido pela Emenda Constitucional nº 19, de 4.6.1998.*

Capítulo IV – Dos Municípios

Art. 29. O Município reger-se-á por lei orgânica, votada em dois turnos, com o interstício mínimo de dez dias, e aprovada por dois terços dos membros da Câmara Municipal, que a promulgará, atendidos os princípios estabelecidos nesta Constituição, na Constituição do respectivo Estado e os seguintes preceitos:

I – eleição do Prefeito, do Vice-Prefeito e dos Vereadores, para mandato de quatro anos, mediante pleito direito e simultâneo realizado em todo o País;

II – eleição do Prefeito e do Vice-Prefeito realizada no primeiro domingo de outubro do ano anterior ao do término do mandato dos que devam suceder, aplicadas as regras do art. 77, no caso de municípios com mais de duzentos mil eleitores;

- *Inciso II com redação dada pela Emenda Constitucional nº 16, de 4.6.1997.*

III – posse do Prefeito e do Vice-Prefeito no dia 1º de janeiro do ano subsequente ao da eleição;

IV – para a composição das Câmaras Municipais, será observado o limite máximo de:

- *Inciso IV,* caput, *com redação dada pela Emenda Constitucional nº 58, de 23.9.2009, produzindo efeitos a partir do processo eleitoral de 2008.*

a) 9 (nove) Vereadores, nos Municípios de até 15.000 (quinze mil) habitantes;

- *Alínea "a" com redação dada pela Emenda Constitucional nº 58, de 23.9.2009, produzindo efeitos a partir do processo eleitoral de 2008.*

b) 11 (onze) Vereadores, nos Municípios de mais de 15.000 (quinze mil) habitantes e de até 30.000 (trinta mil) habitantes;

- *Alínea "b" com redação dada pela Emenda Constitucional nº 58, de 23.9.2009, produzindo efeitos a partir do processo eleitoral de 2008.*

c) 13 (treze) Vereadores, nos Municípios com mais de 30.000 (trinta mil) habitantes e de até 50.000 (cinquenta mil) habitantes;

- *Alínea "c" com redação dada pela Emenda Constitucional nº 58, de 23.9.2009, produzindo efeitos a partir do processo eleitoral de 2008.*

d) 15 (quinze) Vereadores, nos Municípios de mais de 50.000 (cinquenta mil) habitantes e de até 80.000 (oitenta mil) habitantes;

- *Alínea "d" acrescida pela Emenda Constitucional nº 58, de 23.9.2009, produzindo efeitos a partir do processo eleitoral de 2008.*

e) 17 (dezessete) Vereadores, nos Municípios de mais de 80.000 (oitenta mil) habitantes e de até 120.000 (cento e vinte mil) habitantes;

- *Alínea "e" acrescida pela Emenda Constitucional nº 58, de 23.9.2009, produzindo efeitos a partir do processo eleitoral de 2008.*

f) 19 (dezenove) Vereadores, nos Municípios de mais de 120.000 (cento e vinte mil) habitantes e de até 160.000 (cento e sessenta mil) habitantes;

- *Alínea "f" acrescida pela Emenda Constitucional nº 58, de 23.9.2009, produzindo efeitos a partir do processo eleitoral de 2008.*

g) 21 (vinte e um) Vereadores, nos Municípios de mais de 160.000 (cento e sessenta mil) habitantes e de até 300.000 (trezentos mil) habitantes;

- *Alínea "g" acrescida pela Emenda Constitucional nº 58, de 23.9.2009, produzindo efeitos a partir do processo eleitoral de 2008.*

h) 23 (vinte e três) Vereadores, nos Municípios de mais de 300.000 (trezentos mil) habitantes e de até 450.000 (quatrocentos e cinquenta mil) habitantes;

- *Alínea "h" acrescida pela Emenda Constitucional nº 58, de 23.9.2009, produzindo efeitos a partir do processo eleitoral de 2008.*

i) 25 (vinte e cinco) Vereadores, nos Municípios de mais de 450.000 (quatrocentos e cinquenta mil) habitantes e de até 600.000 (seiscentos mil) habitantes;

- *Alínea "i" acrescida pela Emenda Constitucional nº 58, de 23.9.2009, produzindo efeitos a partir do processo eleitoral de 2008.*

j) 27 (vinte e sete) Vereadores, nos Municípios de mais de 600.000 (seiscentos mil) habitantes e de até 750.000 (setecentos e cinquenta mil) habitantes;

- *Alínea "j" acrescida pela Emenda Constitucional nº 58, de 23.9.2009, produzindo efeitos a partir do processo eleitoral de 2008.*

k) 29 (vinte e nove) Vereadores, nos Municípios de mais de 750.000 (setecentos e cinquenta mil) habitantes e de até 900.000 (novecentos mil) habitantes;

- *Alínea "k" acrescida pela Emenda Constitucional nº 58, de 23.9.2009, produzindo efeitos a partir do processo eleitoral de 2008.*

l) 31 (trinta e um) Vereadores, nos Municípios de mais de 900.000 (novecentos mil) habitantes e de até 1.050.000 (um milhão e cinquenta mil) habitantes;

- *Alínea "l" acrescida pela Emenda Constitucional nº 58, de 23.9.2009, produzindo efeitos a partir do processo eleitoral de 2008.*

m) 33 (trinta e três) Vereadores, nos Municípios de mais de 1.050.000 (um milhão e cinquenta mil) habitantes e de até 1.200.000 (um milhão e duzentos mil) habitantes;

- *Alínea "m" acrescida pela Emenda Constitucional nº 58, de 23.9.2009, produzindo efeitos a partir do processo eleitoral de 2008.*

n) 35 (trinta e cinco) Vereadores, nos Municípios de mais de 1.200.000 (um milhão e duzentos mil) habitantes e de até 1.350.000 (um milhão e trezentos e cinquenta mil) habitantes;

- *Alínea "n" acrescida pela Emenda Constitucional nº 58, de 23.9.2009, produzindo efeitos a partir do processo eleitoral de 2008.*

o) 37 (trinta e sete) Vereadores, nos Municípios de 1.350.000 (um milhão e trezentos e cinquenta mil) habitantes e de até 1.500.000 (um milhão e quinhentos mil) habitantes;

- *Alínea "o" acrescida pela Emenda Constitucional nº 58, de 23.9.2009, produzindo efeitos a partir do processo eleitoral de 2008.*

p) 39 (trinta e nove) Vereadores, nos Municípios de mais de 1.500.000 (um milhão e quinhentos mil) habitantes e de até 1.800.000 (um milhão e oitocentos mil) habitantes;

- *Alínea "p" acrescida pela Emenda Constitucional nº 58, de 23.9.2009, produzindo efeitos a partir do processo eleitoral de 2008.*

q) 41 (quarenta e um) Vereadores, nos Municípios de mais de 1.800.000 (um milhão e oitocentos mil) habitantes e de até 2.400.000 (dois milhões e quatrocentos mil) habitantes;

- *Alínea "q" acrescida pela Emenda Constitucional nº 58, de 23.9.2009, produzindo efeitos a partir do processo eleitoral de 2008.*

r) 43 (quarenta e três) Vereadores, nos Municípios de mais de 2.400.000 (dois milhões e quatrocentos mil) habitantes e de até 3.000.000 (três milhões) de habitantes;

- *Alínea "r" acrescida pela Emenda Constitucional nº 58, de 23.9.2009, produzindo efeitos a partir do processo eleitoral de 2008.*

s) 45 (quarenta e cinco) Vereadores, nos Municípios de mais de 3.000.000 (três milhões) de habitantes e de até 4.000.000 (quatro milhões) de habitantes;

- *Alínea "s" acrescida pela Emenda Constitucional nº 58, de 23.9.2009, produzindo efeitos a partir do processo eleitoral de 2008.*

t) 47 (quarenta e sete) Vereadores, nos Municípios de mais de 4.000.000 (quatro milhões) de habitantes e de até 5.000.000 (cinco milhões) de habitantes;

- *Alínea "t" acrescida pela Emenda Constitucional nº 58, de 23.9.2009, produzindo efeitos a partir do processo eleitoral de 2008.*

u) 49 (quarenta e nove) Vereadores, nos Municípios de mais de 5.000.000 (cinco milhões) de habitantes e de até 6.000.000 (seis milhões) de habitantes;

- *Alínea "u" acrescida pela Emenda Constitucional nº 58, de 23.9.2009, produzindo efeitos a partir do processo eleitoral de 2008.*

v) 51 (cinquenta e um) Vereadores, nos Municípios de mais de 6.000.000 (seis milhões) de habitantes e de até 7.000.000 (sete milhões) de habitantes;

- *Alínea "v" acrescida pela Emenda Constitucional nº 58, de 23.9.2009, produzindo efeitos a partir do processo eleitoral de 2008.*

w) 53 (cinquenta e três) Vereadores, nos Municípios de mais de 7.000.000 (sete milhões) de habitantes e de até 8.000.000 (oito milhões) de habitantes; e

- *Alínea "w" acrescida pela Emenda Constitucional nº 58, de 23.9.2009, produzindo efeitos a partir do processo eleitoral de 2008.*

x) 55 (cinquenta e cinco) Vereadores, nos Municípios de mais de 8.000.000 (oito milhões) de habitantes;

- *Alínea "x" acrescida pela Emenda Constitucional nº 58, de 23.9.2009, produzindo efeitos a partir do processo eleitoral de 2008.*

V – subsídios do Prefeito, do Vice-Prefeito e dos Secretários Municipais fixados por lei de iniciativa da Câmara Municipal, observado o que dispõem os arts. 37, XI, 39, § 4º, 150, II, 153, III e 153, § 2º, I;

- *Inciso V com redação dada pela Emenda Constitucional nº 19, de 4.6.1998.*

VI – o subsídio dos Vereadores será fixado pelas respectivas Câmaras Municipais em cada legislatura para a subsequente, observado o que dispõe esta Constituição, observados os critérios estabelecidos na respectiva Lei Orgânica e os seguintes limites máximos:

- *Inciso VI,* caput, *com redação dada pela Emenda Constitucional nº 25, de 14.2.2000.*

a) em Municípios de até dez mil habitantes, o subsídio máximo dos Vereadores corresponderá a vinte por cento do subsídio dos Deputados Estaduais;

- *Alínea "a" acrescida pela Emenda Constitucional nº 25, de 14.2.2000.*

b) em Municípios de dez mil e um a cinquenta mil habitantes, o subsídio máximo dos Vereadores corresponderá a trinta por cento do subsídio dos Deputados Estaduais;

- *Alínea "b" acrescida pela Emenda Constitucional nº 25, de 14.2.2000.*

c) em Municípios de cinquenta mil e um a cem mil habitantes, o subsídio máximo dos Vereadores corresponderá a quarenta por cento do subsídio dos Deputados Estaduais;

- *Alínea "c" acrescida pela Emenda Constitucional nº 25, de 14.2.2000.*

d) em Municípios de cem mil e um a trezentos mil habitantes, o subsídio máximo dos Vereadores corresponderá a cinquenta por cento do subsídio dos Deputados Estaduais;

- *Alínea "d" acrescida pela Emenda Constitucional nº 25, de 14.2.2000.*

e) em Municípios de trezentos mil e um a quinhentos mil habitantes, o subsídio máximo dos Vereadores corresponderá a sessenta por cento do subsídio dos Deputados Estaduais;

- *Alínea "e" acrescida pela Emenda Constitucional nº 25, de 14.2.2000.*

f) em Municípios de mais de quinhentos mil habitantes, o subsídio máximo dos Vereadores corresponderá a setenta e cinco por cento do subsídio dos Deputados Estaduais;

- *Alínea "f" acrescida pela Emenda Constitucional nº 25, de 14.2.2000.*
- *Inciso VI (e VII) acrescido pela Emenda Constitucional nº 1, de 31.3.1992, renumerando-se os demais.*

VII – o total da despesa com a remuneração dos Vereadores não poderá ultrapassar o montante de cinco por cento da receita do município;

- *Inciso VII (e VI) acrescido pela Emenda Constitucional nº 1, de 31.3.1992, renumerando-se os demais.*

VIII – inviolabilidade dos Vereadores por suas opiniões, palavras e votos no exercício do mandato e na circunscrição do município;

- *Inciso VIII, primitivo inciso VI, renumerado pela Emenda Constitucional nº 1, de 31.3.1992.*

IX – proibições e incompatibilidades, no exercício da vereança, similares, no que couber, ao disposto nesta Constituição para os membros do Congresso Nacional e, na Constituição do respectivo Estado, para os membros da Assembleia Legislativa;

- *Inciso IX, primitivo inciso VII, renumerado pela Emenda Constitucional nº 1, de 31.3.1992.*

X – julgamento do Prefeito perante o Tribunal de Justiça;

- *Inciso X, primitivo inciso VIII, renumerado pela Emenda Constitucional nº 1, de 31.3.1992.*
- *V. Decreto-Lei nº 201/1967, sobre responsabilidade de prefeitos e vereadores.*

XI – organização das funções legislativas e fiscalizadoras da Câmara Municipal;

- *Inciso XI, primitivo inciso IX, renumerado pela Emenda Constitucional nº 1, de 31.3.1992.*
- *V. Lei nº 9.452/1997, determina que as Câmaras Municipais sejam obrigatoriamente notificadas da liberação de recursos federais para os respectivos Municípios.*

XII – cooperação das associações representativas no planejamento municipal;

- *Inciso XII, primitivo inciso X, renumerado pela Emenda Constitucional nº 1, de 31.3.1992.*

XIII – iniciativa popular de projetos de lei de interesse específico do município, da cidade ou de bairros, através de manifestação de, pelo menos, 5% (cinco por cento) do eleitorado;

- *Inciso XIII, primitivo inciso XI, renumerado pela Emenda Constitucional nº 1, de 31.3.1992.*

XIV – perda do mandato do Prefeito, nos termos do art. 28, parágrafo único.

- *Inciso XIV, primitivo inciso XII, renumerado pela Emenda Constitucional nº 1, de 31.3.1992.*
- *O parágrafo único mencionado foi renumerado como § 1º pela Emenda Constitucional nº 19, de 4.6.1998.*

Art. 29-A. O total da despesa do Poder Legislativo Municipal, incluídos os subsídios dos Vereadores e excluídos os gastos com inativos, não poderá ultrapassar os seguintes percentuais, relativos ao somatório da receita tributária e das transferências previstas no § 5º do art. 153 e nos arts. 158 e 159, efetivamente realizado no exercício anterior:

- *Art. 29-A acrescido pela Emenda Constitucional nº 25, de 14.2.2000.*

I – 7% (sete por cento) para Municípios com população de até 100.000 (cem mil) habitantes;

- *Inciso I com redação dada pela Emenda Constitucional nº 58, de 23.9.2009, produzindo efeitos a partir de 1º.1.2010.*

II – 6% (seis por cento) para Municípios com população entre 100.000 (cem mil) e 300.000 (trezentos mil) habitantes;

- *Inciso II com redação dada pela Emenda Constitucional nº 58, de 23.9.2009, produzindo efeitos a partir de 1º.1.2010.*

III – 5% (cinco por cento) para Municípios com população entre 300.001 (trezentos mil e um) e 500.000 (quinhentos mil) habitantes;

- *Inciso III com redação dada pela Emenda Constitucional nº 58, de 23.9.2009, produzindo efeitos a partir de 1º.1.2010.*

IV – 4,5% (quatro inteiros e cinco décimos por cento) para Municípios com população entre 500.001 (quinhentos mil e um) e 3.000.000 (três milhões) de habitantes;

- *Inciso IV com redação dada pela Emenda Constitucional nº 58, de 23.9.2009, produzindo efeitos a partir de 1º.1.2010.*

V – 4% (quatro por cento) para Municípios com população entre 3.000.001 (três milhões e um) e 8.000.000 (oito milhões) de habitantes;

- *Inciso V acrescido pela Emenda Constitucional nº 58, de 23.9.2009, produzindo efeitos a partir de 1º.1.2010.*

VI – 3,5% (três inteiros e cinco décimos por cento) para Municípios com população acima de 8.000.001 (oito milhões e um) habitantes.

- *Inciso VI acrescido pela Emenda Constitucional nº 58, de 23.9.2009, produzindo efeitos a partir de 1º.1.2010.*

§ 1º. A Câmara Municipal não gastará mais de setenta por cento de sua receita com folha de pagamento, incluído o gasto com o subsídio de seus Vereadores.

§ 2º. Constitui crime de responsabilidade do Prefeito Municipal:

I – efetuar repasse que supere os limites definidos neste artigo;

II – não enviar o repasse até o dia vinte de cada mês; ou

III – enviá-lo a menor em relação à proporção fixada na Lei Orçamentária.

- *V. Lei Complementar nº 101/2000, sobre a responsabilidade fiscal.*
- *V. Lei nº 10.028/2000, que estabelece os crimes contra as finanças públicas.*

§ 3º. Constitui crime de responsabilidade do Presidente da Câmara Municipal o desrespeito ao § 1º deste artigo.

....

Capítulo V
Do Distrito Federal e dos Territórios

Seção I – Do Distrito Federal

Art. 32. O Distrito Federal, vedada sua divisão em Municípios, reger-se-á por lei orgânica, votada em dois turnos com interstício mínimo de dez dias, e aprovada por dois terços da Câmara Legislativa, que a promulgará, atendidos os princípios estabelecidos nesta Constituição.

....

§ 2º. A eleição do Governador e do Vice-Governador, observadas as regras do art. 77, e dos Deputados Distritais coincidirá com a dos Governadores e Deputados Estaduais, para mandato de igual duração.

§ 3º. Aos Deputados Distritais e à Câmara Legislativa aplica-se o disposto no art. 27.

....

Seção II – Dos Territórios

Art. 33. A lei disporá sobre a organização administrativa e judiciária dos Territórios.

....

§ 3º. Nos Territórios Federais com mais de cem mil habitantes, além do Governador nomeado na forma desta Constituição, haverá órgãos judiciários de primeira e segunda instância, membros do Ministério Público e defensores públicos federais; a lei disporá sobre as eleições para a Câmara Territorial e sua competência deliberativa.

Capítulo VI – Da Intervenção

Art. 34. A União não intervirá nos Estados nem no Distrito Federal, exceto para:

....

VII – assegurar a observância dos seguintes princípios constitucionais:

a) forma republicana, sistema representativo e regime democrático;

....

Art. 36. A decretação da intervenção dependerá:

I – no caso do art. 34, IV, de solicitação do Poder Legislativo ou do Poder Executivo coacto ou impedido, ou de requisição do Supremo Tribunal Federal, se a coação for exercida contra o Poder Judiciário;

II – no caso de desobediência à ordem ou decisão judiciária, de requisição do Supremo Tribunal Federal, do Superior Tribunal de Justiça ou do Tribunal Superior Eleitoral;

III – de provimento, pelo Supremo Tribunal Federal, de representação do Procurador-Geral da República, na hipótese do art. 34, VII, e no caso de recusa à execução de lei federal;

- *Inciso III com redação dada pela Emenda Constitucional nº 45, de 8.12.2004.*

IV – (revogado).

- *Inciso IV revogado pela Emenda Constitucional nº 45, de 8.12.2004.*

§ 1º. O decreto de intervenção, que especificará a amplitude, o prazo e as condições de execução e que, se couber, nomeará o interventor, será submetido à apreciação do Congresso Nacional ou da Assembleia Legislativa do Estado, no prazo de 24 (vinte e quatro) horas.

§ 2º. Se não estiver funcionando o Congresso Nacional ou a Assembleia Legislativa, far-se-á convocação extraordinária, no mesmo prazo de 24 (vinte e quatro) horas.

§ 3º. Nos casos do art. 34, VI e VII, ou do art. 35, IV, dispensada a apreciação pelo Congresso Nacional ou pela Assembleia Legislativa, o decreto limitar-se-á a suspender a execução do ato impugnado, se essa medida bastar ao restabelecimento da normalidade.

§ 4º. Cessados os motivos da intervenção, as autoridades afastadas de seus cargos a estes voltarão, salvo impedimento legal.

....

Capítulo VII – Da Administração Pública

Seção I – Disposições Gerais

Art. 37. A administração pública direta e indireta de qualquer dos Poderes da União, dos Estados, do Distrito Federal e dos Municípios obedecerá aos princípios de legalidade, impessoalidade, moralidade, publicidade e eficiência e, também, ao seguinte:

- *Art. 37,* caput*, com redação dada pela Emenda Constitucional nº 19, de 4.6.1998.*

I – os cargos, empregos e funções públicas são acessíveis aos brasileiros que preencham os requisitos estabelecidos em lei, assim como aos estrangeiros, na forma de lei;

- *Inciso I com redação dada pela Emenda Constitucional nº 19, de 4.6.1998.*
- *V. Lei nº 8.730/1993, que estabelece a obrigatoriedade de declaração de bens e rendas para o exercício de cargos, empregos e funções nos Poderes Executivo, Legislativo e Judiciário.*

....

XI – a remuneração e o subsídio dos ocupantes de cargos, funções e empregos públicos da administração direta, autárquica e fundacional, dos membros de qualquer dos Poderes da União, dos Estados, do Distrito Federal e dos Municípios, dos detentores de mandato eletivo e dos demais agentes políticos e os proventos, pensões ou outra espécie remuneratória, percebidos cumulativamente ou não, incluídas as vantagens pessoais ou de qualquer outra natureza, não poderão exceder o subsídio mensal, em espécie, dos Ministros do Supremo Tribunal Federal, aplicando-se como limite, nos Municípios, o subsídio do Prefeito, e nos Estados e no Distrito Federal, o subsídio mensal do Governador no âmbito do Poder Executivo, o subsídio dos Deputados Estaduais e Distritais no âmbito do Poder Legislativo e o subsídio dos Desembargadores do Tribunal de Justiça, limitado a noventa inteiros e vinte e cinco centésimos por cento do subsídio mensal, em espécie, dos Ministros do Supremo Tribunal Federal, no âmbito do Poder Judiciário, aplicável este limite aos membros do Ministério Público, aos Procuradores e aos Defensores Públicos;

- *Inciso XI com redação dada pela Emenda Constitucional nº 41, de 19.12.2003.*
- *V. Lei nº 8.448/1992, que regulamenta este inciso.*
- *V. Lei nº 8.852/1994, que dispõe sobre a aplicação deste inciso.*

XII – os vencimentos dos cargos do Poder Legislativo e do Poder Judiciário não poderão ser superiores aos pagos pelo Poder Executivo;

- *V. Lei nº 8.745/1993, que regulamenta este inciso.*
- *V. Lei nº 8.852/1994, que dispõe sobre a aplicação deste inciso.*

XIII – é vedada a vinculação ou equiparação de quaisquer espécies remuneratórias para o efeito de remuneração de pessoal do serviço público;

- *Inciso XIII com redação dada pela Emenda Constitucional nº 19, de 4.6.1998.*

....

XV – o subsídio e os vencimentos dos ocupantes de cargos e empregos públicos são irredutíveis, ressalvado o disposto nos incisos XI e XIV deste artigo e nos arts. 39, § 4º, 150, II, 153, III, e 153, § 2º, I;

- *Inciso XV com redação dada pela Emenda Constitucional nº 19, de 4.6.1998.*

....

XXI – ressalvados os casos especificados na legislação, as obras, serviços, compras e alienações serão contratados mediante processo de licitação pública que assegure igualdade de condições a todos os concorrentes, com cláusulas que estabeleçam obrigações de pagamento, mantidas as condições efetivas da proposta, nos termos da lei, o qual somente permitirá as exigências de qualificação técnica e econômica indispensáveis à garantia do cumprimento das obrigações.

- *V. Lei nº 8.666/1993 que regulamente este inciso e institui normas para licitações e contratos da Administração Pública.*
- *V. Lei nº 10.520/2002, que institui, no âmbito da União, Estados, Distrito Federal e Municípios a modalidade de licitação denominada pregão, para aquisição de bens e serviços comuns.*
- *V. Decreto nº 3.555/2000, que aprova o Regulamento para a modalidade de licitação denominada pregão, para aquisição de bens e serviços comuns.*

§ 1º. A publicidade dos atos, programas, obras, serviços e campanhas dos órgãos públicos deverá ter caráter educativo, informativo ou de orientação social, dela não podendo constar nomes, símbolos ou imagens que caracterizem promoção pessoal de autoridades ou servidores públicos.

- *V. Lei nº 9.504/1997, art. 74: a infringência ao disposto neste parágrafo configura abuso de autoridade.*

§ 2º. A não observância do disposto nos incisos II e III implicará a nulidade do ato e a punição da autoridade responsável, nos termos da lei.

....

§ 4º. Os atos de improbidade administrativa importarão a suspensão dos direitos políticos, a perda da função pública, a indisponibilidade dos bens e o ressarcimento ao erário, na forma e gradação previstas em lei, sem prejuízo da ação penal cabível.

- *V. Lei nº 8.429/1992, que dispõe sobre as sanções aplicáveis aos agentes públicos nos casos de enriquecimento ilícito no exercício do mandato, cargo, emprego ou função na administração pública direta, indireta ou fundacional.*
- *V. Decreto nº 4.410/2002, que promulga a Convenção Interamericana contra a Corrupção.*
- *V. Lei Complementar nº 101/2000, que estabelece normas de finanças públicas voltadas para a responsabilidade na gestão fiscal.*

....

Art. 38. Ao servidor público da administração direta, autárquica e fundacional, no exercício de mandato eletivo, aplicam-se as seguintes disposições:

- *Art. 38,* caput, *com redação dada pela Emenda Constitucional nº 19, de 4.6.1998.*

I – tratando-se de mandato eletivo federal, estadual ou distrital, ficará afastado de seu cargo, emprego ou função;

II – investido no mandato de Prefeito, será afastado do cargo, emprego ou função, sendo-lhe facultado optar pela sua remuneração;

III – investido no mandato de Vereador, havendo compatibilidade de horários, perceberá as vantagens de seu cargo, emprego ou função, sem prejuízo da remuneração do cargo eletivo, e, não havendo compatibilidade, será aplicada a norma do inciso anterior;

IV – em qualquer caso que exija o afastamento para o exercício de mandato eletivo, seu tempo de serviço será contado para todos os efeitos legais, exceto para promoção por merecimento;

V – para efeito de benefício previdenciário, no caso de afastamento, os valores serão determinados como se no exercício estivesse.

....

Seção III – Dos Militares dos Estados, do Distrito Federal e dos Territórios

- *Título da Seção III com redação dada pela Emenda Constitucional nº 18, de 5.2.1998.*

Art. 42. Os membros das Polícias Militares e Corpos de Bombeiros Militares, instituições organizadas com base na hierarquia e disciplina, são militares dos Estados, do Distrito Federal e dos Territórios.

- *Art. 42,* caput, *com redação dada pela Emenda Constitucional nº 18, de 5.2.1998.*

....

TÍTULO IV
DA ORGANIZAÇÃO DOS PODERES

Capítulo I – Do Poder Legislativo

Seção I – Do Congresso Nacional

....

Art. 45. A Câmara dos Deputados compõe-se de representantes do povo, eleitos, pelo sistema proporcional, em cada Estado, em cada Território e no Distrito Federal.

§ 1º. O número total de Deputados, bem como a representação por Estado e pelo Distrito Federal, será estabelecido por lei complementar, proporcionalmente à população, procedendo-se aos ajustes necessários, no ano anterior às eleições, para que nenhuma daquelas unidades da Federação tenha menos de oito ou mais de setenta Deputados.

- *V. Lei Complementar nº 78/1993, que disciplina a fixação do número de deputados.*

§ 2º. Cada Território elegerá quatro Deputados.

Art. 46. O Senado Federal compõe-se de representantes dos Estados e do Distrito Federal, eleitos segundo o princípio majoritário.

§ 1º. Cada Estado e o Distrito Federal elegerão três Senadores, com mandato de oito anos.

§ 2º. A representação de cada Estado e do Distrito Federal será renovada de quatro em quatro anos, alternadamente, por um e dois terços.

§ 3º. Cada Senador será eleito com dois suplentes.

....

Seção II
Das Atribuições do Congresso Nacional

Art. 48. Cabe ao Congresso Nacional, com a sanção do Presidente da República, não exigida esta para o especificado nos arts. 49, 51 e 52, dispor sobre todas as matérias de competência da União, especialmente sobre:

....

Art. 49. É da competência exclusiva do Congresso Nacional:

....

XV – autorizar referendo e convocar plebiscito;

....

Seção V – Dos Deputados e dos Senadores

Art. 53. Os Deputados e Senadores são invioláveis, civil e penalmente, por quaisquer de suas opiniões, palavras e votos.

- *Art. 53,* caput, *com redação dada pela Emenda Constitucional nº 35, de 20.12.2001.*

§ 1º. Os Deputados e Senadores, desde a expedição do diploma, serão submetidos a julgamento perante o Supremo Tribunal Federal.

- *§ 1º com redação dada pela Emenda Constitucional nº 35, de 20.12.2001.*

§ 2º. Desde a expedição do diploma, os membros do Congresso Nacional não poderão ser presos, salvo em flagrante de crime inafiançável. Nesse caso, os autos serão remetidos dentro de vinte e quatro horas à Casa respectiva, para que, pelo voto da maioria de seus membros, resolva sobre a prisão.

- *§ 2º com redação dada pela Emenda Constitucional nº 35, de 20.12.2001.*

§ 3º. Recebida a denúncia contra o Senador ou Deputado, por crime ocorrido após a diplomação, o Supremo Tribunal Federal dará ciência à Casa respectiva, que, por iniciativa de partido político nela representado e pelo voto da maioria de seus membros, poderá, até a decisão final, sustar o andamento da ação.

- *§ 3º com redação dada pela Emenda Constitucional nº 35, de 20.12.2001.*

§ 4º. O pedido de sustação será apreciado pela Casa respectiva no prazo improrrogável de quarenta e cinco dias do seu recebimento pela Mesa Diretora.

- *§ 4º com redação dada pela Emenda Constitucional nº 35, de 20.12.2001.*

§ 5º. A sustação do processo suspende a prescrição, enquanto durar o mandato.

- *§ 5º com redação dada pela Emenda Constitucional nº 35, de 20.12.2001.*

§ 6º. Os Deputados e Senadores não serão obrigados a testemunhar sobre informações recebidas ou prestadas em razão do exercício do mandato, nem sobre as pessoas que lhes confiaram ou deles receberam informações.

- *§ 6º com redação dada pela Emenda Constitucional nº 35, de 20.12.2001.*

§ 7º. A incorporação às Forças Armadas de Deputados e Senadores, embora militares e ainda que em tempo de guerra, dependerá de prévia licença da Casa respectiva.

- *§ 7º com redação dada pela Emenda Constitucional nº 35, de 20.12.2001.*

§ 8º. As imunidades de Deputados ou Senadores subsistirão durante o estado de sítio, só podendo ser suspensas mediante o voto de dois terços dos membros da Casa respectiva, nos casos de atos praticados fora do recinto do Congresso Nacional, que sejam incompatíveis com a execução da medida.

- *§ 8º acrescido pela Emenda Constitucional nº 35, de 20.12.2001.*

Art. 54. Os Deputados e Senadores não poderão:

I – desde a expedição do diploma:

a) firmar ou manter contrato com pessoa jurídica de direito público, autarquia, empresa pública, sociedade de economia mista ou empresa concessionária de serviço público, salvo quando o contrato obedecer a cláusulas uniformes;

b) aceitar ou exercer cargo, função ou emprego remunerado, inclusive os de que sejam demissíveis *ad nutum*, nas entidades constantes da alínea anterior;

II – desde a posse:

a) ser proprietários, controladores ou diretores de empresa que goze de favor decorrente de contrato com pessoa jurídica de direito público, ou nela exercer função remunerada;

b) ocupar cargo ou função de que sejam demissíveis *ad nutum*, nas entidades referidas no inciso I, "a";

c) patrocinar causa em que seja interessada qualquer das entidades a que se refere o inciso I, "a";

d) ser titulares de mais de um cargo ou mandato público eletivo.

Art. 55. Perderá o mandato o Deputado ou Senador:

I – que infringir qualquer das proibições estabelecidas no artigo anterior;

II – cujo procedimento for declarado incompatível com o decoro parlamentar;

- *V. Decreto Legislativo nº 16/1994, sobre renúncia e perda de mandato.*

III – que deixar de comparecer, em cada sessão legislativa, à terça parte das sessões ordinárias da Casa a que pertencer, salvo licença ou missão por esta autorizada;

IV – que perder ou tiver suspensos os direitos políticos;

V – quando o decretar a Justiça Eleitoral, nos casos previstos nesta Constituição;

VI – que sofrer condenação criminal em sentença transitada em julgado.

§ 1º. É incompatível com o decoro parlamentar, além dos casos definidos no regimento interno, o abuso das prerrogativas asseguradas a membro do Congresso Nacional ou a percepção de vantagens indevidas.

§ 2º. Nos casos dos incisos I, II e VI, a perda do mandato será decidida pela Câmara dos Deputados ou pelo Senado Federal, por maioria absoluta, mediante provocação da respectiva Mesa ou de partido político representado no Congresso Nacional, assegurada ampla defesa.

- *§ 2º com redação dada pela Emenda Constitucional nº 76, de 28.11.2013.*

§ 3º. Nos casos previstos nos incisos III a V, a perda será declarada pela Mesa da Casa respectiva, de ofício ou mediante provocação de qualquer de seus membros ou de partido político representado no Congresso Nacional, assegurada ampla defesa.

§ 4º. A renúncia de parlamentar submetido a processo que vise ou possa levar à perda do mandato, nos termos deste artigo, terá seus efeitos suspensos até as deliberações finais de que tratam os §§ 2º e 3º.

- *§ 4º acrescido pela Emenda Constitucional de Revisão nº 6, de 7.6.1994.*

Art. 56. Não perderá o mandato o Deputado ou Senador:

I – investido no cargo de Ministro de Estado, Governador de Território, Secretário de Estado, do Distrito Federal, de Território, de Prefeitura de Capital ou Chefe de Missão Diplomática temporária;

II – licenciado pela respectiva Casa por motivo de doença, ou para tratar, sem remuneração, de interesse particular, desde que, neste caso, o afastamento não ultrapasse 120 (cento e vinte) dias por sessão legislativa.

§ 1º. O suplente será convocado nos casos de vaga, de investidura em funções previstas neste artigo ou de licença superior a 120 (cento e vinte) dias.

§ 2º. Ocorrendo vaga e não havendo suplente, far-se-á eleição para preenchê-la se faltarem mais de 15 (quinze) meses para o término do mandato.

§ 3º. Na hipótese do inciso I, o Deputado ou Senador poderá optar pela remuneração do mandato.

Seção VI – Das Reuniões

Art. 57. O Congresso Nacional reunir-se-á, anualmente, na Capital Federal, de 2 de fevereiro a 17 de julho e de 1º de agosto a 22 de dezembro.

- *Art. 57,* caput, *com redação dada pela Emenda Constitucional nº 50, de 14.2.2006.*

§ 1º. As reuniões marcadas para essas datas serão transferidas para o primeiro dia útil subsequente, quando recaírem em sábados, domingos ou feriados.

§ 2º. A sessão legislativa não será interrompida sem a aprovação do projeto de lei de diretrizes orçamentárias.

§ 3º. Além de outros casos previstos nesta Constituição, a Câmara dos Deputados e o Senado Federal reunir-se-ão em sessão conjunta para:

I – inaugurar a sessão legislativa;

II – elaborar o regimento comum e regular a criação de serviços comuns às duas Casas;

III – receber o compromisso do Presidente e do Vice-Presidente da República;

IV – conhecer do veto e sobre ele deliberar.

§ 4º. Cada uma das Casas reunir-se-á em sessões preparatórias, a partir de 1º de fevereiro, no primeiro ano da legislatura, para a posse de seus membros e eleição das respectivas Mesas, para mandato de dois anos, vedada a recondução para o mesmo cargo na eleição imediatamente subsequente.

- *§ 4º com redação dada pela Emenda Constitucional nº 50, de 14.2.2006.*

§ 5º. A Mesa do Congresso Nacional será presidida pelo Presidente do Senado Federal, e os demais cargos serão exercidos, alternadamente, pelos ocupantes de cargos equivalentes na Câmara dos Deputados e no Senado Federal.

§ 6º. A convocação extraordinária do Congresso Nacional far-se-á:

- *§ 6º,* caput, *com redação dada pela Emenda Constitucional nº 50, de 14.2.2006.*

I – pelo Presidente do Senado Federal, em caso de decretação de estado de defesa ou de intervenção federal, de pedido de autorização para a decretação de estado de sítio e para o compromisso e a posse do Presidente e do Vice-Presidente da República;

II – pelo Presidente da República, pelos Presidentes da Câmara dos Deputados e do Senado Federal ou a requerimento da maioria dos membros de ambas as Casas, em caso de urgência ou interesse público relevante, em todas as hipóteses deste inciso com a aprovação da maioria absoluta de cada uma das Casas do Congresso Nacional.

- *Inciso II com redação dada pela Emenda Constitucional nº 50, de 14.2.2006.*

§ 7º. Na sessão legislativa extraordinária, o Congresso Nacional somente deliberará sobre a matéria para a qual foi convocado, ressalvada a hipótese do § 8º deste artigo, vedado o pagamento de parcela indenizatória, em razão da convocação.

- *§ 7º com redação dada pela Emenda Constitucional nº 50, de 14.2.2006.*

§ 8º. Havendo medidas provisórias em vigor na data de convocação extraordinária do Congresso Nacional, serão elas automaticamente incluídas na pauta da convocação.

- *§ 8º acrescido pela Emenda Constitucional nº 32, de 11.9.2001.*

Seção VII – Das Comissões

Art. 58. O Congresso Nacional e suas Casas terão comissões permanentes e temporárias, constituídas na forma e com as atribuições previstas no respectivo regimento ou no ato de que resultar sua criação.

§ 1º. Na constituição das Mesas e de cada Comissão, é assegurada, tanto quanto possível, a representação proporcional dos partidos ou dos blocos parlamentares que participam da respectiva Casa.

....

§ 4º. Durante o recesso, haverá uma Comissão representativa do Congresso Nacional, eleita por suas Casas na última sessão ordinária do período legislativo, com atribuições definidas no regimento comum, cuja composição reproduzirá, quanto possível, a proporcionalidade da representação partidária.

Seção VIII – Do Processo Legislativo

....

Subseção II – Da Emenda à Constituição

Art. 60. A Constituição poderá ser emendada mediante proposta:

....

§ 4º. Não será objeto de deliberação a proposta de emenda tendente a abolir:

....

II – o voto direto, secreto, universal e periódico;

....

Subseção III – Das Leis

Art. 61. A iniciativa das leis complementares e ordinárias cabe a qualquer membro ou Comissão da Câmara dos Deputados, do Senado Federal ou do Congresso Nacional, ao Presidente da República, ao Supremo Tribunal Federal, aos Tribunais Superiores, ao Procurador-Geral da República e aos cidadãos, na forma e nos casos previstos nesta Constituição.

....

§ 2º. A iniciativa popular pode ser exercida pela apresentação à Câmara dos Deputados de projeto de lei subscrito por, no mínimo, um por cento do eleitorado nacional, distribuído pelo menos por cinco Estados, com não menos de três décimos por cento dos eleitores de cada um deles.

Art. 63. Não será admitido aumento da despesa prevista:

....

II – nos projetos sobre organização dos serviços administrativos da Câmara dos Deputados, do Senado Federal, dos Tribunais Federais e do Ministério Público.

Art. 64. A discussão e votação dos projetos de lei de iniciativa do Presidente da República, do Supremo Tribunal Federal e dos Tribunais Superiores terão início na Câmara dos Deputados.

....

Art. 68. As leis delegadas serão elaboradas pelo Presidente da República, que deverá solicitar a delegação ao Congresso Nacional.

§ 1º. Não serão objeto de delegação os atos de competência exclusiva do Congresso Nacional, os de competência privativa da Câmara dos Deputados ou do Senado Federal, a matéria reservada à lei complementar, nem a legislação sobre:

....

II – nacionalidade, cidadania, direitos individuais, políticos e eleitorais;

....

Seção IX – Da Fiscalização Contábil, Financeira e Orçamentária

....

Art. 74. Os Poderes Legislativo, Executivo e Judiciário manterão, de forma integrada, o sistema de controle interno com a finalidade de:

....

§ 2º. Qualquer cidadão, partido político, associação ou sindicato é parte legítima para, na forma da lei, denunciar irregularidades ou ilegalidades perante o Tribunal de Contas da União.

....

Capítulo II – Do Poder Executivo

Seção I – Do Presidente e do Vice-Presidente da República

....

Art. 77. A eleição do Presidente e do Vice-Presidente da República realizar-se-á, simultaneamente, no primeiro domingo de outubro, em primeiro turno, e no último domingo de outubro, em segundo turno, se houver, do ano anterior ao do término do mandato presidencial vigente.

- *Art. 77,* caput*, com redação dada pela Emenda Constitucional nº 16, de 4.6.1997.*

§ 1º. A eleição do Presidente da República importará a do Vice-Presidente com ele registrado.

§ 2º. Será considerado eleito Presidente o candidato que, registrado por partido político, obtiver a maioria absoluta de votos, não computados os em branco e os nulos.

§ 3º. Se nenhum candidato alcançar maioria absoluta na primeira votação, far-se-á nova eleição em até vinte dias após a proclamação do resultado, concorrendo os dois candidatos mais votados e considerando-se eleito aquele que obtiver a maioria dos votos válidos.

§ 4º. Se, antes de realizado o segundo turno, ocorrer morte, desistência ou impedimento legal de candidato, convocar-se-á, dentre os remanescentes, o de maior votação.

§ 5º. Se, na hipótese dos parágrafos anteriores, remanescer, em segundo lugar, mais de um candidato com a mesma votação, qualificar-se-á o mais idoso.

Art. 78. O Presidente e o Vice-Presidente da República tomarão posse em sessão do Congresso Nacional, prestando o compromisso de manter, defender e cumprir a Constituição, observar as leis, promover o bem geral do povo brasileiro, sustentar a união, a integridade e a independência do Brasil.

Parágrafo único. Se, decorridos dez dias da data fixada para a posse, o Presidente ou o Vice-Presidente, salvo motivo de força maior, não tiver assumido o cargo, este será declarado vago.

Art. 79. Substituirá o Presidente, no caso de impedimento, e suceder-lhe-á, no de vaga, o Vice-Presidente.

Parágrafo único. O Vice-Presidente da República, além de outras atribuições que lhe forem conferidas por lei complementar, auxiliará o Presidente, sempre que por ele convocado para missões especiais.

Art. 80. Em caso de impedimento do Presidente e do Vice-Presidente, ou vacância dos respectivos cargos, serão sucessivamente chamados ao exercício da Presidência o Presidente da Câmara dos Deputados, o do Senado Federal e o do Supremo Tribunal Federal.

Art. 81. Vagando os cargos de Presidente e Vice-Presidente da República, far-se-á eleição noventa dias depois de aberta a última vaga.

§ 1º. Ocorrendo a vacância nos últimos dois anos do período presidencial, a eleição para ambos os cargos será feita trinta dias depois da última vaga, pelo Congresso Nacional, na forma da lei.

§ 2º. Em qualquer dos casos, os eleitos deverão completar o período de seus antecessores.

Art. 82. O mandato do Presidente da República é de quatro anos e terá início em primeiro de janeiro do ano seguinte ao da sua eleição.

- *Art. 82 com redação dada pela Emenda Constitucional nº 16, de 4.6.1997.*

Art. 83. O Presidente e o Vice-Presidente da República não poderão, sem licença do Congresso Nacional, ausentar-se do País por período superior a 15 (quinze) dias, sob pena de perda do cargo.

....

Seção III – Da Responsabilidade do Presidente da República

Art. 85. São crimes de responsabilidade os atos do Presidente da República que atentem contra a Constituição Federal e, especialmente, contra:

....

III – o exercício dos direitos políticos, individuais e sociais;

....

Seção IV – Dos Ministros de Estado

- *V. Lei nº 10.683/2003, que dispõe sobre a organização da Presidência da República e dos Ministérios.*
- *V. Decreto nº 6.532/2008, que dispõe sobre a substituição de Ministros de Estado e suas ausências do território nacional.*

Art. 87. Os Ministros de Estado serão escolhidos dentre brasileiros maiores de 21 (vinte e um) anos e no exercício dos direitos políticos.

....

Seção V – Do Conselho da República e do Conselho de Defesa Nacional

Subseção I – Do Conselho da República

Art. 89. O Conselho da República é órgão superior de consulta do Presidente da República, e dele participam:

....

IV – os líderes da maioria e da minoria na Câmara dos Deputados;

V – os líderes da maioria e da minoria no Senado Federal;

....

Capítulo III – Do Poder Judiciário

Seção I – Disposições Gerais

Art. 92. São órgãos do Poder Judiciário:

....

V – os Tribunais e Juízes Eleitorais;

....

§ 1º. O Supremo Tribunal Federal, o Conselho Nacional de Justiça e os Tribunais Superiores tem sede na Capital Federal.

- *§ 1º, primitivo parágrafo único, renumerado e com redação dada pela Emenda Constitucional nº 45, de 8.12.2004.*

§ 2º. O Supremo Tribunal Federal e os Tribunais Superiores tem jurisdição em todo o território nacional.

- *§ 2º acrescido pela Emenda Constitucional nº 45, de 8.12.2004.*

Art. 93. Lei complementar, de iniciativa do Supremo Tribunal Federal, disporá sobre o Estatuto da Magistratura, observados os seguintes princípios:

- *V. Lei Complementar nº 35/1979, que dispõe sobra a Lei Orgânica da Magistratura Nacional.*

....

IX – todos os julgamentos dos órgãos do Poder Judiciário serão públicos, e fundamentadas todas as decisões, sob pena de nulidade, podendo a lei limitar a presença, em determinados atos, às próprias partes e a seus advogados, ou somente a estes, em casos nos quais a preservação do direito à intimidade do interessado no sigilo não prejudique o interesse público à informação;

- *Inciso IX com redação dada pela Emenda Constitucional nº 45, de 8.12.2004.*

X – as decisões administrativas dos tribunais serão motivadas e em sessão pública, sendo as disciplinares tomadas pelo voto da maioria absoluta de seus membros;

- *Inciso X com redação dada pela Emenda Constitucional nº 45, de 8.12.2004.*

XI – nos tribunais com número superior a vinte e cinco julgadores, poderá ser constituído órgão especial, com o mínimo de onze e o máximo de vinte e cinco membros, para o exercício das atribuições administrativas e jurisdicionais delegadas da competência do tribunal pleno, provendo-se metade das vagas por antiguidade e a outra metade por eleição pelo tribunal pleno;

- *Inciso XI com redação dada pela Emenda Constitucional nº 45, de 8.12.2004.*

XII – a atividade jurisdicional será ininterrupta, sendo vedado férias coletivas nos juízos e tribunais de segundo grau, funcionando, nos dias em que não houver expediente forense normal, juízes em plantão permanente;

- *Inciso XII acrescido pela Emenda Constitucional nº 45, de 8.12.2004.*

XIII – o número de juízes na unidade jurisdicional será proporcional à efetiva demanda judicial e à respectiva população;

- *Inciso XIII acrescido pela Emenda Constitucional nº 45, de 8.12.2004.*

XIV – os servidores receberão delegação para a prática de atos de administração e atos de mero expediente sem caráter decisório;

- *Inciso XIV acrescido pela Emenda Constitucional nº 45, de 8.12.2004.*

XV – a distribuição de processos será imediata, em todos os graus de jurisdição.

- *Inciso XV acrescido pela Emenda Constitucional nº 45, de 8.12.2004.*

....

Art. 95. Os Juízes gozam das seguintes garantias:

....

Parágrafo único. Aos Juízes é vedado:

....

III – dedicar-se à atividade político-partidária;

....

Art. 96. Compete privativamente:

I – aos Tribunais:

a) eleger seus órgãos diretivos e elaborar seus regimentos internos, com observância das normas de processo e das garantias processuais das partes, dispondo sobre a competência e o funcionamento dos respectivos órgãos jurisdicionais e administrativos;

b) organizar suas secretarias e serviços auxiliares e os dos juízos que lhes forem vinculados, velando pelo exercício da atividade correicional respectiva;

....

f) conceder licença, férias e outros afastamentos a seus membros e aos juízes e servidores que lhes forem imediatamente vinculados;

....

II – ao Supremo Tribunal Federal, aos Tribunais Superiores e aos Tribunais de Justiça propor ao Poder Legislativo respectivo, observado o disposto no art. 169:

a) a alteração do número de membros dos tribunais inferiores;

b) a criação e a extinção de cargos e a remuneração dos seus serviços auxiliares e dos juízos que lhes forem vinculados, bem como a fixação do subsídio de seus membros e dos juízes, inclusive dos tribunais inferiores, onde houver;

- *Alínea "b" com redação dada pela Emenda Constitucional nº 41, de 19.12.2003.*

c) a criação ou extinção dos tribunais inferiores;

....

III – aos Tribunais de Justiça julgar os Juízes estaduais e do Distrito Federal e Territórios, bem como os membros do Ministério Público, nos crimes comuns e de responsabilidade, ressalvada a competência da Justiça Eleitoral.

Art. 97. Somente pelo voto da maioria absoluta de seus membros ou dos membros do respectivo órgão especial poderão os Tribunais declarar a inconstitucionalidade de lei ou ato normativo do Poder Público.

Art. 98. A União, no Distrito Federal e nos Territórios, e os Estados criarão:

....

II – justiça de paz, remunerada, composta de cidadãos eleitos pelo voto direto, universal e secreto, com mandato de quatro anos e competência para, na forma da lei, celebrar casamentos, verificar, de ofício ou em face de impugnação apresentada, o processo de habilitação e exercer atribuições conciliatórias, sem caráter jurisdicional, além de outras previstas na legislação.

....

Art. 99. Ao Poder Judiciário é assegurada autonomia administrativa e financeira.

§ 1º. Os Tribunais elaborarão suas propostas orçamentárias dentro dos limites estipulados conjuntamente com os demais Poderes na lei de diretrizes orçamentárias.

§ 2º. O encaminhamento da proposta, ouvidos os outros tribunais interessados, compete:

I – no âmbito da União, aos Presidentes do Supremo Tribunal Federal e dos Tribunais Superiores, com a aprovação dos respectivos Tribunais;

II – no âmbito dos Estados e no do Distrito Federal e Territórios, aos Presidentes dos Tribunais de Justiça, com a aprovação dos respectivos tribunais.

....

Seção II – Do Supremo Tribunal Federal

....

Art. 102. Compete ao Supremo Tribunal Federal, precipuamente, a guarda da Constituição, cabendo-lhe:

I – processar e julgar, originariamente:

....

c) nas infrações penais comuns e nos crimes de responsabilidade, os Ministros de Estado e os Comandantes da Marinha, do Exército e da Aeronáutica, ressalvado o disposto no art. 52, I, os membros dos Tribunais Superiores, os do Tribunal de Contas da União e os chefes de missão diplomática de caráter permanente;

- *Alínea "c" com redação dada pela Emenda Constitucional nº 23, de 2.9.1999.*

d) o *habeas corpus*, sendo paciente qualquer das pessoas referidas nas alíneas anteriores; o mandado de segurança e o *habeas data* contra atos do Presidente da República, das Mesas da Câmara dos Deputados e do Senado Federal, do Tribunal de Contas da União, do Procurador-Geral da República e do próprio Supremo Tribunal Federal;

....

i) o *habeas corpus*, quando o coator for Tribunal Superior ou quando o coator ou o paciente for autoridade ou funcionário cujos atos estejam sujeitos diretamente à jurisdição do Supremo Tribunal Federal, ou se trate de crime sujeito à mesma jurisdição em uma única instância;

- *Alínea "i" com redação dada pela Emenda Constitucional nº 22, de 18.3.1999.*

....

o) os conflitos de competência entre o Superior Tribunal de Justiça e quaisquer Tribunais, entre Tribunais Superiores, ou entre estes e qualquer outro Tribunal;

p) o pedido de medida cautelar das ações diretas de inconstitucionalidade;

q) o mandado de injunção, quando a elaboração da norma regulamentadora for atribuição do Presidente da República, do Congresso Nacional, da Câmara dos Deputados, do Senado Federal, das Mesas de uma dessas Casas Legislativas, do Tribunal de Contas da União, de um dos Tribunais Superiores, ou do próprio Supremo Tribunal Federal;

....

II – julgar, em recurso ordinário:

a) o *habeas corpus*, o mandado de segurança, o *habeas data* e o mandado de injunção decididos em única instância pelos Tribunais Superiores, se denegatória a decisão;

b) o crime político;

....

Art. 103. Podem propor a ação direta de inconstitucionalidade e a ação declaratória de constitucionalidade:

- *Art. 103,* caput, *com redação dada pela Emenda Constitucional nº 45, de 8.12.2004.*

I – o Presidente da República;

II – a Mesa do Senado Federal;

III – a Mesa da Câmara dos Deputados;

IV – a Mesa de Assembleia Legislativa ou da Câmara Legislativa do Distrito Federal;

- *Inciso IV com redação dada pela Emenda Constitucional nº 45, de 8.12.2004.*

V – o Governador de Estado ou do Distrito Federal;

- *Inciso V com redação dada pela Emenda Constitucional nº 45, de 8.12.2004.*

VI – o Procurador-Geral da República;

VII – o Conselho Federal da Ordem dos Advogados do Brasil;

VIII – partido político com representação no Congresso Nacional;

IX – confederação sindical ou entidade de classe de âmbito nacional.

....

Seção III – Do Superior Tribunal de Justiça

....

Art. 105. Compete ao Superior Tribunal de Justiça:

I – processar e julgar, originariamente:

a) nos crimes comuns, os Governadores dos Estados e do Distrito Federal, e, nestes e nos de responsabilidade, os desembargadores dos Tribunais de Justiça dos Estados e do Distrito Federal, os membros dos Tribunais de Contas dos Estados e do Distrito Federal, os dos Tribunais Regionais Federais, dos Tribunais Regionais Eleitorais e do Trabalho, os membros dos Conselhos ou Tribunais de Contas dos Municípios e os do Ministério Público da União que oficiem perante tribunais;

....

c) os *habeas corpus*, quando o coator ou paciente for qualquer das pessoas mencionadas na alínea "a", ou quando o coator for tribunal sujeito à sua jurisdição, Ministro de Estado ou Comandante da Marinha, do Exército ou da Aeronáutica, ressalvada a competência da Justiça Eleitoral;

- *Alínea "c" com redação dada pela Emenda Constitucional nº 23, de 2.9.1999.*

d) os conflitos de competência entre quaisquer tribunais, ressalvado o disposto no art. 102, I, o, bem como entre Tribunal e juízes a ele não vinculados e entre juízes vinculados a Tribunais diversos;

....

h) o mandado de injunção, quando a elaboração da norma regulamentadora for atribuição de órgão, entidade ou autoridade federal, da administração direta ou indireta, excetuados os casos de competência do Supremo Tribunal Federal e dos órgãos da Justiça Militar, da Justiça Eleitoral, da Justiça do Trabalho e da Justiça Federal;

....

Seção IV – Dos Tribunais Regionais Federais e dos Juízes Federais

....

Art. 108. Compete aos Tribunais Regionais Federais:

I – processar e julgar, originariamente:

a) os Juízes federais da área de sua jurisdição, incluídos os da Justiça Militar e da Justiça do Trabalho, nos crimes comuns e de responsabilidade, e os membros do Ministério Público da União, ressalvada a competência da Justiça Eleitoral;

....

Art. 109. Aos Juízes federais compete processar e julgar:

I – as causas em que a União, entidade autárquica ou empresa pública federal forem interessadas na condição de autoras, rés, assistentes ou oponentes, exceto as de falência, as de acidentes de trabalho e as sujeitas à Justiça Eleitoral e à Justiça do Trabalho;

....

IV – os crimes políticos e as infrações penais praticadas em detrimento de bens, serviços ou interesse da União ou de suas entidades autárquicas ou empresas públicas, excluídas as contravenções e ressalvada a competência da Justiça Militar e da Justiça Eleitoral;

....

VIII – os mandados de segurança e os *habeas data* contra ato de autoridade federal, excetuados os casos de competência dos Tribunais Federais;

- *V. Lei nº 12.016/2009, sobre mandado de segurança individual e coletivo.*
- *V. Lei nº 9.507/1997, sobre* habeas data.

....

Seção VI – Dos Tribunais e Juízes Eleitorais

Art. 118. São órgãos da Justiça Eleitoral:

I – o Tribunal Superior Eleitoral;

II – os Tribunais Regionais Eleitorais;

III – os Juízes Eleitorais;

IV – as Juntas Eleitorais.

Art. 119. O Tribunal Superior Eleitoral compor-se-á, no mínimo, de sete membros, escolhidos:

I – mediante eleição, pelo voto secreto:

a) três Juízes dentre os Ministros do Supremo Tribunal Federal;

b) dois Juízes dentre os Ministros do Superior Tribunal de Justiça;

II – por nomeação do Presidente da República, dois Juízes dentre seis advogados de notável saber jurídico e idoneidade moral, indicados pelo Supremo Tribunal Federal.

Parágrafo único. O Tribunal Superior Eleitoral elegerá seu Presidente e o Vice-Presidente dentre os Ministros do Supremo Tribunal Federal, e o Corregedor Eleitoral dentre os Ministros do Superior Tribunal de Justiça.

Art. 120. Haverá um Tribunal Regional Eleitoral na Capital de cada Estado e no Distrito Federal.

§ 1º. Os Tribunais Regionais Eleitorais compor-se-ão:

I – mediante eleição pelo voto secreto:

a) de dois Juízes dentre os desembargadores do Tribunal de Justiça;

b) de dois Juízes, dentre Juízes de Direito, escolhidos pelo Tribunal de Justiça;

II – de um Juiz do Tribunal Regional Federal com sede na Capital do Estado ou no Distrito Federal, ou, não havendo, de Juiz federal, escolhido, em qualquer caso, pelo Tribunal Regional Federal respectivo.

III – por nomeação, pelo Presidente da República, de dois Juízes dentre seis advogados de notável saber jurídico e idoneidade moral, indicados pelo Tribunal de Justiça.

§ 2º. O Tribunal Regional Eleitoral elegerá seu Presidente e o Vice-Presidente dentre os desembargadores.

Art. 121. Lei complementar disporá sobre a organização e competência dos tribunais, dos Juízes de Direito e das juntas eleitorais.

§ 1º. Os membros dos tribunais, os Juízes de Direito e os integrantes das juntas eleitorais, no exercício de suas funções e no que lhes for aplicável, gozarão de plenas garantias e serão inamovíveis.

§ 2º. Os Juízes dos tribunais eleitorais, salvo motivo justificado, servirão por dois anos, no mínimo, e nunca por mais de dois biênios consecutivos, sendo os substitutos escolhidos na mesma ocasião e pelo mesmo processo, em número igual para cada categoria.

§ 3º. São irrecorríveis as decisões do Tribunal Superior Eleitoral, salvo as que contrariarem esta Constituição e as denegatórias de *habeas corpus* ou mandado de segurança.

§ 4º. Das decisões dos Tribunais Regionais Eleitorais somente caberá recurso quando:

I – forem proferidas contra disposição expressa desta Constituição ou de lei;

II – ocorrer divergência na interpretação de lei entre dois ou mais tribunais eleitorais;

III – versarem sobre inelegibilidade ou expedição de diplomas nas eleições federais ou estaduais;

IV – anularem diplomas ou decretarem a perda de mandatos eletivos federais ou estaduais;

V – denegarem *habeas corpus*, mandado de segurança, *habeas data* ou mandado de injunção.

....

Capítulo IV – Das Funções Essenciais à Justiça

Seção I – Do Ministério Público

....

Art. 128. O Ministério Público abrange:

....

§ 5º. Leis complementares da União e dos Estados, cuja iniciativa é facultada aos respectivos Procuradores-Gerais, estabelecerão a organização, as atribuições e o estatuto de cada Ministério Público, observadas, relativamente a seus membros:

....

II – as seguintes vedações:

....

e) exercer atividade político-partidária;

- *Alínea "e" com redação dada pela Emenda Constitucional nº 45, de 8.12.2004.*

....

TÍTULO V – DA DEFESA DO ESTADO E DAS INSTITUIÇÕES DEMOCRÁTICAS

Capítulo I – Do Estado de Defesa e do Estado de Sítio

....

Seção II – Do Estado de Sítio

....

Art. 139. Na vigência do estado de sítio decretado com fundamento no art. 137, I, só poderão ser tomadas contra as pessoas as seguintes medidas:

....

IV – suspensão da liberdade de reunião;

....

Seção III – Disposições Gerais

Art. 140. A Mesa do Congresso Nacional, ouvidos os líderes partidários, designará Comissão composta de 5 (cinco) de seus membros para acompanhar e fiscalizar a execução das medidas referentes ao estado de defesa e ao estado de sítio.

....

Capítulo II – Das Forças Armadas

- *V. Lei Complementar nº 97/1999, sobre organização, preparo e emprego das Forças Armadas.*
- *V. Decreto nº 3.897/2001, sobre as diretrizes para o emprego das Forças Armadas.*

Art. 142. As Forças Armadas, constituídas pela Marinha, pelo Exército e pela Aeronáutica, são instituições nacionais permanentes e regulares, organizadas com base na hierarquia e na disciplina, sob a autoridade suprema do Presidente da República, e destinam-se à defesa da Pátria, à garantia dos poderes constitucionais e, por iniciativa de qualquer destes, da lei e da ordem.

....

§ 3º. Os membros das Forças Armadas são denominados militares, aplicando-se-lhes, além das que vierem a ser fixadas em lei, as seguintes disposições:

- *§ 3º acrescido pela Emenda Constitucional nº 18, de 5.2.1998.*

....

V – o militar, enquanto em serviço ativo, não pode estar filiado a partidos políticos;

- *Inciso V acrescido pela Emenda Constitucional nº 18, de 5.2.1998.*

....

TÍTULO VI
DA TRIBUTAÇÃO E DO ORÇAMENTO

Capítulo I – Do Sistema Tributário Nacional

....

Seção II
Das Limitações do Poder de Tributar

Art. 150. Sem prejuízo de outras garantias asseguradas ao contribuinte, é vedado à União, aos Estados, ao Distrito Federal e aos Municípios:

....

VI – instituir impostos sobre:

....

c) patrimônio, renda ou serviços dos partidos políticos, inclusive suas fundações, das entidades sindicais dos trabalhadores, das instituições de educação e de assistência social, sem fins lucrativos, atendidos os requisitos da lei;

....

§ 4º. As vedações expressas no inciso VI, alíneas "b" e "c", compreendem somente o patrimônio, a renda e os serviços relacionados com as finalidades essenciais das entidades nelas mencionadas.

....

TÍTULO VIII – DA ORDEM SOCIAL

....

Capítulo V – Da Comunicação Social

Art. 220. A manifestação do pensamento, a criação, a expressão e a informação, sob qualquer forma, processo ou veículo não sofrerão qualquer restrição, observado o disposto nesta Constituição.

§ 1º. Nenhuma lei conterá dispositivo que possa constituir embaraço à plena liberdade de informação jornalística em qualquer veículo de comunicação social, observado o disposto no art. 5º, IV, V, X, XIII e XIV.

§ 2º. É vedada toda e qualquer censura de natureza política, ideológica e artística.

....

Art. 222. A propriedade de empresa jornalística e de radiodifusão sonora e de sons e imagens é privativa de brasileiros natos ou naturalizados há mais de dez anos, ou de pessoas jurídicas constituídas sob as leis brasileiras e que tenham sede no País.

- *Art. 222,* caput, *com redação dada pela Emenda Constitucional nº 36, de 28.5.2002.*

§ 1º. Em qualquer caso, pelo menos setenta por cento do capital total e do capital votante das empresas jornalísticas e de radiodifusão sonora e de sons e imagens deverá pertencer, direta ou indiretamente, a brasileiros natos ou naturalizados há mais de dez anos, que exercerão obrigatoriamente a gestão das atividades e estabelecerão o conteúdo da programação.

- *§ 1º com redação dada pela Emenda Constitucional nº 36, de 28.5.2002.*

§ 2º. A responsabilidade editorial e as atividades de seleção e direção da programação veiculada são privativas de brasileiros natos ou naturalizados há mais de dez anos, em qualquer meio de comunicação social.

- *§ 2º com redação dada pela Emenda Constitucional nº 36, de 28.5.2002.*

§ 3º. Os meios de comunicação social eletrônica, independentemente da tecnologia utilizada para a prestação do serviço, deverão observar os princípios enunciados no art. 221, na forma de lei específica, que também garantira a prioridade de profissionais brasileiros na execução de produções nacionais.

- *§ 3º acrescido dada pela Emenda Constitucional nº 36, de 28.5.2002.*

§ 4º. Lei disciplinará a participação de capital estrangeiro nas empresas de que trata o § 1º.

- *§ 4º acrescido pela Emenda Constitucional nº 36, de 28.5.2002.*
- *V. Lei nº 10.610/2002 que dispõe sobre a participação de capital estrangeiro nas empresas jornalísticas e de radiodifusão sonora e de sons e imagens.*

§ 5º. As alterações de controle societário das empresas de que trata o § 1º serão comunicadas ao Congresso Nacional.

- *§ 5º acrescido pela Emenda Constitucional nº 36, de 28.5.2002.*

....

TÍTULO IX
DAS DISPOSIÇÕES CONSTITUCIONAIS GERAIS

....

Art. 235. Nos dez primeiros anos da criação de Estado, serão observadas as seguintes normas básicas:

I – a Assembleia Legislativa será composta de dezessete Deputados se a população do Estado for inferior a seiscentos mil habitantes, e de vinte e quatro, se igual ou superior a esse número, até um milhão e quinhentos mil;

....

Lei das Eleições

LEI Nº 9.504, DE 30 DE SETEMBRO DE 1997

ATUALIZADA ATÉ A LEI Nº 12.891, DE 11.12.2013

Estabelece normas para as eleições.

O Vice-Presidente da República no exercício do cargo de Presidente da República.

Faço saber que o Congresso Nacional decreta e eu sanciono a seguinte Lei:

DISPOSIÇÕES GERAIS

Art. 1º. As eleições para Presidente e Vice-Presidente da República, Governador e Vice-Governador de Estado e do Distrito Federal, Prefeito e Vice-Prefeito, Senador, Deputado Federal, Deputado Estadual, Deputado Distrital e Vereador dar-se-ão, em todo o País, no primeiro domingo de outubro do ano respectivo.

- *V. art. 380 do Código Eleitoral.*

Parágrafo único. Serão realizadas simultaneamente as eleições:

I – para Presidente e Vice-Presidente da República, Governador e Vice-Governador de Estado e do Distrito Federal, Senador, Deputado Federal, Deputado Estadual e Deputado Distrital;

- *V. art. 85 do Código Eleitoral.*

II – para Prefeito, Vice-Prefeito e Vereador.

Art. 2º. Será considerado eleito o candidato a Presidente ou a Governador que obtiver a maioria absoluta de votos, não computados os em branco e os nulos.

- *V. art. 211,* caput*, do Código Eleitoral.*

§ 1º. Se nenhum candidato alcançar maioria absoluta na primeira votação, far-se-á nova eleição no último domingo de outubro, concorrendo os dois candidatos mais votados, e considerando-se eleito o que obtiver a maioria dos votos válidos.

§ 2º. Se, antes de realizado o segundo turno, ocorrer morte, desistência ou impedimento legal de candidato, convocar-se-á, dentre os remanescentes, o de maior votação.

§ 3º. Se, na hipótese dos parágrafos anteriores, remanescer em segundo lugar mais de um candidato com a mesma votação, qualificar-se-á o mais idoso.

§ 4º. A eleição do Presidente importará a do candidato a Vice-Presidente com ele registrado, o mesmo se aplicando à eleição de Governador.

- *V. art. 211, § 1º, do Código Eleitoral.*

Art. 3º. Será considerado eleito Prefeito o candidato que obtiver a maioria dos votos, não computados os em branco e os nulos.

§ 1º. A eleição do Prefeito importará a do candidato a Vice-Prefeito com ele registrado.

§ 2º. Nos Municípios com mais de duzentos mil eleitores, aplicar-se-ão as regras estabelecidas nos §§ 1º a 3º do artigo anterior.

Art. 4º. Poderá participar das eleições o partido que, até um ano antes do pleito, tenha registrado seu estatuto no Tribunal Superior Eleitoral, conforme o disposto em lei, e tenha, até a data da convenção, órgão de direção constituído na circunscrição, de acordo com o respectivo estatuto.

- *V. arts. 8º a 11 da Lei nº 9.096/1995.*

Art. 5º. Nas eleições proporcionais, contam-se como válidos apenas os votos dados a candidatos regularmente inscritos e às legendas partidárias.

DAS COLIGAÇÕES

Art. 6º. É facultado aos partidos políticos, dentro da mesma circunscrição, celebrar coligações para eleição majoritária, proporcional, ou para ambas, podendo, neste último caso, formar-se mais de uma coligação para a eleição proporcional dentre os partidos que integram a coligação para o pleito majoritário.

- *V. arts. 105 e 107 do Código Eleitoral.*

§ 1º. A coligação terá denominação própria, que poderá ser a junção de todas as siglas dos partidos que a integram, sendo a ela atribuídas as prerrogativas e obrigações de partido político no que se refere ao processo eleitoral, e devendo funcionar como um só partido no relacionamento com a Justiça Eleitoral e no trato dos interesses interpartidários.

§ 1º-A. A denominação da coligação não poderá coincidir, incluir ou fazer referência a nome ou número de candidato, nem conter pedido de voto para partido político.

- *§ 1º-A acrescido pela Lei nº 12.034/2009.*

§ 2º. Na propaganda para eleição majoritária, a coligação usará, obrigatoriamente, sob sua denominação, as legendas de todos os partidos que a integram; na propaganda para eleição proporcional, cada partido usará apenas sua legenda sob o nome da coligação.

§ 3º. Na formação de coligações, devem ser observadas, ainda, as seguintes normas:

I – na chapa da coligação, podem inscrever-se candidatos filiados a qualquer partido político dela integrante;

II – o pedido de registro dos candidatos deve ser subscrito pelos presidentes dos partidos coligados, por seus delegados, pela maioria dos membros dos respectivos órgãos executivos de direção ou por representante da coligação, na forma do inciso III;

III – os partidos integrantes da coligação devem designar um representante, que terá atribuições equivalentes às de presidente de partido político, no trato dos interesses e na representação da coligação, no que se refere ao processo eleitoral;

IV – a coligação será representada perante a Justiça Eleitoral pela pessoa designada na forma do inciso III ou por delegados indicados pelos partidos que a compõem, podendo nomear até:

a) três delegados perante o Juízo Eleitoral;

b) quatro delegados perante o Tribunal Regional Eleitoral;

c) cinco delegados perante o Tribunal Superior Eleitoral.

§ 4º. O partido político coligado somente possui legitimidade para atuar de forma isolada no processo eleitoral quando questionar a validade da própria coligação, durante o período compreendido entre a data da convenção e o termo final do prazo para a impugnação do registro de candidatos.

- *§ 4º acrescido pela Lei nº 12.034/2009.*

§ 5º. A responsabilidade pelo pagamento de multas decorrentes de propaganda eleitoral é solidária entre os candidatos e os respectivos partidos, não alcançando outros partidos mesmo quando integrantes de uma mesma coligação.

- *§ 5º acrescido pela Lei nº 12.891/2013.*

DAS CONVENÇÕES PARA A ESCOLHA DE CANDIDATOS

Art. 7º. As normas para a escolha e substituição dos candidatos e para a formação de coligações serão estabelecidas no estatuto do partido, observadas as disposições desta Lei.

- *V. arts. 93, § 2º, e 105 do Código Eleitoral.*

§ 1º. Em caso de omissão do estatuto, caberá ao órgão de direção nacional do partido estabelecer as normas a que se refere este artigo, publicando-as no *Diário Oficial da União* até cento e oitenta dias antes das eleições.

§ 2º. Se a convenção partidária de nível inferior se opuser, na deliberação sobre coligações, às diretrizes legitimamente estabelecidas pelo órgão de direção nacional, nos termos do respectivo estatuto, poderá esse órgão anular a deliberação e os atos dela decorrentes.

- *§ 2º com redação dada pela Lei nº 12.034/2009.*

§ 3º. As anulações de deliberações dos atos decorrentes de convenção partidária, na condição acima estabelecida, deverão ser comunicadas à Justiça Eleitoral no prazo de 30 (trinta) dias após a data limite para o registro de candidatos.

- *§ 3º com redação dada pela Lei nº 12.034/2009.*

§ 4º. Se, da anulação, decorrer a necessidade de escolha de novos candidatos, o pedido de registro deverá ser apresentado à Justiça Eleitoral nos 10 (dez) dias seguintes à deliberação, observado o disposto no art. 13.

- *§ 4º acrescido pela Lei nº 12.034/2009.*

Art. 8º. A escolha dos candidatos pelos partidos e a deliberação sobre coligações deverão ser feitas no período de 12 a 30 de junho do ano em que se realizarem as eleições, lavrando-se a respectiva ata em livro aberto, rubricado pela Justiça Eleitoral, publicada em 24 (vinte e quatro) horas em qualquer meio de comunicação.

- *Art. 8º,* caput, *com redação dada pela Lei nº 12.891/2013.*
- *V. art. 93, § 2º, do Código Eleitoral.*

§ 1º. Aos detentores de mandato de Deputado Federal, Estadual ou Distrital, ou de Vereador, e aos que tenham exercido esses cargos em qualquer período da legislatura que estiver em curso, é assegurado o registro de candidatura para o mesmo cargo pelo partido a que estejam filiados.

- *§ 1º com eficácia suspensa por Medida Cautelar deferida na ADIn 2.530-9.*

§ 2º. Para a realização das convenções de escolha de candidatos, os partidos políticos poderão usar gratuitamente prédios públicos, responsabilizando-se por danos causados com a realização do evento.

Art. 9º. Para concorrer às eleições, o candidato deverá possuir domicílio eleitoral na respectiva circunscrição pelo prazo de, pelo menos, um ano antes do pleito e estar com a filiação deferida pelo partido no mesmo prazo.

Parágrafo único. Havendo fusão ou incorporação de partidos após o prazo estipulado no *caput*, será considerada, para efeito de filiação partidária, a data de filiação do candidato ao partido de origem.

- *V. art. 99 do Código Eleitoral.*

DO REGISTRO DE CANDIDATOS

- *V. arts. 87 a 102 do Código Eleitoral.*

Art. 10. Cada partido poderá registrar candidatos para a Câmara dos Deputados, Câmara Legislativa, Assembleias Legislativas e Câmaras Municipais, até cento e cinquenta por cento do número de lugares a preencher.

§ 1º. No caso de coligação para as eleições proporcionais, independentemente do número de partidos que a integrem, poderão ser registrados candidatos até o dobro do número de lugares a preencher.

§ 2º. Nas unidades da Federação em que o número de lugares a preencher para a Câmara dos Deputados não exceder de vinte, cada partido poderá registrar candidatos a Deputado Federal e a Deputado Estadual ou Distrital até o dobro das respectivas vagas; havendo coligação, estes números poderão ser acrescidos de até mais cinquenta por cento.

§ 3º. Do número de vagas resultante das regras previstas neste artigo, cada partido ou coligação preencherá o mínimo de 30% (trinta por cento) e o máximo de 70% (setenta por cento) para candidaturas de cada sexo.

- *§ 3º com redação dada pela Lei nº 12.034/2009.*

§ 4º. Em todos os cálculos, será sempre desprezada a fração, se inferior a meio, e igualada a um, se igual ou superior.

§ 5º. No caso de as convenções para a escolha de candidatos não indicarem o número máximo de candidatos previsto no *caput* e nos §§ 1º e 2º deste artigo, os órgãos de direção dos partidos respectivos poderão preencher as vagas remanescentes até sessenta dias antes do pleito.

Art. 11. Os partidos e coligações solicitarão à Justiça Eleitoral o registro de seus candidatos até as dezenove horas do dia 5 de julho do ano em que se realizarem as eleições.

§ 1º. O pedido de registro deve ser instruído com os seguintes documentos:

I – cópia da ata a que se refere o art. 8º;

II – autorização do candidato, por escrito;

III – prova de filiação partidária;

IV – declaração de bens, assinada pelo candidato;

- *V. art. 94, IV, do Código Eleitoral.*

V – cópia do título eleitoral ou certidão, fornecida pelo cartório eleitoral, de que o candidato é eleitor na circunscrição ou requereu sua inscrição ou transferência de domicílio no prazo previsto no art. 9º;

VI – certidão de quitação eleitoral;

VII – certidões criminais fornecidas pelos órgãos de distribuição da Justiça Eleitoral, Federal e Estadual;

VIII – fotografia do candidato, nas dimensões estabelecidas em instrução da Justiça Eleitoral, para efeito do disposto no § 1º do art. 59;

IX – propostas defendidas pelo candidato a Prefeito, a Governador de Estado e a Presidente da República.

- *Inciso IX acrescido pela Lei nº 12.034/2009.*

§ 2º. A idade mínima constitucionalmente estabelecida como condição de elegibilidade é verificada tendo por referência a data da posse.

§ 3º. Caso entenda necessário, o Juiz abrirá prazo de setenta e duas horas para diligências.

§ 4º. Na hipótese de o partido ou coligação não requerer o registro de seus candidatos, estes poderão fazê-lo perante a Justiça Eleitoral, observado o prazo máximo de quarenta e oito horas seguintes à publicação da lista dos candidatos pela Justiça Eleitoral.

- *§ 4º com redação dada pela Lei nº 12.034/2009.*

§ 5º. Até a data a que se refere este artigo, os Tribunais e Conselhos de Contas deverão tornar disponíveis à Justiça Eleitoral relação dos que tiveram suas contas relativas ao exercício de cargos ou funções públicas rejeitadas por irregularidade insanável e por decisão irrecorrível do órgão competente, ressalvados os casos em que a questão estiver sendo submetida à apreciação do Poder Judiciário, ou que haja sentença judicial favorável ao interessado.

§ 6º. A Justiça Eleitoral possibilitará aos interessados acesso aos documentos apresentados para os fins do disposto no § 1º.

- *§ 6º acrescido pela Lei nº 12.034/2009.*

§ 7º. A certidão de quitação eleitoral abrangerá exclusivamente a plenitude do gozo dos direitos políticos, o regular exercício do voto, o atendimento a convocações da Justiça Eleitoral para auxiliar os trabalhos relativos ao pleito, a inexistência de multas aplicadas, em caráter definitivo, pela Justiça Eleitoral e não remitidas, e a apresentação de contas de campanha eleitoral.

- *§ 7º acrescido pela Lei nº 12.034/2009.*

§ 8º. Para fins de expedição da certidão de que trata o § 7º, considerar-se-ão quites aqueles que:

- *§ 8º,* caput, *acrescido pela Lei nº 12.034/2009.*

I – condenados ao pagamento de multa, tenham, até a data da formalização do seu pedido de registro de candidatura, comprovado o pagamento ou o parcelamento da dívida regularmente cumprido;

- *Inciso I acrescido pela Lei nº 12.034/2009.*

II – pagarem a multa que lhes couber individualmente, excluindo-se qualquer modalidade de responsabilidade solidária, mesmo quando imposta concomitantemente com outros candidatos e em razão do mesmo fato;

- *Inciso II acrescido pela Lei nº 12.034/2009.*

III – o parcelamento das multas eleitorais é direito do cidadão, seja ele eleitor ou candidato, e dos partidos políticos, podendo ser parceladas em até 60 (sessenta) meses, desde que não ultrapasse o limite de 10% (dez por cento) de sua renda.

- *Inciso III acrescido pela Lei nº 12.891/2013.*

§ 9º. A Justiça Eleitoral enviará aos partidos políticos, na respectiva circunscrição, até o dia 5 de junho do ano da eleição, a relação de todos os devedores de multa eleitoral, a qual embasará a expedição das certidões de quitação eleitoral.

- *§ 9º acrescido pela Lei nº 12.034/2009.*

§ 10. As condições de elegibilidade e as causas de inelegibilidade devem ser aferidas no momento da formalização do pedido de registro da candidatura, ressalvadas as alterações, fáticas ou jurídicas, supervenientes ao registro que afastem a inelegibilidade.

- *§ 10 acrescido pela Lei nº 12.034/2009.*

§ 11. A Justiça Eleitoral observará, no parcelamento a que se refere o § 8º deste artigo, as regras de parcelamento previstas na legislação tributária federal.

- *§ 11 acrescido pela Lei nº 12.034/2009.*

§ 12. (Vetado).

- *§ 12 acrescido pela Lei nº 12.034/2009.*

§ 13. Fica dispensada a apresentação pelo partido, coligação ou candidato de documentos produzidos a partir de informações detidas pela Justiça Eleitoral, entre eles os indicados nos incisos III, V e VI do § 1º deste artigo.

- *§ 13 acrescido pela Lei nº 12.891/2013.*

Art. 12. O candidato às eleições proporcionais indicará, no pedido de registro, além de seu nome completo, as variações nominais com que deseja ser registrado, até o máximo de três opções, que poderão ser o prenome, sobrenome, cognome, nome abreviado, apelido ou nome pelo qual é mais conhecido, desde que não se estabeleça dúvida quanto à sua identidade, não atente contra o pudor e não seja ridículo ou irreverente, mencionando em que ordem de preferência deseja registrar-se.

- *V. art. 95 do Código Eleitoral.*

§ 1º. Verificada a ocorrência de homonímia, a Justiça Eleitoral procederá atendendo ao seguinte:

I – havendo dúvida, poderá exigir do candidato prova de que é conhecido por dada opção de nome, indicada no pedido de registro;

II – ao candidato que, na data máxima prevista para o registro, esteja exercendo mandato eletivo ou o tenha exercido nos últimos quatro anos, ou que nesse mesmo prazo se tenha candidatado com um dos nomes que indicou, será deferido o seu uso no registro, ficando outros candidatos impedidos de fazer propaganda com esse mesmo nome;

III – ao candidato que, pela sua vida política, social ou profissional, seja identificado por um dado nome que tenha indicado, será deferido o registro com esse nome, observado o disposto na parte final do inciso anterior;

IV – tratando-se de candidatos cuja homonímia não se resolva pelas regras dos dois incisos anteriores, a Justiça Eleitoral deverá notificá-los para que, em dois dias, cheguem a acordo sobre os respectivos nomes a serem usados;

V – não havendo acordo no caso do inciso anterior, a Justiça Eleitoral registrará cada candidato com o nome e sobrenome constantes do pedido de registro, observada a ordem de preferência ali definida.

§ 2º. A Justiça Eleitoral poderá exigir do candidato prova de que é conhecido por determinada opção de nome por ele indicado, quando seu uso puder confundir o eleitor.

§ 3º. A Justiça Eleitoral indeferirá todo pedido de variação de nome coincidente com nome de candidato a eleição majoritária, salvo para candidato que esteja exercendo mandato eletivo ou o tenha exercido nos últimos quatro anos, ou que, nesse mesmo prazo, tenha concorrido em eleição com o nome coincidente.

§ 4º. Ao decidir sobre os pedidos de registro, a Justiça Eleitoral publicará as variações de nome deferidas aos candidatos.

§ 5º. A Justiça Eleitoral organizará e publicará, até trinta dias antes da eleição, as seguintes relações, para uso na votação e apuração:

I – a primeira, ordenada por partidos, com a lista dos respectivos candidatos em ordem numérica, com as três variações de nome correspondentes a cada um, na ordem escolhida pelo candidato;

II – a segunda, com o índice onomástico e organizada em ordem alfabética, nela constando o nome completo de cada candidato e cada variação de nome, também em ordem alfabética, seguidos da respectiva legenda e número.

Art. 13. É facultado ao partido ou coligação substituir candidato que for considerado inelegível, renunciar ou falecer após o termo final do prazo do registro ou, ainda, tiver seu registro indeferido ou cancelado.

- *V. art. 96 do Código Eleitoral.*

§ 1º. A escolha do substituto far-se-á na forma estabelecida no estatuto do partido a que pertencer o substituído, e o registro deverá ser requerido até 10 (dez) dias contados do fato ou da notificação do partido da decisão judicial que deu origem à substituição.

- *§ 1º com redação dada pela Lei nº 12.034/2009.*

§ 2º. Nas eleições majoritárias, se o candidato for de coligação, a substituição deverá fazer-se por decisão da maioria absoluta dos órgãos executivos de direção dos partidos coligados, podendo o substituto ser filiado a qualquer partido dela integrante, desde que o partido ao qual pertencia o substituído renuncie ao direito de preferência.

- *V. art. 101 do Código Eleitoral.*

§ 3º. Tanto nas eleições majoritárias como nas proporcionais, a substituição só se efetivará se o novo pedido for apresentado até 20 (vinte) dias antes do pleito, exceto em caso de falecimento de candidato, quando a substituição poderá ser efetivada após esse prazo.

- *§ 3º com redação dada pela Lei nº 12.891/2013.*

Art. 14. Estão sujeitos ao cancelamento do registro os candidatos que, até a data da eleição, forem expulsos do partido, em processo no qual seja assegurada ampla defesa e sejam observadas as normas estatutárias.

- *V. art. 96 do Código Eleitoral.*

Parágrafo único. O cancelamento do registro do candidato será decretado pela Justiça Eleitoral, após solicitação do partido.

- *V. art. 97, § 2º, do Código Eleitoral.*

Art. 15. A identificação numérica dos candidatos se dará mediante a observação dos seguintes critérios:

- *V. art. 100 do Código Eleitoral.*

I – os candidatos aos cargos majoritários concorrerão com o número identificador do partido ao qual estiverem filiados;

II – os candidatos à Câmara dos Deputados concorrerão com o número do partido ao qual estiverem filiados, acrescido de dois algarismos à direita;

III – os candidatos às Assembleias Legislativas e à Câmara Distrital concorrerão com o número do partido ao qual estiverem filiados, acrescido de três algarismos à direita;

IV – o Tribunal Superior Eleitoral baixará resolução sobre a numeração dos candidatos concorrentes às eleições municipais.

§ 1º. Aos partidos fica assegurado o direito de manter os números atribuídos à sua legenda na eleição anterior, e aos candidatos, nesta hipótese, o direito de manter os números que lhes foram atribuídos na eleição anterior para o mesmo cargo.

§ 2º. Aos candidatos a que se refere o § 1º do art. 8º, é permitido requerer novo número ao órgão de direção de seu partido, independentemente do sorteio a que se refere o § 2º do art. 100 da Lei nº 4.737, de 15 de julho de 1965 – Código Eleitoral.

§ 3º. Os candidatos de coligações, nas eleições majoritárias, serão registrados com o número de legenda do respectivo partido e, nas eleições proporcionais, com o número de legenda do respectivo partido acrescido do número que lhes couber, observado o disposto no parágrafo anterior.

Art. 16. Até quarenta e cinco dias antes da data das eleições, os Tribunais Regionais Eleitorais enviarão ao Tribunal Superior Eleitoral, para fins de centralização e divulgação de dados, a relação dos candidatos às eleições majoritárias e proporcionais, da qual constará obrigatoriamente a referência ao sexo e ao cargo a que concorrem.

- *V. art. 102 do Código Eleitoral.*

§ 1º. Até a data prevista no *caput*, todos os pedidos de registro de candidatos, inclusive os impugnados, e os respectivos recursos, devem estar julgados em todas as instâncias, e publicadas as decisões a eles relativas.

- *§ 1º acrescido pela Lei nº 12.034/2009.*

§ 2º. Os processos de registro de candidaturas terão prioridade sobre quaisquer outros, devendo a Justiça Eleitoral adotar as providências necessárias para o cumprimento do prazo previsto no § 1º, inclusive com a realização de sessões extraordinárias e a convocação dos juízes suplentes pelos Tribunais, sem prejuízo da eventual aplicação do disposto no art. 97 e de representação ao Conselho Nacional de Justiça.

- *§ 2º acrescido pela Lei nº 12.034/2009.*

Art. 16-A. O candidato cujo registro esteja *sub judice* poderá efetuar todos os atos relativos à campanha eleitoral, inclusive utilizar o horário eleitoral gratuito no rádio e na televisão e ter seu nome mantido na urna eletrônica enquanto estiver sob essa condição, ficando a validade dos votos a ele atribuídos condicionada ao deferimento de seu registro por instância superior.

- *Art.16-A,* caput, *acrescido pela Lei nº 12.034/ 2009.*

Parágrafo único. O cômputo, para o respectivo partido ou coligação, dos votos atribuídos ao candidato cujo registro esteja *sub judice* no dia da eleição fica condicionado ao deferimento do registro do candidato.

- *Parágrafo único acrescido pela Lei nº 12.034/ 2009.*

Art. 16-B. O disposto no art. 16-A quanto ao direito de participar da campanha eleitoral, inclusive utilizar o horário eleitoral gratuito, aplica-se igualmente ao candidato cujo pedido de registro tenha sido protocolado no prazo legal e ainda não tenha sido apreciado pela Justiça Eleitoral.

- *Art. 16-B acrescido pela Lei nº 12.891/2013.*

DA ARRECADAÇÃO E DA APLICAÇÃO DE RECURSOS NAS CAMPANHAS ELEITORAIS

Art. 17. As despesas da campanha eleitoral serão realizadas sob a responsabilidade dos partidos, ou de seus candidatos, e financiadas na forma desta Lei.

Art. 17-A. A cada eleição caberá à lei, observadas as peculiaridades locais, fixar até o dia 10 de junho de cada ano eleitoral o limite dos gastos de campanha para os cargos em disputa; não sendo editada lei até a data estabelecida, caberá a cada partido político fixar o limite de gastos, comunicando à Justiça Eleitoral, que dará a essas informações ampla publicidade.

- *Art. 17-A acrescido pela Lei nº 11.300/2006.*

Art. 18. No pedido de registro de seus candidatos, os partidos e coligações comunicarão aos respectivos Tribunais Eleitorais os valores máximos de gastos que farão por cargo eletivo em cada eleição a que concorrerem, observados os limites estabelecidos, nos termos do art. 17-A desta Lei.

- *Art. 18,* caput, *com redação dada pela Lei nº 11.300/2006.*

§ 1º. Tratando-se de coligação, cada partido que a integra fixará o valor máximo de gastos de que trata este artigo.

§ 2º. Gastar recursos além dos valores declarados nos termos deste artigo sujeita o responsável ao pagamento de multa no valor de cinco a dez vezes a quantia em excesso.

Art. 19. Até dez dias úteis após a escolha de seus candidatos em convenção, o partido constituirá comitês financeiros, com a finalidade de arrecadar recursos e aplicá-los nas campanhas eleitorais.

§ 1º. Os comitês devem ser constituídos para cada uma das eleições para as quais o partido apresente candidato próprio, podendo haver reunião, num único comitê, das atribuições relativas às eleições de uma dada circunscrição.

§ 2º. Na eleição presidencial é obrigatória a criação de comitê nacional e facultativa a de comitês nos Estados e no Distrito Federal.

§ 3º. Os comitês financeiros serão registrados, até cinco dias após sua constituição, nos órgãos da Justiça Eleitoral aos quais compete fazer o registro dos candidatos.

Art. 20. O candidato a cargo eletivo fará, diretamente ou por intermédio de pessoa por ele designada, a administração financeira de sua campanha, usando recursos repassados pelo comitê, inclusive os relativos à cota do Fundo Partidário, recursos próprios ou doações de pessoas físicas ou jurídicas, na forma estabelecida nesta Lei.

Art. 21. O candidato é solidariamente responsável com a pessoa indicada na forma do art. 20 desta Lei pela veracidade das informações financeiras e contábeis de sua campanha, devendo ambos assinar a respectiva prestação de contas.

- *Art. 21 com redação dada pela Lei nº 11.300/ 2006.*

Art. 22. É obrigatório para o partido e para os candidatos abrir conta bancária específica para registrar todo o movimento financeiro da campanha.

§ 1º. Os bancos são obrigados a:

I – acatar, em até 3 (três) dias, o pedido de abertura de conta de qualquer comitê financeiro ou candidato escolhido em convenção, sendo-lhes vedado condicioná-la a depósito mínimo e a cobrança de taxas ou a outras despesas de manutenção;

II – identificar, nos extratos bancários das contas correntes a que se refere o *caput*, o CPF ou o CNPJ do doador.

- *§ 1º com redação dada pela Lei nº 12.891/2013.*

§ 2º. O disposto neste artigo não se aplica aos casos de candidatura para Prefeito e Vereador em

Municípios onde não haja agência bancária, bem como aos casos de candidatura para Vereador em Municípios com menos de vinte mil eleitores.

§ 3º. O uso de recursos financeiros para pagamentos de gastos eleitorais que não provenham da conta específica de que trata o *caput* deste artigo implicará a desaprovação da prestação de contas do partido ou candidato; comprovado abuso de poder econômico, será cancelado o registro da candidatura ou cassado o diploma, se já houver sido outorgado.

- *§ 3º acrescido pela Lei nº 11.300/2006.*

§ 4º. Rejeitadas as contas, a Justiça Eleitoral remeterá cópia de todo o processo ao Ministério Público Eleitoral para os fins previstos no art. 22 da Lei Complementar nº 64, de 18 de maio de 1990.

- *§ 4º acrescido pela Lei nº 11.300/2006.*

Art. 22-A. Candidatos e Comitês Financeiros estão obrigados à inscrição no Cadastro Nacional da Pessoa Jurídica – CNPJ.

- *Art.22-A,* caput, *acrescido pela Lei nº 12.034/2 009.*

§ 1º. Após o recebimento do pedido de registro da candidatura, a Justiça Eleitoral deverá fornecer em até 3 (três) dias úteis, o número de registro de CNPJ.

- *§ 1º acrescido pela Lei nº 12.034/2009.*

§ 2º. Cumprido o disposto no § 1º deste artigo e no § 1º do art. 22, ficam os candidatos e comitês financeiros autorizados a promover a arrecadação de recursos financeiros e a realizar as despesas necessárias à campanha eleitoral.

- *§ 2º acrescido pela Lei nº 12.034/2009.*

Art. 23. Pessoas físicas poderão fazer doações em dinheiro ou estimáveis em dinheiro para campanhas eleitorais, obedecido o disposto nesta Lei.

- *Art. 23,* caput, *com redação dada pela Lei nº 12.034/2009.*

§ 1º. As doações e contribuições de que trata este artigo ficam limitadas:

I – no caso de pessoa física, a dez por cento dos rendimentos brutos auferidos no ano anterior à eleição;

II – no caso em que o candidato utilize recursos próprios, ao valor máximo de gastos estabelecido pelo seu partido, na forma desta Lei.

§ 2º. As doações estimáveis em dinheiro a candidato específico, comitê ou partido deverão ser feitas mediante recibo, assinado pelo doador, exceto na hipótese prevista no § 6º do art. 28.

- *§ 2º com redação dada pela Lei nº 12.891/2013.*

§ 3º. A doação de quantia acima dos limites fixados neste artigo sujeita o infrator ao pagamento de multa no valor de cinco a dez vezes a quantia em excesso.

§ 4º. As doações de recursos financeiros somente poderão ser efetuadas na conta mencionada no art. 22 desta Lei por meio de:

- *§ 4º,* caput, *com redação dada pela Lei nº 11.300/ 2006.*

I – cheques cruzados e nominais ou transferência eletrônica de depósitos;

- *Inciso I acrescido pela Lei nº 11.300/2006.*

II – depósitos em espécie devidamente identificados até o limite fixado no inciso I do § 1º deste artigo.

- *Inciso II acrescido pela Lei nº 11.300/2006.*

III – mecanismo disponível em sítio do candidato, partido ou coligação na internet, permitindo inclusive o uso de cartão de crédito, e que deverá atender aos seguintes requisitos:

- *Inciso III,* caput, *acrescido pela Lei nº 12.034/ 2009.*

a) identificação do doador;

- *Alínea "a" acrescida pela Lei nº 12.034/2009.*

b) emissão obrigatória de recibo eleitoral para cada doação realizada.

- *Alínea "b" acrescida pela Lei nº 12.034/2009.*

§ 5º. Ficam vedadas quaisquer doações em dinheiro, bem como de troféus, prêmios, ajudas de qualquer espécie feitas por candidato, entre o registro e a eleição, a pessoas físicas ou jurídicas.

- *§ 5º acrescido pela Lei nº 11.300/2006.*

§ 6º. Na hipótese de doações realizadas por meio da internet, as fraudes ou erros cometidos pelo doador sem conhecimento dos candidatos, partidos ou coligações não ensejarão a responsabilidade destes nem a rejeição de suas contas eleitorais.

- *§ 6º acrescido pela Lei nº 12.034/2009.*

§ 7º. O limite previsto no inciso I do § 1º não se aplica a doações estimáveis em dinheiro relativas à utilização de bens móveis ou imóveis de propriedade do doador, desde que o valor da doação não ultrapasse R$ 50.000,00 (cinquenta mil reais).

- *§ 7º acrescido pela Lei nº 12.034/2009.*

Art. 24. É vedado, a partido e candidato, receber direta ou indiretamente doação em dinheiro ou estimável em dinheiro, inclusive por meio de publicidade de qualquer espécie, procedente de:

I – entidade ou governo estrangeiro;

II – órgão da administração pública direta e indireta ou fundação mantida com recursos provenientes do Poder Público;

III – concessionário ou permissionário de serviço público;

IV – entidade de direito privado que receba, na condição de beneficiária, contribuição compulsória em virtude de disposição legal;

V – entidade de utilidade pública;

VI – entidade de classe ou sindical;

VII – pessoa jurídica sem fins lucrativos que receba recursos do exterior;

VIII – entidades beneficentes e religiosas;

- *Inciso VIII acrescido pela Lei nº 11.300/2006.*

IX – entidades esportivas;

- *Inciso IX com redação dada pela Lei nº 12.034/ 2009.*

X – organizações não governamentais que recebam recursos públicos;

- *Inciso X acrescido pela Lei nº 11.300/2006.*

XI – organizações da sociedade civil de interesse público.

- *Inciso XI acrescido pela Lei nº 11.300/2006.*

Parágrafo único. Não se incluem nas vedações de que trata este artigo as cooperativas cujos cooperados não sejam concessionários ou permissionários de serviços públicos, desde que não estejam sendo beneficiadas com recursos públicos, observado o disposto no art. 81.

- *Parágrafo único acrescido pela Lei nº 12.034/ 2009.*

Art. 25. O partido que descumprir as normas referentes à arrecadação e aplicação de recursos fixadas nesta Lei perderá o direito ao recebimento da quota do Fundo Partidário do ano seguinte, sem prejuízo de responderem os candidatos beneficiados por abuso do poder econômico.

Parágrafo único. A sanção de suspensão do repasse de novas quotas do Fundo Partidário, por desaprovação total ou parcial da prestação de contas do candidato, deverá ser aplicada de forma proporcional e razoável, pelo período de 1 (um) mês a 12 (doze) meses, ou por meio do desconto, do valor a ser repassado, na importância apontada como irregular, não podendo ser aplicada a sanção de suspensão, caso a prestação de contas não seja julgada, pelo juízo ou tribunal competente, após 5 (cinco) anos de sua apresentação.

- *Parágrafo único acrescido pela Lei nº 12.034/ 2009.*
- *Parágrafo único com nova redação proposta pela Lei nº 12.891/2013, e vetado.*

Art. 26. São considerados gastos eleitorais, sujeitos a registro e aos limites fixados nesta Lei:

- *Art. 26,* caput, *com redação dada pela Lei nº 11.300/2006.*

I – confecção de material impresso de qualquer natureza e tamanho, observado o disposto no § 3º do art. 38 desta Lei;

- *Inciso I com redação dada pela Lei nº 12.891/ 2013.*

II – propaganda e publicidade direta ou indireta, por qualquer meio de divulgação, destinada a conquistar votos;

III – aluguel de locais para a promoção de atos de campanha eleitoral;

IV – despesas com transporte ou deslocamento de candidato e de pessoal a serviço das candidaturas;

- *Inciso IV com redação dada pela Lei nº 11.300/ 2006.*

V – correspondência e despesas postais;

VI – despesas de instalação, organização e funcionamento de Comitês e serviços necessários às eleições;

VII – remuneração ou gratificação de qualquer espécie a pessoal que preste serviços às candidaturas ou aos comitês eleitorais;

VIII – montagem e operação de carros de som, de propaganda e assemelhados;

IX – a realização de comícios ou eventos destinados à promoção de candidatura;

- *Inciso IX com redação dada pela Lei nº 11.300/ 2006.*

X – produção de programas de rádio, televisão ou vídeo, inclusive os destinados à propaganda gratuita;

XI – (revogado);

- *Inciso XI revogado pela Lei nº 11.300/2006.*

XII – realização de pesquisas ou testes pré-eleitorais;

XIII – (revogado);

- *Inciso XIII revogado pela Lei nº 11.300/2006.*

XIV – (revogado);

- *Inciso XIV revogado pela Lei nº 12.891/2013.*

XV – custos com a criação e inclusão de sítios na *Internet*;

XVI – multas aplicadas aos partidos ou candidatos por infração do disposto na legislação eleitoral;

XVII – produção de *jingles*, vinhetas e *slogans* para propaganda eleitoral.

- *Inciso XVII acrescido pela Lei nº 11.300/2006.*

Parágrafo único. São estabelecidos os seguintes limites com relação ao total do gasto da campanha:

I – alimentação do pessoal que presta serviços às candidaturas ou aos comitês eleitorais: 10% (dez por cento);

II – aluguel de veículos automotores: 20% (vinte por cento).

- *Parágrafo único acrescido pela Lei nº 12.891/ 2013.*

Art. 27. Qualquer eleitor poderá realizar gastos, em apoio a candidato de sua preferência, até a quantia equivalente a um mil UFIR, não sujeitos a contabilização, desde que não reembolsados.

DA PRESTAÇÃO DE CONTAS

Art. 28. A prestação de contas será feita:

I – no caso dos candidatos às eleições majoritárias, na forma disciplinada pela Justiça Eleitoral;

II – no caso dos candidatos às eleições proporcionais, de acordo com os modelos constantes do Anexo desta Lei.

§ 1º. As prestações de contas dos candidatos às eleições majoritárias serão feitas por intermédio do comitê financeiro, devendo ser acompanhadas dos extratos das contas bancárias referentes à movimentação dos recursos financeiros usados na campanha e da relação dos cheques recebidos, com a indicação dos respectivos números, valores e emitentes.

§ 2º. As prestações de contas dos candidatos às eleições proporcionais serão feitas pelo comitê financeiro ou pelo próprio candidato.

§ 3º. As contribuições, doações e as receitas de que trata esta Lei serão convertidas em UFIR, pelo valor desta no mês em que ocorrerem.

§ 4º. Os partidos políticos, as coligações e os candidatos são obrigados, durante a campanha eleitoral, a divulgar, pela rede mundial de computadores (internet), nos dias 8 de agosto e 8 de setembro, relatório discriminando os recursos em dinheiro ou estimáveis em dinheiro que tenham recebido para financiamento da campanha eleitoral e os gastos que realizarem, em sítio criado pela Justiça Eleitoral para esse fim, exigindo-se a indicação dos nomes dos doadores e os respectivos valores doados somente na prestação de contas final de que tratam os incisos III e IV do art. 29 desta Lei.

- *§ 4º acrescido pela Lei nº 11.300/2006 e com redação dada pela Lei nº 12.891/2013.*

§ 5º. (Vetado).

- *§ 5º acréscimo proposto pela Lei nº 12.891/2013, e vetado.*

§ 6º. Ficam também dispensadas de comprovação na prestação de contas:

I – a cessão de bens móveis, limitada ao valor de R$ 4.000,00 (quatro mil reais) por pessoa cedente;

II – doações estimáveis em dinheiro entre candidatos, partidos ou comitês financeiros, decorrentes do uso comum tanto de sedes quanto de materiais de propaganda eleitoral, cujo gasto deverá ser registrado na prestação de contas do responsável pelo pagamento da despesa.

- *§ 6º e incisos acrescido pela Lei nº 12.891/2013.*

Art. 29. Ao receber as prestações de contas e demais informações dos candidatos às eleições majoritárias e dos candidatos às eleições proporcionais que optarem por prestar contas por seu intermédio, os comitês deverão:

I – verificar se os valores declarados pelo candidato à eleição majoritária como tendo sido recebidos por intermédio do comitê conferem com seus próprios registros financeiros e contábeis;

II – resumir as informações contidas nas prestações de contas, de forma a apresentar demonstrativo consolidado das campanhas dos candidatos;

III – encaminhar à Justiça Eleitoral, até o trigésimo dia posterior à realização das eleições, o conjunto das prestações de contas dos candidatos e do próprio comitê, na forma do artigo anterior, ressalvada a hipótese do inciso seguinte;

IV – havendo segundo turno, encaminhar a prestação de contas dos candidatos que o disputem, referente aos dois turnos, até o trigésimo dia posterior à sua realização.

§ 1º. Os candidatos às eleições proporcionais que optarem pela prestação de contas diretamente à Justiça Eleitoral observarão o mesmo prazo do inciso III do *caput*.

§ 2º. A inobservância do prazo para encaminhamento das prestações de contas impede a diplomação dos eleitos, enquanto perdurar.

§ 3º. Eventuais débitos de campanha não quitados até a data de apresentação da prestação de contas poderão ser assumidos pelo partido político, por decisão do seu órgão nacional de direção partidária.

- *§ 3º acrescido pela Lei nº 12.034/2009.*

§ 4º. No caso do disposto no § 3º, o órgão partidário da respectiva circunscrição eleitoral passará a responder por todas as dívidas solidariamente com o candidato, hipótese em que a existência do débito não poderá ser considerada como causa para a rejeição das contas.

- *§ 4º acrescido pela Lei nº 12.034/2009.*

Art. 30. A Justiça Eleitoral verificará a regularidade das contas de campanha, decidindo:

- *Art. 30,* caput, *com redação dada pela Lei nº 12.034/2009.*

I – pela aprovação, quando estiverem regulares;

- *Inciso I acrescido dada pela Lei nº 12.034/ 2009.*

II – pela aprovação com ressalvas, quando verificadas falhas que não lhes comprometam a regularidade;

- *Inciso II acrescido dada pela Lei nº 12.034/2009.*

III – pela desaprovação, quando verificadas falhas que lhes comprometam a regularidade;

- *Inciso III cacrescido dada pela Lei nº 12.034/2009.*

IV – pela não prestação, quando não apresentadas as contas após a notificação emitida pela Justiça Eleitoral, na qual constará a obrigação expressa de prestar as suas contas, no prazo de setenta e duas horas.

- *Inciso IV acrescido dada pela Lei nº 12.034/2009.*

§ 1º. A decisão que julgar as contas dos candidatos eleitos será publicada em sessão até 8 (oito) dias antes da diplomação.

- *§ 1º com redação dada pela Lei nº 11.300/2006.*

§ 2º. Erros formais e materiais corrigidos não autorizam a rejeição das contas e a cominação de sanção a candidato ou partido.

§ 2º-A. Erros formais ou materiais irrelevantes no conjunto da prestação de contas, que não comprometam o seu resultado, não acarretarão a rejeição das contas.

- *§ 2º-A acrescido pela Lei nº 12.034/2009.*

§ 3º. Para efetuar os exames de que trata este artigo, a Justiça Eleitoral poderá requisitar técnicos do Tribunal de Contas da União, dos Estados, do Distrito Federal ou dos Municípios, pelo tempo que for necessário.

§ 4º. Havendo indício de irregularidade na prestação de contas, a Justiça Eleitoral poderá requisitar diretamente do candidato ou do comitê financeiro as informações adicionais necessárias, bem como determinar diligências para a complementação dos dados ou o saneamento das falhas.

§ 5º. Da decisão que julgar as contas prestadas pelos candidatos e comitês financeiros caberá recurso ao órgão superior da Justiça Eleitoral, no prazo de 3 (três) dias, a contar da publicação no Diário Oficial.

- *§ 5º acrescido pela Lei nº 12.034/2009.*

§ 6º. No mesmo prazo previsto no § 5º, caberá recurso especial para o Tribunal Superior Eleitoral, nas hipóteses previstas nos incisos I e II do § 4º do art. 121 da Constituição Federal.

- *§ 6º acrescido pela Lei nº 12.034/2009.*

§ 7º. O disposto neste artigo aplica-se aos processos judiciais pendentes.

- *§ 7º acrescido pela Lei nº 12.034/2009.*

Art. 30-A. Qualquer partido político ou coligação poderá representar à Justiça Eleitoral, no prazo de 15 (quinze) dias da diplomação, relatando fatos e indicando provas, e pedir a abertura de investigação judicial para apurar condutas em desacordo com as normas desta Lei, relativas à arrecadação e gastos de recursos.

- *Art. 30-A acrescido pela Lei nº 11.300/2006 e* caput *com redação dada pela Lei nº 12.034/2009.*

§ 1º. Na apuração de que trata este artigo, aplicar-se-á o procedimento previsto no art. 22 da Lei Complementar nº 64, de 18 de maio de 1990, no que couber.

- *§ 1º acrescido pela Lei nº 11.300/2006.*

§ 2º. Comprovados captação ou gastos ilícitos de recursos, para fins eleitorais, será negado diploma ao candidato, ou cassado, se já houver sido outorgado.

- *§ 2º acrescido pela Lei nº 11.300/2006.*

§ 3º. O prazo de recurso contra decisões proferidas em representações propostas com base neste artigo será de 3 (três) dias, a contar da data da publicação do julgamento no Diário Oficial.

- *§ 3º acrescido pela Lei nº 12.034/2009.*

Art. 31. Se, ao final da campanha, ocorrer sobra de recursos financeiros, esta deve ser declarada na prestação de contas e, após julgados todos os recursos, transferida ao partido, obedecendo aos seguintes critérios:

- *Art. 31,* caput, *com redação dada pela Lei nº 12.891/2013.*

I – no caso de candidato a Prefeito, Vice-Prefeito e Vereador, esses recursos deverão ser transferidos para o órgão diretivo municipal do partido na cidade onde ocorreu a eleição, o qual será responsável exclusivo pela identificação desses recursos, sua utilização, contabilização e respectiva prestação de contas perante o juízo eleitoral correspondente;

- *Inciso I acrescido pela Lei nº 12.891/2013.*

II – no caso de candidato a Governador, Vice-Governador, Senador, Deputado Federal e Deputado Estadual ou Distrital, esses recursos deverão ser transferidos para o órgão diretivo regional do partido no Estado onde ocorreu a eleição ou no Distrito Federal, se for o caso, o qual será responsável exclusivo pela identificação desses recursos, sua utilização, contabilização e respectiva prestação de contas perante o Tribunal Regional Eleitoral correspondente;

- *Inciso II acrescido pela Lei nº 12.891/2013.*

III – no caso de candidato a Presidente e Vice-Presidente da República, esses recursos deverão ser transferidos para o órgão diretivo nacional do partido, o qual será responsável exclusivo pela identificação desses recursos, sua utilização, contabilização e respectiva prestação de contas perante o Tribunal Superior Eleitoral;

- *Inciso III acrescido pela Lei nº 12.891/2013.*

IV – o órgão diretivo nacional do partido não poderá ser responsabilizado nem penalizado pelo descumprimento do disposto neste artigo por parte dos órgãos diretivos municipais e regionais.

- *Inciso IV acrescido pela Lei nº 12.891/2013.*

Art. 32. Até cento e oitenta dias após a diplomação, os candidatos ou partidos conservarão a documentação concernente a suas contas.

Parágrafo único. Estando pendente de julgamento qualquer processo judicial relativo às contas, a documentação a elas concernente deverá ser conservada até a decisão final.

DAS PESQUISAS E TESTES PRÉ-ELEITORAIS

Art. 33. As entidades e empresas que realizarem pesquisas de opinião pública relativas às eleições ou aos candidatos, para conhecimento público, são obrigadas, para cada pesquisa, a registrar, junto à Justiça Eleitoral, até cinco dias antes da divulgação, as seguintes informações:

- *V. art. 255 do Código Eleitoral.*

I – quem contratou a pesquisa;

II – valor e origem dos recursos despendidos no trabalho;

III – metodologia e período de realização da pesquisa;

IV – plano amostral e ponderação quanto a sexo, idade, grau de instrução, nível econômico e área física de realização do trabalho a ser executado, intervalo de confiança e margem de erro;

- *Inciso IV com redação dada pela Lei nº 12.891/2013.*

V – sistema interno de controle e verificação, conferência e fiscalização da coleta de dados e do trabalho de campo;

VI – questionário completo aplicado ou a ser aplicado;

VII – nome de quem pagou pela realização do trabalho e cópia da respectiva nota fiscal.

- *Inciso VII com redação dada pela Lei nº 12.891/2013.*

§ 1º. As informações relativas às pesquisas serão registradas nos órgãos da Justiça Eleitoral aos quais compete fazer o registro dos candidatos.

§ 2º. A Justiça Eleitoral afixará no prazo de vinte e quatro horas, no local de costume, bem como divulgará em seu sítio na internet, aviso comunicando o registro das informações a que se refere este artigo, colocando-as à disposição dos partidos ou coligações com candidatos ao pleito, os quais a elas terão livre acesso pelo prazo de 30 (trinta) dias.

- *§ 2º com redação dada pela Lei nº 12.034/2009.*

§ 3º. A divulgação de pesquisa sem o prévio registro das informações de que trata este artigo sujeita os responsáveis a multa no valor de cinquenta mil a cem mil UFIR.

§ 4º. A divulgação de pesquisa fraudulenta constitui crime, punível com detenção de seis meses a um ano e multa no valor de cinquenta mil a cem mil UFIR.

§ 5º. É vedada, no período de campanha eleitoral, a realização de enquetes relacionadas ao processo eleitoral.

- *§ 5º acrescido pela Lei nº 12.891/2013.*

Art. 34. (Vetado).

- *Projeto: Art. 34. Imediatamente após o registro da pesquisa, as empresas e entidades mencionadas no artigo anterior colocarão à disposição dos partidos ou coligações, em meio magnético ou impresso, todas as informações referentes a cada um dos trabalhos efetuados.*

§ 1º. Mediante requerimento à Justiça Eleitoral, os partidos poderão ter acesso ao sistema interno de controle, verificação e fiscalização da coleta de dados das entidades que divulgaram pesquisas de opinião relativas às eleições, incluídos os referentes à identificação dos entrevistadores e, por meio de escolha livre e aleatória de planilhas individuais, mapas ou equivalentes, confrontar e conferir os dados publicados, preservada a identidade dos respondentes.

§ 2º. O não cumprimento do disposto neste artigo ou qualquer ato que vise a retardar, impedir ou dificultar a ação fiscalizadora dos partidos constitui crime, punível com detenção, de seis meses a um ano, com a alternativa de prestação de serviços à comunidade pelo mesmo prazo, e multa no valor de dez mil a vinte mil UFIR.

§ 3º. A comprovação de irregularidade nos dados publicados sujeita os responsáveis às penas mencionadas no parágrafo anterior, sem prejuízo da obrigatoriedade da veiculação dos dados corretos no mesmo espaço, local, horário, página, caracteres e outros elementos de destaque, de acordo com o veículo usado.

Art. 35. Pelos crimes definidos nos arts. 33, § 4º e 34, §§ 2º e 3º, podem ser responsabilizados penalmente os representantes legais da empresa ou entidade de pesquisa e do órgão veiculador.

Art. 35-A. É vedada a divulgação de pesquisas eleitorais por qualquer meio de comunicação, a partir do décimo quinto dia anterior até as 18 (dezoito) horas do dia do pleito.

- *Art. 35-A acrescido pela Lei nº 11.300/2006.*
- *Art. 35-A julgado inconstitucional, por unanimidade, na ADIn 3.741-2.*

DA PROPAGANDA ELEITORAL EM GERAL

Art. 36. A propaganda eleitoral somente é permitida após o dia 5 de julho do ano da eleição.

§ 1º. Ao postulante a candidatura a cargo eletivo é permitida a realização, na quinzena anterior à escolha pelo partido, de propaganda intrapartidária com vista à indicação de seu nome, vedado o uso de rádio, televisão e *outdoor*.

§ 2º. No segundo semestre do ano da eleição, não será veiculada a propaganda partidária gratuita prevista em lei nem permitindo qualquer tipo de propaganda política paga no rádio e na televisão.

§ 3º. A violação do disposto neste artigo sujeitará o responsável pela divulgação da propaganda e, quando comprovado o seu prévio conhecimento, o beneficiário à multa no valor de R$ 5.000,00 (cinco mil reais) a R$ 25.000,00 (vinte e cinco mil reais), ou ao equivalente ao custo da propaganda, se este for maior.

- *§ 3º com redação dada pela Lei nº 12.034/2009.*

§ 4º. Na propaganda dos candidatos a cargo majoritário, deverão constar, também, o nome dos candidatos a vice ou a suplentes de Senador, de modo claro e legível, em tamanho não inferior a 10% (dez por cento) do nome do titular.

- *§ 4º acrescido pela Lei nº 12.034/2009.*

§ 5º. A comprovação do cumprimento das determinações da Justiça Eleitoral relacionadas a propaganda realizada em desconformidade com o disposto nesta Lei poderá ser apresentada no Tribunal Superior Eleitoral, no caso de candidatos a Presidente e Vice-Presidente da República, nas sedes dos respectivos Tribunais Regionais Eleitorais, no caso de candidatos a Governador, Vice-Governador, Deputado Federal, Senador da República, Deputados Estadual e Distrital, e, no Juízo Eleitoral, na hipótese de candidato a Prefeito, Vice-Prefeito e Vereador.

- *§ 5º acrescido pela Lei nº 12.034/2009.*

Art. 36-A. Não serão consideradas propaganda antecipada e poderão ter cobertura dos meios de comunicação social, inclusive via internet:

I – a participação de filiados a partidos políticos ou de pré-candidatos em entrevistas, programas, encontros ou debates no rádio, na televisão e na internet, inclusive com a exposição de plataformas e projetos políticos, observado pelas emissoras de rádio e de televisão o dever de conferir tratamento isonômico;

II – a realização de encontros, seminários ou congressos, em ambiente fechado e a expensas dos partidos políticos, para tratar da organização dos processos eleitorais, discussão de políticas públicas, planos de governo ou alianças partidárias visando às eleições, podendo tais atividades ser divulgadas pelos instrumentos de comunicação intrapartidária;

III – a realização de prévias partidárias e sua divulgação pelos instrumentos de comunicação intrapartidária e pelas redes sociais;

IV – a divulgação de atos de parlamentares e debates legislativos, desde que não se faça pedido de votos;

V – a manifestação e o posicionamento pessoal sobre questões políticas nas redes sociais.

Parágrafo único. É vedada a transmissão ao vivo por emissoras de rádio e de televisão das prévias partidárias.

- *Art. 36-A acrescido pela Lei nº 12.034/2009 e com redação dada pela Lei nº 12.891/2013.*

Art. 36-B. Será considerada propaganda eleitoral antecipada a convocação, por parte do Presidente da República, dos Presidentes da Câmara dos Deputados, do Senado Federal e do Supremo Tribunal Federal, de redes de radiodifusão para divulgação de atos que denotem propaganda política ou ataques a partidos políticos e seus filiados ou instituições.

Parágrafo único. Nos casos permitidos de convocação das redes de radiodifusão, é vedada a utilização de símbolos ou imagens, exceto aqueles previstos no § 1º do art. 13 da Constituição Federal.

- *Art. 36-B acrescido pela Lei nº 12.891/2013.*

Art. 37. Nos bens cujo uso dependa de cessão ou permissão do Poder Público, ou que a ele pertençam, e nos de uso comum, inclusive postes de iluminação pública e sinalização de tráfego, viadutos, passarelas, pontes, paradas de ônibus e outros equipamentos urbanos, é vedada a veiculação de propaganda de qualquer natureza, inclusive pichação, inscrição a tinta, fixação de placas, estandartes, faixas, cavaletes e assemelhados.

- *Art. 37,* caput, *com redação dada pela Lei nº 12.891/2013.*

§ 1º. A veiculação de propaganda em desacordo com o disposto no *caput* deste artigo sujeita o responsável, após a notificação e comprovação, à restauração do bem e, caso não cumprida no prazo, a multa no valor de R$ 2.000,00 (dois mil reais) a R$ 8.000,00 (oito mil reais).

- *§ 1º com redação dada pela Lei nº 11.300/2006.*

§ 2º. Em bens particulares, independe de obtenção de licença municipal e de autorização da Justiça Eleitoral a veiculação de propaganda eleitoral por meio da fixação de faixas, placas, cartazes, pinturas ou inscrições, desde que não excedam a 4m² (quatro metros quadrados) e que não contrariem a legislação eleitoral, sujeitando-se o infrator às penalidades previstas no § 1º.

- *§ 2º com redação dada pela Lei nº 12.034/2009.*
- *§ 2º nova redação proposta pela Lei nº 12.891/2013, e vetado.*

§ 3º. Nas dependências do Poder Legislativo, a veiculação de propaganda eleitoral fica a critério da Mesa Diretora.

§ 4º. Bens de uso comum, para fins eleitorais, são os assim definidos pela Lei nº 10.406, de 10 de janeiro de 2002 – Código Civil e também aqueles a que a população em geral tem acesso, tais como cinemas, clubes, lojas, centros comerciais, templos, ginásios, estádios, ainda que de propriedade privada.

- *§ 4º acrescido pela Lei nº 12.034/2009.*

§ 5º. Nas árvores e nos jardins localizados em áreas públicas, bem como em muros, cercas e tapumes divisórios, não é permitida a colocação de propaganda eleitoral de qualquer natureza, mesmo que não lhes cause dano.

- *§ 5º acrescido pela Lei nº 12.034/2009.*

§ 6º. É permitida a colocação de mesas para distribuição de material de campanha e a utilização de bandeiras ao longo das vias públicas, desde que móveis e que não dificultem o bom andamento do trânsito de pessoas e veículos.

- *§ 6º acrescido pela Lei nº 12.034/2009 e com redação dada pela Lei nº 12.891/2013.*

§ 7º. A mobilidade referida no § 6º estará caracterizada com a colocação e a retirada dos meios de propaganda entre as seis horas e as vinte e duas horas.

- *§ 7º acrescido pela Lei nº 12.034/2009.*

§ 8º. A veiculação de propaganda eleitoral em bens particulares deve ser espontânea e gratuita, sendo vedado qualquer tipo de pagamento em troca de espaço para esta finalidade.

- *§ 8º acrescido pela Lei nº 12.034/2009.*

Art. 38. Independe da obtenção de licença municipal e de autorização da Justiça Eleitoral a veiculação de propaganda eleitoral pela distribuição de folhetos, adesivos, volantes e outros impressos, os quais devem ser editados sob a responsabilidade do partido, coligação ou candidato.

- *Art. 38,* caput, *com redação dada pela Lei nº 12.891/2013.*

§ 1º. Todo material impresso de campanha eleitoral deverá conter o número de inscrição no Cadastro Nacional da Pessoa Jurídica – CNPJ ou o número de inscrição no Cadastro de Pessoas Físicas – CPF do responsável pela confecção, bem como de quem a contratou, e a respectiva tiragem.

- *§ 1º acrescido pela Lei nº 12.034/2009.*

§ 2º. Quando o material impresso veicular propaganda conjunta de diversos candidatos, os gastos relativos a cada um deles deverão constar na respectiva prestação de contas, ou apenas naquela relativa ao que houver arcado com os custos.

- *§ 2º acrescido pela Lei nº 12.034/2009.*

§ 3º. Os adesivos de que trata o *caput* deste artigo poderão ter a dimensão máxima de 50 (cinquenta) centímetros por 40 (quarenta) centímetros.

- *§ 3º acrescido pela Lei nº 12.891/2013.*

§ 4º. É proibido colar propaganda eleitoral em veículos, exceto adesivos microperfurados até a extensão total do para-brisa traseiro e, em outras posições, adesivos até a dimensão máxima fixada no § 3º.

- *§ 4º acrescido pela Lei nº 12.891/2013.*

Art. 39. A realização de qualquer ato de propaganda partidária ou eleitoral, em recinto aberto ou fechado, não depende de licença da polícia.

- *V. art. 245 do Código Eleitoral.*

§ 1º. O candidato, partido ou coligação promotora do ato fará a devida comunicação à autoridade policial em, no mínimo, vinte e quatro horas antes de sua realização, a fim de que esta lhe garanta, segundo a prioridade do aviso, o direito contra quem tencione usar o local no mesmo dia e horário.

§ 2º. A autoridade policial tomará as providências necessárias à garantia da realização do ato e ao funcionamento do tráfego e dos serviços públicos que o evento possa afetar.

§ 3º. O funcionamento de alto-falantes ou amplificadores de som, ressalvada a hipótese contemplada no parágrafo seguinte, somente é permitido entre as oito e as vinte e duas horas, sendo vedados a instalação e o uso daqueles equipamentos em distância inferior a duzentos metros:

- *V. art. 244 do Código Eleitoral.*

I – das sedes dos Poderes Executivo e Legislativo da União, dos Estados, do Distrito Federal e dos Municípios, das sedes dos Tribunais Judiciais, e dos quartéis e outros estabelecimentos militares;

II – dos hospitais e casas de saúde;

III – das escolas, bibliotecas públicas, igrejas e teatros, quando em funcionamento.

§ 4º. A realização de comícios e a utilização de aparelhagens de sonorização fixas são permitidas no horário compreendido entre as 8 (oito) e as 24 (vinte e quatro) horas, com exceção do comício de encerramento da campanha, que poderá ser prorrogado por mais 2 (duas) horas.

- *§ 4º com redação dada pela Lei nº 12.891/2013.*

§ 5º. Constituem crimes, no dia da eleição, puníveis com detenção, de seis meses a um ano, com a alternativa de prestação de serviços à comunidade pelo mesmo período, e multa no valor de cinco mil a quinze mil UFIR:

I – o uso de alto-falantes e amplificadores de som ou a promoção de comício ou carreata;

II – a arregimentação de eleitor ou a propaganda de boca de urna;

- *Inciso II com redação dada pela Lei nº 11.300/2006.*

III – a divulgação de qualquer espécie de propaganda de partidos políticos ou de seus candidatos.

- *Inciso III com redação dada pela Lei nº 12.034/2009.*

§ 6º. É vedada na campanha eleitoral a confecção, utilização, distribuição por comitê, candidato, ou com a sua autorização, de camisetas, chaveiros, bonés, canetas, brindes, cestas básicas ou quaisquer outros bens ou materiais que possam proporcionar vantagem ao eleitor.

- *§ 6º acrescido pela Lei nº 11.300/2006.*

§ 7º. É proibida a realização de showmício e de evento assemelhado para promoção de candidatos, bem como a apresentação, remunerada ou não, de artistas com a finalidade de animar comício e reunião eleitoral.

- *§ 7º acrescido pela Lei nº 11.300/2006.*

§ 8º. É vedada a propaganda eleitoral mediante outdoors, inclusive eletrônicos, sujeitando-se a empresa responsável, os partidos, as coligações e os candidatos à imediata retirada da propaganda irregular e ao pagamento de multa no valor de R$ 5.000,00 (cinco mil reais) a R$ 15.000,00 (quinze mil reais).

- *§ 8º com redação dada pela Lei nº 12.891/2013.*

§ 9º. Até as vinte e duas horas do dia que antecede a eleição, serão permitidos distribuição de material gráfico, caminhada, carreata, passeata ou carro de som que transite pela cidade divulgando jingles ou mensagens de candidatos.

- *§ 9º acrescido pela Lei nº 12.034/2009.*

§ 10. Fica vedada a utilização de trios elétricos em campanhas eleitorais, exceto para a sonorização de comícios.

- *§ 10 acrescido pela Lei nº 12.034/2009.*

§ 11. É permitida a circulação de carros de som e minitrios como meio de propaganda eleitoral, desde que observado o limite de 80 (oitenta) decibéis de nível de pressão sonora, medido a 7 (sete) metros de distância do veículo, e respeitadas as vedações previstas no § 3º deste artigo.

- *§ 11 acrescido pela Lei nº 12.891/2013.*

§ 12. Para efeitos desta Lei, considera-se:

I – carro de som: veículo automotor que usa equipamento de som com potência nominal de amplificação de, no máximo, 10.000 (dez mil) watts;

II – minitrio: veículo automotor que usa equipamento de som com potência nominal de amplificação maior que 10.000 (dez mil) watts e até 20.000 (vinte mil) watts;

III – trio elétrico: veículo automotor que usa equipamento de som com potência nominal de amplificação maior que 20.000 (vinte mil) watts.

- *§ 12 acrescido pela Lei nº 12.891/2013.*

Art. 39-A. É permitida, no dia das eleições, a manifestação individual e silenciosa da preferência do eleitor por partido político, coligação ou candidato, revelada exclusivamente pelo uso de bandeiras, broches, dísticos e adesivos.

- *Art. 39-A,* caput, *acrescido pela Lei nº 12.034/2009.*

§ 1º. É vedada, no dia do pleito, até o término do horário de votação, a aglomeração de pessoas portando vestuário padronizado, bem como os instrumentos de propaganda referidos no *caput*, de modo a caracterizar manifestação coletiva, com ou sem utilização de veículos.

- *§ 1º acrescido pela Lei nº 12.034/2009.*

§ 2º. No recinto das seções eleitorais e juntas apuradoras, é proibido aos servidores da Justiça Eleitoral, aos mesários e aos escrutinadores o uso de vestuário ou objeto que contenha qualquer propaganda de partido político, de coligação ou de candidato.

- *§ 2º acrescido pela Lei nº 12.034/2009.*

§ 3º. Aos fiscais partidários, nos trabalhos de votação, só é permitido que, em seus crachás, constem o nome e a sigla do partido político ou coligação a que sirvam, vedada a padronização do vestuário.

- *§ 3º acrescido pela Lei nº 12.034/2009.*

§ 4º. No dia do pleito, serão afixadas cópias deste artigo em lugares visíveis nas partes interna e externa das seções eleitorais.

- *§ 4º acrescido pela Lei nº 12.034/2009.*

Art. 40. O uso, na propaganda eleitoral, de símbolos, frases ou imagens, associadas ou semelhantes às empregadas por órgão de governo, empresa pública ou sociedade de economia mista constitui crime, punível com detenção, de seis meses a um ano, com a alternativa de prestação de serviços à comunidade pelo mesmo período, e multa no valor de dez mil a vinte mil UFIR.

- *V. art. 242 do Código Eleitoral.*

Art. 40-A. (Vetado).

- *Art. 40-A acrescido pela Lei nº 11.300/2006.*

Art. 40-B. A representação relativa à propaganda irregular deve ser instruída com prova da autoria ou do prévio conhecimento do beneficiário, caso este não seja por ela responsável.

- *Art. 40-B,* caput, *acrescido pela Lei nº 12.034/2009.*

Parágrafo único. A responsabilidade do candidato estará demonstrada se este, intimado da existência da propaganda irregular, não providenciar, no prazo de quarenta e oito horas, sua retirada ou regularização e, ainda, se as circunstâncias e as peculiaridades do caso específico revelarem a impossibilidade de o beneficiário não ter tido conhecimento da propaganda.

- *Parágrafo único acrescido pela Lei nº 12.034/2009.*

Art. 41. A propaganda exercida nos termos da legislação eleitoral não poderá ser objeto de multa nem cerceada sob alegação do exercício do poder de polícia ou de violação de postura municipal, casos em que se deve proceder na forma prevista no art. 40.

- *Art. 41,* caput, *com redação dada pela Lei nº 12.034/2009.*
- *V. art. 249 do Código Eleitoral.*

§ 1º. O poder de polícia sobre a propaganda eleitoral será exercido pelos juízes eleitorais e pelos juízes designados pelos Tribunais Regionais Eleitorais.

- *§ 1º acrescido pela Lei nº 12.034/2009.*

§ 2º. O poder de polícia se restringe às providências necessárias para inibir práticas ilegais, vedada a censura prévia sobre o teor dos programas a serem exibidos na televisão, no rádio ou na internet.

- *§ 2º acrescido pela Lei nº 12.034/2009.*

Art. 41-A. Ressalvado o disposto no art. 26 e seus incisos, constitui captação de sufrágio, vedada por esta Lei, o candidato doar, oferecer, prometer, ou entregar, ao eleitor, com o fim de obter-lhe o voto, bem ou vantagem pessoal de qualquer natureza, inclusive emprego ou função pública, desde o registro da candidatura até o dia da eleição, inclusive, sob pena de multa de mil a cinquenta mil Ufir, e cassação do registro ou do diploma, observado o procedimento previsto no art. 22 da Lei Complementar nº 64, de 18 de maio de 1990.

- *Art. 41-A,* caput, *acrescido pela Lei nº 9.840/1999.*
- *V. art. 237,* caput, *do Código Eleitoral.*

§ 1º. Para a caracterização da conduta ilícita, é desnecessário o pedido explícito de votos, bastando a evidência do dolo, consistente no especial fim de agir.

- *§ 1º acrescido pela Lei nº 12.034/2009.*

§ 2º. As sanções previstas no *caput* aplicam-se contra quem praticar atos de violência ou grave ameaça a pessoa, com o fim de obter-lhe o voto.

- *§ 2º acrescido pela Lei nº 12.034/2009.*

§ 3º. A representação contra as condutas vedadas no *caput* poderá ser ajuizada até a data da diplomação.

- *§ 3º acrescido pela Lei nº 12.034/2009.*

§ 4º. O prazo de recurso contra decisões proferidas com base neste artigo será de 3 (três) dias, a contar da data da publicação do julgamento no Diário Oficial.

- *§ 4º acrescido pela Lei nº 12.034/2009.*

DA PROPAGANDA ELEITORAL MEDIANTE *OUTDOORS*

Art. 42. (Revogado).

- *Art. 42 revogado pela Lei nº 11.300/2006.*

DA PROPAGANDA ELEITORAL NA IMPRENSA

Art. 43. São permitidas, até a antevéspera das eleições, a divulgação paga, na imprensa escrita, e a reprodução na internet do jornal impresso, de até 10 (dez) anúncios de propaganda eleitoral, por veículo, em datas diversas, para cada candidato, no espaço máximo, por edição, de 1/8 (um oitavo) de página de jornal padrão e de 1/4 (um quarto) de página de revista ou tabloide.

- *Art. 43,* caput, *com redação dada pela Lei nº 12.034/2009.*

§ 1º. Deverá constar do anúncio, de forma visível, o valor pago pela inserção.

- *§ 1º acrescido pela Lei nº 12.034/2009.*

§ 2º. A inobservância do disposto neste artigo sujeita os responsáveis pelos veículos de divulgação e os partidos, coligações ou candidatos beneficiados a multa no valor de R$ 1.000,00 (mil reais) a R$ 10.000,00 (dez mil reais) ou equivalente ao da divulgação da propaganda paga, se este for maior.

- *§ 2º, primitivo parágrafo único, renumerado pela Lei nº 12.034/2009.*

DA PROPAGANDA ELEITORAL NO RÁDIO E NA TELEVISÃO

Art. 44. A propaganda eleitoral no rádio e na televisão restringe-se ao horário gratuito definido nesta Lei, vedada a veiculação de propaganda paga.

§ 1º. A propaganda eleitoral gratuita na televisão deverá utilizar a Linguagem Brasileira de Sinais – LIBRAS ou o recurso de legenda, que deverão constar obrigatoriamente do material entregue às emissoras.

- *§ 1º acrescido pela Lei nº 12.034/2009.*

§ 2º. No horário reservado para a propaganda eleitoral, não se permitirá utilização comercial ou propaganda realizada com a intenção, ainda que disfarçada ou subliminar, de promover marca ou produto.

- *§ 2º acrescido pela Lei nº 12.034/2009.*

§ 3º. Será punida, nos termos do § 1º do art. 37, a emissora que, não autorizada a funcionar pelo poder competente, veicular propaganda eleitoral.

- *§ 3º acrescido pela Lei nº 12.034/2009.*

Art. 45. A partir de 1º de julho do ano da eleição, é vedado às emissoras de rádio e televisão, em sua programação normal e noticiário:

I – transmitir, ainda que sob a forma de entrevista jornalística, imagens de realização de pesquisa ou qualquer outro tipo de consulta popular de natureza eleitoral em que seja possível identificar o entrevistado ou em que haja manipulação de dados;

II – usar trucagem, montagem ou outro recurso de áudio ou vídeo que, de qualquer forma, degradem ou ridicularizem candidato, partido ou coligação, ou produzir ou veicular programa com esse efeito;

III – veicular propaganda política ou difundir opinião favorável ou contrária a candidato, partido, coligação, a seus órgãos ou representantes;

IV – dar tratamento privilegiado a candidato, partido ou coligação;

V – veicular ou divulgar filmes, novelas, minisséries ou qualquer outro programa com alusão ou crítica a candidato ou partido político, mesmo que dissimuladamente, exceto programas jornalísticos ou debates políticos;

VI – divulgar nome de programa que se refira a candidato escolhido em convenção, ainda quando preexistente, inclusive se coincidente com o nome do candidato ou com a variação nominal por ele adotada. Sendo o nome do programa o mesmo que o do candidato, fica proibida a sua divulgação, sob pena de cancelamento do respectivo registro.

§ 1º. A partir do resultado da convenção, é vedado, ainda, às emissoras transmitir programa apresentado ou comentado por candidato escolhido em convenção.

- *§ 1º com redação dada pela Lei nº 11.300/2006.*

§ 2º. Sem prejuízo do disposto no parágrafo único do art. 55, a inobservância do disposto neste artigo sujeita a emissora ao pagamento de multa no valor de vinte mil a cem mil UFIR, duplicada em caso de reincidência.

§ 3º. (Revogado).

- *§ 3º revogado pela Lei nº 12.034/2009.*

§ 4º. Entende-se por trucagem todo e qualquer efeito realizado em áudio ou vídeo que degradar ou ridicularizar candidato, partido político ou coligação, ou que desvirtuar a realidade e beneficiar ou prejudicar qualquer candidato, partido político ou coligação.

- *§ 4º acrescido pela Lei nº 12.034/2009.*

§ 5º. Entende-se por montagem toda e qualquer junção de registros de áudio ou vídeo que degradar ou ridicularizar candidato, partido político ou coligação, ou que desvirtuar a realidade e beneficiar ou prejudicar qualquer candidato, partido político ou coligação.

- *§ 5º acrescido pela Lei nº 12.034/2009.*

§ 6º. É permitido ao partido político utilizar na propaganda eleitoral de seus candidatos em âmbito regional, inclusive no horário eleitoral gratuito, a imagem e a voz de candidato ou militante de partido político que integre a sua coligação em âmbito nacional.

- *§ 6º acrescido pela Lei nº 12.034/2009.*

Art. 46. Independentemente da veiculação de propaganda eleitoral gratuita no horário definido nesta Lei, é facultada a transmissão, por emissora de rádio ou televisão, de debate sobre as eleições majoritária ou proporcional, sendo assegurada a participação de candidatos dos partidos com representação na Câmara dos Deputados, e facultada a dos demais, observado o seguinte:

I – nas eleições majoritárias, a apresentação dos debates poderá ser feita:

a) em conjunto, estando presentes todos os candidatos a um mesmo cargo eletivo;

b) em grupos, estando presentes, no mínimo, três candidatos;

II – nas eleições proporcionais, os debates deverão ser organizados de modo que assegurem a presença de número equivalente de candidatos de todos os partidos e coligações a um mesmo cargo eletivo, podendo desdobrar-se em mais de um dia;

III – os debates deverão ser parte de programação previamente estabelecida e divulgada pela emissora, fazendo-se mediante sorteio a escolha do dia e da ordem de fala de cada candidato, salvo se celebrado acordo em outro sentido entre os partidos e coligações interessados.

§ 1º. Será admitida a realização de debate sem a presença de candidato de algum partido, desde que o veículo de comunicação responsável comprove havê-lo convidado com a antecedência mínima de setenta e duas horas da realização do debate.

§ 2º. É vedada a presença de um mesmo candidato a eleição proporcional em mais de um debate da mesma emissora.

§ 3º. O descumprimento do disposto neste artigo sujeita a empresa infratora às penalidades previstas no art. 56.

§ 4º. O debate será realizado segundo as regras estabelecidas em acordo celebrado entre os partidos políticos e a pessoa jurídica interessada na realização do evento, dando-se ciência à Justiça Eleitoral.

- *§ 4º acrescido pela Lei nº 12.034/2009.*

§ 5º. Para os debates que se realizarem no primeiro turno das eleições, serão consideradas aprovadas as regras que obtiverem a concordância de pelo menos 2/3 (dois terços) dos candidatos aptos no caso de eleição majoritária, e de pelo menos 2/3 (dois terços) dos partidos ou coligações com candidatos aptos, no caso de eleição proporcional.

- *§ 5º acrescido pela Lei nº 12.034/2009.*

Art. 47. As emissoras de rádio e televisão e os canais de televisão por assinatura mencionados no art. 57 reservarão, nos quarenta e cinco dias anteriores à antevéspera das eleições, horário destinado à divulgação, em rede, da propaganda eleitoral gratuita, na forma estabelecida neste artigo.

§ 1º. A propaganda será feita:

I – na eleição para Presidente da República, às terças e quintas-feiras e aos sábados:

a) das sete horas às sete horas e vinte e cinco minutos e das doze horas às doze horas e vinte e cinco minutos, no rádio;

b) das treze horas às treze horas e vinte e cinco minutos e das vinte horas e trinta minutos às vinte horas e cinquenta e cinco minutos, na televisão;

II – nas eleições para Deputado Federal, às terças e quintas-feiras e aos sábados:

a) das sete horas e vinte e cinco minutos às sete horas e cinquenta minutos e das doze horas e vinte e cinco minutos às doze horas e cinquenta minutos, no rádio;

b) das treze horas e vinte e cinco minutos às treze horas e cinquenta minutos e das vinte horas e cinquenta e cinco minutos às vinte e uma horas e vinte minutos, na televisão;

III – nas eleições para Governador de Estado e do Distrito Federal, às segundas, quartas e sextas-feiras:

a) das sete horas às sete horas e vinte minutos e das doze horas às doze horas e vinte minutos, no rádio, nos anos em que a renovação do Senado Federal se der por 1/3 (um terço);

- *Alínea "a" com redação dada pela Lei nº 12.034/ 2009.*

b) das treze horas às treze horas e vinte minutos e das vinte horas e trinta minutos às vinte horas e cinquenta minutos, na televisão, nos anos em que a renovação do Senado Federal se der por 1/3 (um terço);

- *Alínea "b" com redação dada pela Lei nº 12.034/ 2009.*

c) das sete horas às sete horas e dezoito minutos e das doze horas às doze horas e dezoito minutos, no rádio, nos anos em que a renovação do Senado Federal se der por 2/3 (dois terços);

- *Alínea "c" acrescida dada pela Lei nº 12.034/ 2009.*

d) das treze horas às treze horas e dezoito minutos e das vinte horas e trinta minutos às vinte horas e quarenta e oito minutos, na televisão, nos anos em que a renovação do Senado Federal se der por 2/3 (dois terços);

- *Alínea "d" acrescida dada pela Lei nº 12.034/ 2009.*

IV – nas eleições para Deputado Estadual e Deputado Distrital, às segundas, quartas e sextas-feiras:

a) das sete horas e vinte minutos às sete horas e quarenta minutos e das doze horas e vinte minutos às doze horas e quarenta minutos, no rádio, nos anos em que a renovação do Senado Federal se der por 1/3 (um terço);

- *Alínea "a" com redação dada pela Lei nº 12.034/ 2009.*

b) das treze horas e vinte minutos às treze horas e quarenta minutos e das vinte horas e cinquenta minutos às vinte e uma horas e dez minutos, na televisão, nos anos em que a renovação do Senado Federal se der por 1/3 (um terço);

- *Alínea "b" com redação dada pela Lei nº 12.034/ 2009.*

c) das sete horas e dezoito minutos às sete horas e trinta e cinco minutos e das doze horas e dezoito minutos às doze horas e trinta e cinco minutos, no rádio, nos anos em que a renovação do Senado Federal se der por 2/3 (dois terços);

- *Alínea "c" acrescida dada pela Lei nº 12.034/ 2009.*

d) das treze horas e dezoito minutos às treze horas e trinta e cinco minutos e das vinte horas e quarenta e oito minutos às vinte e uma horas e cinco minutos, na televisão, nos anos em que a renovação do Senado Federal se der por 2/3 (dois terços);

- *Alínea "d" acrescida dada pela Lei nº 12.034/ 2009.*

V – na eleição para Senador, às segundas, quartas e sextas-feiras:

a) das sete horas e quarenta minutos às sete horas e cinquenta minutos e das doze horas e quarenta minutos às doze horas e cinquenta minutos, no rádio, nos anos em que a renovação do Senado Federal se der por 1/3 (um terço);

- *Alínea "a" com redação dada pela Lei nº 12.034/ 2009.*

b) das treze horas e quarenta minutos às treze horas e cinquenta minutos e das vinte e uma horas e dez minutos às vinte e uma horas e vinte minutos, na televisão, nos anos em que a renovação do Senado Federal se der por 1/3 (um terço);

- *Alínea "b" com redação dada pela Lei nº 12.034/ 2009.*

c) das sete horas e trinta e cinco minutos às sete horas e cinquenta minutos e das doze horas e trinta e cinco minutos às doze horas e cinquenta minutos, no rádio, nos anos em que a renovação do Senado Federal se der por 2/3 (dois terços);

- *Alínea "c" acrescida dada pela Lei nº 12.034/ 2009.*

d) das treze horas e trinta e cinco minutos às treze horas e cinquenta minutos e das vinte e uma horas e cinco minutos às vinte e uma horas e vinte minutos, na televisão, nos anos em que a renovação do Senado Federal se der por 2/3 (dois terços);

- *Alínea "d" acrescida dada pela Lei nº 12.034/ 2009.*

VI – nas eleições para Prefeito e Vice-Prefeito, às segundas, quartas e sextas-feiras:

a) das sete horas às sete horas e trinta minutos e das doze horas às doze horas e trinta minutos, no rádio;

b) das treze horas às treze horas e trinta minutos e das vinte horas e trinta minutos às vinte e uma horas, na televisão;

VII – nas eleições para Vereador, às terças e quintas-feiras e aos sábados, nos mesmos horários previstos no inciso anterior.

§ 2º. Os horários reservados à propaganda de cada eleição, nos termos do § 1º, serão distribuídos entre todos os partidos e coligações que tenham candidato, observados os seguintes critérios:

- *§ 2º,* caput, *com redação dada pela Lei nº 12.875/2013.*

I – 2/3 (dois terços) distribuídos proporcionalmente ao número de representantes na Câmara dos Deputados, considerado, no caso de coligação, o resultado da soma do número de representantes de todos os partidos que a integram;

- *Inciso I com redação dada pela Lei nº 12.875/ 2013.*

II – do restante, 1/3 (um terço) distribuído igualitariamente e 2/3 (dois terços) proporcionalmente ao número de representantes eleitos no pleito imediatamente anterior para a Câmara dos Deputados, considerado, no caso de coligação, o resultado da soma do número de representantes de todos os partidos que a integram.

- *Inciso II com redação dada pela Lei nº 12.875/ 2013.*

§ 3º. Para efeito do disposto neste artigo, a representação de cada partido na Câmara dos Deputados é a resultante da eleição.

- *§ 3º com redação dada pela Lei nº 11.300/2006.*

§ 4º. O número de representantes de partido que tenha resultado de fusão ou a que se tenha incorporado outro corresponderá à soma dos representantes que os partidos de origem possuíam na data mencionada no parágrafo anterior.

§ 5º. Se o candidato a Presidente ou a Governador deixar de concorrer, em qualquer etapa do pleito, e não havendo a substituição prevista no art. 13 desta Lei, far-se-á nova distribuição do tempo entre os candidatos remanescentes.

§ 6º. Aos partidos e coligações que, após a aplicação dos critérios de distribuição referidos no *caput*, obtiverem direito a parcela do horário eleitoral inferior a trinta segundos, será assegurado o direito de acumulá-lo para uso em tempo equivalente.

§ 7º. Para efeito do disposto no § 2º, serão desconsideradas as mudanças de filiação partidária, em quaisquer hipóteses, ressalvado o disposto no § 6º do art. 29 da Lei nº 9.096, de 19 de setembro de 1995.

- *§ 7º acrescido pela Lei nº 12.875/2013.*

§ 8º. As mídias com as gravações da propaganda eleitoral no rádio e na televisão serão entregues às emissoras, inclusive nos sábados, domingos e feriados, com a antecedência mínima:

I – de 6 (seis) horas do horário previsto para o início da transmissão, no caso dos programas em rede;

II – de 12 (doze) horas do horário previsto para o início da transmissão, no caso das inserções.

- *§ 8º acrescido pela Lei nº 12.891/2013.*

Art. 48. Nas eleições para Prefeitos e Vereadores, nos Municípios em que não haja emissora de rádio e televisão, a Justiça Eleitoral garantirá aos Partidos Políticos participantes do pleito a veiculação de propaganda eleitoral gratuita nas localidades aptas à realização de segundo turno de eleições e nas quais seja operacionalmente viável realizar a retransmissão.

- *Art. 48,* caput, *com redação dada pela Lei nº 12.034/2009.*

§ 1º. A Justiça Eleitoral regulamentará o disposto neste artigo, de forma que o número máximo de Municípios a serem atendidos seja igual ao de emissoras geradoras disponíveis.

- *§ 1º com redação dada pela Lei nº 12.034/2009.*

§ 2º. O disposto neste artigo aplica-se às emissoras de rádio, nas mesmas condições.

Art. 49. Se houver segundo turno, as emissoras de rádio e televisão reservarão, a partir de quarenta e oito horas da proclamação dos resultados do primeiro turno e até a antevéspera da eleição, horário destinado à divulgação da propaganda eleitoral gratuita, dividido em dois períodos diários de vinte minutos para cada eleição, iniciando-se às sete e às doze horas, no rádio, e às treze e às vinte horas e trinta minutos, na televisão.

§ 1º. Em circunscrição onde houver segundo turno para Presidente e Governador, o horário reservado à propaganda deste iniciar-se-á imediatamente após o término do horário reservado ao primeiro.

§ 2º. O tempo de cada período diário será dividido igualitariamente entre os candidatos.

Art. 50. A Justiça Eleitoral efetuará sorteio para a escolha da ordem de veiculação da propaganda de cada partido ou coligação no primeiro dia do horário eleitoral gratuito; a cada dia que se seguir, a propaganda veiculada por último, na véspera, será a primeira, apresentando-se as demais na ordem do sorteio.

Art. 51. Durante os períodos previstos nos arts. 47 e 49, as emissoras de rádio e televisão e os canais por assinatura mencionados no art. 57 reservarão, ainda, trinta minutos diários para a propaganda eleitoral gratuita, a serem usados em inserções de até sessenta segundos, a critério do respectivo partido ou coligação, assinadas obrigatoriamente pelo partido ou coligação, e distribuídas ao longo da programação veiculada entre as oito e as vinte e quatro horas, nos termos do § 2º do art. 47, obedecido o seguinte:

I – o tempo será dividido em partes iguais para a utilização nas campanhas dos candidatos às eleições majoritárias e proporcionais, bem como de suas legendas partidárias ou das que componham a coligação, quando for o caso;

II – destinação exclusiva do tempo para a campanha dos candidatos a Prefeito e Vice-Prefeito, no caso de eleições municipais;

III – a distribuição levará em conta os blocos de audiência entre as oito e as doze horas, as doze e as dezoito horas, as dezoito e as vinte e uma horas, as vinte e uma e as vinte e quatro horas;

IV – na veiculação das inserções, é vedada a divulgação de mensagens que possam degradar ou ridicularizar candidato, partido ou coligação, aplicando-se-lhes, ainda, todas as demais regras aplicadas ao horário de propaganda eleitoral, previstas no art. 47.

- *Inciso IV com redação dada pela Lei nº 12.891/2013.*

Parágrafo único. É vedada a veiculação de inserções idênticas no mesmo intervalo de programação, exceto se o número de inserções de que dispuser o partido exceder os intervalos disponíveis, sendo vedada a transmissão em sequência para o mesmo partido político.

- *Parágrafo único acrescido pela Lei nº 12.891/2013.*

Art. 52. A partir do dia 8 de julho do ano da eleição, a Justiça Eleitoral convocará os partidos e a representação das emissoras de televisão para elaborarem plano de mídia, nos termos do artigo anterior, para o uso da parcela do horário eleitoral gratuito a que tenham direito, garantida a todos participação nos horários de maior e menor audiência.

Art. 53. Não serão admitidos cortes instantâneos ou qualquer tipo de censura prévia nos programas eleitorais gratuitos.

§ 1º. É vedada a veiculação de propaganda que possa degradar ou ridicularizar candidatos, sujeitando-se o partido ou coligação infratores à perda do direito à veiculação de propaganda no horário eleitoral gratuito do dia seguinte.

§ 2º. Sem prejuízo do disposto no parágrafo anterior, a requerimento de partido, coligação ou candidato, a Justiça Eleitoral impedirá a reapresentação de propaganda ofensiva à honra de candidato, à moral e aos bons costumes.

Art. 53-A. É vedado aos partidos políticos e às coligações incluir no horário destinado aos candidatos às eleições proporcionais propaganda das candidaturas a eleições majoritárias ou vice-versa, ressalvada a utilização, durante a exibição do programa, de legendas com referência aos candidatos majoritários ou, ao fundo, de cartazes ou fotografias desses candidatos, ficando autorizada a menção ao nome e ao número de qualquer candidato do partido ou da coligação.

- *Art. 53-A,* caput, *acrescido pela Lei nº 12.034/ 2009 e com redação dada pela Lei nº 12.891/2013.*

§ 1º. É facultada a inserção de depoimento de candidatos a eleições proporcionais no horário da propaganda das candidaturas majoritárias e vice-versa, registrados sob o mesmo partido ou coligação, desde que o depoimento consista exclusivamente em pedido de voto ao candidato que cedeu o tempo.

- *§ 1º acrescido pela Lei nº 12.034/2009.*

§ 2º. Fica vedada a utilização da propaganda de candidaturas proporcionais como propaganda de candidaturas majoritárias e vice-versa.

- *§ 2º acrescido pela Lei nº 12.034/2009.*

§ 3º. O partido político ou a coligação que não observar a regra contida neste artigo perderá, em seu horário de propaganda gratuita, tempo equivalente no horário reservado à propaganda da eleição disputada pelo candidato beneficiado.

- *§ 3º acrescido pela Lei nº 12.034/2009.*

Art. 54. Dos programas de rádio e televisão destinados à propaganda eleitoral gratuita de cada partido ou coligação poderá participar, em apoio aos candidatos desta ou daquele, qualquer cidadão não filiado a outra agremiação partidária ou a partido integrante de outra coligação, sendo vedada a participação de qualquer pessoa mediante remuneração.

Parágrafo único. No segundo turno das eleições não será permitida, nos programas de que trata este artigo, a participação de filiados a partidos que tenham formalizado o apoio a outros candidatos.

Art. 55. Na propaganda eleitoral no horário gratuito, são aplicáveis ao partido, coligação ou candidato as vedações indicadas nos incisos I e II do art. 45.

Parágrafo único. A inobservância do disposto neste artigo sujeita o partido ou coligação à perda de tempo equivalente ao dobro do usado na prática do ilícito, no período do horário gratuito subsequente, dobrada a cada reincidência, devendo o tempo correspondente ser veiculado após o programa dos demais candidatos com a informação de que a não veiculação do programa resulta de infração da lei eleitoral.

- *Parágrafo único com redação dada pela Lei nº 12.891/2013.*

Art. 56. A requerimento de partido, coligação ou candidato, a Justiça Eleitoral poderá determinar a suspensão, por vinte e quatro horas, da programação normal de emissora que deixar de cumprir as disposições desta Lei sobre propaganda.

§ 1º. No período de suspensão a que se refere este artigo, a Justiça Eleitoral veiculará mensagem de orientação ao eleitor, intercalada, a cada 15 (quinze) minutos.

- *§ 1º com redação dada pela Lei nº 12.891/2013.*

§ 2º. Em cada reiteração de conduta, o período de suspensão será duplicado.

Art. 57. As disposições desta Lei aplicam-se às emissoras de televisão que operam em VHF e UHF e os canais de televisão por assinatura sob a responsabilidade do Senado Federal, da Câmara dos Deputados, das Assembleias Legislativas, da Câmara Legislativa do Distrito Federal ou das Câmaras Municipais.

Art. 57-A. É permitida a propaganda eleitoral na internet, nos termos desta Lei, após o dia 5 de julho do ano da eleição.

- *Art. 57-A acrescido pela Lei nº 12.034/2009.*

Art. 57-B. A propaganda eleitoral na internet poderá ser realizada nas seguintes formas:

- *Art. 57-B,* caput, *acrescido pela Lei nº 12.034/ 2009.*

I – em sítio do candidato, com endereço eletrônico comunicado à Justiça Eleitoral e hospedado, direta ou indiretamente, em provedor de serviço de internet estabelecido no País;

- *Inciso I acrescido pela Lei nº 12.034/2009.*

II – em sítio do partido ou da coligação, com endereço eletrônico comunicado à Justiça Eleitoral e hospedado, direta ou indiretamente, em provedor de serviço de internet estabelecido no País;

- *Inciso II acrescido pela Lei nº 12.034/2009.*

III – por meio de mensagem eletrônica para endereços cadastrados gratuitamente pelo candidato, partido ou coligação;

- *Inciso III acrescido pela Lei nº 12.034/2009.*

IV – por meio de blogs, redes sociais, sítios de mensagens instantâneas e assemelhados, cujo conteúdo seja gerado ou editado por candidatos, partidos ou coligações ou de iniciativa de qualquer pessoa natural.

- *Inciso IV acrescido pela Lei nº 12.034/2009.*

Art. 57-C. Na internet, é vedada a veiculação de qualquer tipo de propaganda eleitoral paga.

- *Art. 57-C,* caput, *acrescido pela Lei nº 12.034/2009.*

§ 1º. É vedada, ainda que gratuitamente, a veiculação de propaganda eleitoral na internet, em sítios:

- *§ 1º,* caput, *acrescido pela Lei nº 12.034/2009.*

I – de pessoas jurídicas, com ou sem fins lucrativos;

- *Inciso I acrescido pela Lei nº 12.034/2009.*

II – oficiais ou hospedados por órgãos ou entidades da administração pública direta ou indireta da União, dos Estados, do Distrito Federal e dos Municípios.

- *Inciso II acrescido pela Lei nº 12.034/2009.*

§ 2º. A violação do disposto neste artigo sujeita o responsável pela divulgação da propaganda e, quando comprovado seu prévio conhecimento, o beneficiário à multa no valor de R$ 5.000,00 (cinco mil reais) a R$ 30.000,00 (trinta mil reais).

- *§ 2º acrescido pela Lei nº 12.034/2009.*

Art. 57-D. É livre a manifestação do pensamento, vedado o anonimato durante a campanha eleitoral, por meio da rede mundial de computadores – internet, assegurado o direito de resposta, nos termos das alíneas "a", "b" e "c" do inciso IV do § 3º do art. 58 e do 58-A, e por outros meios de comunicação interpessoal mediante mensagem eletrônica.

- *Art. 57-D,* caput, *acrescido pela Lei nº 12.034/2009.*

§ 1º. (Vetado).

- *§ 1º acrescido pela Lei nº 12.034/2009.*

§ 2º. A violação do disposto neste artigo sujeitará o responsável pela divulgação da propaganda e, quando comprovado seu prévio conhecimento, o beneficiário à multa no valor de R$ 5.000,00 (cinco mil reais) a R$ 30.000,00 (trinta mil reais).

- *§ 2º acrescido pela Lei nº 12.034/2009.*

§ 3º. Sem prejuízo das sanções civis e criminais aplicáveis ao responsável, a Justiça Eleitoral poderá determinar, por solicitação do ofendido, a retirada de publicações que contenham agressões ou ataques a candidatos em sítios da internet, inclusive redes sociais.

- *§ 3º acrescido pela Lei nº 12.891/2013.*

Art. 57-E. São vedadas às pessoas relacionadas no art. 24 a utilização, doação ou cessão de cadastro eletrônico de seus clientes, em favor de candidatos, partidos ou coligações.

- *Art. 57-E,* caput, *acrescido pela Lei nº 12.034/2009.*

§ 1º. É proibida a venda de cadastro de endereços eletrônicos.

- *§ 1º acrescido pela Lei nº 12.034/2009.*

§ 2º. A violação do disposto neste artigo sujeita o responsável pela divulgação da propaganda e, quando comprovado seu prévio conhecimento, o beneficiário à multa no valor de R$ 5.000,00 (cinco mil reais) a R$ 30.000,00 (trinta mil reais).

- *§ 2º acrescido pela Lei nº 12.034/2009.*

Art. 57-F. Aplicam-se ao provedor de conteúdo e de serviços multimídia que hospeda a divulgação da propaganda eleitoral de candidato, de partido ou de coligação as penalidades previstas nesta Lei, se, no prazo determinado pela Justiça Eleitoral, contado a partir da notificação de decisão sobre a existência de propaganda irregular, não tomar providências para a cessação dessa divulgação.

- *Art. 57-F,* caput, *acrescido pela Lei nº 12.034/2009.*

Parágrafo único. O provedor de conteúdo ou de serviços multimídia só será considerado responsável pela divulgação da propaganda se a publicação do material for comprovadamente de seu prévio conhecimento.

- *Parágrafo único acrescido pela Lei nº 12.034/2009.*

Art. 57-G. As mensagens eletrônicas enviadas por candidato, partido ou coligação, por qualquer meio, deverão dispor de mecanismo que permita seu descadastramento pelo destinatário, obrigado o remetente a providenciá-lo no prazo de quarenta e oito horas.

- *Art. 57-G,* caput, *acrescido pela Lei nº 12.034/2009.*

Parágrafo único. Mensagens eletrônicas enviadas após o término do prazo previsto no *caput* sujeitam os responsáveis ao pagamento de multa no valor de R$ 100,00 (cem reais), por mensagem.

- *Parágrafo único acrescido pela Lei nº 12.034/2009.*

Art. 57-H. Sem prejuízo das demais sanções legais cabíveis, será punido, com multa de R$ 5.000,00 (cinco mil reais) a R$ 30.000,00 (trinta mil reais), quem realizar propaganda eleitoral na internet, atribuindo indevidamente sua autoria a terceiro, inclusive a candidato, partido ou coligação.

- *Art. 57-H,* caput, *acrescido pela Lei nº 12.034/2009.*

§ 1º. Constitui crime a contratação direta ou indireta de grupo de pessoas com a finalidade específica de emitir mensagens ou comentários na internet para ofender a honra ou denegrir a imagem de candidato, partido ou coligação, punível com detenção de 2 (dois) a 4 (quatro) anos e multa de R$ 15.000,00 (quinze mil reais) a R$ 50.000,00 (cinquenta mil reais).

- *§ 1º acrescido pela Lei nº 12.891/2013.*

§ 2º. Igualmente incorrem em crime, punível com detenção de 6 (seis) meses a 1 (um) ano, com alternativa de prestação de serviços à comunidade pelo mesmo período, e multa de R$ 5.000,00 (cinco mil reais) a R$ 30.000,00 (trinta mil reais), as pessoas contratadas na forma do § 1º.

- *§ 2º acrescido pela Lei nº 12.891/2013.*

Art. 57-I. A requerimento de candidato, partido ou coligação, observado o rito previsto no art. 96, a Justiça Eleitoral poderá determinar a suspensão, por vinte e quatro horas, do acesso a todo conteúdo informativo dos sítios da internet que deixarem de cumprir as disposições desta Lei.

- *Art. 57-I,* caput, *acrescido pela Lei nº 12.034/2009.*

§ 1º. A cada reiteração de conduta, será duplicado o período de suspensão.

- *§ 1º acrescido pela Lei nº 12.034/2009.*

§ 2º. No período de suspensão a que se refere este artigo, a empresa informará, a todos os usuários que tentarem acessar seus serviços, que se encontra temporariamente inoperante por desobediência à legislação eleitoral.

- *§ 2º acrescido pela Lei nº 12.034/2009.*

DO DIREITO DE RESPOSTA

- *V. art. 243, § 3º, do Código Eleitoral.*

Art. 58. A partir da escolha de candidatos em convenção, é assegurado o direito de resposta a candidato, partido ou coligação atingidos, ainda que de forma indireta, por conceito, imagem ou afirmação caluniosa, difamatória, injuriosa ou sabidamente inverídica, difundidos por qualquer veículo de comunicação social.

§ 1º. O ofendido, ou seu representante legal, poderá pedir o exercício do direito de resposta à Justiça Eleitoral nos seguintes prazos, contados a partir da veiculação da ofensa:

I – vinte e quatro horas, quando se tratar do horário eleitoral gratuito;

II – quarenta e oito horas, quando se tratar da programação normal das emissoras de rádio e televisão;

III – setenta e duas horas, quando se tratar de órgão da imprensa escrita.

§ 2º. Recebido o pedido, a Justiça Eleitoral notificará imediatamente o ofensor para que se defenda em vinte e quatro horas, devendo a decisão ser prolatada no prazo máximo de setenta e duas horas da data da formulação do pedido.

§ 3º. Observar-se-ão, ainda, as seguintes regras no caso de pedido de resposta relativo a ofensa veiculada:

I – em órgão da imprensa escrita:

a) o pedido deverá ser instruído com um exemplar da publicação e o texto para resposta;

b) deferido o pedido, a divulgação da resposta dar-se-á no mesmo veículo, espaço, local, página, tamanho, caracteres e outros elementos de realce usados na ofensa, em até quarenta e oito horas após a decisão ou, tratando-se de veículo com periodicidade de circulação maior que quarenta e oito horas, na primeira vez em que circular;

c) por solicitação do ofendido, a divulgação da resposta será feita no mesmo dia da semana em que a ofensa foi divulgada, ainda que fora do prazo de quarenta e oito horas;

d) se a ofensa for produzida em dia e hora que inviabilizem sua reparação dentro dos prazos estabelecidos nas alíneas anteriores, a Justiça Eleitoral determinará a imediata divulgação da resposta;

e) o ofensor deverá comprovar nos autos o cumprimento da decisão, mediante dados sobre a regular distribuição dos exemplares, a quantidade impressa e o raio de abrangência na distribuição;

II – em programação normal das emissoras de rádio e de televisão:

a) a Justiça Eleitoral, à vista do pedido, deverá notificar imediatamente o responsável pela emissora que realizou o programa para que entregue em vinte e quatro horas, sob as penas do art. 347 da Lei nº 4.737, de 15 de julho de 1965 – Código Eleitoral, cópia da fita da transmissão, que será devolvida após a decisão;

b) o responsável pela emissora, ao ser notificado pela Justiça Eleitoral ou informado pelo reclamante ou representante, por cópia protocolada do pedido de resposta, preservará a gravação até a decisão final do processo;

c) deferido o pedido, a resposta será dada em até quarenta e oito horas após a decisão, em tempo igual ao da ofensa, porém nunca inferior a um minuto;

III – no horário eleitoral gratuito:

a) o ofendido usará, para a resposta, tempo igual ao da ofensa, nunca inferior, porém, a um minuto;

b) a resposta será veiculada no horário destinado ao partido ou coligação responsável pela ofensa, devendo necessariamente dirigir-se aos fatos nela veiculados;

c) se o tempo reservado ao partido ou coligação responsável pela ofensa for inferior a um minuto, a resposta será levada ao ar tantas vezes quantas sejam necessárias para a sua complementação;

d) deferido o pedido para resposta, a emissora geradora e o partido ou coligação atingidos deverão ser notificados imediatamente da decisão, na qual deverão estar indicados quais os períodos, diurno ou noturno, para a veiculação da resposta, que deverá ter lugar no início do programa do partido ou coligação;

e) o meio magnético com a resposta deverá ser entregue à emissora geradora, até trinta e seis horas após a ciência da decisão, para veiculação no programa subsequente do partido ou coligação em cujo horário se praticou a ofensa;

f) se o ofendido for candidato, partido ou coligação que tenha usado o tempo concedido sem responder aos fatos veiculados na ofensa, terá subtraído tempo idêntico do respectivo programa eleitoral; tratando-se de terceiros, ficarão sujeitos à suspensão de igual tempo em eventuais novos pedidos de resposta e à multa no valor de duas mil a cinco mil UFIR;

IV – em propaganda eleitoral na internet:

- *Inciso IV,* caput, *acrescido pela Lei nº 12.034/2009.*

a) deferido o pedido, a divulgação da resposta dar-se-á no mesmo veículo, espaço, local, horário, página eletrônica, tamanho, caracteres e outros elementos de realce usados na ofensa, em até quarenta e oito horas após a entrega da mídia física com a resposta do ofendido;

- *Alínea "a" acrescida pela Lei nº 12.034/2009.*

b) a resposta ficará disponível para acesso pelos usuários do serviço de internet por tempo não inferior ao dobro em que esteve disponível a mensagem considerada ofensiva;

- *Alínea "b" acrescida pela Lei nº 12.034/2009.*

c) os custos de veiculação da resposta correrão por conta do responsável pela propaganda original.

- *Alínea "c" acrescida pela Lei nº 12.034/2009.*

§ 4º. Se a ofensa ocorrer em dia e hora que inviabilizem sua reparação dentro dos prazos estabelecidos nos parágrafos anteriores, a resposta será divulgada nos horários que a Justiça Eleitoral determinar, ainda que nas quarenta e oito horas anteriores ao pleito, em termos e forma previamente aprovados, de modo a não ensejar tréplica.

§ 5º. Da decisão sobre o exercício do direito de resposta cabe recurso às instâncias superiores, em vinte e quatro horas da data de sua publicação em cartório ou sessão, assegurado ao recorrido oferecer contrarrazões em igual prazo, a contar da sua notificação.

§ 6º. A Justiça Eleitoral deve proferir suas decisões no prazo máximo de vinte e quatro horas, observando-se o disposto nas alíneas "d" e "e" do inciso III do § 3º para a restituição do tempo em caso de provimento de recurso.

§ 7º. A inobservância do prazo previsto no parágrafo anterior sujeita a autoridade judiciária às penas previstas no art. 345 da Lei nº 4.737, de 15 de julho de 1965 – Código Eleitoral.

§ 8º. O não cumprimento integral ou em parte da decisão que conceder a resposta sujeitará o infrator ao pagamento de multa no valor de cinco mil a quinze mil UFIR, duplicada em caso de reiteração de conduta, sem prejuízo do disposto no art. 347 da Lei nº 4.737, de 15 de julho de 1965 – Código Eleitoral.

§ 9º. Caso a decisão de que trata o § 2º não seja prolatada em 72 (setenta e duas) horas da data da formulação do pedido, a Justiça Eleitoral, de ofício, providenciará a alocação de Juiz auxiliar.

- *§ 9º acrescido pela Lei nº 12.891/2013.*

Art. 58-A. Os pedidos de direito de resposta e as representações por propaganda eleitoral irregular em rádio, televisão e internet tramitarão preferencialmente em relação aos demais processos em curso na Justiça Eleitoral.

- *Art. 58-A acrescido pela Lei nº 12.034/2009.*

DO SISTEMA ELETRÔNICO DE VOTAÇÃO E DA TOTALIZAÇÃO DOS VOTOS

Art. 59. A votação e a totalização dos votos serão feitas por sistema eletrônico, podendo o Tribunal Superior Eleitoral autorizar, em caráter excepcional, a aplicação das regras fixadas nos arts. 83 a 89.

§ 1º. A votação eletrônica será feita no número do candidato ou da legenda partidária, devendo o nome e fotografia do candidato e o nome do partido ou a legenda partidária aparecer no painel da urna eletrônica, com a expressão designadora do cargo disputado no masculino ou feminino, conforme o caso.

§ 2º. Na votação para as eleições proporcionais, serão computados para a legenda partidária os votos em que não seja possível a identificação do candidato, desde que o número identificador do partido seja digitado de forma correta.

§ 3º. A urna eletrônica exibirá para o eleitor, primeiramente, os painéis referentes às eleições proporcionais e, em seguida, os referentes às eleições majoritárias.

§ 4º. A urna eletrônica disporá de recursos que, mediante assinatura digital, permitam o registro digital de cada voto e a identificação da urna em que foi registrado, resguardado o anonimato do eleitor.

- *§ 4º com redação dada pela Lei nº 10.740/2003.*

§ 5º. Caberá à Justiça Eleitoral definir a chave de segurança e a identificação da urna eletrônica de que trata o § 4º.

- *§ 5º com redação dada pela Lei nº 10.740/2003.*

§ 6º. Ao final da eleição, a urna eletrônica procederá à assinatura digital do arquivo de votos, com aplicação do registro de horário e do arquivo do boletim de urna, de maneira a imedir a substituição de votos e a alteração dos registros dos termos de início e término da votação.

- *§ 6º com redação dada pela Lei nº 10.740/2003.*

§ 7º. O Tribunal Superior Eleitoral colocará à disposição dos eleitores urnas eletrônicas destinadas a treinamento.

- *§ 7º com redação dada pela Lei nº 10.740/2003.*

Art. 60. No sistema eletrônico de votação considerar-se-á voto de legenda quando o eleitor assinalar o número do partido no momento de votar para determinado cargo e somente para este será computado.

Art. 61. A urna eletrônica contabilizará cada voto, assegurando-lhe o sigilo e inviolabilidade garantida aos partidos políticos, coligações e candidatos ampla fiscalização.

Art. 61-A. (Revogado).

- *Art. 61-A, acrescido pela Lei nº 10.408/2002 e revogado pela Lei nº 10.740/2003.*

Art. 62. Nas Seções em que for adotada a urna eletrônica, somente poderão votar eleitores cujos nomes estiverem nas respectivas folhas de votação, não se aplicando a ressalva a que se refere o art. 148, § 1º, da Lei nº 4.737, de 15 de julho de 1965 – Código Eleitoral.

- *V. art. 148 do Código Eleitoral.*

Parágrafo único. O Tribunal Superior Eleitoral disciplinará a hipótese de falha na urna eletrônica que prejudique o regular processo de votação.

DAS MESAS RECEPTORAS

- *V. arts. 119 a 130 do Código Eleitoral.*

Art. 63. Qualquer partido pode reclamar ao Juiz Eleitoral, no prazo de cinco dias, da nomeação da Mesa Receptora, devendo a decisão ser proferida em 48 horas.

- *V. art. 121,* caput, *do Código Eleitoral.*

§ 1º. Da decisão do Juiz Eleitoral caberá recurso para o Tribunal Regional, interposto dentro de três dias, devendo ser resolvido em igual prazo.

§ 2º. Não podem ser nomeados presidentes e mesários os menores de dezoito anos.

Art. 64. É vedada a participação de parentes em qualquer grau ou de servidores da mesma repartição pública ou empresa privada na mesma Mesa, Turma ou Junta Eleitoral.

- *V. arts. 36, § 3º, e 120, § 1º, I, do Código Eleitoral.*

DA FISCALIZAÇÃO DAS ELEIÇÕES

- *V. arts. 131, 132, 161 e 179 do Código Eleitoral.*

Art. 65. A escolha de fiscais e delegados, pelos partidos ou coligações, não poderá recair em menor de dezoito anos ou em quem, por nomeação do Juiz Eleitoral, já faça parte de Mesa Receptora.

- *V. art. 131 do Código Eleitoral.*

§ 1º. O fiscal poderá ser nomeado para fiscalizar mais de uma Seção Eleitoral, no mesmo local de votação.

§ 2º. As credenciais de fiscais e delegados serão expedidas, exclusivamente, pelos partidos ou coligações.

§ 3º. Para efeito do disposto no parágrafo anterior, o presidente do partido ou o representante da coligação deverá registrar na Justiça Eleitoral o nome das pessoas autorizadas a expedir as credenciais dos fiscais e delegados.

§ 4º. Para o acompanhamento dos trabalhos de votação, só será permitido o credenciamento de, no máximo, 2 (dois) fiscais de cada partido ou coligação por seção eleitoral.

- *§ 4º acrescido pela Lei nº 12.891/2013.*

Art. 66. Os partidos e coligações poderão fiscalizar todas as fases do processo de votação e apuração das eleições e o processamento eletrônico da totalização dos resultados.

- *Art. 66,* caput, *com redação dada pela Lei nº 10.408/2002*
- *V. art. 155, §§ 1º e 2º, do Código Eleitoral.*

§ 1º. Todos os programas de computador de propriedade do Tribunal Superior Eleitoral, desenvolvidos por ele ou sob sua encomenda, utilizados nas urnas eletrônicas para os processos de votação, apuração e totalização, poderão ter suas fases de especificação e de desenvolvimento acompanhadas por técnicos indicados pelos partidos políticos, Ordem dos Advogados do Brasil e Ministério Público, até seis meses antes das eleições.

- *§ 1º com redação dada pela Lei nº 10.740/2003.*

§ 2º. Uma vez concluídos os programas a que se refere o § 1º, serão eles apresentados, para análise, aos representantes credenciados dos partidos políticos e coligações, até vinte dias antes das eleições, nas dependências do Tribunal Superior Eleitoral, na forma de programas-fonte e de programas executáveis, inclusive os sistemas aplicativo e de segurança e as bibliotecas especiais, sendo que as chaves eletrônicas privadas e senhas eletrônicas de acesso manter-se-ão no sigilo da Justiça Eleitoral. Após a apresentação e conferência, serão lacradas cópias dos programas-fonte e dos programas compilados.

- *§ 2º com redação dada pela Lei nº 10.740/2003.*

§ 3º. No prazo de cinco dias a contar da data da apresentação referida no § 2º, o partido político e a coligação poderão apresentar impugnação fundamentada à Justiça Eleitoral.

- *§ 3º com redação dada pela Lei nº 10.740/2003.*

§ 4º. Havendo a necessidade de qualquer alteração nos programas, após a apresentação de que trata o § 3º, dar-se-á conhecimento do fato aos representantes dos partidos políticos e das coligações, para que sejam novamente analisados e lacrados.

- *§ 4º com redação dada pela Lei nº 10.740/2003.*

§ 5º. A carga ou preparação das urnas eletrônicas será feita em sessão pública, com prévia convocação dos fiscais dos partidos e coligações para a assistirem e procederem aos atos de fiscalização, inclusive para verificarem se os programas carregados nas urnas são idênticos aos que foram lacrados na sessão referida no § 2º deste artigo, após o que as urnas serão lacradas.

- *§ 5º acrescido pela Lei nº 10.408/2002.*

§ 6º. No dia da eleição, será realizada, por amostragem, auditoria de verificação do funcionamento das urnas eletrônicas, através de votação paralela, na presença dos fiscais dos partidos e coligações, nos moldes fixados em resolução do Tribunal Superior Eleitoral.

- *§ 6º acrescido pela Lei nº 10.408/2002.*

§ 7º. Os partidos concorrentes ao pleito poderão constituir sistema próprio de fiscalização, apuração e totalização dos resultados contratando, inclusive, empresas de auditoria de sistemas, que, credenciadas junto à Justiça Eleitoral, receberão, previamente, os programas de computador e os mesmos dados alimentadores do sistema oficial de apuração e totalização.

- *§ 7º acrescido pela Lei nº 10.408/2002.*

Art. 67. Os órgãos encarregados do processamento eletrônico de dados são obrigados a fornecer aos partidos ou coligações, no momento da entrega ao Juiz Encarregado, cópias dos dados do processamento parcial de cada dia, contidos em meio magnético.

Art. 68. O boletim de urna, segundo modelo aprovado pelo Tribunal Superior Eleitoral, conterá os nomes e os números dos candidatos nela votados.

- *V. art. 179 do Código Eleitoral.*

§ 1º. O Presidente da Mesa Receptora é obrigado a entregar cópia do boletim de urna aos partidos e coligações concorrentes ao pleito cujos representantes o requeiram até uma hora após a expedição.

§ 2º. O descumprimento do disposto no parágrafo anterior constitui crime, punível com detenção, de um a três meses, com a alternativa de prestação de serviço à comunidade pelo mesmo período, e multa no valor de um mil a cinco mil UFIR.

- *V. arts. 179, § 9º, e 213 do Código Eleitoral.*

Art. 69. A impugnação não recebida pela Junta Eleitoral pode ser apresentada diretamente ao Tribunal Regional Eleitoral, em quarenta e oito horas, acompanhada de declaração de duas testemunhas.

- *V. art. 169 do Código Eleitoral.*

Parágrafo único. O Tribunal decidirá sobre o recebimento em quarenta e oito horas, publicando o acórdão na própria sessão de julgamento e transmitindo imediatamente à Junta, via telex, fax ou qualquer outro meio eletrônico, o inteiro teor da decisão e da impugnação.

Art. 70. O Presidente de Junta Eleitoral que deixar de receber ou de mencionar em ata os protestos recebidos, ou ainda, impedir o exercício de fiscalização, pelos partidos ou coligações, deverá ser imediatamente afastado, além de responder pelos crimes previstos na Lei nº 4.737, de 15 de julho de 1965 – Código Eleitoral.

Art. 71. Cumpre aos partidos e coligações, por seus fiscais e delegados devidamente credenciados, e aos candidatos, proceder à instrução dos recursos interpostos contra a apuração, juntando, para tanto, cópia do boletim relativo à urna impugnada.

Parágrafo único. Na hipótese de surgirem obstáculos à obtenção do boletim, caberá ao recorrente requerer, mediante a indicação dos dados necessários, que o órgão da Justiça Eleitoral perante o qual foi interposto o recurso o instrua, anexando o respectivo boletim de urna.

Art. 72. Constituem crimes, puníveis com reclusão, de cinco a dez anos:

I – obter acesso a sistema de tratamento automático de dados usado pelo serviço eleitoral, a fim de alterar a apuração ou a contagem de votos;

II – desenvolver ou introduzir comando, instrução, ou programa de computador capaz de destruir, apagar, eliminar, alterar, gravar ou transmitir dado, instrução ou programa ou provocar qualquer outro resultado diverso do esperado em sistema de tratamento automático de dados usados pelo serviço eleitoral;

III – causar, propositadamente, dano físico ao equipamento usado na votação ou na totalização de votos ou a suas partes.

DAS CONDUTAS VEDADAS AOS AGENTES PÚBLICOS EM CAMPANHAS ELEITORAIS

Art. 73. São proibidas aos agentes públicos, servidores ou não, as seguintes condutas tendentes a afetar a igualdade de oportunidades entre candidatos nos pleitos eleitorais:

I – ceder ou usar, em benefício de candidato, partido político ou coligação, bens móveis ou imóveis pertencentes à administração direta ou indireta da União, dos Estados, do Distrito Federal, dos Territórios e dos Municípios, ressalvada a realização de convenção partidária;

II – usar materiais ou serviços, custeados pelos Governos ou Casas Legislativas, que excedam as prerrogativas consignadas nos regimentos e normas dos órgãos que integram;

III – ceder servidor público ou empregado da administração direta ou indireta federal, estadual ou municipal do Poder Executivo, ou usar de seus serviços, para comitês de campanha eleitoral de candidato, partido político ou coligação, durante o horário de expediente normal, salvo se o servidor ou empregado estiver licenciado;

IV – fazer ou permitir uso promocional em favor de candidato, partido político ou coligação, de distribuição gratuita de bens e serviços de caráter social custeados ou subvencionados pelo Poder Público;

V – nomear, contratar ou de qualquer forma admitir, demitir sem justa causa, suprimir ou readaptar vantagens ou por outros meios dificultar ou impedir o exercício funcional e, ainda, *ex officio,* remover, transferir ou exonerar servidor público, na circunscrição do pleito, nos três meses que o antecedem e até a posse dos eleitos, sob pena de nulidade de pleno direito, ressalvados:

a) a nomeação ou exoneração de cargos em comissão e designação ou dispensa de funções de confiança;

b) a nomeação para cargos do Poder Judiciário, do Ministério Público, dos Tribunais ou Conselhos de Contas e dos órgãos da Presidência da República;

c) a nomeação dos aprovados em concursos públicos homologados até o início daquele prazo;

d) a nomeação ou contratação necessária à instalação ou ao funcionamento inadiável de serviços públicos essenciais, com prévia e expressa autorização do Chefe do Poder Executivo;

e) a transferência ou remoção *ex officio* de militares, policiais civis e de agentes penitenciários;

VI – nos três meses que antecedem o pleito:

a) realizar transferência voluntária de recursos da União aos Estados e Municípios e dos Estados aos Municípios, sob pena de nulidade de pleno direito, ressalvados os recursos destinados a cumprir obrigação formal preexistente para execução de obra ou serviço em andamento e com cronograma prefixado, e os destinados a atender situações de emergência e de calamidade pública;

b) com exceção da propaganda de produtos e serviços que tenham concorrência no mercado, autorizar publicidade institucional dos atos, programas, obras, serviços e campanhas dos órgãos públicos federais, estaduais ou municipais, ou das respectivas entidades da administração indireta, salvo em caso de grave e urgente necessidade pública, assim reconhecida pela Justiça Eleitoral;

c) fazer pronunciamento em cadeia de rádio e televisão, fora do horário eleitoral gratuito, salvo quando, a critério da Justiça Eleitoral, tratar-se de matéria urgente, relevante e característica das funções de governo;

VII – realizar, em ano de eleição, antes do prazo fixado no inciso anterior, despesas com publicidade dos órgãos públicos federais, estaduais ou municipais, ou das respectivas entidades da administração indireta, que excedam a média dos gastos nos três últimos anos que antecedem o pleito ou do último ano imediatamente anterior à eleição.

VIII – fazer, na circunscrição do pleito, revisão geral da remuneração dos servidores públicos que exceda a recomposição da perda de seu poder aquisitivo ao longo do ano da eleição, a partir do início do prazo estabelecido no art. 7º desta Lei e até a posse dos eleitos.

§ 1º. Reputa-se agente público, para os efeitos deste artigo, quem exerce, ainda que transitoriamente ou sem remuneração, por eleição, nomeação, designação, contratação ou qualquer outra forma de investidura ou vínculo, mandato, cargo, emprego ou função nos órgãos ou entidades da administração pública direta, indireta, ou fundacional.

§ 2º. A vedação do inciso I do *caput* não se aplica ao uso, em campanha, de transporte oficial pelo Presidente da República, obedecido o disposto no art. 76, nem ao uso, em campanha, pelos candidatos a reeleição de Presidente e Vice-Presidente da República, Governador e Vice-Governador de Estado e do Distrito Federal, Prefeito e Vice-Prefeito, de suas residências oficiais para realização de contatos, encontros e reuniões pertinentes à própria campanha, desde que não tenham caráter de ato público.

§ 3º. As vedações do inciso VI do *caput*, alíneas "b" e "c", aplicam-se apenas aos agentes públicos das esferas administrativas cujos cargos estejam em disputa na eleição.

§ 4º. O descumprimento do disposto neste artigo acarretará a suspensão imediata da conduta vedada, quando for o caso, e sujeitará os responsáveis a multa no valor de cinco a cem mil UFIR.

§ 5º. Nos casos de descumprimento do disposto nos incisos do *caput* e no § 10, sem prejuízo do disposto no § 4º, o candidato beneficiado, agente público ou não, ficará sujeito à cassação do registro ou do diploma.

- *§ 5º com redação dada pela Lei nº 12.034/2009.*

§ 6º. As multas de que trata este artigo serão duplicadas a cada reincidência.

§ 7º. As condutas enumeradas no *caput* caracterizam, ainda, atos de improbidade administrativa, a que se refere o art. 11, inciso I, da Lei nº 8.429, de 2 de junho de 1992, e sujeitam-se às disposições daquele diploma legal, em especial às cominações do art. 12, inciso III.

§ 8º. Aplicam-se as sanções do § 4º aos agentes públicos responsáveis pelas condutas vedadas e aos partidos, coligações e candidatos que delas se beneficiarem.

§ 9º. Na distribuição dos recursos do Fundo Partidário (Lei nº 9.096, de 19 de setembro de 1995) oriundos da aplicação do disposto no § 4º, deverão ser excluídos os partidos beneficiados pelos atos que originaram as multas.

§ 10. No ano em que se realizar eleição, fica proibida a distribuição gratuita de bens, valores ou benefícios por parte da Administração Pública, exceto nos casos de calamidade pública, de estado de emergência ou de programas sociais autorizados em lei e já em execução orçamentária no exercício anterior, casos em que o Ministério Público poderá promover o acompanhamento de sua execução financeira e administrativa.

- *§ 10 acrescido pela Lei nº 11.300/2006.*

§ 11. Nos anos eleitorais, os programas sociais de que trata o § 10 não poderão ser executados por entidade nominalmente vinculada a candidato ou por esse mantida.

- *§ 11 acrescido pela Lei nº 12.034/2009.*

§ 12. A representação contra a não observância do disposto neste artigo observará o rito do art. 22 da Lei Complementar nº 64, de 18 de maio de 1990, e poderá ser ajuizada até a data da diplomação.

- *§ 12 acrescido pela Lei nº 12.034/2009.*

§ 13. O prazo de recurso contra decisões proferidas com base neste artigo será de 3 (três) dias, a contar da data da publicação do julgamento no Diário Oficial.

- *§ 13 acrescido pela Lei nº 12.034/2009.*

Art. 74. Configura abuso de autoridade, para os fins do disposto no art. 22 da Lei Complementar nº 64, de 18 de maio de 1990, a infringência do disposto no § 1º do art. 37 da Constituição Federal, ficando o responsável, se candidato, sujeito ao cancelamento do registro ou do diploma.

- *Art. 74 com redação dada pela Lei nº 12.034/ 2009.*

Art. 75. Nos três meses que antecederem as eleições, na realização de inaugurações é vedada a contratação de shows artísticos pagos com recursos públicos.

Parágrafo único. Nos casos de descumprimento do disposto neste artigo, sem prejuízo da suspensão imediata da conduta, o candidato beneficiado, agente público ou não, ficará sujeito à cassação do registro ou do diploma.

- *Parágrafo único acrescido pela Lei nº 12.034/ 2009.*

Art. 76. O ressarcimento das despesas com o uso do transporte oficial pelo Presidente da República e sua comitiva em campanha eleitoral será de responsabilidade do partido político ou coligação a que esteja vinculado.

§ 1º. O ressarcimento de que trata este artigo terá por base o tipo de transporte usado e a respectiva tarifa de mercado cobrada no trecho correspondente, ressalvado o uso do avião presidencial, cujo ressarcimento corresponderá ao aluguel de uma aeronave de propulsão a jato do tipo táxi aéreo.

§ 2º. No prazo de dez dias úteis da realização do pleito, em primeiro turno, ou segundo, se houver, o órgão competente de controle interno procederá *ex officio à* cobrança dos valores devidos nos termos dos parágrafos anteriores.

§ 3º. A falta do ressarcimento, no prazo estipulado, implicará a comunicação do fato ao Ministério Público Eleitoral, pelo órgão de controle interno.

§ 4º. Recebida a denúncia do Ministério Público, a Justiça Eleitoral apreciará o feito no prazo de trinta dias, aplicando aos infratores pena de multa correspondente ao dobro das despesas, duplicada a cada reiteração de conduta.

Art. 77. É proibido a qualquer candidato comparecer, nos 3 (três) meses que precedem o pleito, a inaugurações de obras públicas.

- *Art. 77,* caput, *com redação dada pela Lei nº 12.034/2009.*

Parágrafo único. A inobservância do disposto neste artigo sujeita o infrator à cassação do registro ou do diploma.

- *Parágrafo único com redação dada pela Lei nº 12.034/2009.*

Art. 78. A aplicação das sanções cominadas no art. 73, §§ 4º e 5º, dar-se-á sem prejuízo de outras de caráter constitucional, administrativo ou disciplinar fixadas pelas demais leis vigentes.

DISPOSIÇÕES TRANSITÓRIAS

Art. 79. O financiamento das campanhas eleitorais com recursos públicos será disciplinada em lei específica.

Art. 80. Nas eleições a serem realizadas no ano de 1998, cada partido ou coligação deverá reservar, para candidatos de cada sexo, no mínimo, vinte e cinco por cento e, no máximo, setenta e cinco por cento do número de candidaturas que puder registrar.

Art. 81. As doações e contribuições de pessoas jurídicas para campanhas eleitorais poderão ser feitas a partir do registro dos comitês financeiros dos partidos ou coligações.

§ 1º. As doações e contribuições de que trata este artigo ficam limitadas a dois por centro do faturamento bruto do ano anterior à eleição.

§ 2º. A doação de quantia acima do limite fixado neste artigo sujeita a pessoa jurídica ao pagamento de multa no valor de cinco a dez vezes a quantia em excesso.

§ 3º. Sem prejuízo do disposto no parágrafo anterior, a pessoa jurídica que ultrapassar o limite fixado no § 1º estará sujeita à proibição de participar de licitações públicas e de celebrar contratos com o Poder Público pelo período de cinco anos, por determinação da Justiça Eleitoral, em processo no qual seja assegurada ampla defesa.

§ 4º. As representações propostas objetivando a aplicação das sanções previstas nos §§ 2º e 3º observarão o rito previsto no art. 22 da Lei Complementar nº 64, de 18 de maio de 1990, e o prazo de recurso contra as decisões proferidas com base neste artigo será de 3 (três) dias, a contar da data da publicação do julgamento no Diário Oficial.

- *§ 4º acrescido pela Lei nº 12.034/2009.*

Art. 82. Nas Seções Eleitorais em que não for usado o sistema eletrônico de votação e totalização de votos, serão aplicadas as regras definidas nos arts. 83 a 89 desta Lei e as pertinentes da Lei nº 4.737, de 15 de julho de 1965 – Código Eleitoral.

Art. 83. As cédulas oficiais serão confeccionadas pela Justiça Eleitoral, que as imprimirá com exclusividade para distribuição às Mesas Receptoras, sendo sua impressão feita em papel opaco, com tinta preta e em tipos uniformes de letras e números, identificando o gênero na denominação dos cargos em disputa.

§ 1º. Haverá duas cédulas distintas, uma para as eleições majoritárias e outra para as proporcionais, a serem confeccionadas segundo modelos determinados pela Justiça Eleitoral.

§ 2º. Os candidatos à eleição majoritária serão identificados pelo nome indicado no pedido de registro e pela sigla adotada pelo partido a que pertencem e deverão figurar na ordem determinada por sorteio.

§ 3º. Para as eleições realizadas pelo sistema proporcional, a cédula terá espaços para que o eleitor escreva o nome ou o número do candidato escolhido, ou a sigla ou o número do partido de sua preferência.

§ 4º. No prazo de quinze dias após a realização do sorteio a que se refere o § 2º, os Tribunais Regionais Eleitorais divulgarão o modelo da cédula completa com os nomes dos candidatos majoritários na ordem já definida.

§ 5º. Às eleições em segundo turno aplica-se o disposto no § 2º, devendo o sorteio verificar-se até quarenta e oito horas após a proclamação do resultado do primeiro turno e a divulgação do modelo da cédula nas vinte e quatro horas seguintes.

Art. 84. No momento da votação, o eleitor dirigir-se-á à cabina duas vezes, sendo a primeira para o preenchimento da cédula destinada às eleições proporcionais, de cor branca, e a segunda para o preenchimento da cédula destinada às eleições majoritárias, de cor amarela.

Parágrafo único. A Justiça Eleitoral fixará o tempo de votação e o número de eleitores por seção, para garantir o pleno exercício do direito de voto.

- *V. art. 117 do Código Eleitoral.*

Art. 85. Em caso de dúvida na apuração de votos dados a homônimos, prevalecerá o número sobre o nome do candidato.

Art. 86. No sistema de votação convencional considerar-se-á voto de legenda quando o eleitor assinalar o número do partido no local exato reservado para o cargo respectivo e somente para este será computado.

Art. 87. Na apuração, será garantido aos fiscais e delegados dos partidos e coligações o direito de observar diretamente, a distância não superior a um metro da mesa, a abertura da urna, a abertura e a contagem das cédulas e o preenchimento do boletim.

§ 1º. O não atendimento ao disposto no *caput* enseja a impugnação do resultado da urna, desde que apresentada antes da divulgação do boletim.

§ 2º. Ao final da transcrição dos resultados apurados no boletim, o Presidente da Junta Eleitoral é obrigado a entregar cópia deste aos partidos e coligações concorrentes ao pleito cujos representantes o requeiram até uma hora após sua expedição.

§ 3º. Para os fins do disposto no parágrafo anterior, cada partido ou coligação poderá credenciar até três fiscais perante a Junta Eleitoral, funcionando um de cada vez.

§ 4º. O descumprimento de qualquer das disposições deste artigo constitui crime, punível com detenção de um a três meses, com a alternativa de prestação de serviços à comunidade pelo mesmo período e multa, no valor de um mil a cinco mil UFIR.

§ 5º. O rascunho ou qualquer outro tipo de anotação fora dos boletins de urna, usados no momento da apuração dos votos, não poderão servir de prova posterior perante a Junta apuradora ou totalizadora.

§ 6º. O boletim mencionado no § 2º deverá conter o nome e o número dos candidatos nas primeiras colunas, que precederão aquelas onde serão designados os votos e o partido ou coligação.

Art. 88. O Juiz Presidente da Junta Eleitoral é obrigado a recontar a urna, quando:

I – o boletim apresentar resultado não coincidente com o número de votantes ou discrepante dos dados obtidos no momento da apuração;

- *V. art. 179, § 8º, do Código Eleitoral.*

II – ficar evidenciada a atribuição de votos a candidatos inexistentes, o não fechamento da contabilidade da urna ou a apresentação de totais de votos nulos, brancos ou válidos destoantes da média geral das demais Seções do mesmo Município, Zona Eleitoral.

Art. 89. Será permitido o uso de instrumentos que auxiliem o eleitor analfabeto a votar, não sendo a Justiça Eleitoral obrigada a fornecê-los.

DISPOSIÇÕES FINAIS

Art. 90. Aos crimes definidos nesta Lei, aplica-se o disposto nos arts. 287 e 355 a 364 da Lei nº 4.737, de 15 de julho de 1965 – Código Eleitoral.

§ 1º. Para os efeitos desta Lei, respondem penalmente pelos partidos e coligações os seus representantes legais.

§ 2º. Nos casos de reincidência, as penas pecuniárias previstas nesta Lei aplicam-se em dobro.

Art. 90-A. (Vetado)

- *Art. 90-A acrescido pela Lei nº 11.300/2006.*

Art. 91. Nenhum requerimento de inscrição eleitoral ou de transferência será recebido dentro dos cento e cinquenta dias anteriores à data da eleição.

- *V. art. 67 do Código Eleitoral.*

Parágrafo único. A retenção de título eleitoral ou do comprovante de alistamento eleitoral constitui crime, punível com detenção, de um a três meses, com a alternativa de prestação de serviços à comunidade por igual período, e multa no valor de cinco mil a dez mil UFIR.

- *V. art. 295 do Código Eleitoral.*

Art. 91-A. No momento da votação, além da exibição do respectivo título, o eleitor deverá apresentar documento de identificação com fotografia.

- *Art. 91-A,* caput, *acrescido pela Lei nº 12.034/ 2009.*

Parágrafo único. Fica vedado portar aparelho de telefonia celular, máquinas fotográficas e filmadoras, dentro da cabina de votação.

- *Parágrafo único acrescido pela Lei nº 12.034/ 2009.*

Art. 92. O Tribunal Superior Eleitoral, ao conduzir o processamento dos títulos eleitorais, determinará de ofício a revisão ou correição das Zonas Eleitorais sempre que:

- *V. art. 71, § 4º, do Código Eleitoral.*

I – o total de transferências de eleitores ocorridas no ano em curso seja dez por cento superior ao do ano anterior;

II – o eleitorado for superior ao dobro da população entre dez e quinze anos, somada à de idade superior a setenta anos do território daquele Município;

III – o eleitorado for superior a sessenta e cinco por cento da população projetada para aquele ano pelo Instituto Brasileiro de Geografia e Estatística – IBGE.

Art. 93. O Tribunal Superior Eleitoral poderá requisitar, das emissoras de rádio e televisão, no período compreendido entre 31 de julho e o dia do pleito, até dez minutos diários, contínuos ou não, que poderão ser somados e usados em dias espaçados, para a divulgação de seus comunicados, boletins e instruções ao eleitorado.

Art. 93-A. O Tribunal Superior Eleitoral (TSE), no período compreendido entre 1º de março e 30 de junho dos anos eleitorais, em tempo igual ao disposto no art. 93 desta Lei, poderá promover propaganda institucional, em rádio e televisão, destinada a incentivar a igualdade de gênero e a participação feminina na política.

- *Art. 93-A acrescido pela Lei nº 12.891/2013.*

Art. 94. Os feitos eleitorais, no período entre o registro das candidaturas até cinco dias após a realização do segundo turno das eleições, terão prioridade para a participação do Ministério Público e dos Juízes de todas as Justiças e instâncias, ressalvados os processos de *habeas corpus* e mandado de segurança.

§ 1º. É defeso às autoridades mencionadas neste artigo deixar de cumprir qualquer prazo desta Lei, em razão do exercício das funções regulares.

§ 2º. O descumprimento do disposto neste artigo constitui crime de responsabilidade e será objeto de anotação funcional para efeito de promoção na carreira.

§ 3º. Além das polícias judiciárias, os órgãos da receita federal, estadual e municipal, os tribunais e órgãos de contas auxiliarão a Justiça Eleitoral na apuração dos delitos eleitorais, com prioridade sobre suas atribuições regulares.

§ 4º. Os advogados dos candidatos ou dos partidos e coligações serão notificados para os feitos de que trata esta Lei com antecedência mínima de vinte e quatro horas, ainda que por fax, telex ou telegrama.

Art. 94-A. Os órgãos e entidades da Administração Pública direta e indireta poderão, quando solicitados, em casos específicos e de forma motivada, pelos Tribunais Eleitorais:

- *Art.94-A,* caput, *acrescido pela Lei nº 11.300/2006.*

I – fornecer informações na área de sua competência;

- *Inciso I acrescido pela Lei nº 11.300/2006.*

II – ceder funcionários no período de 3 (três) meses antes a 3 (três) meses depois de cada eleição.

- *Inciso II acrescido pela Lei nº 11.300/2006.*

Art. 94-B. (Vetado)

- *Art. 94-B acrescido pela Lei nº 11.300/2006.*

Art. 95. Ao Juiz Eleitoral que seja parte em ações judiciais que envolvam determinado candidato é defeso exercer suas funções em processo eleitoral no qual o mesmo candidato seja interessado.

Art. 96. Salvo disposições específicas em contrário desta Lei, as reclamações ou representações relativas ao seu descumprimento podem ser feitas por qualquer partido político, coligação ou candidato, e devem dirigir-se:

I – aos Juízes Eleitorais, nas eleições municipais;

II – aos Tribunais Regionais Eleitorais, nas eleições federais, estaduais e distritais;

III – ao Tribunal Superior Eleitoral, na eleição presidencial.

§ 1º. As reclamações e representações devem relatar fatos, indicando provas, indícios e circunstâncias.

§ 2º. Nas eleições municipais, quando a circunscrição abranger mais de uma Zona Eleitoral, o Tribunal Regional designará um Juiz para apreciar as reclamações ou representações.

§ 3º. Os Tribunais Eleitorais designarão três juízes auxiliares para a apreciação das reclamações ou representações que lhes forem dirigidas.

§ 4º. Os recursos contra as decisões dos juízes auxiliares serão julgados pelo Plenário do Tribunal.

§ 5º. Recebida a reclamação ou representação, a Justiça Eleitoral notificará imediatamente o reclamado ou representado para, querendo, apresentar defesa em quarenta e oito horas.

§ 6º. (Revogado).

- *§ 6º revogado pela Lei nº 9.840/1999.*

§ 7º. Transcorrido o prazo previsto no § 5º, apresentada ou não a defesa, o órgão competente da Justiça Eleitoral decidirá e fará publicar a decisão em vinte e quatro horas.

§ 8º. Quando cabível recurso contra a decisão, este deverá ser apresentado no prazo de vinte e quatro horas da publicação da decisão em cartório ou sessão, assegurado ao recorrido o oferecimento de contrarrazões, em igual prazo, a contar da sua notificação.

§ 9º. Os Tribunais julgarão o recurso no prazo de quarenta e oito horas.

§ 10. Não sendo o feito julgado nos prazos fixados, o pedido pode ser dirigido ao órgão superior, devendo a decisão ocorrer de acordo com o rito definido neste artigo.

Art. 96-A. Durante o período eleitoral, as intimações via fac-símile encaminhadas pela Justiça Eleitoral a candidato deverão ser exclusivamente realizadas na linha telefônica por ele previamente cadastrada, por ocasião do preenchimento do requerimento de registro de candidatura.

- *Art. 96-A,* caput, *acrescido pela Lei nº 12.034/2009.*

Parágrafo único. O prazo de cumprimento da determinação prevista no *caput* é de quarenta e oito horas, a contar do recebimento do fac-símile.

- *Parágrafo único acrescido pela Lei nº 12.034/2009.*

Art. 97. Poderá o candidato, partido ou coligação representar ao Tribunal Regional Eleitoral contra o Juiz Eleitoral que descumprir as disposições desta Lei ou der causa ao seu descumprimento, inclusive quanto aos prazos processuais; neste caso, ouvido o representado em vinte e quatro horas, o Tribunal ordenará a observância do procedimento que explicitar, sob pena de incorrer o Juiz em desobediência.

§ 1º. É obrigatório, para os membros dos Tribunais Eleitorais e do Ministério Público, fiscalizar o cumprimento desta Lei pelos juízes e promotores eleitorais das instâncias inferiores, determinando, quando for o caso, a abertura de procedimento disciplinar para apuração de eventuais irregularidades que verificarem.

- *§ 1º acrescido pela Lei nº 12.034/2009.*

§ 2º. No caso de descumprimento das disposições desta Lei por Tribunal Regional Eleitoral, a representação poderá ser feita ao Tribunal Superior Eleitoral, observado o disposto neste artigo.

- *§ 2º, primitivo parágrafo único, renumerado pela Lei nº 12.034/2009.*

Art. 97-A. Nos termos do inciso LXXVIII do art. 5º da Constituição Federal, considera-se duração razoável do processo que possa resultar em perda de mandato eletivo o período máximo de 1 (um) ano, contado da sua apresentação à Justiça Eleitoral.

- *Art. 97-A,* caput, *acrescido pela Lei nº 12.034/2009.*

§ 1º. A duração do processo de que trata o *caput* abrange a tramitação em todas as instâncias da Justiça Eleitoral.

- *§ 1º acrescido pela Lei nº 12.034/2009.*

§ 2º. Vencido o prazo de que trata o *caput*, será aplicável o disposto no art. 97, sem prejuízo de representação ao Conselho Nacional de Justiça.

- *§ 2º acrescido pela Lei nº 12.034/2009.*

Art. 98. Os eleitores nomeados para compor as Mesas Receptoras ou Juntas Eleitorais e os requisitados para auxiliar seus trabalhos serão dispensados do serviço, mediante declaração expedida pela Justiça Eleitoral, sem prejuízo do salário, vencimento ou qualquer outra vantagem, pelo dobro dos dias de convocação.

Art. 99. As emissoras de rádio e televisão terão direito a compensação fiscal pela cedência do horário gratuito previsto nesta Lei.

§ 1º. O direito à compensação fiscal das emissoras de rádio e televisão previsto no parágrafo único do art. 52 da Lei nº 9.096, de 19 de setembro de 1995, e neste artigo, pela cedência do horário gratuito destinado à divulgação das propagandas partidárias e eleitoral, estende-se à veiculação de propaganda gratuita de plebiscitos e referendos de que dispõe o art. 8º da Lei nº 9.709, de 18 de novembro de 1998, mantido também, a esse efeito, o entendimento de que:

- *§ 1º,* caput, *acrescido pela Lei nº 12.034/2009.*

I – (vetado);

- *Inciso I acrescido pela Lei nº 12.034/2009.*

II – a compensação fiscal consiste na apuração do valor correspondente a 0,8 (oito décimos) do resultado da multiplicação de 100% (cem por cento) ou de 25% (vinte e cinco por cento) do tempo, respectivamente, das inserções e das transmissões em bloco, pelo preço do espaço comercializável comprovadamente vigente, assim considerado aquele divulgado pelas emissoras de rádio e televisão por intermédio de tabela pública de preços de veiculação de publicidade, atendidas as disposições regulamentares e as condições de que trata o § 2º-A;

- *Inciso II com redação dada pela Lei nº 12.350/2010.*

III – o valor apurado na forma do inciso II poderá ser deduzido do lucro líquido para efeito de determinação do lucro real, na apuração do Imposto sobre a Renda da Pessoa Jurídica (IRPJ), inclusive da base de cálculo dos recolhimentos mensais previstos na legislação fiscal (art. 2º da Lei nº 9.430, de 27 de dezembro de 1996), bem como da base de cálculo do lucro presumido.

- *Inciso III acrescido pela Lei nº 12.350/2010.*

§ 2º. (Vetado).

- *§ 2º acrescido pela Lei nº 12.034/2009.*

§ 2º-A. A aplicação das tabelas públicas de preços de veiculação de publicidade, para fins de compensação fiscal, deverá atender ao seguinte:

- *§ 2º-A,* caput, *acrescido pela Lei nº 12.350/2010.*

I – deverá ser apurada mensalmente a variação percentual entre a soma dos preços efetivamente praticados, assim considerados os valores devidos às emissoras de rádio e televisão pelas veiculações comerciais locais, e o correspondente a 0,8 (oito décimos) da soma dos respectivos preços constantes da tabela pública de veiculação de publicidade;

- *Inciso I acrescido pela Lei nº 12.350/2010.*

II – a variação percentual apurada no inciso I deverá ser deduzida dos preços constantes da tabela pública a que se refere o inciso II do § 1º.

- *Inciso II acrescido pela Lei nº 12.350/2010.*

§ 3º. No caso de microempresas e empresas de pequeno porte optantes pelo Regime Especial Unificado de Arrecadação de Tributos e Contribuições (Simples Nacional), o valor integral da compensação fiscal apurado na forma do inciso II do § 1º será deduzido da base de cálculo de imposto e contribuições federais devidos pela emissora, seguindo os critérios definidos pelo Comitê Gestor do Simples Nacional (CGSN).

- *§ 3º com redação dada pela Lei nº 12.350/2010.*

Art. 100. A contratação de pessoal para prestação de serviços nas campanhas eleitorais não gera vínculo empregatício com o candidato ou partido contratantes.

Art. 100-A. A contratação direta ou terceirizada de pessoal para prestação de serviços referentes a atividades de militância e mobilização de rua nas campanhas eleitorais observará os seguintes limites, impostos a cada candidato:

I – em Municípios com até 30.000 (trinta mil) eleitores, não excederá a 1% (um por cento) do eleitorado;

II – nos demais Municípios e no Distrito Federal, corresponderá ao número máximo apurado no inciso I, acrescido de 1 (uma) contratação para cada 1.000 (mil) eleitores que exceder o número de 30.000 (trinta mil).

- *Art. 100-A,* caput, *acrescido pela Lei nº 12.891 /2013.*

§ 1º. As contratações observarão ainda os seguintes limites nas candidaturas aos cargos a:

I – Presidente da República e Senador: em cada Estado, o número estabelecido para o Município com o maior número de eleitores;

II – Governador de Estado e do Distrito Federal: no Estado, o dobro do limite estabelecido para o Município com o maior número de eleitores, e, no Distrito Federal, o dobro do número alcançado no inciso II do *caput*;

III – Deputado Federal: na circunscrição, 70% (setenta por cento) do limite estabelecido para o Município com o maior número de eleitores, e, no Distrito Federal, esse mesmo percentual aplicado sobre o limite calculado na forma do inciso II do *caput*, considerado o eleitorado da maior região administrativa;

IV – Deputado Estadual ou Distrital: na circunscrição, 50% (cinquenta por cento) do limite estabelecido para Deputados Federais;

V – Prefeito: nos limites previstos nos incisos I e II do *caput*;

VI – Vereador: 50% (cinquenta por cento) dos limites previstos nos incisos I e II do *caput*, até o máximo de 80% (oitenta por cento) do limite estabelecido para Deputados Estaduais.

- *§ 1º acrescido pela Lei nº 12.891/2013.*

§ 2º. Nos cálculos previstos nos incisos I e II do *caput* e no § 1º, a fração será desprezada, se inferior a 0,5 (meio), e igualada a 1 (um), se igual ou superior.

- *§ 2º acrescido pela Lei nº 12.891/2013.*

§ 3º. A contratação de pessoal por candidatos a Vice-Presidente, Vice-Governador, Suplente de Senador e Vice-Prefeito é, para todos os efeitos, contabilizada como contratação pelo titular, e a contratação por partidos fica vinculada aos limites impostos aos seus candidatos.

- *§ 3º acrescido pela Lei nº 12.891/2013.*

§ 4º. Na prestação de contas a que estão sujeitos na forma desta Lei, os candidatos são obrigados a discriminar nominalmente as pessoas contratadas, com indicação de seus respectivos números de inscrição no Cadastro de Pessoas Físicas (CPF).

- *§ 4º acrescido pela Lei nº 12.891/2013.*

§ 5º. O descumprimento dos limites previstos nesta Lei sujeitará o candidato às penas previstas no art. 299 da Lei nº 4.737, de 15 de julho de 1965.

- *§ 5º acrescido pela Lei nº 12.891/2013.*

§ 6º. São excluídos dos limites fixados por esta Lei a militância não remunerada, pessoal contratado para apoio administrativo e operacional, fiscais e delegados credenciados para trabalhar nas eleições e os advogados dos candidatos ou dos partidos e coligações.

- *§ 6º acrescido pela Lei nº 12.891/2013.*

Art. 101. (Vetado).

Art. 102. O parágrafo único do art. 145 da Lei nº 4.737, de 15 de julho de 1965 – Código Eleitoral, passa a vigorar acrescido do seguinte inciso IX:

- *Alteração já efetuada no corpo da Lei.*

Art. 103. O art. 19, *caput*, da Lei nº 9.096, de 19 de setembro de 1995 – Lei dos Partidos, passa a vigorar com a seguinte redação:

- *Alteração já efetuada no corpo da Lei.*

Art. 104. O art. 44 da Lei nº 9.096, de 19 de setembro de 1995, passa a vigorar acrescido do seguinte § 3º:

- *Alteração já efetuada no corpo da Lei.*

Art. 105. Até o dia 5 de março do ano da eleição, o Tribunal Superior Eleitoral, atendendo ao caráter regulamentar e sem restringir direitos ou estabelecer sanções distintas das previstas nesta Lei, poderá expedir todas as instruções necessárias para sua fiel execução, ouvidos, previamente, em audiência pública, os delegados ou representantes dos partidos políticos.

- *Art. 105,* caput, *com redação dada pela Lei nº 12.034/2009.*

§ 1º. O Tribunal Superior Eleitoral publicará o código orçamentário para o recolhimento das multas eleitorais ao Fundo Partidário, mediante documento de arrecadação correspondente.

§ 2º. Havendo substituição da UFIR por outro índice oficial, o Tribunal Superior Eleitoral procederá à alteração dos valores estabelecidos nesta Lei pelo novo índice.

§ 3º. Serão aplicáveis ao pleito eleitoral imediatamente seguinte apenas as resoluções publicadas até a data referida no *caput*.

- *§ 3º acrescido pela Lei nº 12.034/2009.*

Art. 105-A. Em matéria eleitoral, não são aplicáveis os procedimentos previstos na Lei nº 7.347, de 24 de julho de 1985.

- *Art. 105-A acrescido pela Lei nº 12.034/2009.*

Art. 106. Esta Lei entra em vigor na data de sua publicação.

Art. 107. Revogam-se os arts. 92, 246, 247, 250, 322, 328, 329, 333 e o parágrafo único do art. 106 da Lei nº 4.737, de 15 de julho de 1965 – Código Eleitoral; o § 4º do art. 39 da Lei nº 9.096, de 19 de setembro de 1995; o § 2º do art. 50 e o § 1º do art. 64 da Lei nº 9.100, de 29 de setembro de 1995; e o § 2º do art. 7º do Decreto-Lei nº 201, de 27 de fevereiro de 1967.

Brasília, 30 de setembro de 1997; 176º da Independência e 109º da República.

Marco Antônio de Oliveira Maciel

DOU de 1º.10.1997

ANEXOS

01. Recibo Eleitoral
02. Ficha de Qualificação do Candidato (Modelo 1)
03. Dados Pessoais do Responsável pela Administração Financeira da Campanha
04. Demonstração dos Recibos Eleitorais Recebidos (Modelo 2)
05. Demonstração dos Recursos Arrecadados (Modelo 3)
06. Relação de Cheques Recebidos (Modelo 4)
07. Demonstração das Origens e Aplicações dos Recursos (Modelo 5)
08. Ficha de Qualificação do Comitê Financeiro (Modelo 6)
09. Demonstração do Limite de Gastos (Modelo 7)
10. Demonstração dos Recibos Eleitorais Distribuídos (Modelo 8)
11. Demonstração de Transferências Financeiras (Modelo 9)
12. Demonstração Financeira Consolidada (Modelo 10)

RECIBO ELEITORAL

Sigla e nº do Partido/série	NOME DO PARTIDO
Recebemos de ________	Recibo Eleitoral
____________________	UF _____________ R$ ____________________
____________________	Município ______________ UFIR____________
Endereço: ____________	Valor por extenso em moeda corrente __________
____________________	____________________________________
Mun. ______ CEP ______	____________________________________
CPF ou CGC nº ________	doação para campanha eleitoral das eleições municipais
a quantia de R$ ________	Data __/__/__
____________________	____________________
correspondente a ___ UFIR	(Assinatura do responsável)
Data __/__/__	Nome do Resp. ______________
____________________	CPF nº ______________
Nome do responsável	
CPF nº ______________	Série: sigla e nº do partido/numeração sequencial

FICHA DE QUALIFICAÇÃO DO CANDIDATO (MODELO 1)

Nome ______________________________ Nº ______________
Nº do CPF: __________ Nº da Identidade ______ Órgão expedidor: ____________
Endereço Residencial ______________________ Telefone ______________
Endereço Comercial ______________________ Telefone ______________
Partido Político ______________ Comitê Financeiro ______________
Eleição ____________ Circunscrição ______________________
Conta Bancária nº __________ Banco ________ Agência ______________
Limite de Gastos em REAL ______________________________________

DADOS PESSOAIS DO RESPONSÁVEL PELA ADMINISTRAÇÃO FINANCEIRA DA CAMPANHA

Nome ______________________________ Nº ______________
Nº do CPF __________ Nº da Identidade ______ Órgão expedidor ____________
Endereço Residencial ______________________ Telefone ______________
Endereço Comercial ______________________ Telefone ______________
LOCAL ______________________ DATA ___ / ___ / ___

________________ ________________
ASSINATURA ASSINATURA

INSTRUÇÕES DE PREENCHIMENTO:

a) *DADOS DO CANDIDATO*

1 – Nome – informar o nome completo do candidato;
2 – Nº – informar o número atribuído ao candidato para concorrer às eleições;
3 – Nº do CPF – informar o número do documento de identificação do candidato no Cadastro de Pessoas Físicas;
4 – Nº da Identidade – informar o número da carreira de identidade do candidato;
5 – Órgão Expedidor – informar o órgão expedidor da Carteira de Identidade;
6 – Endereço Residencial – informar o endereço residencial completo do candidato;
7 – Telefone – informar o número do telefone do candidato, inclusive DDD;
8 – Endereço Comercial – informar o endereço comercial completo do candidato;
9 – Telefone – informar o número do telefone comercial do candidato, inclusive DDD;
10 – Partido Político – informar o nome do partido político pelo qual concorre às eleições;
11 – Comitê Financeiro – informar o nome do comitê financeiro ao qual está vinculado o candidato;
12 – Eleição – informar a eleição para a qual o candidato concorre (cargo eletivo);
13 – Circunscrição – informar a circunscrição à qual esta jurisdicionado o Comitê;
14 – Conta Bancária nº – informar o número da conta-corrente da campanha, caso tenha sido aberta pelo candidato;
15 – Banco – se o campo anterior foi preenchido, informar o banco onde abriu a conta-corrente;
16 – Agência – informar a agência bancária onde foi aberta a conta-corrente;
17 – Limite de Gastos em REAL – informar, em REAL, o limite de gastos estabelecido pelo Partido.

b) *DADOS DO RESPONSÁVEL PELA ADMINISTRAÇÃO FINANCEIRA DA CAMPANHA*

1 – Nome – informar o nome do Responsável indicado pelo candidato para administrar os recursos de sua campanha;
2 – Nº do CPF – informar o número do documento de identificação do Responsável no Cadastro de Pessoas Físicas;
3 – Nº da Identidade – informar o número de carteira de identidade do Responsável;
4 – Órgão Expedidor – informar o órgão expedidor da Carteira de Identidade;
5 – Endereço Residencial – informar o endereço residencial completo do Responsável;
6 – Telefone – informar o número do telefone residencial, inclusive DDD;
7 – Endereço Comercial – informar o endereço comercial completo do Responsável;
8 – Telefone – informar o número do telefone comercial, inclusive DDD;
9 – indicar local e data do preenchimento;
10 – assinaturas do Candidato e do Responsável pela Administração Financeira da Campanha.

DEMONSTRAÇÃO DOS RECIBOS ELEITORAIS RECEBIDOS (MODELO 2)

Direção Nacional/Estadual do Partido/Comitê Financeiro/Candidato ____________________
Eleição ______________________________ UF/ Município ____________________________

DATA	NUMERAÇÃO	QUANTIDADE	RECEBIDOS DE

LOCAL __________________
DATA ___ / ___ / ___

_____________________ _____________________
ASSINATURA ASSINATURA

INSTRUÇÕES DE PREENCHIMENTO

1 – DIREÇÃO NACIONAL/ESTADUAL DO PARTIDO/COMITÊ FINANCEIRO/ CANDIDATO – informar o nome de quem está apresentando a Demonstração: se Direção Nacional do partido político, Direção Estadual, Comitê Financeiro ou Candidato;

2 – ELEIÇÃO – informar a eleição de que se trata (cargo eletivo);

3 – UF/MUNICÍPIO – informar a Unidade da Federação e Município;

4 – DATA – informar a data em que os Recibos Eleitorais foram recebidos, no formato dia, mês e ano;

5 – NUMERAÇÃO – informar a numeração e série dos Recibos Eleitorais Recebidos;

6 – QUANTIDADE – informar a quantidade de Recibos Eleitorais Recebidos;

7 – RECEBIDOS DE – informar o nome do Órgão repassador dos Recibos;

8 – indicar local e data do preenchimento;

9 – assinatura dos responsáveis.

DEMONSTRAÇÃO DOS RECURSOS ARRECADADOS (MODELO 3)

Direção Nacional do Partido/Estadual/Comitê Financeiro/Candidato ____________________________
Eleição _________________________________ UF/ Município ______________________________

DATA	NÚMERO DOS RECIBOS	ESPÉCIE DO RECURSO	DOADOR/ CONTRIBUINTE	CGC/CPF	VALORES	
					UFIR	R$

LOCAL __________________ DATA ___ / ___ / ___

_____________________ _____________________
ASSINATURA ASSINATURA

INSTRUÇÕES DE PREENCHIMENTO

1 – DIREÇÃO NACIONAL DO PARTIDO/COMITÊ FINANCEIRO/CANDIDATO – informar o nome de quem está apresentando a Demonstração: se Direção Nacional/Estadual do partido político, Comitê ou Candidato;

2 – ELEIÇÃO – informar a eleição de que se trata (cargo eletivo);

3 – UF/MUNICÍPIO – informar a Unidade da Federação e Município;

4 – DATA – informar a data em que a doação/contribuição foi recebida, no formato dia, mês e ano;

5 – NÚMERO DOS RECIBOS – informar a numeração e série dos Recibos Eleitorais entregues aos doadores/contribuintes;

6 – ESPÉCIE DO RECURSO – informar o tipo de recurso recebido, se em moeda corrente ou estimável em dinheiro;

7 – DOADOR/CONTRIBUINTE – informar o nome completo de quem doou os recursos, inclusive no caso de recursos próprios do candidato;

8 – CGC/CPF – informar o número do CGC ou do CPF do doador/contribuinte, conforme seja pessoa jurídica ou pessoa física;

9 – VALORES:

9-a – UFIR – informar o valor das arrecadações em UFIR, dividindo o valor em R$ pelo valor da UFIR do mês da doação em moeda corrente;

9-b – R$ – informar o valor da doação em moeda corrente;

10 – TOTAL/TRANSPORTAR – informar o total em UFIR e R$ dos valores arrecadados;

11 – indicar local e data do preenchimento;

12 – assinatura dos responsáveis.

RELAÇÃO DE CHEQUES RECEBIDOS (MODELO 4)

Direção Nacional/Estadual do Partido/Comitê Financeiro/Candidato ____________________

Eleição ____________________ UF/ Município ____________________

DATA DO RECEBIMENTO	IDENTIFICAÇÃO EMITENTE/DOADOR		IDENTIFICAÇÃO DO CHEQUE				VALORES
	NOME	CGC/ CPF	DATA EMISSÃO	Nº BANCO	Nº DA AGÊNCIA	Nº DO CHEQUE	R$
TOTAL/TRANSPORTAR							

LOCAL ____________________ DATA ___ / ___ / ___

____________________ ____________________

ASSINATURA ASSINATURA

INSTRUÇÕES DE PREENCHIMENTO

1 – DIREÇÃO NACIONAL/ESTADUAL DO PARTIDO/COMITÊ FINANCEIRO/ CANDIDATO – informar o nome de quem está apresentando a Demonstração; se Direção Nacional/Estadual do Partido Político, Comitê ou Candidato;

2 – ELEIÇÃO – informar a eleição de que se trata (cargo eletivo);

3 – UF/MUNICÍPIO – informar a unidade da Federação e Município;

4 – DATA DO RECEBIMENTO – informar a data em que os cheques foram recebidos, no formato dia, mês e ano;

5 – IDENTIFICAÇÃO DO EMITENTE/DOADOR:

5-a – Nome – informar o nome do emitente do cheque;

5-b – CGC/CPF – informar o número do CGC ou CPF do emitente do cheque, conforme seja pessoa jurídica ou pessoa física;

6 – IDENTIFICAÇÃO DO CHEQUE:

6-a- DATA DA EMISSÃO – informar a data em que o cheque foi emitido pelo doador, no formato dia, mês e ano;

6-b- Nº DO BANCO – informar o número do Banco sacado;

6-c- Nº DA AGÊNCIA – informar o número da Agência;

6-d- Nº DO CHEQUE – informar o número do cheque;

7 – VALORES – R$ – informar o valor dos cheques em moeda corrente;

8 – TOTAL/TRANSPORTAR – informar o total em R$ dos Cheques recebidos;

9 – indicar local e data do preenchimento;

10 – assinatura dos responsáveis.

DEMONSTRAÇÃO DAS ORIGENS E APLICAÇÕES DOS RECURSOS (MODELO 5)

PARTIDO/COMITÊ/CANDIDATO			
ELEIÇÃO	UF/MUNICÍPIO		
TÍTULO DA CONTA			TOTAL R$
1 – RECEITAS			
DOAÇÕES E CONTRIBUIÇÕES			
Recursos Próprios			
Recursos de Pessoas Físicas			
Recursos de Pessoas Jurídicas			
Transferências Financeiras Recebidas			
FUNDO PARTIDÁRIO			
Cotas Recebidas			
RECEITAS FINANCEIRAS			
Variações Monetárias Ativas			
Rendas de Aplicações			
OUTRAS RECEITAS			
Vendas de Bens de Uso			
	FUNDO PARTIDÁRIO	ORIGEM RECURSOS	TOTAL R$
2 – DESPESAS			
Despesas com Pessoal			
Encargos Sociais			
Impostos			
Alugueis			
Despesas de Viagens			
Honorários Profissionais			

Locações de Bens Móveis			
Despesas Postais			
Materiais de Expediente			
Despesas com Veículos			
Propagandas e Publicidade			
Serviços Prestados por Terceiros			
Cachês de Artistas ou Animadores			
Materiais Impressos			
Lanches e Refeições			
Energia Elétrica			
Despesas de Manutenção e Reparo			
Montagens de Palanques e Equipamentos			
Despesas com Pesquisas ou Testes Eleitorais			
Despesas de Eventos Promocionais			
Despesas Financeiras			
Produção Audiovisuais			
Outras Despesas			
3 – TRANSFERÊNCIAS FINANCEIRAS EFETUADAS			
4 – IMOBILIZAÇÕES – TOTAL			
Bens Móveis			
Bens Imóveis			
SALDO (+ 1 – 2 – 3 – 4 = 5) TOTAL			
Saldo em Caixa			
Saldo em Banco			
Banco ( )			

OBS.: As Obrigações a Pagar deverão ser deduzidas dos saldos financeiros (caixa e banco), sendo demonstradas mediante Demonstração de Obrigações a Pagar (Modelo 11) devidamente assinada pelo Tesoureiro.

FICHA DE QUALIFICAÇÃO DO COMITÊ FINANCEIRO (MODELO 6)

Partido: ______________________________

Direção/Comitê Financeiro/Candidato: ______________________ Único? Sim ____ Não ____

Eleição ______________________________ UF/Município __________

Número da Conta Bancária: __________________ Banco __________ Agência __________

Endereço ______________________________

NOME DOS MEMBROS	FUNÇÕES

LOCAL ________________ DATA ___ / ___ / ___

________________ ________________

ASSINATURA ASSINATURA

INSTRUÇÕES DE PREENCHIMENTO

1 – NOME DO PARTIDO – informar o nome do partido político;

2 – DIREÇÃO/COMITÊ/CANDIDATO – informar se é da Direção Nacional/Estadual/ Comitê Financeiro ou Candidato;

2-a – ÚNICO? SIM? NÃO? – marcar um X no campo correspondente, conforme se trate, no caso de Comitê Estadual/ Municipal, de Comitê Único do Partido para as eleições de toda a circunscrição ou de Comitê específico para determinada eleição;

3 – ELEIÇÃO – informar a eleição de que se trata (cargo eletivo);

4 – UF/MUNICÍPIO – informar a Unidade da Federação e Município;

5 – CONTA BANCÁRIA – informar o número da conta-corrente do Comitê Financeiro;

6 – BANCO – informar o banco onde foi aberta a conta-corrente do Comitê;

7 – AGÊNCIA – informar a agência bancária;

8 – NOMES DOS MEMBROS – informar o nome completo dos membros do Comitê Financeiro;

9 – FUNÇÕES – informar as funções (tipo de responsabilidade) por eles exercidas, na ordem da citação dos nomes;

10 – indicar local e data do preenchimento;

11 – assinatura dos responsáveis.

DEMONSTRAÇÃO DO LIMITE DE GASTOS (MODELO 7)

Nome do Partido ____

Direção/Comitê Financeiro/Candidato ______________________________

ELEIÇÃO		
CANDIDATO – NOME	NÚMERO	LIMITE EM R$
TOTAL/TRANSPORTAR		

LOCAL __________________ DATA ___ / ___ / ___

_____________________ _____________________

ASSINATURA ASSINATURA

INSTRUÇÕES DE PREENCHIMENTO

1 – NOME DO PARTIDO – informar o nome do partido político;

2 – COMITÊ FINANCEIRO/DIREÇÃO/CANDIDATO – informar o nome: se da direção Nacional/Estadual, do Comitê e Candidato que está apresentando a Demonstração;

3 – ELEIÇÃO – informar a eleição de que se trata (cargo eletivo);

4 – CANDIDATO:

4-a – NOME – informar o nome completo do Candidato;

4-b – NÚMERO – informar o número atribuído ao candidato, com o qual concorre à eleição;

5 – LIMITE EM R$ – informar o valor em Real do limite de gastos atribuído ao Candidato, pelo partido;

6 – TOTAL/TRANSPORTAR – informar o total em REAL;

7 – indicar o local e a data do preenchimento;

8 – assinatura dos responsáveis.

DEMONSTRAÇÃO DOS RECIBOS ELEITORAIS DISTRIBUÍDOS (MODELO 8)

Direção Nacional/Estadual/Comitê Financeiro ______________________________

Eleição ______________________________

DATA	NUMERAÇÃO	QUANTIDADE	DISTRIBUÍDO A

LOCAL ________________ DATA ___ / ___ / ___

________________ ________________

ASSINATURA ASSINATURA

INSTRUÇÕES DE PREENCHIMENTO

1 – DIREÇÃO/NACIONAL/ESTADUAL DO PARTIDO/COMITÊ FINANCEIRO – informar nome de quem está apresentando a Demonstração: se Direção Nacional/Estadual do Partido Político ou Comitê Financeiro;

2 – ELEIÇÃO – informar a eleição de que se trata (cargo eletivo);

3 – DATA – informar a data da entrega dos Recibos Eleitorais, no formato dia, mês e ano;

4 – NUMERAÇÃO – informar a numeração dos Recibos Eleitorais Distribuídos, inclusive com a sua série;

5 – QUANTIDADE – informar a quantidade de Recibos Eleitorais Distribuídos, separados por valor de face;

6 – DISTRIBUÍDO A – informar o nome da Direção (Nacional/Estadual) ou do Comitê ou Candidato que recebeu os Recibos Eleitorais;

7 – indicar local e data do preenchimento;

8 – assinatura dos responsáveis.

DEMONSTRAÇÃO DE TRANSFERÊNCIAS FINANCEIRAS (MODELO 9)

Direção Nacional/Estadual do Partido/Comitê Financeiro: ______________________________

DATA	NOME DO PARTIDO/COMITÊ/CANDIDATO BENEFICIÁRIO	VALORES R$
TOTAL/TRANSPORTAR		

LOCAL ________________ DATA ___ / ___ / ___

________________ ________________

ASSINATURA ASSINATURA

INSTRUÇÕES DE PREENCHIMENTO

1 – DIREÇÃO NACIONAL/ESTADUAL DO PARTIDO/COMITÊ FINANCEIRO – informar o nome de quem realizou as transferências: se Direção Nacional/ Estadual do Partido ou Comitê Financeiro, inclusive no caso de coligações;

2 – DATA – informar a data em que ocorreu a transferência financeira, no formato dia, mês e ano;

3 – NOME DO PARTIDO/COMITÊ/CANDIDATO – informar o nome do Partido (Direção Nacional/Estadual) do Comitê ou do Candidato beneficiário da transferência dos recursos, inclusive no caso de coligações;

4 – VALORES – R$ – informar o valor das transferências em moeda corrente;

5 – TOTAL/TRANSPORTAR – informar o total em R$ das transferências efetuadas;

6 – indicar local e data do preenchimento;

7 – assinatura dos responsáveis.

DEMONSTRAÇÃO FINANCEIRA CONSOLIDADA (MODELO 10)

Nome do Partido ____________________
Direção Nacional ____________________

COMITÊS FINANCEIROS VINCULADOS	VALORES EM R$		
	ARRECADADOS	APLICADOS	SALDOS
TOTAIS/TRANSPORTAR			

LOCAL ________________ DATA ___ / ___ / ___

________________ ________________
ASSINATURA ASSINATURA

INSTRUÇÕES DE PREENCHIMENTO

1 – NOME DO PARTIDO – informar o nome do partido político;

2 – COMITÊS FINANCEIROS VINCULADOS – informar o nome da Direção Estadual ou Comitês Estadual ou Municipal vinculados à Campanha para Prefeito;

3 – VALORES EM R$:

3-a – ARRECADADOS – informar o total, em moeda corrente, dos valores arrecadados para cada Comitê;

3-b – APLICADOS – informar o total, em moeda corrente, dos valores aplicados para cada Comitê;

3-c – SALDOS – informar os saldos financeiros apresentados, de cada Comitê;

4 – TOTAIS/TRANSPORTAR – informar os totais dos recursos arrecadados, aplicados e dos respectivos saldos, representando o movimento financeiro de toda a campanha para Prefeito;

5 – indicar o local e data do preenchimento;

6 – assinatura dos responsáveis.

DEMONSTRAÇÃO CONSOLIDADA DO LIMITE DE GASTOS (MODELO 11)

Direção Nacional do Partido Político ____________________

CIRCUNSCRIÇÃO	VALORES EM R$
TOTAL/TRANSPORTAR	

LOCAL ________________ DATA ___ / ___ / ___

________________ ________________
ASSINATURA ASSINATURA

INSTRUÇÕES DE PREENCHIMENTO

1 – DIREÇÃO NACIONAL DO PARTIDO POLÍTICO – informar o nome do partido político;

2 – Nº – informar o número com o qual o Partido Político concorreu às eleições;

3 – CIRCUNSCRIÇÃO – informar a circunscrição em relação à qual foi estabelecido o limite de gastos;

4 – VALORES EM R$ – informar o valor em REAL do limite de gastos atribuído pelo Partido, para cada circunscrição;

5 – TOTAL/TRANSPORTAR – informar o total em REAL;

6 – indicar local e data do preenchimento;

7 – assinaturas dos responsáveis.

LEI DOS PARTIDOS POLÍTICOS

LEI Nº 9.096, DE 19 DE SETEMBRO DE 1995

ATUALIZADA ATÉ A LEI Nº 12.891, DE 11.12.2013

Dispõe sobre partidos políticos, regulamenta os arts. 17 e 14, § 3º, inciso V, da Constituição Federal.

O Vice-Presidente da República no exercício do cargo de Presidente da República.

Faço saber que o Congresso Nacional decreta e eu sanciono a seguinte Lei:

TÍTULO I
DISPOSIÇÕES PRELIMINARES

Art. 1º. O partido político, pessoa jurídica de direito privado, destina-se a assegurar, no interesse do regime democrático, a autenticidade do sistema representativo e a defender os direitos fundamentais definidos na Constituição Federal.

Art. 2º. É livre a criação, fusão, incorporação e extinção de partidos políticos cujos programas respeitem a soberania nacional, o regime democrático, o pluripartidarismo e os direitos fundamentais da pessoa humana.

Art. 3º. É assegurada, ao partido político, autonomia para definir sua estrutura interna, organização e funcionamento.

Parágrafo único. É assegurada aos candidatos, partidos políticos e coligações autonomia para definir o cronograma das atividades eleitorais de campanha e executá-lo em qualquer dia e horário, observados os limites estabelecidos em lei.

- *Parágrafo único acrescido pela Lei nº 12.891/ 2013.*

Art. 4º. Os filiados de um partido político tem iguais direitos e deveres.

Art. 5º. A ação do partido tem caráter nacional e é exercida de acordo com seu estatuto e programa, sem subordinação a entidades ou governos estrangeiros.

Art. 6º. É vedado ao partido político ministrar instrução militar ou paramilitar, utilizar-se de organização da mesma natureza e adotar uniforme para seus membros.

Art. 7º. O partido político, após adquirir personalidade jurídica na forma da lei civil, registra seu estatuto no Tribunal Superior Eleitoral.

§ 1º. Só é admitido o registro do estatuto de partido político que tenha caráter nacional, considerando-se como tal aquele que comprove o apoiamento de eleitores correspondente a, pelo menos, meio por cento dos votos dados na última eleição geral para a Câmara dos Deputados, não computados os votos em branco e os nulos, distribuídos por um terço, ou mais, dos Estados, com um mínimo de um décimo por cento do eleitorado que haja votado em cada um deles.

§ 2º. Só o partido que tenha registrado seu estatuto no Tribunal Superior Eleitoral pode participar do processo eleitoral, receber recursos do Fundo Partidário e ter acesso gratuito ao rádio e à televisão, nos termos fixados nesta Lei.

§ 3º. Somente o registro do estatuto do partido no Tribunal Superior Eleitoral assegura a exclusividade da sua denominação, sigla e símbolos, vedada a utilização, por outros partidos, de variações que venham a induzir a erro ou confusão.

TÍTULO II
DA ORGANIZAÇÃO E FUNCIONAMENTO DOS PARTIDOS POLÍTICOS

Capítulo I
Da Criação e do Registro dos Partidos Políticos

Art. 8º. O requerimento do registro de partido político, dirigido ao cartório competente do Registro Civil das Pessoas Jurídicas, da Capital Federal, deve ser subscrito pelos seus fundadores, em número nunca inferior a cento e um, com domicílio eleitoral em, no mínimo, um terço dos Estados, e será acompanhado de:

I – cópia autêntica da ata da reunião de fundação do partido;

II – exemplares do *Diário Oficial* que publicou, no seu inteiro teor, o programa e o estatuto;

III – relação de todos os fundadores com o nome completo, naturalidade, número do título eleitoral com a Zona, Seção, Município e Estado, profissão e endereço da residência.

§ 1º. O requerimento indicará o nome e função dos dirigentes provisórios e o endereço da sede do partido na Capital Federal.

§ 2º. Satisfeitas as exigências deste artigo, o Oficial do Registro Civil efetua o registro no livro correspondente, expedindo certidão de inteiro teor.

§ 3º. Adquirida a personalidade jurídica na forma deste artigo, o partido promove a obtenção do apoiamento mínimo de eleitores a que se refere o § 1º do art. 7º e realiza os atos necessários para a constituição definitiva de seus órgãos e designação dos dirigentes, na forma do seu estatuto.

Art. 9º. Feita a constituição e designação, referidas no § 3º do artigo anterior, os dirigentes nacionais promoverão o registro do estatuto do partido junto ao Tribunal Superior Eleitoral, através de requerimento acompanhado de:

I – exemplar autenticado do inteiro teor do programa e do estatuto partidários, inscritos no Registro Civil;

II – certidão do registro civil da pessoa jurídica, a que se refere o § 2º do artigo anterior;

III – certidões dos cartórios eleitorais que comprovem ter o partido obtido o apoiamento mínimo de eleitores a que se refere o § 1º do art. 7º.

§ 1º. A prova do apoiamento mínimo de eleitores é feita por meio de suas assinaturas com menção ao número do respectivo título eleitoral, em listas organizadas para cada Zona, sendo a veracidade das respectivas assinaturas e o número dos títulos atestados pelo Escrivão Eleitoral.

§ 2º. O Escrivão Eleitoral dá imediato recibo de cada lista que lhe for apresentada e, no prazo de quinze dias, lavra o seu atestado, devolvendo-a ao interessado.

§ 3º. Protocolado o pedido de registro no Tribunal Superior Eleitoral, o processo respectivo, no prazo de quarenta e oito horas, é distribuído a um Relator, que, ouvida a Procuradoria-Geral, em dez dias, determina, em igual prazo, diligências para sanar eventuais falhas do processo.

§ 4º. Se não houver diligências a determinar, ou após o seu atendimento, o Tribunal Superior Eleitoral registra o estatuto do partido, no prazo de trinta dias.

Art. 10. As alterações programáticas ou estatutárias, após registradas no Ofício Civil competente, devem ser encaminhadas, para o mesmo fim, ao Tribunal Superior Eleitoral.

Parágrafo único. O partido comunicará à Justiça Eleitoral a constituição de seus órgãos de direção e os nomes dos respectivos integrantes, bem como as alterações que forem promovidas, para anotação:

- *Parágrafo único,* caput*, acrescido pela Lei nº 9.259/1996.*

I – no Tribunal Superior Eleitoral, dos integrantes dos órgãos de âmbito nacional;

- *Inciso I acrescido pela Lei nº 9.259/1996.*

II – nos Tribunais Regionais Eleitorais, dos integrantes dos órgãos de âmbito estadual, municipal ou zonal.

- *Inciso II acrescido pela Lei nº 9.259/1996.*

Art. 11. O partido com registro no Tribunal Superior Eleitoral pode credenciar, respectivamente:

I – delegados perante o Juiz Eleitoral;

II – delegados perante o Tribunal Regional Eleitoral;

III – delegados perante o Tribunal Superior Eleitoral.

Parágrafo único. Os delegados credenciados pelo órgão de direção nacional representam o partido perante quaisquer Tribunais ou Juízes Eleitorais; os credenciados pelos órgãos estaduais, somente perante o Tribunal Regional Eleitoral e os Juízes Eleitorais do respectivo Estado, do Distrito Federal ou Território Federal; e os credenciados pelo órgão municipal, perante o Juiz Eleitoral da respectiva jurisdição.

Capítulo II
Do Funcionamento Parlamentar

Art. 12. O partido político funciona, nas Casas Legislativas, por intermédio de uma bancada, que deve constituir suas lideranças de acordo com o estatuto do partido, as disposições regimentais das respectivas Casas e as normas desta Lei.

Art. 13. Tem direito a funcionamento parlamentar, em todas as Casas Legislativas para as quais tenha elegido representante, o partido que, em cada eleição para a Câmara dos Deputados obtenha o apoio de, no mínimo, cinco por cento dos votos apurados, não computados os brancos e os nulos, distribuídos em, pelo menos, um terço dos Estados, com um mínimo de dois por cento do total de cada um deles.

- *O art. 13 foi declarado inconstitucional, por unanimidade, nas ADIns nºs 1.351-3 e 1.354-8.*

Capítulo III
Do Programa e do Estatuto

Art. 14. Observadas as disposições constitucionais e as desta Lei, o partido é livre para fixar, em seu programa, seus objetivos políticos e para estabelecer, em seu estatuto, a sua estrutura interna, organização e funcionamento.

Art. 15. O estatuto do partido deve conter, entre outras, normas sobre:

I – nome, denominação abreviada e o estabelecimento da sede na Capital Federal;

II – filiação e desligamento de seus membros;

III – direitos e deveres dos filiados;

IV – modo como se organiza e administra, com a definição de sua estrutura geral e identificação, composição e competências dos órgãos partidários nos níveis municipal, estadual e nacional, duração dos mandatos e processo de eleição dos seus membros;

V – fidelidade e disciplina partidárias, processo para apuração das infrações e aplicação das penalidades, assegurado amplo direito de defesa;

VI – condições e forma de escolha de seus candidatos a cargos e funções eletivas;

VII – finanças e contabilidade, estabelecendo, inclusive, normas que os habilitem a apurar as quantias que os seus candidatos possam despender com a própria eleição, que fixem os limites das contribuições dos filiados e definam as diversas fontes de receita do partido, além daquelas previstas nesta Lei;

VIII – critérios de distribuição dos recursos do Fundo Partidário entre os órgãos de nível municipal, estadual e nacional que compõem o partido;

IX – procedimento de reforma do programa e do estatuto.

Art. 15-A. A responsabilidade, inclusive civil e trabalhista, cabe exclusivamente ao órgão partidário municipal, estadual ou nacional que tiver dado causa ao não cumprimento da obrigação, à violação de direito, a dano a outrem ou a qualquer ato ilícito, excluída a solidariedade de outros órgãos de direção partidária.

- *Art. 15-A,* caput, *acrescido pela Lei nº 11.694/2008 e com redação dada pela Lei nº 12.034/2009.*

Parágrafo único. O órgão nacional do partido político, quando responsável, somente poderá ser demandado judicialmente na circunscrição especial judiciária da sua sede, inclusive nas ações de natureza cível ou trabalhista.

- *Parágrafo único acrescido pela Lei nº 12.891/2013.*

Capítulo IV
Da Filiação Partidária

Art. 16. Só pode filiar-se a partido o eleitor que estiver no pleno gozo de seus direitos políticos.

Art. 17. Considera-se deferida, para todos os efeitos, a filiação partidária, com o atendimento das regras estatutárias do partido.

Parágrafo único. Deferida a filiação do eleitor, será entregue comprovante ao interessado, no modelo adotado pelo partido.

Art. 18. Para concorrer a cargo eletivo, o eleitor deverá estar filiado ao respectivo partido pelo menos um ano antes da data fixada para as eleições, majoritárias ou proporcionais.

Art. 19. Na segunda semana dos meses de abril e outubro de cada ano, o partido, por seus órgãos de direção municipais, regionais ou nacional, deverá remeter, aos juízes eleitorais, para arquivamento, publicação e cumprimento dos prazos de filiação partidária para efeito de candidatura a cargos eletivos, a relação dos nomes de todos os seus filiados, da qual constará a data de filiação, o número dos títulos eleitorais e das seções em que estão inscritos.

- *Art. 19,* caput, *com redação dada pela Lei nº 9.504/1997.*

§ 1º. Se a relação não é remetida nos prazos mencionados neste artigo, permanece inalterada a filiação de todos os eleitores, constante da relação remetida anteriormente.

§ 2º. Os prejudicados por desídia ou má-fé poderão requerer, diretamente à Justiça Eleitoral, a observância do que prescreve o *caput* deste artigo.

§ 3º. Os órgãos de direção nacional dos partidos políticos terão pleno acesso às informações de seus filiados constantes do cadastro eleitoral.

- *§ 3º acrescido pela Lei nº 12.034/2009.*

Art. 20. É facultado ao partido político estabelecer, em seu estatuto, prazos de filiação partidária superiores aos previstos nesta Lei, com vistas a candidatura a cargos eletivos.

Parágrafo único. Os prazos de filiação partidária, fixados no estatuto do partido, com vistas a candidatura a cargos eletivos, não podem ser alterados no ano da eleição.

Art. 21. Para desligar-se do partido, o filiado faz comunicação escrita ao órgão de direção municipal e ao Juiz Eleitoral da Zona em que for inscrito.

Parágrafo único. Decorridos dois dias da data da entrega da comunicação, o vínculo torna-se extinto, para todos os efeitos.

Art. 22. O cancelamento imediato da filiação partidária verifica-se nos casos de:

I – morte;

II – perda dos direitos políticos;

III – expulsão;

IV – outras formas previstas no estatuto, com comunicação obrigatória ao atingido no prazo de quarenta e oito horas da decisão;

V – filiação a outro partido, desde que a pessoa comunique o fato ao juiz da respectiva Zona Eleitoral.

- *Inciso V acrescido pela Lei nº 12.891/2013.*

Parágrafo único. Havendo coexistência de filiações partidárias, prevalecerá a mais recente, devendo a Justiça Eleitoral determinar o cancelamento das demais.

- *Parágrafo único com redação dada pela Lei nº 12.891/2013.*

Capítulo V
Da Fidelidade e da Disciplina Partidárias

Art. 23. A responsabilidade por violação dos deveres partidários deve ser apurada e punida pelo competente órgão, na conformidade do que disponha o estatuto de cada partido.

§ 1º. Filiado algum pode sofrer medida disciplinar ou punição por conduta que não esteja tipificada no estatuto do partido político.

§ 2º. Ao acusado é assegurado amplo direito de defesa.

Art. 24. Na Casa Legislativa, o integrante da bancada de partido deve subordinar sua ação parlamentar aos princípios doutrinários e programáticos e às diretrizes estabelecidas pelos órgãos de direção partidários, na forma do estatuto.

Art. 25. O estatuto do partido poderá estabelecer, além das medidas disciplinares básicas de caráter partidário, normas sobre penalidades, inclusive com desligamento temporário da bancada, suspensão do direito de voto nas reuniões internas ou perda de todas as prerrogativas, cargos e funções que exerça em decorrência da representação e da proporção partidária, na respectiva Casa Legislativa, ao parlamentar que se opuser, pela atitude ou pelo voto, às diretrizes legitimamente estabelecidas pelos órgãos partidários.

Art. 26. Perde automaticamente a função ou cargo que exerça, na respectiva Casa Legislativa, em virtude da proporção partidária, o parlamentar que deixar o partido sob cuja legenda tenha sido eleito.

Capítulo VI
Da Fusão, Incorporação e Extinção dos Partidos Políticos

Art. 27. Fica cancelado, junto ao Ofício Civil e ao Tribunal Superior Eleitoral, o registro do partido que, na forma de seu estatuto, se dissolva, se incorpore ou venha a se fundir a outro.

Art. 28. O Tribunal Superior Eleitoral, após trânsito em julgado de decisão, determina o cancelamento do registro civil e do estatuto do partido contra o qual fique provado:

I – ter recebido ou estar recebendo recursos financeiros de procedência estrangeira;

II – estar subordinado a entidade ou governo estrangeiros;

III – não ter prestado, nos termos desta Lei, as devidas contas à Justiça Eleitoral;

IV – que mantém organização paramilitar.

§ 1º. A decisão judicial a que se refere este artigo deve ser precedida de processo regular, que assegure ampla defesa.

§ 2º. O processo de cancelamento é iniciado pelo Tribunal à vista de denúncia de qualquer eleitor, de representante de partido, ou de representação do Procurador-Geral Eleitoral.

§ 3º. O partido político, em nível nacional, não sofrerá a suspensão das cotas do Fundo Partidário, nem qualquer outra punição como consequência de atos praticados por órgãos regionais ou municipais.

- *§ 3º acrescido pela Lei nº 9.693/1998.*

§ 4º. Despesas realizadas por órgãos partidários municipais ou estaduais ou por candidatos majoritários nas respectivas circunscrições devem ser assumidas e pagas exclusivamente pela esfera partidária correspondente, salvo acordo expresso com órgão de outra esfera partidária.

- *§ 4º acrescido pela Lei nº 12.034/2009.*

§ 5º. Em caso de não pagamento, as despesas não poderão ser cobradas judicialmente dos órgãos superiores dos partidos políticos, recaindo eventual penhora exclusivamente sobre o órgão partidário que contraiu a dívida executada.

- *§ 5º acrescido pela Lei nº 12.034/2009.*

§ 6º. O disposto no inciso III do *caput* refere-se apenas aos órgãos nacionais dos partidos políticos que deixarem de prestar contas ao Tribunal Superior Eleitoral, não ocorrendo o cancelamento do registro civil e do estatuto do partido quando a omissão for dos órgãos partidários regionais ou municipais.

- *§ 6º acrescido pela Lei nº 12.034/2009.*

Art. 29. Por decisão de seus órgãos nacionais de deliberação, dois ou mais partidos poderão fundir-se num só ou incorporar-se um ao outro.

- *V. art. 105 do Código Eleitoral.*

§ 1º. No primeiro caso, observar-se-ão as seguintes normas:

I – os órgãos de direção dos partidos elaborarão projetos comuns de estatuto e programa;

II – os órgãos nacionais de deliberação dos partidos em processo de fusão votarão em reunião conjunta, por maioria absoluta, os projetos, e elegerão o órgão de direção nacional que promoverá o registro do novo partido.

§ 2º. No caso de incorporação, observada a lei civil, caberá ao partido incorporando deliberar por maioria absoluta de votos, em seu órgão nacional de deliberação, sobre a adoção do estatuto e do programa de outra agremiação.

§ 3º. Adotados o estatuto e o programa do partido incorporador, realizar-se-á, em reunião conjunta dos órgãos nacionais de deliberação, a eleição do novo órgão de direção nacional.

§ 4º. Na hipótese de fusão, a existência legal do novo partido tem início com o registro, no Ofício Civil competente da Capital Federal, do estatuto e do programa, cujo requerimento deve ser acompanhado das atas das decisões dos órgãos competentes.

§ 5º. No caso de incorporação, o instrumento respectivo deve ser levado ao Ofício Civil competente, que deve, então, cancelar o registro do partido incorporado a outro.

§ 6º. Havendo fusão ou incorporação, devem ser somados exclusivamente os votos dos partidos fundidos ou incorporados obtidos na última eleição geral para a Câmara dos Deputados, para efeito da distribuição dos recursos do Fundo Partidário e do acesso gratuito ao rádio e à televisão.

- *§ 6º com redação dada pela Lei nº 12.875/2013.*

§ 7º. O novo estatuto ou instrumento de incorporação deve ser levado a registro e averbado, respectivamente, no Ofício Civil e no Tribunal Superior Eleitoral.

TÍTULO III
DAS FINANÇAS E CONTABILIDADE DOS PARTIDOS

Capítulo I
Da Prestação de Contas

Art. 30. O partido político, através de seus órgãos nacionais, regionais e municipais, deve manter escrituração contábil, de forma a permitir o conhecimento da origem de suas receitas e a destinação de suas despesas.

Art. 31. É vedado ao partido receber, direta ou indiretamente, sob qualquer forma ou pretexto, contribuição ou auxílio pecuniário ou estimável em dinheiro, inclusive através de publicidade de qualquer espécie, procedente de:

I – entidade ou governo estrangeiros;

II – autoridade ou órgãos públicos, ressalvadas as dotações referidas no art. 38;

III – autarquias, empresas públicas ou concessionárias de serviços públicos, sociedades de economia mista e fundações instituídas em virtude de lei e para cujos recursos concorram órgãos ou entidades governamentais;

IV – entidade de classe ou sindical.

Art. 32. O partido está obrigado a enviar, anualmente, à Justiça Eleitoral, o balanço contábil do exercício findo, até o dia 30 de abril do ano seguinte.

§ 1º. O balanço contábil do órgão nacional será enviado ao Tribunal Superior Eleitoral, o dos órgãos estaduais aos Tribunais Regionais Eleitorais e o dos órgãos municipais aos Juízes Eleitorais.

§ 2º. A Justiça Eleitoral determina, imediatamente, a publicação dos balanços na imprensa oficial, e, onde ela não exista, procede à afixação dos mesmos no Cartório Eleitoral.

§ 3º. No ano em que ocorrem eleições, o partido deve enviar balancetes mensais à Justiça Eleitoral, durante os quatro meses anteriores e os dois meses posteriores ao pleito.

Art. 33. Os balanços devem conter, entre outros, os seguintes itens:

I – discriminação dos valores e destinação dos recursos oriundos do Fundo Partidário;

II – origem e valor das contribuições e doações;

III – despesas de caráter eleitoral, com a especificação e comprovação dos gastos com programas no rádio e televisão, comitês, propaganda, publicações, comícios e demais atividades de campanha;

IV – discriminação detalhada das receitas e despesas.

Art. 34. A Justiça Eleitoral exerce a fiscalização sobre a escrituração contábil e a prestação de contas do partido e das despesas de campanha eleitoral, devendo atestar se elas refletem adequadamente a real movimentação financeira, os dispêndios e recursos aplicados nas campanhas eleitorais, exigindo a observação das seguintes normas:

I – obrigatoriedade de constituição de comitês e designação de dirigentes partidários específicos, para movimentar recursos financeiros nas campanhas eleitorais;

II – caracterização da responsabilidade dos dirigentes do partido e comitês, inclusive do tesoureiro, que responderão, civil e criminalmente, por quaisquer irregularidades;

III – escrituração contábil, com documentação que comprove a entrada e saída de dinheiro ou de bens recebidos e aplicados;

IV – obrigatoriedade de ser conservada pelo partido a documentação comprobatória de suas prestações de contas, por prazo não inferior a cinco anos;

V – obrigatoriedade de prestação de contas, pelo partido político, seus comitês e candidatos, no encerramento da campanha eleitoral, com o recolhimento imediato à tesouraria do partido dos saldos financeiros eventualmente apurados.

§ 1º. A fiscalização de que trata o *caput* tem por escopo identificar a origem das receitas e a destinação das despesas com as atividades partidárias e eleitorais, mediante o exame formal dos documentos contábeis e fiscais apresentados pelos partidos políticos, comitês e candidatos, sendo vedada a análise das atividades político-partidárias ou qualquer interferência em sua autonomia.

- *§ 1º acrescido pela Lei nº 12.891/2013.*

§ 2º. Para efetuar os exames necessários ao atendimento do disposto no *caput*, a Justiça Eleitoral pode requisitar técnicos do Tribunal de Contas da União ou dos Estados, pelo tempo que for necessário.

- *§ 2º, primitivo parágrafo único, renumerado pela Lei nº 12.891/2013.*

Art. 35. O Tribunal Superior Eleitoral e os Tribunais Regionais Eleitorais, à vista de denúncia fundamentada de filiado ou delegado de partido, de representação do Procurador-Geral ou Regional ou de iniciativa do Corregedor, determinarão o exame da escrituração do partido e a apuração de qualquer ato que viole as prescrições legais ou estatutárias a que, em matéria financeira, aquele ou seus filiados estejam sujeitos, podendo, inclusive, determinar a quebra de sigilo bancário das contas dos partidos para o esclarecimento ou apuração de fatos vinculados à denúncia.

Parágrafo único. O partido pode examinar, na Justiça Eleitoral, as prestações de contas mensais ou anuais dos demais partidos, quinze dias após a publicação dos balanços financeiros, aberto o prazo de cinco dias para impugná-las, podendo, ainda, relatar fatos, indicar provas e pedir abertura de investigação para apurar qualquer ato que viole as prescrições legais ou estatutárias a que, em matéria financeira, os partidos e seus filiados estejam sujeitos.

Art. 36. Constatada a violação de normas legais ou estatutárias, ficará o partido sujeito às seguintes sanções:

I – no caso de recursos de origem não mencionada ou esclarecida, fica suspenso o recebimento das quotas do Fundo Partidário até que o esclarecimento seja aceito pela Justiça Eleitoral;

II – no caso de recebimento de recursos mencionados no art. 31, fica suspensa a participação no Fundo Partidário por um ano;

III – no caso de recebimento de doações cujo valor ultrapasse os limites previstos no art. 39, § 4º, fica suspensa por dois anos a participação no Fundo Partidário e será aplicada ao partido multa correspondente ao valor que exceder aos limites fixados.

Art. 37. A falta de prestação de contas ou sua desaprovação total ou parcial implica a suspensão de novas cotas do Fundo Partidário e sujeita os responsáveis às penas da lei.

- *Art. 37,* caput, *com redação dada pela Lei nº 9.693/1998.*

§ 1º. A Justiça Eleitoral pode determinar diligências necessárias à complementação de informações ou ao saneamento de irregularidades encontradas nas contas dos órgãos de direção partidária ou de candidatos.

- *§ 1º, primitivo parágrafo único, renumerado pela Lei nº 9.693/1998.*

§ 2º. A sanção a que se refere o *caput* será aplicada exclusivamente à esfera partidária responsável pela irregularidade.

- *§ 2º acrescido pela Lei nº 9.693/1998.*

§ 3º. A sanção de suspensão do repasse de novas quotas do Fundo Partidário, por desaprovação total ou parcial da prestação de contas de partido, deverá ser aplicada de forma proporcional e razoável, pelo período de 1 (um) mês a 12 (doze) meses, ou por meio do desconto, do valor a ser repassado, da importância apontada como irregular, não podendo ser aplicada a sanção de suspensão, caso a prestação de contas não seja julgada, pelo juízo ou tribunal competente, após 5 (cinco) anos de sua apresentação.

- *§ 3º acrescido pela Lei nº 12.034/2009.*

§ 4º. Da decisão que desaprovar total ou parcialmente a prestação de contas dos órgãos partidários caberá recurso para os Tribunais Regionais Eleitorais ou para o Tribunal Superior Eleitoral, conforme o caso, o qual deverá ser recebido com efeito suspensivo.

- *§ 4º acrescido pela Lei nº 12.034/2009.*

§ 5º. As prestações de contas desaprovadas pelos Tribunais Regionais e pelo Tribunal Superior poderão ser revistas para fins de aplicação proporcional da sanção aplicada, mediante requerimento ofertado nos autos da prestação de contas.

- *§ 5º acrescido pela Lei nº 12.034/2009.*

§ 6º. O exame da prestação de contas dos órgãos partidários tem caráter jurisdicional.

- *§ 6º acrescido pela Lei nº 12.034/2009.*

§ 7º. (Vetado).

- *§ 7º acréscimo proposto pela Lei nº 12.891/2013, e vetado.*

§ 8º. (Vetado).

- *§ 8º acréscimo proposto pela Lei nº 12.891/2013, e vetado.*

Capítulo II
Do Fundo Partidário

Art. 38. O Fundo Especial de Assistência Financeira aos Partidos Políticos (Fundo Partidário) é constituído por:

I – multas e penalidades pecuniárias aplicadas nos termos do Código Eleitoral e leis conexas;

II – recursos financeiros que lhe forem destinados por lei, em caráter permanente ou eventual;

III – doações de pessoa física ou jurídica, efetuadas por intermédio de depósitos bancários diretamente na conta do Fundo Partidário;

IV – dotações orçamentárias da União em valor nunca inferior, cada ano, ao número de eleitores inscritos em 31 de dezembro do ano anterior ao da proposta orçamentária, multiplicados por trinta e cinco centavos de real, em valores de agosto de 1995.

§ 1º. (Vetado).

§ 2º. (Vetado).

Art. 39. Ressalvado o disposto no art. 31, o partido político pode receber doações de pessoas físicas e jurídicas para constituição de seus fundos.

§ 1º. As doações de que trata este artigo podem ser feitas diretamente aos órgãos de direção nacional, estadual e municipal, que remeterão, à Justiça Eleitoral e aos órgãos hierarquicamente superiores do partido, o demonstrativo de seu recebimento e respectiva destinação, juntamente com o balanço contábil.

§ 2º. Outras doações, quaisquer que sejam, devem ser lançadas na contabilidade do partido, definidos seus valores em moeda corrente.

§ 3º. As doações em recursos financeiros devem ser, obrigatoriamente, efetuadas por cheque cruzado em nome do partido político ou por depósito bancário diretamente na conta do partido político.

§ 4º. (Revogado).

- *§ 4º revogado pela Lei nº 9.504/1997.*

§ 5º. Em ano eleitoral, os partidos políticos poderão aplicar ou distribuir pelas diversas eleições os recursos financeiros recebidos de pessoas físicas e jurídicas, observando-se o disposto no § 1º do art. 23, no art. 24 e no § 1º do art. 81 da Lei nº 9.504, de 30 de setembro de 1997, e os critérios definidos pelos respectivos órgãos de direção e pelas normas estatutárias.

- *§ 5º acrescido pela Lei nº 12.034/2009.*

Art. 40. A previsão orçamentária de recursos para o Fundo Partidário deve ser consignada, no Anexo do Poder Judiciário, ao Tribunal Superior Eleitoral.

§ 1º. O Tesouro Nacional depositará, mensalmente, os duodécimos no Banco do Brasil, em conta especial à disposição do Tribunal Superior Eleitoral.

§ 2º. Na mesma conta especial serão depositadas as quantias arrecadadas pela aplicação de multas e outras penalidades pecuniárias, previstas na Legislação Eleitoral.

Art. 41. O Tribunal Superior Eleitoral, dentro de cinco dias, a contar da data do depósito a que se refere o § 1º do artigo anterior, fará a respectiva distribuição aos órgãos nacionais dos partidos, obedecendo aos seguintes critérios:

I – um por cento do total do Fundo Partidário será destacado para entrega, em partes iguais, a todos os partidos que tenham seus estatutos registrados no Tribunal Superior Eleitoral;

II – noventa e nove por cento do total do Fundo Partidário serão distribuídos aos partidos que tenham preenchido as condições do art. 13, na proporção dos votos obtidos na última eleição geral para a Câmara dos Deputados.

- *A expressão* "obedecendo aos seguintes critérios" *do* caput *e os incisos I e II foram julgados inconstitucionais, por unanimidade, nas ADIns nºs 1.351-3 e 1.354-8.*

Art. 41-A. Do total do Fundo Partidário:

I – 5% (cinco por cento) serão destacados para entrega, em partes iguais, a todos os partidos que tenham seus estatutos registrados no Tribunal Superior Eleitoral; e

II – 95% (noventa e cinco por cento) serão distribuídos aos partidos na proporção dos votos obtidos na última eleição geral para a Câmara dos Deputados.

Parágrafo único. Para efeito do disposto no inciso II, serão desconsideradas as mudanças de filia-ção partidária, em quaisquer hipóteses, ressalvado o disposto no § 6º do art. 29.

- *Art. 41-A acrescido pela Lei nº 11.459/2007, e com redação dada pela Lei nº 12.875/2013.*

Art. 42. Em caso de cancelamento ou caducidade do órgão de direção nacional do partido, reverterá ao Fundo Partidário a quota que a este caberia.

Art. 43. Os depósitos e movimentações dos recursos oriundos do Fundo Partidário serão feitos em estabelecimentos bancários controlados pelo Poder Público Federal, pelo Poder Público Estadual ou, inexistindo estes, no banco escolhido pelo órgão diretivo do partido.

Art. 44. Os recursos oriundos do Fundo Partidário serão aplicados:

I – na manutenção das sedes e serviços do partido, permitido o pagamento de pessoal, a qualquer título, observado neste último caso o limite máximo de 50% (cinquenta por cento) do total recebido;

- *Inciso I com redação dada pela Lei nº 12.034/2009.*

II – na propaganda doutrinária e política;

III – no alistamento e campanhas eleitorais;

IV – na criação e manutenção de instituto ou fundação de pesquisa e de doutrinação e educação política, sendo esta aplicação de, no mínimo, vinte por cento do total recebido

V – na criação e manutenção de programas de promoção e difusão da participação política das mulheres conforme percentual que será fixado pelo órgão nacional de direção partidária, observado o mínimo de 5% (cinco por cento) do total.

- *Inciso V acrescido pela Lei nº 12.034/2009.*

§ 1º. Na prestação de contas dos órgãos de direção partidária de qualquer nível devem ser discriminadas as despesas realizadas com recursos do Fundo Partidário, de modo a permitir o controle da Justiça Eleitoral sobre o cumprimento do disposto nos incisos I e IV deste artigo.

§ 2º. A Justiça Eleitoral pode, a qualquer tempo, investigar sobre a aplicação de recursos oriundos do Fundo Partidário.

§ 3º. Os recursos de que trata este artigo não estão sujeitos ao regime da Lei nº 8.666, de 21 de junho de 1993, tendo os partidos políticos autonomia para contratar e realizar despesas.

- *§ 3º com redação dada pela Lei nº 12.891/2013.*

§ 4º. Não se incluem no cômputo do percentual previsto no inciso I deste artigo encargos e tributos de qualquer natureza.

- *§ 4º acrescido pela Lei nº 12.034/2009.*

§ 5º. O partido que não cumprir o disposto no inciso V do *caput* deste artigo deverá, no ano subsequente, acrescer o percentual de 2,5% (dois inteiros e cinco décimos por cento) do Fundo Partidário para essa destinação, ficando impedido de utilizá-lo para finalidade diversa.

- *§ 5º acrescido pela Lei nº 12.034/2009.*

§ 6º. No exercício financeiro em que a fundação ou instituto de pesquisa não despender a totalidade dos recursos que lhe forem assinalados, a eventual sobra poderá ser revertida para outras atividades partidárias, conforme previstas no *caput* deste artigo.

- *§ 6º acrescido pela Lei nº 12.891/2013.*

TÍTULO IV
DO ACESSO GRATUITO AO RÁDIO E À TELEVISÃO

Art. 45. A propaganda partidária gratuita, gravada ou ao vivo, efetuada mediante transmissão por rádio e televisão será realizada entre as dezenove horas e trinta minutos e as vinte e duas horas para, com exclusividade:

I – difundir os programas partidários;

II – transmitir mensagens aos filiados sobre a execução do programa partidário, dos eventos com este relacionados e das atividades congressuais do partido;

III – divulgar a posição do partido em relação a temas político-comunitários;

IV – promover e difundir a participação política feminina, dedicando às mulheres o tempo que será fixado pelo órgão nacional de direção partidária, observado o mínimo de 10% (dez por cento).

- *Inciso IV acrescido pela Lei nº 12.034/2009.*

§ 1º. Fica vedada, nos programas de que trata este Título:

I – a participação de pessoa filiada a partido que não o responsável pelo programa;

II – a divulgação de propaganda de candidatos a cargos eletivos e a defesa de interesses pessoais ou de outros partidos;

III – a utilização de imagens ou cenas incorretas ou incompletas, efeitos ou quaisquer outros recursos que distorçam ou falseiem os fatos ou a sua comunicação.

§ 2º. O partido que contrariar o disposto neste artigo será punido:

- *§ 2º,* caput, *com redação dada pela Lei nº 12.034/2009.*

I – quando a infração ocorrer nas transmissões em bloco, com a cassação do direito de transmissão no semestre seguinte;

- *Inciso I acrescido pela Lei nº 12.034/2009.*

II – quando a infração ocorrer nas transmissões em inserções, com a cassação de tempo equivalente a 5 (cinco) vezes ao da inserção ilícita, no semestre seguinte.

- *Inciso II acrescido pela Lei nº 12.034/2009.*

§ 3º. A representação, que somente poderá ser oferecida por partido político, será julgada pelo Tribunal Superior Eleitoral quando se tratar de programa em bloco ou inserções nacionais e pelos Tribunais Regionais Eleitorais quando se tratar de programas em bloco ou inserções transmitidos nos Estados correspondentes.

- *§ 3º com redação dada pela Lei nº 12.034/2009.*

§ 4º. O prazo para o oferecimento da representação encerra-se no último dia do semestre em que for veiculado o programa impugnado, ou se este tiver sido transmitido nos últimos 30 (trinta) dias desse período, até o 15º (décimo quinto) dia do semestre seguinte.

- *§ 4º acrescido pela Lei nº 12.034/2009.*

§ 5º. Das decisões dos Tribunais Regionais Eleitorais que julgarem procedente representação, cassando o direito de transmissão de propaganda partidária, caberá recurso para o Tribunal Superior Eleitoral, que será recebido com efeito suspensivo.

- *§ 5º acrescido pela Lei nº 12.034/2009.*

§ 6º. A propaganda partidária, no rádio e na televisão, fica restrita aos horários gratuitos disciplinados nesta Lei, com proibição de propaganda paga.

- *§ 6º acrescido pela Lei nº 12.034/2009.*

Art. 46. As emissoras de rádio e de televisão ficam obrigadas a realizar, para os partidos políticos, na forma desta Lei, transmissões gratuitas em âmbito nacional e estadual, por iniciativa e sob a responsabilidade dos respectivos órgãos de direção.

§ 1º. As transmissões serão em bloco, em cadeia nacional ou estadual, e em inserções de trinta segundos e um minuto, no intervalo da programação normal das emissoras.

§ 2º. A formação das cadeias, tanto nacional quanto estaduais, será autorizada pelo Tribunal Superior Eleitoral, que fará a necessária requisição dos horários às emissoras de rádio e de televisão, mediante requerimento dos órgãos nacionais dos partidos, com antecedência mínima de quinze dias.

§ 3º. No requerimento a que se refere o parágrafo anterior, o órgão partidário solicitará conjuntamente a fixação das datas de formação das cadeias nacional e estaduais.

§ 4º. O Tribunal Superior Eleitoral, independentemente do âmbito nacional ou estadual da transmissão, havendo coincidência de data, dará prioridade ao partido que apresentou o requerimento em primeiro lugar.

§ 5º. O material de áudio e vídeo com os programas em bloco ou as inserções será entregue às emissoras com antecedência mínima de 12 (doze) horas da transmissão, podendo as inserções de rádio ser enviadas por meio de correspondência eletrônica.

- *§ 5º com redação dada pela Lei nº 12.891/2013.*

§ 6º. As inserções a serem feitas na programação das emissoras serão determinadas:

I – pelo Tribunal Superior Eleitoral, quando solicitadas por órgão de direção nacional de partido;

II – pelo Tribunal Regional Eleitoral, quando solicitadas por órgão de direção estadual de partido.

§ 7º. Em cada rede somente serão autorizadas até dez inserções de trinta segundos ou cinco de um minuto por dia.

§ 8º. É vedada a veiculação de inserções idênticas no mesmo intervalo de programação, exceto se o número de inserções de que dispuser o partido exceder os intervalos disponíveis, sendo vedada a transmissão em sequência para o mesmo partido político.

- *§ 8º acrescido pela Lei nº 12.891/2013.*

Art. 47. Para agilizar os procedimentos, condições especiais podem ser pactuadas diretamente entre as emissoras de rádio e de televisão e os órgãos de direção do partido, obedecidos os limites estabelecidos nesta Lei, dando-se conhecimento ao Tribunal Eleitoral da respectiva jurisdição.

Art. 48. O partido registrado no Tribunal Superior Eleitoral que não atenda ao disposto no art. 13 tem assegurada a realização de um programa em cadeia nacional, em cada semestre, com a duração de dois minutos.

- *O art. 48 foi declarado inconstitucional, por unanimidade, nas ADIns nºs 1.351-3 e 1.354-8.*

Art. 49. O partido que atenda ao disposto no art. 13 tem assegurado:

- *A expressão* "que atenda ao disposto no art. 13" *foi declarada inconstitucional, por unanimidade, nas ADIns nºs 1.351-3 e 1.354-8.*

I – a realização de um programa, em cadeia nacional e de um programa, em cadeia estadual em cada semestre, com a duração de vinte minutos cada;

II – a utilização do tempo total de quarenta minutos, por semestre, para inserções de trinta segundos ou um minuto, nas redes nacionais, e de igual tempo nas emissoras estaduais.

TÍTULO V
DISPOSIÇÕES GERAIS

Art. 50. (Vetado).

Art. 51. É assegurado ao partido político com estatuto registrado no Tribunal Superior Eleitoral o direito à utilização gratuita de escolas públicas ou Casas Legislativas para a realização de suas reuniões ou convenções, responsabilizando-se pelos danos porventura causados com a realização do evento.

Art. 52. (Vetado).

Parágrafo único. As emissoras de rádio e televisão terão direito a compensação fiscal pela cedência do horário gratuito previsto nesta Lei.

Art. 53. A fundação ou instituto de direito privado, criado por partido político, destinado ao estudo e pesquisa, à doutrinação e à educação política, rege-se pelas normas da lei civil e tem autonomia para contratar com instituições públicas e privadas, prestar serviços e manter estabelecimentos de acordo com suas finalidades, podendo, ainda, manter intercâmbio com instituições não nacionais.

Art. 54. Para fins de aplicação das normas estabelecidas nesta Lei, consideram-se como equivalentes a Estados e Municípios o Distrito Federal e os Territórios e respectivas divisões político-administrativas.

TÍTULO VI
DISPOSIÇÕES FINAIS E TRANSITÓRIAS

Art. 55. O partido político que, nos termos da legislação anterior, tenha registro definitivo, fica dispensado da condição estabelecida no § 1º do art. 7º, e deve providenciar a adaptação de seu estatuto às disposições desta Lei, no prazo de seis meses da data de sua publicação.

§ 1º. A alteração estatutária com a finalidade prevista neste artigo pode ser realizada pelo partido político em reunião do órgão nacional máximo, especialmente convocado na forma dos estatutos, com antecedência mínima de trinta dias e ampla divulgação, entre seus órgãos e filiados, do projeto do estatuto.

§ 2º. Aplicam-se as disposições deste artigo ao partido que, na data da publicação desta Lei:

I – tenha completado seu processo de organização nos termos da legislação anterior e requerido o registro definitivo;

II – tenha seu pedido de registro *sub judice*, desde que sobrevenha decisão favorável do órgão judiciário competente;

III – tenha requerido registro de seus estatutos junto ao Tribunal Superior Eleitoral, após o devido registro como entidade civil.

Art. 56. No período entre a data da publicação desta Lei e o início da próxima legislatura, será observado o seguinte:

- *Declarada inconstitucional a limitação de tempo até que venha disposição legal a respeito pelas ADIns nºs 1.351-3 e 1.354-8.*

I – fica assegurado o direito ao funcionamento parlamentar na Câmara dos Deputados ao partido que tenha elegido e mantenha filiados, no mínimo, três representantes de diferentes Estados;

II – a Mesa Diretora da Câmara dos Deputados disporá sobre o funcionamento da representação partidária conferida, nesse período, ao partido que possua representação eleita ou filiada em número inferior ao disposto no inciso anterior;

III – ao partido que preencher as condições do inciso I é assegurada a realização anual de um programa, em cadeia nacional, com a duração de dez minutos;

IV – ao partido com representante na Câmara dos Deputados desde o início da Sessão Legislativa de 1995, fica assegurada a realização de um programa em cadeia nacional em cada semestre, com a duração de cinco minutos, não cumulativos com o tempo previsto no inciso III;

V – (revogado).

- *Inciso V revogado pela Lei nº 11.459/2007.*

Art. 57. No período entre o início da próxima Legislatura e a proclamação dos resultados da segunda eleição geral subsequente para a Câmara dos Deputados, será observado o seguinte:

- *Declarada inconstitucional a limitação de tempo até que venha disposição legal a respeito pelas ADIns nºs 1.351-3 e 1.354-8.*

I – direito a funcionamento parlamentar ao partido com registro definitivo de seus estatutos no Tribunal Superior Eleitoral até a data da publicação desta Lei que, a partir de sua fundação tenha concorrido ou venha a concorrer às eleições gerais para a Câmara dos Deputados, elegendo representante em duas eleições consecutivas:

a) na Câmara dos Deputados, toda vez que eleger representante em, no mínimo, cinco Estados e obtiver um por cento dos votos apurados no País, não computados os brancos e os nulos;

b) nas Assembleias Legislativas e nas Câmaras de Vereadores, toda vez que, atendida a exigência do inciso anterior, eleger representante para a respectiva Casa e obtiver um total de um por cento dos votos apurados na Circunscrição, não computados os brancos e os nulos;

II – (revogado).

- *Inciso II revogado pela Lei nº 11.459/2007.*

III – é assegurada, aos Partidos a que se refere o inciso I, observadas, no que couber, as disposições do Título IV:

a) a realização de um programa, em cadeia nacional, com duração de dez minutos por semestre;

b) a utilização do tempo total de vinte minutos por semestre em inserções de trinta segundos ou um minuto, nas redes nacionais e de igual tempo nas emissoras dos Estados onde hajam atendido ao disposto no inciso I, "*b*".

Art. 58. A requerimento de partido, o Juiz Eleitoral devolverá as fichas de filiação partidária existentes no cartório da respectiva Zona, devendo ser organizada a primeira relação de filiados, nos termos do art. 19, obedecidas as normas estatutárias.

Parágrafo único. Para efeito de candidatura a cargo eletivo será considerada como primeira filiação a constante das listas de que trata este artigo.

Art. 59. O art. 16 da Lei nº 3.071, de 1º de janeiro de 1916 (Código Civil), passa a vigorar com a seguinte redação:

- *A Lei nº 3.071, de 1º.1.1916 (Código Civil) foi revogada pela Lei nº 10.406, de 10.1.2002.*

Art. 60. Os artigos a seguir enumerados da Lei nº 6.015, de 31 de dezembro de 1973, passam a vigorar com a seguinte redação:

"Art. 114. (...)

III – os atos constitutivos e os estatutos dos partidos políticos.

Art. 120. O registro das sociedades, fundações e partidos políticos consistirá na declaração, feita em livro, pelo oficial, do número de ordem, da data da apresentação e da espécie do ato constitutivo, com as seguintes indicações: (...)

Parágrafo único. Para o registro dos partidos políticos, serão obedecidos, além dos requisitos deste artigo, os estabelecidos em lei específica."

Art. 61. O Tribunal Superior Eleitoral expedirá instruções para a fiel execução desta Lei.

Art. 62. Esta Lei entra em vigor na data de sua publicação.

Art. 63. Ficam revogadas a Lei nº 5.682, de 21 de julho de 1971, e respectivas alterações; a Lei nº 6.341, de 5 de julho de 1976; a Lei nº 6.817, de 5 de setembro de 1980; a Lei nº 6.957, de 23 de novembro de 1981; o art. 16 da Lei nº 6.996, de 7 de junho de 1982; a Lei nº 7.307, de 9 de abril de 1985, e a Lei nº 7.514, de 9 de julho de 1986.

Brasília, 19 de setembro de 1995; 174º da Independência e 107º da República.

Marco Antonio de Oliveira Maciel

DOU de 20.9.1995

Lei de Inelegibilidade

LEI COMPLEMENTAR Nº 64, DE 18 DE MAIO DE 1990

Estabelece, de acordo com o art. 14, § 9º, da Constituição Federal, casos de inelegibilidade, prazos de cessação e determina outras providências.

- *Ver CF/1988, com as alterações introduzidas pela Emenda Constitucional nº 16, de 4.6.1997, principalmente os arts. 14, § 5º; 28,* caput*; 29, II; 77,* caput*; e 82.*

O Presidente da República

Faço saber que o Congresso Nacional decreta e eu sanciono a seguinte Lei:

Art. 1º. São inelegíveis:

I – para qualquer cargo:

a) os inalistáveis e os analfabetos;

b) os membros do Congresso Nacional, das Assembleias Legislativas, da Câmara Legislativa e das Câmaras Municipais, que hajam perdido os respectivos mandatos por infringência do disposto nos incisos I e II do art. 55 da Constituição Federal, dos dispositivos equivalentes sobre perda de mandato das Constituições Estaduais e Leis Orgânicas dos Municípios e do Distrito Federal, para as eleições que se realizarem durante o período remanescente do mandato para o qual foram eleitos e nos 8 (oito) anos subsequentes ao término da legislatura;

- *Alínea "b" com redação dada pela Lei Complementar nº 81/1994.*

c) o Governador e o Vice-Governador de Estado e do Distrito Federal e o Prefeito e o Vice-Prefeito que perderem seus cargos eletivos por infringência a dispositivo da Constituição Estadual, da Lei Orgânica do Distrito Federal ou da Lei Orgânica do Município, para as eleições que se realizarem durante o período remanescente e nos 8 (oito) anos subsequentes ao término do mandato para o qual tenham sido eleitos;

- *Alínea "c" com redação dada pela Lei Complementar nº 135/2010.*

d) os que tenham contra sua pessoa representação julgada procedente pela Justiça Eleitoral, em decisão transitada em julgado ou proferida por órgão colegiado, em processo de apuração de abuso do poder econômico ou político, para a eleição na qual concorrem ou tenham sido diplomados, bem como para as que se realizarem nos 8 (oito) anos seguintes;

- *Alínea "d" com redação dada pela Lei Complementar nº 135/2010.*

e) os que forem condenados, em decisão transitada em julgado ou proferida por órgão judicial colegiado, desde a condenação até o transcurso do prazo de 8 (oito) anos após o cumprimento da pena, pelos crimes:

- *Alínea "e",* caput*, com redação dada pela Lei Complementar nº 135/2010.*

1. contra a economia popular, a fé pública, a administração pública e o patrimônio público;

- *Item 1 acrescido pela Lei Complementar nº 135/2010.*

2. contra o patrimônio privado, o sistema financeiro, o mercado de capitais e os previstos na lei que regula a falência;

- *Item 2 acrescido pela Lei Complementar nº 135/2010.*

3. contra o meio ambiente e a saúde pública;

- *Item 3 acrescido pela Lei Complementar nº 135/2010.*

4. eleitorais, para os quais a lei comine pena privativa de liberdade;

- *Item 4 acrescido pela Lei Complementar nº 135/2010.*

5. de abuso de autoridade, nos casos em que houver condenação à perda do cargo ou à inabilitação para o exercício de função pública;

- *Item 5 acrescido pela Lei Complementar nº 135/ 2010.*

6. de lavagem ou ocultação de bens, direitos e valores;

- *Item 6 acrescido pela Lei Complementar nº 135/ 2010.*

7. de tráfico de entorpecentes e drogas afins, racismo, tortura, terrorismo e hediondos;

- *Item 7 acrescido pela Lei Complementar nº 135/ 2010.*

8. de redução à condição análoga à de escravo;

- *Item 8 acrescido pela Lei Complementar nº 135/ 2010.*

9. contra a vida e a dignidade sexual; e

- *Item 9 acrescido pela Lei Complementar nº 135/ 2010.*

10. praticados por organização criminosa, quadrilha ou bando;

- *Item 10 acrescido pela Lei Complementar nº 135/2010.*

f) os que forem declarados indignos do oficialato, ou com ele incompatíveis, pelo prazo de 8 (oito) anos;

- *Alínea "f" com redação dada pela Lei Complementar nº 135/2010.*

g) os que tiverem suas contas relativas ao exercício de cargos ou funções públicas rejeitadas por irregularidade insanável que configure ato doloso de improbidade administrativa, e por decisão irrecorrível do órgão competente, salvo se esta houver sido suspensa ou anulada pelo Poder Judiciário, para as eleições que se realizarem nos 8 (oito) anos seguintes, contados a partir da data da decisão, aplicando-se o disposto no inciso II do art. 71 da Constituição Federal, a todos os ordenadores de despesa, sem exclusão de mandatários que houverem agido nessa condição;

- *Alínea "g" com redação dada pela Lei Complementar nº 135/2010.*

h) os detentores de cargo na administração pública direta, indireta ou fundacional, que beneficiarem a si ou a terceiros, pelo abuso do poder econômico ou político, que forem condenados em decisão transitada em julgado ou proferida por órgão judicial colegiado, para a eleição na qual concorrem ou tenham sido diplomados, bem como para as que se realizarem nos 8 (oito) anos seguintes;

- *Alínea "h" com redação dada pela Lei Complementar nº 135/2010.*

i) os que, em estabelecimentos de crédito, financiamento ou seguro, que tenham sido ou estejam sendo objeto de processo de liquidação judicial ou extrajudicial, hajam exercido, nos 12 (doze) meses anteriores à respectiva decretação, cargo ou função de direção, administração ou representação, enquanto não forem exonerados de qualquer responsabilidade;

j) os que forem condenados, em decisão transitada em julgado ou proferida por órgão colegiado da Justiça Eleitoral, por corrupção eleitoral, por captação ilícita de sufrágio, por doação, captação ou gastos ilícitos de recursos de campanha ou por conduta vedada aos agentes públicos em campanhas eleitorais que impliquem cassação do registro ou do diploma, pelo prazo de 8 (oito) anos a contar da eleição;

- *Alínea "j" acrescida pela Lei Complementar nº 135/2010.*

k) o Presidente da República, o Governador de Estado e do Distrito Federal, o Prefeito, os membros do Congresso Nacional, das Assembleias Legislativas, da Câmara Legislativa, das Câmaras Municipais, que renunciarem a seus mandatos desde o oferecimento de representação ou petição capaz de autorizar a abertura de processo por infringência a dispositivo da Constituição Federal, da Constituição Estadual, da Lei Orgânica do Distrito Federal ou da Lei Orgânica do Município, para as eleições que se realizarem durante o período remanescente do mandato para o qual foram eleitos e nos 8 (oito) anos subsequentes ao término da legislatura;

- *Alínea "k" acrescida pela Lei Complementar nº 135/2010.*

l) os que forem condenados à suspensão dos direitos políticos, em decisão transitada em julgado ou proferida por órgão judicial colegiado, por ato doloso de improbidade administrativa que importe lesão ao patrimônio público e enriquecimento ilícito, desde a condenação ou o trânsito em julgado até o transcurso do prazo de 8 (oito) anos após o cumprimento da pena;

- *Alínea "l" acrescida pela Lei Complementar nº 135/2010.*

m) os que forem excluídos do exercício da profissão, por decisão sancionatória do órgão profissional competente, em decorrência de infração ético-profissional, pelo prazo de 8 (oito) anos, salvo se o ato houver sido anulado ou suspenso pelo Poder Judiciário;

- *Alínea "m" acrescida pela Lei Complementar nº 135/2010.*

n) os que forem condenados, em decisão transitada em julgado ou proferida por órgão judicial colegiado, em razão de terem desfeito ou simulado desfazer vínculo conjugal ou de união estável para evitar caracterização de inelegibilidade, pelo prazo de 8 (oito) anos após a decisão que reconhecer a fraude;

- *Alínea "n" acrescida pela Lei Complementar nº 135/2010.*

o) os que forem demitidos do serviço público em decorrência de processo administrativo ou judicial, pelo prazo de 8 (oito) anos, contado da decisão, salvo se o ato houver sido suspenso ou anulado pelo Poder Judiciário;

- *Alínea "o" acrescida pela Lei Complementar nº 135/2010.*

p) a pessoa física e os dirigentes de pessoas jurídicas responsáveis por doações eleitorais tidas por ilegais por decisão transitada em julgado ou proferida por órgão colegiado da Justiça Eleitoral, pelo prazo de 8 (oito) anos após a decisão, observando-se o procedimento previsto no art. 22;

- *Alínea "p" acrescida pela Lei Complementar nº 135/2010.*

q) os magistrados e os membros do Ministério Público que forem aposentados compulsoriamente por decisão sancionatória, que tenham perdido o cargo por sentença ou que tenham pedido exoneração ou aposentadoria voluntária na pendência de processo administrativo disciplinar, pelo prazo de 8 (oito) anos;

- *Alínea "q" acrescida pela Lei Complementar nº 135/2010.*

II – para Presidente e Vice-Presidente da República:

- *Ver CF/1988, com as alterações introduzidas pela Emenda Constitucional nº 16, de 4.6.1997, principalmente os arts. 14, § 5º; 28;* caput*; 29, II; 77,* caput*; e 82.*

a) até 6 (seis) meses depois de afastados definitivamente de seus cargos e funções;

1. os Ministros de Estado;

2. os Chefes dos órgãos de assessoramento direto, civil e militar, da Presidência da República;

3. o Chefe do órgão de assessoramento de informações da Presidência da República;

4. o Chefe do Estado-Maior das Forças Armadas;

5. o Advogado-Geral da União e o Consultor-Geral da República;

6. os Chefes de Estado-Maior da Marinha, do Exército e da Aeronáutica;

7. os Comandantes do Exército, Marinha e Aeronáutica;

8. os Magistrados;

9. os Presidentes, Diretores e Superintendentes de Autarquias, Empresas Públicas, Sociedades de Economia Mista e Fundações Públicas e as mantidas pelo Poder Público;

10. os Governadores de Estados, do Distrito Federal e Territórios;

11. os Interventores Federais;

12. os Secretários de Estado;

13. os Prefeitos Municipais;

14. os membros dos Tribunais de Contas da União, dos Estados e do Distrito Federal.

15. o Diretor-Geral do Departamento de Polícia Federal;

16. os Secretários-Gerais, os Secretários Executivos, os Secretários Nacionais, os Secretários Federais dos Ministérios e as pessoas que ocupem cargos equivalentes;

b) os que tenham exercido, nos 6 (seis) meses anteriores à eleição, nos Estados, no Distrito Federal, Territórios e em qualquer dos Poderes da União, cargo ou função de nomeação pelo Presidente da República, sujeito à aprovação prévia do Senado Federal;

c) (Vetado);

d) os que até 6 (seis) meses antes da eleição, tiverem competência ou interesse, direto, indireto ou eventual, no lançamento, arrecadação ou fiscalização de impostos, taxas e contribuições de caráter obrigatório, inclusive parafiscais, ou para aplicar multas relacionadas com essas atividades;

e) os que, até 6 (seis) meses antes da eleição, tenham exercido cargo ou função de direção, administração ou representação nas empresas de que tratam os arts. 3º e 5º da Lei nº 4.137, de 10 de setembro de 1962, quando, pelo âmbito e natureza de suas atividades, possam tais empresas influir na economia nacional;

f) os que, detendo o controle de empresas ou grupo de empresas que atuem no Brasil, nas condições monopolísticas previstas no parágrafo único do art. 5º da lei citada na alínea anterior, não apresentarem à Justiça Eleitoral, até 6 (seis) meses antes do pleito, a prova de que fizeram cessar o abuso, apurado, do poder econômico, ou de que transferiram, por força regular, o controle de referidas empresas ou grupo de empresas;

g) os que tenham, dentro dos 4 (quatro) meses anteriores ao pleito, ocupado cargo ou função de direção, administração ou representação em entidades representativas de classe, mantidas, total ou parcialmente, por contribuições impostas pelo poder público ou com recursos arrecadados e repassados pela Previdência Social;

h) os que, até 6 (seis) meses depois de afastados das funções, tenham exercido cargo de Presidente, diretor ou superintendente de sociedades com objetivos exclusivos de operações financeiras e façam publicamente apelo à poupança e ao crédito, inclusive através de cooperativas e da empresa ou estabelecimentos que gozem, sob qualquer forma, de vantagens asseguradas pelo poder público, salvo se decorrentes de contratos que obedeçam a cláusulas uniformes;

i) os que, dentro de 6 (seis) meses anteriores ao pleito, hajam exercido cargo ou função de direção, administração ou representação em pessoa jurídica ou em empresa que mantenha contrato de execução de obras, de prestação de serviços ou de fornecimento de bens com órgão do poder público ou sob seu controle, salvo no caso de contrato que obedeça a cláusulas uniformes;

j) os que, membros do Ministério Público, não se tenham afastado das suas funções até 6 (seis) meses anteriores ao pleito;

l) os que, servidores públicos, estatutários ou não, dos órgãos ou entidades da administração direta ou indireta da União, dos Estados, do Distrito Federal, dos Municípios e dos Territórios, inclusive das fundações mantidas pelo poder público, não se afastarem até 3 (três) meses anteriores ao pleito, garantido o direito à percepção dos seus vencimentos integrais;

III – para Governador e Vice-Governador de Estado e do Distrito Federal:

a) os inelegíveis para os cargos de Presidente e Vice-Presidente da República especificados na alínea "a" do inciso II deste artigo e, no tocante às demais alíneas, quando se tratar de repartição pública, associação ou empresa que operem no território do Estado ou do Distrito Federal, observados os mesmos prazos;

b) até 6 (seis) meses depois de afastados definitivamente de seus cargos ou funções:

- *Ver CF/1988, com as alterações introduzidas pela Emenda Constitucional nº 16, de 4.6.1997, principalmente os arts. 14, § 5º; 28,* caput*; 29, II; 77,* caput*; e 82.*

1. os Chefes dos Gabinetes Civil e Militar do Governador do Estado ou do Distrito Federal;

2. os Comandantes do Distrito Naval, Região Militar e Zona Aérea;

3. os diretores de órgãos estaduais ou sociedades de assistência aos Municípios;

4. os Secretários da administração municipal ou membros de órgãos congêneres;

IV – para Prefeito e Vice-Prefeito:

a) no que lhes for aplicável, por identidade de situações, os inelegíveis para os cargos de Presidente e Vice-Presidente da República, Governador e Vice-Governador de Estado e do Distrito Federal, observado o prazo de 4 (quatro) meses para a desincompatibilização;

b) os membros do Ministério Público e Defensoria Pública em exercício na comarca, nos 4 (quatro) meses anteriores ao pleito, sem prejuízo dos vencimentos integrais;

c) as autoridades policiais, civis ou militares, com exercício no Município, nos 4 (quatro) meses anteriores ao pleito;

V – para o Senado Federal;

a) os inelegíveis para os cargos de Presidente e Vice-Presidente da República especificados na alínea "a" do inciso II deste artigo e, no tocante às demais alíneas, quando se tratar de repartição pública, associação ou empresa que opere no território do Estado, observados os mesmos prazos;

b) em cada Estado e no Distrito Federal, os inelegíveis para os cargos de Governador e Vice-Governador, nas mesmas condições estabelecidas, observados os mesmos prazos;

VI – para a Câmara dos Deputados, Assembleia Legislativa e Câmara Legislativa, no que lhes for aplicável, por identidade de situações, os inelegíveis para o Senado Federal, nas mesmas condições estabelecidas, observados os mesmos prazos;

VII – para a Câmara Municipal:

a) no que lhes for aplicável, por identidade de situações, os inelegíveis para o Senado Federal e para a Câmara dos Deputados, observado o prazo de 6 (seis) meses para desincompatibilização;

b) em cada Município, os inelegíveis para os cargos de Prefeito e Vice-Prefeito, observado o prazo de 6 (seis) meses para a desincompatibilização.

§ 1º. Para concorrência a outros cargos, o Presidente da República, os Governadores de Estado e do Distrito Federal e os Prefeitos devem renunciar aos respectivos mandatos até 6 (seis) meses antes do pleito.

§ 2º. O Vice-Presidente, o Vice-Governador e o Vice-Prefeito poderão candidatar-se a outros cargos, preservando os seus mandatos respectivos, desde que, nos últimos 6 (seis) meses anteriores ao pleito, não tenham sucedido ou substituído o titular.

§ 3º. São inelegíveis, no território de jurisdição do titular, o cônjuge e os parentes consanguíneos ou afins, até o segundo grau ou por adoção, do Presidente da República, de Governador de Estado ou Território, do Distrito Federal, de Prefeito ou de quem os haja substituído dentro dos 6 (seis) meses anteriores ao pleito, salvo se já titular de mandato eletivo e candidato à reeleição.

§ 4º. A inelegibilidade prevista na alínea "e" do inciso I deste artigo não se aplica aos crimes culposos e àqueles definidos em lei como de menor potencial ofensivo, nem aos crimes de ação penal privada.

- *§ 4º acrescido pela Lei Complementar nº 135/ 2010.*

§ 5º. A renúncia para atender à desincompatibilização com vistas a candidatura a cargo eletivo ou para assunção de mandato não gerará a inelegibilidade prevista na alínea "k", a menos que a Justiça Eleitoral reconheça fraude ao disposto nesta Lei Complementar.

- *§ 5º acrescido pela Lei Complementar nº 135/ 2010.*

Art. 2º. Compete à Justiça Eleitoral conhecer e decidir as arguições de inelegibilidade.

Parágrafo único. A arguição de inelegibilidade será feita perante:

I – o Tribunal Superior Eleitoral, quando se tratar de candidato a Presidente ou Vice-Presidente da República;

II – os Tribunais Regionais Eleitorais, quando se tratar de candidato a Senador, Governador e Vice-Governador de Estado e do Distrito Federal, Deputado Federal, Deputado Estadual e Deputado Distrital;

III – os Juízes Eleitorais, quando se tratar de candidato a Prefeito, Vice-Prefeito e Vereador.

Art. 3º. Caberá a qualquer candidato, a partido político, coligação ou ao Ministério Público, no prazo de 5 (cinco) dias, contados da publicação do pedido de registro do candidato, impugná-lo em petição fundamentada.

§ 1º. A impugnação, por parte do candidato, partido político ou coligação, não impede a ação do Ministério Público no mesmo sentido.

§ 2º. Não poderá impugnar o registro de candidato o representante do Ministério Público que, nos 4 (quatro) anos anteriores, tenha disputado cargo eletivo, integrado diretório de partido ou exercido atividade político-partidária.

§ 3º. O impugnante especificará, desde logo, os meios de prova com que pretende demonstrar a veracidade do alegado, arrolando testemunhas, se for o caso, no máximo de 6 (seis).

Art. 4º. A partir da data em que terminar o prazo para impugnação, passará a correr, após devida notificação, o prazo de 7 (sete) dias para que o candidato, partido político ou coligação possa contestá-la, juntar documentos, indicar rol de testemunhas e requerer a produção de outras provas, inclusive documentais, que se encontrarem em poder de terceiros, de repartições públicas ou em procedimentos judiciais, ou administrativos, salvo os processos em tramitação em segredo de justiça.

Art. 5º. Decorrido o prazo para contestação, se não se tratar apenas de matéria de direito e a prova protestada for relevante, serão designados os 4 (quatro) dias seguintes para inquirição das testemunhas do impugnante e do impugnado, as quais comparecerão por iniciativa das partes que as tiverem arrolado, com notificação judicial.

§ 1º. As testemunhas do impugnante e do impugnado serão ouvidas em uma só assentada.

§ 2º. Nos 5 (cinco) dias subsequentes, o Juiz, ou o Relator, procederá a todas as diligências que determinar, de ofício ou a requerimento das partes.

§ 3º. No prazo do parágrafo anterior, o Juiz, ou o Relator, poderá ouvir terceiros, referidos pelas partes, ou testemunhas, como conhecedores dos fatos e circunstâncias que possam influir na decisão da causa.

§ 4º. Quando qualquer documento necessário à formação da prova se achar em poder de terceiro, o Juiz, ou o Relator, poderá ainda, no mesmo prazo, ordenar o respectivo depósito.

§ 5º. Se o terceiro, sem justa causa, não exibir o documento, ou não comparecer a juízo, poderá o Juiz contra ele expedir mandado de prisão e instaurar processo por crime de desobediência.

Art. 6º. Encerrado o prazo da dilação probatória, nos termos do artigo anterior, as partes, inclusive o Ministério Público, poderão apresentar alegações no prazo comum de 5 (cinco) dias.

Art. 7º. Encerrado o prazo para alegações, os autos serão conclusos ao Juiz, ou ao Relator, no dia imediato, para sentença, ou julgamento pelo Tribunal.

Parágrafo único. O Juiz, ou Tribunal, formará sua convicção pela livre apreciação da prova, atendendo aos fatos e às circunstâncias constantes dos autos, ainda que não alegados pelas partes, mencionando, na decisão, os que motivaram seu convencimento.

Art. 8º. Nos pedidos de registro de candidatos a eleições municipais, o Juiz Eleitoral apresentará a sentença em Cartório 3 (três) dias após a conclusão dos autos, passando a correr deste momento o prazo de 3 (três) dias para a interposição de recursos para o Tribunal Regional Eleitoral.

§ 1º. A partir da data em que for protocolizada a petição de recurso, passará a correr o prazo de 3 (três) dias para a apresentação de contrarrazões.

§ 2º. Apresentadas as contrarrazões, serão os autos imediatamente remetidos ao Tribunal Regional Eleitoral, inclusive por portador, se houver necessidade, decorrente da exiguidade de prazo, correndo as despesas do transporte por conta do recorrente, se tiver condições de pagá-las.

Art. 9º. Se o Juiz Eleitoral não apresentar a sentença no prazo do artigo anterior, o prazo para recurso só começará a correr após a publicação da mesma por edital, em Cartório.

Parágrafo único. Ocorrendo a hipótese prevista neste artigo, o Corregedor Regional, de ofício, apurará o motivo do retardamento e proporá ao Tribunal Regional Eleitoral, se for o caso, a aplicação da penalidade cabível.

Art. 10. Recebidos os autos na Secretaria do Tribunal Regional Eleitoral, estes serão autuados e apresentados no mesmo dia ao Presidente, que, também na mesma data, os distribuirá a um Relator e mandará abrir vistas ao Procurador Regional pelo prazo de 2 (dois) dias.

Parágrafo único. Findo o prazo, com ou sem parecer, os autos serão enviados ao Relator, que os apresentará em mesa para julgamento em 3 (três) dias, independentemente de publicação em pauta.

Art. 11. Na sessão de julgamento, que poderá se realizar em até 2 (duas) reuniões seguidas, feito o relatório, facultada a palavra às partes e ouvido o Procurador Regional, proferirá o Relator o seu voto e serão tomados os dos demais Juízes.

§ 1º. Proclamado o resultado, o Tribunal se reunirá para lavratura do acórdão, no qual serão indicados o direito, os fatos e as circunstâncias com base nos fundamentos do Relator ou do voto vencedor.

§ 2º. Terminada a sessão, far-se-á a leitura e a publicação do acórdão, passando a correr desta data o prazo de 3 (três) dias, para a interposição de recurso para o Tribunal Superior Eleitoral, em petição fundamentada.

Art. 12. Havendo recurso para o Tribunal Superior Eleitoral, a partir da data em que for protocolizada a petição passará a correr o prazo de 3 (três) dias para a apresentação de contrarrazões, notificado por telegrama o recorrido.

Parágrafo único. Apresentadas as contrarrazões, serão os autos imediatamente remetidos ao Tribunal Superior Eleitoral.

Art. 13. Tratando-se de registro a ser julgado originariamente por Tribunal Regional Eleitoral, observado o disposto no art. 6º desta Lei Complementar, o pedido de registro, com ou sem impugnação, será julgado em 3 (três) dias, independentemente de publicação em pauta.

Parágrafo único. Proceder-se-á ao julgamento na forma estabelecida no art. 11 desta Lei Complementar e, havendo recurso para o Tribunal Superior Eleitoral, observar-se-á o disposto no artigo anterior.

Art. 14. No Tribunal Superior Eleitoral, os recursos sobre registro de candidatos serão processados e julgados na forma prevista nos arts. 10 e 11 desta Lei Complementar.

Art. 15. Transitada em julgado ou publicada a decisão proferida por órgão colegiado que declarar a inelegibilidade do candidato, ser-lhe-á negado registro, ou cancelado, se já tiver sido feito, ou declarado nulo o diploma, se já expedido.

- *Art. 15,* caput, *com redação dada pela Lei Complementar nº 135/2010.*

Parágrafo único. A decisão a que se refere o *caput*, independentemente da apresentação de recurso, deverá ser comunicada, de imediato, ao Ministério Público Eleitoral e ao órgão da Justiça Eleitoral competente para o registro de candidatura e expedição de diploma do réu.

- *Parágrafo único acrescido dada pela Lei Complementar nº 135/2010.*

Art. 16. Os prazos a que se referem os arts. 3º e seguintes desta Lei Complementar são peremptórios e contínuos e correm em Secretaria ou Cartório e, a partir da data do encerramento do prazo para registro de candidatos, não se suspendem ao sábados, domingos e feriados.

Art. 17. É facultado ao partido político ou coligação que requerer o registro de candidato considerado inelegível dar-lhe substituto, mesmo que a decisão passada em julgado tenha sido proferida após o termo final do prazo de registro, caso em que a respectiva Comissão Executiva do partido fará a escolha do candidato.

Art. 18. A declaração de inelegibilidade do candidato à Presidência da República, Governador de Estado e do Distrito Federal e Prefeito Municipal não atingirá o candidato a Vice-Presidente, Vice-Governador e Vice-Prefeito, assim como a destes não atingirá aqueles.

Art. 19. As transgressões pertinentes a origem de valores pecuniários, abuso do poder econômico ou político, em detrimento da liberdade de voto, serão apuradas mediante investigações jurisdicionais realizadas pelo Corregedor-Geral e Corregedores Regionais Eleitorais.

Parágrafo único. A apuração e a punição das transgressões mencionadas no *caput* deste artigo terão o objetivo de proteger a normalidade e legitimidade das eleições contra a influência do poder econômico ou do abuso do exercício de função, cargo ou emprego na administração direta, indireta e fundacional da União, dos Estados, do Distrito Federal e dos Municípios.

Art. 20. O candidato, partido político ou coligação são parte legítima para denunciar os culpados e promover-lhes a responsabilidade; a nenhum servidor público, inclusive de autarquias, de entidade paraestatal e de sociedade de economia mista será lícito negar ou retardar ato de ofício tendente a esse fim, sob pena de crime funcional.

Art. 21. As transgressões a que se refere o art. 19 desta Lei Complementar serão apuradas mediante procedimento sumaríssimo de investigação judicial, realizada pelo Corregedor-Geral e Corregedores Regionais Eleitorais, nos termos das Leis nºs 1.579, de 18 de março de 1952, 4.410, de 24 de setembro de 1964, com as modificações desta Lei Complementar.

- *A Lei nº 1.579/1952, dispõe sobre as Comissões Parlamentares de Inquérito.*

Art. 22. Qualquer partido político, coligação, candidato ou Ministério Público Eleitoral poderá representar à Justiça Eleitoral, diretamente ao Corregedor-Geral ou Regional, relatando fatos e indicando provas, indícios e circunstâncias e pedir abertura de investigação judicial para apurar uso indevido, desvio ou abuso do poder econômico ou do poder de autoridade, ou utilização indevida de veículos ou meios de comunicação social, em benefício de candidato ou de partido político, obedecido o seguinte rito:

I – o Corregedor, que terá as mesmas atribuições do Relator em processos judiciais, ao despachar a inicial, adotará as seguintes providências:

a) ordenará que se notifique o representado do conteúdo da petição, entregando-se-lhe a segunda via apresentada pelo representante com as cópias dos documentos, a fim de que, no prazo de 5 (cinco) dias, ofereça ampla defesa, juntada de documentos e rol de testemunhas, se cabível;

b) determinará que se suspenda o ato que deu motivo à representação, quando for relevante o fundamento e do ato impugnado puder resultar a ineficiência da medida, caso seja julgada procedente;

c) indeferirá desde logo a inicial, quando não for o caso de representação ou lhe faltar algum requisito desta Lei Complementar;

II – no caso de o Corregedor indeferir a reclamação ou representação, ou retardar-lhe a solução, poderá o interessado renová-la perante o Tribunal, que resolverá dentro de 24 (vinte e quatro) horas;

III – o interessado, quando for atendido ou ocorrer demora, poderá levar o fato ao conhecimento do Tribunal Superior Eleitoral, a fim de que sejam tomadas as providências necessárias;

IV – feita a notificação, a Secretaria do Tribunal juntará aos autos cópia autêntica do ofício endereçado ao representado, bem como a prova da entrega ou da sua recusa em aceitá-la ou dar recibo;

V – findo o prazo da notificação, com ou sem defesa, abrir-se-á prazo de 5 (cinco) dias para inquirição, em uma só assentada, de testemunhas arroladas pelo representante e pelo representado, até o máximo de 6 (seis) para cada um, as quais comparecerão independentemente de intimação;

VI – nos 3 (três) dias subsequentes, o Corregedor procederá a todas as diligências que determinar, *ex officio* ou a requerimento das partes;

VII – no prazo da alínea anterior, o Corregedor poderá ouvir terceiros, referidos pelas partes, ou testemunhas, como conhecedores dos fatos e circunstâncias que possam influir na decisão do feito;

VIII – quando qualquer documento necessário à formação da prova se achar em poder de terceiro, inclusive estabelecimento de crédito, oficial ou privado, o Corregedor poderá, ainda, no mesmo prazo, ordenar o respectivo depósito ou requisitar cópias;

IX – se o terceiro, sem justa causa, não exibir o documento, ou não comparecer a juízo, o Juiz poderá expedir contra ele mandado de prisão e instaurar processo por crime de desobediência;

X – encerrado o prazo da dilação probatória, as partes, inclusive o Ministério Público, poderão apresentar alegações no prazo comum de 2 (dois) dias;

XI – terminado o prazo para alegações, os autos serão conclusos ao Corregedor, no dia imediato, para apresentação de relatório conclusivo sobre o que houver sido apurado;

XII – o relatório do Corregedor, que será assentado em 3 (três) dias, e os autos da representação serão encaminhados ao Tribunal competente, no dia imediato, com pedido de inclusão incontinenti do feito em pauta, para julgamento na primeira sessão subsequente;

XIII – no Tribunal, o Procurador-Geral ou Regional Eleitoral terá vista dos autos por 48 (quarenta e oito) horas, para se pronunciar sobre as imputações e conclusões do relatório;

XIV – julgada procedente a representação, ainda que após a proclamação dos eleitos, o Tribunal declarará a inelegibilidade do representado e de quantos hajam contribuído para a prática do ato, cominando-lhes sanção de inelegibilidade para as eleições a se realizarem nos 8 (oito) anos subsequentes à eleição em que se verificou, além da cassação do registro ou diploma do candidato diretamente beneficiado pela interferência do poder econômico ou pelo desvio ou abuso do poder de autoridade ou dos meios de comunicação, determinando a remessa dos autos ao Ministério Público Eleitoral, para instauração de processo disciplinar, se for o caso, e de ação penal, ordenando quaisquer outras providências que a espécie comportar;

- *Inciso XIV com redação dada pela Lei Complementar nº 135/2010.*

XV – (revogado);

- *Inciso XV revogado pela Lei Complementar nº 135/2010.*

XVI – para a configuração do ato abusivo, não será considerada a potencialidade de o fato alterar o resultado da eleição, mas apenas a gravidade das circunstâncias que o caracterizam.

- *Inciso XVI acrescido pela Lei Complementar nº 135/2010.*

Parágrafo único. O recurso contra a diplomação, interposto pelo representante, não impede a atuação do Ministério Público no mesmo sentido.

Art. 23. O Tribunal formará sua convicção pela livre apreciação dos fatos públicos e notórios, dos indícios e presunções e prova produzida, atentando para circunstâncias ou fatos, ainda que não indicados ou alegados pelas partes, mas que preservem o interesse público de lisura eleitoral.

Art. 24. Nas eleições municipais, o Juiz Eleitoral será competente para conhecer e processar a representação prevista nesta Lei Complementar, exercendo todas as funções atribuídas ao Corregedor-Geral ou Regional, constantes dos incisos I a XV do art. 22 desta Lei Complementar, cabendo ao representante do Ministério Público Eleitoral em função da Zona Eleitoral as atribuições deferidas ao Procurador-Geral e Regional Eleitoral, observadas as normas do procedimento previstas nesta Lei Complementar.

Art. 25. Constitui crime eleitoral a arguição de inelegibilidade, ou a impugnação de registro de candidato feito por interferência do poder econômico, desvio ou abuso do poder de autoridade, deduzida de forma temerária ou de manifesta má-fé:

Pena – detenção de 6 (seis) meses a 2 (dois) anos, e multa de 20 (vinte) a 50 (cinquenta) vezes o valor do Bônus do Tesouro Nacional (BTN), e, no caso de sua extinção, de título público que o substitua.

- *O BTN foi extinto pela Lei nº 8.177/1991.*

Art. 26. Os prazos de desincompatibilização previstos nesta Lei Complementar que já estiverem ultrapassados na data de sua vigência considerar-se-ão atendidos desde que a desincompatibilização ocorra até 2 (dois) dias após a publicação desta Lei Complementar.

Art. 26-A. Afastada pelo órgão competente a inelegibilidade prevista nesta Lei Complementar, aplicar-se-á, quanto ao registro de candidatura, o disposto na lei que estabelece normas para as eleições.

- *Art. 26-A acrescido pela Lei Complementar nº 135/2010.*

Art. 26-B. O Ministério Público e a Justiça Eleitoral darão prioridade, sobre quaisquer outros, aos processos de desvio ou abuso do poder econômico ou do poder de autoridade até que sejam julgados, ressalvados os de *habeas corpus* e mandado de segurança.

- *Art. 26-B,* caput, *acrescido pela Lei Complementar nº 135/2010.*

§ 1º. É defeso às autoridades mencionadas neste artigo deixar de cumprir qualquer prazo previsto nesta Lei Complementar sob alegação de acúmulo de serviço no exercício das funções regulares.

- *§ 1º acrescido pela Lei Complementar nº 135/2010.*

§ 2º. Além das polícias judiciárias, os órgãos da receita federal, estadual e municipal, os tribunais e órgãos de contas, o Banco Central do Brasil e o Conselho de Controle de Atividade Financeira auxiliarão a Justiça Eleitoral e o Ministério Público Eleitoral na apuração dos delitos eleitorais, com prioridade sobre as suas atribuições regulares.

- *§ 2º acrescido pela Lei Complementar nº 135/2010.*

§ 3º. O Conselho Nacional de Justiça, o Conselho Nacional do Ministério Público e as Corregedorias Eleitorais manterão acompanhamento dos relatórios mensais de atividades fornecidos pelas unidades da Justiça Eleitoral a fim de verificar eventuais descumprimentos injustificados de prazos, promovendo, quando for o caso, a devida responsabilização.

- *§ 3º acrescido pela Lei Complementar nº 135/2010.*

Art. 26-C. O órgão colegiado do tribunal ao qual couber a apreciação do recurso contra as decisões colegiadas a que se referem as alíneas "d", "e", "h", "j", "l" e "n" do inciso I do art. 1º poderá, em caráter cautelar, suspender a inelegibilidade sempre que existir plausibilidade da pretensão recursal e desde que a providência tenha sido expressamente requerida, sob pena de preclusão, por ocasião da interposição do recurso.

- *Art. 26-C,* caput, *acrescido pela Lei Complementar nº 135/2010.*

§ 1º. Conferido efeito suspensivo, o julgamento do recurso terá prioridade sobre todos os demais, à exceção dos de mandado de segurança e de *habeas corpus*.

- *§ 1º acrescido pela Lei Complementar nº 135/ 2010.*

§ 2º. Mantida a condenação de que derivou a inelegibilidade ou revogada a suspensão liminar mencionada no *caput*, serão desconstituídos o registro ou o diploma eventualmente concedidos ao recorrente.

- *§ 2º acrescido pela Lei Complementar nº 135/ 2010.*

§ 3º. A prática de atos manifestamente protelatórios por parte da defesa, ao longo da tramitação do recurso, acarretará a revogação do efeito suspensivo.

- *§ 3º acrescido pela Lei Complementar nº 135/ 2010.*

Art. 27. Esta Lei Complementar entra em vigor na data de sua publicação.

Art. 28. Revogam-se a Lei Complementar nº 5, de 29 de abril de 1970, e as demais disposições em contrário.

Brasília, 18 de maio de 1990; 169º da Independência e 102º da República.

Fernando Collor

DOU de 21.5.1990

Lei da Ficha Limpa

LEI COMPLEMENTAR Nº 135, DE 4 DE JUNHO DE 2010

Altera a Lei Complementar nº 64, de 18 de maio de 1990, que estabelece, de acordo com o § 9º do art. 14 da Constituição Federal, casos de inelegibilidade, prazos de cessação e determina outras providências, para incluir hipóteses de inelegibilidade que visam a proteger a probidade administrativa e a moralidade no exercício do mandato.

O Presidente da República,

Faço saber que o Congresso Nacional decreta e eu sanciono a seguinte Lei Complementar:

Art. 1º. Esta Lei Complementar altera a Lei Complementar nº 64, de 18 de maio de 1990, que estabelece, de acordo com o § 9º do art. 14 da Constituição Federal, casos de inelegibilidade, prazos de cessação e determina outras providências.

Art. 2º. A Lei Complementar nº 64, de 1990, passa a vigorar com as seguintes alterações:

- *Alterações já efetuadas no corpo da Lei.*

Art. 3º. Os recursos interpostos antes da vigência desta Lei Complementar poderão ser aditados para o fim a que se refere o *caput* do art. 26-C da Lei Complementar nº 64, de 18 de maio de 1990, introduzido por esta Lei Complementar.

Art. 4º. Revoga-se o inciso XV do art. 22 da Lei Complementar nº 64, de 18 de maio de 1990.

- *Alteração já efetuada no corpo da Lei.*

Art. 5º. Esta Lei Complementar entra em vigor na data da sua publicação.

Brasília, 4 de junho de 2010; 189º da Independência e 122º da República.

Luiz Inácio Lula da Silva

DOU de 7.6.2010

Lei dos Registros Públicos

LEI Nº 6.015, DE 31 DE DEZEMBRO DE 1973

Dispõe sobre os registros públicos e dá outras providências.

(Excertos)

....

Título III
DO REGISTRO CIVIL
DAS PESSOAS JURÍDICAS

Capítulo I – Da Escrituração

....

Art. 114. No Registro Civil das Pessoas Jurídicas serão inscritos:

- *Art. 114, primitivo art. 115, renumerado pela Lei nº 6.216/1995.*

....

III – os atos constitutivos e os estatutos dos partidos políticos.

- *Inciso III acrescido pela Lei nº 9.096/1995.*

....

Capítulo II – Da Pessoa Jurídica

....

Art. 120. O registro das sociedades, fundações e partidos políticos consistirá na declaração, feita em livro, pelo oficial, do número de ordem, da data da apresentação e da espécie do ato constitutivo, com as seguintes indicações:

- *Art. 120,* caput, *com redação dada pela Lei nº 9.096/1995.*

I – a denominação, o fundo social, quando houver, os fins e a sede da associação ou fundação, bem como o tempo de sua duração;

II – o modo por que se administra e representa a sociedade, ativa e passivamente, judicial e extrajudicialmente;

III – se o estatuto, o contrato ou o compromisso é reformável, no tocante à administração, e de que modo;

IV – se os membros respondem ou não, subsidiariamente, pelas obrigações sociais;

V – as condições de extinção da pessoa jurídica e nesse caso o destino do seu patrimônio;

VI – os nomes dos fundadores ou instituidores e dos membros da diretoria, provisória ou definitiva, com a indicação da nacionalidade, estado civil e profissão de cada um, bem como o nome e residência do apresentante dos exemplares.

Parágrafo único. Para o registro dos partidos políticos, serão obedecidos, além dos requisitos deste artigo, os estabelecidos em lei específica.

- *Parágrafo único acrescido pela Lei nº 9.096/1995.*

....

Art. 121. Para o registro serão apresentadas duas vias do estatuto, compromisso ou contrato, pelas quais far-se-á o registro mediante petição do representante legal da sociedade, lançando o oficial, nas duas vias, a competente certidão do registro, com o respectivo número de ordem, livro e folha. Uma das vias será entregue ao representante e a outra arquivada em cartório, rubricando o oficial as folhas em que estiver impresso o contrato, compromisso ou estatuto.

- *Art. 121 com redação dada pela Lei nº 9.042/1995.*

....

Brasília, 31 de dezembro de 1973; 152º da Independência e 85º da República.

Emílio G. Médici

DOU de 31.12.1973

Responsabilidade Fiscal, Administrativa e Criminal

LEI DE RESPONSABILIDADE FISCAL
LEI COMPLEMENTAR Nº 101, DE 4 DE MAIO DE 2000

Estabelece normas de finanças públicas voltadas para a responsabilidade na gestão fiscal e dá outras providências.

O Presidente da República

Faço saber que o Congresso Nacional decreta e eu sanciono a seguinte Lei Complementar:

Capítulo I – Disposições Preliminares

Art. 1º. Esta Lei Complementar estabelece normas de finanças públicas voltadas para a responsabilidade na gestão fiscal, com amparo no Capítulo II do Título VI da Constituição.

§ 1º. A responsabilidade na gestão fiscal pressupõe a ação planejada e transparente, em que se previnem riscos e corrigem desvios capazes de afetar o equilíbrio das contas públicas, mediante o cumprimento de metas de resultados entre receitas e despesas e a obediência a limites e condições no que tange a renúncia de receita, geração de despesas com pessoal, da seguridade social e outras, dívidas consolidada e mobiliária, operações de crédito, inclusive por antecipação de receita, concessão de garantia e inscrição em Restos a Pagar.

§ 2º. As disposições desta Lei Complementar obrigam a União, os Estados, o Distrito Federal e os Municípios.

§ 3º. Nas referências:

I – à União, aos Estados, ao Distrito Federal e aos Municípios, estão compreendidos:

a) o Poder Executivo, o Poder Legislativo, neste abrangidos os Tribunais de Contas, o Poder Judiciário e o Ministério Público;

b) as respectivas administrações diretas, fundos, autarquias, fundações e empresas estatais dependentes;

II – a Estados entende-se considerado o Distrito Federal;

III – a Tribunais de Contas estão incluídos: Tribunal de Contas da União, Tribunal de Contas do Estado e, quando houver, Tribunal de Contas dos Municípios e Tribunal de Contas do Município.

Art. 2º. Para os efeitos desta Lei Complementar, entende-se como:

I – ente da Federação: a União, cada Estado, o Distrito Federal e cada Município;

II – empresa controlada: sociedade cuja maioria do capital social com direito a voto pertença, direta ou indiretamente, a ente da Federação;

III – empresa estatal dependente: empresa controlada que receba do ente controlador recursos financeiros para pagamento de despesas com pessoal ou de custeio em geral ou de capital, excluídos, no último caso, aqueles provenientes de aumento de participação acionária;

IV – receita corrente líquida: somatório das receitas tributárias, de contribuições, patrimoniais, industriais, agropecuárias, de serviços, transferências correntes e outras receitas também correntes, deduzidos:

a) na União, os valores transferidos aos Estados e Municípios por determinação constitucional ou legal, e as contribuições mencionadas na alínea "a" do inciso I e no inciso II do art. 195, e no art. 239 da Constituição;

b) nos Estados, as parcelas entregues aos Municípios por determinação constitucional;

c) na União, nos Estados e nos Municípios, a contribuição dos servidores para o custeio do seu sistema de previdência e assistência social e as receitas provenientes da compensação financeira citada no § 9º do art. 201 da Constituição.

§ 1º. Serão computados no cálculo da receita corrente líquida os valores pagos e recebidos em decorrência da Lei Complementar nº 87, de 13 de setembro de 1996, e do fundo previsto pelo art. 60 do Ato das Disposições Constitucionais Transitórias.

- *Lei Complementar nº 87/1996 (Lei Kandir), dispõe sobre o imposto dos Estados e do Distrito Federal sobre operações relativas à circulação de mercadorias e sobre prestação de serviços de transporte interestadual e intermunicipal e de comunicação.*
- *V. Lei nº 9.424/1996, sobre o fundo de manutenção e desenvolvimento do ensino fundamental e valorização do magistério.*

§ 2º. Não serão considerados na receita corrente líquida do Distrito Federal e dos Estados do Amapá e de Roraima os recursos recebidos da União para atendimento das despesas de que trata o inciso V do § 1º do art. 19.

§ 3º. A receita corrente líquida será apurada somando-se as receitas arrecadadas no mês em referência e nos onze anteriores, excluídas as duplicidades.

Capítulo II – Do Planejamento

Seção I – Do Plano Plurianual

Art. 3º. (Vetado).

Seção II – Da Lei de Diretrizes Orçamentárias

Art. 4º. A lei de diretrizes orçamentárias atenderá o disposto no § 2º do art. 165 da Constituição e:

I – disporá também sobre:

a) equilíbrio entre receitas e despesas;

b) critérios e forma de limitação de empenho, a ser efetivada nas hipóteses previstas na alínea "b" do inciso II deste artigo, no art. 9º e no inciso II do § 1º do art. 31;

c) (vetado);

d) (vetado);

e) normas relativas ao controle de custos e à avaliação dos resultados dos programas financiados com recursos dos orçamentos;

f) demais condições e exigências para transferências de recursos a entidades públicas e privadas;

II – (vetado);

III – (vetado).

§ 1º. Integrará o projeto de lei de diretrizes orçamentárias Anexo de Metas Fiscais, em que serão estabelecidas metas anuais, em valores correntes e constantes, relativas a receitas, despesas, resultados nominal e primário e montante da dívida pública, para o exercício a que se referirem e para os dois seguintes.

§ 2º. O Anexo conterá, ainda:

I – avaliação do cumprimento das metas relativas ao ano anterior;

II – demonstrativo das metas anuais, instruído com memória e metodologia de cálculo que justifiquem os resultados pretendidos, comparando-as com as fixadas nos três exercícios anteriores, e evidenciando a consistência delas com as premissas e os objetivos da política econômica nacional;

III – evolução do patrimônio líquido, também nos últimos três exercícios, destacando a origem e a aplicação dos recursos obtidos com a alienação de ativos;

IV – avaliação da situação financeira e atuarial:

a) dos regimes geral de previdência social e próprio dos servidores públicos e do Fundo de Amparo ao Trabalhador;

b) dos demais fundos públicos e programas estatais de natureza atuarial;

V – demonstrativo da estimativa e compensação da renúncia de receita e da margem de expansão das despesas obrigatórias de caráter continuado.

§ 3º. A lei de diretrizes orçamentárias conterá Anexo de Riscos Fiscais, onde serão avaliados os passivos contingentes e outros riscos capazes de afetar as contas públicas, informando as providências a serem tomadas, caso se concretizem.

§ 4º. A mensagem que encaminhar o projeto da União apresentará, em anexo específico, os objetivos das políticas monetária, creditícia e cambial, bem como os parâmetros e as projeções para seus principais agregados e variáveis, e ainda as metas de inflação, para o exercício subsequente.

Seção III – Da Lei Orçamentária Anual

Art. 5º. O projeto de lei orçamentária anual, elaborado de forma compatível com o plano plurianual, com a lei de diretrizes orçamentárias e com as normas desta Lei Complementar:

I – conterá, em anexo, demonstrativo da compatibilidade da programação dos orçamentos com os objetivos e metas constantes do documento de que trata o § 1º do art. 4º;

II – será acompanhado do documento a que se refere o § 6º do art. 165 da Constituição, bem como das medidas de compensação a renúncias de receita e ao aumento de despesas obrigatórias de caráter continuado;

III – conterá reserva de contingência, cuja forma de utilização e montante, definido com base na receita corrente líquida, serão estabelecidos na lei de diretrizes orçamentárias, destinada ao:

a) (vetado);

b) atendimento de passivos contingentes e outros riscos e eventos fiscais imprevistos.

§ 1º. Todas as despesas relativas à dívida pública, mobiliária ou contratual, e as receitas que as atenderão, constarão da lei orçamentária anual.

§ 2º. O refinanciamento da dívida pública constará separadamente na lei orçamentária e nas de crédito adicional.

§ 3º. A atualização monetária do principal da dívida mobiliária refinanciada não poderá superar a variação do índice de preços previsto na lei de diretrizes orçamentárias, ou em legislação específica.

§ 4º. É vedado consignar na lei orçamentária crédito com finalidade imprecisa ou com dotação ilimitada.

§ 5º. A lei orçamentária não consignará dotação para investimento com duração superior a um exercício financeiro que não esteja previsto no plano plurianual ou em lei que autorize a sua inclusão, conforme disposto no § 1º do art. 167 da Constituição.

§ 6º. Integrarão as despesas da União, e serão incluídas na lei orçamentária, as do Banco Central do Brasil relativas a pessoal e encargos sociais, custeio administrativo, inclusive os destinados a benefícios e assistência aos servidores, e a investimentos.

§ 7º. (Vetado).

Art. 6º. (Vetado).

Art. 7º. O resultado do Banco Central do Brasil, apurado após a constituição ou reversão de reservas, constitui receita do Tesouro Nacional, e será transferido até o décimo dia útil subsequente à aprovação dos balanços semestrais.

§ 1º. O resultado negativo constituirá obrigação do Tesouro para com o Banco Central do Brasil e será consignado em dotação específica no orçamento.

§ 2º. O impacto e o custo fiscal das operações realizadas pelo Banco Central do Brasil serão demonstrados trimestralmente, nos termos em que dispuser a lei de diretrizes orçamentárias da União.

§ 3º. Os balanços trimestrais do Banco Central do Brasil conterão notas explicativas sobre os custos da remuneração das disponibilidades do Tesouro Nacional e da manutenção das reservas cambiais e a rentabilidade de sua carteira de títulos, destacando os de emissão da União.

Seção IV – Da Execução Orçamentária e do Cumprimento das Metas

Art. 8º. Até trinta dias após a publicação dos orçamentos, nos termos em que dispuser a lei de diretrizes orçamentárias e observado o disposto na alínea "c" do inciso I do art. 4º, o Poder Executivo estabelecerá a programação financeira e o cronograma de execução mensal de desembolso.

Parágrafo único. Os recursos legalmente vinculados a finalidade específica serão utilizados exclusivamente para atender ao objeto de sua vinculação, ainda que em exercício diverso daquele em que ocorrer o ingresso.

Art. 9º. Se verificado, ao final de um bimestre, que a realização da receita poderá não comportar o cumprimento das metas de resultado primário ou nominal estabelecidas no Anexo de Metas Fiscais, os Poderes e o Ministério Público promoverão, por ato próprio e nos montantes necessários, nos trinta dias subsequentes, limitação de empenho e movimentação financeira, segundo os critérios fixados pela lei de diretrizes orçamentárias.

§ 1º. No caso de restabelecimento da receita prevista, ainda que parcial, a recomposição das dotações cujos empenhos foram limitados dar-se-á de forma proporcional às reduções efetivadas.

§ 2º. Não serão objeto de limitação as despesas que constituam obrigações constitucionais e legais do ente, inclusive aquelas destinadas ao pagamento do serviço da dívida, e as ressalvadas pela lei de diretrizes orçamentárias.

§ 3º. No caso de os Poderes Legislativo e Judiciário e o Ministério Público não promoverem a limitação no prazo estabelecido no *caput*, é o Poder Executivo autorizado a limitar os valores financeiros segundo os critérios fixados pela lei de diretrizes orçamentárias.

- *A ADIn nº 2.238-5, DOU de 19.2.2003, deferiu por unanimidade de votos, em parte, medida cautelar suspendendo a eficácia deste parágrafo.*

§ 4º. Até o final dos meses de maio, setembro e fevereiro, o Poder Executivo demonstrará e avaliará o cumprimento das metas fiscais de cada quadrimestre, em audiência pública na comissão referida no § 1º do art. 166 da Constituição ou equivalente nas Casas Legislativas estaduais e municipais.

§ 5º. No prazo de noventa dias após o encerramento de cada semestre, o Banco Central do Brasil apresentará, em reunião conjunta das comissões temáticas pertinentes do Congresso Nacional, avaliação do cumprimento dos objetivos e metas das políticas monetária, creditícia e cambial, evidenciando o impacto e o custo fiscal de suas operações e os resultados demonstrados nos balanços.

Art. 10. A execução orçamentária e financeira identificará os beneficiários de pagamento de sentenças judiciais, por meio de sistema de contabilidade e administração financeira, para fins de observância da ordem cronológica determinada no art. 100 da Constituição.

Capítulo III – Da Receita Pública

Seção I – Da Previsão e da Arrecadação

Art. 11. Constituem requisitos essenciais da responsabilidade na gestão fiscal a instituição, previsão e efetiva arrecadação de todos os tributos da competência constitucional do ente da Federação.

Parágrafo único. É vedada a realização de transferências voluntárias para o ente que não observe o disposto no *caput*, no que se refere aos impostos.

Art. 12. As previsões de receita observarão as normas técnicas e legais, considerarão os efeitos das alterações na legislação, da variação do índice de preços, do crescimento econômico ou de qualquer outro fator relevante e serão acompanhadas de demonstrativo de sua evolução nos últimos três anos, da projeção para os dois seguintes àquele a que se referirem, e da metodologia de cálculo e premissas utilizadas.

§ 1º. Reestimativa de receita por parte do Poder Legislativo só será admitida se comprovado erro ou omissão de ordem técnica ou legal.

§ 2º. O montante previsto para as receitas de operações de crédito não poderá ser superior ao das despesas de capital constantes do projeto de lei orçamentária.

- *A ADIn nº 2.238-5, DOU de 19.2.2003, deferiu por unanimidade de votos, em parte, medida cautelar suspendendo a eficácia deste parágrafo.*

§ 3º. O Poder Executivo de cada ente colocará à disposição dos demais Poderes e do Ministério Público, no mínimo trinta dias antes do prazo final para encaminhamento de suas propostas orçamentárias, os estudos e as estimativas das receitas para o exercício subsequente, inclusive da corrente líquida, e as respectivas memórias de cálculo.

Art. 13. No prazo previsto no art. 8º, as receitas previstas serão desdobradas, pelo Poder Executivo, em metas bimestrais de arrecadação, com a especificação, em separado, quando cabível, das medidas de combate à evasão e à sonegação, da quantidade e valores de ações ajuizadas para cobrança da dívida ativa, bem como da evolução do montante dos créditos tributários passíveis de cobrança administrativa.

Seção II – Da Renúncia de Receita

Art. 14. A concessão ou ampliação de incentivo ou benefício de natureza tributária da qual decorra renúncia de receita deverá estar acompanhada de estimativa do impacto orçamentário-financeiro no exercício em que deva iniciar sua vigência e nos dois seguintes, atender ao disposto na lei de diretrizes orçamentárias e a pelo menos uma das seguintes condições:

I – demonstração pelo proponente de que a renúncia foi considerada na estimativa de receita da lei orçamentária, na forma do art. 12, e de que não afetará as metas de resultados fiscais previstas no anexo próprio da lei de diretrizes orçamentárias;

II – estar acompanhada de medidas de compensação, no período mencionado no *caput*, por meio do aumento de receita, proveniente da elevação de alíquotas, ampliação da base de cálculo, majoração ou criação de tributo ou contribuição.

§ 1º. A renúncia compreende anistia, remissão, subsídio, crédito presumido, concessão de isenção em caráter não geral, alteração de alíquota ou modificação de base de cálculo que implique redução discriminada de tributos ou contribuições, e outros benefícios que correspondam a tratamento diferenciado.

§ 2º. Se o ato de concessão ou ampliação do incentivo ou benefício de que trata o caput deste artigo decorrer da condição contida no inciso II, o benefício só entrará em vigor quando implementadas as medidas referidas no mencionado inciso.

§ 3º. O disposto neste artigo não se aplica:

I – às alterações das alíquotas dos impostos previstos nos incisos I, II, IV e V do art. 153 da Constituição, na forma do seu § 1º;

II – ao cancelamento de débito cujo montante seja inferior ao dos respectivos custos de cobrança.

Capítulo IV – Da Despesa Pública

Seção I – Da Geração da Despesa

Art. 15. Serão consideradas não autorizadas, irregulares e lesivas ao patrimônio público a geração de despesa ou assunção de obrigação que não atendam o disposto nos arts. 16 e 17.

Art. 16. A criação, expansão ou aperfeiçoamento de ação governamental que acarrete aumento da despesa será acompanhado de:

I – estimativa do impacto orçamentário-financeiro no exercício em que deva entrar em vigor e nos dois subsequentes;

II – declaração do ordenador da despesa de que o aumento tem adequação orçamentária e financeira com a lei orçamentária anual e compatibilidade com o plano plurianual e com a lei de diretrizes orçamentárias.

§ 1º. Para os fins desta Lei Complementar, considera-se:

I – adequada com a lei orçamentária anual, a despesa objeto de dotação específica e suficiente, ou que esteja abrangida por crédito genérico, de forma que somadas todas as despesas da mesma espécie, realizadas e a realizar, previstas no programa de trabalho, não sejam ultrapassados os limites estabelecidos para o exercício;

II – compatível com o plano plurianual e a lei de diretrizes orçamentárias, a despesa que se conforme com as diretrizes, objetivos, prioridades e metas previstos nesses instrumentos e não infrinja qualquer de suas disposições.

§ 2º. A estimativa de que trata o inciso I do *caput* será acompanhada das premissas e metodologia de cálculo utilizadas.

§ 3º. Ressalva-se do disposto neste artigo a despesa considerada irrelevante, nos termos em que dispuser a lei de diretrizes orçamentárias.

§ 4º. As normas do *caput* constituem condição prévia para:

I – empenho e licitação de serviços, fornecimento de bens ou execução de obras;

II – desapropriação de imóveis urbanos a que se refere o § 3º do art. 182 da Constituição.

Subseção I
Da Despesa Obrigatória de Caráter Continuado

Art. 17. Considera-se obrigatória de caráter continuado a despesa corrente derivada de lei, medida provisória ou ato administrativo normativo que fixem para o ente a obrigação legal de sua execução por um período superior a dois exercícios.

§ 1º. Os atos que criarem ou aumentarem despesa de que trata o *caput* deverão ser instruídos com a estimativa prevista no inciso I do art. 16 e demonstrar a origem dos recursos para seu custeio.

§ 2º. Para efeito do atendimento do § 1º, o ato será acompanhado de comprovação de que a despesa criada ou aumentada não afetará as metas de resultados fiscais previstas no anexo referido no § 1º do art. 4º, devendo seus efeitos financeiros, nos períodos seguintes, ser compensados pelo aumento permanente de receita ou pela redução permanente de despesa.

§ 3º. Para efeito do § 2º, considera-se aumento permanente de receita o proveniente da elevação de alíquotas, ampliação da base de cálculo, majoração ou criação de tributo ou contribuição.

§ 4º. A comprovação referida no § 2º, apresentada pelo proponente, conterá as premissas e metodologia de cálculo utilizadas, sem prejuízo do exame de compatibilidade da despesa com as demais normas do plano plurianual e da lei de diretrizes orçamentárias.

§ 5º. A despesa de que trata este artigo não será executada antes da implementação das medidas referidas no § 2º, as quais integrarão o instrumento que a criar ou aumentar.

§ 6º. O disposto no § 1º não se aplica às despesas destinadas ao serviço da dívida nem ao reajustamento de remuneração de pessoal de que trata o inciso X do art. 37 da Constituição.

§ 7º. Considera-se aumento de despesa a prorrogação daquela criada por prazo determinado.

Seção II – Das Despesas com Pessoal

Subseção I – Definições e Limites

Art. 18. Para os efeitos desta Lei Complementar, entende-se como despesa total com pessoal: o somatório dos gastos do ente da Federação com os ativos, os inativos e os pensionistas, relativos a mandatos eletivos, cargos, funções ou empregos, civis, militares e de membros de Poder, com quaisquer espécies remuneratórias, tais como vencimentos e vantagens, fixas e variáveis, subsídios, proventos da aposentadoria, reformas e pensões, inclusive adicionais, gratificações, horas extras e vantagens pessoais de qualquer natureza, bem como encargos sociais e contribuições recolhidas pelo ente às entidades de previdência.

§ 1º. Os valores dos contratos de terceirização de mão de obra que se referem à substituição de servidores e empregados públicos serão contabilizados como "Outras Despesas de Pessoal".

§ 2º. A despesa total com pessoal será apurada somando-se a realizada no mês em referência com as dos onze imediatamente anteriores, adotando-se o regime de competência.

Art. 19. Para os fins do disposto no *caput* do art. 169 da Constituição, a despesa total com pessoal, em cada período de apuração e em cada ente da Federação, não poderá exceder os percentuais da receita corrente líquida, a seguir discriminados:

I – União: 50% (cinquenta por cento);

II – Estados: 60% (sessenta por cento);

III – Municípios: 60% (sessenta por cento).

§ 1º. Na verificação do atendimento dos limites definidos neste artigo, não serão computadas as despesas:

I – de indenização por demissão de servidores ou empregados;

II – relativas a incentivos à demissão voluntária;

III – derivadas da aplicação do disposto no inciso II do § 6º do art. 57 da Constituição;

IV – decorrentes de decisão judicial e da competência de período anterior ao da apuração a que se refere o § 2º do art. 18;

V – com pessoal, do Distrito Federal e dos Estados do Amapá e Roraima, custeadas com recursos transferidos pela União na forma dos incisos XIII e XIV do art. 21 da Constituição e do art. 31 da Emenda Constitucional nº 19.

VI – com inativos, ainda que por intermédio de fundo específico, custeadas por recursos provenientes:

a) da arrecadação de contribuições dos segurados;

b) da compensação financeira de que trata o § 9º do art. 201 da Constituição;

c) das demais receitas diretamente arrecadadas por fundo vinculado a tal finalidade, inclusive o produto da alienação de bens, direitos e ativos, bem como seu superávit financeiro.

§ 2º. Observado o disposto no inciso IV do § 1º, as despesas com pessoal decorrentes de sentenças judiciais serão incluídas no limite do respectivo Poder ou órgão referido no art. 20.

Art. 20. A repartição dos limites globais do art. 19 não poderá exceder os seguintes percentuais:

I – na esfera federal:

a) 2,5% (dois inteiros e cinco décimos por cento) para o Legislativo, incluído o Tribunal de Contas da União;

b) 6% (seis por cento) para o Judiciário;

c) 40,9% (quarenta inteiros e nove décimos por cento) para o Executivo, destacando-se 3% (três por cento) para as despesas com pessoal decorrentes do que dispõem os incisos XIII e XIV do art. 21 da Constituição e o art. 31 da Emenda Constitucional nº 19, repartidos de forma proporcional à média das despesas relativas a cada um destes dispositivos, em percentual da receita corrente líquida, verificadas nos três exercícios financeiros imediatamente anteriores ao da publicação desta Lei Complementar;

d) 0,6% (seis décimos por cento) para o Ministério Público da União;

II – na esfera estadual:

a) 3% (três por cento) para o Legislativo, incluído o Tribunal de Contas do Estado;

b) 6% (seis por cento) para o Judiciário;

c) 49% (quarenta e nove por cento) para o Executivo;

d) 2% (dois por cento) para o Ministério Público dos Estados;

III – na esfera municipal:

a) 6% (seis por cento) para o Legislativo, incluído o Tribunal de Contas do Município, quando houver;

b) 54% (cinquenta e quatro por cento) para o Executivo.

§ 1º. Nos Poderes Legislativo e Judiciário de cada esfera, os limites serão repartidos entre seus órgãos de forma proporcional à média das despesas com pessoal, em percentual da receita corrente líquida, verificadas nos três exercícios financeiros imediatamente anteriores ao da publicação desta Lei Complementar.

§ 2º. Para efeito deste artigo entende-se como órgão:

I – o Ministério Público;

II – no Poder Legislativo:

a) Federal, as respectivas Casas e o Tribunal de Contas da União;

b) Estadual, a Assembleia Legislativa e os Tribunais de Contas;

c) do Distrito Federal, a Câmara Legislativa e o Tribunal de Contas do Distrito Federal;

d) Municipal, a Câmara de Vereadores e o Tribunal de Contas do Município, quando houver;

III – no Poder Judiciário:

a) Federal, os tribunais referidos no art. 92 da Constituição;

b) Estadual, o Tribunal de Justiça e outros, quando houver.

§ 3º. Os limites para as despesas com pessoal do Poder Judiciário, a cargo da União por força do inciso XIII do art. 21 da Constituição, serão estabelecidos mediante aplicação da regra do § 1º.

§ 4º. Nos Estados em que houver Tribunal de Contas dos Municípios, os percentuais definidos nas alíneas "a" e "c" do inciso II do *caput* serão, respectivamente, acrescidos e reduzidos em 0,4% (quatro décimos por cento).

§ 5º. Para os fins previstos no art. 168 da Constituição, a entrega dos recursos financeiros correspondentes à despesa total com pessoal por Poder e órgão será a resultante da aplicação dos percentuais definidos neste artigo, ou aqueles fixados na lei de diretrizes orçamentárias.

§ 6º. (Vetado).

Subseção II
Do Controle da Despesa Total com Pessoal

Art. 21. É nulo de pleno direito o ato que provoque aumento da despesa com pessoal e não atenda:

I – as exigências dos arts. 16 e 17 desta Lei Complementar, e o disposto no inciso XIII do art. 37 e no § 1º do art. 169 da Constituição;

II – o limite legal de comprometimento aplicado às despesas com pessoal inativo.

- *A expressão "limite legal" deve ser interpretado como previsto em lei complementar, conforme ADIn nº 2.238-5.*

Parágrafo único. Também é nulo de pleno direito o ato de que resulte aumento da despesa com pessoal expedido nos cento e oitenta dias anteriores ao final do mandato do titular do respectivo Poder ou órgão referido no art. 20.

Art. 22. A verificação do cumprimento dos limites estabelecidos nos arts. 19 e 20 será realizada ao final de cada quadrimestre.

Parágrafo único. Se a despesa total com pessoal exceder a 95% (noventa e cinco por cento) do limite, são vedados ao Poder ou órgão referido no art. 20 que houver incorrido no excesso:

I – concessão de vantagem, aumento, reajuste ou adequação de remuneração a qualquer título, salvo os derivados de sentença judicial ou de determinação legal ou contratual, ressalvada a revisão prevista no inciso X do art. 37 da Constituição;

II – criação de cargo, emprego ou função;

III – alteração de estrutura de carreira que implique aumento de despesa;

IV – provimento de cargo público, admissão ou contratação de pessoal a qualquer título, ressalvada a reposição decorrente de aposentadoria ou falecimento de servidores das áreas de educação, saúde e segurança;

V – contratação de hora-extra, salvo no caso do disposto no inciso II do § 6º do art. 57 da Constituição e as situações previstas na lei de diretrizes orçamentárias.

Art. 23. Se a despesa total com pessoal, do Poder ou órgão referido no art. 20, ultrapassar os limites definidos no mesmo artigo, sem prejuízo das medidas previstas no art. 22, o percentual excedente terá de ser eliminado nos dois quadrimestres seguintes, sendo pelo menos um terço no primeiro, adotando-se, entre outras, as providências previstas nos §§ 3º e 4º do art. 169 da Constituição.

§ 1º. No caso do inciso I do § 3º do art. 169 da Constituição, o objetivo poderá ser alcançado tanto pela extinção de cargos e funções quanto pela redução dos valores a eles atribuídos.

- *A ADIn nº 2.238-5, por unanimidade de votos, deferiu, em parte, medida cautelar suspendendo a eficácia da expressão "quanto pela redução dos valores a eles atribuídos".*

§ 2º. É facultada a redução temporária da jornada de trabalho com adequação dos vencimentos à nova carga horária.

- *A ADIn nº 2.238-5, por unanimidade de votos, deferiu, em parte, medida cautelar suspendendo a eficácia deste parágrafo.*

§ 3º. Não alcançada a redução no prazo estabelecido, e enquanto perdurar o excesso, o ente não poderá:

I – receber transferências voluntárias;

II – obter garantia, direta ou indireta, de outro ente;

III – contratar operações de crédito, ressalvadas as destinadas ao refinanciamento da dívida mobiliária e as que visem à redução das despesas com pessoal.

§ 4º. As restrições do § 3º aplicam-se imediatamente se a despesa total com pessoal exceder o limite no primeiro quadrimestre do último ano do mandato dos titulares de Poder ou órgão referidos no art. 20.

Seção III
Das Despesas com a Seguridade Social

Art. 24. Nenhum benefício ou serviço relativo à seguridade social poderá ser criado, majorado ou estendido sem a indicação da fonte de custeio total, nos termos do § 5º do art. 195 da Constituição, atendidas ainda as exigências do art. 17.

§ 1º. É dispensada da compensação referida no art. 17 o aumento de despesa decorrente de:

I – concessão de benefício a quem satisfaça as condições de habilitação prevista na legislação pertinente;

II – expansão quantitativa do atendimento e dos serviços prestados;

III – reajustamento de valor do benefício ou serviço, a fim de preservar o seu valor real.

§ 2º. O disposto neste artigo aplica-se a benefício ou serviço de saúde, previdência e assistência social, inclusive os destinados aos servidores públicos e militares, ativos e inativos, e aos pensionistas.

Capítulo V
Das Transferências Voluntárias

Art. 25. Para efeito desta Lei Complementar, entende-se por transferência voluntária a entrega de recursos correntes ou de capital a outro ente da Federação, a título de cooperação, auxílio ou assistência financeira, que não decorra de determinação constitucional, legal ou os destinados ao Sistema Único de Saúde.

§ 1º. São exigências para a realização de transferência voluntária, além das estabelecidas na lei de diretrizes orçamentárias:

I – existência de dotação específica;

II – (vetado);

III – observância do disposto no inciso X do art. 167 da Constituição;

IV – comprovação, por parte do beneficiário, de:

a) que se acha em dia quanto ao pagamento de tributos, empréstimos e financiamentos devidos ao ente transferidor, bem como quanto à prestação de contas de recursos anteriormente dele recebidos;

b) cumprimento dos limites constitucionais relativos à educação e à saúde;

c) observância dos limites das dívidas consolidada e mobiliária, de operações de crédito, inclusive por antecipação de receita, de inscrição em Restos a Pagar e de despesa total com pessoal;

d) previsão orçamentária de contrapartida.

§ 2º. É vedada a utilização de recursos transferidos em finalidade diversa da pactuada.

§ 3º. Para fins da aplicação das sanções de suspensão de transferências voluntárias constantes desta Lei Complementar, excetuam-se aquelas relativas a ações de educação, saúde e assistência social.

Capítulo VI
Da Destinação de Recursos Públicos para o Setor Privado

Art. 26. A destinação de recursos para, direta ou indiretamente, cobrir necessidades de pessoas físicas ou déficits de pessoas jurídicas deverá ser autorizada por lei específica, atender às condições estabelecidas na lei de diretrizes orçamentárias e estar prevista no orçamento ou em seus créditos adicionais.

§ 1º. O disposto no *caput* aplica-se a toda a administração indireta, inclusive fundações públicas e empresas estatais, exceto, no exercício de suas atribuições precípuas, as instituições financeiras e o Banco Central do Brasil.

§ 2º. Compreende-se incluída a concessão de empréstimos, financiamentos e refinanciamentos, inclusive as respectivas prorrogações e a composição de dívidas, a concessão de subvenções e a participação em constituição ou aumento de capital.

Art. 27. Na concessão de crédito por ente da Federação a pessoa física, ou jurídica que não esteja sob seu controle direto ou indireto, os encargos financeiros, comissões e despesas congêneres não serão inferiores aos definidos em lei ou ao custo de captação.

Parágrafo único. Dependem de autorização em lei específica as prorrogações e composições de dívidas decorrentes de operações de crédito, bem como a concessão de empréstimos ou financiamentos em desacordo com o *caput*, sendo o subsídio correspondente consignado na lei orçamentária.

Art. 28. Salvo mediante lei específica, não poderão ser utilizados recursos públicos, inclusive de operações de crédito, para socorrer instituições do Sistema Financeiro Nacional, ainda que mediante a concessão de empréstimos de recuperação ou financiamentos para mudança de controle acionário.

§ 1º. A prevenção de insolvência e outros riscos ficará a cargo de fundos, e outros mecanismos, constituídos pelas instituições do Sistema Financeiro Nacional, na forma da lei.

§ 2º. O disposto no *caput* não proíbe o Banco Central do Brasil de conceder às instituições financeiras operações de redesconto e de empréstimos de prazo inferior a trezentos e sessenta dias.

Capítulo VII
Da Dívida e do Endividamento

Seção I – Definições Básicas

Art. 29. Para os efeitos desta Lei Complementar, são adotadas as seguintes definições:

I – dívida pública consolidada ou fundada: montante total, apurado sem duplicidade, das obrigações financeiras do ente da Federação, assumidas em virtude de leis, contratos, convênios ou tratados e da realização de operações de crédito, para amortização em prazo superior a doze meses;

II – dívida pública mobiliária: dívida pública representada por títulos emitidos pela União, inclusive os do Banco Central do Brasil, Estados e Municípios;

III – operação de crédito: compromisso financeiro assumido em razão de mútuo, abertura de crédito, emissão e aceite de título, aquisição financiada de bens, recebimento antecipado de valores provenientes da venda a termo de bens e serviços, arrendamento mercantil e outras operações assemelhadas, inclusive com o uso de derivativos financeiros;

IV – concessão de garantia: compromisso de adimplência de obrigação financeira ou contratual assumida por ente da Federação ou entidade a ele vinculada;

V – refinanciamento da dívida mobiliária: emissão de títulos para pagamento do principal acrescido da atualização monetária.

§ 1º. Equipara-se a operação de crédito a assunção, o reconhecimento ou a confissão de dívidas pelo ente da Federação, sem prejuízo do cumprimento das exigências dos arts. 15 e 16.

§ 2º. Será incluída na dívida pública consolidada da União a relativa à emissão de títulos de responsabilidade do Banco Central do Brasil.

§ 3º. Também integram a dívida pública consolidada as operações de crédito de prazo inferior a doze meses cujas receitas tenham constado do orçamento.

§ 4º. O refinanciamento do principal da dívida mobiliária não excederá, ao término de cada exercício financeiro, o montante do final do exercício anterior, somado ao das operações de crédito autorizadas no orçamento para este efeito e efetivamente realizadas, acrescido de atualização monetária.

Seção II – Dos Limites da Dívida Pública e das Operações de Crédito

Art. 30. No prazo de noventa dias após a publicação desta Lei Complementar, o Presidente da República submeterá ao:

I – Senado Federal: proposta de limites globais para o montante da dívida consolidada da União, Estados e Municípios, cumprindo o que estabelece o inciso VI do art. 52 da Constituição, bem como de limites e condições relativos aos incisos VII, VIII e IX do mesmo artigo;

II – Congresso Nacional: projeto de lei que estabeleça limites para o montante da dívida mobiliária federal a que se refere o inciso XIV do art. 48 da Constituição, acompanhado da demonstração de sua adequação aos limites fixados para a dívida consolidada da União, atendido o disposto no inciso I do § 1º deste artigo.

§ 1º. As propostas referidas nos incisos I e II do *caput* e suas alterações conterão:

I – demonstração de que os limites e condições guardam coerência com as normas estabelecidas nesta Lei Complementar e com os objetivos da política fiscal;

II – estimativas do impacto da aplicação dos limites a cada uma das três esferas de governo;

III – razões de eventual proposição de limites diferenciados por esfera de governo;

IV – metodologia de apuração dos resultados primário e nominal.

§ 2º. As propostas mencionadas nos incisos I e II do *caput* também poderão ser apresentadas em termos de dívida líquida, evidenciando a forma e a metodologia de sua apuração.

§ 3º. Os limites de que tratam os incisos I e II do *caput* serão fixados em percentual da receita corrente líquida para cada esfera de governo e aplicados igualmente a todos os entes da Federação que a integrem, constituindo, para cada um deles, limites máximos.

§ 4º. Para fins de verificação do atendimento do limite, a apuração do montante da dívida consolidada será efetuada ao final de cada quadrimestre.

§ 5º. No prazo previsto no art. 5º, o Presidente da República enviará ao Senado Federal ou ao Congresso Nacional, conforme o caso, proposta de manutenção ou alteração dos limites e condições previstos nos incisos I e II do *caput*.

§ 6º. Sempre que alterados os fundamentos das propostas de que trata este artigo, em razão de instabilidade econômica ou alterações nas políticas monetária ou cambial, o Presidente da República poderá encaminhar ao Senado Federal ou ao Congresso Nacional solicitação de revisão dos limites.

§ 7º. Os precatórios judiciais não pagos durante a execução do orçamento em que houverem sido incluídos integram a dívida consolidada, para fins de aplicação dos limites.

Seção III
Da Recondução da Dívida aos Limites

Art. 31. Se a dívida consolidada de um ente da Federação ultrapassar o respectivo limite ao final de um quadrimestre, deverá ser a ele reconduzida até o término dos três subsequentes, reduzindo o excedente em pelo menos 25% (vinte e cinco por cento) no primeiro.

§ 1º. Enquanto perdurar o excesso, o ente que nele houver incorrido:

I – estará proibido de realizar operação de crédito interna ou externa, inclusive por antecipação de receita, ressalvado o refinanciamento do principal atualizado da dívida mobiliária;

II – obterá resultado primário necessário à recondução da dívida ao limite, promovendo, entre outras medidas, limitação de empenho, na forma do art. 9º.

§ 2º. Vencido o prazo para retorno da dívida ao limite, e enquanto perdurar o excesso, o ente ficará também impedido de receber transferências voluntárias da União ou do Estado.

§ 3º. As restrições do § 1º aplicam-se imediatamente se o montante da dívida exceder o limite no primeiro quadrimestre do último ano do mandato do Chefe do Poder Executivo.

§ 4º. O Ministério da Fazenda divulgará, mensalmente, a relação dos entes que tenham ultrapassado os limites das dívidas consolidada e mobiliária.

§ 5º. As normas deste artigo serão observadas nos casos de descumprimento dos limites da dívida mobiliária e das operações de crédito internas e externas.

Seção IV – Das Operações de Crédito

Subseção I – Da Contratação

Art. 32. O Ministério da Fazenda verificará o cumprimento dos limites e condições relativos à realização de operações de crédito de cada ente da Federação, inclusive das empresas por eles controladas, direta ou indiretamente.

§ 1º. O ente interessado formalizará seu pleito fundamentando-o em parecer de seus órgãos técnicos e jurídicos, demonstrando a relação custo-benefício, o interesse econômico e social da operação e o atendimento das seguintes condições:

I – existência de prévia e expressa autorização para a contratação, no texto da lei orçamentária, em créditos adicionais ou lei específica;

II – inclusão no orçamento ou em créditos adicionais dos recursos provenientes da operação, exceto no caso de operações por antecipação de receita;

III – observância dos limites e condições fixados pelo Senado Federal;

IV – autorização específica do Senado Federal, quando se tratar de operação de crédito externo;

V – atendimento do disposto no inciso III do art. 167 da Constituição;

VI – observância das demais restrições estabelecidas nesta Lei Complementar.

§ 2º. As operações relativas à dívida mobiliária federal autorizadas, no texto da lei orçamentária ou de créditos adicionais, serão objeto de processo simplificado que atenda às suas especificidades.

§ 3º. Para fins do disposto no inciso V do § 1º, considerar-se-á, em cada exercício financeiro, o total dos recursos de operações de crédito nele ingressados e o das despesas de capital executadas, observado o seguinte:

I – não serão computadas nas despesas de capital as realizadas sob a forma de empréstimo ou financiamento a contribuinte, com o intuito de promover incentivo fiscal, tendo por base tributo de competência do ente da Federação, se resultar a diminuição, direta ou indireta, do ônus deste;

II – se o empréstimo ou financiamento a que se refere o inciso I for concedido por instituição financeira controlada pelo ente da Federação, o valor da operação será deduzido das despesas de capital;

III – (vetado).

§ 4º. Sem prejuízo das atribuições próprias do Senado Federal e do Banco Central do Brasil, o Ministério da Fazenda efetuará o registro eletrônico centralizado e atualizado das dívidas públicas interna e externa, garantido o acesso público às informações, que incluirão:

I – encargos e condições de contratação;

II – saldos atualizados e limites relativos às dívidas consolidada e mobiliária, operações de crédito e concessão de garantias.

§ 5º. Os contratos de operação de crédito externo não conterão cláusula que importe na compensação automática de débitos e créditos.

Art. 33. A instituição financeira que contratar operação de crédito com ente da Federação, exceto quando relativa à dívida mobiliária ou à externa, deverá exigir comprovação de que a operação atende às condições e limites estabelecidos.

§ 1º. A operação realizada com infração do disposto nesta Lei Complementar será considerada nula, procedendo-se ao seu cancelamento, mediante a devolução do principal, vedados o pagamento de juros e demais encargos financeiros.

§ 2º. Se a devolução não for efetuada no exercício de ingresso dos recursos, será consignada reserva específica na lei orçamentária para o exercício seguinte.

§ 3º. Enquanto não efetuado o cancelamento, a amortização, ou constituída a reserva, aplicam-se as sanções previstas nos incisos do § 3º do art. 23.

§ 4º. Também se constituirá reserva, no montante equivalente ao excesso, se não atendido o disposto no inciso III do art. 167 da Constituição, consideradas as disposições do § 3º do art. 32.

Subseção II – Das Vedações

Art. 34. O Banco Central do Brasil não emitirá títulos da dívida pública a partir de dois anos após a publicação desta Lei Complementar.

Art. 35. É vedada a realização de operação de crédito entre um ente da Federação, diretamente ou por intermédio de fundo, autarquia, fundação ou empresa estatal dependente, e outro, inclusive suas entidades da administração indireta, ainda que sob a forma de novação, refinanciamento ou postergação de dívida contraída anteriormente.

§ 1º. Excetuam-se da vedação a que se refere o *caput* as operações entre instituição financeira estatal e outro ente da Federação, inclusive suas entidades da administração indireta, que não se destinem a:

I – financiar, direta ou indiretamente, despesas correntes;

II – refinanciar dívidas não contraídas junto à própria instituição concedente.

§ 2º. O disposto no *caput* não impede Estados e Municípios de comprar títulos da dívida da União como aplicação de suas disponibilidades.

Art. 36. É proibida a operação de crédito entre uma instituição financeira estatal e o ente da Federação que a controle, na qualidade de beneficiário do empréstimo.

Parágrafo único. O disposto no *caput* não proíbe instituição financeira controlada de adquirir, no mercado, títulos da dívida pública para atender investimento de seus clientes, ou títulos da dívida de emissão da União para aplicação de recursos próprios.

Art. 37. Equiparam-se a operações de crédito e estão vedados:

I – captação de recursos a título de antecipação de receita de tributo ou contribuição cujo fato gerador ainda não tenha ocorrido, sem prejuízo do disposto no § 7º do art. 150 da Constituição;

II – recebimento antecipado de valores de empresa em que o Poder Público detenha, direta ou indiretamente, a maioria do capital social com direito a voto, salvo lucros e dividendos, na forma da legislação;

III – assunção direta de compromisso, confissão de dívida ou operação assemelhada, com fornecedor de bens, mercadorias ou serviços, mediante emissão, aceite ou aval de título de crédito, não se aplicando esta vedação a empresas estatais dependentes;

IV – assunção de obrigação, sem autorização orçamentária, com fornecedores para pagamento a *posteriori* de bens e serviços.

Subseção III – Das Operações de Crédito por Antecipação de Receita Orçamentária

Art. 38. A operação de crédito por antecipação de receita destina-se a atender insuficiência de caixa durante o exercício financeiro e cumprirá as exigências mencionadas no art. 32 e mais as seguintes:

I – realizar-se-á somente a partir do décimo dia do início do exercício;

II – deverá ser liquidada, com juros e outros encargos incidentes, até o dia dez de dezembro de cada ano;

III – não será autorizada se forem cobrados outros encargos que não a taxa de juros da operação, obrigatoriamente prefixada ou indexada à taxa básica financeira, ou à que vier a esta substituir;

IV – estará proibida:

a) enquanto existir operação anterior da mesma natureza não integralmente resgatada;

b) no último ano de mandato do Presidente, Governador ou Prefeito Municipal.

§ 1º. As operações de que trata este artigo não serão computadas para efeito do que dispõe o inciso III do art. 167 da Constituição, desde que liquidadas no prazo definido no inciso II do *caput*.

§ 2º. As operações de crédito por antecipação de receita realizadas por Estados ou Municípios serão efetuadas mediante abertura de crédito junto à instituição financeira vencedora em processo competitivo eletrônico promovido pelo Banco Central do Brasil.

§ 3º. O Banco Central do Brasil manterá sistema de acompanhamento e controle do saldo do crédito aberto e, no caso de inobservância dos limites, aplicará as sanções cabíveis à instituição credora.

Subseção IV Das Operações com o Banco Central do Brasil

Art. 39. Nas suas relações com ente da Federação, o Banco Central do Brasil está sujeito às vedações constantes do art. 35 e mais às seguintes:

I – compra de título da dívida, na data de sua colocação no mercado, ressalvado o disposto no § 2º deste artigo;

II – permuta, ainda que temporária, por intermédio de instituição financeira ou não, de título da dívida de ente da Federação por título da dívida pública federal, bem como a operação de compra e venda, a termo, daquele título, cujo efeito final seja semelhante à permuta;

III – concessão de garantia.

§ 1º. O disposto no inciso II, *in fine*, não se aplica ao estoque de Letras do Banco Central do Brasil, Série Especial, existente na carteira das instituições financeiras, que pode ser refinanciado mediante novas operações de venda a termo.

§ 2º. O Banco Central do Brasil só poderá comprar diretamente títulos emitidos pela União para refinanciar a dívida mobiliária federal que estiver vencendo na sua carteira.

§ 3º. A operação mencionada no § 2º deverá ser realizada à taxa média e condições alcançadas no dia, em leilão público.

§ 4º. É vedado ao Tesouro Nacional adquirir títulos da dívida pública federal existentes na carteira do Banco Central do Brasil, ainda que com cláusula de reversão, salvo para reduzir a dívida mobiliária.

Seção V – Da Garantia e da Contragarantia

Art. 40. Os entes poderão conceder garantia em operações de crédito internas ou externas, observados o disposto neste artigo, as normas do art. 32 e, no caso da União, também os limites e as condições estabelecidos pelo Senado Federal.

§ 1º. A garantia estará condicionada ao oferecimento de contragarantia, em valor igual ou superior ao da garantia a ser concedida, e à adimplência da entidade que a pleitear relativamente a suas obrigações junto ao garantidor e às entidades por este controladas, observado o seguinte:

I – não será exigida contragarantia de órgãos e entidades do próprio ente;

II – a contragarantia exigida pela União a Estado ou Município, ou pelos Estados aos Municípios, poderá consistir na vinculação de receitas tributárias diretamente arrecadadas e provenientes de transferências constitucionais, com outorga de poderes ao garantidor para retê-las e empregar o respectivo valor na liquidação da dívida vencida.

§ 2º. No caso de operação de crédito junto a organismo financeiro internacional, ou a instituição federal de crédito e fomento para o repasse de recursos externos, a União só prestará garantia a ente que atenda, além do disposto no § 1º, as exigências legais para o recebimento de transferências voluntárias.

§ 3º. (Vetado).

§ 4º. (Vetado).

§ 5º. É nula a garantia concedida acima dos limites fixados pelo Senado Federal.

§ 6º. É vedado às entidades da administração indireta, inclusive suas empresas controladas e subsidiárias, conceder garantia, ainda que com recursos de fundos.

§ 7º. O disposto no § 6º não se aplica à concessão de garantia por:

I – empresa controlada a subsidiária ou controlada sua, nem à prestação de contragarantia nas mesmas condições;

II – instituição financeira a empresa nacional, nos termos da lei.

§ 8º. Excetua-se do disposto neste artigo a garantia prestada:

I – por instituições financeiras estatais, que se submeterão às normas aplicáveis às instituições financeiras privadas, de acordo com a legislação pertinente;

II – pela União, na forma de lei federal, a empresas de natureza financeira por ela controladas, direta e indiretamente, quanto às operações de seguro de crédito à exportação.

§ 9º. Quando honrarem dívida de outro ente, em razão de garantia prestada, a União e os Estados poderão condicionar as transferências constitucionais ao ressarcimento daquele pagamento.

§ 10. O ente da Federação cuja dívida tiver sido honrada pela União ou por Estado, em decorrência de garantia prestada em operação de crédito, terá suspenso o acesso a novos créditos ou financiamentos até a total liquidação da mencionada dívida.

Seção VI – Dos Restos a Pagar

Art. 41. (Vetado).

Art. 42. É vedado ao titular de Poder ou órgão referido no art. 20, nos últimos dois quadrimestres do seu mandato, contrair obrigação de despesa que não possa ser cumprida integralmente dentro dele, ou que tenha parcelas a serem pagas no exercício seguinte sem que haja suficiente disponibilidade de caixa para este efeito.

Parágrafo único. Na determinação da disponibilidade de caixa serão considerados os encargos e despesas compromissadas a pagar até o final do exercício.

Capítulo VIII – Da Gestão Patrimonial

Seção I – Das Disponibilidades de Caixa

Art. 43. As disponibilidades de caixa dos entes da Federação serão depositadas conforme estabelece o § 3º do art. 164 da Constituição.

§ 1º. As disponibilidades de caixa dos regimes de previdência social, geral e próprio dos servidores públicos, ainda que vinculadas a fundos específicos a que se referem os arts. 249 e 250 da Constituição, ficarão depositadas em conta separada das demais disponibilidades de cada ente e aplicadas nas condições de mercado, com observância dos limites e condições de proteção e prudência financeira.

§ 2º. É vedada a aplicação das disponibilidades de que trata o § 1º em:

I – títulos da dívida pública estadual e municipal, bem como em ações e outros papeis relativos às empresas controladas pelo respectivo ente da Federação;

II – empréstimos, de qualquer natureza, aos segurados e ao Poder Público, inclusive a suas empresas controladas.

Seção II
Da Preservação do Patrimônio Público

Art. 44. É vedada a aplicação da receita de capital derivada da alienação de bens e direitos que integram o patrimônio público para o financiamento de despesa corrente, salvo se destinada por lei aos regimes de previdência social, geral e próprio dos servidores públicos.

Art. 45. Observado o disposto no § 5º do art. 5º, a lei orçamentária e as de créditos adicionais só incluirão novos projetos após adequadamente atendidos os em andamento e contempladas as despesas de conservação do patrimônio público, nos termos em que dispuser a lei de diretrizes orçamentárias.

Parágrafo único. O Poder Executivo de cada ente encaminhará ao Legislativo, até a data do envio do projeto de lei de diretrizes orçamentárias, relatório com as informações necessárias ao cumprimento do disposto neste artigo, ao qual será dada ampla divulgação.

Art. 46. É nulo de pleno direito ato de desapropriação de imóvel urbano expedido sem o atendimento do disposto no § 3º do art. 182 da Constituição, ou prévio depósito judicial do valor da indenização.

Seção III
Das Empresas Controladas pelo Setor Público

Art. 47. A empresa controlada que firmar contrato de gestão em que se estabeleçam objetivos e metas de desempenho, na forma da lei, disporá de autonomia gerencial, orçamentária e financeira, sem prejuízo do disposto no inciso II do § 5º do art. 165 da Constituição.

Parágrafo único. A empresa controlada incluirá em seus balanços trimestrais nota explicativa em que informará:

I – fornecimento de bens e serviços ao controlador, com respectivos preços e condições, comparando-os com os praticados no mercado;

II – recursos recebidos do controlador, a qualquer título, especificando valor, fonte e destinação;

III – venda de bens, prestação de serviços ou concessão de empréstimos e financiamentos com preços, taxas, prazos ou condições diferentes dos vigentes no mercado.

Capítulo IX
Da Transparência, Controle e Fiscalização

Seção I
Da Transparência da Gestão Fiscal

Art. 48. São instrumentos de transparência da gestão fiscal, aos quais será dada ampla divulgação, inclusive em meios eletrônicos de acesso público: os planos, orçamentos e leis de diretrizes orçamentárias; as prestações de contas e o respectivo parecer prévio; o Relatório Resumido da Execução Orçamentária e o Relatório de Gestão Fiscal; e as versões simplificadas desses documentos.

Parágrafo único. A transparência será assegurada também mediante:

- *Parágrafo único,* caput, *com redação dada pela Lei Complementar nº 131/2009.*

I – incentivo à participação popular e realização de audiências públicas, durante os processos de elaboração e discussão dos planos, lei de diretrizes orçamentárias e orçamentos;

- *Inciso I acrescido pela Lei Complementar nº 131/ 2009.*

II – liberação ao pleno conhecimento e acompanhamento da sociedade, em tempo real, de informações pormenorizadas sobre a execução orçamentária e financeira, em meios eletrônicos de acesso público;

- *Inciso II acrescido pela Lei Complementar nº 131/2009.*

III – adoção de sistema integrado de administração financeira e controle, que atenda a padrão mínimo de qualidade estabelecido pelo Poder Executivo da União e ao disposto no art. 48-A.

- *Inciso III acrescido pela Lei Complementar nº 131/2009.*
- *V. Decreto nº 7.185/2010, que regulamente este dispositivo.*

Art. 48-A. Para os fins a que se refere o inciso II do parágrafo único do art. 48, os entes da Federação disponibilizarão a qualquer pessoa física ou jurídica o acesso a informações referentes a:

- *Art. 48-A,* caput, *acrescido pela Lei Complementar nº 131/2009.*

I – quanto à despesa: todos os atos praticados pelas unidades gestoras no decorrer da execução da despesa, no momento de sua realização, com a disponibilização mínima dos dados referentes ao número do correspondente processo, ao bem fornecido ou ao serviço prestado, à pessoa física ou jurídica beneficiária do pagamento e, quando for o caso, ao procedimento licitatório realizado;

- *Inciso I acrescido pela Lei Complementar nº 131/2009.*

II – quanto à receita: o lançamento e o recebimento de toda a receita das unidades gestoras, inclusive referente a recursos extraordinários.

- *Inciso II acrescido pela Lei Complementar nº 131/2009.*

Art. 49. As contas apresentadas pelo Chefe do Poder Executivo ficarão disponíveis, durante todo o exercício, no respectivo Poder Legislativo e no órgão técnico responsável pela sua elaboração, para consulta e apreciação pelos cidadãos e instituições da sociedade.

Parágrafo único. A prestação de contas da União conterá demonstrativos do Tesouro Nacional e das agências financeiras oficiais de fomento, incluído o Banco Nacional de Desenvolvimento Econômico e Social, especificando os empréstimos e financiamentos concedidos com recursos oriundos dos orçamentos fiscal e da seguridade social e, no caso das agências financeiras, avaliação circunstanciada do impacto fiscal de suas atividades no exercício.

Seção II
Da Escrituração e Consolidação das Contas

Art. 50. Além de obedecer às demais normas de contabilidade pública, a escrituração das contas públicas observará as seguintes:

I – a disponibilidade de caixa constará de registro próprio, de modo que os recursos vinculados a órgão, fundo ou despesa obrigatória fiquem identificados e escriturados de forma individualizada;

II – a despesa e a assunção de compromisso serão registradas segundo o regime de competência, apurando-se, em caráter complementar, o resultado dos fluxos financeiros pelo regime de caixa;

III – as demonstrações contábeis compreenderão, isolada e conjuntamente, as transações e operações de cada órgão, fundo ou entidade da administração direta, autárquica e fundacional, inclusive empresa estatal dependente;

IV – as receitas e despesas previdenciárias serão apresentadas em demonstrativos financeiros e orçamentários específicos;

V – as operações de crédito, as inscrições em Restos a Pagar e as demais formas de financiamento ou assunção de compromissos junto a terceiros, deverão ser escrituradas de modo a evidenciar o montante e a variação da dívida pública no período, detalhando, pelo menos, a natureza e o tipo de credor;

VI – a demonstração das variações patrimoniais dará destaque à origem e ao destino dos recursos provenientes da alienação de ativos.

§ 1º. No caso das demonstrações conjuntas, excluir-se-ão as operações intragovernamentais.

§ 2º. A edição de normas gerais para consolidação das contas públicas caberá ao órgão central de contabilidade da União, enquanto não implantado o conselho de que trata o art. 67.

§ 3º. A Administração Pública manterá sistema de custos que permita a avaliação e o acompanhamento da gestão orçamentária, financeira e patrimonial.

Art. 51. O Poder Executivo da União promoverá, até o dia trinta de junho, a consolidação, nacional e por esfera de governo, das contas dos entes da Federação relativas ao exercício anterior, e a sua divulgação, inclusive por meio eletrônico de acesso público.

§ 1º. Os Estados e os Municípios encaminharão suas contas ao Poder Executivo da União nos seguintes prazos:

I – Municípios, com cópia para o Poder Executivo do respectivo Estado, até trinta de abril;

II – Estados, até trinta e um de maio.

§ 2º. O descumprimento dos prazos previstos neste artigo impedirá, até que a situação seja regularizada, que o ente da Federação receba transferências voluntárias e contrate operações de crédito, exceto as destinadas ao refinanciamento do principal atualizado da dívida mobiliária.

Seção III – Do Relatório Resumido da Execução Orçamentária

Art. 52. O relatório a que se refere o § 3º do art. 165 da Constituição abrangerá todos os Poderes e o Ministério Público, será publicado até trinta dias após o encerramento de cada bimestre e composto de:

I – balanço orçamentário, que especificará, por categoria econômica, as:

a) receitas por fonte, informando as realizadas e a realizar, bem como a previsão atualizada;

b) despesas por grupo de natureza, discriminando a dotação para o exercício, a despesa liquidada e o saldo;

II – demonstrativos da execução das:

a) receitas, por categoria econômica e fonte, especificando a previsão inicial, a previsão atualizada para o exercício, a receita realizada no bimestre, a realizada no exercício e a previsão a realizar;

b) despesas, por categoria econômica e grupo de natureza da despesa, discriminando dotação inicial, dotação para o exercício, despesas empenhada e liquidada, no bimestre e no exercício;

c) despesas, por função e subfunção.

§ 1º. Os valores referentes ao refinanciamento da dívida mobiliária constarão destacadamente nas receitas de operações de crédito e nas despesas com amortização da dívida.

§ 2º. O descumprimento do prazo previsto neste artigo sujeita o ente às sanções previstas no § 2º do art. 51.

Art. 53. Acompanharão o Relatório Resumido demonstrativos relativos a:

I – apuração da receita corrente líquida, na forma definida no inciso IV do art. 2º, sua evolução, assim como a previsão de seu desempenho até o final do exercício;

II – receitas e despesas previdenciárias a que se refere o inciso IV do art. 50;

III – resultados nominal e primário;

IV – despesas com juros, na forma do inciso II do art. 4º;

V – Restos a Pagar, detalhando, por Poder e órgão referido no art. 20, os valores inscritos, os pagamentos realizados e o montante a pagar.

§ 1º. O relatório referente ao último bimestre do exercício será acompanhado também de demonstrativos:

I – do atendimento do disposto no inciso III do art. 167 da Constituição, conforme o § 3º do art. 32;

II – das projeções atuariais dos regimes de previdência social, geral e próprio dos servidores públicos;

III – da variação patrimonial, evidenciando a alienação de ativos e a aplicação dos recursos dela decorrentes.

§ 2º. Quando for o caso, serão apresentadas justificativas:

I – da limitação de empenho;

II – da frustração de receitas, especificando as medidas de combate à sonegação e à evasão fiscal, adotadas e a adotar, e as ações de fiscalização e cobrança.

Seção IV – Do Relatório de Gestão Fiscal

Art. 54. Ao final de cada quadrimestre será emitido pelos titulares dos Poderes e órgãos referidos no art. 20 Relatório de Gestão Fiscal, assinado pelo:

I – Chefe do Poder Executivo;

II – Presidente e demais membros da Mesa Diretora ou órgão decisório equivalente, conforme regimentos internos dos órgãos do Poder Legislativo;

III – Presidente de Tribunal e demais membros de Conselho de Administração ou órgão decisório equivalente, conforme regimentos internos dos órgãos do Poder Judiciário;

IV – Chefe do Ministério Público, da União e dos Estados.

Parágrafo único. O relatório também será assinado pelas autoridades responsáveis pela administração financeira e pelo controle interno, bem como por outras definidas por ato próprio de cada Poder ou órgão referido no art. 20.

Art. 55. O relatório conterá:

I – comparativo com os limites de que trata esta Lei Complementar, dos seguintes montantes:

a) despesa total com pessoal, distinguindo a com inativos e pensionistas;

b) dívidas consolidada e mobiliária;

c) concessão de garantias;

d) operações de crédito, inclusive por antecipação de receita;

e) despesas de que trata o inciso II do art. 4º;

II – indicação das medidas corretivas adotadas ou a adotar, se ultrapassado qualquer dos limites;

III – demonstrativos, no último quadrimestre:

a) do montante das disponibilidades de caixa em trinta e um de dezembro;

b) da inscrição em Restos a Pagar, das despesas:

1) liquidadas;

2) empenhadas e não liquidadas, inscritas por atenderem a uma das condições do inciso II do art. 41;

3) empenhadas e não liquidadas, inscritas até o limite do saldo da disponibilidade de caixa;

4) não inscritas por falta de disponibilidade de caixa e cujos empenhos foram cancelados;

c) do cumprimento do disposto no inciso II e na alínea "b" do inciso IV do art. 38.

§ 1º. O relatório dos titulares dos órgãos mencionados nos incisos II, III e IV do art. 54 conterá apenas as informações relativas à alínea "a" do inciso I, e os documentos referidos nos incisos II e III.

§ 2º. O relatório será publicado até trinta dias após o encerramento do período a que corresponder, com amplo acesso ao público, inclusive por meio eletrônico.

§ 3º. O descumprimento do prazo a que se refere o § 2º sujeita o ente à sanção prevista no § 2º do art. 51.

§ 4º. Os relatórios referidos nos arts. 52 e 54 deverão ser elaborados de forma padronizada, segundo modelos que poderão ser atualizados pelo conselho de que trata o art. 67.

Seção V – Das Prestações de Contas

Art. 56. As contas prestadas pelos Chefes do Poder Executivo incluirão, além das suas próprias, as dos Presidentes dos órgãos dos Poderes Legislativo e Judiciário e do Chefe do Ministério Público, referidos no art. 20, as quais receberão parecer prévio, separadamente, do respectivo Tribunal de Contas.

§ 1º. As contas do Poder Judiciário serão apresentadas no âmbito:

I – da União, pelos Presidentes do Supremo Tribunal Federal e dos Tribunais Superiores, consolidando as dos respectivos tribunais;

II – dos Estados, pelos Presidentes dos Tribunais de Justiça, consolidando as dos demais tribunais.

§ 2º. O parecer sobre as contas dos Tribunais de Contas será proferido no prazo previsto no art. 57 pela comissão mista permanente referida no § 1º do art. 166 da Constituição ou equivalente das Casas Legislativas estaduais e municipais.

§ 3º. Será dada ampla divulgação dos resultados da apreciação das contas, julgadas ou tomadas.

Art. 57. Os Tribunais de Contas emitirão parecer prévio conclusivo sobre as contas no prazo de sessenta dias do recebimento, se outro não estiver estabelecido nas constituições estaduais ou nas leis orgânicas municipais.

§ 1º. No caso de Municípios que não sejam capitais e que tenham menos de duzentos mil habitantes o prazo será de cento e oitenta dias.

§ 2º. Os Tribunais de Contas não entrarão em recesso enquanto existirem contas de Poder, ou órgão referido no art. 20, pendentes de parecer prévio.

Art. 58. A prestação de contas evidenciará o desempenho da arrecadação em relação à previsão, destacando as providências adotadas no âmbito da fiscalização das receitas e combate à sonegação, as ações de recuperação de créditos nas instâncias administrativa e judicial, bem como as demais medidas para incremento das receitas tributárias e de contribuições.

Seção VI – Da Fiscalização da Gestão Fiscal

Art. 59. O Poder Legislativo, diretamente ou com o auxílio dos Tribunais de Contas, e o sistema de controle interno de cada Poder e do Ministério Público, fiscalizarão o cumprimento das normas desta Lei Complementar, com ênfase no que se refere a:

I – atingimento das metas estabelecidas na lei de diretrizes orçamentárias;

II – limites e condições para realização de operações de crédito e inscrição em Restos a Pagar;

III – medidas adotadas para o retorno da despesa total com pessoal ao respectivo limite, nos termos dos arts. 22 e 23;

IV – providências tomadas, conforme o disposto no art. 31, para recondução dos montantes das dívidas consolidada e mobiliária aos respectivos limites;

V – destinação de recursos obtidos com a alienação de ativos, tendo em vista as restrições constitucionais e as desta Lei Complementar;

VI – cumprimento do limite de gastos totais dos legislativos municipais, quando houver.

§ 1º. Os Tribunais de Contas alertarão os Poderes ou órgãos referidos no art. 20 quando constatarem:

I – a possibilidade de ocorrência das situações previstas no inciso II do art. 4º e no art. 9º;

II – que o montante da despesa total com pessoal ultrapassou 90% (noventa por cento) do limite;

III – que os montantes das dívidas consolidada e mobiliária, das operações de crédito e da concessão de garantia se encontram acima de 90% (noventa por cento) dos respectivos limites;

IV – que os gastos com inativos e pensionistas se encontram acima do limite definido em lei;

V – fatos que comprometam os custos ou os resultados dos programas ou indícios de irregularidades na gestão orçamentária.

§ 2º. Compete ainda aos Tribunais de Contas verificar os cálculos dos limites da despesa total com pessoal de cada Poder e órgão referido no art. 20.

§ 3º. O Tribunal de Contas da União acompanhará o cumprimento do disposto nos §§ 2º, 3º e 4º do art. 39.

Capítulo X
Disposições Finais e Transitórias

Art. 60. Lei estadual ou municipal poderá fixar limites inferiores àqueles previstos nesta Lei Complementar para as dívidas consolidada e mobiliária, operações de crédito e concessão de garantias.

Art. 61. Os títulos da dívida pública, desde que devidamente escriturados em sistema centralizado de liquidação e custódia, poderão ser oferecidos em caução para garantia de empréstimos, ou em outras transações previstas em lei, pelo seu valor econômico, conforme definido pelo Ministério da Fazenda.

Art. 62. Os Municípios só contribuirão para o custeio de despesas de competência de outros entes da Federação se houver:

I – autorização na lei de diretrizes orçamentárias e na lei orçamentária anual;

II – convênio, acordo, ajuste ou congênere, conforme sua legislação.

Art. 63. É facultado aos Municípios com população inferior a cinquenta mil habitantes optar por:

I – aplicar o disposto no art. 22 e no § 4º do art. 30 ao final do semestre;

II – divulgar semestralmente:

a) (vetado);

b) o Relatório de Gestão Fiscal;

c) os demonstrativos de que trata o art. 53;

III – elaborar o Anexo de Política Fiscal do plano plurianual, o Anexo de Metas Fiscais e o Anexo de Riscos Fiscais da lei de diretrizes orçamentárias e o anexo de que trata o inciso I do art. 5º a partir do quinto exercício seguinte ao da publicação desta Lei Complementar.

§ 1º. A divulgação dos relatórios e demonstrativos deverá ser realizada em até trinta dias após o encerramento do semestre.

§ 2º. Se ultrapassados os limites relativos à despesa total com pessoal ou à dívida consolidada, enquanto perdurar esta situação, o Município ficará sujeito aos mesmos prazos de verificação e de retorno ao limite definidos para os demais entes.

Art. 64. A União prestará assistência técnica e cooperação financeira aos Municípios para a modernização das respectivas administrações tributária, financeira, patrimonial e previdenciária, com vistas ao cumprimento das normas desta Lei Complementar.

§ 1º. A assistência técnica consistirá no treinamento e desenvolvimento de recursos humanos e na transferência de tecnologia, bem como no apoio à divulgação dos instrumentos de que trata o art. 48 em meio eletrônico de amplo acesso público.

§ 2º. A cooperação financeira compreenderá a doação de bens e valores, o financiamento por intermédio das instituições financeiras federais e o repasse de recursos oriundos de operações externas.

Art. 65. Na ocorrência de calamidade pública reconhecida pelo Congresso Nacional, no caso da União, ou pelas Assembleias Legislativas, na hipótese dos Estados e Municípios, enquanto perdurar a situação:

I – serão suspensas a contagem dos prazos e as disposições estabelecidas nos arts. 23, 31 e 70;

II – serão dispensados o atingimento dos resultados fiscais e a limitação de empenho prevista no art. 9º.

Parágrafo único. Aplica-se o disposto no *caput* no caso de estado de defesa ou de sítio, decretado na forma da Constituição.

Art. 66. Os prazos estabelecidos nos arts. 23, 31 e 70 serão duplicados no caso de crescimento real baixo ou negativo do Produto Interno Bruto (PIB) nacional, regional ou estadual por período igual ou superior a quatro trimestres.

§ 1º. Entende-se por baixo crescimento a taxa de variação real acumulada do Produto Interno Bruto inferior a 1% (um por cento), no período correspondente aos quatro últimos trimestres.

§ 2º. A taxa de variação será aquela apurada pela Fundação Instituto Brasileiro de Geografia e Estatística ou outro órgão que vier a substituí-la, adotada a mesma metodologia para apuração dos PIB nacional, estadual e regional.

§ 3º. Na hipótese do *caput*, continuarão a ser adotadas as medidas previstas no art. 22.

§ 4º. Na hipótese de se verificarem mudanças drásticas na condução das políticas monetária e cambial, reconhecidas pelo Senado Federal, o prazo referido no *caput* do art. 31 poderá ser ampliado em até quatro quadrimestres.

Art. 67. O acompanhamento e a avaliação, de forma permanente, da política e da operacionalidade da gestão fiscal serão realizados por conselho de gestão fiscal, constituído por representantes de todos os Poderes e esferas de Governo, do Ministério Público e de entidades técnicas representativas da sociedade, visando a:

I – harmonização e coordenação entre os entes da Federação;

II – disseminação de práticas que resultem em maior eficiência na alocação e execução do gasto público, na arrecadação de receitas, no controle do endividamento e na transparência da gestão fiscal;

III – adoção de normas de consolidação das contas públicas, padronização das prestações de contas e dos relatórios e demonstrativos de gestão fiscal de que trata esta Lei Complementar, normas e padrões mais simples para os pequenos Municípios, bem como outros, necessários ao controle social;

IV – divulgação de análises, estudos e diagnósticos.

§ 1º. O conselho a que se refere o *caput* instituirá formas de premiação e reconhecimento público aos titulares de Poder que alcançarem resultados meritórios em suas políticas de desenvolvimento social, conjugados com a prática de uma gestão fiscal pautada pelas normas desta Lei Complementar.

§ 2º. Lei disporá sobre a composição e a forma de funcionamento do conselho.

Art. 68. Na forma do art. 250 da Constituição, é criado o Fundo do Regime Geral de Previdência Social, vinculado ao Ministério da Previdência e Assistência Social, com a finalidade de prover recursos para o pagamento dos benefícios do regime geral da previdência social.

§ 1º. O Fundo será constituído de:

I – bens móveis e imóveis, valores e rendas do Instituto Nacional do Seguro Social não utilizados na operacionalização deste;

II – bens e direitos que, a qualquer título, lhe sejam adjudicados ou que lhe vierem a ser vinculados por força de lei;

III – receita das contribuições sociais para a seguridade social, previstas na alínea "a" do inciso I e no inciso II do art. 195 da Constituição;

IV – produto da liquidação de bens e ativos de pessoa física ou jurídica em débito com a Previdência Social;

V – resultado da aplicação financeira de seus ativos;

VI – recursos provenientes do orçamento da União.

§ 2º. O Fundo será gerido pelo Instituto Nacional do Seguro Social, na forma da lei.

Art. 69. O ente da Federação que mantiver ou vier a instituir regime próprio de previdência social para seus servidores conferir-lhe-á caráter contributivo e o organizará com base em normas de contabilidade e atuária que preservem seu equilíbrio financeiro e atuarial.

Art. 70. O Poder ou órgão referido no art. 20 cuja despesa total com pessoal no exercício anterior ao da publicação desta Lei Complementar estiver acima dos limites estabelecidos nos arts. 19 e 20 deverá enquadrar-se no respectivo limite em até dois exercícios, eliminando o excesso, gradualmente, à razão de, pelo menos, 50% a.a. (cinquenta por cento ao ano), mediante a adoção, entre outras, das medidas previstas nos arts. 22 e 23.

Parágrafo único. A inobservância do disposto no *caput*, no prazo fixado, sujeita o ente às sanções previstas no § 3º do art. 23.

Art. 71. Ressalvada a hipótese do inciso X do art. 37 da Constituição, até o término do terceiro exercício financeiro seguinte à entrada em vigor desta Lei Complementar, a despesa total com pessoal dos Poderes e órgãos referidos no art. 20 não ultrapassará, em percentual da receita corrente líquida, a despesa verificada no exercício imediatamente anterior, acrescida de até 10% (dez por cento), se esta for inferior ao limite definido na forma do art. 20.

Art. 72. A despesa com serviços de terceiros dos Poderes e órgãos referidos no art. 20 não poderá exceder, em percentual da receita corrente líquida, a do exercício anterior à entrada em vigor desta Lei Complementar, até o término do terceiro exercício seguinte.

Art. 73. As infrações dos dispositivos desta Lei Complementar serão punidas segundo o Decreto-Lei nº 2.848, de 7 de dezembro de 1940 (Código Penal); a Lei nº 1.079, de 10 de abril de 1950; o Decreto-Lei nº 201, de 27 de fevereiro de 1967; a Lei nº 8.429, de 2 de junho de 1992; e demais normas da legislação pertinente.

Art. 73-A. Qualquer cidadão, partido político, associação ou sindicato é parte legítima para denunciar ao respectivo Tribunal de Contas e ao órgão competente do Ministério Público o descumprimento das prescrições estabelecidas nesta Lei Complementar.

- *Art. 73-A acrescido pela Lei Complementar nº 131/2009.*

Art. 73-B. Ficam estabelecidos os seguintes prazos para o cumprimento das determinações dispostas nos incisos II e III do parágrafo único do art. 48 e do art. 48-A:

- *Art. 73-B,* caput, *acrescido pela Lei Complementar nº 131/2009.*

I – 1 (um) ano para a União, os Estados, o Distrito Federal e os Municípios com mais de 100.000 (cem mil) habitantes;

- *Inciso I acrescido pela Lei Complementar nº 131/2009.*

II – 2 (dois) anos para os Municípios que tenham entre 50.000 (cinquenta mil) e 100.000 (cem mil) habitantes;

- *Inciso II acrescido pela Lei Complementar nº 131/2009.*

III – 4 (quatro) anos para os Municípios que tenham até 50.000 (cinquenta mil) habitantes.

- *Inciso III acrescido pela Lei Complementar nº 131/2009.*

Parágrafo único. Os prazos estabelecidos neste artigo serão contados a partir da data de publicação da lei complementar que introduziu os dispositivos referidos no *caput* deste artigo.

- *Parágrafo único acrescido pela Lei Complementar nº 131/2009.*

Art. 73-C. O não atendimento, até o encerramento dos prazos previstos no art. 73-B, das determinações contidas nos incisos II e III do parágrafo único do art. 48 e no art. 48-A sujeita o ente à sanção prevista no inciso I do § 3º do art. 23.

- *Art. 73-C acrescido pela Lei Complementar nº 131/2009.*

Art. 74. Esta Lei Complementar entra em vigor na data da sua publicação.

Art. 75. Revoga-se a Lei Complementar nº 96, de 31 de maio de 1999.

- *Disciplinava os limites das despesas com pessoal, na forma do art. 169 da Constituição.*

Brasília, 4 de maio de 2000; 179º da Independência e 112º da República.

Fernando Henrique Cardoso

DOU de 5.5.2000

DECRETO-LEI Nº 3.240, DE 8 DE MAIO DE 1941

Sujeita a sequestro os bens de pessoas indiciadas por crimes que resulta prejuízo para a Fazenda Pública, e outros.

O Presidente da República, usando da atribuição que lhe confere o art. 180 da Constituição, decreta:

Art. 1º. Ficam sujeitos a sequestro os bens de pessoa indiciada por crime de que resulta prejuízo para a Fazenda Pública, ou por crime definido no Livro II, Títulos V, VI e VII, da Consolidação das Leis Penais desde que ele resulte locupletamento ilícito para o indiciado.

Art. 2º. O sequestro é decretado pela autoridade judiciária, sem audiência da parte, a requerimento do Ministério Público fundado em representação da autoridade incumbida do processo administrativo ou do inquérito policial.

§ 1º. A ação penal terá início dentro de 90 (noventa) dias contados da decretação do sequestro.

§ 2º. O sequestro só pode ser embargado por terceiros.

Art. 3º. Para a decretação do sequestro é necessário que haja indícios veementes da responsabilidade, os quais serão comunicados ao juiz em segredo, por escrito ou por declarações orais reduzidas a termo, e com indicação dos bens que devam ser objeto da medida.

Art. 4º. O sequestro pode recair sobre todos os bens do indiciado, e compreender os bens em poder de terceiros desde que estes os tenham adquirido dolosamente, ou com culpa grave.

Os bens doados após a prática do crime serão sempre compreendidos no sequestro.

§ 1º. Quando se tratar de bens móveis, a autoridade judiciária nomeará depositário, que assinará termo de compromisso de bem e fielmente desempenhar o cargo e de assumir todas as responsabilidades a este inerentes.

§ 2º. Tratando-se de imóveis:

1) o juiz determinará, *ex officio*, a averbação do sequestro no Registro de Imóveis;

2) o Ministério Público promoverá a hipoteca legal em favor da Fazenda Pública.

Art. 5º. Incumbe ao depositário, além dos demais atos relativos ao cargo:

1) informar à autoridade judiciária da existência de bens ainda não compreendidos no sequestro;

2) fornecer, à custa dos bens arrecadados, pensão módica, arbitrada pela autoridade judiciária, para a manutenção do indiciado e das pessoas que vivem a suas expensas;

3) prestar mensalmente contas da administração.

Art. 6º. Cessa o sequestro, ou a hipoteca:

1) se a ação penal não é iniciada, ou reiniciada, no prazo do art. 2º, parágrafo único;

2) se, por sentença, transitada em julgado, é julgada extinta a ação, ou o réu absolvido.

Art. 7º. A cessação do sequestro, ou da hipoteca, não exclui:

1) tratando-se de pessoa que exerça, ou tenha exercido função pública, a incorporação, à Fazenda Pública, dos bens que foram julgados de aquisição ilegítima;

2) o direito, para a Fazenda Pública, de pleitear a reparação do dano de acordo com a lei civil.

Art. 8º. Transitada em julgado, a sentença condenatória importa a perda, em favor da Fazenda Pública, dos bens que forem produto, ou adquiridos com o produto do crime, ressalvado o direito de terceiro de boa-fé.

Art. 9º. Se do crime resulta, para a Fazenda Pública, prejuízo que não seja coberto na forma do artigo anterior, promover-se-á, no juízo competente, a execução da sentença condenatória, a qual recairá sobre tantos bens quantos bastem para ressarci-lo.

Art. 10. Esta Lei aplica-se aos processos criminais já iniciados na data da sua publicação.

Rio de Janeiro, 8 de maio de 1941; 120º da Independência e 53º da República.

Getúlio Vargas

DOU de 10.5.1941

LEI Nº 1.079, DE 10 DE ABRIL DE 1950

Define os crimes de responsabilidade regula o respectivo processo de julgamento.

O Presidente da República

Faço saber que o Congresso Nacional decreta e eu sanciono a seguinte Lei:

PARTE PRIMEIRA
DO PRESIDENTE DA REPÚBLICA E MINISTROS DE ESTADO

Art. 1º. São crimes de responsabilidade os que esta lei especifica.

Art. 2º. Os crimes definidos nesta lei, ainda quando simplesmente tentados, são passíveis da pena de perda do cargo, com inabilitação, até cinco anos, para o exercício de qualquer função pública, imposta pelo Senado Federal nos processos contra o Presidente da República ou Ministros de Estado, contra os Ministros do Supremo Tribunal Federal ou contra o Procurador Geral da República.

Art. 3º. A imposição da pena referida no artigo anterior não exclui o processo e julgamento do acusado por crime comum, na justiça ordinária, nos termos das leis de processo penal.

Art. 4º. São crimes de responsabilidade os atos do Presidente da República que atentarem contra a Constituição Federal, e, especialmente, contra:

I – a existência da União;

II – o livre exercício do Poder Legislativo, do Poder Judiciário e dos poderes constitucionais dos Estados;

III – o exercício dos direitos políticos, individuais e sociais;

IV – a segurança interna do país;

V – a probidade na administração;

VI – a lei orçamentária;

VII – a guarda e o legal emprego dos dinheiros públicos;

VIII – o cumprimento das decisões judiciárias (Constituição, art. 89).

TÍTULO I
Capítulo I
Dos Crimes Contra a Existência da União

Art. 5º. São crimes de responsabilidade contra a existência política da União:

1 – entreter, direta ou indiretamente, inteligência com governo estrangeiro, provocando-o a fazer guerra ou cometer hostilidade contra a República, prometer-lhe assistência ou favor, ou dar-lhe qualquer auxílio nos preparativos ou planos de guerra contra a República;

2 – tentar, diretamente e por fatos, submeter a União ou algum dos Estados ou Territórios a domínio estrangeiro, ou dela separar qualquer Estado ou porção do território nacional;

3 – cometer ato de hostilidade contra nação estrangeira, expondo a República ao perigo da guerra, ou comprometendo-lhe a neutralidade;

4 – revelar negócios políticos ou militares, que devam ser mantidos secretos a bem da defesa da segurança externa ou dos interesses da Nação;

5 – auxiliar, por qualquer modo, nação inimiga a fazer a guerra ou a cometer hostilidade contra a República;

6 – celebrar tratados, convenções ou ajustes que comprometam a dignidade da Nação;

7 – violar a imunidade dos embaixadores ou ministros estrangeiros acreditados no país;

8 – declarar a guerra, salvo os casos de invasão ou agressão estrangeira, ou fazer a paz, sem autorização do Congresso Nacional.

9 – não empregar contra o inimigo os meios de defesa de que poderia dispor;

10 – permitir o Presidente da República, durante as sessões legislativas e sem autorização do Congresso Nacional, que forças estrangeiras transitem pelo território do país, ou, por motivo de guerra, nele permaneçam temporariamente;

11 – violar tratados legitimamente feitos com nações estrangeiras.

Capítulo II
Dos Crimes Contra o Livre Exercício dos Poderes Constitucionais

Art. 6º. São crimes de responsabilidade contra o livre exercício dos poderes legislativo e judiciário e dos poderes constitucionais dos Estados:

1 – tentar dissolver o Congresso Nacional, impedir a reunião ou tentar impedir por qualquer modo o funcionamento de qualquer de suas Câmaras;

2 – usar de violência ou ameaça contra algum representante da Nação para afastá-lo da Câmara a que pertença ou para coagi-lo no modo de exercer o seu mandato bem como conseguir ou tentar conseguir o mesmo objetivo mediante suborno ou outras formas de corrupção;

3 – violar as imunidades asseguradas aos membros do Congresso Nacional, das Assembleias Legislativas dos Estados, da Câmara dos Vereadores do Distrito Federal e das Câmaras Municipais;

4 – permitir que força estrangeira transite pelo território do país ou nele permaneça quando a isso se oponha o Congresso Nacional;

5 – opor-se diretamente e por fatos ao livre exercício do Poder Judiciário, ou obstar, por meios violentos, ao efeito dos seus atos, mandados ou sentenças;

6 – usar de violência ou ameaça, para constranger juiz, ou jurado, a proferir ou deixar de proferir despacho, sentença ou voto, ou a fazer ou deixar de fazer ato do seu ofício;

7 – praticar contra os poderes estaduais ou municipais ato definido como crime neste artigo;

8 – intervir em negócios peculiares aos Estados ou aos Municípios com desobediência às normas constitucionais.

Capítulo III
Dos Crimes Contra o Exercício dos Direitos Políticos, Individuais e Sociais

Art. 7º. São crimes de responsabilidade contra o livre exercício dos direitos políticos, individuais e sociais:

1 – impedir por violência, ameaça ou corrupção, o livre exercício do voto;

2 – obstar ao livre exercício das funções dos mesários eleitorais;

3 – violar o escrutínio de seção eleitoral ou inquinar de nulidade o seu resultado pela subtração, desvio ou inutilização do respectivo material;

4 – utilizar o poder federal para impedir a livre execução da lei eleitoral;

5 – servir-se das autoridades sob sua subordinação imediata para praticar abuso do poder, ou tolerar que essas autoridades o pratiquem sem repressão sua;

6 – subverter ou tentar subverter por meios violentos a ordem política e social;

7 – incitar militares à desobediência à lei ou infração à disciplina;

8 – provocar animosidade entre as classes armadas ou contra elas, ou delas contra as instituições civis;

9 – violar patentemente qualquer direito ou garantia individual constante do art. 141 e bem assim os direitos sociais assegurados no art. 157 da Constituição;

10 – tomar ou autorizar durante o estado de sítio, medidas de repressão que excedam os limites estabelecidos na Constituição.

Capítulo IV
Dos Crimes Contra a Segurança Interna do País

Art. 8º. São crimes contra a segurança interna do país:

1 – tentar mudar por violência a forma de governo da República;

2 – tentar mudar por violência a Constituição Federal ou de algum dos Estados, ou lei da União, de Estado ou Município;

3 – decretar o estado de sítio, estando reunido o Congresso Nacional, ou no recesso deste, não havendo comoção interna grave nem fatos que evidenciem estar a mesma a irromper ou não ocorrendo guerra externa;

4 – praticar ou concorrer para que se perpetre qualquer dos crimes contra a segurança interna, definidos na legislação penal;

5 – não dar as providências de sua competência para impedir ou frustrar a execução desses crimes;

6 – ausentar-se do país sem autorização do Congresso Nacional;

7 – permitir, de forma expressa ou tácita, a infração de lei federal de ordem pública;

8 – deixar de tomar, nos prazos fixados, as providências determinadas por lei ou tratado federal e necessário a sua execução e cumprimento.

Capítulo V
Dos Crimes Contra a Probidade na Administração

Art. 9º. São crimes de responsabilidade contra a probidade na administração:

1 – omitir ou retardar dolosamente a publicação das leis e resoluções do Poder Legislativo ou dos atos do Poder Executivo;

2 – não prestar ao Congresso Nacional dentro de sessenta dias após a abertura da sessão legislativa, as contas relativas ao exercício anterior;

3 – não tornar efetiva a responsabilidade dos seus subordinados, quando manifesta em delitos funcionais ou na prática de atos contrários à Constituição;

4 – expedir ordens ou fazer requisição de forma contrária às disposições expressas da Constituição;

5 – infringir no provimento dos cargos públicos, as normas legais;

6 – usar de violência ou ameaça contra funcionário público para coagi-lo a proceder ilegalmente, bem como utilizar-se de suborno ou de qualquer outra forma de corrupção para o mesmo fim;

7 – proceder de modo incompatível com a dignidade, a honra e o decoro do cargo.

Capítulo VI
Dos Crimes Contra a Lei Orçamentária

Art. 10. São crimes de responsabilidade contra a lei orçamentária:

1 – não apresentar ao Congresso Nacional a proposta do orçamento da República dentro dos primeiros dois meses de cada sessão legislativa;

2 – exceder ou transportar, sem autorização legal, as verbas do orçamento;

3 – realizar o estorno de verbas;

4 – infringir, patentemente, e de qualquer modo, dispositivo da lei orçamentária;

5 – deixar de ordenar a redução do montante da dívida consolidada, nos prazos estabelecidos em lei, quando o montante ultrapassar o valor resultante da aplicação do limite máximo fixado pelo Senado Federal;

- *Item 5 acrescido pela Lei nº 10.028/2000.*

6 – ordenar ou autorizar a abertura de crédito em desacordo com os limites estabelecidos pelo Senado Federal, sem fundamento na lei orçamentária ou na de crédito adicional ou com inobservância de prescrição legal;

- *Item 6 acrescido pela Lei nº 10.028/2000.*

7 – deixar de promover ou de ordenar na forma da lei, o cancelamento, a amortização ou a constituição de reserva para anular os efeitos de operação de crédito realizada com inobservância de limite, condição ou montante estabelecido em lei;

- *Item 7 acrescido pela Lei nº 10.028/2000.*

8 – deixar de promover ou de ordenar a liquidação integral de operação de crédito por antecipação de receita orçamentária, inclusive os respectivos juros e demais encargos, até o encerramento do exercício financeiro;

- *Item 8 acrescido pela Lei nº 10.028/2000.*

9 – ordenar ou autorizar, em desacordo com a lei, a realização de operação de crédito com qualquer um dos demais entes da Federação, inclusive suas entidades da administração indireta,

ainda que na forma de novação, refinanciamento ou postergação de dívida contraída anteriormente;

• *Item 9 acrescido pela Lei nº 10.028/2000.*

10 – captar recursos a título de antecipação de receita de tributo ou contribuição cujo fato gerador ainda não tenha ocorrido;

• *Item 10 acrescido pela Lei nº 10.028/2000.*

11 – ordenar ou autorizar a destinação de recursos provenientes da emissão de títulos para finalidade diversa da prevista na lei que a autorizou;

• *Item 11 acrescido pela Lei nº 10.028/2000.*

12 – realizar ou receber transferência voluntária em desacordo com limite ou condição estabelecida em lei.

• *Item 12 acrescido pela Lei nº 10.028/2000.*

Capítulo VII
Dos Crimes Contra a Guarda e Legal Emprego dos Dinheiros Públicos

Art. 11. São crimes de responsabilidade contra a guarda e legal emprego dos dinheiros públicos:

1 – ordenar despesas não autorizadas por lei ou sem observância das prescrições legais relativas às mesmas;

2 – abrir crédito sem fundamento em lei ou sem as formalidades legais;

3 – contrair empréstimo, emitir moeda corrente ou apólices, ou efetuar operação de crédito sem autorização legal;

4 – alienar imóveis nacionais ou empenhar rendas públicas sem autorização em lei;

5 – negligenciar a arrecadação das rendas impostos e taxas, bem como a conservação do patrimônio nacional.

Capítulo VIII
Dos Crimes Contra o Cumprimento das Decisões Judiciárias

Art. 12. São crimes de responsabilidade contra as decisões judiciárias:

1 – impedir, por qualquer meio, o efeito dos atos, mandados ou decisões do Poder Judiciário;

2 – recusar o cumprimento das decisões do Poder Judiciário no que depender do exercício das funções do Poder Executivo;

3 – deixar de atender a requisição de intervenção federal do Supremo Tribunal Federal ou do Tribunal Superior Eleitoral;

4 – impedir ou frustrar pagamento determinado por sentença judiciária.

TÍTULO II
DOS MINISTROS DE ESTADO

Art. 13. São crimes de responsabilidade dos Ministros de Estado:

1 – os atos definidos nesta lei, quando por eles praticados ou ordenados;

2 – os atos previstos nesta lei que os Ministros assinarem com o Presidente da República ou por ordem deste praticarem;

3 – a falta de comparecimento sem justificação, perante a Câmara dos Deputados ou o Senado Federal, ou qualquer das suas comissões, quando uma ou outra casa do Congresso os convocar para pessoalmente, prestarem informações acerca de assunto previamente determinado;

4 – não prestarem dentro em trinta dias e sem motivo justo, a qualquer das Câmaras do Congresso Nacional, as informações que ela lhes solicitar por escrito, ou prestarem-nas com falsidade.

PARTE SEGUNDA
PROCESSO E JULGAMENTO

TÍTULO ÚNICO
DO PRESIDENTE DA REPÚBLICA E MINISTROS DE ESTADO

Capítulo I – Da Denúncia

Art. 14. É permitido a qualquer cidadão denunciar o Presidente da República ou Ministro de Estado, por crime de responsabilidade, perante a Câmara dos Deputados.

Art. 15. A denúncia só poderá ser recebida enquanto o denunciado não tiver, por qualquer motivo, deixado definitivamente o cargo.

Art. 16. A denúncia assinada pelo denunciante e com a firma reconhecida, deve ser acompanhada dos documentos que a comprovem, ou da declaração de impossibilidade de apresentá-los, com a indicação do local onde possam ser encontrados. Nos crimes de que haja prova testemunhal, a denúncia deverá conter o rol das testemunhas, em número de cinco, no mínimo.

Art. 17. No processo de crime de responsabilidade, servirá de escrivão um funcionário da Secretaria da Câmara dos Deputados, ou do Senado, conforme se achar o mesmo em uma ou outra casa do Congresso Nacional.

Art. 18. As testemunhas arroladas no processo deverão comparecer para prestar o seu depoimento, e a Mesa da Câmara dos Deputados ou do Senado por ordem de quem serão notificadas, tomará as providências legais que se tornarem necessárias legais que se tornarem necessárias para compeli-las a obediência.

Capítulo II – Da Acusação

Art. 19. Recebida a denúncia, será lida no expediente da sessão seguinte e despachada a uma comissão especial eleita, da qual participem, observada a respectiva proporção, representantes de todos os partidos para opinar sobre a mesma.

Art. 20. A comissão a que alude o artigo anterior se reunirá dentro de 48 horas e, depois de eleger seu presidente e relator, emitirá parecer, dentro do prazo de dez dias, sobre se a denúncia deve ser ou não julgada objeto de deliberação. Dentro desse período poderá a comissão proceder às diligências que julgar necessárias ao esclarecimento da denúncia.

§ 1º. O parecer da comissão especial será lido no expediente da sessão da Câmara dos Deputados e publicado integralmente no Diário do Congresso Nacional e em avulsos, juntamente com a denúncia, devendo as publicações ser distribuídas a todos os deputados.

§ 2º. Quarenta e oito horas após a publicação oficial do parecer da Comissão especial, será o mesmo incluído, em primeiro lugar, na ordem do dia da Câmara dos Deputados, para uma discussão única.

Art. 21. Cinco representantes de cada partido poderão falar, durante uma hora, sobre o parecer, ressalvado ao relator da comissão especial o direito de responder a cada um.

Art. 22. Encerrada a discussão do parecer, e submetido o mesmo a votação nominal, será a denúncia, com os documentos que a instruam, arquivada, se não for considerada objeto de deliberação. No caso contrário, será remetida por cópia autêntica ao denunciado, que terá o prazo de vinte dias para contestá-la e indicar os meios de prova com que pretenda demonstrar a verdade do alegado.

§ 1º. Findo esse prazo e com ou sem a contestação, comissão especial determinará as diligências requeridas, ou que julgar convenientes, e realizará as sessões necessárias para a tomada do depoimento das testemunhas de ambas as partes, podendo ouvir o denunciante e o denunciado, que poderá assistir pessoalmente, ou por seu procurador, a todas as audiências e diligências realizadas pela comissão, interrogando e contestando as testemunhas e requerendo a reinquirição ou acareação das mesmas.

§ 2º. Findas essas diligências, a comissão especial proferirá, no prazo de dez dias, parecer sobre a procedência ou improcedência da denúncia.

§ 3º. Publicado e distribuído esse parecer na forma do § 1º do art. 20, será o mesmo incluído na ordem do dias da sessão imediata para ser submetido a duas discussões, com o interregno de 48 horas entre uma e outra.

§ 4º. Nas discussões do parecer sobre a procedência ou improcedência da denúncia, cada representante de partido poderá falar uma só vez e durante uma hora, ficando as questões de ordem subordinadas ao disposto no § 2º do art. 20.

Art. 23. Encerrada a discussão do parecer, será o mesmo submetido a votação nominal, não sendo permitidas então, questões de ordem, nem encaminhamento de votação.

§ 1º. Se da aprovação do parecer resultar a procedência da denúncia, considerar-se-á decretada a acusação pela Câmara dos Deputados.

§ 2º. Decretada a acusação, será o denunciado intimado imediatamente pela Mesa da Câmara dos Deputados, por intermédio do 1º Secretário.

§ 3º. Se o denunciado estiver ausente do Distrito Federal, a sua intimação será solicitada pela Mesa da Câmara dos Deputados, ao Presidente do Tribunal de Justiça do Estado em que ele se encontrar.

§ 4º. A Câmara dos Deputados elegerá uma comissão de três membros para acompanhar o julgamento do acusado.

§ 5º. São efeitos imediatos ao decreto da acusação do Presidente da República, ou de Ministro de Estado, a suspensão do exercício das funções do acusado e da metade do subsídio ou do vencimento, até sentença final.

§ 6º. Conforme se trate da acusação de crime comum ou de responsabilidade, o processo será enviado ao Supremo Tribunal Federal ou ao Senado Federal.

Capítulo III – Do Julgamento

Art. 24. Recebido no Senado o decreto de acusação com o processo enviado pela Câmara dos Deputados e apresentado o libelo pela comissão acusadora, remeterá o Presidente cópia de tudo ao acusado, que, na mesma ocasião e nos termos dos §§ 2º e 3º do art. 23, será notificado para comparecer em dia prefixado perante o Senado.

Parágrafo único. Ao Presidente do Supremo Tribunal Federal enviar-se-á o processo em original, com a comunicação do dia designado para o julgamento.

Art. 25. O acusado comparecerá, por si ou pelos seus advogados, podendo, ainda, oferecer novos meios de prova.

Art. 26. No caso de revelia, marcará o Presidente novo dia para o julgamento e nomeará para a defesa do acusado um advogado, a quem se facultará o exame de todas as peças de acusação.

Art. 27. No dia aprazado para o julgamento, presentes o acusado, seus advogados, ou o defensor nomeado a sua revelia, e a comissão acusadora, o Presidente do Supremo Tribunal Federal, abrindo a sessão, mandará ler o processo preparatório o libelo e os artigos de defesa; em seguida inquirirá as testemunhas, que deverão depor publicamente e fora da presença umas das outras.

Art. 28. Qualquer membro da Comissão acusadora ou do Senado, e bem assim o acusado ou seus advogados, poderão requerer que se façam às testemunhas perguntas que julgarem necessárias.

Parágrafo único. A Comissão acusadora, ou o acusado ou seus advogados, poderão contestar ou arguir as testemunhas sem contudo interrompê-las e requerer a acareação.

Art. 29. Realizar-se-á a seguir o debate verbal entre a comissão acusadora e o acusado ou os seus advogados pelo prazo que o Presidente fixar e que não poderá exceder de duas horas.

Art. 30. Findos os debates orais e retiradas as partes, abrir-se-á discussão sobre o objeto da acusação.

Art. 31. Encerrada a discussão o Presidente do Supremo Tribunal Federal fará relatório resumido da denúncia e das provas da acusação e da defesa e submeterá a votação nominal dos senadores o julgamento.

Art. 32. Se o julgamento for absolutório produzirá desde logo, todos os efeitos a favor do acusado.

Art. 33. No caso de condenação, o Senado por iniciativa do Presidente fixará o prazo de inabilitação do condenado para o exercício de qualquer função pública; e no caso de haver crime comum deliberará ainda sobre se o Presidente o deverá submeter à justiça ordinária, independentemente da ação de qualquer interessado.

Art. 34. Proferida a sentença condenatória, o acusado estará, *ipso facto* destituído do cargo.

Art. 35. A resolução do Senado constará de sentença que será lavrada, nos autos do processo, pelo Presidente do Supremo Tribunal Federal, assinada pelos senadores que funcionarem como juízes, transcrita na ata da sessão e, dentro desta, publicada no Diário Oficial e no Diário do Congresso Nacional.

Art. 36. Não pode interferir, em nenhuma fase do processo de responsabilidade do Presidente da República ou dos Ministros de Estado, o deputado ou senador:

a) que tiver parentesco consanguíneo ou afim, com o acusado, em linha reta; em linha colateral, os irmãos, cunhados, enquanto durar o cunhado, e os primos coirmãos;

b) que, como testemunha do processo tiver deposto de ciência própria.

Art. 37. O congresso Nacional deverá ser convocado, extraordinariamente, pelo terço de uma de suas câmaras, caso a sessão legislativa se encerre sem que se tenha ultimado o julgamento do Presidente da República ou de Ministro de Estado, bem como no caso de ser necessário o início imediato do processo.

Art. 38. No processo e julgamento do Presidente da República e dos Ministros de Estado, serão subsidiários desta Lei, naquilo em que lhes forem aplicáveis, assim os regimentos internos da Câmara dos Deputados e do Senado Federal, como o Código de Processo Penal.

PARTE TERCEIRA

TÍTULO I

Capítulo I
Dos Ministros do Supremo Tribunal Federal

Art. 39. São crimes de responsabilidade dos Ministros do Supremo Tribunal Federal:

1 – alterar, por qualquer forma, exceto por via de recurso, a decisão ou voto já proferido em sessão do Tribunal;

2 – proferir julgamento, quando, por lei, seja suspeito na causa;

3 – exercer atividade político-partidária;

4 – ser patentemente desidioso no cumprimento dos deveres do cargo;

5 – proceder de modo incompatível com a honra dignidade e decoro de suas funções.

Art. 39-A. Constituem, também, crimes de responsabilidade do Presidente do Supremo Tribunal Federal ou de seu substituto quando no exercício da Presidência, as condutas previstas no art. 10 desta Lei, quando por eles ordenadas ou praticadas.

• *Art. 39-A,* caput, *acrescido pela Lei nº 10.028/2000.*

Parágrafo único. O disposto neste artigo aplica-se aos Presidentes, e respectivos substitutos quando no exercício da Presidência, dos Tribunais

Superiores, dos Tribunais de Contas, dos Tribunais Regionais Federais, do Trabalho e Eleitorais, dos Tribunais de Justiça e de Alçada dos Estados e do Distrito Federal, e aos Juízes Diretores de Foro ou função equivalente no primeiro grau de jurisdição.

- *Parágrafo único acrescido pela Lei nº 10.028/ 2000.*

Capítulo II
Do Procurador-Geral da República

Art. 40. São crimes de responsabilidade do Procurador-Geral da República:

1 – emitir parecer, quando, por lei, seja suspeito na causa;

2 – recusar-se a prática de ato que lhe incumba;

3 – ser patentemente desidioso no cumprimento de suas atribuições;

4 – proceder de modo incompatível com a dignidade e o decoro do cargo.

Art. 40-A. Constituem, também, crimes de responsabilidade do Procurador-Geral da República, ou de seu substituto quando no exercício da chefia do Ministério Público da União, as condutas previstas no art. 10 desta Lei, quando por eles ordenadas ou praticadas.

- *Art. 40-A,* caput, *acrescido pela Lei nº 10.028/ 2000.*

Parágrafo único. O disposto neste artigo aplica-se:

- *Parágrafo único,* caput, *acrescido pela Lei nº 10.028/2000.*

I – ao Advogado-Geral da União;

- *Inciso I acrescido pela Lei nº 10.028/2000.*

II – aos Procuradores-Gerais do Trabalho, Eleitoral e Militar, aos Procuradores-Gerais de Justiça dos Estados e do Distrito Federal, aos Procuradores-Gerais dos Estados e do Distrito Federal, e aos membros do Ministério Público da União e dos Estados, da Advocacia-Geral da União, das Procuradorias dos Estados e do Distrito Federal, quando no exercício de função de chefia das unidades regionais ou locais das respectivas instituições.

- *Inciso II acrescido pela Lei nº 10.028/2000.*

TÍTULO II – DO PROCESSO E JULGAMENTO

Capítulo I – Da Denúncia

Art. 41. É permitido a todo cidadão denunciar perante o Senado Federal, os Ministros do Supremo Tribunal Federal e o Procurador-Geral da República, pelos crimes de responsabilidade que cometerem (art. 39 e 40).

Art. 41-A. Respeitada a prerrogativa de foro que assiste às autoridades a que se referem o parágrafo único do art. 39-A e o inciso II do parágrafo único do art. 40-A, as ações penais contra elas ajuizadas pela prática dos crimes de responsabilidade previstos no art. 10 desta Lei serão processados e julgadas de acordo com o rito instituído pela Lei nº 8.038, de 28 de maio de 1990, permitido, a todo cidadão, o oferecimento da denúncia.

- *Art. 41-A acrescido pela Lei nº 10.028/2000.*
- *A Lei nº 8.038/1990 institui normas procedimentais para os processos que especifica perante o Superior Tribunal de Justiça e o Supremo Tribunal Federal.*

Art. 42. A denúncia só poderá ser recebida se o denunciado não tiver, por qualquer motivo, deixado definitivamente o cargo.

Art. 43. A denúncia, assinada pelo denunciante com a firma reconhecida deve ser acompanhada dos documentos que a comprovem ou da declaração de impossibilidade de apresentá-los, com a indicação do local onde possam ser encontrados. Nos crimes de que haja prova testemunhal, a denúncia deverá conter o rol das testemunhas, em número de cinco, no mínimo.

Art. 44. Recebida a denúncia pela Mesa do Senado, será lida no expediente da sessão seguinte e despachada a uma comissão especial, eleita para opinar sobre a mesma.

Art. 45. A comissão a que alude o artigo anterior, reunir-se-á dentro de 48 horas e, depois de eleger o seu presidente e relator, emitirá parecer no prazo de 10 dias sobre se a denúncia deve ser, ou não julgada objeto de deliberação. Dentro desse período poderá a comissão proceder às diligências que julgar necessárias.

Art. 46. O parecer da comissão, com a denúncia e os documentos que a instruírem, será lido no expediente de sessão do Senado, publicado no Diário do Congresso Nacional e em avulsos, que deverão ser distribuídos entre os senadores, e dado para ordem do dia da sessão seguinte.

Art. 47. O parecer será submetido a uma só discussão, e a votação nominal considerando-se aprovado se reunir a maioria simples de votos.

Art. 48. Se o Senado resolver que a denúncia não deve constituir objeto de deliberação, serão os papeis arquivados.

Art. 49. Se a denúncia for considerada objeto de deliberação, a Mesa remeterá cópia de tudo ao denunciado, para responder à acusação no prazo de 10 dias.

Art. 50. Se o denunciado estiver fora do Distrito Federal, a cópia lhe será entregue pelo Presidente do Tribunal de Justiça do Estado em que se achar. Caso se ache fora do país ou em lugar incerto e não sabido, o que será verificado pelo 1º Secretário do Senado, a intimação far-se-á por edital, publicado no Diário do Congresso Nacional, com a antecedência de 60 dias, aos quais se acrescerá, em comparecendo o denunciado, o prazo do art. 49.

Art. 51. Findo o prazo para a resposta do denunciado, seja esta recebida, ou não, a comissão dará parecer, dentro de dez dias, sobre a procedência ou improcedência da acusação.

Art. 52. Perante a comissão, o denunciante e o denunciado poderão comparecer pessoalmente ou por procurador, assistir a todos os atos e diligências por ela praticados, inquirir, reinquirir, contestar testemunhas e requerer a sua acareação. Para esse efeito, a comissão dará aos interessados conhecimento das suas reuniões e das diligências a que deva proceder, com a indicação de lugar, dia e hora.

Art. 53. Findas as diligências, a comissão emitirá sobre ela o seu parecer, que será publicado e distribuído, com todas as peças que o instruírem e dado para ordem do dia 48 horas, no mínimo, depois da distribuição.

Art. 54. Esse parecer terá uma só discussão e considerar-se-á aprovado se, em votação nominal, reunir a maioria simples dos votos.

Art. 55. Se o Senado entender que não procede a acusação, serão os papeis arquivados. Caso decida o contrário, a Mesa dará imediato conhecimento dessa decisão ao Supremo Tribunal Federal, ao Presidente da República, ao denunciante e ao denunciado.

Art. 56. Se o denunciado não estiver no Distrito Federal, a decisão ser-lhe-á comunicada a requisição que será verificado pelo 1º Secretário da Mesa, pelo Presidente do Tribunal de Justiça do Estado onde se achar. Se estiver fora do país ou em lugar incerto e não sabido, o Secretário do Senado, far-se-á a intimação mediante edital pelo Diário do Congresso Nacional, com a antecedência de 60 dias.

Art. 57. A decisão produzirá desde a data da sua intimação os seguintes efeitos, contra o denunciado:

a) ficar suspenso do exercício das suas funções até sentença final;

b) ficar sujeito a acusação criminal;

c) perder, até sentença final, um terço dos vencimentos, que lhe será pago no caso de absolvição.

Capítulo II – Da Acusação e da Defesa

Art. 58. Intimado o denunciante ou o seu procurador da decisão a que aludem os três últimos artigos, ser-lhe-á dada vista do processo, na Secretaria do Senado, para, dentro de 48 horas, oferecer o libelo acusatório e o rol das testemunhas. Em seguida abrir-se-á vista ao denunciado ou ao seu defensor, pelo mesmo prazo para oferecer a contrariedade e o rol das testemunhas.

Art. 59. Decorridos esses prazos, com o libelo e a contrariedade ou sem eles, serão os autos remetidos, em original, ao Presidente do Supremo Tribunal Federal, ou ao seu substituto legal, quando seja ele o denunciado, comunicando-se-lhe o dia designado para o julgamento e convidando-o para presidir a sessão.

Art. 60. O denunciante e o acusado serão notificados pela forma estabelecida no art. 56 para assistirem ao julgamento, devendo as testemunhas ser, por um magistrado, intimadas a comparecer a requisição da Mesa.

Parágrafo único. Entre a notificação e o julgamento deverá mediar o prazo mínimo de 10 dias.

Art. 61. No dia e hora marcados para o julgamento, o Senado reunir-se-á, sob a presidência do Presidente do Supremo Tribunal Federal ou do seu substituto legal. Verificada a presença de número legal de senadores, será aberta a sessão e feita a chamada das partes, acusador e acusado, que poderão comparecer pessoalmente ou pelos seus procuradores.

Art. 62. A revelia do acusador não importará transferência do julgamento, nem perempção da acusação.

§ 1º. A revelia do acusado determinará o adiamento do julgamento, para o qual o Presidente designará novo dia, nomeando um advogado para defender o revel.

§ 2º. Ao defensor nomeado será facultado o exame de todas as peças do processo.

Art. 63. No dia definitivamente aprazado para o julgamento, verificado o número legal de senadores será aberta a sessão e facultado o ingresso às partes ou aos seus procuradores. Serão juízes todos os senadores presentes, com exceção dos impedidos nos termos do art. 36.

Parágrafo único. O impedimento poderá ser oposto pelo acusador ou pelo acusado e invocado por qualquer senador.

Art. 64. Constituído o Senado em Tribunal de julgamento, o Presidente mandará ler o processo e, em seguida, inquirirá publicamente as testemunhas, fora da presença umas das outras.

Art. 65. O acusador e o acusado, ou os seus procuradores, poderão reinquirir as testemunhas, contestá-las sem interrompê-las e requerer a sua acareação. Qualquer Senador poderá requerer sejam feitas as perguntas que julgar necessárias.

Art. 66. Finda a inquirição, haverá debate oral, facultadas a réplica e a tréplica entre o acusador e o acusado, pelo prazo que o Presidente determinar.

Parágrafo único. Ultimado o debate, retirar-se-ão partes do recinto da sessão e abrir-se-á uma discussão única entre os senadores sobre o objeto da acusação.

Art. 67. Encerrada a discussão, fará o Presidente um relatório resumido dos fundamentos da acusação e da defesa, bem como das respectivas provas, submetendo em seguida o caso a julgamento.

Capítulo III – Da Sentença

Art. 68. O julgamento será feito, em votação nominal pelos senadores desimpedidos que responderão "sim" ou "não" à seguinte pergunta enunciada pelo Presidente: "Cometeu o acusado F. o crime que lhe é imputado e deve ser condenado à perda do seu cargo?".

Parágrafo único. Se a resposta afirmativa obtiver, pelo menos, dois terços dos votos dos senadores presentes, o Presidente fará nova consulta ao plenário sobre o tempo não excedente de cinco anos, durante o qual o condenado deverá ficar inabilitado para o exercício de qualquer função pública.

Art. 69. De acordo com a decisão do Senado, o Presidente lavrará nos autos, a sentença que será assinada por ele e pelos senadores, que tiverem tomado parte no julgamento, e transcrita na ata.

Art. 70. No caso de condenação, fica o acusado desde logo destituído do seu cargo. Se a sentença for absolutória, produzirá a imediata reabilitação do acusado, que voltará ao exercício do cargo, com direito à parte dos vencimentos de que tenha sido privado.

Art. 71. Da sentença, dar-se-á imediato conhecimento ao Presidente da República, ao Supremo Tribunal Federal e ao acusado.

Art. 72. Se no dia do encerramento do Congresso Nacional não estiver concluído o processo ou julgamento de Ministro do Supremo Tribunal Federal ou do Procurador Geral da República, deverá ele ser convocado extraordinariamente pelo terço do Senado Federal.

Art. 73. No processo e julgamento de Ministro do Supremo Tribunal, ou do Procurador-Geral da República serão subsidiários desta Lei, naquilo em que lhes forem aplicáveis, o Regimento Interno do Senado Federal e o Código de Processo Penal.

PARTE QUARTA

TÍTULO ÚNICO

Capítulo I
Dos Governadores e Secretários dos Estados

Art. 74. Constituem crimes de responsabilidade dos governadores dos Estados ou dos seus Secretários, quando por eles praticados, os atos definidos como crimes nesta lei.

Capítulo II
Da Denúncia, Acusação e Julgamento

Art. 75. É permitido a todo cidadão denunciar o Governador perante a Assembleia Legislativa, por crime de responsabilidade.

Art. 76. A denúncia, assinada pelo denunciante e com a firma reconhecida, deve ser acompanhada dos documentos que a comprovem, ou da declaração de impossibilidade de apresentá-los com a indicação do local em que possam ser encontrados. Nos crimes de que houver prova testemunhal, conterão rol das testemunhas, em número de cinco pelo menos.

Parágrafo único. Não será recebida a denúncia depois que o Governador, por qualquer motivo, houver deixado definitivamente o cargo.

Art. 77. Apresentada a denúncia e julgada objeto de deliberação, se a Assembleia Legislativa por maioria absoluta, decretar a procedência da acusação, será o Governador imediatamente suspenso de suas funções.

Art. 78. O Governador será julgado, nos crimes de responsabilidade, pela forma que determinar a Constituição do Estado e não poderá ser condenado, senão a perda do cargo, com inabilitação até cinco anos para o exercício de qualquer função pública, sem prejuízo da ação da justiça comum.

§ 1º. Quando o tribunal de julgamento for de jurisdição, mista serão iguais, pelo número, os representantes dos órgãos que o integrarem, excluído o Presidente, que será o Presidente do Tribunal de Justiça.

§ 2º. Em qualquer hipótese, só poderá ser decretada a condenação pelo voto de dois terços dos membros de que se compuser o tribunal de julgamento.

§ 3º. Nos Estados, onde as Constituições não determinarem o processo nos crimes de responsabilidade dos governadores, aplicar-se-á o disposto nesta lei, devendo, porém, o julgamento ser proferido por um tribunal composto de cinco membros do Legislativo e de cinco desembargadores, sob a presidência do Presidente do Tribunal de Justiça local, que terá direito de voto no caso de empate. A escolha desse Tribunal será feita – a dos membros dos membros do legislativo, mediante eleição pela Assembleia – a dos desembargadores, mediante sorteio.

§ 4º. Esses atos deverão ser executados dentro em cinco dias contados da data em que a Assembleia enviar ao Presidente do Tribunal de Justiça os autos do processo, depois de decretada a procedência da acusação.

Art. 79. No processo e julgamento do Governador serão subsidiários desta Lei naquilo em que lhe forem aplicáveis, assim o regimento interno da Assembleia Legislativa e do Tribunal de Justiça, como o Código de Processo Penal.

Parágrafo único. Os Secretários de Estado, nos crimes conexos com os dos governadores, serão sujeitos ao mesmo processo e julgamento.

DISPOSIÇÕES GERAIS

Art. 80. Nos crimes de responsabilidade do Presidente da República e dos Ministros de Estado, a Câmara dos Deputados é tribunal de pronúncia e o Senado Federal, tribunal de julgamento; nos crimes de responsabilidade dos Ministros do Supremo Tribunal Federal e do Procurador-Geral da República, o Senado Federal é, simultaneamente, tribunal de pronúncia e julgamento.

Parágrafo único. O Senado Federal, na apuração e julgamento dos crimes de responsabilidade funciona sob a presidência do Presidente do Supremo Tribunal, e só proferirá sentença condenatória pelo voto de dois terços dos seus membros.

Art. 81. A declaração de procedência da acusação nos crimes de responsabilidade só poderá ser decretada pela maioria absoluta da Câmara que a proferir.

Art. 82. Não poderá exceder de cento e vinte dias, contados da data da declaração da procedência da acusação, o prazo para o processo e julgamento dos crimes definidos nesta lei.

Art. 83. Esta Lei entrará em vigor na data de sua publicação, revogadas as disposições em contrário.

Rio de Janeiro, 10 de abril de 1950; 129º da Independência e 62º da República.

Eurico Gaspar Dutra

DOU de 12.4.1950

DECRETO-LEI Nº 201, DE 27 DE FEVEREIRO DE 1967

Dispõe sobre a responsabilidade dos Prefeitos e Vereadores, e dá outras providências.

O Presidente da República, usando da atribuição que lhe confere o § 2º, do art. 9º, do Ato Institucional nº 4, de 7 de dezembro de 1966, decreta:

Art. 1º. São crimes de responsabilidade dos Prefeitos Municipal, sujeitos ao julgamento do Poder Judiciário, independentemente do pronunciamento da Câmara dos Vereadores:

I – apropriar-se de bens ou rendas públicas, ou desviá-los em proveito próprio ou alheio;

II – utilizar-se, indevidamente, em proveito próprio ou alheio, de bens, rendas ou serviços públicos;

III – desviar, ou aplicar indevidamente, rendas ou verbas públicas;

IV – empregar subvenções, auxílios, empréstimos ou recursos de qualquer natureza, em desacordo com os planos ou programas a que se destinam;

V – ordenar ou efetuar despesas não autorizadas por lei, ou realizá-las em desacordo com as normas financeiras pertinentes;

VI – deixar de prestar contas anuais da administração financeira do Município a Câmara de Vereadores, ou ao órgão que a Constituição do Estado indicar, nos prazos e condições estabelecidos;

VII – deixar de prestar contas, no devido tempo, ao órgão competente, da aplicação de recursos, empréstimos subvenções ou auxílios internos ou externos, recebidos a qualquer título;

VIII – contrair empréstimo, emitir apólices, ou obrigar o Município por títulos de crédito, sem autorização da Câmara, ou em desacordo com a lei;

IX – conceder empréstimo, auxílios ou subvenções sem autorização da Câmara, ou em desacordo com a lei;

X – alienar ou onerar bens imóveis, ou rendas municipais, sem autorização da Câmara, ou em desacordo com a lei;

XI – adquirir bens, ou realizar serviços e obras, sem concorrência ou coleta de preços, nos casos exigidos em lei;

XII – antecipar ou inverter a ordem de pagamento a credores do Município, sem vantagem para o erário;

XIII – nomear, admitir ou designar servidor, contra expressa disposição de lei;

XIV – negar execução a lei federal, estadual ou municipal, ou deixar de cumprir ordem judicial, sem dar o motivo da recusa ou da impossibilidade, por escrito, à autoridade competente;

XV – deixar de fornecer certidões de atos ou contratos municipais, dentro do prazo estabelecido em lei;

XVI – deixar de ordenar a redução do montante da dívida consolidada, nos prazos estabelecidos em lei, quando o montante ultrapassar o valor resultante da aplicação do limite máximo fixado pelo Senado Federal;

- *Inciso XVI acrescido pela Lei nº 10.028/2000.*

XVII – ordenar ou autorizar a abertura de crédito em desacordo com os limites estabelecidos pelo Senado Federal, sem fundamento na lei orçamentária ou na de crédito adicional ou com inobservância de prescrição legal;

- *Inciso XVII acrescido pela Lei nº 10.028/2000.*

XVIII – deixar de promover ou de ordenar, na forma da lei, o cancelamento, a amortização ou a constituição de reserva para anular os efeitos de operação de crédito realizada com inobservância de limite, condição ou montante estabelecido em lei;

- *Inciso XVIII acrescido pela Lei nº 10.028/2000.*

XIX – deixar de promover ou de ordenar a liquidação integral de operação de crédito por antecipação de receita orçamentária, inclusive os respectivos juros e demais encargos, até o encerramento do exercício financeiro;

- *Inciso XIX acrescido pela Lei nº 10.028/2000.*

XX – ordenar ou autorizar, em desacordo com a lei, a realização de operação de crédito com qualquer um dos demais entes da Federação, inclusive suas entidades da administração indireta, ainda que na forma de novação, refinanciamento ou postergação de dívida contraída anteriormente;

- *Inciso XX acrescido pela Lei nº 10.028/2000.*

XXI – captar recursos a título de antecipação de receita de tributo ou contribuição cujo fato gerador ainda não tenha ocorrido;

- *Inciso XXI acrescido pela Lei nº 10.028/2000.*

XXII – ordenar ou autorizar a destinação de recursos provenientes da emissão de títulos para finalidade diversa da prevista na lei que a autorizou;

- *Inciso XXII acrescido pela Lei nº 10.028/2000.*

XXIII – realizar ou receber transferência voluntária em desacordo com limite ou condição estabelecida em lei.

- *Inciso XXIII acrescido pela Lei nº 10.028/2000.*

§ 1º. Os crimes definidos neste artigo são de ação pública, punidos os dos itens I e II, com a pena de reclusão, de dois a doze anos, e os demais, com a pena de detenção, de três meses a três anos.

§ 2º. A condenação definitiva em qualquer dos crimes definidos neste artigo, acarreta a perda de cargo e a inabilitação, pelo prazo de cinco anos, para o exercício de cargo ou função pública, eletivo ou de nomeação, sem prejuízo da reparação civil do dano causado ao patrimônio público ou particular.

Art. 2º. O processo dos crimes definidos no artigo anterior é o comum do juízo singular, estabelecido pelo Código de Processo Penal, com as seguintes modificações:

I – Antes de receber a denúncia, o Juiz ordenará a notificação do acusado para apresentar defesa prévia, no prazo de cinco dias. Se o acusado não for encontrado para a notificação, ser-lhe-á nomeado defensor, a quem caberá apresentar a defesa, dentro no mesmo prazo.

II – Ao receber a denúncia, o Juiz manifestar-se-á, obrigatória e motivadamente, sobre a prisão preventiva do acusado, nos casos dos itens I e II do artigo anterior, e sobre o seu afastamento do exercício do cargo durante a instrução criminal, em todos os casos.

III – Do despacho, concessivo ou denegatório, de prisão preventiva, ou de afastamento do cargo do acusado, caberá recurso, em sentido estrito, para o Tribunal competente, no prazo de cinco dias, em autos apartados. O recurso do despacho que decretar a prisão preventiva ou o afastamento do cargo terá efeito suspensivo.

§ 1º. Os órgãos federais, estaduais ou municipais, interessados na apuração da responsabilidade do Prefeito, podem requerer a abertura do inquérito policial ou a instauração da ação penal pelo Ministério Público, bem como intervir, em qualquer fase do processo, como assistente da acusação.

§ 2º. Se as previdências para a abertura do inquérito policial ou instauração da ação penal não forem atendidas pela autoridade policial ou pelo Ministério Público estadual, poderão ser requeridas ao Procurador-Geral da República.

Art. 3º. O Vice-Prefeito, ou quem vier a substituir o Prefeito, fica sujeito ao mesmo processo do substituído, ainda que tenha cessado a substituição.

Art. 4º. São infrações político-administrativas dos Prefeitos Municipais sujeitas ao julgamento pela Câmara dos Vereadores e sancionadas com a cassação do mandato:

I – impedir o funcionamento regular da Câmara;

II – impedir o exame de livros, folhas de pagamento e demais documentos que devam constar dos arquivos da Prefeitura, bem como a verificação de obras e serviços municipais, por comissão de investigação da Câmara ou auditoria, regularmente instituída;

III – desatender, sem motivo justo, as convocações ou os pedidos de informações da Câmara, quando feitos a tempo e em forma regular;

IV – retardar a publicação ou deixar de publicar as leis e atos sujeitos a essa formalidade;

V – deixar de apresentar à Câmara, no devido tempo, e em forma regular, a proposta orçamentária;

VI – descumprir o orçamento aprovado para o exercício financeiro;

VII – praticar, contra expressa disposição de lei, ato de sua competência ou omitir-se na sua prática;

VIII – omitir-se ou negligenciar na defesa de bens, rendas, direitos ou interesses do Município sujeito à administração da Prefeitura;

IX – ausentar-se do Município, por tempo superior ao permitido em lei, ou afastar-se da Prefeitura, sem autorização da Câmara dos Vereadores;

X – proceder de modo incompatível com a dignidade e o decoro do cargo.

Art. 5º. O processo de cassação do mandato do Prefeito pela Câmara, por infrações definidas no artigo anterior, obedecerá ao seguinte rito, se outro não for estabelecido pela legislação do Estado respectivo:

I – A denúncia escrita da infração poderá ser feita por qualquer eleitor, com a exposição dos fatos e a indicação das provas. Se o denunciante for Vereador, ficará impedido de voltar sobre a denúncia e de integrar a Comissão processante, podendo, todavia, praticar todos os atos de acusação. Se o denunciante for o Presidente da Câmara, passará a Presidência ao substituto legal, para os atos do processo, e só votará se necessário para completar o *quorum* de julgamento. Será convocado o suplente do Vereador impedido de votar, o qual não poderá integrar a Comissão processante.

II – De posse da denúncia, o Presidente da Câmara, na primeira sessão, determinará sua leitura e consultará a Câmara sobre o seu recebimento. Decidido o recebimento, pelo voto da maioria dos presentes, na mesma sessão será constituída a Comissão processante, com três Vereadores sorteados entre os desimpedidos, os quais elegerão, desde logo, o Presidente e o Relator.

III – Recebendo o processo, o Presidente da Comissão iniciará os trabalhos, dentro em cinco dias, notificando o denunciado, com a remessa de cópia da denúncia e documentos que a instruírem, para que, no prazo de dez dias, apresente defesa prévia, por escrito, indique as provas que pretender produzir e arrole testemunhas, até o máximo de dez. Se estiver ausente do Município, a notificação far-se-á por edital, publicado duas vezes, no órgão oficial, com intervalo de três dias, pelo menos, contado o prazo da primeira publicação. Decorrido o prazo de defesa, a Comissão processante emitirá parecer dentro em cinco dias, opinando pelo prosseguimento ou arquivamento da denúncia, o qual, neste caso, será submetido ao Plenário. Se a Comissão opinar pelo prosseguimento, o Presidente designará desde logo, o início da instrução, e determinará os atos, diligências e audiências que se fizerem necessários, para o depoimento do denunciado e inquirição das testemunhas.

IV – O denunciado deverá ser intimado de todos os atos do processo, pessoalmente, ou na pessoa de seu procurador, com a antecedência, pelo menos, de vinte e quatro horas, sendo lhe permitido assistir as diligências e audiências, bem como formular perguntas e reperguntas às testemunhas e requerer o que for de interesse da defesa.

V – concluída a instrução, será aberta vista do processo ao denunciado, para razões escritas, no prazo de 5 (cinco) dias, e, após, a Comissão processante emitirá parecer final, pela procedência ou improcedência da acusação, e solicitará ao Presidente da Câmara a convocação de sessão para julgamento. Na sessão de julgamento, serão lidas as peças requeridas por qualquer dos Vereadores e pelos denunciados, e, a seguir, os que desejarem poderão manifestar-se verbalmente, pelo tempo máximo de 15 (quinze) minutos cada um, e, ao final, o denunciado, ou seu procurador, terá o prazo máximo de 2 (duas) horas para produzir sua defesa oral;

- *Inciso V com redação dada pela Lei nº 11.966/ 2009.*

VI – Concluída a defesa, proceder-se-á a tantas votações nominais, quantas forem as infrações articuladas na denúncia. Considerar-se-á afastado, definitivamente, do cargo, o denunciado que for declarado pelo voto de dois terços, pelo menos, dos membros da Câmara, incurso de qualquer das infrações especificadas na denúncia. Concluído o julgamento, o Presidente da Câmara proclamará imediatamente o resultado e fará lavrar ata que consigne a votação nominal sobre cada infração, e, se houver condenação, expedirá o competente decreto legislativo de cassação do mandato de Prefeito. Se o resultado da votação for absolutório, o Presidente determinará o arquivamento do processo. Em qualquer dos casos, o Presidente da Câmara comunicará à Justiça Eleitoral o resultado.

VII – O processo, a que se refere este artigo, deverá estar concluído dentro em noventa dias, contados da data em que se efetivar a notificação do acusado. Transcorrido o prazo sem o julgamento, o processo será arquivado, sem prejuízo de nova denúncia ainda que sobre os mesmos fatos.

Art. 6º. Extingue-se o mandato de Prefeito, e, assim, deve ser declarado pelo Presidente da Câmara de Vereadores, quando:

I – Ocorrer falecimento, renúncia por escrito, cassação dos direitos políticos, ou condenação por crime funcional ou eleitoral.

II – Deixar de tomar posse, sem motivo justo aceito pela Câmara, dentro do prazo estabelecido em lei.

III – Incidir nos impedimentos para o exercício do cargo, estabelecidos em lei, e não se desincompatibilizar até a posse, e, nos casos supervenientes, no prazo que a lei ou a Câmara fixar.

Parágrafo único. A extinção do mandato independe de deliberação do plenário e se tornará efetiva desde a declaração do fato ou ato extintivo pelo Presidente e sua inserção em ata.

Art. 7º. A Câmara poderá cassar o mandato de Vereador, quando:

I – Utilizar-se do mandato para a prática de atos de corrupção ou de improbidade administrativa.

II – Fixar residência fora do Município.

III – Proceder de modo incompatível com a dignidade, da Câmara ou faltar com o decoro na sua conduta pública.

§ 1º. O processo de cassação de mandato de Vereador é, no que couber, o estabelecido no art. 5º deste Decreto-Lei.

§ 2º. (Revogado).

- *§ 2º revogado pela Lei nº 9.504/1997.*

Art. 8º. Extingue-se o mandato do Vereador e assim será declarado pelo Presidente da Câmara, quando:

I – Ocorrer falecimento, renúncia por escrito, cassação dos direitos políticos ou condenação por crime funcional ou eleitoral.

II – Deixar de tomar posse, sem motivo justo aceito pela Câmara, dentro do prazo estabelecido em lei.

III – Deixar de comparecer, em cada sessão legislativa anual, à terça parte das sessões ordinárias da Câmara Municipal, salvo por motivo de doença comprovada, licença ou missão autorizada pela edilidade; ou, ainda, deixar de comparecer a cinco sessões extraordinárias convocadas pelo Prefeito, por escrito e mediante recibo de recebimento, para apreciação de matéria urgente, assegurada ampla defesa, em ambos os casos.

- *Inciso III com redação dada pela Lei nº 6.793/ 1980.*

IV – Incidir nos impedimentos para o exercício do mandato, estabelecidos em lei e não se desincompatibilizar até a posse, e, nos casos supervenientes, no prazo fixado em lei ou pela Câmara.

§ 1º. Ocorrido e comprovado o ato ou fato extintivo, o Presidente da Câmara, na primeira sessão, comunicará ao plenário e fará constar da ata a declaração da extinção do mandato e convocará imediatamente o respectivo suplente.

§ 2º. Se o Presidente da Câmara omitir-se nas providências no parágrafo anterior, o suplente do Vereador ou o Prefeito Municipal poderá requerer a declaração de extinção do mandato, por via judicial, e se procedente, o juiz condenará o Presidente omisso nas custas do processo e honorários de advogado que fixará de plano, importando a decisão judicial na destituição automática do cargo da Mesa e no impedimento para nova investidura durante toda a legislatura.

§ 3º. O disposto no item III não se aplicará às sessões extraordinárias que forem convocadas pelo Prefeito, durante os períodos de recesso das Câmaras Municipais.

- *§ 3º acrescido pela Lei nº 5.659/1971.*

Art. 9º. O presente Decreto-Lei entrará em vigor na data de sua publicação, revogadas as Leis nºs 211, de 7 de janeiro de 1948, e 3.528, de 3 de janeiro de 1959, e demais disposições em contrário.

Brasília, 24 de fevereiro de 1967; 146º da Independência e 79º da República.

H. Castello Branco

DOU de 27.2.1967 – Retificação em 14.3.1967

LEI Nº 7.106, DE 28 DE JUNHO DE 1983

Define os crimes de responsabilidade do Governador do Distrito Federal, dos Governadores dos Territórios Federais e de seus respectivos Secretários, e dá outras providências.

O Presidente da República,

Faço saber que o Congresso Nacional decreta e eu sanciono a seguinte Lei:

Art. 1º. São crimes de responsabilidade do Governador do Distrito Federal ou de seus Secretários, quando por eles praticados, os definidos na Lei nº 1.079, de 10 de abril de 1950, ou ainda quando simplesmente tentados.

Art. 2º. É facultado a qualquer cidadão denunciar o Governador ou Secretário do Governo do Distrito Federal perante o Senado Federal.

Art. 3º. Recebida pelo Presidente do Senado Federal, a denúncia, devidamente acompanhada dos elementos que a comprovem, ou da declaração de impossibilidade de apresentá-los, mas com a indicação do local em que possam ser encontrados, será remetida à Comissão de Constituição e Justiça e às que devam examinar-lhe o mérito, depois do que o Senado Federal, por maioria absoluta, poderá decretar a procedência da acusação e a consequente suspensão do Governador de suas funções.

Art. 4º. Declarada a procedência da acusação e suspensão do Governador, a Comissão Especial, constituída por 5 (cinco) Senadores e 5 (cinco) Desembargadores do Tribunal de Justiça, presidida pelo Presidente do Tribunal de Justiça do Distrito Federal, no prazo improrrogável de 90 (noventa) dias, concluirá pela condenação, ou não, do Governador à perda do cargo, com inabilitação até 5 (circo) anos para o exercício de qualquer função política, sem prejuízo da ação da justiça comum.

Art. 5º. O Governador do Distrito Federal e os Secretários do Governo, nos crimes conexos com os daquele, responderão, até 2 (dois) anos após haverem deixado o cargo, pelos atos que, consumados ou tentados, a lei considere crime de responsabilidade praticados no exercício da função pública.

§ 1º. Aplica-se o disposto neste artigo aos dirigentes de autarquias, órgãos e entidades do complexo administrativo do Distrito Federal.

§ 2º. Na hipótese do parágrafo anterior, a denúncia, a acusação e o julgamento se farão de acordo com a norma do processo administrativo, pelo órgão competente.

Art. 6º. As disposições da presente Lei aplicam-se aos Governadores e Secretários dos Territórios Federais.

Art. 7º. Esta Lei entra em vigor na data de sua publicação.

Art. 8º. Revogam-se as disposições em contrário.

Brasília, em 28 de junho de 1983; 162º da Independência e 95º da República.

João Figueiredo

DOU de 29.6.1983 – Fonte: www.tse.gov.br

LEI Nº 8.429, DE 2 DE JUNHO DE 1992

Dispõe sobre as sanções aplicáveis aos agentes públicos nos casos de enriquecimento ilícito no exercício de mandato, cargo, emprego ou função na administração pública direta, indireta ou fundacional e dá outras providências.

O Presidente da República,

Faço saber que o Congresso Nacional decreta e eu sanciono a seguinte lei:

Capítulo I – Das Disposições Gerais

Art. 1º. Os atos de improbidade praticados por qualquer agente público, servidor ou não, contra a administração direta, indireta ou fundacional de qualquer dos Poderes da União, dos Estados, do Distrito Federal, dos Municípios, de Território, de empresa incorporada ao patrimônio público ou de entidade para cuja criação ou custeio o erário haja concorrido ou concorra com mais de cinquenta por cento do patrimônio ou da receita anual, serão punidos na forma desta Lei.

Parágrafo único. Estão também sujeitos às penalidades desta Lei os atos de improbidade praticados contra o patrimônio de entidade que receba subvenção, benefício ou incentivo, fiscal ou creditício, de órgão público bem como daquelas para cuja criação ou custeio o erário haja concorrido ou concorra com menos de cinquenta por cento do patrimônio ou da receita anual, limitando-se, nestes casos, a sanção patrimonial à repercussão do ilícito sobre a contribuição dos cofres públicos.

Art. 2º. Reputa-se agente público, para os efeitos desta Lei, todo aquele que exerce, ainda que transitoriamente ou sem remuneração, por eleição, nomeação, designação, contratação ou qualquer outra forma de investidura ou vínculo, mandato, cargo, emprego ou função nas entidades mencionadas no artigo anterior.

Art. 3º. As disposições desta Lei são aplicáveis, no que couber, àquele que, mesmo não sendo agente público, induza ou concorra para a prática do ato de improbidade ou dele se beneficie sob qualquer forma direta ou indireta.

Art. 4º. Os agentes públicos de qualquer nível ou hierarquia são obrigados a velar pela estrita observância dos princípios de legalidade, impessoalidade, moralidade e publicidade no trato dos assuntos que lhe são afetos.

Art. 5º. Ocorrendo lesão ao patrimônio público por ação ou omissão, dolosa ou culposa, do agente ou de terceiro, dar-se-á o integral ressarcimento do dano.

Art. 6º. No caso de enriquecimento ilícito, perderá o agente público ou terceiro beneficiário os bens ou valores acrescidos ao seu patrimônio.

Art. 7º. Quando o ato de improbidade causar lesão ao patrimônio público ou ensejar enriquecimento ilícito, caberá a autoridade administrativa responsável pelo inquérito representar ao Ministério Público, para a indisponibilidade dos bens do indiciado.

Parágrafo único. A indisponibilidade a que se refere o *caput* deste artigo recairá sobre bens que assegurem o integral ressarcimento do dano, ou sobre o acréscimo patrimonial resultante do enriquecimento ilícito.

Art. 8º. O sucessor daquele que causar lesão ao patrimônio público ou se enriquecer ilicitamente está sujeito às cominações desta Lei até o limite do valor da herança.

Capítulo II
Dos Atos de Improbidade Administrativa

Seção I
Dos Atos de Improbidade Administrativa que Importam Enriquecimento Ilícito

Art. 9º. Constitui ato de improbidade administrativa importando enriquecimento ilícito auferir qualquer tipo de vantagem patrimonial indevida em razão do exercício de cargo, mandato, função, emprego ou atividade nas entidades mencionadas no art. 1º desta Lei, e notadamente:

I – receber, para si ou para outrem, dinheiro, bem móvel ou imóvel, ou qualquer outra vantagem econômica, direta ou indireta, a título de comissão, percentagem, gratificação ou presente de quem tenha interesse, direto ou indireto, que possa ser atingido ou amparado por ação ou omissão decorrente das atribuições do agente público;

II – perceber vantagem econômica, direta ou indireta, para facilitar a aquisição, permuta ou locação de bem móvel ou imóvel, ou a contratação de serviços pelas entidades referidas no art. 1º por preço superior ao valor de mercado;

III – perceber vantagem econômica, direta ou indireta, para facilitar a alienação, permuta ou locação de bem público ou o fornecimento de serviço por ente estatal por preço inferior ao valor de mercado;

IV – utilizar, em obra ou serviço particular, veículos, máquinas, equipamentos ou material de qualquer natureza, de propriedade ou à disposição de qualquer das entidades mencionadas no art. 1º desta Lei, bem como o trabalho de servidores públicos, empregados ou terceiros contratados por essas entidades;

V – receber vantagem econômica de qualquer natureza, direta ou indireta, para tolerar a exploração ou a prática de jogos de azar, de lenocínio, de narcotráfico, de contrabando, de usura ou de qualquer outra atividade ilícita, ou aceitar promessa de tal vantagem;

VI – receber vantagem econômica de qualquer natureza, direta ou indireta, para fazer declaração falsa sobre medição ou avaliação em obras públicas ou qualquer outro serviço, ou sobre quantidade, peso, medida, qualidade ou característica de mercadorias ou bens fornecidos a qualquer das entidades mencionadas no art. 1º desta Lei;

VII – adquirir, para si ou para outrem, no exercício de mandato, cargo, emprego ou função pública, bens de qualquer natureza cujo valor seja desproporcional à evolução do patrimônio ou à renda do agente público;

VIII – aceitar emprego, comissão ou exercer atividade de consultoria ou assessoramento para pessoa física ou jurídica que tenha interesse suscetível de ser atingido ou amparado por ação ou omissão decorrente das atribuições do agente público, durante a atividade;

IX – perceber vantagem econômica para intermediar a liberação ou aplicação de verba pública de qualquer natureza;

X – receber vantagem econômica de qualquer natureza, direta ou indiretamente, para omitir ato de ofício, providência ou declaração a que esteja obrigado;

XI – incorporar, por qualquer forma, ao seu patrimônio bens, rendas, verbas ou valores integrantes do acervo patrimonial das entidades mencionadas no art. 1º desta Lei;

XII – usar, em proveito próprio, bens, rendas, verbas ou valores integrantes do acervo patrimonial das entidades mencionadas no art. 1º desta Lei.

Seção II
Dos Atos de Improbidade Administrativa que Causam Prejuízo ao Erário

Art. 10. Constitui ato de improbidade administrativa que causa lesão ao erário qualquer ação ou omissão, dolosa ou culposa, que enseje perda patrimonial, desvio, apropriação, malbaratamento ou dilapidação dos bens ou haveres das entidades referidas no art. 1º desta Lei, e notadamente:

I – facilitar ou concorrer por qualquer forma para a incorporação ao patrimônio particular, de pessoa física ou jurídica, de bens, rendas, verbas ou valores integrantes do acervo patrimonial das entidades mencionadas no art. 1º desta Lei;

II – permitir ou concorrer para que pessoa física ou jurídica privada utilize bens, rendas, verbas ou valores integrantes do acervo patrimonial das entidades mencionadas no art. 1º desta Lei, sem a observância das formalidades legais ou regulamentares aplicáveis à espécie;

III – doar à pessoa física ou jurídica bem como ao ente despersonalizado, ainda que de fins educativos ou assistências, bens, rendas, verbas ou valores do patrimônio de qualquer das entidades mencionadas no art. 1º desta Lei, sem observância das formalidades legais e regulamentares aplicáveis à espécie;

IV – permitir ou facilitar a alienação, permuta ou locação de bem integrante do patrimônio de qualquer das entidades referidas no art. 1º desta Lei, ou ainda a prestação de serviço por parte delas, por preço inferior ao de mercado;

V – permitir ou facilitar a aquisição, permuta ou locação de bem ou serviço por preço superior ao de mercado;

VI – realizar operação financeira sem observância das normas legais e regulamentares ou aceitar garantia insuficiente ou inidônea;

VII – conceder benefício administrativo ou fiscal sem a observância das formalidades legais ou regulamentares aplicáveis à espécie;

VIII – frustrar a licitude de processo licitatório ou dispensá-lo indevidamente;

IX – ordenar ou permitir a realização de despesas não autorizadas em lei ou regulamento;

X – agir negligentemente na arrecadação de tributo ou renda, bem como no que diz respeito à conservação do patrimônio público;

XI – liberar verba pública sem a estrita observância das normas pertinentes ou influir de qualquer forma para a sua aplicação irregular;

XII – permitir, facilitar ou concorrer para que terceiro se enriqueça ilicitamente;

XIII – permitir que se utilize, em obra ou serviço particular, veículos, máquinas, equipamentos ou material de qualquer natureza, de propriedade ou à disposição de qualquer das entidades mencionadas no art. 1º desta Lei, bem como o trabalho de servidor público, empregados ou terceiros contratados por essas entidades;

XIV – celebrar contrato ou outro instrumento que tenha por objeto a prestação de serviços públicos por meio da gestão associada sem observar as formalidades previstas na lei;

- *Inciso XIV acrescido pela Lei nº 11.107/2005.*

XV – celebrar contrato de rateio de consórcio público sem suficiente e prévia dotação orçamentária, ou sem observar as formalidades previstas na lei.

- *Inciso XV acrescido pela Lei nº 11.107/2005.*

Seção III
Dos Atos de Improbidade Administrativa que Atentam Contra os Princípios da Administração Pública

Art. 11. Constitui ato de improbidade administrativa que atenta contra os princípios da administração pública qualquer ação ou omissão que viole os deveres de honestidade, imparcialidade, legalidade, e lealdade às instituições, e notadamente:

I – praticar ato visando fim proibido em lei ou regulamento ou diverso daquele previsto, na regra de competência;

II – retardar ou deixar de praticar, indevidamente, ato de ofício;

III – revelar fato ou circunstância de que tem ciência em razão das atribuições e que deva permanecer em segredo;

IV – negar publicidade aos atos oficiais;

V – frustrar a licitude de concurso público;

VI – deixar de prestar contas quando esteja obrigado a fazê-lo;

VII – revelar ou permitir que chegue ao conhecimento de terceiro, antes da respectiva divulgação oficial, teor de medida política ou econômica capaz de afetar o preço de mercadoria, bem ou serviço.

Capítulo III – Das Penas

Art. 12. Independentemente das sanções penais, civis e administrativas previstas na legislação específica, está o responsável pelo ato de improbidade sujeito às seguintes cominações, que podem ser aplicadas isolada ou cumulativamente, de acordo com a gravidade do fato:

- *Art. 12,* caput, *com redação dada pela Lei nº 12.120/2009.*

I – na hipótese do art. 9º, perda dos bens ou valores acrescidos ilicitamente ao patrimônio, ressarcimento integral do dano, quando houver, perda da função pública, suspensão dos direitos políticos de oito a dez anos, pagamento de multa civil de até três vezes o valor do acréscimo patrimonial e proibição de contratar com o Poder Público ou receber benefícios ou incentivos fiscais ou creditícios, direta ou indiretamente, ainda que por intermédio de pessoa jurídica da qual seja sócio majoritário, pelo prazo de dez anos;

II – na hipótese do art. 10, ressarcimento integral do dano, perda dos bens ou valores acrescidos ilicitamente ao patrimônio, se concorrer esta circunstância, perda da função pública, suspensão dos direitos políticos de cinco a oito anos, pagamento de multa civil de até duas vezes o valor do dano e proibição de contratar com o Poder Público ou receber benefícios ou incentivos fiscais ou creditícios, direta ou indiretamente, ainda que por intermédio de pessoa jurídica da qual seja sócio majoritário, pelo prazo de cinco anos;

III – na hipótese do art. 11, ressarcimento integral do dano, se houver, perda da função pública, suspensão dos direitos políticos de três a cinco anos, pagamento de multa civil de até cem vezes o valor da remuneração percebida pelo agente e proibição de contratar com o Poder Público ou receber benefícios ou incentivos fiscais ou creditícios, direta ou indiretamente, ainda que por intermédio de pessoa jurídica da qual seja sócio majoritário, pelo prazo de três anos.

Parágrafo único. Na fixação das penas previstas nesta lei o juiz levará em conta a extensão do dano causado, assim como o proveito patrimonial obtido pelo agente.

Capítulo IV – Da Declaração de Bens

Art. 13. A posse e o exercício de agente público ficam condicionados à apresentação de declaração dos bens e valores que compõem o seu patrimônio privado, a fim de ser arquivada no serviço de pessoal competente.

- *V. Decreto nº 5.483/2005, que regulamenta o disposto neste artigo.*

§ 1º. A declaração compreenderá imóveis, móveis, semoventes, dinheiro, títulos, ações, e qualquer outra espécie de bens e valores patrimoniais, localizado no País ou no exterior, e, quando for o caso, abrangerá os bens e valores patrimoniais do cônjuge ou companheiro, dos filhos e de outras pessoas que vivam sob a dependência econômica do declarante, excluídos apenas os objetos e utensílios de uso doméstico.

§ 2º. A declaração de bens será anualmente atualizada e na data em que o agente público deixar o exercício do mandato, cargo, emprego ou função.

§ 3º. Será punido com a pena de demissão, a bem do serviço público, sem prejuízo de outras sanções cabíveis, o agente público que se recusar a prestar declaração dos bens, dentro do prazo determinado, ou que a prestar falsa.

§ 4º. O declarante, a seu critério, poderá entregar cópia da declaração anual de bens apresentada à Delegacia da Receita Federal na conformidade da legislação do Imposto sobre a Renda e proventos de qualquer natureza, com as necessárias atualizações, para suprir a exigência contida no *caput* e no § 2º deste artigo.

Capítulo V
Do Procedimento Administrativo e do Processo Judicial

Art. 14. Qualquer pessoa poderá representar à autoridade administrativa competente para que seja instaurada investigação destinada a apurar a prática de ato de improbidade.

§ 1º. A representação, que será escrita ou reduzida a termo e assinada, conterá a qualificação do representante, as informações sobre o fato e sua autoria e a indicação das provas de que tenha conhecimento.

§ 2º. A autoridade administrativa rejeitará a representação, em despacho fundamentado, se esta não contiver as formalidades estabelecidas no § 1º deste artigo. A rejeição não impede a representação ao Ministério Público, nos termos do art. 22 desta Lei.

§ 3º. Atendidos os requisitos da representação, a autoridade determinará a imediata apuração dos fatos que, em se tratando de servidores federais, será processada na forma prevista nos arts. 148 a 182 da Lei nº 8.112, de 11 de dezembro de 1990 e, em se tratando de servidor militar, de acordo com os respectivos regulamentos disciplinares.

- *A Lei nº 8.112/1990 dispõe sobre o Regime Jurídico dos Servidores Civis da União, das Autarquias e das Fundações Públicas Federais.*

Art. 15. A comissão processante dará conhecimento ao Ministério Público e ao Tribunal ou Conselho de Contas da existência de procedimento administrativo para apurar a prática de ato de improbidade.

Parágrafo único. O Ministério Público ou Tribunal ou Conselho de Contas poderá, a requerimento, designar representante para acompanhar o procedimento administrativo.

Art. 16. Havendo fundados indícios de responsabilidade, a comissão representará ao Ministério Público ou à procuradoria do órgão para que requeira ao juízo competente a decretação do sequestro dos bens do agente ou terceiro que tenha enriquecido ilicitamente ou causado dano ao patrimônio público.

§ 1º. O pedido de sequestro será processado de acordo com o disposto nos arts. 822 e 825 do Código de Processo Civil.

§ 2º. Quando for o caso, o pedido incluirá a investigação, o exame e o bloqueio de bens, contas bancárias e aplicações financeiras mantidas pelo indiciado no exterior, nos termos da lei e dos tratados internacionais.

Art. 17. A ação principal, que terá o rito ordinário, será proposta pelo Ministério Público ou pela pessoa jurídica interessada, dentro de trinta dias da efetivação da medida cautelar.

§ 1º. É vedada a transação, acordo ou conciliação nas ações de que trata o *caput*.

§ 2º. A Fazenda Pública, quando for o caso, promoverá as ações necessárias à complementação do ressarcimento do patrimônio público.

§ 3º. No caso da ação principal ter sido proposta pelo Ministério Público, aplica-se, no que couber, o disposto no § 3º do art. 6º da Lei nº 4.717, de 29 de junho de 1965.

- *§ 3º com redação dada pela Lei nº 9.366/1996.*
- *Lei nº 4.717/1965 regula a Ação Popular:*

Art. 6º. A ação será proposta contra as pessoas públicas ou privadas e as entidades referidas no art. 1º, contra as autoridades, funcionários ou administradores que houverem autorizado, aprovado, ratificado ou praticado o ato impugnado, ou que, por omissão, tiverem dado oportunidade à lesão, e contra os beneficiários diretos do mesmo. (...)

§ 3º. A pessoa jurídica de direito público ou de direito privado, cujo ato seja objeto de impugnação, poderá abster-se de contestar o pedido, ou poderá atuar ao lado do autor, desde que isso se afigure útil ao interesse público, a juízo do respectivo representante legal ou dirigente. (...)

§ 4º. O Ministério Público, se não intervir no processo como parte, atuará obrigatoriamente, como fiscal da lei, sob pena de nulidade.

§ 5º. A propositura da ação previnirá a jurisdição do juízo para todas as ações posteriormente intentadas que possuam a mesma causa de pedir ou o mesmo objeto.

- *§ 5º acrescido pela Medida Provisória nº 2.180-35/2001.*

§ 6º. A ação será instruída com documentos ou justificação que contenham indícios suficientes da existência do ato de improbidade ou com razões fundamentadas da impossibilidade de apresentação de qualquer dessas provas, observada a legislação vigente, inclusive as disposições inscritas nos arts. 16 a 18 do Código de Processo Civil.

- *§ 6º acrescido pela Medida Provisória nº 2.225-45/2001.*

§ 7º. Estando a inicial em devida forma, o juiz mandará autuá-la e ordenará a notificação do requerido, para oferecer manifestação por escrito, que poderá ser instruída com documentos e justificações, dentro do prazo de quinze dias.

- *§ 7º acrescido pela Medida Provisória nº 2.225-45/2001.*

§ 8º. Recebida a manifestação, o juiz, no prazo de trinta dias, em decisão fundamentada, rejeitará a ação, se convencido da inexistência do ato de improbidade, da improcedência da ação ou da inadequação da via eleita.

- *§ 8º acrescido pela Medida Provisória nº 2.225-45/2001.*

§ 9º. Recebida a petição inicial, será o réu citado para apresentar contestação.

- *§ 9º acrescido pela Medida Provisória nº 2.225-45/2001.*

§ 10. Da decisão que receber a petição inicial, caberá agravo de instrumento.

- *§ 10 acrescido pela Medida Provisória nº 2.225-45/2001.*

§ 11. Em qualquer fase do processo, reconhecida a inadequação da ação de improbidade, o juiz extinguirá o processo sem julgamento do mérito.

- *§ 11 acrescido pela Medida Provisória nº 2.225-45/2001.*

§ 12. Aplica-se aos depoimentos ou inquirições realizadas nos processos regidos por esta Lei o disposto no art. 221, *caput* e § 1º, do Código de Processo Penal.

- *§ 12 acrescido pela Medida Provisória nº 2.225-45/2001.*

Art. 18. A sentença que julgar procedente ação civil de reparação de dano ou decretar a perda dos bens havidos ilicitamente determinará o pagamento ou a reversão dos bens, conforme o caso, em favor da pessoa jurídica prejudicada pelo ilícito.

Capítulo VI – Das Disposições Penais

Art. 19. Constitui crime a representação por ato de improbidade contra agente público ou terceiro beneficiário, quando o autor da denúncia o sabe inocente.

Pena: detenção de seis a dez meses e multa.

Parágrafo único. Além da sanção penal, o denunciante está sujeito a indenizar o denunciado pelos danos materiais, morais ou à imagem que houver provocado.

Art. 20. A perda da função pública e a suspensão dos direitos políticos só se efetivam com o trânsito em julgado da sentença condenatória.

Parágrafo único. A autoridade judicial ou administrativa competente poderá determinar o afastamento do agente público do exercício do cargo, emprego ou função, sem prejuízo da remuneração, quando a medida se fizer necessária à instrução processual.

Art. 21. A aplicação das sanções previstas nesta lei independe:

I – da efetiva ocorrência de dano ao patrimônio público, salvo quanto à pena de ressarcimento;

- *Inciso I com redação dada pela Lei nº 12.120/2009.*

II – da aprovação ou rejeição das contas pelo órgão de controle interno ou pelo Tribunal ou Conselho de Contas.

Art. 22. Para apurar qualquer ilícito previsto nesta lei, o Ministério Público, de ofício, a requerimento de autoridade administrativa ou mediante representação formulada de acordo com o disposto no art. 14, poderá requisitar a instauração de inquérito policial ou procedimento administrativo.

Capítulo VII – Da Prescrição

Art. 23. As ações destinadas a levar a efeitos as sanções previstas nesta lei podem ser propostas:

I – até cinco anos após o término do exercício de mandato, de cargo em comissão ou de função de confiança;

II – dentro do prazo prescricional previsto em lei específica para faltas disciplinares puníveis com demissão a bem do serviço público, nos casos de exercício de cargo efetivo ou emprego.

Capítulo VIII – Das Disposições Finais

Art. 24. Esta Lei entra em vigor na data de sua publicação.

Art. 25. Ficam revogadas as Leis nºs 3.164, de 1º de junho de 1957, e 3.502, de 21 de dezembro de 1958 e demais disposições em contrário.

Rio de Janeiro, 2 de junho de 1992; 171º da Independência e 104º da República.

Fernando Collor

DOU de 3.6.1992

LEI Nº 10.028, DE 19 DE OUTUBRO DE 2000

Altera o Decreto-Lei nº 2.848, de 7 de dezembro de 1940 – Código Penal, a Lei nº 1.079, de 10 de abril de 1950, e o Decreto-Lei nº 201, de 27 de fevereiro de 1967.

O Presidente da República

Faço saber que o Congresso Nacional decreta e eu sanciono a seguinte Lei:

Art. 1º. O art. 339 do Decreto-Lei nº 2.848, de 7 de dezembro de 1940, Código Penal, passa a vigorar com a seguinte redação:

> ***Art. 339.*** *Dar causa à instauração de investigação policial, de processo judicial, instauração de investigação administrativa, inquérito civil ou ação de improbidade administrativa contra alguém, imputando-lhe crime de que o sabe inocente: (...)*

Art. 2º. O Título XI do Decreto-Lei nº 2.848, de 1940, passa a vigorar acrescido do seguinte capítulo e artigos:

> ***CAPÍTULO IV – DOS CRIMES CONTRA AS FINANÇAS PÚBLICAS***
>
> ***Contratação de operação de crédito***
>
> ***Art. 359-A.*** *Ordenar, autorizar ou realizar operação de crédito, interno ou externo, sem prévia autorização legislativa:*
>
> *Pena: reclusão, de 1 (um) a 2 (dois) anos.*

Parágrafo único. Incide na mesma pena quem ordena, autoriza ou realiza operação de crédito, interno ou externo:

I – com inobservância de limite, condição ou montante estabelecido em lei ou em resolução do Senado Federal;

II – quando o montante da dívida consolidada ultrapassa o limite máximo autorizado por lei.

Inscrição de despesas não empenhadas em restos a pagar

***Art. 359-B.** Ordenar ou autorizar a inscrição em restos a pagar, de despesa que não tenha sido previamente empenhada ou que exceda limite estabelecido em lei:*

Pena: detenção, de 6 (seis) meses a 2 (dois) anos.

Assunção de obrigação no último ano do mandato ou legislatura

***Art. 359-C.** Ordenar ou autorizar a assunção de obrigação, nos dois últimos quadrimestres do último ano do mandato ou legislatura, cuja despesa não possa ser paga no mesmo exercício financeiro ou, caso reste parcela a ser paga no exercício seguinte, que não tenha contrapartida suficiente de disponibilidade de caixa:*

Pena: reclusão, de 1 (um) a 4 (quatro) anos.

Ordenação de despesa não autorizada

***Art. 359-D.** Ordenar despesa não autorizada por lei:*

Pena: reclusão, de 1 (um) a 4 (quatro) anos.

Prestação de garantia graciosa

***Art. 359-E.** Prestar garantia em operação de crédito sem que tenha sido constituída contragarantia em valor igual ou superior ao valor da garantia prestada, na forma da lei:*

Pena: detenção, de 3 (três) meses a 1 (um) ano.

Não cancelamento de restos a pagar

***Art. 359-F.** Deixar de ordenar, de autorizar ou de promover o cancelamento do montante de restos a pagar inscrito em valor superior ao permitido em lei:*

Pena: detenção, de 6 (seis) meses a 2 (dois) anos.

Aumento de despesa total com pessoal no último ano do mandato ou legislatura

***Art. 359-G.** Ordenar, autorizar ou executar ato que acarrete aumento de despesa total com pessoal, nos cento e oitenta dias anteriores ao final do mandato ou da legislatura:*

Pena: reclusão, de 1 (um) a 4 (quatro) anos.

Oferta pública ou colocação de títulos no mercado

***Art. 359-H.** Ordenar, autorizar ou promover a oferta pública ou a colocação no mercado financeiro de títulos da dívida pública sem que tenham sido criados por lei ou sem que estejam registrados em sistema centralizado de liquidação e de custódia:*

Pena: reclusão, de 1 (um) a 4 (quatro) anos.

Art. 3º. A Lei nº 1.079, de 10 de abril de 1950, passa a vigorar com as seguintes alterações:

- *Alterações já efetuadas no corpo da Lei (arts. 10, 39-A, 40-A e 41-A).*

Art. 4º. O art. 1º do Decreto-Lei nº 201, de 27 de fevereiro de 1967, passa a vigorar com a seguinte redação:

- *Alteração já efetuada no corpo da Lei.*

Art. 5º. Constitui infração administrativa contra as leis de finanças públicas:

I – deixar de divulgar ou de enviar ao Poder Legislativo e ao Tribunal de Contas o relatório de gestão fiscal, nos prazos e condições estabelecidos em lei;

II – propor lei de diretrizes orçamentárias anual que não contenha as metas fiscais na forma da lei;

III – deixar de expedir ato determinando limitação de empenho e movimentação financeira, nos casos e condições estabelecidos em lei;

IV – deixar de ordenar ou de promover, na forma e nos prazos da lei, a execução de medida para redução do montante da despesa total com pessoal que houver excedido a repartição por Poder do limite máximo.

§ 1º. A infração prevista neste artigo é punida com multa de trinta por cento dos vencimentos anuais do agente que lhe der causa, sendo o pagamento da multa de sua responsabilidade pessoal.

§ 2º. A infração a que se refere este artigo será processada e julgada pelo Tribunal de Contas a que competir a fiscalização contábil, financeira e orçamentária da pessoa jurídica de direito público envolvida.

Art. 6º. Esta Lei entra em vigor na data de sua publicação.

Brasília, 19 de outubro de 2000; 179º da Independência e 112º da Independência.

Fernando Henrique Cardoso

DOU de 20.10.2000

LEI Nº 10.628, DE 24 DE DEZEMBRO DE 2002

Altera a redação do art. 84 do Decreto-Lei nº 3.689, de 3 de outubro de 1941 Código de Processo Penal.

O Presidente da República,

Faço saber que o Congresso Nacional decreta e eu sanciono a seguinte Lei:

Art. 1º. O art. 84 do Decreto-Lei nº 3.689, de 3 de outubro de 1941 – Código de Processo Penal, passa a vigorar com a seguinte redação:

Art. 84. A competência pela prerrogativa de função é do Supremo Tribunal Federal, do Superior, Tribunal de Justiça, dos Tribunais Regionais Federais e Tribunais de Justiça dos Estados e do Distrito Federal, relativamente às pessoas que devam responder perante eles por crimes comuns e de responsabilidade.

§ 1º. A competência especial por prerrogativa de função, relativa a atos administrativos do agente, prevalece ainda que o inquérito ou a ação judicial sejam iniciados após a cessação do exercício da função pública.

§ 2º. A ação de improbidade, de que trata a Lei nº 8.429, de 2 de junho de 1992, será proposta perante o tribunal competente para processar e julgar criminalmente o funcionário ou autoridade na hipótese de prerrogativa de foro em razão do exercício de função pública, observado o disposto no § 1º.

- *A ADIn nº 2.797-2, por maioria de votos, declarou a inconstitucionalidade dos §§ 1º e 2º do art. 84 do Código de Processo Penal.*

Art. 2º. Esta Lei entra em vigor na data de sua publicação.

Brasília, 24 de dezembro de 2002; 181º da Independência e 114º da República.

Fernando Henrique Cardoso

DOU de 26.12.2002

Legislação Complementar, Alteradora e Correlata

LEIS COMPLEMENTARES

LEI COMPLEMENTAR Nº 64, DE 18 DE MAIO DE 1990
LEI DE INELEGIBILIDADE

Estabelece, de acordo com o art. 14, § 9º, da Constituição Federal, casos de inelegibilidade, prazos de cessação e determina outras providências.

- *Vide seção específica: "LEI DE INELEGIBILIDADE".*

LEI COMPLEMENTAR Nº 78, DE 30 DE DEZEMBRO DE 1993

Disciplina a fixação do número de Deputados, nos termos do art. 45, § 1º, da Constituição Federal.

O Presidente da República.

Faço saber que o Congresso Nacional decreta e eu sanciono a seguinte Lei:

Art. 1º. Proporcional à população dos Estados e do Distrito Federal, o número de deputados federais não ultrapassará quinhentos e treze representantes, fornecida, pela Fundação Instituto Brasileiro de Geografia e Estatística, no ano anterior às eleições, a atualização estatística demográfica das unidades da Federação.

Parágrafo único. Feitos os cálculos da representação dos Estados e do Distrito Federal, o Tribunal Superior Eleitoral fornecerá aos Tribunais Regionais Eleitorais e aos partidos políticos o número de vagas a serem disputadas.

Art. 2º. Nenhum dos Estados membros da Federação terá menos de oito deputados federais.

Parágrafo único. Cada Território Federal será representado por quatro deputados federais.

Art. 3º. O Estado mais populoso será representado por setenta deputados federais.

Art. 4º. Esta Lei Complementar entra em vigor na data de sua publicação.

Art. 5º. Revogam-se as disposições em contrário.

Brasília, 30 de dezembro de 1993; 172º da Independência e 105º da República.

Itamar Franco

DOU de 5.1.1994

LEI COMPLEMENTAR Nº 86, DE 14 DE MAIO DE 1996

Acrescenta dispositivo ao Código Eleitoral, a fim de permitir a ação rescisória em casos de inelegibilidade.

Faço saber que o Congresso Nacional decretou, o Presidente da República, nos termos do § 3º do art. 66 da Constituição sancionou, e eu, Júlio Campos, Segundo Vice-Presidente do Senado Federal, no exercício da Presidência, nos termos do § 7º do mesmo artigo promulgo a seguinte Lei:

O Congresso Nacional decreta:

Art. 1º. Acrescente-se ao inciso I do art. 22 da Lei nº 4.737, de 15 de julho de 1965 – Código Eleitoral, a seguinte alínea "j":

- *Alteração já efetuada no corpo da Lei.*

Art. 2º. Esta Lei Complementar entra em vigor na data de sua publicação, aplicando-se, inclusive, às decisões havidas até cento e vinte dias anteriores à sua vigência.

Art. 3º. Revogam-se as disposições em contrário.

Senado Federal, em 14 de maio de 1996.

Senador Júlio Campos – Segundo Vice-Presidente do Senado Federal, no exercício da Presidência

DOU de 15.5.1996

LEI COMPLEMENTAR Nº 101, DE 4 DE MAIO DE 2000

Estabelece normas de finanças públicas voltadas para a responsabilidade na gestão fiscal e dá outras providências.

- *Vide em: "LEI DE RESPONSABILIDADE FISCAL".*

LEI COMPLEMENTAR Nº 135, DE 4 DE JUNHO DE 2010

Altera a Lei Complementar nº 64, de 18 de maio de 1990, que estabelece, de acordo com o § 9º do art. 14 da Constituição Federal, casos de inelegibilidade, prazos de cessação e determina outras providências, para incluir hipóteses de inelegibilidade que visam a proteger a probidade administrativa e a moralidade no exercício do mandato.

- *Vide em "LEI DE RESPONSABILIDADE FISCAL".*

LEIS ORDINÁRIAS

LEI Nº 1.079, DE 10 DE ABRIL DE 1950

Define os crimes de responsabilidade e regula o respectivo processo de julgamento.

- *Vide seção específica: "LEI DE RESPONSABILIDADE FISCAL".*

LEI Nº 1.207, DE 25 DE OUTUBRO DE 1950

Dispõe sobre o direito de reunião.

O Presidente da República,

Faço saber que o Congresso Nacional decreta e eu sanciono a seguinte Lei.

Art. 1º. Sob nenhum pretexto poderá qualquer agente do Poder Executivo intervir em reunião pacífica e sem armas, convocada para casa particular ou recinto fechado de associação, salvo no caso do § 15 do art. 141 da Constituição Federal, ou quando a convocação se fizer para prática de ato proibido por lei.

§1º. No caso da convocação para prática de ato proibido, a autoridade policial poderá impedi-la, e, dentro de dois dias, exporá ao Juiz competente os motivos por que a reunião foi impedida ou suspensa. O Juiz ouvirá o promotor da reunião ao qual dará o prazo de dois dias para defesa. Dentro de dois dias o Juiz proferirá sentença da qual caberá apelação que será recebida somente no efeito devolutivo.

- *§ 1º com redação dada pela Lei nº 6.071/1974.*

§ 2º. Se a autoridade não fizer no prazo legal a exposição determinada no § 1º, poderá o promotor da reunião impetrar mandado de segurança.

Art. 2º. A infração de qualquer preceito do artigo anterior e seus parágrafos sujeita o agente do Poder Executivo à pena de seis meses a um ano de reclusão e perda do emprego, nos termos do art. 189 da Constituição Federal.

Art. 3º. No Distrito Federal e nas cidades a autoridade policial de maior categoria, ao começo de cada ano, fixará as praças destinadas a comício e dará publicidade a esse ato. Qualquer modificação só entrará em vigor em dez dias depois de publicada.

§ 1º. Se a fixação se fizer em lugar inadequado que importe, de fato, em frustrar o direito de reunião, qualquer indivíduo poderá reclamar da autoridade policial indicação de lugar adequado. Se a autoridade, dentro de dois dias, não o fizer ou indicar lugar inadequado, poderá o reclamante impetrar ao Juiz competente mandado de segurança que lhe garanta o direito de comício, embora não pretenda no momento realizá-lo. Em tal caso, caberá ao Juiz indicar o lugar apropriado, se a polícia, modificando o seu ato, não o fizer.

§ 2º. A celebração do comício, em praça fixada para tal fim, independe de licença da polícia; mas o promotor do mesmo, pelo menos vinte e quatro horas antes da sua realização, deverá fazer a devida comunicação à autoridade policial, a fim de que esta lhe garanta, segundo a prioridade do aviso, o direito contra qualquer que no mesmo dia, hora e lugar pretenda celebrar outro comício.

Art. 4º. Esta Lei entrará em vigor na data da sua publicação, revogadas as disposições em contrário.

Rio de Janeiro, 25 de outubro de 1950, 129º da Independência e 62º da República.

Eurico G. Dutra

DOU de 27.10.1950

LEI Nº 1.579, DE 18 DE MARÇO DE 1952

Dispõe sobre as Comissões Parlamentares de Inquérito.

O Presidente da República,

Faço saber que o Congresso Nacional decreta e eu sanciono a seguinte Lei:

Art. 1º. As Comissões Parlamentares de Inquérito, criadas na forma do art. 53 da Constituição Federal, terão ampla ação nas pesquisas destinadas a apurar os fatos determinados que deram origem à sua formação.

Parágrafo único. A criação de Comissão Parlamentar de Inquérito dependerá de deliberação plenária, se não for determinada pelo terço da totalidade dos membros da Câmara dos Deputados ou do Senado.

Art. 2º. No exercício de suas atribuições, poderão as Comissões Parlamentares de Inquérito determinar as diligências que reputarem necessárias e requerer a convocação de Ministros de Estado, tomar o depoimento de quaisquer autoridades federais, estaduais ou municipais, ouvir os indiciados, inquirir testemunhas sob compromisso, requisitar de repartições públicas e autárquicas informações e documentos, e transportar-se aos lugares onde se fizer mister a sua presença.

Art. 3º. Indiciados e testemunhas serão intimados de acordo com as prescrições estabelecidas na legislação penal.

§ 1º. Em caso de não comparecimento da testemunha sem motivo justificado, a sua intimação será solicitada ao juiz criminal da localidade em que resida ou se encontre, na forma do art. 218 do Código de Processo Penal.

- *§ 1º, primitivo parágrafo único, renumerado pela Lei nº 10.679/2003.*

§ 2º. O depoente poderá fazer-se acompanhar de advogado, ainda que em reunião secreta.

- *§ 2º acrescido pela Lei nº 10.679/2003.*

Art. 4º. Constitui crime:

I – impedir, ou tentar impedir, mediante violência, ameaça ou assuadas, o regular funcionamento de Comissão Parlamentar de Inquérito, ou o livre exercício das atribuições de qualquer dos seus .

Pena – A do art. 329 do Código Penal.

II – fazer afirmação falsa, ou negar ou calar a verdade como testemunha, perito, tradutor ou intérprete, perante a Comissão Parlamentar de Inquérito:

Pena – A do art. 342 do Código Penal.

Art. 5º. As Comissões Parlamentares de Inquérito apresentarão relatório de seus trabalhos à respectiva Câmara, concluindo por projeto de resolução.

§ 1º. Se forem diversos os fatos objeto de inquérito, a comissão dirá, em separado, sobre cada um, podendo fazê-lo antes mesmo de finda a investigação dos demais.

§ 2º. A incumbência da Comissão Parlamentar de Inquérito termina com a sessão legislativa em que tiver sido outorgada, salvo deliberação da respectiva Câmara, prorrogando-a dentro da Legislatura em curso.

Art. 6º. O processo e a instrução dos inquéritos obedecerão ao que prescreve esta Lei, no que lhes for aplicável, às normas do processo penal.

Art. 7º. Esta Lei entrará em vigor na data de sua publicação, revogadas as disposições em contrário.

Rio de Janeiro, 18 de março de 1952; 131º da Independência e 64º da República.

Getúlio Vargas

DOU de 21.3.1952

LEI Nº 4.117, DE 27 DE AGOSTO DE 1962
(Excertos)

Institui o Código Brasileiro de Telecomunicações.

O Presidente da República

Faço saber que o Congresso Nacional decreta e eu sanciono a seguinte Lei:

....

Capítulo VII – Das Infrações e Penalidades

....

Art. 71. Toda irradiação será gravada e mantida em arquivo durante as 24 horas subsequentes ao encerramento dos trabalhos diários de emissora.

- *Art. 71,* caput, *com redação dada pelo Decreto-Lei nº 236/1967.*

§ 1º. As emissoras de televisão poderão gravar apenas o som dos programas transmitidos.

- *§ 1º com redação dada pelo Decreto-Lei nº 236/1967.*

§ 2º. As emissoras deverão conservar em seus arquivos os textos dos programas, inclusive noticiosos, devidamente autenticados pelos responsáveis, durante 60 (sessenta) dias.

- *§ 2º com redação dada pelo Decreto-Lei nº 236/1967.*

§ 3º. As gravações dos programas políticos, de debates, entrevistas, pronunciamentos da mesma natureza e qualquer irradiação não registrada em texto, deverão ser conservados em arquivo pelo prazo de 20 (vinte) dias depois de transmitidas, para as concessionárias ou permissionárias até 1 Kw e 30 (trinta) dias para as demais.

- *§ 3º com redação dada pelo Decreto-Lei nº 236/1967.*

§ 4º. As transmissões compulsoriamente estatuídas por lei serão gravadas em material fornecido pelos interessados.

- *§ 4º acrescido pelo Decreto-Lei nº 236/1967.*

....

Brasília, 14 de dezembro de 1962; 141º da Independência e 74º da República.

João Goulart

DOU de 5.10.1962 – Retificação em 31.12.1962

LEI Nº 4.410, DE 24 DE SETEMBRO DE 1964

Institui prioridade para os feitos eleitorais, e dá outras providências.

- *V. art. 94 da Lei nº 9.504/1997.*

O Presidente da República, faço saber que o Congresso Nacional decreta e eu sanciono a seguinte lei:

Art. 1º. Os feitos eleitorais terão prioridade na participação do Ministério Público e na dos juízes de todas as Justiças e instâncias, ressalvados os processos de *habeas corpus* e mandado de segurança.

§ 1º. Consideram-se feitos eleitorais as questões levadas à Justiça que tenham por objeto o provimento ou o exercício dos cargos eletivos.

§ 2º. Na segunda instância, para a referida prioridade ser cumprida, serão convocadas sessões extraordinárias quando preciso.

Art. 2º. Os que infringirem o disposto no art. 1º cometem o crime de responsabilidade.

Art. 3º. Esta lei entrará em vigor na data de sua publicação, revogadas as disposições em contrário.

Brasília, 24 de setembro de 1964; 143º da Independência e 76º da República.

H. Castello Branco

DOU de 29.9.1964

LEI Nº 6.007, DE 19 DE DEZEMBRO DE 1973

Estabelece normas para fixação de Deputados à Câmara dos Deputados e às Assembleias Legislativas.

O Presidente da República

Faço saber que o Congresso Nacional decreta e eu sanciono a seguinte Lei:

Art. 1º. O Tribunal Superior Eleitoral, com base no número de eleitores alistados até o dia 30 de junho do ano da eleição, declarará o número de Deputados, por

Estado, à Câmara dos Deputados e às Assembleias Legislativas, observados os arts. 13, § 6º, e 39, §§ 2º e 3º da Constituição Federal.

- *V. arts. 27, 32, § 3º, e 45 e §§, da CF/1988.*
- *V. Lei Complementar nº 78/1993.*

§ 1º. O número de Deputados será fixado no prazo de trinta dias, contados a partir da data estabelecida neste artigo.

§ 2º. Para o cômputo do número de eleitores, só serão considerados os alistamentos e transferências de títulos já deferidos pelos Juízes Eleitorais, ou em grau de recurso pelos Tribunais Eleitorais, até 30 de junho do ano da eleição.

Art. 2º. Esta Lei entrará em vigor na data de sua publicação, revogadas as disposições em contrário.

Brasília, 19 de dezembro de 1973; 152º da Independência e 85º da República.

Emílio G. Médici

DOU de 21.12.1973 – Republicação

LEI Nº 6.015, DE 31 DE DEZEMBRO DE 1973

LEI DOS REGISTROS PÚBLICOS

(Excertos pertinentes à Legislação Eleitoral)

- ***Vide seção específica: "LEI DOS REGISTROS PÚBLICOS".***

LEI Nº 6.091, DE 15 DE AGOSTO DE 1974

Dispõe sobre o fornecimento gratuito de transporte, em dias de eleição, a eleitores residentes na zonas rurais e dá outras providências.

O Presidente da República

Faço saber que o Congresso Nacional decreta e eu sanciono a seguinte Lei:

Art. 1º. Os veículos e embarcações devidamente abastecidos e tripulados, pertencentes à União, Estados, Territórios e Municípios e suas respectivas autarquias e sociedades de economia mista, excluídos os de uso militar, ficarão à disposição da Justiça Eleitoral para o transporte gratuito de eleitores em zonas rurais, em dias de eleição.

§ 1º. Excetuam-se do disposto neste artigo os veículos e embarcações em número justificadamente indispensável ao funcionamento de serviço público insuscetível de interrupção.

§ 2º. Até quinze dias antes das eleições, a Justiça Eleitoral requisitará, dos órgãos da administração direta ou indireta da União, dos Estados, Territórios, Distrito Federal e Municípios, os funcionários e as instalações de que necessitar para possibilitar a execução dos serviços de transporte e alimentação de eleitores previstos nesta Lei.

Art. 2º. Se a utilização de veículos pertencentes às entidades previstas no art. 1º não for suficiente para atender ao disposto nesta Lei, a Justiça Eleitoral requisitará veículos e embarcações a particulares, de preferência os de aluguel.

Parágrafo único. Os serviços requisitados serão pagos, até trinta dias depois do pleito, a preços que correspondam aos critérios da localidade. A despesa correrá por conta do Fundo Partidário.

Art. 3º. Até cinquenta dias antes da data do pleito, os responsáveis por todas as repartições, órgãos e unidades do serviço público federal, estadual e municipal oficiarão à Justiça Eleitoral informando o número, a espécie e lotação dos veículos e embarcações de sua propriedade, justificando, se for o caso, a ocorrência da exceção prevista no § 1º do art. 1º desta Lei.

§ 1º. Os veículos e embarcações à disposição da Justiça Eleitoral deverão, mediante comunicação expressa de seus proprietários, estar em condições de ser utilizados, pelo menos, vinte e quatro horas antes das eleições e circularão exibindo, de modo bem visível, dístico, em letras garrafais, com a frase: "A serviço da Justiça Eleitoral".

§ 2º. A Justiça Eleitoral, à vista das informações recebidas, planejará a execução do serviço de transporte de eleitores e requisitará aos responsáveis pelas repartições, órgãos e unidades, até trinta dias antes do pleito, os veículos e embarcações necessários.

Art. 4º. Quinze dias antes do pleito, a Justiça Eleitoral divulgará, pelo órgão competente, o quadro geral de percursos e horários programados para o transporte de eleitores, dele fornecendo cópias aos partidos políticos.

§ 1º. O transporte de eleitores somente será feito dentro dos limites territoriais do respectivo Município e quando das zonas rurais para as Mesas Receptoras distar pelo menos dois quilômetros.

§ 2º. Os partidos políticos, os candidatos, ou eleitores em número de vinte, pelo menos, poderão oferecer reclamações em três dias contados da divulgação do quadro.

§ 3º. As reclamações serão apreciadas nos três dias subsequentes, delas cabendo recurso sem efeito suspensivo.

§ 4º. Decididas as reclamações, a Justiça Eleitoral divulgará, pelos meios disponíveis, o quadro definitivo.

Art. 5º. Nenhum veículo ou embarcação poderá fazer transporte de eleitores desde o dia anterior até o posterior à eleição, salvo:

I – a serviço da Justiça Eleitoral;

II – coletivos de linhas regulares e não fretados;

III – de uso individual do proprietário, para o exercício do próprio voto e dos membros de sua família;

IV – o serviço normal, sem finalidade eleitoral, de veículos de aluguel não atingidos pela requisição de que trata o art. 2º.

Art. 6º. A indisponibilidade ou as deficiências do transporte de que trata esta Lei não eximem o eleitor do dever de votar.

Parágrafo único. Verificada a inexistência ou deficiência de embarcações e veículos, poderão os órgãos partidários ou os candidatos indicar à Justiça Eleitoral onde há disponibilidade para que seja feita a competente requisição.

Art. 7º. O eleitor que deixar de votar e não se justificar perante o Juiz Eleitoral até sessenta dias após a realização da eleição incorrerá na multa de três a dez por cento sobre o salário mínimo da região, imposta pelo Juiz Eleitoral e cobrada na forma prevista no art. 367 da Lei nº 4.737, de 15 de julho de 1965.

Art. 8º. Somente a Justiça Eleitoral poderá, quando imprescindível, em face da absoluta carência de recursos de eleitores da zona rural, fornecer-lhes refeições, correndo, nesta hipótese, as despesas por conta do Fundo Partidário.

Art. 9º. É facultado aos partidos exercer fiscalização nos locais onde houver transporte e fornecimento de refeições a eleitores.

Art. 10. É vedado aos candidatos ou órgãos partidários, ou a qualquer pessoa, o fornecimento de transporte ou refeições aos eleitores da zona urbana.

Art. 11. Constitui crime eleitoral:

I – descumprir, o responsável por órgão, repartição ou unidade do serviço público, o dever imposto no art. 3º, ou prestar informação inexata que vise a elidir, total ou parcialmente, a contribuição de que ele trata:

Pena – detenção de 15 (quinze) dias a 6 (seis) meses e pagamento de 60 (sessenta) a 100 (cem) dias-multa;

II – desatender à requisição de que trata o art. 2º:

Pena – pagamento de 200 (duzentos) a 300 (trezentos) dias-multa, além da apreensão do veículo para o fim previsto;

III – descumprir a proibição dos arts. 5º, 8º e 10:

Pena – reclusão de 4 (quatro) a 6 (seis) anos e pagamento de 200 (duzentos) a 300 (trezentos) dias-multa (art. 302 do Código Eleitoral);

IV – obstar por qualquer forma a prestação dos serviços previstos nos arts. 4º e 8º desta Lei, atribuídos à Justiça Eleitoral:

Pena – reclusão de 2 (dois) a 4 (quatro) anos;

V – utilizar em campanha eleitoral, no decurso de 90 (noventa) dias que antecedem o pleito, veículos e embarcações pertencentes à União, Estados, Territórios, Municípios e respectivas autarquias e sociedades de economia mista:

Pena – cancelamento do registro do candidato ou de seu diploma, se já houver sido proclamado eleito.

Parágrafo único. O responsável pela guarda do veículo ou da embarcação será punido com a pena de detenção, de 15 (quinze) dias a 6 (seis) meses, e pagamento de 60 (sessenta) a 100 (cem) dias-multa.

Art. 12. A propaganda eleitoral, no rádio e na televisão circunscrever-se-á única e exclusivamente ao horário gratuito disciplinado pela Justiça Eleitoral, com a expressa proibição de qualquer propaganda paga.

Parágrafo único. Será permitida apenas a divulgação paga, pela imprensa escrita, do *curriculum vitae* do candidato e do número do seu registro na Justiça Eleitoral, bem como do partido a que pertence.

Art. 13. São vedados e considerados nulos de pleno direito, não gerando obrigações de espécie alguma para a pessoa jurídica interessada, nem qualquer direito para o beneficiário, os atos que, no período compreendido entre os noventa dias anteriores à data das eleições parlamentares e o término, respectivamente, do mandato do Governador do Estado, importem nomear, contratar, designar, readaptar ou proceder a quaisquer outras formas de provimento de funcionário ou servidor da administração direta e nas autarquias, empresas públicas e sociedades de economia mista dos Estados e Municípios, salvo os cargos em comissão e da magistratura, do Ministério Público e, com aprovação do respectivo órgão legislativo, dos Tribunais de Contas e os aprovados em concursos públicos homologados até a data da publicação desta Lei.

§ 1º. Excetuam-se do disposto no artigo:

I – nomeação ou contratação necessária à instalação inadiável de serviços públicos essenciais, com prévia e expressa autorização do Governador ou Prefeito;

II – nomeação ou contratação de técnico indispensável ao funcionamento do serviço público essencial.

§ 2º. O ato com a devida fundamentação será publicado no respectivo órgão oficial.

Art. 14. A Justiça Eleitoral instalará trinta dias antes do pleito, na sede de cada Município, Comissão Especial de Transporte e Alimentação, composta de pessoas indicadas pelos Diretórios Regionais dos partidos políticos nacionais com a finalidade de colaborar na execução desta Lei.

§ 1º. Para compor a Comissão, cada partido indicará três pessoas que não disputem cargo eletivo.

§ 2º. É facultado a candidato, em Município de sua notória influência política, indicar ao Diretório do seu partido pessoas de sua confiança para integrar a Comissão.

Art. 15. Os Diretórios Regionais, até quarenta dias antes do pleito, farão as indicações de que trata o art. 14 desta Lei.

Art. 16. O eleitor que deixar de votar por se encontrar ausente de seu domicílio eleitoral deverá justificar a falta, no prazo de 60 (sessenta) dias, por meio de requerimento dirigido ao Juiz Eleitoral de sua Zona de inscrição, que mandará anotar o fato na respectiva folha individual de votação.

§ 1º. O requerimento, em duas vias, será levado em sobrecarta aberta à agência postal, que depois de dar andamento à 1ª via, aplicará carimbo de recepção na 2ª, devolvendo-a ao interessado, valendo esta como prova para todos os efeitos legais.

§ 2º. Estando no exterior no dia em que se realizarem eleições, o eleitor terá o prazo de 30 (trinta) dias, a contar de sua volta ao país, para a justificação.

Arts. 17 a 25. (Revogados).

- *Revogados pela Lei nº 7.493/1986.*

Arts. 26 e 27. (Prejudicados).

- *Prejudicados no tempo.*

Art. 28. Esta Lei entra em vigor na data de sua publicação, revogadas as disposições em contrário.

Brasília, 15 de agosto de 1974; 153º da Independência e 86º da República.

Ernesto Geisel

DOU de 15.8.1974

LEI Nº 6.192, DE 19 DE DEZEMBRO DE 1974

Dispõe sobre restrições a brasileiros naturalizados, e dá outras providências.

O Presidente da República,

Faço saber que o Congresso Nacional decreta e eu sanciono a seguinte Lei:

Art. 1º. É vedada qualquer distinção entre brasileiros natos e naturalizados.

Art. 2º. A condição de "brasileiro nato", exigida em leis ou decretos, para qualquer fim, fica modificada para a de "brasileiro".

Art. 3º. Não serão admitidos a registro os atos de constituição de sociedade comercial ou civil que contiverem restrição a brasileiro naturalizado.

Art. 4º. Nos documentos públicos, a indicação da nacionalidade brasileira alcançada mediante naturalização far-se-á sem referência a esta circunstância.

Art. 5º. A violação do disposto no art. 1º desta Lei constitui contravenção penal, punida com as penas de prisão simples de quinze dias a três meses e multa igual a três vezes o valor do maior salário-mínimo vigente no País.

Art. 6º. Esta Lei entrará em vigor na data de sua publicação, revogadas as disposições em contrário.

Brasília, 19 de dezembro de 1974; 153º da Independência e 86º da República.

Ernesto Geisel

DOU de 20.12.1974

LEI Nº 6.236, DE 18 DE SETEMBRO DE 1975

Determina providências para cumprimento da obrigatoriedade do alistamento eleitoral.

O Presidente da República

Faço saber que o Congresso Nacional decreta e eu sanciono a seguinte Lei:

Art. 1º. A matrícula em qualquer estabelecimento de ensino, público ou privado, de maior de dezoito anos, alfabetizado, só será concedida ou renovada mediante a apresentação do título de eleitor do interessado.

§ 1º. O diretor, professor ou responsável por curso de alfabetização de adolescentes e adultos encaminhará o aluno que o concluir ao competente Juiz Eleitoral, para obtenção do título de eleitor.

§ 2º. A inobservância do disposto no parágrafo anterior sujeitará os responsáveis às penas previstas no art. 9º do Código Eleitoral.

Art. 2º. Os eleitores do Distrito Federal, enquanto não se estabelecer o seu direito de voto, ficam dispensados de todas as exigências legais a que se sujeitam os portadores de títulos eleitorais.

Art. 3º. Os serviços de rádio, televisão e cinema educativos, participantes do Plano de Alfabetização Funcional e Educação Continuada de Adolescentes e Adultos, encarecerão em seus programas as vantagens atribuídas ao cidadão eleitor, no pleno gozo de seus direitos civis e políticos, e informarão da obrigatoriedade do alistamento e do voto, para os brasileiros de ambos os sexos.

Art. 4º. Esta Lei entrará em vigor na data de sua publicação, revogadas as disposições em contrário.

Brasília, 18 de setembro de 1975; 154º da Independência e 87º da República.

Ernesto Geisel

DOU de 19.9.1975

LEI Nº 6.815, DE 19 DE AGOSTO DE 1980
(Excertos)

Define a situação jurídica do estrangeiro no Brasil, cria o Conselho Nacional de Imigração e dá outras providências.

O Presidente da República

Faço saber que o Congresso Nacional decreta e eu sanciono a seguinte Lei:

Art. 1º. Em tempo de paz, qualquer estrangeiro poderá, satisfeitas as condições desta Lei, entrar e permanecer no Brasil e dele sair, resguardados os interesses nacionais.

....

TÍTULO X
DOS DIREITOS E DEVERES DO ESTRANGEIRO

....

Art. 107. O estrangeiro admitido no território nacional não pode exercer atividade de natureza política, nem se imiscuir, direta ou indiretamente, nos negócios públicos do Brasil, sendo-lhe especialmente vedado:

- *Art. 107, primitivo art. 106, renumerado pela Lei nº 6.964/1981*

I – organizar, criar ou manter sociedade ou quaisquer entidades de caráter político, ainda que tenham por fim apenas a propaganda ou a difusão, exclusivamente entre compatriotas, de ideias, programas ou normas de ação de partidos políticos do país de origem;

II – exercer ação individual, junto a compatriotas ou não, no sentido de obter, mediante coação ou constrangimento de qualquer natureza, adesão a ideias, programas ou normas de ação de partidos ou facções políticas de qualquer país;

III – organizar desfiles, passeatas, comícios e reuniões de qualquer natureza, ou deles participar, com os fins a que se referem os itens I e II deste artigo.

Parágrafo único. O disposto no *caput* deste artigo não se aplica ao português beneficiário do Estatuto da Igualdade ao qual tiver sido reconhecido o gozo de direitos políticos.

....

Art. 140. Esta Lei entrará em vigor na data de sua publicação.

....

Brasília, 19 de agosto de 1980; 159º Independência 92º da República.

João Figueiredo

DOU de 21.8.1980 – Republicação em 10.12.1981

LEI Nº 6.978, DE 19 DE JANEIRO DE 1982

Estabelece normas para a realização de eleições em 1982, e dá outras providências.

O Presidente da República,

Faço saber que o Congresso Nacional decreta e eu sanciono a seguinte Lei:

....

Art. 11. Os arts. 93 e 173 da Lei nº 4.737, de 15 de julho de 1965 (Código Eleitoral), passam a vigorar com a seguinte redação:

- *Alterações já efetuadas no corpo da Lei.*

....

Art. 15. Fica revogada a Lei nº 5.779, de 31 de maio de 1972.

Art. 16. Esta Lei entra em vigor na data de sua publicação.

Brasília, em 19 de janeiro de 1982; 161º da Independência e 94º da República.

João Figueiredo

DOU de 20.1.1982

LEI Nº 6.996, DE 7 DE JUNHO DE 1982

Dispõe sobre a utilização de processamento eletrônico de dados nos serviços eleitorais e dá outras providências.

O Presidente da República

Faço saber que o Congresso Nacional decreta e eu sanciono a seguinte Lei:

Art. 1º. Os Tribunais Regionais Eleitorais, nos Estados em que for autorizado pelo Tribunal Superior Eleitoral, poderão utilizar processamento eletrônico de dados nos serviços eleitorais, na forma prevista nesta Lei.

§ 1º. A autorização do Tribunal Superior Eleitoral será solicitada pelo Tribunal Regional Eleitoral interessado, que previamente ouvirá os partidos políticos.

§ 2º. O pedido de autorização poderá referir-se ao alistamento eleitoral, à votação e à apuração, ou apenas uma dessas fases, em todo o Estado, em determinadas Zonas Eleitorais ou em parte destas.

Art. 2º. Concedida a autorização, o Tribunal Regional Eleitoral, em conformidade com as condições e peculiaridades locais, executará os serviços de processamento eletrônico de dados diretamente ou mediante convênio ou contrato.

§ 1º. Os serviços de que trata este artigo deverão ser executados de acordo com definições e especificações fixadas pelo Tribunal Superior Eleitoral.

§ 2º. (Revogado).

- *§ 2º revogado pela Lei nº 7.444/1985.*

Art. 3º. Ao setor da Secretaria do Tribunal Regional Eleitoral responsável pelo serviços de processamento eletrônico de dados compete:

I – preencher as fórmulas dos títulos e documentos eleitorais;

II – confeccionar relações de eleitores destinadas aos Cartórios Eleitorais e aos partidos políticos;

III – manter atualizado o cadastro geral de eleitores do Estado;

IV – manter atualizado o cadastro de filiação partidária, expedindo relações destinadas aos partidos políticos e à Justiça Eleitoral;

V – expedir comunicações padronizadas e previamente programadas nos processos de alistamento, transferência ou cancelamento de inscrições;

VI – contar votos, ou totalizar resultados já apurados, expedindo relações ou boletins destinados à Justiça Eleitoral e aos partidos políticos;

VII – calcular quociente eleitoral, quociente partidário e distribuição de sobras, indicando os eleitos;

VIII – preencher diplomas e expedir relações com os resultados finais de cada pleito, destinados à Justiça Eleitoral e aos partidos políticos;

IX – executar outras tarefas que lhe forem atribuídas por instruções do Tribunal Superior Eleitoral.

Art. 4º. O alistamento se faz mediante a inscrição do eleitor.

Parágrafo único. Para efeito de inscrição, domicílio eleitoral é o lugar de residência ou moradia do requerente, e, verificado ter o alistando mais de uma, considerar-se-á domicílio qualquer delas.

Art. 5º. O alistando apresentará em Cartório, ou em local previamente designado, requerimento em formulário que obedecerá a modelo aprovado pelo Tribunal Superior Eleitoral.

Parágrafo único. O escrivão, o funcionário ou o preparador, recebendo o formulário e documentos, determinará que o alistando date e assine o requerimento, e, ato contínuo, atestará terem sido a data e a assinatura lançadas na sua presença.

Art. 6º. O pedido de inscrição do eleitor será instruído com um dos seguintes documentos:

I – carteira de identidade;

II – certificado de quitação de serviço militar;

III – carteira emitida pelos órgãos criados por lei federal, controladores do exercício profissional;

IV – certidão de idade extraída do Registro Civil;

V – instrumento público do qual se infira, por direito, ter o requerente idade superior a 18 (dezoito) anos e do qual conste, também, os demais elementos necessários à sua qualificação;

VI – documento do qual se infira a nacionalidade brasileira, originária ou adquirida, do requerente.

§ 1º. A restituição de qualquer documento não poderá ser feita antes de despachado o requerimento pelo Juiz Eleitoral.

§ 2º. Sempre que, com o documento, for apresentada cópia, o original será devolvido no ato, feita a autenticação pelo próprio funcionário do Cartório Eleitoral, mediante aposição de sua assinatura no verso da cópia.

§ 3º. O documento poderá ser apresentado em cópia autenticada por Tabelião, dispensando-se, nessa hipótese, nova conferência com o documento original.

Art. 7º. Despachado o requerimento de inscrição pelo Juiz Eleitoral, o setor da Secretaria do Tribunal Regional Eleitoral responsável pelos serviços de processamento eletrônico de dados enviará ao Cartório Eleitoral, que as fornecerá aos partidos políticos, relações dos eleitores inscritos originariamente ou por transferência, com os respectivos endereços, assim como dos pedidos indeferidos ou convertidos em diligência.

§ 1º. Do despacho de indeferir o requerimento de inscrição, caberá recurso interposto pelo alistando no prazo de 5 (cinco) dias e, do que o deferir, poderá recorrer qualquer Delegado de partido político no prazo de 10 (dez) dias.

§ 2º. As relações a que se refere o *caput* deste artigo serão fornecidas aos partidos políticos nos dias 1º (primeiro) e 15 (quinze) de cada mês, ou no primeiro dia útil seguinte, datas em que começarão a correr os prazos mencionados no parágrafo anterior, ainda que tenham sido exibidas ao alistando antes dessas datas e mesmo que os partidos não as retirem.

Art. 8º. A transferência do eleitor só será admitida se satisfeitas as seguintes exigências:

I – entrada do requerimento no Cartório Eleitoral do novo domicílio até 100 (cem) dias antes da data da eleição;

II – transcurso de, pelo menos, 1 (um) ano da inscrição anterior;

III – residência mínima de 3 (três) meses no novo domicílio, declarada, sob as penas de lei, pelo próprio eleitor.

Parágrafo único. O disposto nos incisos II e III deste artigo não se aplica à transferência de título eleitoral de servidor público civil, militar, autárquico, ou de membro de sua família, por motivo de remoção ou transferência.

Art. 9º. (Revogado).

- *Art. 9º revogado pela Lei nº 7.663/1988.*

Art. 10. Na votação poderá ser utilizada cédula de acordo com o modelo aprovado pelo Tribunal Superior Eleitoral.

Art. 11. O Tribunal Superior Eleitoral estabelecerá o número de eleitores das Seções Eleitorais em função do número de cabinas nelas existentes.

Parágrafo único. Cada Seção Eleitoral terá, no mínimo, duas cabinas.

Art. 12. Nas Seções das Zonas Eleitorais em que o alistamento se fizer pelo processamento eletrônico de dados, as folhas individuais de votação serão substituídas por listas de eleitores, emitidas por computador, das quais constarão, além do nome do eleitor, os dados de qualificação indicados pelos Tribunal Superior Eleitoral.

§ 1º. Somente poderão votar fora da respectiva Seção os Mesários, os candidatos e os Fiscais ou Delegados de partidos políticos, desde que eleitores do Município e de posse do título eleitoral.

§ 2º. Ainda que não esteja de posse do seu título, o eleitor será admitido a votar desde que seja inscrito na Seção, conste da lista dos eleitores e exiba documento que comprove sua identidade.

§ 3º. Os votos dos eleitores mencionados nos parágrafos anteriores não serão tomados em separado.

§ 4º. O voto em separado será recolhido em invólucro especial e somente será admitido quando houver dúvida quanto à identidade ou inscrição do eleitor, ou quando da lista não constar nome de eleitor que apresentar título correspondente à Seção.

§ 5º. A validade dos votos tomados em separado, das Seções de um mesmo Município, será examinada em conjunto pela Junta Apuradora, independentemente da apuração dos votos contidos nas urnas.

Art. 13. O Tribunal Superior Eleitoral poderá autorizar a criação de Juntas Apuradoras Regionais, nos termos das instruções que baixar.

Art. 14. A apuração poderá ser iniciada a partir do recebimento da primeira urna, prolongando-se pelo tempo necessário, observado o prazo máximo de 10 (dez) dias.

Parágrafo único. Ultrapassada a fase de abertura da urna, as cédulas programadas para a apuração através de computação serão eletronicamente processadas, caso em que os partidos poderão manter Fiscais nos locais destinados a esse fim.

Art. 15. Incorrerá nas penas do art. 315 do Código Eleitoral quem, no processamento eletrônico das cédulas, alterar resultados, qualquer que seja o método utilizado.

Art. 16. (Revogado).

- *Art. 16 revogado pela Lei nº 9.096/1995.*

Art. 17. Os arts. 6º e 8º e o parágrafo único do art. 9º desta Lei também serão aplicados nas Zonas Eleitorais em que o alistamento continuar a ser efetuado na forma prevista no Código Eleitoral.

- *O at. 9º desta Lei foi revogado pela Lei nº 7.663/1988.*

Art. 18. O Tribunal Superior Eleitoral expedirá as instruções que se fizerem necessárias para o cumprimento desta Lei, inclusive divulgando entre os partidos políticos, os Juízes e os Cartórios Eleitorais manuais de procedimentos, detalhando a nova sistemática.

Art. 19. Esta Lei entrará em vigor na data de sua publicação.

Art. 20. Revogam-se as disposições em contrário.

Brasília, em 7 de junho de 1982; 161º da Independência e 94º da República.

João Figueiredo

DOU de 8.6.1982

LEI Nº 6.999, DE 7 DE JUNHO DE 1982

Dispõe sobre a requisição de servidores públicos pela Justiça Eleitoral e dá outras providências.

O Presidente da República

Faço saber que o Congresso Nacional decreta e eu sanciono a seguinte Lei:

Art. 1º. O afastamento de servidores públicos da União, dos Estados, do Distrito Federal, dos Territórios, dos Municípios e das autarquias para prestar serviços à Justiça Eleitoral dar-se-á na forma estabelecida por esta Lei.

Art. 2º. As requisições para os Cartórios Eleitorais deverão recair em servidor lotado na área de jurisdição do respectivo Juízo Eleitoral, salvo em casos especiais, a critério do Tribunal Superior Eleitoral.

§ 1º. As requisições serão feitas pelo prazo de 1 (um) ano, prorrogável, e não excederão a 1 (um) servidor por 10.000 (dez mil) ou fração superior a 5.000 (cinco mil) eleitores inscritos na Zona Eleitoral.

§ 2º. Independentemente da proporção prevista no parágrafo anterior, admitir-se-á a requisição de 1 (um) servidor.

Art. 3º. No caso de acúmulo ocasional de serviço na Zona Eleitoral e observado o disposto no art. 2º e seus parágrafos desta Lei, poderão ser requisitados outros servidores pelo prazo máximo e improrrogável de 6 (seis) meses.

§ 1º. Os limites estabelecidos nos parágrafos do artigo anterior só poderão ser excedidos em casos excepcionais, a juízo do Tribunal Superior Eleitoral.

§ 2º. Esgotado o prazo de 6 (seis) meses, o servidor será desligado automaticamente da Justiça Eleitoral, retornando à sua repartição de origem.

§ 3º. Na hipótese prevista neste artigo, somente após decorrido 1 (um) ano poderá haver nova requisição do mesmo servidor.

Art. 4º. Exceto no caso de nomeação para cargo em comissão, as requisições para as Secretarias dos Tribunais Eleitorais serão feitas por prazo certo, não excedente de 1 (um) ano.

Parágrafo único. Esgotado o prazo fixado neste artigo, proceder-se-á na forma dos §§ 2º e 3º do artigo anterior.

Art. 5º. Os servidores atualmente requisitados para as Secretarias dos Tribunais Eleitorais poderão ter suas requisições renovadas anualmente.

Art. 6º. Os servidores atualmente requisitados para os Cartórios Eleitorais, em número excedente ao fixado nos limites estabelecidos no art. 2º desta Lei, deverão ser desligados pelos respectivos Tribunais, no prazo de 30 (trinta) dias a contar da data da publicação desta Lei, retornando às suas repartições de origem.

Art. 7º. Ressalvada a hipótese do artigo anterior, os prazos de requisição do servidores atualmente à disposição da Justiça Eleitoral consideram-se iniciados na data da entrada em vigor desta Lei.

Art. 8º. Salvo na hipótese de nomeação para cargo em comissão, não serão requisitados ocupantes de cargos isolados, de cargos ou empregos técnicos ou científicos, e de quaisquer cargos ou empregos do magistério federal, estadual ou municipal.

Art. 9º. O servidor requisitado para o serviço eleitoral conservará os direitos e vantagens inerentes ao exercício de seu cargo ou emprego.

Art. 10. (Vetado).

Art. 11. Esta Lei entra em vigor na data de sua publicação.

Art. 12. Revogam-se as Leis nºs 6.678, de 14.8.1979, e 6.862, de 26.11.1980, e as demais disposições em contrário.

Brasília, em 7 de junho de 1982; 161º da Independência e 94º da República.

João Figueiredo

DOU de 8.6.1982

LEI Nº 7.015, DE 16 DE JULHO DE 1982

(Excertos)

Altera as Leis nºs 4.737, de 15 de julho de 1965, e 6.978, de 19 de janeiro de 1982, e dá outras providências.

O Presidente da República, faço saber que o Congresso Nacional decreta e eu sanciono a seguinte Lei:

Art. 1º. O art. 100 da Lei nº 4.737, de 15 de julho de 1965, que institui o Código Eleitoral, passa a vigorar com a seguinte redação:

- *Alterações já efetuadas no corpo da Lei.*

Art. 2º. O sorteio a que se refere o *caput* do art. 100 da Lei nº 4.737, de 15 de julho de 1965, com a redação que ora se lhe dá, será realizado pelo Tribunal Superior Eleitoral, no prazo de 15 (quinze) dias a contar da publicação desta Lei.

....

Art. 7º. Esta Lei entra em vigor na data de sua publicação.

Art. 8º. Revogam-se as disposições em contrário.

Brasília, em 16 de julho de 1982; 161º da Independência e 94º da República.

João Figueiredo

DOU de 19.7.1982

LEI Nº 7.021, DE 6 DE SETEMBRO DE 1982

(Excertos)

Estabelece o modelo da cédula oficial única a ser usada nas eleições de 15 de novembro de 1982 e dá outras providências.

O Presidente da República, faço saber que o Congresso Nacional decreta e eu sanciono a seguinte Lei:

....

Art. 5º. Constitui crime eleitoral destruir, suprimir ou, de qualquer modo, danificar relação de candidatos afixada na cabina indevassável.

Pena – detenção, até seis meses, e pagamento de sessenta a cem dias-multa.

....

Art. 10. Esta Lei entra em vigor na data de sua publicação.

Art. 11. Revogam-se as disposições em contrário.

Brasília, em 6 de setembro de 1982; 161º da Independência e 94º da República.

João Figueiredo

DOU de 8.9.1982

LEI Nº 7.106, DE 28 DE JUNHO DE 1983

Define os crimes de responsabilidade do Governador do Distrito Federal, dos Governadores dos Territórios Federais e de seus respectivos Secretários, e dá outras providências.

- ***Vide seção específica: "LEI DE RESPONSABILIDADE FISCAL".***

LEI Nº 7.332, DE 1º DE JULHO DE 1985
(Excertos)

Estabelece normas para a realização de eleições em 1985, dispõe sobre o alistamento eleitoral e o voto do analfabeto e dá outras providências.

O Presidente da República

Faço saber que o Congresso Nacional decreta e eu sanciono a seguinte Lei:

....

Art. 18. O alistamento eleitoral passa a ser feito dispensando-se a formalidade de o próprio alistando datar o respectivo requerimento, e, quando este não souber assinar o nome, aporá a impressão digital de seu polegar direito no requerimento e na folha de votação.

Parágrafo único. O mesmo sistema será utilizado no dia da votação para o eleitor que não souber assinar seu nome.

Art. 19. As cédulas oficiais para as eleições previstas nesta Lei serão confeccionadas e distribuídas exclusivamente pela Justiça Eleitoral, atenderão aos demais requisitos da Lei nº 4.737, de 15 de julho de 1965 (Código Eleitoral), e permitirão ao eleitor, sem a necessidade de leitura de nomes, identificar e assinalar os seus candidatos nas eleições majoritárias e a legenda de sua preferência nas eleições proporcionais.

Art. 20. Ficam revogados os arts. 4º, 5º, 6º e 7º da Lei nº 6.989, de 5 de maio de 1982, restabelecendo-se a redação anterior dos arts. 145, 175, 176 e 177 da Lei nº 4.737, de 15 de julho de 1965 (Código Eleitoral), a respeito do voto de legenda.

Art. 21. Fica revogado o § 3º do art. 67 da Lei nº 5.682, de 21 de julho de 1971 (Lei Orgânica dos Partidos Políticos), e suspensa a aplicação do art. 250 da Lei nº 4.737, de 15 de julho de 1965 (Código Eleitoral), com a redação que lhe foi dada pelo Decreto-Lei nº 1.538, de 14 de abril de 1977.

- *A Lei nº 5.682/1971 foi revogada pela Lei nº 9.096/1995.*
- *O art. 250 da Lei nº 4.737/1965 foi revogado pela Lei nº 9.504/1997.*

Art. 22. Esta Lei entra em vigor na data de sua publicação.

Art. 23. Revogam-se as disposições em contrário.

Brasília, 1º de julho de 1985; 164º da Independência e 97º da República.

José Sarney

DOU de 2.7.1985

LEI Nº 7.444, DE 20 DE DEZEMBRO DE 1985

Dispõe sobre a implantação do processamento eletrônico de dados no alistamento eleitoral e a revisão do eleitorado, e dá outras providências.

O Presidente da República.

Faço saber que o Congresso Nacional decreta e eu sanciono a seguinte Lei:

Art. 1º. O alistamento eleitoral será feito mediante processamento eletrônico de dados.

Parágrafo único. Em cada Zona Eleitoral, enquanto não for implantado o processamento eletrônico de dados, o alistamento continuará a ser efetuado na forma da legislação em vigor na data desta Lei.

Art. 2º. Ao adotar o sistema de que trata o artigo anterior, a Justiça Eleitoral procederá, em cada Zona, à revisão dos eleitores inscritos, bem como à conferência e à atualização dos respectivos registros, que constituirão, a seguir, cadastros mantidos em computador.

Art. 3º. A revisão do eleitorado prevista no art. 2º desta Lei far-se-á, de conformidade com instruções baixadas pelo Tribunal Superior Eleitoral, mediante a apresentação do título eleitoral pelos eleitores inscritos na Zona e preenchimento do formulário adotado para o alistamento de que trata o art. 1º.

§ 1º. A revisão do eleitorado, que poderá realizar-se, simultaneamente, em mais de uma Zona ou em várias circunscrições, será precedida, sempre, de ampla divulgação, processando-se em prazo marcado pela Justiça Eleitoral, não inferior a 30 (trinta) dias.

§ 2º. Sem prejuízo do disposto no § 1º deste artigo, a Justiça Eleitoral poderá fixar datas especiais e designar previamente locais para a apresentação dos eleitores inscritos.

§ 3º. Ao proceder-se à revisão, ficam anistiados os débitos dos eleitores inscritos na Zona em falta para com a Justiça Eleitoral.

§ 4º. Em cada Zona, vencido o prazo de que trata o § 1º deste artigo, cancelar-se-ão as inscrições correspondentes aos títulos que não forem apresentados à revisão.

Art. 4º. Para a conferência e atualização dos registros eleitorais a que se refere o art. 2º desta Lei, a Justiça Eleitoral poderá utilizar, também, informações pertinentes, constantes de cadastros de qualquer natureza, mantidos por órgãos federais, estaduais ou municipais.

Parágrafo único. Os órgãos aludidos neste artigo ficam obrigados a fornecer à Justiça Eleitoral, gratuitamente, as informações solicitadas.

Art. 5º. Para o alistamento, na forma do art. 1º desta Lei, o alistando apresentará em Cartório, ou em local previamente designado, requerimento em formulário que obedecerá a modelo aprovado pelo Tribunal Superior Eleitoral.

§ 1º. O Escrivão, o funcionário ou o Preparador, recebendo o formulário e os documentos, datará o requerimento e determinará que o alistando nele aponha sua assinatura, ou, se não souber assinar, a impressão digital de seu polegar direito, atestando, a seguir, terem sido a assinatura ou a impressão digital lançadas na sua presença.

§ 2º. O requerimento de inscrição será instruído com um dos seguintes documentos:

I – carteira de identidade, expedida pelo órgão oficial competente;

II – certificado de quitação do serviço militar;

III – carteira emitida pelos órgãos criados por lei federal, controladores do exercício profissional;

IV – certidão de idade, extraída do registro civil;

V – instrumento público do qual se infira, por direito, ter o requerente a idade mínima de 18 (dezoito) anos e do qual constem, também, os demais elementos necessários à sua qualificação.

VI – documento do qual se infira a nacionalidade brasileira, originária ou adquirida, do requerente.

§ 3º. Será devolvido o requerimento que não contenha os dados constantes do modelo oficial, na mesma ordem, em caracteres inequívocos.

§ 4º. Para o alistamento, na forma deste artigo, é dispensada a apresentação de fotografia do alistando.

Art. 6º. Implantado o sistema previsto no art. 1º desta Lei, o título eleitoral será emitido por computador.

§ 1º. O Tribunal Superior Eleitoral aprovará o modelo do título e definirá o procedimento a ser adotado, na Justiça Eleitoral, para sua expedição.

§ 2º. Aos eleitores inscritos, em cada Zona, após a revisão e conferência de seu registro, na conformidade no art. 3º e parágrafos desta Lei, será expedido novo título eleitoral, na forma deste artigo.

Art. 7º. A Justiça Eleitoral executará os serviços previstos nesta Lei, atendidas as condições e peculiaridades locais, diretamente ou mediante convênio ou contrato.

Parágrafo único. Os convênios ou contratos de que cuida este artigo somente poderão ser ajustados com entidades da administração direta ou indireta da União, dos Estados, do Distrito Federal ou dos Municípios, ou com empresas cujo capital seja exclusivamente nacional.

Art. 8º. Para a implantação do alistamento mediante processamento de dados e revisão do eleitorado, nos termos da lei, a Justiça Eleitoral poderá requisitar servidores federais, estaduais ou municipais, bem como utilizar instalações e serviços de órgãos da União, dos Estados, do Distrito Federal, dos Territórios e Municípios.

Art. 9º. O Tribunal Superior Eleitoral baixará as instruções necessárias à execução desta Lei, especialmente, para definir:

I – a administração e a utilização dos cadastros eleitorais em computador, exclusivamente, pela Justiça Eleitoral;

II – a forma de solicitação e de utilização de informações constantes de cadastros mantidos por órgãos federais, estaduais ou municipais, visando resguardar sua privacidade;

III – as condições gerais para a execução, direta ou mediante convênio ou contrato, dos serviços de alistamento, revisão do eleitorado, conferência e atualização dos registros eleitorais, inclusive de coleta de informações e transporte de documentos eleitorais, quando necessário, das Zonas Eleitorais até os centros de processamento de dados;

IV – o acompanhamento e a fiscalização, pelos partidos políticos, da execução dos serviços de que trata esta Lei;

V – a programação e o calendário de execução dos serviços;

VI – a forma de divulgação do alistamento eleitoral e da revisão do eleitorado, em cada Zona e circunscrição, atendidas as peculiaridades locais;

VII – qualquer outra especificação necessária à execução dos serviços de que trata esta Lei.

Art. 10. Fica o Poder Executivo autorizado a abrir, para a Justiça Eleitoral, à disposição do Tribunal Superior Eleitoral, o crédito de Cr$ 600.000.000.000,00 (seiscentos bilhões de cruzeiros) destinado a atender às despesas decorrentes desta Lei.

Art. 11. Esta Lei entra em vigor na data de sua publicação.

Art. 12. Revogam-se as disposições em contrário, especialmente o § 2º do art. 2º da Lei nº 6.996, de 7 de junho de 1982.

Brasília, em 20 de dezembro de 1985; 164º da Independência e 97º da República.

José Sarney

DOU de 23.12.1985

LEI Nº 7.454, DE 30 DE DEZEMBRO DE 1985

(Excertos)

Altera dispositivo da Lei nº 4.737, de 15 de julho de 1965, e dá outras providências.

O Presidente da República.

Faço saber que o Congresso Nacional decreta e eu sanciono a seguinte Lei:

Art. 1º. Nas eleições para Governador de Estado, Vice-Governador, Senador, Deputado Federal, Deputado Estadual, Prefeito, Vice-Prefeito e Vereador, o candidato deverá estar filiado ao partido pelo qual irá concorrer até 6 (seis) meses da data do pleito.

....

Art. 3º. Os arts. 105, 107, 108, 109 e 111 da Lei nº 4.737, de 15 de julho de 1965, passam a vigorar com a seguinte redação:

- *Alterações já efetuadas no corpo da Lei.*

Art. 4º. A coligação terá denominação própria, a ela assegurados os direitos que a lei confere aos partidos políticos no que se refere ao processo eleitoral, aplicando-lhe, também, a regra do art. 112 da Lei nº 4.737, de 15 de julho de 1965, quanto à convocação de suplentes.

Parágrafo único. Cada Partido poderá usar sua própria legenda sob a denominação da coligação.

Art. 5º. O art. 92 da Lei nº 4.737, de 15 de julho de 1965, passa a vigorar com a seguinte redação:

- *Alterações já efetuadas no corpo da Lei.*

Art. 6º. Nos cálculos da proporção a que se refere o art. 97 da Lei nº 5.682, de 21 de julho de 1971, tomar-se-á por base a filiação partidária que se verificar na data da distribuição dos referidos recursos financeiros.

- *A Lei nº 5.682/1971 e respectivas alterações foram revogadas pela Lei nº 9.096/1995, Lei dos Partidos Políticos.*

Art. 7º. Esta Lei entra em vigor a partir da data de sua publicação.

Art. 8º. Revogam-se as disposições em contrário.

Brasília, em 30 de dezembro de 1985; 164º da Independência e 97º da República.

José Sarney

DOU de 31.12.1985

LEI Nº 7.551, DE 12 DE DEZEMBRO DE 1986

Revoga o Decreto-Lei nº 1.541, de 14 de abril de 1977 (Lei das Sublegendas).

O Presidente da República,

Faço saber que o Congresso Nacional decreta e eu sanciono a seguinte lei:

Art. 1º. Fica revogado o Decreto-Lei nº 1.541, de 14 de abril de 1977.

Art. 2º. Esta Lei entra em vigor na data de sua publicação.

Brasília, 12 de dezembro de 1986; 165º da Independência e 98º da República.

José Sarney

DOU de 15.12.1986

LEI Nº 7.663, DE 27 DE MAIO DE 1988

Altera os arts. 7º e 71 da Lei nº 4.737, de 15 de julho de 1965 – Código Eleitoral, e dá outras providências.

O Presidente da República,

Faço saber que o Congresso Nacional decreta e eu sanciono a seguinte Lei:

Art. 1º. Fica acrescentado ao art. 7º da Lei nº 4.737, de 15 de julho de 1965 – Código Eleitoral, um parágrafo a ser numerado como § 3º, com a seguinte redação:

- *Alteração já efetuada no corpo da Lei.*

Art. 2º. O inciso V do art. 71 da Lei nº 4.737, de 15 de julho de 1965 – Código Eleitoral, passa a ter a seguinte redação:

- *Alteração já efetuada no corpo da Lei.*

Art. 3º. Ficam anistiados os débitos dos eleitores inscritos que não votaram nas eleições de 15 de novembro de 1986.

Art. 4º. Esta Lei entra em vigor na data de sua publicação.

Art. 5º. Revogam-se as disposições em contrário, em especial o art. 9º da Lei nº 6.996, de 7 de junho de 1982.

Brasília, 27 de maio de 1988; 167º da Independência e 100º da República.

José Sarney

DOU de 31.5.1988

LEI Nº 7.914, DE 7 DE DEZEMBRO DE 1989

Revoga dispositivos do Código Eleitoral e dá outras providências.

Faço saber que o Presidente da República adotou a Medida Provisória nº 103, de 1989, que o Congresso nacional aprovou, e eu, Nelson Carneiro, Presidente do Senado Federal, para os efeitos do disposto no parágrafo único do art. 62 da Constituição Federal, promulgo a seguinte Lei:

Art. 1º. São revogados os artigos 51 e parágrafos, 151 e incisos e 157 da Lei nº 4.737, de 15 de julho de 1965, que institui o Código Eleitoral.

- *Alterações já efetuadas no corpo da Lei.*

Art. 2º. Esta Lei entra em vigor na data de sua publicação.

Senado Federal, 7 de dezembro de 1989; 168º da Independência e 101º da República.

Nelson Carneiro

DOU de 11.12.1989

LEI Nº 8.429, DE 2 DE JUNHO DE 1992

Dispõe sobre as sanções aplicáveis aos agentes públicos nos casos de enriquecimento ilícito no exercício de mandato, cargo, emprego ou função na administração pública direta, indireta ou fundacional e dá outras providências.

- *Vide seção específica: "LEI DE RESPONSABILIDADE FISCAL".*

LEI Nº 8.868, DE 14 DE ABRIL DE 1994

Dispõe sobre a criação, extinção e transformação de cargos efetivos e em comissão, nas Secretarias do Tribunal Superior Eleitoral e dos Tribunais Regionais Eleitorais, e dá outras providências.

O Presidente da República,

Faço saber que o Congresso Nacional decreta e eu sanciono a seguinte Lei:

Art. 1º. Ficam criados e transformados os atuais cargos em comissão, integrantes do Grupo-Direção e Assessoramento Superiores, Códigos DAS-100, dos Quadros de Pessoal das Secretarias do Tribunal Superior Eleitoral e dos Tribunais Regionais Eleitorais, na forma do Anexo I desta Lei.

Art. 2º. Ficam criados, nos Quadros de Pessoal das Secretarias do Tribunal Superior Eleitoral e dos Tribunais Regionais Eleitorais, os cargos de provimento efetivo constantes do Anexo II desta Lei, a serem providos na forma do inciso II do art. 37 da CF/1988.

Art. 3º. Ficam transformados, no Quadro de Pessoal da Secretaria do Tribunal Superior Eleitoral, sete cargos vagos de Inspetor de Segurança Judiciária, Código TSE-AJ-026, em igual número de Técnico Judiciário, Código TSE-AJ-021.

Art. 4º. Ficam extintos, nos Quadros de Pessoal das Secretarias do Tribunal Superior Eleitoral e dos Tribunais Regionais Eleitorais dos Estados do Tocantins, Amapá e Roraima, à medida que vagarem, os cargos de Inspetor de Segurança Judiciária, Código AJ-026.

Art. 5º. Ficam criadas, nas Secretarias do Tribunal Superior Eleitoral e dos Tribunais Regionais Eleitorais, Funções Comissionadas – FC, vinculadas à estrutura organizacional, nos níveis e quantitativos estabelecidos no Anexo III desta Lei, calculadas no percentual de vinte por cento sobre a remuneração dos cargos em comissão do Grupo-Direção e Assessoramento Superiores, de acordo com o Anexo IV desta Lei.

§ 1º. Incorpora-se à remuneração do servidor e integra o provento da aposentadoria o valor da respectiva função comissionada, a fração de um quinto, nos termos do art. 62, e seus parágrafos, da Lei nº 8.112, de 11 de dezembro de 1990.

§ 2º. Para efeito de incorporação das parcelas de que trata o parágrafo anterior, fica assegurada a contagem do tempo de exercício no Encargo de Representação de Gabinete.

§ 3º. Poderão ser designados para o exercício de função comissionada servidores da Administração Pública direta e indireta, não pertencentes aos Quadros de Pessoal dos Tribunais Eleitorais, até o máximo de vinte por cento do total das funções.

Art. 6º. Pelo exercício de função comissionada é devida, exclusivamente, a retribuição fixada no Anexo IV desta Lei, não se aplicando o disposto no Decreto-Lei nº 2.173, de 19 de novembro de 1984; na Lei nº 7.759, de 24 de abril de 1989; e no art. 14 da Lei Delegada nº 13, de 27 de agosto de 1992, com a redação dada pela Lei nº 8.538, de 21 de dezembro de 1992.

Art. 7º. Em decorrência do disposto no *caput* do art. 5º desta Lei, ficam extintos os Encargos de Representação de Gabinete existentes no Tribunal Superior Eleitoral, nos Tribunais Regionais Eleitorais e nas Zonas Eleitorais.

§ 1º. As atuais parcelas incorporadas de Encargos de Representação de Gabinete dos servidores em atividade, aposentados e pensionistas, de que tratam as Leis nºs 6.732, de 4 de dezembro de 1979, e 7.411, de 2 de dezembro de 1985, passam a corresponder ao nível retributivo das funções comissionadas, consoante o Anexo V desta Lei.

Art. 8º. O Tribunal Superior Eleitoral fixará, em ato próprio, a lotação dos cargos em comissão e das funções comissionadas, por unidades administrativas, bem como as demais instruções necessárias à aplicação desta Lei.

Parágrafo único. Fica assegurada ao Tribunal Superior Eleitoral, sempre que ocorrer revisão das estruturas organizacionais dos Tribunais Eleitorais, a faculdade de alterar a denominação e remanejar os cargos em comissão e as funções comissionadas de que trata esta Lei, desde que não acarrete aumento de despesa.

Art. 9º. (Revogado).

- *Art. 9º revogado pela Lei nº 10.842/2004.*

Art. 10. (Revogado).

- *Art. 10 revogado pela Lei nº 10.842/2004.*

Art. 11. As atividades a serem desenvolvidas nas áreas de planejamento de eleições, informática, recursos humanos, orçamento, administração financeira, controle interno de material e patrimônio serão organizadas sob a forma de sistemas, cujos órgãos centrais serão as respectivas unidades do Tribunal Superior Eleitoral.

§ 1º. As disposições constantes do *caput* deste artigo aplicam-se a outras atividades auxiliares comuns que necessitem de coordenação central na Justiça Eleitoral.

§ 2º. Os serviços incumbidos das atividades de que trata este artigo são considerados integrados ao respectivo sistema e ficam, consequentemente, sujeitos à orientação normativa, supervisão técnica e à fiscalização específica do órgão central do sistema, sem prejuízo da subordinação hierárquica aos dirigentes dos órgãos em cuja estrutura administrativa estiverem integrados.

Art. 12. Salvo se servidor efetivo de juízo ou tribunal, não poderá ser nomeado ou designado, para cargo ou função de confiança, cônjuge, companheiro ou parente, até o terceiro grau civil, inclusive, de qualquer dos respectivos membros ou Juízes em atividade.

§ 1º. Não poderá ser designado assessor ou auxiliar de magistrado qualquer das pessoas referidas no *caput* deste artigo.

§ 2º. As nomeações para os cargos em comissão e as designações para as funções comissionadas deverão recair em pessoas que possuam formação e experiência compatíveis com as respectivas áreas de atuação.

§ 3º. Os ocupantes dos cargos em comissão, de Secretário e de Coordenador das Unidades de Controle Interno dos Tribunais Eleitorais deverão ter escolaridade de nível superior, com formação complementar ou experiência específica nas atividades inerentes ao sistema de Controle Interno.

Art. 13. Caberá aos Tribunais Regionais Eleitorais a realização dos concursos públicos para o provimento dos cargos efetivos, no âmbito de suas Secretarias.

Parágrafo único. Os Tribunais Eleitorais, à medida que forem sendo providos os cargos efetivos, deverão reavaliar a necessidade da permanência dos servidores requisitados, informando periodicamente à Secretaria de Recursos Humanos do Tribunal Superior Eleitoral a função e as atividades desenvolvidas por esses servidores.

Art. 14. Ficam revogados os incisos XI do art. 30 e VII do art. 35; e os arts. 62 a 65 e 294 da Lei nº 4.737, de 15 de julho de 1965, que dispõe sobre o Preparador Eleitoral.

Art. 15. Os servidores públicos federais, estaduais e municipais, da administração direta e indireta, quando convocados para compor as mesas receptoras de votos ou juntas apuradoras nos pleitos eleitorais, terão, mediante declaração do respectivo Juiz Eleitoral, direito de ausentar-se do serviço em suas repartições, pelo dobro dos dias de convocação pela Justiça Eleitoral.

Art. 16. As despesas decorrentes da aplicação desta Lei correrão à conta das dotações orçamentárias próprias da Justiça Eleitoral.

Art. 17. Esta Lei entra em vigor na data de sua publicação.

Art. 18. Revogam-se as disposições em contrário.

Brasília, 14 de abril de 1994; 173º da Independência e 106º da República.

- *Deixamos de publicar os Anexos I a V, em virtude de os mesmos tratarem de assunto de interesse restrito ao funcionalismo da Justiça Eleitoral.*

Itamar Franco

DOU de 15.4.1994

LEI Nº 9.096, DE 19 DE SETEMBRO DE 1995

LEI DOS PARTIDOS POLÍTICOS

Dispõe sobre os partidos políticos, regulamenta os arts. 17 e 14, § 3º, inciso V, da Constituição Federal.

- ***Vide seção específica: "LEI DOS PARTIDOS POLÍTICOS".***

LEI Nº 9.259, DE 9 DE JANEIRO DE 1996

Acrescenta parágrafo único ao art. 10, dispõe sobre a aplicação dos arts. 49, 56, incisos III e IV, e 57, inciso III da Lei nº 9.096, de 19 de setembro de 1995, e dá nova redação ao § 1º do art. 1º da Lei nº 1.533, de 31 de dezembro de 1951.

O Presidente da República,

Faço saber que o Congresso Nacional decreta e eu sanciono a seguinte Lei:

Art. 1º. É acrescido ao art. 10 da Lei nº 9.096, de 19 de setembro de 1995, o seguinte parágrafo único:

- *Alteração já efetuada no corpo da Lei.*

Art. 2º. (Revogado).

- *Art. 2º revogado pela Lei nº 12.016/2009.*

Art. 3º. O disposto no parágrafo único do art. 10 da Lei nº 9.096, de 19 de setembro de 1995, na redação dada por esta Lei, aplica-se a todas as alterações efetivadas a qualquer tempo, ainda que submetidas à Justiça Eleitoral na vigência da Lei nº 5.682, de 21 de julho de 1971, sem que tenha sido prolatada decisão final.

Art. 4º. O disposto no art. 49 da Lei nº 9.096, de 19 de setembro de 1995, tem eficácia imediata, aplicando-se aos partidos políticos que não atenderem aos seus requisitos as disposições dos arts. 56, incisos III e IV, e 57, inciso III, da mesma lei.

Art. 5º. Esta Lei entra em vigor na data de sua publicação.

Art. 6º. Revogam-se as disposições em contrário.

Brasília, 9 de janeiro de 1996; 175º da Independência e 108º da República.

Fernando Henrique Cardoso

DOU de 10.1.1996

LEI Nº 9.265, DE 12 DE FEVEREIRO DE 1996

Regulamenta o inciso LXXVII do art. 5º da Constituição, dispondo sobre a gratuidade dos atos necessários ao exercício da cidadania.

O Presidente da República,

Faço saber que o Congresso Nacional decreta e eu sanciono a seguinte Lei:

Art. 1º. São gratuitos os atos necessários ao exercício da cidadania, assim considerados:

I – os que capacitam o cidadão ao exercício da soberania popular, a que se reporta o art. 14 da Constituição;

II – aqueles referentes ao alistamento militar;

III – os pedidos de informações ao poder público, em todos os seus âmbitos, objetivando a instrução de defesa ou a denúncia de irregularidades administrativas na órbita pública;

IV – as ações de impugnação de mandato eletivo por abuso do poder econômico, corrupção ou fraude;

V – quaisquer requerimentos ou petições que visem as garantias individuais e a defesa do interesse público;

VI – O registro civil de nascimento e o assento de óbito, bem como a primeira certidão respectiva.

- *Inciso VI acrescido pela Lei nº 9.534/1997.*

Art. 2º. Esta Lei entra em vigor na data de sua publicação.

Art. 3º. Revogam-se as disposições em contrário.

Art. 4º. (Vetado).

- *Art. 4º acrescido pela Lei nº 9.534/1997.*

Brasília, 12 de fevereiro de 1996; 175º da Independência e 108º da República.

Fernando Henrique Cardoso

DOU de 13.2.1996

LEI Nº 9.504, DE 30 DE SETEMBRO DE 1997

LEI DAS ELEIÇÕES

Estabelece normas para as eleições.

- ***Vide seção específica:***
  "LEI DAS ELEIÇÕES".

LEI Nº 10.028, DE 19 DE OUTUBRO DE 2000

Altera o Decreto-Lei nº 2.848, de 7 de dezembro de 1940 – Código Penal, a Lei nº 1.079, de 10 de abril de 1950, e o Decreto-Lei nº 201, de 27 de fevereiro de 1967.

- ***Vide Seção específica:***
  "CRIMES CONTRA AS FINANÇAS PÚBLICAS".

LEI Nº 10.628, DE 24 DE DEZEMBRO DE 2002

Altera a redação do art. 84 do Decreto-Lei nº 3.689, de 3 de outubro de 1941 – Código de Processo Penal.

- ***Vide seção específica:***
  "CRIMES CONTRA AS FINANÇAS PÚBLICAS".

LEI Nº 11.107, DE 6 DE ABRIL DE 2005

(Excertos)

Dispõe sobre normas gerais de contratação de consórcios públicos e dá outras providências.

O Presidente da República,

Faço saber que o Congresso Nacional decreta e eu sanciono a seguinte Lei:

Art. 1º. Esta Lei dispõe sobre normas gerais para a União, os Estados, o Distrito Federal e os Municípios contratarem consórcios públicos para a realização de objetivos de interesse comum e dá outras providências.

§ 1º. O consórcio público constituirá associação pública ou pessoa jurídica de direito privado.

§ 2º. A União somente participará de consórcios públicos em que também façam parte todos os Estados em cujos territórios estejam situados os Municípios consorciados.

§ 3º. Os consórcios públicos, na área de saúde, deverão obedecer aos princípios, diretrizes e normas que regulam o Sistema Único de Saúde – SUS.

Art. 2º. Os objetivos dos consórcios públicos serão determinados pelos entes da Federação que se consorciarem, observados os limites constitucionais.

§ 1º. Para o cumprimento de seus objetivos, o consórcio público poderá:

I – firmar convênios, contratos, acordos de qualquer natureza, receber auxílios, contribuições e subvenções sociais ou econômicas de outras entidades e órgãos do governo;

II – nos termos do contrato de consórcio de direito público, promover desapropriações e instituir servidões nos termos de declaração de utilidade ou necessidade pública, ou interesse social, realizada pelo Poder Público; e

III – ser contratado pela administração direta ou indireta dos entes da Federação consorciados, dispensada a licitação.

§ 2º. Os consórcios públicos poderão emitir documentos de cobrança e exercer atividades de arrecadação de tarifas e outros preços públicos pela prestação de serviços ou pelo uso ou outorga de uso de bens públicos por eles administrados ou, mediante autorização específica, pelo ente da Federação consorciado.

§ 3º. Os consórcios públicos poderão outorgar concessão, permissão ou autorização de obras ou serviços públicos mediante autorização prevista no contrato de consórcio público, que deverá indicar de forma específica o objeto da concessão, permissão ou autorização e as condições a que deverá atender, observada a legislação de normas gerais em vigor.

Art. 3º. O consórcio público será constituído por contrato cuja celebração dependerá da prévia subscrição de protocolo de intenções.

Art. 4º. São cláusulas necessárias do protocolo de intenções as que estabeleçam:

I – a denominação, a finalidade, o prazo de duração e a sede do consórcio;

II – a identificação dos entes da Federação consorciados;

III – a indicação da área de atuação do consórcio;

IV – a previsão de que o consórcio público é associação pública ou pessoa jurídica de direito privado sem fins econômicos;

V – os critérios para, em assuntos de interesse comum, autorizar o consórcio público a representar os entes da Federação consorciados perante outras esferas de governo;

VI – as normas de convocação e funcionamento da assembleia geral, inclusive para a elaboração, aprovação e modificação dos estatutos do consórcio público;

VII – a previsão de que a assembleia geral é a instância máxima do consórcio público e o número de votos para as suas deliberações;

VIII – a forma de eleição e a duração do mandato do representante legal do consórcio público que, obrigatoriamente, deverá ser Chefe do Poder Executivo de ente da Federação consorciado;

IX – o número, as formas de provimento e a remuneração dos empregados públicos, bem como os casos de contratação por tempo determinado para atender a necessidade temporária de excepcional interesse público;

X – as condições para que o consórcio público celebre contrato de gestão ou termo de parceria;

XI – a autorização para a gestão associada de serviços públicos, explicitando:

a) as competências cujo exercício se transferiu ao consórcio público;

b) os serviços públicos objeto da gestão associada e a área em que serão prestados;

c) a autorização para licitar ou outorgar concessão, permissão ou autorização da prestação dos serviços;

d) as condições a que deve obedecer o contrato de programa, no caso de a gestão associada envolver também a prestação de serviços por órgão ou entidade de um dos entes da Federação consorciados;

e) os critérios técnicos para cálculo do valor das tarifas e de outros preços públicos, bem como para seu reajuste ou revisão; e

XII – o direito de qualquer dos contratantes, quando adimplente com suas obrigações, de exigir o pleno cumprimento das cláusulas do contrato de consórcio público.

§ 1º. Para os fins do inciso III do *caput* deste artigo, considera-se como área de atuação do consórcio público, independentemente de figurar a União como consorciada, a que corresponde à soma dos territórios:

I – dos Municípios, quando o consórcio público for constituído somente por Municípios ou por um Estado e Municípios com territórios nele contidos;

II – dos Estados ou dos Estados e do Distrito Federal, quando o consórcio público for, respectivamente, constituído por mais de 1 (um) Estado ou por 1 (um) ou mais Estados e o Distrito Federal;

III – (vetado);

IV – dos Municípios e do Distrito Federal, quando o consórcio for constituído pelo Distrito Federal e os Municípios; e

V – (vetado).

§ 2º. O protocolo de intenções deve definir o número de votos que cada ente da Federação consorciado possui na assembleia geral, sendo assegurado 1 (um) voto a cada ente consorciado.

§ 3º. É nula a cláusula do contrato de consórcio que preveja determinadas contribuições financeiras ou econômicas de ente da Federação ao consórcio público, salvo a doação, destinação ou cessão do uso de bens móveis ou imóveis e as transferências ou cessões de direitos operadas por força de gestão associada de serviços públicos.

§ 4º. Os entes da Federação consorciados, ou os com eles conveniados, poderão ceder-lhe servidores, na forma e condições da legislação de cada um.

§ 5º. O protocolo de intenções deverá ser publicado na imprensa oficial.

Art. 5º. O contrato de consórcio público será celebrado com a ratificação, mediante lei, do protocolo de intenções.

§ 1º. O contrato de consórcio público, caso assim preveja cláusula, pode ser celebrado por apenas 1 (uma) parcela dos entes da Federação que subscreveram o protocolo de intenções.

§ 2º. A ratificação pode ser realizada com reserva que, aceita pelos demais entes subscritores, implicará consorciamento parcial ou condicional.

§ 3º. A ratificação realizada após 2 (dois) anos da subscrição do protocolo de intenções dependerá de homologação da assembleia geral do consórcio público.

§ 4º. É dispensado da ratificação prevista no *caput* deste artigo o ente da Federação que, antes de subscrever o protocolo de intenções, disciplinar por lei a sua participação no consórcio público.

Art. 6º. O consórcio público adquirirá personalidade jurídica:

I – de direito público, no caso de constituir associação pública, mediante a vigência das leis de ratificação do protocolo de intenções;

II – de direito privado, mediante o atendimento dos requisitos da legislação civil.

§ 1º. O consórcio público com personalidade jurídica de direito público integra a administração indireta de todos os entes da Federação consorciados.

§ 2º. No caso de se revestir de personalidade jurídica de direito privado, o consórcio público observará as normas de direito público no que concerne à realização de licitação, celebração de contratos, prestação de contas e admissão de pessoal, que será regido pela Consolidação das Leis do Trabalho – CLT.

Art. 7º. Os estatutos disporão sobre a organização e o funcionamento de cada um dos órgãos constitutivos do consórcio público.

Art. 8º. Os entes consorciados somente entregarão recursos ao consórcio público mediante contrato de rateio.

§ 1º. O contrato de rateio será formalizado em cada exercício financeiro e seu prazo de vigência não será superior ao das dotações que o suportam, com exceção dos contratos que tenham por objeto exclusivamente projetos consistentes em programas e ações contemplados em plano plurianual ou a gestão associada de serviços públicos custeados por tarifas ou outros preços públicos.

§ 2º. É vedada a aplicação dos recursos entregues por meio de contrato de rateio para o atendimento de despesas genéricas, inclusive transferências ou operações de crédito.

§ 3º. Os entes consorciados, isolados ou em conjunto, bem como o consórcio público, são partes legítimas para exigir o cumprimento das obrigações previstas no contrato de rateio.

§ 4º. Com o objetivo de permitir o atendimento dos dispositivos da Lei Complementar nº 101, de 4 de maio de 2000, o consórcio público deve fornecer as informações necessárias para que sejam consolidadas, nas contas dos entes consorciados, todas as despesas realizadas com os recursos entregues em virtude de contrato de rateio, de forma que possam ser contabilizadas nas contas de cada ente da Federação na conformidade dos elementos econômicos e das atividades ou projetos atendidos.

§ 5º. Poderá ser excluído do consórcio público, após prévia suspensão, o ente consorciado que não consignar, em sua lei orçamentária ou em créditos adicionais, as dotações suficientes para suportar as despesas assumidas por meio de contrato de rateio.

Art. 9º. A execução das receitas e despesas do consórcio público deverá obedecer às normas de direito financeiro aplicáveis às entidades públicas.

Parágrafo único. O consórcio público está sujeito à fiscalização contábil, operacional e patrimonial pelo Tribunal de Contas competente para apreciar as contas do Chefe do Poder Executivo representante legal do consórcio, inclusive quanto à legalidade, legitimidade e economicidade das despesas, atos, contratos e renúncia de receitas, sem prejuízo do controle externo a ser exercido em razão de cada um dos contratos de rateio.

Art. 10. (Vetado).

Parágrafo único. Os agentes públicos incumbidos da gestão de consórcio não responderão pessoalmente pelas obrigações contraídas pelo consórcio público, mas responderão pelos atos praticados em desconformidade com a lei ou com as disposições dos respectivos estatutos.

Art. 11. A retirada do ente da Federação do consórcio público dependerá de ato formal de seu representante na assembleia geral, na forma previamente disciplinada por lei.

§ 1º. Os bens destinados ao consórcio público pelo consorciado que se retira somente serão revertidos ou retrocedidos no caso de expressa previsão no contrato de consórcio público ou no instrumento de transferência ou de alienação.

§ 2º. A retirada ou a extinção do consórcio público não prejudicará as obrigações já constituídas, inclusive os contratos de programa, cuja extinção dependerá do prévio pagamento das indenizações eventualmente devidas.

Art. 12. A alteração ou a extinção de contrato de consórcio público dependerá de instrumento aprovado pela assembleia geral, ratificado mediante lei por todos os entes consorciados.

§ 1º. Os bens, direitos, encargos e obrigações decorrentes da gestão associada de serviços públicos custeados por tarifas ou outra espécie de preço público serão atribuídos aos titulares dos respectivos serviços.

§ 2º. Até que haja decisão que indique os responsáveis por cada obrigação, os entes consorciados responderão solidariamente pelas obrigações remanescentes, garantindo o direito de regresso em face dos entes beneficiados ou dos que deram causa à obrigação.

Art. 13. Deverão ser constituídas e reguladas por contrato de programa, como condição de sua validade, as obrigações que um ente da Federação constituir para com outro ente da Federação ou para com consórcio público no âmbito de gestão associada em que haja a prestação de serviços públicos ou a transferência total ou parcial de encargos, serviços, pessoal ou de bens necessários à continuidade dos serviços transferidos.

§ 1º. O contrato de programa deverá:

I – atender à legislação de concessões e permissões de serviços públicos e, especialmente no que se refere ao cálculo de tarifas e de outros preços públicos, à de regulação dos serviços a serem prestados; e

II – prever procedimentos que garantam a transparência da gestão econômica e financeira de cada serviço em relação a cada um de seus titulares.

§ 2º. No caso de a gestão associada originar a transferência total ou parcial de encargos, serviços, pessoal e bens essenciais à continuidade dos serviços transferidos, o contrato de programa, sob pena de nulidade, deverá conter cláusulas que estabeleçam:

I – os encargos transferidos e a responsabilidade subsidiária da entidade que os transferiu;

II – as penalidades no caso de inadimplência em relação aos encargos transferidos;

III – o momento de transferência dos serviços e os deveres relativos a sua continuidade;

IV – a indicação de quem arcará com o ônus e os passivos do pessoal transferido;

V – a identificação dos bens que terão apenas a sua gestão e administração transferidas e o preço dos que sejam efetivamente alienados ao contratado;

VI – o procedimento para o levantamento, cadastro e avaliação dos bens reversíveis que vierem a ser amortizados mediante receitas de tarifas ou outras emergentes da prestação dos serviços.

§ 3º. É nula a cláusula de contrato de programa que atribuir ao contratado o exercício dos poderes de planejamento, regulação e fiscalização dos serviços por ele próprio prestados.

§ 4º. O contrato de programa continuará vigente mesmo quando extinto o consórcio público ou o convênio de cooperação que autorizou a gestão associada de serviços públicos.

§ 5º. Mediante previsão do contrato de consórcio público, ou de convênio de cooperação, o contrato de programa poderá ser celebrado por entidades de direito público ou privado que integrem a administração indireta de qualquer dos entes da Federação consorciados ou conveniados.

§ 6º. O contrato celebrado na forma prevista no § 5º deste artigo será automaticamente extinto no caso de o contratado não mais integrar a administração indireta do ente da Federação que autorizou a gestão associada de serviços públicos por meio de consórcio público ou de convênio de cooperação.

§ 7º. Excluem-se do previsto no *caput* deste artigo as obrigações cujo descumprimento não acarrete qualquer ônus, inclusive financeiro, a ente da Federação ou a consórcio público.

Art. 14. A União poderá celebrar convênios com os consórcios públicos, com o objetivo de viabilizar a descentralização e a prestação de políticas públicas em escalas adequadas.

Art. 15. No que não contrariar esta Lei, a organização e funcionamento dos consórcios públicos serão disciplinados pela legislação que rege as associações civis.

Art. 16. O inciso IV do art. 41 da Lei nº 10.406, de 10 de janeiro de 2002 – Código Civil, passa a vigorar com a seguinte redação:

> *"Art. 41. (...) – IV – as autarquias, inclusive as associações públicas; (...)." (NR)*

Art. 17. Os arts. 23, 24, 26 e 112 da Lei nº 8.666, de 21 de junho de 1993, passam a vigorar com a seguinte redação:

....

Art. 18. O art. 10 da Lei nº 8.429, de 2 de junho de 1992, passa a vigorar acrescido dos seguintes incisos XIV e XV:

- *Alterações já efetuadas no corpo da Lei.*

Art. 19. O disposto nesta Lei não se aplica aos convênios de cooperação, contratos de programa para gestão associada de serviços públicos ou instrumentos congêneres, que tenham sido celebrados anteriormente a sua vigência.

Art. 20. O Poder Executivo da União regulamentará o disposto nesta Lei, inclusive as normas gerais de contabilidade pública que serão observadas pelos consórcios públicos para que sua gestão financeira e orçamentária se realize na conformidade dos pressupostos da responsabilidade fiscal.

Art. 21. Esta Lei entra em vigor na data de sua publicação.

Brasília, 6 de abril de 2005; 184º da Independência e 117º da República.

Luiz Inácio Lula da Silva

DOU de 7.4.2005

LEI Nº 12.034, DE 29 DE SETEMBRO DE 2009

Altera as Leis nºs 9.096, de 19 de setembro de 1995 – Lei dos Partidos Políticos, 9.504, de 30 de setembro de 1997, que estabelece normas para as eleições, e 4.737, de 15 de julho de 1965 – Código Eleitoral.

O Presidente da República,

Faço saber que o Congresso Nacional decreta e eu sanciono a seguinte Lei:

Art. 1º. Esta Lei altera as Leis nºs 9.096, de 19 de setembro de 1995, 9.504, de 30 de setembro de 1997, e 4.737, de 15 de julho de 1965 – Código Eleitoral.

Art. 2º. A Lei nº 9.096, de 19 de setembro de 1995, passa a vigorar com as seguintes alterações:

- *Alterações já efetuadas no corpo da Lei.*

Art. 3º. A Lei nº 9.504, de 30 de setembro de 1997, passa a vigorar com as seguintes alterações:

- *Alterações já efetuadas no corpo da Lei.*

Art. 4º. A Lei nº 9.504, de 30 de setembro de 1997, passa a vigorar acrescida dos seguintes artigos:

- *Alterações já efetuadas no corpo da Lei.*

Art. 5º. Fica criado, a partir das eleições de 2014, inclusive, o voto impresso conferido pelo eleitor, garantido o total sigilo do voto e observadas as seguintes regras:

§ 1º. A máquina de votar exibirá para o eleitor, primeiramente, as telas referentes às eleições proporcionais; em seguida, as referentes às eleições majoritárias; finalmente, o voto completo para conferência visual do eleitor e confirmação final do voto.

§ 2º. Após a confirmação final do voto pelo eleitor, a urna eletrônica imprimirá um número único de identificação do voto associado à sua própria assinatura digital.

§ 3º. O voto deverá ser depositado de forma automática, sem contato manual do eleitor, em local previamente lacrado.

§ 4º. Após o fim da votação, a Justiça Eleitoral realizará, em audiência pública, auditoria independente do software mediante o sorteio de 2% (dois por cento) das urnas eletrônicas de cada Zona Eleitoral, respeitado o limite mínimo de 3 (três) máquinas por município, que deverão ter seus votos em papel contados e comparados com os resultados apresentados pelo respectivo boletim de urna.

§ 5º. É permitido o uso de identificação do eleitor por sua biometria ou pela digitação do seu nome ou número de eleitor, desde que a máquina de identificar não tenha nenhuma conexão com a urna eletrônica.

Art. 6º. A Lei nº 4.737, de 15 de julho de 1965 – Código Eleitoral, passa a vigorar acrescida do seguinte art. 233-A:

- *Alteração já efetuada no corpo da Lei.*

Art. 7º. Não se aplica a vedação constante do parágrafo único do art. 240 da Lei nº 4.737, de 15 de julho de 1965 – Código Eleitoral, à propaganda eleitoral veiculada gratuitamente na internet, no sítio eleitoral, blog, sítio interativo ou social, ou outros meios eletrônicos de comunicação do candidato, ou no sítio do partido ou coligação, nas formas previstas no art. 57-B da Lei nº 9.504, de 30 de setembro de 1997.

Art. 8º. Esta Lei entra em vigor na data de sua publicação.

Art. 9º. Fica revogado o § 3º do art. 45 da Lei nº 9.504, de 30 de setembro de 1997.

- *Alteração já efetuada no corpo da Lei.*

Brasília, 29 de setembro de 2009; 188º da Independência e 121º da República.

Luiz Inácio Lula da Silva

DOU de 30.9.2009

LEI Nº 12.350, DE 20 DE DEZEMBRO DE 2010

(Excertos)

Dispõe sobre medidas tributárias referentes à realização, no Brasil, da Copa das Confederações FIFA 2013 e da Copa do Mundo FIFA 2014; promove desoneração tributária de subvenções governamentais destinadas ao fomento das atividades de pesquisa tecnológica e desenvolvimento de inovação tecnológica nas empresas; altera as Leis nºs 11.774, de 17 de setembro de 2008, 10.182, de 12 de fevereiro de 2001, 9.430, de 27 de dezembro de 1996, 7.713, de 22 de dezembro de 1988, 9.959, de 27 de janeiro de 2000, 10.887, de 18 de junho de 2004, 12.058, de 13 de outubro de 2009, 10.865, de 30 de abril de 2004, 10.931, de 2 de agosto de 2004, 12.024, de 27 de agosto de 2009, 9.504, de 30 de setembro de 1997, 10.996, de 15 de dezembro de 2004, 11.977, de 7 de julho de 2009, e 12.249, de 11 de junho de 2010, os Decretos-Leis nºs 37, de 18 de novembro de 1966, e 1.455, de 7 de abril de 1976; revoga dispositivos das Leis nºs 11.196, de 21 de novembro de 2005, 8.630, de 25 de fevereiro de 1993, 9.718, de 27 de novembro de 1998, e 10.833, de 29 de dezembro de 2003; e dá outras providências.

O Presidente da República,

Faço saber que o Congresso Nacional decreta e eu sanciono a seguinte Lei:

....

Art. 58. O art. 99 da Lei nº 9.504, de 30 de setembro de 1997, alterado pelo art. 3º da Lei nº 12.034, de 29 de setembro de 2009, passa a vigorar com a seguinte redação:

- *Alteração já efetuada no corpo da Lei.*

....

Art. 64. Esta Lei entra em vigor na data de sua publicação.

Brasília, 20 de dezembro de 2010; 189º da Independência e 122º da República.

Luiz Inácio Lula da Silva

DOU de 21.12.2010

LEI Nº 12.875, DE 30 DE OUTUBRO DE 2013

Altera as Leis nºs 9.096, de 19 de setembro de 1995, e 9.504, de 30 de setembro de 1997, nos termos que especifica.

A Presidenta da República,

Faço saber que o Congresso Nacional decreta e eu sanciono a seguinte Lei:

Art. 1º. A Lei nº 9.096, de 19 de setembro de 1995, passa a vigorar com as seguintes alterações:

- *Alteração já efetuada no corpo da Lei.*

Art. 2º. O art. 47 da Lei nº 9.504, de 30 de setembro de 1997, passa a vigorar com as seguintes alterações:

- *Alteração já efetuada no corpo da Lei.*

Art. 3º. Esta Lei entra em vigor na data de sua publicação.

Brasília, 30 de outubro de 2013; 192º da Independência e 125º da República.

Dilma Rousseff

DOU de 31.10.2013

LEI Nº 12.891, DE 11 DEZEMBRO DE 2013

Altera as Leis nºs 4.737, de 15 de julho de 1965, 9.096, de 19 de setembro de 1995, e 9.504, de 30 de setembro de 1997, para diminuir o custo das campanhas eleitorais, e revoga dispositivos das Leis nºs 4.737, de 15 de julho de 1965, e 9.504, de 30 de setembro de 1997.

A Presidenta da República.

Faço saber que o Congresso Nacional decreta e eu sanciono a seguinte Lei:

Art. 1º. A Lei nº 4.737, de 15 de julho de 1965, passa a vigorar com as seguintes alterações:

- *Alterações já efetuadas no corpo da Lei (arts. 241 e 242).*

Art. 2º. A Lei nº 9.096, de 19 de setembro de 1995, passa a vigorar com as seguintes alterações:

- *Alterações já efetuadas no corpo da Lei (arts. 3º, 15-A, 22, 34, 37, 44, 46).*

Art. 3º. A Lei nº 9.504, de 30 de setembro de 1997, passa a vigorar com as seguintes alterações:

- *Alterações já efetuadas no corpo da Lei (arts. 6º, 8º, 11, 13, 16-B, 22, 23, 24, 26, 28, 31, 33, 36-A, 36-B, 37, 38, 39, 47, 51, 53-A, 55, 56, 57-D, 57-H, 58, 65, 93-A, 100-A).*

Art. 4º. Revogam-se os incisos I a IV do art. 262 da Lei nº 4.737, de 15 de julho de 1965, e o inciso XIV do art. 26 da Lei nº 9.504, de 30 de setembro de 1997.

- *Alterações já efetuadas no corpo da Lei.*

Art. 5º. Esta Lei entra em vigor na data de sua publicação.

Brasília, 11 de dezembro de 2013; 192º da Independência e 125º da República.

Dilma Rousseff

DOU de 12.12.2013 – Edição extra — Retificado DOU de 9.1.2014

RAZÕES DOS VETOS

Mensagem nº 552A, de 11 de dezembro de 2013.

Senhor Presidente do Senado Federal,

Comunico a Vossa Excelência que, nos termos do § 1º do art. 66 da Constituição, decidi vetar parcialmente, por contrariedade ao interesse público, o Projeto de Lei nº 441, de 2012 (no 6.397/13 na Câmara dos Deputados), que Altera as Leis nos 4.737, de 15 de julho de 1965, 9.096, de 19 de setembro de 1995, e 9.504, de 30 de setembro de 1997, para diminuir o custo das campanhas eleitorais, e revoga dispositivos das Leis nos 4.737, de 15 de julho de 1965, e 9.504, de 30 de setembro de 1997.

Ouvido, o Ministério da Fazenda manifestou-se pelo veto ao seguinte dispositivo:

§ 7º do art. 37 da Lei nº 9.096, de 19 de setembro de 1995, alterado pelo art. 2º do projeto de lei.

§ 7º. A sanção de suspensão do repasse de novas quotas do Fundo Partidário a que se refere o *caput* não será executada durante o segundo semestre do ano em que se realizarem as eleições.

Razão do veto

A inaplicabilidade das sanções previstas na falta ou não aprovação da prestação de contas dos beneficiários de cotas do Fundo Partidário reduz a eficácia da atividade fiscalizatória da Justiça Eleitoral e prejudica a transparência na aplicação dos recursos do Fundo Partidário.

O Ministério da Justiça opinou pelo veto aos dispositivos a seguir transcritos:

§ 8º do art. 37 da Lei nº 9.096, de 19 de setembro de 1995, alterado pelo art. 2º do projeto de lei e § 5º do art. 28 da Lei nº 9.504, de 30 de setembro de 1997, alterado pelo art. 3º do projeto de lei.

§ 8º. Os gastos com passagens aéreas efetuados pelo partido político serão comprovados mediante a apresentação da fatura ou duplicata emitida por agência de viagem, quando for o caso, sendo vedada a exigência de apresentação de qualquer outro documento para esse fim.

§ 5º. Os gastos com passagens aéreas efetuados pelas campanhas eleitorais serão comprovados mediante a apresentação da fatura ou duplicata emitida por agência de viagem, quando for o caso, sendo vedada a exigência de apresentação de qualquer outro documento para esse fim.

Razão dos vetos

A proposta levaria a uma redução do controle e da transparência na prestação de contas de recursos do Fundo Partidário utilizados com passagens aéreas.

Parágrafo único do art. 24 da Lei nº 9.504, de 30 de setembro de 1997, alterado pelo art. 3º do projeto de lei.

Parágrafo único. Não se incluem nas vedações de que trata este artigo as cooperativas e as associações sem fins lucrativos cujos cooperados ou associados não sejam concessionários ou permissionários de serviços públicos nem beneficiados com recursos públicos, observado o disposto no art. 81.

Razões do veto

A proposta amplia o rol de pessoas jurídicas que pode doar recursos para partidos e candidatos, sem oferecer, em contrapartida, outras medidas que assegurem maior controle e transparência sobre essas atividades. Nesse sentido, a inclusão das associações civis poderia servir como um veículo para doações indiretas das pessoas jurídicas para quem tal atividade esta vedada pelo próprio *caput* do artigo.

§ 2º do art. 37 da Lei nº 9.504, de 30 de setembro de 1997, alterado pelo art. 3º do projeto de lei.

§ 2º. Em bens particulares, é proibida a veiculação de propaganda eleitoral por meio da fixação de faixas, placas, cartazes, bandeiras, pinturas ou inscrições, aposição de cavaletes e bonecos, exceto na forma do disposto no § 3º do art. 38 desta Lei, sujeitando-se o infrator às penalidades previstas no § 1º.

Razão do veto

O disposto limita excessivamente os direitos dos cidadãos se manifestarem a favor de suas convicções político-partidárias, utilizando-se para isso, exclusivamente de seus bens particulares.

Essas, Senhor Presidente, as razões que me levaram a vetar os dispositivos acima mencionados do projeto em causa, as quais ora submeto à elevada apreciação dos Senhores Membros do Congresso Nacional.

DOU de 12.12.2013 – Edição extra

DECRETOS-LEI

DECRETO-LEI Nº 3.240, DE 8 DE MAIO DE 1941

Sujeita a sequestro os bens de pessoas indiciadas por crimes que resulta prejuízo para a Fazenda Pública, e outros.

- *Vide na seção: "RESPONSABILIDADE FISCAL".*

DECRETO-LEI Nº 201, DE 27 DE FEVEREIRO DE 1967

Dispõe sobre a responsabilidade dos Prefeitos e Vereadores, e dá outras providências.

- *Vide na seção: "RESPONSABILIDADE FISCAL".*

DECRETO-LEI Nº 1.064, DE 24 DE OUTUBRO DE 1969

Altera a redação do art. 302 do Código Eleitoral e dá outras providências.

Os Ministros da Marinha de Guerra, do Exército e da Aeronáutica Militar, usando das atribuições que lhes conferem os arts. 3º e 6º do Ato Constitucional nº 16, de 14 de outubro de 1969, decretam:

Art. 1º. O art. 302 do Código Eleitoral (Lei nº 4.737, de 15.7.1965) passa a vigorar com a seguinte redação:

- *Alteração já efetuada no corpo da Lei.*

Art. 2º. O Departamento de Polícia Federal ficará a disposição da Justiça Eleitoral, sempre que houver de se realizar eleições gerais ou parciais, em qualquer parte do Território Nacional.

Art. 3º. Este Decreto-Lei entrará em vigor na data de sua publicação, revogadas as disposições em contrário.

Brasília, 24 de outubro de 1969; 148º da Independência e 81º da República.

Augusto Hamann Rademaker Grunewald – Aurélio de Lyra Tavares – Márcio de Souza e Mello

DOU de 27.10.1969

DECRETO-LEI Nº 1.538, DE 14 DE ABRIL DE 1977

Altera a redação do art. 250 da Lei nº 4.737, de 15 de julho de 1965 modificada pela Lei nº 6.339, de 1º de julho de 1976, e dá outras providências.

O Presidente da República, no uso da atribuição que lhe confere o § 1º do art. 2º do Ato Institucional nº 5, de 13 de dezembro de 1968 tendo em vista o art. 182 da Constituição e o disposto no Ato Complementar nº 102, de 1º de abril de 1977,

Decreta:

Art. 1º. O art. 250 da Lei nº 4.737, de 15 de julho de 1965, que institui o Código Eleitoral, alterado pelo art. 1º da Lei nº 6.339, de 1º de julho de 1976, passa a vigorar com a seguinte redação:

- *O art. 250 foi revogado pela Lei nº 9.504/1997.*

Art. 2º. Nas eleições indiretas não será permitida a propaganda eleitoral por meio de emissoras de rádio e televisão.

Art. 3º. O Tribunal Superior Eleitoral expedirá, dentro de 180 (cento e oitenta) dias contados a partir da vigência deste Decreto-Lei, as instruções necessárias à sua execução.

Art. 4º. Este Decreto-Lei entra em vigor na data de sua publicação.

Art. 5º. Revogam-se os art. 252, 253 e 254 da Lei nº 4.737, de 15 de julho de 1965, e demais disposições em contrário.

- *Alterações já efetuadas no corpo da Lei.*

Brasília, 14 de abril de 1977; 156º da Independência e 89º da República.

Ernesto Geisel

DOU de 14.4.1977

DECRETOS DO LEGISLATIVO

DECRETO LEGISLATIVO Nº 47, DE 4 DE OUTUBRO DE 1966

Concede anistia aos eleitores responsáveis por infrações previstas no art. 289 da Lei nº 4.737, de 15 de julho de 1965.

Faço saber que o Congresso Nacional aprovou, nos termos do art. 66, nº V da Constituição Federal, e eu, Auro Moura Andrade, Presidente do Senado Federal, promulgo o seguinte:

Art. 1º. São anistiados os eleitores responsáveis por infrações previstas no art. 289 da Lei nº 4.737, de 15 de julho de 1965, excetuados os casos resultantes de processos instaurados por determinação do Tribunal Superior Eleitoral.

Art. 2º. Este Decreto Legislativo entra em vigor na data de sua publicação.

Art. 3º. Revogam-se as disposições em contrário.

Senado Federal, em 4 de outubro de 1966.

Auro Moura Andrade – Presidente do Senado

DOU de 10.10.1966

DECRETO LEGISLATIVO Nº 16, DE 24 DE MARÇO DE 1994

Submete à condição suspensiva a renúncia de parlamentar contra o qual pende procedimento fundado nos incisos I e II do art. 55 da Constituição e determina outras providências.

Faço saber que o Congresso Nacional aprovou, e eu, Humberto Lucena, Presidente do Senado Federal, nos termos do art. 48, item 28 do Regimento Interno, promulgo o seguinte:

O Congresso Nacional, decreta:

Art. 1º. A renúncia de parlamentar sujeito à investigação por qualquer órgão do Poder Legislativo, ou que tenha contra si procedimento já instaurado ou protocolado junto à Mesa da respectiva Casa, para apuração de faltas a que se referem os incisos I e II do art. 55 da Constituição Federal, fica sujeito à condição suspensiva, só produzindo efeitos se a decisão final não concluir pela perda do mandato.

Parágrafo único. Sendo a decisão final pela perda do mandato parlamentar, a declaração da renúncia será arquivada.

Art. 2º. Este Decreto Legislativo entra em vigor na data de sua publicação.

Senado Federal, em 24 de março de 1994.

Senador Humberto Lucena – Presidente

DOU de 25.3.1994

DECRETO LEGISLATIVO Nº 424, DE 4 DE DEZEMBRO DE 2013

Susta os efeitos da Resolução nº 23.389, de 9 de abril de 2013, expedida pelo Tribunal Superior Eleitoral, que dispõe sobre o número de membros da Câmara dos Deputados e das Assembleias e Câmaras Legislativas para as eleições de 2014.

Faço saber que o Congresso Nacional aprovou, e eu, Renan Calheiros, Presidente do Senado Federal, nos termos do parágrafo único do art. 52 do Regimento Comum e do inciso XXVIII do art. 48 do Regimento Interno do Senado Federal, promulgo o seguinte

O Congresso Nacional decreta:

Art. 1º. Ficam sustados os efeitos da Resolução nº 23.389, de 9 de abril de 2013, expedida pelo Tribunal Superior Eleitoral, que dispõe sobre o número de membros da Câmara dos Deputados e das Assembleias e Câmaras Legislativas para as eleições de 2014.

Art. 2º. Este Decreto Legislativo entra em vigor na data de sua publicação.

Senador Renan Calheiros – Presidente do Senado Federal

DOFE de 5.12.2013

DECRETOS DO EXECUTIVO

DECRETO Nº 4.199, DE 16 DE ABRIL DE 2002

Dispõe sobre a prestação de informações institucionais relativas à Administração Pública Federal a partidos políticos, coligações e candidatos à Presidência da República até a data da divulgação oficial do resultado final das eleições.

O Presidente da República, no uso da atribuição que lhe confere o art. 84, inciso VI, alínea "a", da Constituição,

Decreta:

Art. 1º. Este Decreto regulamenta a prestação de informações institucionais relativas à Administração Pública Federal a partidos políticos, coligações e candidatos à Presidência da República até a data de divulgação oficial do resultado final das eleições.

Art. 2º. Qualquer solicitação de informações institucionais relativas à Administração Pública Federal poderá ser feita por partido político ou coligação.

§ 1º. Após a escolha de candidato a que se refere o art. 8º da Lei nº 9.504, de 30 de setembro de 1997, as informações relativas à Administração Pública Federal do interesse de partido político ou coligação com candidato à Presidência da República deverão ser formalizadas pelo candidato registrado do partido ou coligação.

§ 2º. Na hipótese do § 1º, qualquer que seja a natureza da informação pleiteada, as solicitações deverão ser requeridas por escrito ao Secretário-Executivo da Casa Civil da Presidência da República.

§ 3º. O Secretário-Executivo da Casa Civil da Presidência da República poderá requisitar a órgão, entidade ou servidor os dados necessários à satisfação da solicitação.

§ 4º. O órgão, a entidade ou o servidor instado a se manifestar deverá fazê-lo no prazo de dez dias, salvo determinação diversa do Secretário-Executivo da Casa Civil da Presidência da República.

Art. 3º. As informações serão prestadas por escrito no prazo máximo de quinze dias, contados da data de protocolo da solicitação.

Art. 4º. As informações serão prestadas a teor de critérios estabelecidos pelo Chefe da Casa Civil da Presidência da República.

§ 1º. Informações e dados estatísticos de domínio público constantes de estudos já finalizados poderão ser prestados a qualquer tempo.

§ 2º. Em nenhuma hipótese, serão prestadas informações relativas a segredo de Estado ou protegidas por sigilo bancário, fiscal ou de justiça.

Art. 5º. Poderá ser constituído, no âmbito da Secretaria-Executiva da Casa Civil da Presidência da República, grupo de trabalho destinado à consecução do disposto neste Decreto.

Art. 6º. Quaisquer dúvidas no cumprimento deste Decreto serão dirimidas pelo Secretário-Executivo da Casa Civil da Presidência da República.

Art. 7º. Este Decreto entra em vigor na data da sua publicação.

Brasília, 16 de abril de 2002; 181º da Independência e 114º da República.

Fernando Henrique Cardoso

DOU de 17.4.2002

DECRETO Nº 5.483, DE 30 DE JUNHO DE 2005

Regulamenta, no âmbito do Poder Executivo Federal, o art. 13 da Lei nº 8.429, de 2 de junho de 1992, institui a sindicância patrimonial e dá outras providências.

O Presidente da República, no uso das atribuições que lhe confere o art. 84, incisos IV e VI, alínea "a", da Constituição, e tendo em vista o disposto na Lei nº 8.429, de 2 de junho de 1992,

Decreta:

Art. 1º. A declaração dos bens e valores que integram o patrimônio privado de agente público, no âmbito do Poder Executivo Federal, bem como sua atualização, conforme previsto na Lei nº 8.429, de 2 de junho de 1992, observarão as normas deste Decreto.

Art. 2º. A posse e o exercício de agente público em cargo, emprego ou função da administração pública direta ou indireta ficam condicionados à apresentação, pelo interessado, de declaração dos bens e valores que integram o seu patrimônio, bem como os do cônjuge, companheiro, filhos ou outras pessoas que vivam sob a sua dependência econômica, excluídos apenas os objetos e utensílios de uso doméstico.

Parágrafo único. A declaração de que trata este artigo compreenderá imóveis, móveis, semoventes, dinheiro, títulos, ações e qualquer outra espécie de bens e valores patrimoniais localizados no País ou no exterior.

Art. 3º. Os agentes públicos de que trata este Decreto atualizarão, em formulário próprio, anualmente e no momento em que deixarem o cargo, emprego ou função, a declaração dos bens e valores, com a indicação da respectiva variação patrimonial ocorrida.

§ 1º. A atualização anual de que trata o *caput* será realizada no prazo de até quinze dias após a data limite fixada pela Secretaria da Receita Federal do Ministério da Fazenda para a apresentação da Declaração de Ajuste Anual do Imposto de Renda Pessoa Física.

§ 2º. O cumprimento do disposto no § 4º do art. 13 da Lei nº 8.429, de 1992, poderá, a critério do agente público, realizar-se mediante autorização de acesso à declaração anual apresentada à Secretaria da Receita Federal, com as respectivas retificações.

Art. 4º. O serviço de pessoal competente manterá arquivo das declarações e autorizações previstas neste Decreto até cinco anos após a data em que o agente público deixar o cargo, emprego ou função.

Art. 5º. Será instaurado processo administrativo disciplinar contra o agente público que se recusar a apresentar declaração dos bens e valores na data própria, ou que a prestar falsa, ficando sujeito à penalidade prevista no § 3º do art. 13 da Lei nº 8.429, de 1992.

Art. 6º. Os órgãos de controle interno fiscalizarão o cumprimento da exigência de entrega das declarações regulamentadas por este Decreto, a ser realizado pelo serviço de pessoal competente.

Art. 7º. A Controladoria-Geral da União, no âmbito do Poder Executivo Federal, poderá analisar, sempre que julgar necessário, a evolução patrimonial do agente público, a fim de verificar a compatibilidade desta com os recursos e disponibilidades que compõem o seu patrimônio, na forma prevista na Lei nº 8.429, de 1992, observadas as disposições especiais da Lei nº 8.730, de 10 de novembro de 1993.

Parágrafo único. Verificada a incompatibilidade patrimonial, na forma estabelecida no *caput*, a Controladoria-Geral da União instaurará procedimento de sindicância patrimonial ou requisitará sua instauração ao órgão ou entidade competente.

Art. 8º. Ao tomar conhecimento de fundada notícia ou de indícios de enriquecimento ilícito, inclusive evolução patrimonial incompatível com os recursos e disponibilidades do agente público, nos termos do art. 9º da Lei nº 8.429, de 1992, a autoridade competente determinará a instauração de sindicância patrimonial, destinada à apuração dos fatos.

Parágrafo único. A sindicância patrimonial de que trata este artigo será instaurada, mediante portaria, pela autoridade competente ou pela Controladoria-Geral da União.

Art. 9º. A sindicância patrimonial constituir-se-á em procedimento sigiloso e meramente investigatório, não tendo caráter punitivo.

§ 1º. O procedimento de sindicância patrimonial será conduzido por comissão composta por dois ou mais servidores ou empregados efetivos de órgãos ou entidades da administração federal.

§ 2º. O prazo para conclusão do procedimento de sindicância patrimonial será de trinta dias, contados da data da publicação do ato que constituir a comissão, podendo ser prorrogado, por igual período ou por período inferior, pela autoridade competente pela instauração, desde que justificada a necessidade.

§ 3º. Concluídos os trabalhos da sindicância patrimonial, a comissão responsável por sua condução fará relatório sobre os fatos apurados, opinando pelo seu arquivamento ou, se for o caso, por sua conversão em processo administrativo disciplinar.

Art. 10. Concluído o procedimento de sindicância nos termos deste Decreto, dar-se-á imediato conhecimento do fato ao Ministério Público Federal, ao Tribunal de Contas da União, à Controladoria-Geral da União, à Secretaria da Receita Federal e ao Conselho de Controle de Atividades Financeiras.

Art. 11. Nos termos e condições a serem definidos em convênio, a Secretaria da Receita Federal poderá fornecer à Controladoria-Geral da União, em meio eletrônico, cópia da declaração anual do agente público que houver optado pelo cumprimento da obrigação, na forma prevista no § 2º do art. 3º deste Decreto.

§ 1º. Compete à Controladoria-Geral da União informar à Secretaria da Receita Federal o rol dos optantes, nos termos do § 2º do art. 3º deste Decreto, com o respectivo número de inscrição no Cadastro de Pessoas Físicas e o exercício ao qual correspondem as mencionadas declarações.

§ 2º. Caberá à Controladoria-Geral da União adotar medidas que garantam a preservação do sigilo das informações recebidas, relativas à situação econômica ou financeira do agente público ou de terceiros e à natureza e ao estado de seus negócios ou atividades.

Art. 12. Para a realização dos procedimentos previstos neste Decreto, poderão ser utilizados recursos de tecnologia da informação.

Art. 13. A Controladoria-Geral da União e o Ministério do Planejamento, Orçamento e Gestão expedirão, no prazo de noventa dias, as instruções necessárias para o cumprimento deste Decreto no âmbito do Poder Executivo Federal, salvo em relação ao convênio a que se refere o art. 11.

Art. 14. Caberá aos titulares dos órgãos e entidades da administração pública federal direta ou indireta, sob pena de responsabilidade, velar pela estrita observância do disposto neste Decreto.

Art. 15. Este Decreto entra em vigor na data de sua publicação.

Art. 16. Fica revogado o Decreto nº 978, de 10 de novembro de 1993.

Brasília, 30 de junho de 2005; 184º da Independência e 117º da República.

Luiz Inácio Lula da Silva

DOU de 1º.7.2005

DECRETO Nº 7.185, DE 27 DE MAIO DE 2010

Dispõe sobre o padrão mínimo de qualidade do sistema integrado de administração financeira e controle, no âmbito de cada ente da Federação, nos termos do art. 48, parágrafo único, inciso III, da Lei Complementar nº 101, de 4 de maio de 2000, e dá outras providências.

O Presidente da República, no uso da atribuição que lhe confere o art. 84, inciso VI, alínea "a", da Constituição, e tendo em vista o disposto no art. 48, parágrafo único, inciso III, da Lei Complementar nº 101, de 4 de maio de 2000, Decreta:

Capítulo I – Das Disposições Gerais

Art. 1º. A transparência da gestão fiscal dos entes da Federação referidos no art. 1º, § 3º, da Lei Complementar nº 101, de 4 de maio de 2000, será assegurada mediante a observância do disposto no art. 48, parágrafo único, da referida Lei e das normas estabelecidas neste Decreto.

Art. 2º. O sistema integrado de administração financeira e controle utilizado no âmbito de cada ente da Federação, doravante denominado SISTEMA, deverá permitir a liberação em tempo real das informações pormenorizadas sobre a execução orçamentária e financeira das unidades gestoras, referentes à receita e à despesa, com a abertura mínima estabelecida neste Decreto, bem como o registro contábil tempestivo dos atos e fatos que afetam ou possam afetar o patrimônio da entidade.

§ 1º. Integrarão o SISTEMA todas as entidades da administração direta, as autarquias, as fundações, os fundos e as empresas estatais dependentes, sem prejuízo da autonomia do ordenador de despesa para a gestão dos créditos e recursos autorizados na forma da legislação vigente e em conformidade com os limites de empenho e o cronograma de desembolso estabelecido.

§ 2º. Para fins deste Decreto, entende-se por:

I – sistema integrado: as soluções de tecnologia da informação que, no todo ou em parte, funcionando em conjunto, suportam a execução orçamentária, financeira e contábil do ente da Federação, bem como a geração dos relatórios e demonstrativos previstos na legislação;

II – liberação em tempo real: a disponibilização das informações, em meio eletrônico que possibilite amplo acesso público, até o primeiro dia útil subsequente à data do registro contábil no respectivo SISTEMA, sem prejuízo do desempenho e da preservação das rotinas de segurança operacional necessários ao seu pleno funcionamento;

III – meio eletrônico que possibilite amplo acesso público: a Internet, sem exigências de cadastramento de usuários ou utilização de senhas para acesso; e

IV – unidade gestora: a unidade orçamentária ou administrativa que realiza atos de gestão orçamentária, financeira ou patrimonial, cujo titular, em consequência, está sujeito à tomada de contas anual.

Art. 3º. O padrão mínimo de qualidade do SISTEMA, nos termos do art. 48, parágrafo único, inciso III, da Lei Complementar nº 101, de 2000, é regulado na forma deste Decreto.

Capítulo II – Dos Requisitos Tecnológicos

Seção I – Das Características do Sistema

Art. 4º. Sem prejuízo da exigência de características adicionais no âmbito de cada ente da Federação, consistem requisitos tecnológicos do padrão mínimo de qualidade do SISTEMA:

I – disponibilizar ao cidadão informações de todos os Poderes e órgãos do ente da Federação de modo consolidado;

II – permitir o armazenamento, a importação e a exportação de dados; e

III – possuir mecanismos que possibilitem a integridade, confiabilidade e disponibilidade da informação registrada e exportada.

Art. 5º. O SISTEMA atenderá, preferencialmente, aos padrões de arquitetura e-PING – Padrões de Interoperabilidade de Governo Eletrônico, que define conjunto mínimo de premissas, políticas e especificações técnicas que regulamentam a utilização da Tecnologia de Informação e Comunicação (TIC) no Governo Federal, estabelecendo as condições de interação entre os Poderes e esferas de governo e com a sociedade em geral.

Seção II – Da Geração de Informação para o Meio Eletrônico de Acesso Público

Art. 6º. O SISTEMA deverá permitir a integração com meio eletrônico que possibilite amplo acesso público, assegurando à sociedade o acesso às informações sobre a execução orçamentária e financeira conforme o art. 48, parágrafo único, inciso III, da Lei Complementar nº 101, de 2000, as quais serão disponibilizadas no âmbito de cada ente da Federação.

Parágrafo único. A disponibilização em meio eletrônico de acesso público deverá:

I – aplicar soluções tecnológicas que visem simplificar processos e procedimentos de atendimento ao cidadão e propiciar melhores condições para o compartilhamento das informações; e

II – atender, preferencialmente, ao conjunto de recomendações para acessibilidade dos sítios e portais do governo brasileiro, de forma padronizada e de fácil implementação, conforme o Modelo de Acessibilidade de Governo Eletrônico (e-MAG), estabelecido pela Portaria nº 3, de 7 de maio de 2007, da Secretaria de Logística e Tecnologia da Informação do Governo Federal.

Art. 7º. Sem prejuízo dos direitos e garantias individuais constitucionalmente estabelecidos, o SISTEMA deverá gerar, para disponibilização em meio eletrônico que possibilite amplo acesso público, pelo menos, as seguintes informações relativas aos atos praticados pelas unidades gestoras no decorrer da execução orçamentária e financeira:

I – quanto à despesa:

a) o valor do empenho, liquidação e pagamento;

b) o número do correspondente processo da execução, quando for o caso;

c) a classificação orçamentária, especificando a unidade orçamentária, função, subfunção, natureza da despesa e a fonte dos recursos que financiaram o gasto;

d) a pessoa física ou jurídica beneficiária do pagamento, inclusive nos desembolsos de operações independentes da execução orçamentária, exceto no caso de folha de pagamento de pessoal e de benefícios previdenciários;

e) o procedimento licitatório realizado, bem como à sua dispensa ou inexigibilidade, quando for o caso, com o número do correspondente processo; e

f) o bem fornecido ou serviço prestado, quando for o caso;

II – quanto à receita, os valores de todas as receitas da unidade gestora, compreendendo no mínimo sua natureza, relativas a:

a) previsão;

b) lançamento, quando for o caso; e

c) arrecadação, inclusive referente a recursos extraordinários.

Capítulo III – Das Disposições Finais

Art. 8º. No prazo de cento e oitenta dias a contar da data de publicação deste Decreto, ouvidas representações dos entes da Federação, ato do Ministério da Fazenda estabelecerá requisitos tecnológicos adicionais, inclusive relativos à segurança do SISTEMA, e requisitos contábeis, considerando os prazos de implantação do Plano de Contas Aplicado ao Setor Público (PCASP), aprovados pela Secretaria do Tesouro Nacional.

Art. 9º. Este Decreto entra em vigor na data da sua publicação.

Brasília, 27 de maio de 2010; 189º da Independência e 122º da República.

Luiz Inácio Lula da Silva

DOU de 27.5.2010 – Seção Extra

DECRETO Nº 7.791, DE 17 DE AGOSTO DE 2012

Regulamenta a compensação fiscal na apuração o Imposto sobre a Renda da Pessoa Jurídica – IRPJ pela divulgação gratuita da propaganda partidária e eleitoral, de plebiscitos e referendos.

A Presidenta da República, no uso da atribuição que lhe confere o art. 84, *caput*, inciso IV, da Constituição, e tendo em vista o disposto no parágrafo único do art. 52 da Lei nº 9.096, de 19 de setembro de 1995, e no art. 99 da Lei nº 9.504, de 30 de setembro de 1997,

Decreta:

Art. 1º. Às emissoras de rádio e televisão obrigadas à divulgação gratuita da propaganda partidária e eleitoral, de plebiscitos e referendos poderão efetuar a compensação fiscal de que trata o parágrafo único do art. 52 da Lei nº 9.096, de 19 de setembro de 1995, e o art. 99 da Lei nº 9.504, de 30 de setembro de 1997, na apuração do Imposto sobre a Renda da Pessoa Jurídica – IRPJ, inclusive da base de cálculo dos recolhimentos mensais previstos na legislação fiscal, e da base de cálculo do lucro presumido.

Art. 2º. A apuração do valor da compensação fiscal de que trata o art. 1º se dará mensalmente, de acordo com o seguinte procedimento:

I – parte-se do preço dos serviços de divulgação de mensagens de propaganda comercial, fixados em tabela pública pelo veículo de divulgação, conforme previsto no art. 14 do Decreto nº 57.690, de 1º de fevereiro de 1966, para o mês de veiculação da propaganda partidária e eleitoral, do plebiscito ou referendo;

II – apura-se o "valor do faturamento" com base na tabela a que se refere o inciso anterior, de acordo com o seguinte procedimento:

a) parte-se do volume de serviço de divulgação de mensagens de propaganda comercial local efetivamente prestado pelo veículo de divulgação no mês da veiculação da propaganda partidária e eleitoral, do plebiscito ou referendo;

b) classifica-se o volume de serviço da alínea "a" por faixa de horário, identificando-se o respectivo valor com base na tabela pública para veiculações comerciais locais;

c) para cada faixa de horário, multiplica-se o respectivo valor unitário de prestação de serviço pelo volume de serviço a ela relativo; e

d) o somatório dos resultados da multiplicação referida na alínea "c", para cada faixa de horário, corresponde ao "valor do faturamento", com base na tabela pública;

III – apura-se o "valor efetivamente faturado" no mês de veiculação da propaganda partidária ou eleitoral com base nos documentos fiscais emitidos pelos serviços de divulgação de mensagens de propaganda comercial local efetivamente prestados;

IV – calcula-se o coeficiente percentual entre os valores apurados conforme previsto nos incisos II e III do *caput* , de acordo com a seguinte fórmula:

$$\text{Coeficiente Percentual} = \frac{[\text{ Valor efetivamente faturado (inciso III) }]}{\text{Valor do faturamento conforme tabela (inciso II)} * 0{,}8} * 100$$

V – para cada espaço de serviço de divulgação de mensagens de propaganda cedido para o horário eleitoral e partidário gratuito:

a) identifica-se, na tabela pública de que trata o inciso I, o respectivo preço, multiplicando-o pelo espaço cedido e por 0,8 (oito décimos);

b) multiplica-se cada resultado obtido na alínea "a" por 0,25 (vinte e cinco décimos) no caso de transmissões em bloco, e por um, no caso de inserções; e

c) aplica-se sobre cada valor apurado na alínea "b" o coeficiente percentual a que se refere o inciso IV do *caput*; e

VI – apura-se o somatório dos valores decorrentes da operação de que trata a alínea "c" do inciso V do *caput*.

Art. 3º. O valor apurado na forma do inciso VI do *caput* do art. 2º poderá ser excluído:

I – do lucro líquido para determinação do lucro real;

II – da base de cálculo dos recolhimentos mensais previstos no art. 2º da Lei nº 9.430, de 27 dezembro de 1996; e

III – da base de cálculo do IRPJ incidente sobre o lucro presumido.

Art. 4º. As empresas concessionárias de serviços públicos de telecomunicações, obrigadas ao tráfego gratuito de sinais de televisão e rádio também poderão fazer a exclusão de que trata o art. 3º.

Art. 5º. O disposto neste Decreto aplica-se também aos comunicados, às instruções e a outras requisições da Justiça Eleitoral, relativos aos programas partidários e eleitorais.

Art. 6º. Fica o Ministro de Estado da Fazenda autorizado a expedir atos normativos complementares a este Decreto.

Art. 7º. Este Decreto entra em vigor na data de sua publicação, produzindo efeitos a partir de 21 de dezembro de 2010.

Art. 8º. Fica revogado o Decreto nº 5.331, de 4 de janeiro de 2005.

Brasília, 17 de agosto de 2012; 191º da Independência e 124º da República.

Dilma Rousseff

DOU de 20.8.2012

RESOLUÇÕES

RESOLUÇÃO DO SENADO FEDERAL Nº 132, DE 5 DE DEZEMBRO DE 1984

Suspende a execução da locução "ou mandado de segurança", constante da letra "e" do inciso I do art. 22, do Código Eleitoral, instituído pela Lei nº 4.737, de 15 de julho de 1965.

Faço saber que o Senado Federal aprovou, nos termos do art. 42, inciso VII, da Constituição, e eu, Moacyr Dalla, Presidente, promulgo o seguinte:

Artigo único. Suspende, por inconstitucionalidade, nos termos da decisão definitiva proferida pelo Supremo Tribunal Federal, em sessão Plenária realizada em 31 de agosto de 1983, a execução da locução "ou mandado de segurança", constante da letra "e" do inciso I do artigo 22, do Código Eleitoral, instituído pela Lei nº 4.737, de 15 de julho de 1965.

Senado Federal, em 5 de dezembro de 1984

Senador Moacyr Dalla – Presidente

DOU de 11.12.1984 – Retificação em 13.12.1984

RESOLUÇÃO TSE Nº 20.034, DE 27 DE NOVEMBRO DE 1997

Instruções para o acesso gratuito ao rádio e à televisão pelos partidos políticos.

O Tribunal Superior Eleitoral, usando das atribuições que lhe confere o art. 61, da Lei nº 9.096, de 19 de setembro de 1995, resolve expedir as seguintes Instruções:

Art. 1º. A propaganda partidária gratuita, gravada ou ao vivo, no rádio e na televisão, será realizada entre as dezenove horas e trinta minutos e as vinte e duas horas para, com exclusividade:

I – difundir os programas partidários;

II – transmitir mensagens aos filiados sobre a execução do programa partidário, dos eventos com este relacionados e das atividades congressuais do partido;

III – divulgar a posição do partido em relação a temas político-comunitários.

§ 1º. Ficam vedadas, nos programas de que tratam estas Instruções:

I – a participação de pessoa filiada a partido diverso daquele responsável pela veiculação do programa;

II – a divulgação de propaganda de candidatos a cargos eletivos e a defesa de interesses pessoais ou de outros partidos; e

III – a utilização de imagens ou cenas incorretas ou incompletas, efeitos audiovisuais ou quaisquer outros recursos que distorçam ou falseiem os fatos ou a sua comunicação (Lei nº 9.096/1995, art. 45, I, II, III e §§ 1º, I, II, III e 3º).

§ 2º. A propaganda partidária fica restrita aos horários gratuitos disciplinados nestas Instruções, com proibição de propaganda paga (Lei nº 9.096/1995, art. 45, § 3º).

Art. 2º. As emissoras de rádio e televisão ficam obrigadas a transmitir, em âmbito nacional e estadual, os programas partidários, sob a responsabilidade dos respectivos órgãos de direção (Lei nº 9.096/1995, arts. 45, *caput* e 46, *caput*).

§ 1º. As transmissões serão em cadeia nacional ou em inserções individuais de trinta segundos ou um minuto, a serem veiculadas no intervalo da programação normal das emissoras (Lei nº 9.096/1995, art. 46, § 1º).

- *§ 1º com redação dada pela Resolução TSE nº 22.503/2006.*

§ 2º. As cadeias nacionais ocorrerão às quintas-feiras, podendo o Tribunal Superior Eleitoral, se entender necessário, deferir a transmissão em outros dias. Havendo coincidência de datas, terá prioridade o partido que tiver apresentado o requerimento em primeiro lugar, vedada a transmissão de mais de um programa na mesma data (Lei nº 9.096/1995, art. 46, § 4º).

- *§ 2º com redação dada pela Resolução TSE nº 22.503/2006.*

§ 3º. As inserções nacionais serão veiculadas às terças-feiras, quintas-feiras e sábados e, as estaduais, às segundas-feiras, quartas-feiras e sextas-feiras. Somente serão autorizadas até dez inserções de trinta segundos ou cinco de um minuto por dia (Lei nº 9.096/1995, art. 46, § 7º).

§ 4º. No início e no fim das transmissões em cadeia, dever-se-á trazer, com preservação do tempo reservado aos partidos, a identificação da agremiação responsável e a menção à Lei nº 9.096/1995, que determinou a veiculação.

- *§ 4º acrescido pela Resolução TSE nº 20.849/2001.*

Art. 3º. O Tribunal Superior Eleitoral, apreciando requerimento subscrito pelo representante legal dos órgãos nacionais dos partidos, autorizará a formação das cadeias nacionais, bem como a transmissão de inserções nacionais, observando os seguintes critérios (Lei nº 9.096/1995, art. 46, § 2º):

I – ao partido com registro definitivo de seus estatutos no Tribunal Superior Eleitoral que tenha concorrido ou venha a concorrer às eleições gerais para a Câmara dos Deputados, elegendo, em duas eleições consecutivas, representantes em, no mínimo, cinco estados, obtendo, ainda, um por cento dos votos apurados no País, não computados os brancos e os nulos, será assegurada (Lei nº 9.096, art. 57, incisos I e III e REsp nº 21.329/2003):

a) a realização de um programa por semestre, em cadeia nacional, com duração de dez minutos cada;

b) a utilização do tempo total de vinte minutos por semestre em inserções de trinta segundos ou um minuto;

II – ao partido que tenha elegido e mantenha filiados, no mínimo, três representantes de diferentes Estados, é assegurada a realização anual de um programa, em cadeia nacional, com a duração de dez minutos (Lei nº 9.096/1995, art. 56, inciso III);

III – ao partido que não tenha atendido ao disposto nos incisos anteriores fica assegurada a realização de um programa em cadeia nacional em cada semestre, com a duração de cinco minutos, não cumulativos com o tempo previsto nos incisos anteriores (Lei nº 9.096/1995, art. 56, inciso IV).

Parágrafo único. Os programas em bloco não poderão ser subdivididos ou transformados em inserções.

- *Art. 3º com redação dada pela Resolução TSE nº 22.503/2006.*

Art. 4º. Os tribunais regionais eleitorais, apreciando requerimento subscrito por representante legal dos órgãos partidários regionais, autorizarão, nas respectivas circunscrições:

- *Art. 4º,* caput, *com redação dada pela Resolução TSE nº 22.503/2006.*

I – a utilização do tempo de vinte minutos por semestre, para inserções de trinta segundos ou um minuto cada, ao partido que tenha funcionamento parlamentar, nos termos do art. 57, inciso I, nos Estados onde, nas assembleias legislativas e nas câmaras dos vereadores, elegeram representante para a respectiva Casa e obtiveram um total de um por cento dos votos apurados na circunscrição, não computados os brancos e os nulos (Lei nº 9.096/1995, art. 57, inciso III, alínea "b" combinado com inciso I, alínea "b").

- *Inciso I com redação dada pela Resolução TSE nº 22.503/2006.*

a) (revogada);

b) (revogada);

- *Alíneas "a" e "b" revogadas pela Resolução TSE nº 22.503/ 2006.*

§ 1º. Os tribunais regionais eleitorais, observado o disposto nestas instruções, poderão estabelecer procedimentos complementares à regulamentação da veiculação de inserções em âmbito estadual.

- *§ 1º com redação dada pela Resolução TSE nº 22.503/ 2006.*

§ 2º. Excepcionalmente, os pedidos relativos às inserções estaduais a serem veiculadas em 2007 poderão ser decididos monocraticamente.

- *§ 2º com redação dada pela Resolução TSE nº 22.503/ 2006.*

Art. 5º. Os partidos deverão encaminhar, até o dia 1º de dezembro do ano anterior à transmissão, pedido do qual constarão:

- *Art. 5º,* caput, *com redação pela Resolução TSE nº 20.479/1999.*

I – indicação das datas de sua preferência para a cadeia nacional e mídia de veiculação para as inserções, para o primeiro e segundo semestre;

- *Inciso I com redação dada pela Resolução TSE nº 22.503/2006.*

II – indicação das emissoras geradoras, acompanhada, imprescindivelmente, dos respectivos endereços e números de telex ou fac-símile;

III – prova do direito à transmissão, mediante certidão da Mesa da Câmara dos Deputados, comprobatória da bancada eleita naquela Casa.

- *Inciso III com redação pela Resolução TSE nº 20.822/ 2001.*

§ 1º. Os pedidos encaminhados após o prazo previsto na cabeça deste artigo não serão conhecidos, vedada, ainda, a possibilidade de complementação a qualquer título, salvo se ainda não esgotado o prazo para sua interposição tempestiva.

- *§ 1º com redação dada pela Resolução TSE nº 22.503/ 2006.*

§ 2º. Excepcionalmente, para os pedidos relativos ao programa partidário de 2007, fica o prazo estabelecido na cabeça deste artigo prorrogado para o dia quinze de janeiro de 2007.

- *§ 2º com redação dada pela Resolução TSE nº 22.503/2006.*

§ 3º. Excepcionalmente, a certidão da Mesa da Câmara dos Deputados não será exigida, devendo ser utilizados os dados da Secretária de Informática para aferimento do disposto no art. 3º.

- *§ 3º com redação dada pela Resolução TSE nº 22.503/ 2006.*

Art. 6º. A decisão que autorizar a transmissão da propaganda partidária será comunicada pela Secretaria do Tribunal Superior Eleitoral, com a antecedência mínima de quinze dias do início de sua veiculação:

I – ao partido requerente;

II – às emissoras indicadas como geradoras dos programas em bloco;

III – aos Tribunais Regionais Eleitorais, para ciência;

IV – à Empresa Brasileira de Comunicação S/A – Sistema RADIOBRÁS, que comunicará às demais emissoras rádios;

V – à Associação Brasileira de Emissoras de Rádio e Televisão – ABERT, que comunicará às demais emissoras de televisão;

VI – à Empresa Brasileira de Telecomunicações S/A – EMBRATEL;

VII – ao órgão de fiscalização do Ministério das Comunicações.

§ 1º. Da comunicação deverá constar a data e o horário fixados.

§ 2º. Tratando-se de inserções, a comunicação se dará mediante o encaminhamento, pelo próprio partido político, de cópia da decisão que autorizar a veiculação, juntamente com a respectiva mídia, no mesmo prazo, às emissoras que escolher para transmiti-las.

§ 3º. As emissoras estarão desobrigadas da transmissão das inserções dos partidos que não observarem o disposto no parágrafo anterior.

Art. 7º. As fitas magnéticas contendo as gravações dos programas em bloco ou em inserções serão entregues pelos partidos às emissoras geradoras, na primeira hipótese, e a cada uma das emissoras que escolher, na segunda, com a antecedência de vinte e quatro horas do início da transmissão (Lei nº 9.096/1995, art. 46, § 5º).

§ 1º. Não sendo entregue a fita de que trata o *caput,* no referido prazo, as emissoras transmitirão sua programação normal, sendo dispensado, na hipótese, comunicado da Justiça Eleitoral.

§ 2º. Tratando-se de programa em bloco, ocorrendo a hipótese do parágrafo anterior, a emissora geradora deverá comunicar o ocorrido imediatamente à RADIO-

BRAS e à ABERT, para as providências necessárias ao cancelamento da formação da respectiva rede, junto às demais emissoras.

Art. 8º. Os partidos poderão requerer, mediante petição devidamente fundamentada:

I – o cancelamento da transmissão dos programas em bloco, com a antecedência mínima de cinco dias da data fixada, hipótese na qual não será autorizada a veiculação em nova data;

II – a alteração do dia e/ou horário de transmissão dos programas anteriormente fixados, uma única vez, com a antecedência mínima de quinze dias da data fixada para a transmissão, a qual estará sujeita à disponibilidade de data e à antecedência prevista no *caput* do artigo 6º destas Instruções, com relação à nova data.

Art. 9º. A Associação Brasileira de Emissoras de Rádio e Televisão – ABERT, em razão de relevante motivo nacional ou local, poderá solicitar ao Tribunal Eleitoral, com a antecedência mínima de cinco dias, alteração no horário da transmissão gratuita em bloco anteriormente fixado.

Art. 10. Para agilizar os procedimentos, condições especiais podem ser pactuadas diretamente entre as emissoras de rádio e televisão e os órgãos de direção do partido, obedecidos os limites estabelecidos nestas Instruções, dando-se conhecimento ao Tribunal Superior Eleitoral ou ao Tribunal Regional Eleitoral da respectiva jurisdição (Lei nº 9.096/1995, art. 47).

Art. 11. As transmissões não estão sujeitas a prévia censura, por elas respondendo, na forma da lei, os que as promoverem, sem prejuízo da responsabilidade pelas expressões faladas ou pelas imagens transmitidas.

Parágrafo único. As emissoras de rádio e televisão deverão manter sob sua guarda, à disposição da Justiça Eleitoral, pelo prazo de trinta dias, as fitas magnéticas para servir como prova de ofensa à lei eventualmente cometida.

Art. 12. O Tribunal Superior Eleitoral e, na hipótese de inserções estaduais, os Tribunais Regionais Eleitorais, julgando procedente representação formulada por órgão de direção de partido político, cassarão o direito à próxima transmissão do partido que contrariar as normas previstas nestas Instruções (Lei nº 9.096/1995, art. 45, § 2º).

Art. 13. Caberá à Corregedoria Geral da Justiça Eleitoral ou às Corregedorias Regionais Eleitorais, conforme a competência dos respectivos Tribunais Eleitorais, receber e instruir representação do Ministério Público, partido político, órgão de fiscalização do Ministério das Comunicações ou entidade representativa das emissoras de rádio e televisão, para ver cassado o direito de transmissão de propaganda partidária, bem como as reclamações de partido, por afronta ao seu direito de transmissão, em bloco ou em inserções, submetendo suas conclusões ao Tribunal.

Parágrafo único. Na apuração de que trata este artigo, aplicar-se-á o procedimento previsto nos incisos I a XIII do art. 22 da Lei complementar nº 64, de 18 de maio de 1990, no que couber.

- *Parágrafo único acrescido pela Resolução TSE nº 22.696/2008.*

Art. 14. Excepcionalmente, para as inserções estaduais no ano de 1998, o pedido poderá ser formulado aos Tribunais Regionais Eleitorais até 27 de fevereiro.

- *Art. 14 acrescido pela Resolução TSE nº 20.086/1997.*

Art. 15. Estas Instruções entram em vigor na data de sua publicação, revogadas as disposições em contrário.

- *Art. 15, primitivo art.14, renumerado pela Resolução TSE nº 20.086/1997.*

Sala de Sessões do Tribunal Superior Eleitoral.

Brasília, 27 de novembro de 1997.

Ministro Ilmar Galvão – Presidente

DJ de 8.12.1997 – Republicação em 10.12.1997

Fonte: www.tse.gov.br/legislacao

RESOLUÇÃO TSE Nº 20.882, DE 2 DE OUTUBRO DE 2001

Normas para uso dos ambientes de redes Internet e Intranet e do correio eletrônico no âmbito da Justiça Eleitoral.

O Tribunal Superior Eleitoral, no uso de suas atribuições, resolve expedir as presentes normas que regulam a utilização dos ambientes de redes *Internet*, *Intranet* e de *correio eletrônico*.

Capítulo I – Do Uso da Infraestrutura de Rede

Art. 1º. A rede de comunicação de dados da Justiça Eleitoral, composta pelas ligações entre TSE e TREs, pelas ligações entre TREs e cartórios eleitorais e pelas ligações entre TREs e demais escritórios remotos, instalados em cada estado, tem infraestrutura de canais de comunicação privados de uso exclusivo.

Parágrafo único. O uso de recursos de comunicação compartilhados com outros órgãos públicos ou privados deve obedecer às regras definidas pela Comissão de Segurança da Justiça Eleitoral (Portaria TSE nº 217/ 1998) e ser previamente aprovado pelo Grupo de Redes de Computadores da Justiça Eleitoral.

Art. 2º. É considerado ambiente INTRANET o ambiente de redes interno da Justiça Eleitoral, composto pelas redes do TSE, TREs e cartórios eleitorais, e todo ambiente de ligação entre estas redes.

Capítulo II – Do Uso da Internet

Art. 3º. O acesso à INTERNET por parte dos usuários de redes de computadores da Justiça Eleitoral deve ser feito exclusivamente por meio da única ligação existente entre a INTERNET e o TSE.

Art. 4º. Conexões locais com a INTERNET disponíveis nos TREs não fazem parte do ambiente de redes de computadores da Justiça Eleitoral, devendo ser isoladas deste.

Parágrafo único. A detecção de ligações entre a INTERNET e a rede da Justiça Eleitoral, a partir de qualquer TRE, implicará a desconexão imediata do TRE da rede da Justiça Eleitoral até a solução do problema identificado.

Art. 5º. O acesso à internet é permitido aos usuários das redes locais do Tribunal Superior Eleitoral e dos Tribunais Regionais Eleitorais, bem como aos usuários das redes dos cartórios eleitorais e demais escritórios remotos de cada TRE (Centrais de Atendimento ao Eleitor, Serviço de Atendimento ao Cidadão etc.).

- *Art. 5º com redação dada pela Resolução TSE nº 23.266/2010.*

Art. 6º. É facultado ao TSE e a cada TRE adotar sistema de bloqueio de acesso a sítios que não tenham relação com as necessidades do serviço dos órgãos judiciários.

- *Art. 6º com redação dada pela Resolução TSE nº 23.266/2010.*

Parágrafo único. (revogado)

- *Parágrafo único revogado pela Resolução TSE nº 23.266/2010.*

Art. 7º. É vedado o acesso aos *sites* da INTERNET de conteúdo pornográfico ou ofensivo aos direitos humanos, bem como aos de facilidades do tipo *chat* (bate-papo).

Parágrafo único. Eventuais restrições que venham a ser estabelecidas com relação a outros tipos de *sites* serão comunicadas a todos os usuários.

Art. 8º. A execução de *download* (cópia) de arquivos da INTERNET pode ser passível de priorização conforme o período do dia, isto é, podem ser definidos períodos durante o dia em que outras atividades tenham prioridade, diante das atividades precípuas da Justiça Eleitoral.

Art. 9º. Os acessos à INTERNET estão passíveis de monitoração e identificação.

Capítulo III – Do Uso da Intranet

Art. 10. O uso das linhas de comunicação entre os TREs e o TSE, bem como entre os TREs e os cartórios eleitorais, e demais escritórios remotos de cada TRE, deve ser monitorado e o tráfego identificado, devendo ser priorizado o uso destas linhas para as atividades precípuas da Justiça Eleitoral, tais como sistemas eleitorais, sistemas administrativos e afins.

Art. 11. A utilização da banda de comunicação entre TREs e TSE deverá atender a critérios básicos de priorização comum a todos os TREs, sendo permitidos ajustes conforme as necessidades apresentadas por cada Regional sem, contudo, inverter qualquer das prioridades definidas como básicas.

Art. 12. Cabe ao TSE identificar e ajustar o porte de cada canal de comunicação, a fim de adequá-lo à demanda identificada.

Art. 13. A utilização da banda de comunicação entre TREs e os cartórios eleitorais, e demais escritórios remotos de cada TRE, deverá atender a critérios básicos de priorização comum a todos os cartórios eleitorais, sendo permitidos ajustes conforme as necessidades apresentadas por cada Regional sem, contudo, inverter qualquer das prioridades definidas como básicas.

Art. 14. Os critérios básicos de priorização a que se referem os artigos anteriores serão definidos pelo Grupo de Redes de Computadores, instituído pela Portaria TSE nº 69/1999.

Art. 15. Os critérios básicos de priorização de serviços na rede, conexão TREs – TSE, e conexão TREs – cartórios eleitorais / demais escritórios remotos, devem ser revisados periodicamente pelo TSE e pelos TREs, com o auxílio do Grupo de Redes de Computadores, sempre observando o atendimento prioritário às atividades precípuas da Justiça Eleitoral.

Art. 16. A instalação de novos serviços – softwares e demais facilidades – que utilizem a rede de comunicação de dados – TSE/TREs e TREs/cartórios eleitorais – deve ser previamente comunicada ao administrador de rede local.

§ 1º. O impacto do novo serviço no desempenho e no custo de manutenção da rede deve ser analisado em conjunto pelo TRE e pelo TSE, de forma a garantir a não degradação do desempenho da rede, bem como aumento não previsto nos custos.

§ 2º. Caso necessário, deve haver ajuste da prioridade na banda de comunicação de acordo com o novo serviço.

Art. 17. O uso da INTRANET deve ser monitorado e o tráfego identificado.

Art. 18. Para envio de arquivos – atualizações periódicas, pacotes de programas etc. – dos TREs aos cartórios eleitorais, superiores a *3Mbytes*, deve ser utilizada mídia do tipo CD-ROM, evitando o uso da rede.

Art. 19. Os TREs devem monitorar as conexões dos cartórios eleitorais com relação ao tempo de duração e com relação ao volume de dados transmitidos, de forma a fornecer correta orientação sobre o uso deste recurso.

Capítulo IV – Do Uso do Correio Eletrônico

Art. 20. O envio/recebimento de mensagens para/da INTERNET, por meio de correio eletrônico, fica limitado a mensagens com, no máximo, *3Mbytes*.

Parágrafo único. Fica facultado aos TREs estabelecer o tamanho máximo de mensagens de correio eletrônico INTERNET de acordo com a política local de uso deste serviço, desde que seja inferior aos *3Mbytes* fixados pelo TSE.

Art. 21. As mensagens enviadas/recebidas para/da INTERNET podem ter arquivos anexados ("attachados") com as seguintes extensões: ".DOC", ".ZIP", ".ARJ", ".XLS", ".RAR", ".TXT", ".MDB", ".GZ", ".SQL".

Art. 22. É vedado o envio/recebimento de mensagens via correio eletrônico com extensões diferentes das especificadas.

Parágrafo único. Em caso de necessidade de envio/recebimento de mensagens através de correio eletrônico, com arquivo anexado que tenha alguma das extensões não permitidas, o usuário deverá comunicar ao administrador de rede local (TRE ou TSE), que tomará providências para a solução da necessidade apresentada.

Art. 23. É vedado o envio/recebimento, replicação ou encaminhamento de mensagens, por meio do correio eletrônico, de conteúdo, como: piadas, receitas, comércio, imagens, cartões eletrônicos de congratulações, correntes de ajuda de qualquer espécie e campanhas de arrecadação de donativos ou de conteúdos não relacionados às atividades precípuas da Justiça Eleitoral.

Parágrafo único. O uso do correio eletrônico para veiculação de campanhas internas de caráter social ou informativo, que eventualmente possam ter conteúdo vedado, pode ser liberado conforme aprovação dos setores envolvidos.

Art. 24. É vedado o envio, replicação ou encaminhamento de arquivos anexados em listas de discussão de correio eletrônico administrados pelo TSE e pelos TREs.

Parágrafo único. Os casos de exceção, em que for necessário o uso deste recurso, devem ser previamente comunicados aos administradores de redes dos tribunais envolvidos.

Art. 25. As respostas às indagações feitas através de listas de discussão de correio eletrônico devem ser enviadas somente ao remetente, evitando a disseminação desta resposta por toda a lista de discussão.

Art. 26. O recebimento de mensagens da INTERNET deve ter filtro para bloqueio de SPAM, HOAX e outros tipos de mensagens indesejáveis.

Parágrafo único. Os endereços de origem das mensagens indesejáveis devem ser comunicados pelo usuário à administração de redes do TSE, no endereço spam@tse.gov.br, para inclusão na lista de endereços com mensagens filtradas.

Art. 27. Deve ser incluído no servidor de correio eletrônico de/para INTERNET, no TSE e nos TREs, uma lista de servidores que possuem "relay aberto" – relay configurado de maneira imprópria e insegura –, de forma a não aceitar mensagens vindas deste tipo de servidores.

Parágrafo único. A lista de servidores que possuem "relay aberto" deve ser atualizada com base nas informações de sites especializados na INTERNET (http://mail-abuse.org/rss/).

Art. 28. Os TREs devem estabelecer um limite de tamanho de mensagens via correio eletrônico de/para os cartórios eleitorais, e demais escritórios remotos, com tamanho máximo de *300Kbytes*, atendendo às mesmas restrições de anexação ("*attachment*") de arquivos estabelecida para a INTERNET.

Parágrafo único. Fica facultado a cada TRE decidir o tamanho máximo de mensagem de correio eletrônico para os cartórios eleitorais (e demais escritórios remotos), até o limite de *300Kbytes*, de acordo com a política local de uso deste serviço.

Art. 29. Os TREs devem adotar restrições ao envio de correio eletrônico na INTRANET, permitindo o envio de mensagens que incluam arquivos anexados ("attachados") com as seguintes extensões: ".DOC", ".ZIP", ".ARJ", ".XLS", ".RAR", ".TXT", ".MDB", ".GZ", ".SQL".

Art. 30. As mensagens de correio eletrônico de/para INTERNET serão passíveis de monitoração (busca de palavras-chave).

Capítulo V – Disposições Finais

Art. 31. Os casos de desrespeito às normas estabelecidas nesta Resolução serão encaminhados aos setores competentes da Justiça Eleitoral para adoção das providências cabíveis.

Art. 32. Esta Resolução entra em vigor nesta data.

Sala de Sessões do Tribunal Superior Eleitoral.

Brasília, 2 de outubro de 2001.

Ministro Nelson Jobim – Presidente e Relator

DJU de 19.10.2001

Fonte: www.tse.gov.br/legislacao

RESOLUÇÃO TSE Nº 21.008, DE 5 DE MARÇO DE 2002

Dispõe sobre o voto dos eleitores portadores de deficiência.

O Tribunal Superior Eleitoral, usando das atribuições que lhe conferem os arts. 105 da Lei nº 9.504, de 30 de setembro de 1997, e 23, IX, do Código Eleitoral, resolve:

Art. 1º. Os juízes eleitorais, sob a coordenação dos tribunais regionais eleitorais, deverão criar seções eleitorais especiais destinadas a eleitores portadores de deficiência.

§ 1º. Nos municípios em que não for possível a criação de seção unicamente para esse fim, o juiz eleitoral poderá designar uma das seções existentes para também funcionar como seção especial para eleitores portadores de deficiência.

§ 2º. As seções especiais de que cuida este artigo deverão ser instaladas em local de fácil acesso, com estacionamento próximo e instalações, inclusive sanitárias, que atendam às normas da ABNT NBR 9050.

Art. 2º. Os eleitores portadores de deficiência que desejarem votar nas seções especiais de que cuida o artigo anterior deverão solicitar transferência para aquelas seções até 151 dias antes das eleições (art. 91 da Lei nº 9.504/1997).

Art. 3º. Até noventa dias antes das eleições, os eleitores portadores de deficiência que votam em seções especiais poderão comunicar ao juiz eleitoral, por escrito, suas restrições e necessidades, a fim de que a Justiça Eleitoral, se possível, providencie os meios e recursos destinados a facilitar-lhes o exercício do voto.

Parágrafo único. As urnas eletrônicas, instaladas em seções especiais para eleitores portadores de deficiência visual, conterão dispositivo que lhes permita conferir o voto assinalado, sem prejuízo do sigilo do sufrágio.

Art. 4º. Os tribunais regionais eleitorais farão ampla divulgação das regras estabelecidas nesta Resolução.

Art. 5º. Esta Resolução entra em vigor na data de sua publicação.

Sala de Sessões do Tribunal Superior Eleitoral.

Brasília, 5 de março de 2002.

Ministro Nelson Jobim – Presidente

DJ de 12.3.2002 – Republicação em 11.4.2002

Fonte: www.tse.gov.br/legislacao

RESOLUÇÃO TSE Nº 21.381, DE 22 DE ABRIL DE 2003

Consulta nº 724 – Classe 5ª – Distrito Federal (Brasília) – Relator. Ministro Carlos Velloso – Consulente: Associação Brasileira de Emissoras de Rádio e Televisão – ABERT.

Partido político. Propaganda partidária gratuita. Inserções nacionais e estaduais. Não obrigatoriedade de entrega de material uniforme às emissoras. Art. 7º da Resolução TSE nº 20.034/1997, que regulamentou o § 5º do art. 46 da Lei nº 9.096/1995.

— Ausência de previsão legal no sentido de se exigir dos partidos políticos a entrega de material uniforme ou análogo, tanto para a veiculação de inserções nacionais como estaduais.

— Consulta: ambos os quesitos respondidos negativamente.

Vistos etc.

Resolvem os ministros do Tribunal Superior Eleitoral, por unanimidade, responder negativamente à consulta, nos termos do voto do relator, que fica fazendo parte integrante desta decisão.

Sala de Sessões do Tribunal Superior Eleitoral,

Brasília, 22 de abril de 2003.

Ministro Sepúlveda Pertence, Presidente

Ministro Carlos Velloso, Relator

Relatório

O Senhor Ministro Carlos Velloso:

Sr. Presidente, trata-se de consulta formulada pela Associação Brasileira de Emissoras de Rádio e Televisão – ABERT nos seguintes termos:

"a) Estão os partidos políticos obrigados a entregar material uniforme para todas as emissoras situadas em território nacional, quando da veiculação de inserções nacionais?

b) Estão os partidos políticos obrigados a entregar material análogo para todas as emissoras localizadas em determinado Estado, quando o objetivo for a veiculação das inserções estaduais?".

A Assessoria Especial da Presidência – AESP, às fls. 28-30, assim se manifestou:

"(...) salvo com relação às transmissões em bloco, que ocorrem em cadeia nacional, em nenhuma das hipóteses versadas na consulta, estão os partidos políticos obrigados a entregar material uniforme ou análogo às emissoras, tanto para veiculação de inserções nacionais como estaduais".

Houve nova remessa dos autos àquela unidade, a fim de atualizar a informação emitida em 30.8.2001.

Num segundo pronunciamento, às fls. 33-35, a AESP ratificou a informação anterior, sugerindo resposta negativa a ambos os questionamentos, nos seguintes termos:

"Nesse sentido, dispõe o art. 7º, da Resolução TSE nº 20.034 de 27 de novembro de 1997 – que regulamentou o § 5º do art. 46 da Lei nº 9.096/1995:

Art. 7º. As fitas magnéticas contendo as gravações dos programas em bloco ou em inserções serão entregues pelos partidos às emissoras geradoras, na primeira hipótese, e a cada uma das emissoras que escolher, na segunda, com a antecedência de vinte e quatro horas do início da transmissão (Lei nº 9.096/1995, art. 46, § 5º).

De fato, o supracitado dispositivo, ainda em vigor, não obriga os partidos políticos a entregarem material com conteúdo uniforme a todas as emissoras situadas em território nacional ou em determinado Estado, quando da veiculação de inserções nacionais ou estaduais. Ademais, no caso de veiculação de inserções, cada emissora recebe uma fita e transmite seu conteúdo, não implicando, assim, em "quebra" da cadeia de televisão estabelecida em lei (Petição/TSE nº 247).

Sublinhe-se, outrossim, que as emissoras não podem adentrar na seara do material destinado à veiculação pelo partido político. Nesse sentido a Reclamação nº 147, Relator Ministro Sálvio de Figueiredo, publicada no DJ de 16.8.2002.

Por conseguinte, o partido tem autonomia e direito de alterar o material transmitido em sua propaganda partidária gratuita pois é, a um só tempo, responsável pelo programa veiculado e beneficiário de seus resultados.

Sobreleva ressaltar, entretanto, que a seriedade que se pretende impor à propaganda partidária está consignada no § 2º do art. 45 da Lei nº 9.096/1995, que prevê – no caso de violação dos preceitos insculpidos no § 1º do supracitado artigo, a possibilidade desta colenda Corte, uma vez julgando procedente representação de partido político, cassar o direito de transmissão a que teria direito, no semestre seguinte, do partido que contrariar o disposto na norma.

Nesse diapasão, calha sublinhar que, não obstante o posicionamento expendido, a falta de uniformização do material entregue às emissoras, quando da veiculação de inserções nacionais e estaduais, poderia dificultar a célere e ampla atividade fiscalizatória da Justiça Eleitoral, extremamente demandada em face da carência em nossa legislação de novos modelos de reprimenda não apenas aos partidos políticos, mas aos pré-candidatos – maiores beneficiários das propagandas partidárias irregulares.

Ante o exposto, com fulcro nas razões expendidas e na supracitada Lei nº 9.096/1995, pugna esta Assessoria, salvo melhor juízo, pela manutenção do entendimento da informação de fls. 28/30, substanciada em sugerir resposta negativa a ambas as perguntas."

É o relatório.

Voto

O Senhor Ministro Carlos Velloso (Relator): Sr. Presidente, a veiculação de propaganda eleitoral gratuita no rádio e na televisão pode ser em *bloco* ou em *inserções*.

Na veiculação *em bloco*, a transmissão é feita em cadeias de rádio e TV, formadas mediante autorização do TSE, cabendo a geração a determinada executante do serviço de radiodifusão escolhida pelos partidos políticos e repetida pelas demais emissoras. Nesse caso, há precedentes deste Tribunal no sentido de não se autorizar a veiculação de conteúdo diferenciado, tendo em vista que implicaria a quebra da cadeia. (Petições nºs 917, de 27.6.2000, Rel. Min. Fernando Neves, e 247, Relator Ministro Ilmar Galvão, decisão monocrática referendada em sessão de 22.4.1997).

Na veiculação *em inserções*, nacionais ou estaduais, não há formação de cadeia, as emissoras são escolhidas pelos partidos políticos, que lhes entregam as fitas diretamente contendo a propaganda. Ressalte-se que o conteúdo da fita é de responsabilidade dos partidos, que poderão ter seu direito de transmissão cassado no caso de violação ao § 1º do art. 45 da Lei nº 9.096/1995.

Cuidando-se o caso presente de veiculação em inserções, ressalta a AESP que o art. 7º da Resolução TSE nº 20.034/1997 impõe aos partidos apenas o prazo de 24 horas para a entrega das fitas magnéticas que contêm as gravações das inserções às emissoras, não exigindo a entrega de material uniforme ou análogo para a veiculação de inserções nacionais ou estaduais.

Diante do exposto, respondo negativamente aos questionamentos.

Extrato da Ata

Relator: Ministro Carlos Velloso. Consulente: Associação Brasileira de Emissoras de Rádio e Televisão – ABERT (Adv.: Dr. Rodolfo Machado Moura).

Decisão: O Tribunal, por unanimidade, respondeu negativamente à consulta, nos termos do voto do relator.

Presidência do Exmo. Sr. Ministro Sepúlveda Pertence. Presentes a Sra. Ministra Ellen Gracie, os Srs. Ministros Carlos Velloso, Barros Monteiro, Peçanha Martins, Fernando Neves, Luiz Carlos Madeira e o Dr. Paulo da Rocha Campos, Vice-Procurador-Geral Eleitoral.

Sessão de 22.4.2003.

DJ de 20.5.2003

RESOLUÇÃO TSE Nº 21.404, DE 3 DE JUNHO DE 2003

Petição nº 1.361 – Classe 18ª – Distrito Federal (Brasília) – Relator: Ministro Barros Monteiro – Requerente: TV Globo Ltda.

Propaganda partidária. Transmissões de âmbitos nacional e regional autorizadas, em caráter excepcional, pelos tribunais competentes, para datas coincidentes. Prioridade das primeiras. Precedentes.

Havendo coincidência na fixação de datas para a transmissão de propagandas partidárias de âmbito nacional e estadual, na hipótese de recaírem as respectivas transmissões, excepcionalmente, em dia diverso do previsto pela norma de regência, terá prioridade a exibição da propaganda nacional, observado o limite diário de cinco minutos.

Vistos etc.

Resolvem os Ministros do Tribunal Superior Eleitoral, por unanimidade, decidir a questão, nos termos do voto do relator, que fica fazendo parte integrante desta decisão.

Sala de Sessões do Tribunal Superior Eleitoral.

Brasília, 3 de junho de 2003.

Ministra Ellen Gracie, Vice-Presidente no exercício da Presidência

Ministro Barros Monteiro, Relator

Relatório

O Senhor Ministro Barros Monteiro: Sra. Presidente, cuidam estes autos de pedido formulado pela TV Globo Ltda. para *"reconhecimento do limite legal de cinco minutos diários, bem como a preferência que as inserções nacionais tem frente às inserções regionais"*, em razão da coincidência de datas para transmissão de propaganda partidária em inserções nacionais e regionais, por força de decisões deste Tribunal Superior Eleitoral e do Tribunal Regional Eleitoral de Minas Gerais, respectivamente, que estariam a ultrapassar o limite legal de cinco minutos diários (Lei nº 9.096/1995, art. 46, § 7º).

Em 23.5.2003, o eminente Ministro Fernando Neves, ao examinar a pretensão, por força do disposto no art. 16, § 5º, do RITSE, deliberou suspender as inserções de propaganda partidária autorizadas pelo Tribunal Regional Eleitoral de Minas Gerais para veiculação no dia 25.5.2003 (domingo), sem prejuízo de posterior transmissão, após exame do caso pelo relator ou pela Corte, bem assim ordenou fosse ouvida a Assessoria Especial da Presidência – AESP.

A informação de fls. 14-15 noticia ter esta Corte Superior fixado, em caráter excepcional, a utilização de domingos para transmissão de propaganda partidária, com ampliação de seu horário (período das 18 às 24 horas), ante a indisponibilidade de horários nos outros dias da semana, consoante decisão nos autos da Petição nº 1.294, Relator Ministro Carlos Velloso (sessões de 18.3.2003 e de 3.4.2003). Registrou-se, ademais, não haver nenhum domingo disponível no primeiro semestre deste ano para a veiculação de propaganda partidária e ter sido fixada a transmissão de inserções nacionais do Partido Liberal – PL para o primeiro domingo do mês de julho, único domingo indisponível no segundo semestre.

Mediante novo expediente (fl. 34), a TV Globo comunicou a fixação, pelo Tribunal Regional Eleitoral de Minas Gerais, para o último dia 1º (domingo), de outras inserções regionais de propaganda partidária e postula a extensão dos efeitos da liminar concedida, para a citada data e para os domingos subsequentes, até julgamento final, o que deferi em 30.5.2003, na mesma data em que os autos me vieram conclusos, até apreciação do caso pela Corte.

É o relatório.

Voto

O Senhor Ministro Barros Monteiro (relator): Sra. Presidente, a Resolução TSE nº 20.034/1997, em seu art. 2º, assim disciplina:

"Art. 2º. (omissis)

§ 1º. As transmissões serão em cadeia, nacional ou estadual, ou em inserções individuais de trinta segundos ou um minuto, a serem veiculadas no intervalo da programação normal das emissoras (Lei nº 9.096/1995, art. 46, § 1º).

§ 2º. As cadeias nacionais ocorrerão às quintas-feiras e as estaduais às segundas-feiras, podendo o Tribunal Superior Eleitoral, se entender necessário, deferir a transmissão em outros dias. Havendo coincidência de datas, terá prioridade o partido que tiver apresentado o requerimento em primeiro lugar, vedada a transmissão de mais de um programa na mesma data (Lei nº 9.096/1995, art. 46, § 4º).

§ 3º. As inserções nacionais serão veiculadas às terças-feiras, quintas-feiras e sábados e, as estaduais, às segundas-feiras, quartas-feiras e sextas-feiras. Somente serão autorizadas até dez inserções de trinta segundos ou cinco de um minuto por dia (Lei nº 9.096/1995, art. 46, § 7º)."

A determinação, em caráter excepcional, das transmissões em datas diversas das previstas pela norma decorreu do fato de não haver disponibilidade de horários na grade de distribuição da propaganda partidária para o semestre em curso, como se infere da ementa da decisão, de 3.4.2003, na Petição nº 1.294, Relator Ministro Carlos Velloso:

"PEDIDO DE ALTERAÇÃO DE TRANSMISSÃO DE INSERÇÕES DE PROPAGANDA PARTIDÁRIA CONCEDIDA, EXCEPCIONALMENTE, EM DIAS DE DOMINGO – ALEGAÇÃO DE OFENSA AO ART. 2º, § 3º DA RESOLUÇÃO TSE Nº 20.034/1997 E AO PRINCÍPIO DA ISONOMIA – IMPROCEDÊNCIA. 1. Não se pode sacrificar o direito dos partidos políticos em detrimento das emissoras de rádio e TV sob pena de se violar o art. 45 da Lei nº 9.096/1995. 2. A veiculação das inserções concedidas, excepcionalmente, em dias de domingo com ampliação de seu horário (de 18h às 24h) respeita o princípio da isonomia por fazer jus o partido à transmissão de inserções com duração de 16 (dezesseis) minutos no primeiro semestre de 2003 e levando-se em consideração a indisponibilidade de horários nos outros dias da semana. Pedido parcialmente deferido."

Acrescento que este Tribunal Superior, homologando decisão nos autos da Representação nº 19, em sessão de 26.8.1997, da lavra do Ministro Costa Porto, considerou prioritária a exibição de inserções de propaganda partidária de nível nacional na hipótese de coincidência na fixação de datas para transmissões regionais, de forma a ser respeitado o limite legal de cinco minutos diários. Extraio, a propósito, o seguinte trecho da decisão do eminente relator:

"As inserções para divulgação dos programas partidário, a serem veiculadas nos intervalos das programações normais das emissoras de rádio e televisão, somente serão autorizadas até no máximo de 5 minutos diários, devendo-se, no caso de acúmulo, dar prioridade ao partido que primeiro apresentou seu requerimento, por expressa determinação legal (Lei nº 9.096/1995, art. 46, §§ 4º e 7º). A propósito, nesse sentido, decisão tomada na Petição nº 176.

Esse ditame é, também, de observância obrigatória quando houver coincidência de datas para a transmissão das inserções regionais e nacionais, hipótese na qual terá prioridade o programa nacional. (...)."

Ante o exposto, confirmando as decisões liminares, voto pelo reconhecimento da prioridade da transmissão de inserções nacionais de propaganda partidária – autorizadas por esta Corte Superior, em caráter excepcional, para datas diferentes das originariamente previstas pelas normas em vigor – sobre as inserções fixadas pelos tribunais regionais eleitorais em datas coincidentes, observado o limite legal de cinco minutos diários para a veiculação correspondente, sem prejuízo da transmissão em outras datas para as quais não haja inserções nacionais.

É como voto.

Extrato da Ata

Relator: Ministro Barros Monteiro. Requerente: TV Globo Ltda. (Adv.: Dr. José Perdiz de Jesus e outros).

Decisão: O Tribunal, por unanimidade, deferiu o pedido, nos termos do voto do relator.

Presidência da Exma. Sra. Ministra Ellen Gracie. Presentes os Srs. Ministros Carlos Velloso, Peçanha Martins, Barros Monteiro, Fernando Neves, Luiz Carlos Madeira e o Dr. Flávio Giron, subprocurador-geral eleitoral.

Sessão de 3.6.2003.

DJ de 23.6.2003

RESOLUÇÃO TSE Nº 21.461, DE 19 DE AGOSTO DE 2003

Dispõe sobre o encaminhamento de lista tríplice organizada pelo Tribunal de Justiça ao Tribunal Superior Eleitoral e altera o formulário Modelo 2 (Resolução TSE nº 9.407/1972).

O Tribunal Superior Eleitoral, usando das atribuições que lhe confere o art. 23, XVIII, do Código Eleitoral, resolve:

Art. 1º. Os advogados a que se refere o inciso III do § 1º do art. 120 da Constituição Federal, na data em que forem indicados, deverão estar no exercício da advocacia e possuir dez anos consecutivos ou não de prática profissional.

Art. 2º. O exercício da advocacia será comprovado pela inscrição na Ordem dos Advogados do Brasil e por documentos que atestem a prática de atos privativos (art. 1º da Lei nº 8.906, de 1994 – *Estatuto da Advocacia e a Ordem dos Advogados do Brasil – OAB).*

§ 1º. A postulação em juízo será comprovada por certidão das distribuições dos juízos ou tribunais, ou pela relação dos processos fornecida pelos terminais eletrônicos de andamento dos feitos.

§ 2º. As atividades de consultoria, assessoria e direção jurídicas serão comprovadas por atestados por entidades públicas ou sociedades privadas às quais houver o advogado prestado serviços, discriminando-se o tempo e o conteúdo da atividade.

§ 3º. Poderá ser exigida do interessado a juntada de cópia autêntica dos próprios atos praticados ou da declaração de bens e renda que identifique, na origem das suas receitas, a atividade advocatícia exercida.

Art. 3º. O interessado anexará ao processo o seu *curriculum vitae*, certidões relativas a processos disciplinares perante o Conselho Seccional da OAB de sua inscrição principal e de ações penais e cíveis das distribuições dos feitos estaduais e federais da comarca em que for domiciliado.

Art. 4º. Poderá ser solicitada do interessado a comprovação dos títulos arrolados em seu *curriculum vitae.*

Art. 5º. A comprovação do efetivo exercício da advocacia será dispensada quando o advogado tiver integrado o Tribunal Regional Eleitoral como juiz efetivo ou substituto.

Art. 6º. O formulário modelo 2 é o constante do Anexo 1, desta Resolução

Art. 7º. Esta Resolução entra em vigor na data de sua publicação.

Art. 8º. Revogam-se as disposições em contrário.

Sala de Sessões do Tribunal Superior Eleitoral.

Brasília, 19 de agosto de 2003.

Ministro Sepúlveda Pertence – Presidente

DJ de 29.8.2003

Fonte:
www.tse.gov.br/hotsites/codigo_eleitoral/resolucoes.html

Anexo 1

Formulário Modelo 2 (Resolução TSE nº 9.407/1972)

DADOS PESSOAIS BÁSICOS

1. Nome do advogado: (...)

2. Data de nascimento: (...)

3. Exerce qualquer cargo, função ou emprego público (sim ou não)? (...)

4. Em caso afirmativo, qual? (...)

5. Qual a natureza do cargo, função ou emprego público, forma de provimento ou investidura e condições de exercício? (...)

6. Se inativo, em que cargo foi aposentado, quando e qual o motivo? (...)

7. Caso já tenha sido suplente ou titular da classe de jurista no TRE, indicar o período: (...)

Declaro, sob as penas da lei, que não exerço cargo público de que possa ser demitido que não sou diretor, proprietário ou sócio de empresa beneficiada com subvenção, privilégio, isenção ou favor em virtude de contrato com a administração pública nem exerço mandato de caráter político, federal, estadual ou municipal (Código Eleitoral, art. 16, § 2º).

Anexo os seguintes documentos:

a) certidão relativa a processos disciplinares perante o Conselho da Seccional da OAB de minha inscrição principal;

b) comprovação do efetivo exercício da advocacia pela inscrição na Ordem dos Advogados do Brasil e por documentos que atestem a prática de atos privativos previstos no art. 1º da Lei nº 8.906, de 1994 – Estatuto da Advocacia e a Ordem dos Advogados do Brasil – OAB, nos termos do art. 2º da Resolução TSE nº 21.461;

c) certidões relativas a ações cíveis e criminais do foro – estadual e federal – da comarca de meu domicílio.

d) *curriculum vitae*.

Local, data.

Assinatura do advogado.

RESOLUÇÃO TSE Nº 21.477, DE 28 DE AGOSTO DE 2003

Dispõe sobre a formação do agravo de instrumento contra decisão que não admitir o processamento do recurso especial.

O Tribunal Superior Eleitoral, usando das atribuições que lhe confere o art. 23, XVIII, do Código Eleitoral, resolve:

Art. 1º. Na Justiça Eleitoral, a interposição de agravo de instrumento contra decisão que não admitir o processamento de recurso especial observará o disposto no art. 279 do Código Eleitoral.

Art. 2º. Incumbe às partes indicar para traslado as peças indispensáveis à perfeita compreensão da controvérsia, devendo estar, entre elas, necessariamente, o acórdão recorrido e a petição do recurso especial, bem como a comprovação da interposição tempestiva.

Art. 3º. Na formação do instrumento de agravo, o traslado das peças obrigatórias – a decisão recorrida e a certidão de intimação –, bem como daquelas indicadas pelas partes, é de responsabilidade das secretarias dos tribunais regionais, que se encarregarão de efetuar as cópias.

§ 1º. As secretarias dos tribunais regionais eleitorais deverão certificar-se de que todas as peças foram devidamente trasladadas, cuidando para que também a autenticação do protocolo na petição de interposição do recurso esteja legível.

§ 2º. As partes recolherão o valor referente às cópias das peças que indicarem, no prazo de dois dias da interposição do agravo ou da juntada das contrarrazões, independentemente de intimação, juntando o comprovante aos autos, no mesmo prazo.

§ 3º. Para os fins do parágrafo anterior, os tribunais manterão tabela de valores à disposição dos interessados, devendo as cópias ser cobradas pelo preço de custo.

§ 4º. Os valores recebidos pelas cópias reprográficas, quando arrecadados no mesmo ano de exercício, retornarão ao orçamento do Tribunal e serão destinados ao pagamento dos equipamentos utilizados na reprografia; quando forem referentes ao exercício anterior, serão repassados ao Tesouro Nacional.

§ 5º. As partes que desejarem poderão apresentar, no ato da interposição do agravo ou da resposta, as peças que deverão compor o instrumento, declarando o procurador a autenticidade delas.

§ 6º. Não será admitida a complementação de instrumento deficiente perante o Tribunal Superior Eleitoral.

Art. 4º. Esta Resolução entra em vigor na data de sua publicação.

Sala de Sessões do Tribunal Superior Eleitoral.

Brasília, 28 de agosto de 2003.

Ministro Sepúlveda Pertence – Presidente

DJ de 5.9.2003

Fonte:
www.tse.gov.br/hotsites/codigo_eleitoral/resolucoes.html

RESOLUÇÃO TSE Nº 21.538, DE 14 DE OUTUBRO DE 2003

Dispõe sobre o alistamento e serviços eleitorais mediante processamento eletrônico de dados, a regularização de situação de eleitor, a administração e a manutenção do cadastro eleitoral, o sistema de alistamento eleitoral, a revisão do eleitorado e a fiscalização dos partidos políticos, entre outros.

O Tribunal Superior Eleitoral, no uso de suas atribuições, tendo em conta o disposto na Lei nº 7.444, de 20 de dezembro de 1985, considerando que à Corregedoria-Geral da Justiça Eleitoral cabe velar pela fiel execução das leis e instruções e pela boa ordem e celeridade dos serviços eleitorais, considerando a necessidade de adaptar as normas em vigor à nova sistemática adotada para o cadastro eleitoral, considerando a necessidade de estabelecer rotina procedimental única, de forma a facilitar os trabalhos desenvolvidos, especialmente quanto às situações de duplicidade ou pluralidade de inscrições e revisão de eleitorado, resolve:

Art. 1º. O alistamento eleitoral, mediante processamento eletrônico de dados, implantado nos termos da Lei nº 7.444/1985, será efetuado, em todo o território nacional, na conformidade do referido diploma legal e desta Resolução.

Parágrafo único. Os tribunais regionais eleitorais adotarão o sistema de alistamento desenvolvido pelo Tribunal Superior Eleitoral.

Do Requerimento de Alistamento Eleitoral – RAE

Art. 2º. O Requerimento de Alistamento Eleitoral – RAE (Anexo I) servirá como documento de entrada de dados e será processado eletronicamente.

Parágrafo único. O sistema de alistamento de que trata o parágrafo único do art. 1º conterá os campos correspondentes ao formulário RAE, de modo a viabilizar a impressão do requerimento, com as informações pertinentes, para apreciação do juiz eleitoral.

Art. 3º. Para preenchimento do RAE, devem ser observados os procedimentos especificados nesta Resolução e nas orientações pertinentes.

Art. 4º. Deve ser consignada OPERAÇÃO 1 – ALISTAMENTO quando o alistando requerer inscrição e quando em seu nome não for identificada inscrição em nenhuma zona eleitoral do país ou exterior, ou a única inscrição localizada estiver cancelada por determinação de autoridade judiciária (FASE 450).

Art. 5º. Deve ser consignada OPERAÇÃO 3 – TRANSFERÊNCIA sempre que o eleitor desejar alterar seu domicílio e for encontrado em seu nome número de inscrição em qualquer município ou zona, unidade da Federação ou país, em conjunto ou não com eventual retificação de dados.

§ 1º. Na hipótese do *caput*, o eleitor permanecerá com o número originário da inscrição e deverá ser, obrigatoriamente, consignada no campo próprio a sigla da UF anterior.

§ 2º. É vedada a transferência de número de inscrição envolvida em coincidência, suspensa, cancelada automaticamente pelo sistema quando envolver situação de perda e suspensão de direitos políticos, cancelada por perda de direitos políticos (FASE 329) e por decisão de autoridade judiciária (FASE 450).

§ 3º. Será admitida transferência com reutilização do número de inscrição cancelada pelos códigos FASE 019 – falecimento, 027 – duplicidade/pluralidade, 035 – deixou de votar em três eleições consecutivas e 469 – revisão de eleitorado, desde que comprovada a inexistência de outra inscrição liberada, não liberada, regular ou suspensa para o eleitor.

§ 4º. Existindo mais de uma inscrição cancelada para o eleitor no cadastro, nas condições previstas no § 3º, deverá ser promovida, preferencialmente, a transferência daquela:

I – que tenha sido utilizada para o exercício do voto no último pleito;

II – que seja mais antiga.

Art. 6º. Deve ser consignada OPERAÇÃO 5 – REVISÃO quando o eleitor necessitar alterar local de votação no mesmo município, ainda que haja mudança de zona eleitoral, retificar dados pessoais ou regularizar situação de inscrição cancelada nas mesmas condições previstas para a transferência a que se refere o § 3º do art. 5º.

Art. 7º. Deve ser consignada OPERAÇÃO 7 – SEGUNDA VIA quando o eleitor estiver inscrito e em situação regular na zona por ele procurada e desejar apenas a segunda via do seu título eleitoral, sem nenhuma alteração.

Art. 8º. Nas hipóteses de REVISÃO ou de SEGUNDA VIA, o título eleitoral será expedido automaticamente e a data de domicílio do eleitor não será alterada.

Do Alistamento

Art. 9º. No cartório eleitoral ou no posto de alistamento, o servidor da Justiça Eleitoral preencherá o RAE ou digitará as informações no sistema de acordo com os dados constantes do documento apresentado pelo eleitor, complementados com suas informações pessoais, de conformidade com as exigências do processamento de dados, destas instruções e das orientações específicas.

§ 1º. O RAE deverá ser preenchido ou digitado e impresso na presença do requerente.

§ 2º. No momento da formalização do pedido, o requerente manifestará sua preferência sobre local de votação, entre os estabelecidos para a zona eleitoral.

§ 3º. Para os fins do § 2º deste artigo, será colocada à disposição, no cartório ou posto de alistamento, a relação de todos os locais de votação da zona, com os respectivos endereços.

§ 4º. A assinatura do requerimento ou a aposição da impressão digital do polegar será feita na presença do servidor da Justiça Eleitoral, que deverá atestar, de imediato, a satisfação dessa exigência.

Art. 10. Antes de submeter o pedido a despacho do juiz eleitoral, o servidor providenciará o preenchimento ou a digitação no sistema dos espaços que lhe são reservados no RAE.

Parágrafo único. Para efeito de preenchimento do requerimento ou de digitação no sistema, será mantida em cada zona eleitoral relação de servidores, identificados pelo número do título eleitoral, habilitados a praticar os atos reservados ao cartório.

Art. 11. Atribuído número de inscrição, o servidor, após assinar o formulário, destacará o protocolo de solicitação, numerado de idêntica forma, e o entregará ao requerente, caso a emissão do título não seja imediata.

Art. 12. Os tribunais regionais eleitorais farão distribuir, observada a sequência numérica fornecida pela Secretaria de Informática, às zonas eleitorais da respectiva circunscrição, séries de números de inscrição eleitoral, a serem utilizados na forma deste artigo.

Parágrafo único. O número de inscrição compor-se-á de até 12 algarismos, por unidade da Federação, assim discriminados:

a) os oito primeiros algarismos serão sequenciados, desprezando-se, na emissão, os zeros à esquerda;

b) os dois algarismos seguintes serão representativos da unidade da Federação de origem da inscrição, conforme códigos constantes da seguinte tabela:

01 – São Paulo

02 – Minas Gerais

03 – Rio de Janeiro

04 – Rio Grande do Sul

05 – Bahia

06 – Paraná

07 – Ceará

08 – Pernambuco

09 – Santa Catarina

10 – Goiás

11 – Maranhão

12 – Paraíba

13 – Pará

14 – Espírito Santo

15 – Piauí

16 – Rio Grande do Norte

17 – Alagoas

18 – Mato Grosso

19 – Mato Grosso do Sul

20 – Distrito Federal

21 – Sergipe

22 – Amazonas

23 – Rondônia

24 – Acre

25 – Amapá

26 – Roraima

27 – Tocantins

28 – Exterior (ZZ)

c) os dois últimos algarismos constituirão dígitos verificadores, determinados com base no módulo 11, sendo o primeiro calculado sobre o número sequencial e o último sobre o código da unidade da Federação seguido do primeiro dígito verificador.

Art. 13. Para o alistamento, o requerente apresentará um dos seguintes documentos do qual se infira a nacionalidade brasileira (Lei nº 7.444/1985, art. 5º, § 2º):

a) carteira de identidade ou carteira emitida pelos órgãos criados por lei federal, controladores do exercício profissional;

b) certificado de quitação do serviço militar;

c) certidão de nascimento ou casamento, extraída do Registro Civil;

d) instrumento público do qual se infira, por direito, ter o requerente a idade mínima de 16 anos e do qual constem, também, os demais elementos necessários à sua qualificação.

Parágrafo único. A apresentação do documento a que se refere a alínea "b" é obrigatória para maiores de 18 anos, do sexo masculino.

Art. 14. É facultado o alistamento, no ano em que se realizarem eleições, do menor que completar 16 anos até a data do pleito, inclusive.

§ 1º. O alistamento de que trata o *caput* poderá ser solicitado até o encerramento do prazo fixado para requerimento de inscrição eleitoral ou transferência.

§ 2º. O título emitido nas condições deste artigo somente surtirá efeitos com o implemento da idade de 16 anos (Resolução TSE nº 19.465, de 12.3.1996).

Art. 15. O brasileiro nato que não se alistar até os 19 anos ou o naturalizado que não se alistar até um ano depois de adquirida a nacionalidade brasileira incorrerá em multa imposta pelo juiz eleitoral e cobrada no ato da inscrição.

Parágrafo único. Não se aplicará a pena ao não alistado que requerer sua inscrição eleitoral até o centésimo quinquagésimo primeiro dia anterior à eleição subsequente à data em que completar 19 anos (Código Eleitoral, art. 8º c/c a Lei nº 9.504/1997, art. 91).

Art. 16. O alistamento eleitoral do analfabeto é facultativo (Constituição Federal, art. 14, § 1º, II, "a").

Parágrafo único. Se o analfabeto deixar de sê-lo, deverá requerer sua inscrição eleitoral, não ficando sujeito à multa prevista no art. 15 (Código Eleitoral, art. 8º).

Art. 17. Despachado o requerimento de inscrição pelo juiz eleitoral e processado pelo cartório, o setor da Secretaria do Tribunal Regional Eleitoral responsável pelos serviços de processamento eletrônico de dados enviará ao cartório eleitoral, que as colocará à disposição dos partidos políticos, relações de inscrições incluídas no cadastro, com os respectivos endereços.

§ 1º. Do despacho que indeferir o requerimento de inscrição, caberá recurso interposto pelo alistando no prazo de cinco dias e, do que o deferir, poderá recorrer qualquer delegado de partido político no prazo de dez dias, contados da colocação da respectiva listagem à disposição dos partidos, o que deverá ocorrer nos dias 1º e 15 de cada mês, ou no primeiro dia útil seguinte, ainda que tenham sido exibidas ao alistando antes dessas datas e mesmo que os partidos não as consultem (Lei nº 6.996/1982, art. 7º).

§ 2º. O cartório eleitoral providenciará, para o fim do disposto no § 1º, relações contendo os pedidos indeferidos.

Da Transferência

Art. 18. A transferência do eleitor só será admitida se satisfeitas as seguintes exigências:

I – recebimento do pedido no cartório eleitoral do novo domicílio no prazo estabelecido pela legislação vigente;

II – transcurso de, pelo menos, um ano do alistamento ou da última transferência;

III – residência mínima de três meses no novo domicílio, declarada, sob as penas da lei, pelo próprio eleitor (Lei nº 6.996/1982, art. 8º);

IV – prova de quitação com a Justiça Eleitoral.

§ 1º. O disposto nos incisos II e III não se aplica à transferência de título eleitoral de servidor público civil, militar, autárquico, ou de membro de sua família, por motivo de remoção ou transferência (Lei nº 6.996/1982, art. 8º, parágrafo único).

§ 2º. Ao requerer a transferência, o eleitor entregará ao servidor do cartório o título eleitoral e a prova de quitação com a Justiça Eleitoral.

§ 3º. Não comprovada a condição de eleitor ou a quitação para com a Justiça Eleitoral, o juiz eleitoral arbitrará, desde logo, o valor da multa a ser paga.

§ 4º. Despachado o requerimento de transferência pelo juiz eleitoral e processado pelo cartório, o setor da Secretaria do Tribunal Regional Eleitoral responsável pelos serviços de processamento de dados enviará ao cartório eleitoral, que as colocará à disposição dos partidos políticos, relações de inscrições atualizadas no cadastro, com os respectivos endereços.

§ 5º. Do despacho que indeferir o requerimento de transferência, caberá recurso interposto pelo eleitor no prazo de cinco dias e, do que o deferir, poderá recorrer qualquer delegado de partido político no prazo de dez dias, contados da colocação da respectiva listagem à disposição dos partidos, o que deverá ocorrer nos dias 1º e 15 de cada mês, ou no primeiro dia útil seguinte, ainda que tenham sido exibidas ao requerente antes dessas datas e mesmo que os partidos não as consultem (Lei nº 6.996/1982, art. 8º).

§ 6º. O cartório eleitoral providenciará, para o fim do disposto no § 5º, relações contendo os pedidos indeferidos.

Da Segunda Via

Art. 19. No caso de perda ou extravio do título, bem assim de sua inutilização ou dilaceração, o eleitor deverá requerer pessoalmente ao juiz de seu domicílio eleitoral que lhe expeça segunda via.

§ 1º. Na hipótese de inutilização ou dilaceração, o requerimento será instruído com a primeira via do título.

§ 2º. Em qualquer hipótese, no pedido de segunda via, o eleitor deverá apor a assinatura ou a impressão digital do polegar, se não souber assinar, na presença do servidor da Justiça Eleitoral, que deverá atestar a satisfação dessa exigência, após comprovada a identidade do eleitor.

Do Restabelecimento de Inscrição Cancelada por Equívoco

Art. 20. Será admitido o restabelecimento, mediante comando do código FASE 361, de inscrição cancelada em virtude de comando equivocado dos códigos FASE 019, 450 e 469.

Do Formulário de Atualização da Situação do Eleitor – FASE –

Art. 21. Para registro de informações no histórico de inscrição no cadastro, utilizar-se-á, como documento de entrada de dados, o Formulário de Atualização da Situação do Eleitor – FASE, cuja tabela de códigos será estabelecida pela Corregedoria-Geral.

Parágrafo único. A atualização de registros de que trata o *caput* poderá ser promovida, desde que viabilizado, diretamente no sistema de alistamento eleitoral, dispensando-se o preenchimento do formulário FASE.

Do Título Eleitoral

Art. 22. O título eleitoral será confeccionado com características, formas e especificações constantes do modelo Anexo II.

Parágrafo único. O título eleitoral terá as dimensões de 9,5 x 6,0 cm, será confeccionado em papel com marca d"água e peso de 120 g/m2, impresso nas cores preto e verde, em frente e verso, tendo como fundo as Armas da República, e será contornado por serrilha.

Art. 23. O título eleitoral será emitido, obrigatoriamente, por computador e dele constarão, em espaços próprios, o nome do eleitor, a data de nascimento, a unidade da Federação, o município, a zona e a seção eleitoral onde vota, o número da inscrição eleitoral, a data de emissão, a assinatura do juiz eleitoral, a assinatura do eleitor ou a impressão digital de seu polegar, bem como a expressão "segunda via", quando for o caso.

§ 1º. Os tribunais regionais poderão autorizar, na emissão *on-line* de títulos eleitorais e em situações excepcionais, a exemplo de revisão de eleitorado, recadastramento ou rezoneamento, o uso, mediante rígido controle, de impressão da assinatura (chancela) do presidente do Tribunal Regional Eleitoral respectivo, em exercício na data da autorização, em substituição à assinatura do juiz eleitoral da zona, nos títulos eleitorais.

§ 2º. Nas hipóteses de alistamento, transferência, revisão e segunda via, a data da emissão do título será a de preenchimento do requerimento.

Art. 24. Juntamente com o título eleitoral, será emitido Protocolo de Entrega do Título Eleitoral – PETE (canhoto), que conterá o número de inscrição, o nome do eleitor e de sua mãe e a data de nascimento, com espaços, no verso, destinados à assinatura do eleitor ou aposição da impressão digital de seu polegar, se não souber assinar, assinatura do servidor do cartório responsável pela entrega e o número de sua inscrição eleitoral, bem como à data de recebimento.

§ 1º. O título será entregue, no cartório ou no posto de alistamento, pessoalmente ao eleitor, vedada a interferência de pessoas estranhas à Justiça Eleitoral.

§ 2º. Antes de efetuar a entrega do título, comprovada a identidade do eleitor e a exatidão dos dados inseridos no documento, o servidor destacará o título eleitoral e colherá a assinatura ou a impressão digital do polegar do eleitor, se não souber assinar, no espaço próprio constante do canhoto.

Art. 25. No período de suspensão do alistamento, não serão recebidos requerimentos de alistamento ou transferência (Lei nº 9.504/1997, art. 91, *caput)*.

Parágrafo único. O processamento reabrir-se-á em cada zona logo que estejam concluídos os trabalhos de apuração em âmbito nacional (Código Eleitoral, art. 70).

Art. 26. O título eleitoral prova a quitação do eleitor para com a Justiça Eleitoral até a data de sua emissão.

Da Fiscalização dos Partidos Políticos

Art. 27. Os partidos políticos, por seus delegados, poderão:

I – acompanhar os pedidos de alistamento, transferência, revisão, segunda via e quaisquer outros, até mesmo emissão e entrega de títulos eleitorais, previstos nesta Resolução;

II – requerer a exclusão de qualquer eleitor inscrito ilegalmente e assumir a defesa do eleitor cuja exclusão esteja sendo promovida;

III – examinar, sem perturbação dos serviços e na presença dos servidores designados, os documentos relativos aos pedidos de alistamento, transferência, revisão, segunda via e revisão de eleitorado, deles podendo requerer, de forma fundamentada, cópia, sem ônus para a Justiça Eleitoral.

Parágrafo único. Qualquer irregularidade determinante de cancelamento de inscrição deverá ser comunicada por escrito ao juiz eleitoral, que observará o procedimento estabelecido nos arts. 77 a 80 do Código Eleitoral.

Art. 28. Para os fins do art. 27, os partidos políticos poderão manter até dois delegados perante o Tribunal Regional Eleitoral e até três delegados em cada zona eleitoral, que se revezarão, não sendo permitida a atuação simultânea de mais de um delegado de cada partido.

§ 1º. Na zona eleitoral, os delegados serão credenciados pelo juiz eleitoral.

§ 2º. Os delegados credenciados no Tribunal Regional Eleitoral poderão representar o partido, na circunscrição, perante qualquer juízo eleitoral.

Do Acesso às Informações Constantes do Cadastro

Art. 29. As informações constantes do cadastro eleitoral serão acessíveis às instituições públicas e privadas e às pessoas físicas, nos termos desta Resolução (Lei nº 7.444/1985, art. 9º, I).

§ 1º. Em resguardo da privacidade do cidadão, não se fornecerão informações de caráter personalizado constantes do cadastro eleitoral.

§ 2º. Consideram-se, para os efeitos deste artigo, como informações personalizadas, relações de eleitores acompanhadas de dados pessoais (filiação, data de nascimento, profissão, estado civil, escolaridade, telefone e endereço).

§ 3º. Excluem-se da proibição de que cuida o § 1º os pedidos relativos a procedimento previsto na legislação eleitoral e os formulados:

a) pelo eleitor sobre seus dados pessoais;

b) por autoridade judicial e pelo Ministério Público, vinculada a utilização das informações obtidas, exclusivamente, às respectivas atividades funcionais;

c) por entidades autorizadas pelo Tribunal Superior Eleitoral, desde que exista reciprocidade de interesses (Lei nº 7.444/1985, art. 4º).

Art. 30. Os tribunais e juízes eleitorais poderão, no âmbito de suas jurisdições, autorizar o fornecimento a interessados, desde que sem ônus para a Justiça Eleitoral e disponíveis em meio magnético, dos dados de natureza estatística levantados com base no cadastro eleitoral, relativos ao eleitorado ou ao resultado de pleito eleitoral, salvo quando lhes for atribuído caráter reservado.

Art. 31. Os juízes e os tribunais eleitorais não fornecerão dados do cadastro de eleitores não pertencentes a sua jurisdição, salvo na hipótese do art. 82 desta Resolução.

Art. 32. O uso dos dados de natureza estatística do eleitorado ou de pleito eleitoral obriga a quem os tenha adquirido a citar a fonte e a assumir responsabilidade pela manipulação inadequada ou extrapolada das informações obtidas.

Dos Batimentos

Art. 33. O batimento ou cruzamento das informações constantes do cadastro eleitoral terá como objetivos expurgar possíveis duplicidades ou pluralidades de inscrições eleitorais e identificar situações que exijam averiguação e será realizado pelo Tribunal Superior Eleitoral, em âmbito nacional.

§ 1º. As operações de alistamento, transferência e revisão somente serão incluídas no cadastro ou efetivadas após submetidas a batimento.

§ 2º. Inscrição agrupada em duplicidade ou pluralidade ficará sujeita a apreciação e decisão de autoridade judiciária.

§ 3º. Em um mesmo grupo, serão sempre consideradas não liberadas as inscrições mais recentes, excetuadas as inscrições atribuídas a gêmeos, que serão identificadas em situação liberada.

§ 4º. Em caso de agrupamento de inscrição de gêmeo com inscrição para a qual não foi indicada aquela condição, essa última será considerada não liberada.

Dos Documentos Emitidos pelo Sistema no Batimento

Art. 34. Será colocada à disposição de todas as zonas eleitorais, após a realização de batimento:

I – RELAÇÃO DE ELEITORES AGRUPADOS (envolvidos em duplicidade ou pluralidade) emitida por ordem de número de grupo, contendo todos os eleitores agrupados inscritos na zona, com dados necessários a sua individualização, juntamente com índice em ordem alfabética;

II – COMUNICAÇÃO dirigida à autoridade judiciária incumbida da apreciação do caso, noticiando o agrupamento de inscrição em duplicidade ou pluralidade, para as providências estabelecidas nesta Resolução.

Parágrafo único. Será expedida NOTIFICAÇÃO dirigida ao eleitor cuja inscrição foi considerada não liberada pelo batimento.

Das Duplicidades e Pluralidades (Coincidências)

Art. 35. Colocada à disposição a relação de eleitores agrupados, o juiz eleitoral fará publicar edital, pelo prazo de três dias, para conhecimento dos interessados.

Art. 36. Todo eleitor que tiver sua inscrição não liberada em decorrência do cruzamento de informações deverá ser notificado para, se o desejar, requerer regularização de sua situação eleitoral, no prazo de 20 dias, contados da data de realização do batimento.

Art. 37. Recebida a comunicação da coincidência, a autoridade judiciária deverá, de ofício e imediatamente:

I – determinar sua autuação;

II – determinar a regularização da situação da inscrição do eleitor que não possuir outra inscrição liberada, independentemente de requerimento, desde que constatado que o grupo é formado por pessoas distintas;

III – determinar as diligências cabíveis quando não for possível identificar de pronto se a inscrição pertence ou não a um mesmo eleitor;

IV – aguardar, sendo o caso, o comparecimento do eleitor ao cartório durante os 20 dias que lhe são facultados para requerer regularização de situação eleitoral;

V – comparecendo o eleitor ao cartório, orientá-lo, conforme o caso, a preencher o Requerimento para Regularização de Inscrição – RRI, ou a requerer, oportunamente, transferência, revisão ou segunda via;

VI – determinar o cancelamento da(s) inscrição(ões) que comprovadamente pertença(m) a um mesmo eleitor, assegurando a cada eleitor apenas uma inscrição;

VII – dar publicidade à decisão;

VIII – promover a digitação da decisão;

IX – adotar demais medidas cabíveis.

Art. 38. Não poderá ser objeto de transferência, revisão ou segunda via, inscrição agrupada em duplicidade ou pluralidade.

Art. 39. Encerrado o prazo para exame e decisão dos casos de duplicidade ou pluralidade, não existindo decisão de autoridade judiciária, a inscrição liberada passará a figurar como regular e a não liberada como cancelada, caso exista no cadastro.

Art. 40. Identificada situação em que um mesmo eleitor possua duas ou mais inscrições liberadas ou regulares, agrupadas ou não pelo batimento, o cancelamento de uma ou mais delas deverá, preferencialmente, recair:

I – na inscrição mais recente, efetuada contrariamente às instruções em vigor;

II – na inscrição que não corresponda ao domicílio eleitoral do eleitor;

III – naquela cujo título não haja sido entregue ao eleitor;

IV – naquela cujo título não haja sido utilizado para o exercício do voto na última eleição;

V – na mais antiga.

§ 1º. Comprovado que as inscrições identificadas pertencem a gêmeos ou homônimos, deverá ser comandado o respectivo código FASE.

§ 2º. Constatada a inexatidão de qualquer dado constante do cadastro eleitoral, deverá ser providenciada a necessária alteração, mediante preenchimento ou digitação de RAE (Operação 5 – Revisão), observadas as formalidades para seu deferimento.

Da Competência para Regularização de Situação Eleitoral e para o Processamento das Decisões

Art. 41. A decisão das duplicidades e pluralidades de inscrições, agrupadas ou não pelo batimento, inclusive quanto às inscrições de pessoas que estão com seus direitos políticos suspensos, na esfera administrativa, caberá:

I – No tocante às duplicidades, ao juiz da zona eleitoral onde foi efetuada a inscrição mais recente (Tipo 1 D), ressalvadas as hipóteses previstas nos §§ 1º a 3º deste artigo;

II – No tocante às pluralidades:

a) ao juiz da zona eleitoral, quando envolver inscrições efetuadas em uma mesma zona eleitoral (Tipo 1 P);

b) ao corregedor regional eleitoral, quando envolver inscrições efetuadas entre zonas eleitorais de uma mesma circunscrição (Tipo 2 P);

c) ao corregedor-geral, quando envolver inscrições efetuadas em zonas eleitorais de circunscrições diversas (Tipo 3 P).

§ 1º. As decisões de situação relativa a pessoa que perdeu seus direitos políticos (Tipo 3 D) e de pluralidades decorrentes do agrupamento de uma ou mais inscrições, requeridas em circunscrições distintas, com um ou mais registros de suspensão da Base de Perda e Suspensão de Direitos Políticos (Tipo 3 P) serão da competência do corregedor geral.

§ 2º. As decisões das duplicidades envolvendo inscrição e registro de suspensão da Base de Perda e Suspensão de Direitos Políticos (Tipo 2 D) e das pluralidades decorrentes do agrupamento de uma ou mais inscrições, requeridas na mesma circunscrição, com um ou mais registros de suspensão da referida base (Tipo 2 P) serão da competência do corregedor regional eleitoral.

§ 3º. Na hipótese de duplicidade envolvendo inscrições atribuídas a gêmeos ou homônimos comprovados, existindo inscrição não liberada no grupo, a competência para decisão será do juiz da zona eleitoral a ela correspondente.

§ 4º. Em grau de recurso, no prazo de três dias, caberá:

a) ao corregedor regional a apreciação de situações que motivaram decisão de juiz eleitoral de sua circunscrição;

b) ao corregedor-geral a apreciação de situações que ensejaram decisão de corregedor regional.

§ 5º. Havendo decisões conflitantes em processo de regularização de situação de eleitor, proferidas por autoridades judiciárias distintas, envolvendo inscrições atribuídas a uma mesma pessoa, o conflito será decidido:

a) pelo corregedor regional eleitoral, quando se tratar de decisões proferidas por juízes de zonas eleitorais de uma mesma circunscrição;

b) pelo corregedor-geral, quando se tratar de decisões proferidas por juízes eleitorais de circunscrições diversas ou pelos corregedores regionais.

Art. 42. O juiz eleitoral só poderá determinar a regularização, o cancelamento ou a suspensão de inscrição que pertença à sua jurisdição.

Parágrafo único. A autoridade judiciária que tomar conhecimento de fato ensejador do cancelamento de inscrição liberada ou regular, ou da necessidade de regularização de inscrição não liberada, cancelada ou suspensa, efetuada em zona eleitoral diferente daquela em que tem jurisdição, deverá comunicá-lo à autoridade judiciária competente, para medidas cabíveis, por intermédio da correspondente corregedoria regional.

Art. 43. Nas duplicidades e pluralidades de sua competência, o corregedor-geral ou o corregedor regional poderão se pronunciar quanto a qualquer inscrição agrupada.

Art. 44. A competência para decidir a respeito das duplicidades e pluralidades, na esfera penal, será sempre do juiz eleitoral da zona onde foi efetuada a inscrição mais recente.

Art. 45. Examinada e decidida a duplicidade ou a pluralidade, a decisão tomada pela autoridade judiciária será processada, conforme o caso:

I – pela própria zona eleitoral e, na impossibilidade, encaminhada à respectiva secretaria regional de informática, por intermédio das corregedorias regionais;

II – pelas corregedorias regionais, com o apoio das secretarias regionais de informática, no que não lhes for possível proceder;

III – pela própria Corregedoria-Geral.

Art. 46. As informações necessárias ao exame e decisão das duplicidades e pluralidades deverão ser prestadas no prazo de dez dias, contados do recebimento da requisição, por intermédio do ofício INFORMAÇÕES PRESTADAS PELA AUTORIDADE JUDICIÁRIA.

Parágrafo único. Ainda que o eleitor não tenha sido encontrado, o ofício de que trata o *caput* deverá ser preenchido, assinado, instruído e enviado, no prazo estipulado, à autoridade judiciária competente para decisão.

Art. 47. A autoridade judiciária competente deverá se pronunciar quanto às situações de duplicidade e pluralidade detectadas pelo batimento em até 40 dias contados da data de realização do respectivo batimento.

§ 1º. Processada a decisão de que trata o *caput*, a situação da inscrição será automaticamente atualizada no cadastro.

§ 2º. Inscrição agrupada em duplicidade ou pluralidade, com situação não liberada, que não for objeto de decisão da autoridade judiciária no prazo especificado no *caput*, decorridos dez dias, será automaticamente cancelada pelo sistema.

§ 3º. Após o transcurso de seis anos, contados do processamento do código FASE próprio, as inscrições canceladas serão excluídas do cadastro.

Da Hipótese de Ilícito Penal

Art. 48. Decidida a duplicidade ou pluralidade e tomadas as providências de praxe, se duas ou mais inscrições em cada grupo forem atribuídas a um mesmo eleitor, excetuados os casos de evidente falha dos serviços eleitorais, os autos deverão ser remetidos ao Ministério Público Eleitoral.

§ 1º. Manifestando-se o Ministério Público pela existência de indício de ilícito penal eleitoral a ser apurado, o processo deverá ser remetido, pela autoridade judiciária competente, à Polícia Federal para instauração de inquérito policial.

§ 2º. Inexistindo unidade regional do Departamento de Polícia Federal na localidade onde tiver jurisdição o juiz eleitoral a quem couber decisão a respeito, a remessa das peças informativas poderá ser feita por intermédio das respectivas corregedorias regionais eleitorais.

§ 3º. Concluído o apuratório ou no caso de pedido de dilação de prazo, o inquérito policial a que faz alusão o § 1º deverá ser encaminhado, pela autoridade policial que o presidir, ao juiz eleitoral a quem couber decisão a respeito na esfera penal.

§ 4º. Arquivado o inquérito ou julgada a ação penal, o juiz eleitoral comunicará, sendo o caso, a decisão tomada à autoridade judiciária que determinou sua instauração, com a finalidade de tornar possível a adoção de medidas cabíveis na esfera administrativa.

§ 5º. A espécie, no que lhe for aplicável, será regida pelas disposições do Código Eleitoral e, subsidiariamente, pelas normas do Código de Processo Penal.

§ 6º. Não sendo cogitada a ocorrência de ilícito penal eleitoral a ser apurado, os autos deverão ser arquivados na zona eleitoral onde o eleitor possuir inscrição regular.

Art. 49. Os procedimentos a que se refere esta Resolução serão adotados sem prejuízo da apuração de responsabilidade de qualquer ordem, seja de eleitor, de servidor da Justiça Eleitoral ou de terceiros, por inscrição fraudulenta ou irregular.

Parágrafo único. Qualquer eleitor, partido político ou Ministério Público poderá se dirigir formalmente ao juiz eleitoral, corregedor regional ou geral, no âmbito de suas respectivas competências, relatando fatos e indicando provas para pedir abertura de investigação com o fim de apurar irregularidade no alistamento eleitoral.

Dos Casos Não Apreciados

Art. 50. Os Requerimentos para Regularização de Inscrição – RRI recebidos após o prazo previsto no *caput* do art. 36 serão indeferidos pela autoridade judiciária competente, por intempestivos, e o eleitor deverá ser orientado a procurar o cartório da zona eleitoral para regularizar sua situação.

Da Restrição de Direitos Políticos

Art. 51. Tomando conhecimento de fato ensejador de inelegibilidade ou de suspensão de inscrição por motivo de suspensão de direitos políticos ou de impedimento ao exercício do voto, a autoridade judiciária determinará a inclusão dos dados no sistema mediante comando de FASE.

§ 1º. Não se tratando de eleitor de sua zona eleitoral, o juiz eleitoral comunicará o fato, por intermédio das correspondentes corregedorias regionais, à zona eleitoral a que pertencer a inscrição.

§ 2º. Quando se tratar de pessoa não inscrita perante a Justiça Eleitoral ou com inscrição cancelada no cadastro, o registro será feito diretamente na Base de Perda e Suspensão de Direitos Políticos pela Corregedoria Regional Eleitoral que primeiro tomar conhecimento do fato.

§ 3º. Comunicada a perda de direitos políticos pelo Ministério da Justiça, a Corregedoria-Geral providenciará a imediata atualização da situação das inscrições no cadastro e na Base de Perda e Suspensão de Direitos Políticos.

§ 4º. A outorga a brasileiros do gozo dos direitos políticos em Portugal, devidamente comunicada ao Tribunal Superior Eleitoral, importará suspensão desses mesmos direitos no Brasil (Decreto nº 70.391, de 12.4.1972).

Art. 52. A regularização de situação eleitoral de pessoa com restrição de direitos políticos somente será possível mediante comprovação de haver cessado o impedimento.

§ 1º. Para regularização de inscrição envolvida em coincidência com outra de pessoa que perdeu ou está com seus direitos políticos suspensos, será necessária a comprovação de tratar-se de eleitor diverso.

§ 2º. Na hipótese do artigo, o interessado deverá preencher requerimento e instruir o pedido com Declaração de Situação de Direitos Políticos e documentação comprobatória de sua alegação.

§ 3º. Comprovada a cessação do impedimento, será comandado o código FASE próprio e/ou inativado(s), quando for o caso, o(s) registro(s) correspondente(s) na Base de Perda e Suspensão de Direitos Políticos.

Art. 53. São considerados documentos comprobatórios de reaquisição ou restabelecimento de direitos políticos:

I – Nos casos de perda:

a) decreto ou portaria;

b) comunicação do Ministério da Justiça.

II – Nos casos de suspensão:

a) para interditos ou condenados: sentença judicial, certidão do juízo competente ou outro documento;

b) para conscritos ou pessoas que se recusaram à prestação do serviço militar obrigatório: Certificado de Reservista, Certificado de Isenção, Certificado de Dispensa de Incorporação, Certificado do Cumprimento de Prestação Alternativa ao Serviço Militar Obrigatório, Certificado de Conclusão do Curso de Formação de Sargentos, Certificado de Conclusão de Curso em Órgão de Formação da Reserva ou similares;

c) para beneficiários do Estatuto da Igualdade: comunicação do Ministério da Justiça ou de repartição consular ou missão diplomática competente, a respeito da cessação do gozo de direitos políticos em Portugal, na forma da lei.

III – Nos casos de inelegibilidade: certidão ou outro documento.

Da Folha de Votação e do Comprovante de Comparecimento à Eleição

Art. 54. A folha de votação, da qual constarão apenas os eleitores regulares ou liberados, e o comprovante de comparecimento serão emitidos por computador.

§ 1º. A folha de votação, obrigatoriamente, deverá:

a) identificar as eleições, a data de sua realização e o turno;

b) conter dados individualizadores de cada eleitor, como garantia de sua identificação no ato de votar;

c) ser emitida em ordem alfabética de nome de eleitor, encadernada e embalada por seção eleitoral.

§ 2º. O comprovante de comparecimento (canhoto) conterá o nome completo do eleitor, o número de sua inscrição eleitoral e referência à data da eleição.

Da Conservação de Documentos

Art. 55. Os formulários utilizados pelos cartórios e tribunais eleitorais, em pleitos anteriores à data desta Resolução e nos que lhe seguirem, deverão ser conservados em cartório, observado o seguinte:

I – os Protocolos de Entrega do Título Eleitoral – PETE assinados pelo eleitor e os formulários (Formulário de Alistamento Eleitoral – FAE ou Requerimento de Alistamento Eleitoral – RAE) relativos a alistamento, transferência, revisão ou segunda via, por, no mínimo, cinco anos;

II – as folhas de votação, por oito anos, descartando-se a mais antiga somente após retornar das seções eleitorais a mais recente;

III – os Formulários de Atualização da Situação do Eleitor – FASE e os comprovantes de comparecimento à eleição (canhotos) que permanecerem junto à folha de votação poderão ser descartados depois de processados e armazenados em meio magnético;

IV – os cadernos de revisão utilizados durante os serviços pertinentes, por quatro anos, contados do encerramento do período revisional;

V – os boletins de urna, por quatro anos, contados da data de realização do pleito correspondente;

VI – as relações de eleitores agrupados, até o encerramento do prazo para atualização das decisões nas duplicidades e pluralidades;

VII – os títulos eleitorais não procurados pelo eleitor, os respectivos protocolos de entrega e as justificativas eleitorais, até o pleito subsequente ou, relativamente a estas, durante o período estabelecido nas instruções específicas para o respectivo pleito;

VIII – as relações de filiados encaminhadas pelos partidos políticos, por dois anos.

Das Inspeções e Correições

Art. 56. O corregedor-geral ou regional, no âmbito de sua jurisdição, sempre que entender necessário ou que tomar conhecimento da ocorrência de indícios de irregularidades na prestação dos serviços eleitorais, pessoalmente ou por intermédio de comissão de servidores especialmente por ele designada, como providência preliminar à correição, inspecionará os serviços eleitorais da circunscrição, visando identificar eventuais irregularidades.

Parágrafo único. A comissão apresentará relatório circunstanciado da inspeção ao corregedor, que determinará providências pertinentes, objetivando a regularização dos procedimentos ou a abertura de correição.

Art. 57. O corregedor regional realizará correição ordinária anual na circunscrição e extraordinária, sempre que entender necessário ou ante a existência de indícios de irregularidades que a justifique, observadas as instruções específicas do Tribunal Superior Eleitoral e as que subsidiariamente baixar a Corregedoria Regional Eleitoral.

Da Revisão de Eleitorado

Art. 58. Quando houver denúncia fundamentada de fraude no alistamento de uma zona ou município, o Tribunal Regional Eleitoral poderá determinar a realização de correição e, provada a fraude em proporção comprometedora, ordenará, comunicando a decisão ao Tribunal Superior Eleitoral, a revisão do eleitorado, obedecidas as instruções contidas nesta Resolução e as recomendações que subsidiariamente baixar, com o cancelamento de ofício das inscrições correspondentes aos títulos que não forem apresentados à revisão (Código Eleitoral, art. 71, § 4º).

§ 1º. O Tribunal Superior Eleitoral determinará, de ofício, a revisão ou correição das zonas eleitorais sempre que:

I – o total de transferências de eleitores ocorridas no ano em curso seja dez por cento superior ao do ano anterior;

II – o eleitorado for superior ao dobro da população entre dez e quinze anos, somada à de idade superior a setenta anos do território daquele município;

III – o eleitorado for superior a sessenta e cinco por cento da população projetada para aquele ano pelo Instituto Brasileiro de Geografia e Estatística – IBGE (Lei nº 9.504/1997, art. 92).

§ 2º. Não será realizada revisão de eleitorado em ano eleitoral, salvo em situações excepcionais, quando autorizada pelo Tribunal Superior Eleitoral.

§ 3º. Caberá à Secretaria de Informática apresentar, anualmente, até o mês de outubro, à Presidência do Tribunal Superior Eleitoral, estudo comparativo que permita a adoção das medidas concernentes ao cumprimento da providência prevista no § 1º.

Art. 59. O Tribunal Regional Eleitoral, por intermédio da corregedoria regional, inspecionará os serviços de revisão (Resolução TSE nº 7.651/1965, art. 8º).

Art. 60. O juiz eleitoral poderá determinar a criação de postos de revisão, que funcionarão em datas fixadas no edital a que se refere o art. 63 e em período não inferior a seis horas, sem intervalo, inclusive aos sábados e, se necessário, aos domingos e feriados.

§ 1º. Nas datas em que os trabalhos revisionais estiverem sendo realizados nos postos de revisão, o cartório sede da zona poderá, se houver viabilidade, permanecer com os serviços eleitorais de rotina.

§ 2º. Após o encerramento diário do expediente nos postos de revisão, a listagem geral e o caderno de revisão deverão ser devidamente guardados em local seguro e previamente determinado pelo juiz eleitoral.

§ 3º. Os serviços de revisão encerrar-se-ão até as 18 horas da data especificada no edital de que trata o art. 63 desta Resolução.

§ 4º. Existindo, na ocasião do encerramento dos trabalhos, eleitores aguardando atendimento, serão distribuídas senhas aos presentes, que serão convidados a entregar ao juiz eleitoral seus títulos eleitorais para que sejam admitidos à revisão, que continuará se processando em ordem numérica das senhas até que todos sejam atendidos, sem interrupção dos trabalhos.

Art. 61. Aprovada a revisão de eleitorado, a Secretaria de Informática, ou órgão regional por ela indicado, emitirá ou colocará à disposição, em meio magnético, listagem geral do cadastro, contendo relação completa dos eleitores regulares inscritos e/ou transferidos no período abrangido pela revisão no(s) município(s) ou zona(s) a ela sujeito(s), bem como o correspondente caderno de revisão, do qual constará comprovante destacável de comparecimento (canhoto).

Parágrafo único. A listagem geral e o caderno de revisão serão emitidos em única via, englobarão todas as seções eleitorais referentes à zona ou município objeto da revisão e serão encaminhados, por intermédio da respectiva corregedoria regional, ao juiz eleitoral da zona onde estiver sendo realizada a revisão.

Art. 62. A revisão do eleitorado deverá ser sempre presidida pelo juiz eleitoral da zona submetida à revisão.

§ 1º. O juiz eleitoral dará início aos procedimentos revisionais no prazo máximo de 30 dias, contados da aprovação da revisão pelo tribunal competente.

§ 2º. A revisão deverá ser precedida de ampla divulgação, destinada a orientar o eleitor quanto aos locais e horários em que deverá se apresentar, e processada em período estipulado pelo Tribunal Regional Eleitoral, não inferior a 30 dias (Lei nº 7.444/1985, art. 3º, § 1º).

§ 3º. A prorrogação do prazo estabelecido no edital para a realização da revisão, se necessária, deverá ser requerida pelo juiz eleitoral, em ofício fundamentado, dirigido à Presidência do Tribunal Regional Eleitoral, com antecedência mínima de cinco dias da data do encerramento do período estipulado no edital.

Art. 63. De posse da listagem e do caderno de revisão, o juiz eleitoral deverá fazer publicar, com antecedência mínima de cinco dias do início do processo revisional, edital para dar conhecimento da revisão aos eleitores cadastrados no(s) município(s) ou zona(s), convocando-os a se apresentarem, pessoalmente, no cartório ou nos postos criados, em datas previamente especificadas, atendendo ao disposto no art. 62, a fim de procederem às revisões de suas inscrições.

Parágrafo único. O edital de que trata o *caput* deverá:

I – dar ciência aos eleitores de que:

a) estarão obrigados a comparecer à revisão a fim de confirmarem seu domicílio, sob pena de cancelamento da inscrição, sem prejuízo das sanções cabíveis, se constatada irregularidade;

b) deverão se apresentar munidos de documento de identidade, comprovante de domicílio e título eleitoral ou documento comprobatório da condição de eleitor ou de terem requerido inscrição ou transferência para o município ou zona (Código Eleitoral, art. 45).

II – estabelecer a data do início e do término da revisão, o período e a área abrangidos, e dias e locais onde serão instalados os postos de revisão;

III – ser disponibilizado no fórum da comarca, nos cartórios eleitorais, repartições públicas e locais de acesso ao público em geral, dele se fazendo ampla divulgação, por um mínimo de três dias consecutivos, por meio da imprensa escrita, falada e televisada, se houver, e por quaisquer outros meios que possibilitem seu pleno conhecimento por todos os interessados, o que deverá ser feito sem ônus para a Justiça Eleitoral.

Art. 64. A prova de identidade só será admitida se feita pelo próprio eleitor mediante apresentação de um ou mais dos documentos especificados no art. 13 desta Resolução.

Art. 65. A comprovação de domicílio poderá ser feita mediante um ou mais documentos dos quais se infira ser o eleitor residente ou ter vínculo profissional, patrimonial ou comunitário no município a abonar a residência exigida.

§ 1º. Na hipótese de ser a prova de domicílio feita mediante apresentação de contas de luz, água ou telefone, nota fiscal ou envelopes de correspondência, estes deverão ter sido, respectivamente, emitidos ou expedidos no período compreendido entre os 12 e 3 meses anteriores ao início do processo revisional.

§ 2º. Na hipótese de ser a prova de domicílio feita mediante apresentação de cheque bancário, este só poderá ser aceito se dele constar o endereço do correntista.

§ 3º. O juiz eleitoral poderá, se julgar necessário, exigir o reforço, por outros meios de convencimento, da prova de domicílio quando produzida pelos documentos elencados nos §§ 1º e 2º.

§ 4º. Subsistindo dúvida quanto à idoneidade do comprovante de domicílio apresentado ou ocorrendo a impossibilidade de apresentação de documento que indique o domicílio do eleitor, declarando este, sob as penas da lei, que tem domicílio no município, o juiz eleitoral decidirá de plano ou determinará as providências necessárias à obtenção da prova, inclusive por meio de verificação *in loco*.

Art. 66. A revisão de eleitorado ficará submetida ao direto controle do juiz eleitoral e à fiscalização do representante do Ministério Público que oficiar perante o juízo.

Art. 67. O juiz eleitoral deverá dar conhecimento aos partidos políticos da realização da revisão, facultando-lhes, na forma prevista nos arts. 27 e 28 desta Resolução, acompanhamento e fiscalização de todo o trabalho.

Art. 68. O juiz eleitoral poderá requisitar diretamente às repartições públicas locais, observados os impedimentos legais, tantos auxiliares quantos bastem para o desempenho dos trabalhos, bem como a utilização de instalações de prédios públicos.

Art. 69. O juiz eleitoral determinará o registro, no caderno de revisão, da regularidade ou não da inscrição do eleitor, observados os seguintes procedimentos:

a) o servidor designado pelo juiz eleitoral procederá à conferência dos dados contidos no caderno de revisão com os documentos apresentados pelo eleitor;

b) comprovados a identidade e o domicílio eleitoral, o servidor exigirá do eleitor que aponha sua assinatura ou a impressão digital de seu polegar no caderno de revisão, e entregar-lhe-á o comprovante de comparecimento à revisão (canhoto);

c) o eleitor que não apresentar o título eleitoral deverá ser considerado como revisado, desde que atendidas as exigências dos arts. 64 e 65 desta Resolução e que seu nome conste do caderno de revisão;

d) constatada incorreção de dado identificador do eleitor constante do cadastro eleitoral, se atendidas as exigências dos arts. 64 e 65 desta Resolução, o eleitor deverá ser considerado revisado e orientado a procurar o cartório eleitoral para a necessária retificação;

e) o eleitor que não comprovar sua identidade ou domicílio não assinará o caderno de revisão nem receberá o comprovante revisional;

f) o eleitor que não constar do caderno de revisão, cuja inscrição pertença ao período abrangido pela revisão, deverá ser orientado a procurar o cartório eleitoral para regularizar sua situação eleitoral, na forma estabelecida nesta Resolução.

Art. 70. Na revisão mediante sistema informatizado, observar-se-ão, no que couber, os procedimentos previstos no art. 69.

Parágrafo único. Nas situações descritas nas alíneas "d" e "f" do art. 69, o eleitor poderá requerer, desde que viável, regularização de sua situação eleitoral no próprio posto de revisão.

Art. 71. Se o eleitor possuir mais de uma inscrição liberada ou regular no caderno de revisão, apenas uma delas poderá ser considerada revisada.

Parágrafo único. Na hipótese do *caput*, deverá(ão) ser formalmente recolhido(s) e inutilizado(s) o(s) título(s) encontrado(s) em poder do eleitor referente(s) à(s) inscrição(ões) que exigir(em) cancelamento.

Art. 72. Compete ao Tribunal Regional Eleitoral autorizar, excetuadas as hipóteses previstas no § 1º do art. 58 desta Resolução, a alteração do período e/ou da área abrangidos pela revisão, comunicando a decisão ao Tribunal Superior Eleitoral.

Art. 73. Concluídos os trabalhos de revisão, ouvido o Ministério Público, o juiz eleitoral deverá determinar o cancelamento das inscrições irregulares e daquelas cujos eleitores não tenham comparecido, adotando as medidas legais cabíveis, em especial quanto às inscrições consideradas irregulares, situações de duplicidade ou pluralidade e indícios de ilícito penal a exigir apuração.

Parágrafo único. O cancelamento das inscrições de que trata o *caput* somente deverá ser efetivado no sistema após a homologação da revisão pelo Tribunal Regional Eleitoral.

Art. 74. A sentença de cancelamento deverá ser específica para cada município abrangido pela revisão e prolatada no prazo máximo de dez dias contados da data do retorno dos autos do Ministério Público, podendo o Tribunal Regional Eleitoral fixar prazo inferior.

§ 1º. A sentença de que trata o *caput* deverá:

I – relacionar todas as inscrições que serão canceladas no município;

II – ser publicada a fim de que os interessados e, em especial, os eleitores cancelados, exercendo a ampla defesa, possam recorrer da decisão.

§ 2º. Contra a sentença a que se refere este artigo, caberá, no prazo de três dias, contados da publicidade, o recurso previsto no art. 80 do Código Eleitoral e serão aplicáveis as disposições do art. 257 do mesmo diploma legal.

§ 3º. No recurso contra a sentença a que se refere este artigo, os interessados deverão especificar a inscrição questionada, relatando fatos e fornecendo provas, indícios e circunstâncias ensejadoras da alteração pretendida.

Art. 75. Transcorrido o prazo recursal, o juiz eleitoral fará minucioso relatório dos trabalhos desenvolvidos, que encaminhará, com os autos do processo de revisão, à Corregedoria Regional Eleitoral.

Parágrafo único. Os recursos interpostos deverão ser remetidos, em autos apartados, à presidência do Tribunal Regional Eleitoral.

Art. 76. Apreciado o relatório e ouvido o Ministério Público, o corregedor regional eleitoral:

I – indicará providências a serem tomadas, se verificar a ocorrência de vícios comprometedores à validade ou à eficácia dos trabalhos;

II – submetê-lo-á ao Tribunal Regional, para homologação, se entender pela regularidade dos trabalhos revisionais.

Da Administração do Cadastro Eleitoral

Art. 77. A execução dos serviços de processamento eletrônico de dados, na Justiça Eleitoral, será realizada por administração direta do Tribunal Regional Eleitoral, em cada circunscrição, sob a orientação e supervisão do Tribunal Superior Eleitoral e na conformidade de suas instruções.

Art. 78. Para a execução dos serviços de que trata esta Resolução, os tribunais regionais eleitorais, sob supervisão e coordenação do Tribunal Superior Eleitoral, poderão celebrar convênios ou contratos com entidades da administração direta ou indireta da União, Estados, Distrito Federal, territórios ou municípios, ou com empresas cujo capital seja exclusivamente nacional (Lei nº 7.444/1985, art. 7º, parágrafo único).

Art. 79. O cadastro eleitoral e as informações resultantes de sua manutenção serão administrados e utilizados, exclusivamente, pela Justiça Eleitoral, na forma desta Resolução.

§ 1º. Às empresas contratadas para a execução de serviços eleitorais, por processamento eletrônico, é vedada a utilização de quaisquer dados ou informações resultantes do cadastro eleitoral, para fins diversos do serviço eleitoral, sob pena de imediata rescisão do contrato e sem prejuízo de outras sanções administrativas, civis e criminais.

§ 2º. O Tribunal Superior Eleitoral, em todo o território nacional, e os tribunais regionais eleitorais, no âmbito das respectivas jurisdições, fiscalizarão o cumprimento do disposto neste artigo.

§ 3º. Caso recebam pedidos de informações sobre dados constantes do cadastro eleitoral, as empresas citadas no § 1º deverão encaminhá-los à presidência do tribunal eleitoral competente, para apreciação.

Da Justificação do Não Comparecimento à Eleição

Art. 80. O eleitor que deixar de votar e não se justificar perante o juiz eleitoral até 60 dias após a realização da eleição incorrerá em multa imposta pelo juiz eleitoral e cobrada na forma prevista nos arts. 7º e 367 do Código Eleitoral, no que couber, e 85 desta Resolução.

§ 1º. Para eleitor que se encontrar no exterior na data do pleito, o prazo de que trata o *caput* será de 30 dias, contados do seu retorno ao país.

§ 2º. O pedido de justificação será sempre dirigido ao juiz eleitoral da zona de inscrição, podendo ser formulado na zona eleitoral em que se encontrar o eleitor, a qual providenciará sua remessa ao juízo competente.

§ 3º. Indeferido o requerimento de justificação ou decorridos os prazos de que cuidam o *caput* e os §§ 1º e 2º, deverá ser aplicada multa ao eleitor, podendo, após o pagamento, ser-lhe fornecida certidão de quitação.

§ 4º. A fixação do valor da multa pelo não exercício do voto observará o que dispõe o art. 85 desta Resolução e a variação entre o mínimo de 3% e o máximo de 10% do valor utilizado como base de cálculo.

§ 5º. A justificação da falta ou o pagamento da multa serão anotados no cadastro.

§ 6º. Será cancelada a inscrição do eleitor que se abstiver de votar em três eleições consecutivas, salvo se houver apresentado justificativa para a falta ou efetuado o pagamento de multa, ficando excluídos do cancelamento os eleitores que, por prerrogativa constitucional, não estejam obrigados ao exercício do voto e cuja idade não ultrapasse 80 anos.

- *Os prazos a serem observados para execução dos trabalhos são os do Anexo I da Resolução TSE nº 21.991/ 2005 com redação dada pela Resolução TSE nº 22.508/2007.*

§ 7º. Para o cancelamento a que se refere o § 6º, a Secretaria de Informática colocará à disposição do juiz eleitoral do respectivo domicílio, em meio magnético ou outro acessível aos cartórios eleitorais, relação dos eleitores cujas inscrições são passíveis de cancelamento, devendo ser afixado edital no cartório eleitoral.

§ 8º. Decorridos 60 dias da data do batimento que identificar as inscrições sujeitas a cancelamento, mencionadas no § 7º, inexistindo comando de quaisquer dos códigos FASE "078 – Quitação mediante multa", "108 – Votou em separado", "159 – Votou fora da seção" ou "167 – Justificou ausência às urnas", ou processamento das operações de transferência, revisão ou segunda via, a inscrição será automaticamente cancelada pelo sistema, mediante código FASE "035 – Deixou de votar em três eleições consecutivas", observada a exceção contida no § 6º.

Art. 81. O documento de justificação formalizado perante a Justiça Eleitoral, no dia da eleição, prova a ausência do eleitor do seu domicílio eleitoral.

§ 1º. A justificação será formalizada em impresso próprio fornecido pela Justiça Eleitoral ou, na falta do impresso, digitado ou manuscrito.

§ 2º. O encarregado do atendimento entregará ao eleitor o comprovante, que valerá como prova da justificação, para todos os efeitos legais (Lei nº 6.091/1974, art. 16 e parágrafos).

§ 3º. Os documentos de justificação entregues em missão diplomática ou repartição consular brasileira serão encaminhados ao Ministério das Relações Exteriores, que deles fará entrega ao Tribunal Regional Eleitoral do Distrito Federal para processamento.

§ 4º. Os documentos de justificação preenchidos com dados insuficientes ou inexatos, que impossibilitem a identificação do eleitor no cadastro eleitoral, terão seu processamento rejeitado pelo sistema, o que importará débito para com a Justiça Eleitoral.

§ 5º. Os procedimentos estipulados neste artigo serão observados sem prejuízo de orientações específicas que o Tribunal Superior Eleitoral aprovar para o respectivo pleito.

Art. 82. O eleitor que não votar e não pagar a multa, caso se encontre fora de sua zona e necessite prova de quitação com a Justiça Eleitoral, poderá efetuar o pagamento perante o juízo da zona em que estiver (Código Eleitoral, art. 11).

§ 1º. A multa será cobrada no máximo previsto, salvo se o eleitor quiser aguardar que o juiz da zona em que se encontrar solicite informações sobre o arbitramento ao juízo da inscrição.

§ 2º. Efetuado o pagamento, o juiz que recolheu a multa fornecerá certidão de quitação e determinará o registro da informação no cadastro.

§ 3º. O alistando ou o eleitor que comprovar, na forma da lei, seu estado de pobreza, perante qualquer juízo eleitoral, ficará isento do pagamento da multa (Código Eleitoral, art. 367, § 3º).

§ 4º. O eleitor que estiver quite com suas obrigações eleitorais poderá requerer a expedição de certidão de quitação em zona eleitoral diversa daquela em que é inscrito (Resolução TSE nº 20.497, de 21.10.1999).

Da Nomenclatura Utilizada

Art. 83. Para efeito desta Resolução, consideram-se:

I – COINCIDÊNCIA – o agrupamento pelo batimento de duas ou mais inscrições ou registros que apresentem dados iguais ou semelhantes, segundo critérios previamente definidos pelo Tribunal Superior Eleitoral;

II – GÊMEOS COMPROVADOS – aqueles que tenham comprovado mesma filiação, data e local de nascimento, em cujas inscrições haja registro de código FASE 256;

III – HOMÔNIMOS – aqueles, excetuados os gêmeos, que possuam dados iguais ou semelhantes, segundo critérios previamente definidos pelo Tribunal Superior Eleitoral, e que figurem em uma mesma duplicidade ou pluralidade (coincidência);

IV – HOMÔNIMOS COMPROVADOS – aqueles em cujas inscrições haja registro de código FASE 248;

V – SITUAÇÃO – condição atribuída à inscrição que define sua disponibilidade para o exercício do voto e condiciona a possibilidade de sua movimentação no cadastro:

a) regular – a inscrição não envolvida em duplicidade ou pluralidade, que está disponível para o exercício do voto e habilitada a transferência, revisão e segunda via;

b) suspensa – a inscrição que está indisponível, temporariamente (até que cesse o impedimento), em virtude de restrição de direitos políticos, para o exercício do voto e não poderá ser objeto de transferência, revisão e segunda via;

c) cancelada – a inscrição atribuída a eleitor que incidiu em uma das causas de cancelamento previstas na legislação eleitoral, que não poderá ser utilizada para o exercício do voto e somente poderá ser objeto de transferência ou revisão nos casos previstos nesta Resolução;

d) coincidente – a inscrição agrupada pelo batimento, nos termos do inciso I, sujeita a exame e decisão de autoridade judiciária e que não poderá ser objeto de transferência, revisão e segunda via:

— não liberada – inscrição coincidente que não está disponível para o exercício do voto;

— liberada – inscrição coincidente que está disponível para o exercício do voto.

VI – INEXISTENTE – a inscrição cuja inserção no cadastro foi inviabilizada em decorrência de decisão de autoridade judiciária ou de atualização automática pelo sistema após o batimento;

VII – ELEIÇÃO – cada um dos turnos de um pleito, para todos os efeitos, exceto para os fins de aplicação do disposto no parágrafo único do art. 15 desta Resolução (Código Eleitoral, art. 8º, c/c a Lei nº 9.504/1997, art. 91).

Das Disposições Finais

Art. 84. O juiz eleitoral poderá determinar a incineração do título eleitoral, bem como do respectivo protocolo de entrega, não procurado pelo eleitor até a data da eleição posterior à emissão do documento.

Art. 85. A base de cálculo para aplicação das multas previstas pelo Código Eleitoral e leis conexas, bem como das de que trata esta Resolução, será o último valor fixado para a UFIR, multiplicado pelo fator 33,02, até que seja aprovado novo índice, em conformidade com as regras de atualização dos débitos para com a União.

Art. 86. Os registros de banco de erros permanecerão disponíveis para tratamento pelas zonas eleitorais durante o prazo de seis meses, contados da data de inclusão da inscrição no banco, após o qual serão automaticamente excluídos, deixando de ser efetivadas as operações correspondentes.

Art. 87. A Corregedoria-Geral, com o apoio da Secretaria de Informática, providenciará manuais e rotinas necessários à execução dos procedimentos de que trata esta Resolução.

Art. 88. A Corregedoria-Geral e as corregedorias regionais eleitorais exercerão supervisão, orientação e fiscalização direta do exato cumprimento das instruções contidas nesta Resolução.

Art. 89. Os fichários manuais existentes nas zonas e nos tribunais regionais eleitorais, relativos aos registros dos eleitores, anteriores ao recadastramento de que cuidam a Lei nº 7.444/1985 e a Resolução TSE nº 12.547, de 28.2.1986, poderão, a critério do Tribunal Regional respectivo, ser inutilizados, preservando-se os arquivos relativos à filiação partidária e os documentos que, também a critério do Tribunal Regional, tenham valor histórico.

Art. 90. Considerado o estágio de automação dos serviços eleitorais, a Corregedoria-Geral expedirá provimentos destinados a regulamentar a presente resolução, aprovando os formulários e tabelas cujos modelos por ela não tenham sido regulamentados, necessários a sua fiel execução.

Art. 91. A Secretaria de Informática providenciará a transformação dos atuais códigos FASE de cancelamento de inscrições em decorrência de revisão de eleitorado em códigos FASE 469 e, até a data em que entrar em vigor esta Resolução, a adequação do sistema necessária à implementação desta norma.

Art. 92. Esta Resolução entra em vigor no dia 1º de janeiro de 2004, revogadas a Resolução/TSE nº 20.132, de 19.3.1998, e as demais disposições em contrário e ressalvadas as regras relativas à disciplina da revisão de eleitorado e à fixação de competência para exame de duplicidades e pluralidades, que terão aplicação imediata.

Sala de Sessões do Tribunal Superior Eleitoral.

Brasília, 14 de outubro de 2003.

Ministro Carlos Velloso – Presidente em exercício

DJ de 3.11.2003

Anexo I – Requerimento de Alistamento Eleitoral

Anexo II – Título eleitoral

Vide em www.tse.gov.br/hotsites/codigo_eleitoral/resolucoes.html

RESOLUÇÃO TSE Nº 21.575, 2 DE DEZEMBRO DE 2003

Dispõe sobre as reclamações e representações relativas ao descumprimento da Lei nº 9.504/1997 e sobre os pedidos de direito de resposta, previsto no art. 58 da mesma lei.

O Tribunal Superior Eleitoral, usando das atribuições que lhe conferem o art. 105 da Lei nº 9.504, de 30 de setembro de 1997, e o art. 23, IX, do Código Eleitoral, resolve expedir as seguintes instruções:

Capítulo I – Disposições Preliminares

Art. 1º. O processamento das reclamações ou das representações relativas ao descumprimento da Lei nº 9.504/1997 e das correspondentes instruções do Tribunal Superior Eleitoral, bem como dos pedidos de resposta referentes às eleições de 2004, salvo disposição específica em contrário, deverá obedecer ao disposto nesta Instrução.

Art. 2º. As reclamações ou representações podem ser feitas por qualquer partido político, coligação, candidato ou pelo Ministério Público e devem dirigir-se aos juízes eleitorais (Lei nº 9.504/1997, art. 96, *caput* e inciso I).

Art. 3º. São competentes para apreciar as reclamações, as representações e os pedidos de resposta o juiz eleitoral da comarca e, nos municípios com mais de uma zona eleitoral, os juízes eleitorais designados pelos tribunais regionais eleitorais.

Parágrafo único. A reclamação ou a representação que objetivar a perda do registro ou do diploma deverá ser apreciada pelo juiz competente para julgar o registro de candidatos.

Art. 4º. As petições ou recursos relativos às reclamações ou às representações serão admitidos via fax, quando possível, dispensado o encaminhamento do original.

§ 1º. Os cartórios eleitorais deverão providenciar cópia do documento recebido, a qual permanecerá nos autos.

§ 2º. A não obtenção de linha ou a ocorrência de defeitos de transmissão ou de recepção correrá por conta e risco do interessado e não escusará o cumprimento dos prazos legais.

§ 3º. Os cartórios eleitorais que estejam aptos a receber documentos por fax e a providenciar as cópias previstas no § 1º informarão o fato aos interessados, afixando aviso no cartório, em que também divulgarão os números de telefone que poderão ser utilizados para o fim previsto no *caput* deste artigo.

§ 4º. A regra constante do *caput* deste artigo não se aplica na hipótese de recursos para o Supremo Tribunal Federal.

Do Processamento das Reclamações ou Representações

Art. 5º. As reclamações ou representações deverão relatar fatos, apresentando provas, indícios e circunstâncias.

Parágrafo único. Quando o representante apresentar fita de áudio e/ou vídeo, inclusive com gravação de programa de rádio ou de televisão, esta deverá estar acompanhada da respectiva degravação.

Art. 6º. Recebida a reclamação ou representação, o cartório eleitoral intimará o reclamado ou representado o mais rápido possível, desde que entre 10h e 19h, preferencialmente por fax ou correio eletrônico, para que este, querendo, apresente defesa em 48 horas.

Art. 7º. As representações em que houver pedido de liminar deverão ser apresentadas em duas vias completas, inclusive da fita de áudio e/ou vídeo, se for o caso.

§ 1º. Neste caso, a notificação para defesa deverá ser expedida ao mesmo tempo em que os autos forem encaminhados ao juiz, ficando as cópias à disposição das partes no cartório eleitoral.

§ 2º. As liminares devem ser comunicadas pelo modo mais rápido possível, entre as 8h e 24h, salvo quando o juiz determinar sua realização fora desse horário, independentemente da publicação em cartório.

§ 3º. A notificação far-se-á, preferencialmente, com a remessa de cópia da petição inicial para o número de fax indicado pela parte autora, correndo esta os riscos decorrentes de ter sido informado número errado.

§ 4º. Se tiver sido informado pela parte apenas o endereço, o cartório deve consultar o banco de dados do sistema de candidaturas ou outros bancos de informação a fim de obter o número de fax; não sendo este localizado, notifica-se por telegrama urgente.

§ 5º. A efetiva comunicação da liminar é o termo inicial do prazo para recurso, quando essa se dá antes da publicação da decisão em cartório.

Art. 8º. O juiz poderá encaminhar o feito ao Ministério Público para parecer, a ser proferido no prazo máximo de 24 horas; vencido esse prazo, com ou sem manifestação, os autos deverão ser imediatamente devolvidos ao juiz.

Art. 9º. Constatado vício de representação processual das partes, o juiz determinará seja ela regularizada no prazo de 24 horas, sob pena de indeferimento (CPC, art. 13).

Art. 10. Transcorridos os prazos previstos nos artigos anteriores, apresentada ou não a defesa, o juiz decidirá e fará publicar a decisão em 24 horas.

§ 1º. Entre 5 de julho de 2004 e a proclamação dos eleitos, as decisões serão publicadas mediante afixação no cartório, entre 10h e 19h de cada dia, devendo o fato ser certificado nos autos.

§ 2º. Havendo encaminhamento de decisão às partes, dela deverão constar o dia e a hora em que foi publicada.

§ 3º. Nos casos em que o Ministério Público for parte, sua intimação dar-se-á mediante encaminhamento de cópia da decisão.

Art. 11. Contra a decisão dos juízes eleitorais caberá recurso para o Tribunal Regional Eleitoral, no prazo de 24 horas da publicação da decisão, assegurado ao recorrido o oferecimento de contrarrazões, em igual prazo, a contar de sua intimação por publicação em cartório, que deverá ocorrer entre 10h e 19h.

Parágrafo único. Oferecidas as contrarrazões ou decorrido o seu prazo, serão os autos imediatamente remetidos ao Tribunal Regional Eleitoral, inclusive mediante portador, se houver necessidade.

Art. 12. Recebido o processo na Secretaria do Tribunal Regional, este será autuado e apresentado no mesmo dia ao presidente, que, também na mesma data, o distribuirá a um relator e mandará abrir vista ao procurador regional eleitoral pelo prazo de 24 horas.

§ 1º. Findo o prazo, com ou sem parecer, os autos serão enviados ao relator, que os apresentará em mesa para julgamento em 48 horas, independentemente de pauta.

§ 2º. Caso o Tribunal não se reúna no prazo previsto no parágrafo anterior, o recurso deverá ser julgado na primeira sessão subsequente.

§ 3º. Na hipótese de o recurso não ser julgado nos prazos indicados nos parágrafos anteriores, será ele incluído em pauta, cuja publicidade se dará mediante afixação na Secretaria, com o prazo mínimo de 24 horas.

§ 4º. Só poderão ser apreciados os recursos relacionados até o início de cada sessão plenária.

§ 5º. Ao advogado de cada parte é assegurado o uso da tribuna pelo prazo máximo de dez minutos, para sustentação de suas razões.

§ 6º. Os acórdãos serão publicados na sessão em que os recursos forem julgados.

Art. 13. Da decisão do Tribunal Regional Eleitoral caberá recurso especial para o Tribunal Superior Eleitoral, no prazo de três dias, a contar da publicação em sessão.

§ 1º. Interposto recurso especial, os autos serão conclusos ao presidente do Tribunal Regional, que, no prazo de 24 horas, proferirá decisão fundamentada, admitindo ou não o recurso.

§ 2º. Admitido o recurso especial, será assegurado ao recorrido o oferecimento de contrarrazões no prazo de três dias, contados da intimação, por publicação na Secretaria.

§ 3º. Oferecidas as contrarrazões ou decorrido o seu prazo, serão os autos imediatamente remetidos ao Tribunal Superior Eleitoral, inclusive por portador, se houver necessidade.

§ 4º. Não admitido o recurso especial, caberá agravo de instrumento para o Tribunal Superior Eleitoral, no prazo de três dias, contados da publicação do despacho na Secretaria.

§ 5º. Formado o instrumento com observância do disposto na Resolução TSE nº 21.477, de 28.8.2003, será intimado o agravado para oferecer resposta ao agravo e ao recurso especial, no prazo de três dias, contados da publicação na Secretaria.

§ 6º. No Tribunal Superior Eleitoral, provido o agravo, poderá ser julgado de imediato o recurso especial.

Do Direito de Resposta

Art. 14. A partir da escolha de candidatos em convenção, é assegurado o exercício do direito de resposta ao candidato, ao partido ou à coligação atingidos, ainda que de forma indireta, por conceito, imagem ou afirmação caluniosa, difamatória, injuriosa ou sabidamente inverídica, difundidos por qualquer veículo de comunicação social (Lei nº 9.504/1997, art. 58, *caput*).

Art. 15. Os pedidos de resposta devem dirigir-se ao juiz eleitoral encarregado da propaganda eleitoral.

§ 1º. Recebido o pedido, o cartório eleitoral notificará o representado o mais rápido possível, desde que entre 10h e 19h, preferencialmente por fax ou por correio eletrônico, para que ele se defenda em 24 horas, devendo a decisão ser prolatada no prazo máximo de 72 horas da data da formulação do pedido.

§ 2º. Entre 5 de julho de 2004 e a proclamação dos eleitos, as decisões serão publicadas mediante afixação no cartório eleitoral, entre 10h e 19h de cada dia, devendo o fato ser certificado nos autos.

§ 3º. Havendo encaminhamento de decisão às partes, dela deverão constar o dia e a hora em que foi publicada.

Art. 16. Observar-se-ão, ainda, as seguintes regras no caso de pedido de resposta relativo à ofensa veiculada:

I – em órgão da imprensa escrita:

a) o pedido deverá ser feito no prazo de 72 horas, a contar das 19h da data constante da edição em que veiculada a ofensa, salvo prova documental de que a circulação, no domicílio do ofendido, se deu após esse horário;

b) o pedido deverá ser instruído com um exemplar da publicação e o texto da resposta;

c) deferido o pedido, a divulgação da resposta dar-se-á no mesmo veículo, espaço, local, página, tamanho, caracteres e outros elementos de realce usados na ofensa, em até 48 horas após a decisão ou, tratando-se de veículo com periodicidade de circulação maior que 48 horas, na primeira edição;

d) por solicitação do ofendido, a divulgação da resposta será feita no mesmo dia da semana em que a ofensa foi divulgada, ainda que fora do prazo de 48 horas;

e) se a ofensa for produzida em dia e hora que inviabilizem sua reparação dentro dos prazos estabelecidos nas alíneas anteriores, a Justiça Eleitoral determinará a imediata divulgação da resposta;

f) o ofensor deverá comprovar nos autos o cumprimento da decisão, mediante dados sobre a regular distribuição dos exemplares, a quantidade impressa e o raio de abrangência na distribuição;

II – em programação normal das emissoras de rádio e de televisão:

a) o pedido, com a transcrição do trecho considerado ofensivo ou inverídico, deverá ser feito no prazo de 48 horas, contado a partir da veiculação da ofensa;

b) a Justiça Eleitoral, à vista do pedido, deverá notificar o responsável pela emissora que realizou o programa, o mais rápido possível, desde que entre 10h e 19h, para que confirme data e horário da veiculação e entregue em 24 horas, sob as penas do art. 347 do Código Eleitoral, cópia da fita da transmissão, que será devolvida após a decisão;

c) o responsável pela emissora, ao ser notificado pelo órgão competente da Justiça Eleitoral ou informado pelo reclamante ou representante, por cópia protocolizada do pedido de resposta, preservará a gravação até a decisão final do processo;

d) deferido o pedido, a resposta será dada em até 48 horas após a decisão, em tempo igual ao da ofensa, nunca inferior a um minuto;

III – no horário eleitoral gratuito:

a) o pedido deverá ser feito no prazo de 24 horas, contado a partir da veiculação da ofensa;

b) o pedido deve especificar o trecho considerado ofensivo ou inverídico e ser instruído com fita contendo a gravação do programa, acompanhado da respectiva degravação;

c) deferido o pedido, o ofendido usará, para a resposta, tempo igual ao da ofensa, porém nunca inferior a um minuto;

d) a resposta será veiculada no horário destinado ao partido ou coligação responsável pela ofensa, devendo dirigir-se aos fatos nela veiculados;

e) se o tempo reservado ao partido ou à coligação responsável pela ofensa for inferior a um minuto, a resposta será levada ao ar tantas vezes quantas forem necessárias para a sua complementação;

f) a decisão que deferir a resposta deve atender ao disposto no art. 31 desta Instrução, devendo a emissora geradora e o partido ou a coligação atingidos ser sobre ela notificados o mais rápido possível, desde que entre 10h e 19h, devendo, ainda, ser indicado o bloco de audiência, caso se trate de inserção, ou o período, diurno e/ou noturno, em que a resposta será veiculada, sempre no início do programa do partido ou da coligação;

g) o meio de armazenamento com a resposta deverá ser entregue à emissora geradora, até 36 horas após a ciência da decisão, para veiculação no programa subsequente do partido ou coligação em cujo horário se praticou a ofensa;

h) se o ofendido for candidato, partido ou coligação que tenha(m) usado o tempo concedido sem responder aos fatos veiculados na ofensa, terá subtraído tempo idêntico ao do respectivo programa eleitoral; tratando-se de terceiros, ficarão sujeitos à suspensão de igual tempo em eventuais novos pedidos de resposta e à multa no valor de R$ 2.128,20 (dois mil cento e vinte e oito reais e vinte centavos) a R$ 5.320,50 (cinco mil trezentos e vinte reais e cinquenta centavos).

§ 1º. Se a ofensa ocorrer em dia e hora que inviabilizem sua reparação dentro dos prazos estabelecidos neste artigo, a resposta será divulgada nos horários que a Justiça Eleitoral determinar, ainda que nas 48 horas anteriores ao pleito, em termos e forma por ela previamente aprovados, de modo a não ensejar tréplica.

§ 2º. Apenas as decisões comunicadas à emissora geradora até uma hora antes da geração ou do início do bloco de audiência, quando se tratar de inserções, poderão interferir no conteúdo a ser transmitido; após esse prazo, as decisões somente poderão ter efeito na geração ou no bloco seguinte.

§ 3º. Caso a emissora geradora seja comunicada de decisão proibindo trecho da propaganda, entre a entrega do material e o horário de geração dos programas, esta deverá aguardar a substituição do meio de armazenamento até o limite de uma hora antes do início do programa; no caso de o novo material não ser entregue, a emissora veiculará programa anterior, desde que não contenha propaganda proibida.

Art. 17. As representações em que houver pedido de liminar deverão ser apresentadas em duas vias completas, inclusive da fita de áudio e/ou vídeo, se for o caso.

§ 1º. A notificação para defesa deverá ser expedida ao mesmo tempo em que os autos são encaminhados ao juiz, ficando as cópias à disposição das partes no cartório eleitoral.

§ 2º. As liminares devem ser comunicadas pelo modo mais rápido possível, entre as 8h e 24h, salvo quando o juiz determinar sua realização fora desse horário, independentemente da publicação em cartório.

§ 3º. A notificação far-se-á, preferencialmente, com a remessa de cópia da petição inicial para o número de fax indicado pela parte autora, correndo esta os riscos decorrentes de ter sido informado o número errado.

§ 4º. Se tiver sido informado pela parte apenas o endereço, o cartório deve consultar o banco de dados do sistema de candidaturas ou outros bancos de informação, a fim de obter o número de fax; não sendo este localizado, notifica-se por telegrama urgente.

§ 5º. A efetiva comunicação da liminar é o termo inicial do prazo para recurso, quando essa se dá antes da publicação da decisão em cartório.

Art. 18. Os pedidos de resposta formulados por terceiro, em relação ao que veiculado no horário eleitoral gratuito, serão examinados pela Justiça Eleitoral.

Parágrafo único. Quando o terceiro se considerar atingido por ofensa ocorrida no curso de programação normal das emissoras de rádio e de televisão ou veiculada por órgão da imprensa escrita, deverá observar os procedimentos previstos na Lei nº 5.250/1967.

Art. 19. Contra a decisão dos juízes eleitorais caberá recurso no prazo de 24 horas da publicação da decisão em cartório, assegurado ao recorrido o oferecimento de contrarrazões, em igual prazo, a contar da sua intimação por publicação em cartório, que deverá ocorrer entre 10h e 19h.

§ 1º. Oferecidas as contrarrazões ou decorrido o seu prazo, serão os autos imediatamente remetidos ao Tribunal Regional Eleitoral, inclusive mediante portador, se houver necessidade.

§ 2º. Recebido o processo na Secretaria do Tribunal Regional, este será autuado e apresentado no mesmo dia ao presidente, que, também na mesma data, o distribuirá a um relator e mandará abrir vista ao procurador regional eleitoral pelo prazo de 24 horas.

§ 3º. Findo o prazo, com ou sem parecer, os autos serão enviados ao relator.

§ 4º. O recurso será julgado pelo Tribunal, no prazo de 24 horas, a contar da conclusão dos autos ao relator, independentemente de pauta.

§ 5º. Caso o Tribunal não se reúna no prazo previsto no parágrafo anterior, o recurso deverá ser julgado na primeira sessão subsequente.

§ 6º. Na hipótese de o recurso não ser julgado nos prazos indicados nos parágrafos 4º e 5º, será ele incluído em pauta, cuja publicidade se dará mediante afixação na Secretaria, com o prazo mínimo de 24 horas.

§ 7º. Só poderão ser apreciados os recursos relacionados até o início de cada sessão plenária.

§ 8º. Ao advogado de cada parte é assegurado o uso da tribuna pelo prazo máximo de dez minutos, para sustentação de suas razões.

§ 9º. Os acórdãos serão publicados na sessão em que os recursos forem julgados.

Art. 20. Da decisão do Tribunal Regional Eleitoral caberá recurso especial para o Tribunal Superior Eleitoral, no prazo de 24 horas, a contar da publicação em sessão.

§ 1º. Interposto o recurso especial, o recorrido será imediatamente intimado, por publicação na Secretaria, para apresentar sua resposta, no prazo de 24 horas.

§ 2º. Oferecidas as contrarrazões ou decorrido o seu prazo, serão os autos imediatamente remetidos ao Tribunal Superior Eleitoral, inclusive mediante portador, caso necessário, dispensado o juízo de admissibilidade.

§ 3º. Em caso de provimento do recurso, os tribunais eleitorais deverão observar o disposto nas alíneas "e" e "f" do inciso III do art. 16 desta Instrução, para a restituição do tempo.

Art. 21. A não observância, sem justificativa, dos prazos previstos para as decisões sujeita a autoridade judiciária às penas previstas no art. 345 do Código Eleitoral.

Art. 22. O não cumprimento integral ou em parte da decisão que conceder a reposta sujeitará o infrator ao pagamento de multa no valor de R$ 5.320,50 (cinco mil trezentos e vinte reais e cinquenta centavos) a R$ 15.961,50 (quinze mil novecentos e sessenta e um reais e cinquenta centavos), duplicada em caso de reiteração de conduta, sem prejuízo do disposto no art. 347 do Código Eleitoral.

Disposições Gerais

Art. 23. As representações que visem à apuração da conduta prevista no art. 41-A da Lei nº 9.504/1997 seguirão o rito previsto nos incisos I a XIII do art. 22 da Lei Complementar nº 64/1990, observadas, no mais, as disposições desta Instrução.

Art. 24. Os prazos relativos às reclamações ou representações e aos pedidos de resposta são contínuos e peremptórios e não se suspendem aos sábados, domingos e feriados entre 5 de julho de 2004 e a proclamação dos eleitos, inclusive em segundo turno, se houver.

Art. 25. Quando o reclamado ou representado for candidato, partido político ou coligação, as intimações serão feitas preferencialmente por fax ou correio eletrônico, no número de telefone ou no endereço informado por ocasião do pedido de registro.

Art. 26. Os advogados que se cadastrarem nos cartórios eleitorais como patronos de candidatos, de partidos políticos ou de coligações serão notificados para o feito, com a antecedência mínima de 24 horas do vencimento do prazo previsto no art. 6º desta Instrução, ainda que por fax ou correio eletrônico, conforme por eles indicado.

Art. 27. O arquivamento de procuração do advogado nos cartórios eleitorais torna dispensável a juntada do mandato em cada processo relativo às eleições de 2004, devendo o advogado informar o fato em sua petição, que será certificado pelo cartório nos autos.

Art. 28. Quando as notificações forem realizadas após o horário previsto nos arts. 6º e 11 desta Instrução, a contagem do prazo terá início no dia subsequente, 30 minutos após o horário normal de abertura do protocolo.

Art. 29. Não sendo as reclamações, as representações ou os pedidos de resposta julgados nos prazos fixados nesta Instrução, o pleito pode ser dirigido diretamente ao órgão superior.

Parágrafo único. Recebida a reclamação ou representação, o relator solicitará imediatamente informações ao juiz eleitoral ou ao Tribunal Regional Eleitoral, que deverá prestá-las no prazo máximo de 24 horas.

Art. 30. A competência do juiz eleitoral encarregado da propaganda eleitoral não exclui o poder de polícia sobre a propaganda, que será exercido pelos juízes eleitorais e pelos juízes designados pelos Tribunais Regionais Eleitorais, nos municípios com mais de uma zona eleitoral.

§ 1º. Na fiscalização da propaganda eleitoral, compete ao juiz eleitoral, no exercício do poder de polícia, tomar as providências necessárias para coibir práticas ilegais, não lhe sendo permitido instaurar procedimento de ofício para a aplicação de sanções nem exercer censura prévia sobre o teor dos programas a serem exibidos ou transmitidos na televisão e no rádio.

§ 2º. O juiz deverá comunicar as práticas ilegais ao Ministério Público, a fim de que, se entender cabível, ofereça a representação de que cuida o art. 96 da Lei nº 9.504/1997.

Art. 31. As decisões dos juízes eleitorais deverão ser objetivas em relação à propaganda vedada, com a indicação precisa das partes, da propaganda questionada e do que deve ser excluído ou substituído.

Parágrafo único. Para cumprimento da decisão, será enviada às emissoras de rádio e televisão notificação conforme modelo anexo, contendo os dados relacionados no *caput*, dispensada a remessa da sentença completa.

Art. 32. As intimações e o recebimento de petições por correio eletrônico far-se-ão na forma disciplinada pelo Tribunal Superior Eleitoral.

Art. 33. Da convenção partidária até a apuração final da eleição, não poderão servir como juízes eleitorais o cônjuge, parente consanguíneo ou afim, até o segundo grau, de candidato a cargo eletivo registrado na circunscrição (Código Eleitoral, art. 14, § 3º).

Parágrafo único. Não poderão servir, como escrivão eleitoral ou chefe de cartório, sob pena de demissão, membro de diretório de partido político, candidato a cargo eletivo, seu cônjuge ou companheiro e parente consanguíneo ou afim, até o segundo grau (Código Eleitoral, art. 33, § 1º).

Art. 34. A filiação a partido político impede o exercício de funções eleitorais por membro do Ministério Público, até dois anos do seu cancelamento (Lei Complementar nº 75, art. 80).

Art. 35. Ao juiz eleitoral que seja parte em ações judiciais que envolvam determinado candidato é defeso exercer suas funções em processo eleitoral no qual o mesmo candidato seja interessado (Lei nº 9.504/1997, art. 95).

§ 1º. A existência de conflito judicial entre magistrado e candidato que preceda ao registro da respectiva candidatura deve ser entendida como impedimento absoluto ao exercício da judicatura eleitoral pelo juiz nele envolvido, como autor ou réu.

§ 2º. Se a iniciativa judicial superveniente ao registro da candidatura é tomada pelo magistrado, resultará ele, automaticamente, impedido de exercer funções eleitorais.

§ 3º. Se, posteriormente ao registro da candidatura, candidato ajuíza ação contra juiz que exerce função eleitoral, o seu afastamento dessa função somente poderá decorrer da declaração espontânea de suspeição ou do acolhimento da exceção oportunamente ajuizada.

Art. 36. Poderá o candidato, o partido político ou a coligação e o Ministério Público Eleitoral representar ao Tribunal Regional Eleitoral contra o juiz eleitoral que descumprir as disposições desta Instrução ou der causa a seu descumprimento, inclusive quanto aos prazos processuais; nesse caso, ouvido o representado em 24 horas, o Tribunal ordenará a observância do procedimento que explicitar, sob pena de incorrer o juiz em desobediência (Lei nº 9.504/1997, art. 97, *caput*).

Parágrafo único. No caso do descumprimento de disposições desta Instrução por Tribunal Regional Eleitoral, a representação poderá ser feita ao Tribunal Superior Eleitoral, observado o disposto neste artigo (Lei nº 9.504/07, art. 97, parágrafo único).

Art. 37. Os feitos eleitorais, no período entre 10 de junho e 5 de novembro, terão prioridade perante o Ministério Público e os juízes de todas as justiças e instâncias, ressalvados os processos de *habeas corpus* e mandado de segurança (Lei nº 9.504/1997, art. 94, *caput*).

§ 1º. É defeso às autoridades mencionadas neste artigo deixar de cumprir qualquer prazo desta Instrução em razão do exercício de suas funções regulares (Lei nº 9.504/1997, art. 94, § 1º).

§ 2º. O descumprimento do disposto neste artigo constitui crime de responsabilidade e será objeto de anotação funcional para efeito de promoção na carreira (Lei nº 9.504/1997, art. 94, § 2º).

§ 3º. Além das polícias judiciárias, os órgãos da receita federal, estadual e municipal, os tribunais e os órgãos de contas auxiliarão a Justiça Eleitoral na apuração dos delitos eleitorais, com prioridade sobre suas atribuições regulares (Lei nº 9.504/1997, art. 94, § 3º).

Art. 38. Esta Instrução entra em vigor na data de sua publicação.

Sala de Sessões do Tribunal Superior Eleitoral.

Brasília, 2 de dezembro de 2003.

Ministro Sepúlveda Pertence – Presidente

DJ de 5.12.2003

Fonte: www.tse.gov.br

RESOLUÇÃO TSE Nº 21.920, DE 19 DE SETEMBRO DE 2004

Dispõe sobre o alistamento eleitoral e o voto dos cidadãos portadores de deficiência, cuja natureza e situação impossibilitem ou tornem extremamente oneroso o exercício de suas obrigações eleitorais.

O Tribunal Superior Eleitoral, no uso de suas atribuições, tendo em vista o disposto no parágrafo único do art. 1º da Lei nº 4.737, de 15 de julho de 1965,

Considerando a decisão proferida, em 3.8.2004, nos autos do Processo Administrativo nº 18.483,

Considerando a necessidade de garantia do princípio da dignidade da pessoa humana, princípio fundamental do Estado democrático de direito,

Considerando que o texto constitucional faculta aos maiores de 70 anos o exercício do voto, certamente com a finalidade de não causar transtorno ao seu bem-estar (CF, art. 14, § 1º, II, "b"),

Considerando que algumas pessoas apresentam deficiências que praticamente tornam impossível ou extremamente oneroso o exercício de suas obrigações eleitorais,

Considerando que o art. 5º, § 2º, da Constituição Federal, legitima a extensão do direito assegurado aos maiores de 70 anos às pessoas portadoras de deficiência nas condições referidas,

Considerando não haver razão para se aplicarem as sanções legais àqueles que se encontram na situação acima descrita e que, por isso, deixam de exercer suas obrigações eleitorais,

Considerando a necessidade de se estabelecer rotina procedimental para viabilizar o cumprimento da decisão referida,

Resolve:

Art. 1º. O alistamento eleitoral e o voto são obrigatórios para todas as pessoas portadoras de deficiência.

Parágrafo único. Não estará sujeita a sanção a pessoa portadora de deficiência que torne impossível ou demasiadamente oneroso o cumprimento das obrigações eleitorais, relativas ao alistamento e ao exercício do voto.

Art. 2º. O juiz eleitoral, mediante requerimento de cidadão nas condições do parágrafo único do art. 1º ou de seu representante legal ou procurador devidamente constituído, acompanhado de documentação comprobatória da deficiência, poderá expedir, em favor do interessado, certidão de quitação eleitoral, com prazo de validade indeterminado.

- *Art. 2º,* caput, *com redação dada pela Resolução TSE nº 22.545/2007.*

§ 1º. Na avaliação da impossibilidade e da onerosidade para o exercício das obrigações eleitorais, serão consideradas, também, a situação socioeconômica do requerente e as condições de acesso ao local de votação ou de alistamento desde a sua residência.

§ 2º. Quando se tratar de eleitor em cuja inscrição figure situação regular, o cartório eleitoral providenciará o registro, no cadastro, da informação de que a pessoa se encontra na situação descrita no parágrafo único do art. 1º, mediante o comando de código FASE específico, a ser implantado pela Corregedoria-Geral da Justiça Eleitoral.

§ 3º. Quando o requerente possuir inscrição cancelada ou suspensa, poderá solicitar a regularização de sua situação eleitoral, observadas as regras fixadas na Resolução TSE nº 21.538/2003.

§ 4º. A providência a que se refere o *caput* tornará inativa a situação de eventual registro, por ausência às urnas ou aos trabalhos eleitorais, desde que a ausência decorra da situação descrita no parágrafo único do art. 1º.

§ 5º. O descrito neste artigo não alterará a aptidão da inscrição eleitoral para o exercício do voto.

Art. 3º. A expedição da certidão a que se refere o *caput* do art. 2º não impede, a qualquer tempo, o alistamento eleitoral de seu beneficiário, que não estará sujeito à penalidade prevista no art. 8º do Código Eleitoral.

Art. 4º. O disposto nesta Resolução não alcança as demais sanções aplicadas pela Justiça Eleitoral com base no Código Eleitoral e em leis conexas.

Art. 5º. O comando do código FASE referido no § 2º do art. 2º, relativo a requerimentos formulados no período de fechamento do cadastro, somente será efetivado após a sua reabertura.

Art. 6º. Esta Resolução entra em vigor na data de sua publicação, revogadas as disposições em contrário.

Sala de Sessões do Tribunal Superior Eleitoral.

Brasília, 19 de setembro de 2004

Ministro Sepúlveda Pertence – Presidente

DJU de 1º.10.2004

Fonte: www.tse.gov.br/legislacao

RESOLUÇÃO TSE Nº 21.975, DE 16 DE DEZEMBRO DE 2004

Disciplina o recolhimento e a cobrança das multas previstas no Código Eleitoral e leis conexas e a distribuição do Fundo Especial de Assistência Financeira aos Partidos Políticos (Fundo Partidário).

O Tribunal Superior Eleitoral, usando das competências que lhe conferem o parágrafo único do art. 1º da Lei nº 4.737, de 15 de julho de 1965, e o art. 61 da Lei nº 9.096, de 19 de setembro de 1995, e tendo em vista o disposto no art. 98 da Lei nº 10.707, de 30 de julho de 2003, regulamentado pelo Decreto nº 4.950, de 9 de janeiro de 2004,

Resolve:

Art. 1º. As multas previstas nas leis eleitorais, impostas por decisão de que não caiba recurso, serão inscritas nos termos dos incisos III e IV do art. 367 do Código Eleitoral, recolhidas na forma estabelecida nesta Resolução e destinadas ao Fundo Especial de Assistência Financeira aos Partidos Políticos (Fundo Partidário), previsto pela Lei nº 9.096/1995.

§ 1º. A inscrição das multas eleitorais para efeito de cobrança mediante o executivo fiscal será feita em livro próprio no juízo ou Secretaria do Tribunal Eleitoral competente.

§ 2º. O recolhimento será efetuado no Banco do Brasil S/A ou em qualquer outra instituição da rede bancária, em moeda corrente ou em cheque, na forma estabelecida no art. 4º desta Resolução.

§ 3º. Se o pagamento for realizado por meio de cheque, o cumprimento da obrigação somente será reconhecido após a devida compensação bancária.

§ 4º. A receita proveniente de multas eleitorais será recolhida à conta do Fundo Partidário, passando a integrar a composição deste (Lei nº 9.096/1995, art. 38, inciso I).

Art. 2º. Caso a multa seja decorrente da aplicação do § 4º do art. 73 da Lei nº 9.504, de 30 de setembro de 1997, o juízo ou Tribunal Eleitoral, no prazo de cinco dias a contar da data da apresentação do comprovante de recolhimento, deverá comunicar à Secretaria de Administração do Tribunal Superior Eleitoral o valor e a data da multa recolhida, bem assim o nome completo do partido político que se houver beneficiado da conduta legalmente vedada.

Parágrafo único. Caberá à Secretaria de Administração do Tribunal Superior Eleitoral, após o recebimento dos dados referidos no *caput*, cumprir, no prazo de cinco dias, o disposto no § 9º do art. 73 da Lei nº 9.504/1997.

Art. 3º. As multas não satisfeitas no prazo de trinta dias do trânsito em julgado da decisão serão consideradas dívida líquida e certa, para efeito de cobrança, mediante executivo fiscal.

§ 1º. Caberá aos juízes eleitorais enviar os respectivos autos ao Tribunal Eleitoral competente, em cinco dias, após o decurso do prazo estabelecido no *caput*.

§ 2º. Para fins de inscrição de multas eleitorais na Dívida Ativa da União, os Tribunais Eleitorais reportar-se-ão diretamente às procuradorias da Fazenda Nacional, nos estados ou no Distrito Federal, em relação às multas impostas nos processos de sua competência originária, bem como quanto aos autos recebidos dos juízes eleitorais.

§ 3º. A inscrição de débitos decorrentes de multas eleitorais na Dívida Ativa da União, prevista no § 2º deste artigo, deverá ser comunicada ao Tribunal Superior Eleitoral, por intermédio da Diretoria-Geral, com vistas ao acompanhamento e controle de ingresso de receitas pela Secretaria de Orçamento e Finanças (SOF), responsável pelo planejamento, coordenação e supervisão das atividades de administração orçamentária e financeira da Justiça Eleitoral.

§ 4º. A Diretoria-Geral da Secretaria do TSE, por intermédio da Secretaria de Administração, adotará providências para a inscrição na Dívida Ativa da União das multas a que se refere o art. 1º desta Resolução, impostas nos processos de competência originária do Tribunal Superior Eleitoral.

Art. 4º. O recolhimento das multas eleitorais e penalidades pecuniárias, assim como doações de pessoas físicas ou jurídicas, observadas as disposições desta Resolução, será feito, obrigatoriamente, por intermédio dos formulários da Guia de Recolhimento da União (GRU-Cobrança e GRU-Simples), os quais serão obtidos nos órgãos da Justiça Eleitoral, conforme se estabelecer em ato específico.

§ 1º. A Guia de Recolhimento da União (GRU) será emitida, obrigatoriamente, com código de barras, sob a forma de documento compensável (GRU-Cobrança), destinado a recolhimento no Banco do Brasil S/A ou em qualquer outra instituição bancária, ou (GRU-Simples), para recolhimento exclusivo no Banco do Brasil S/A.

§ 2º. A GRU-Cobrança destina-se ao recolhimento de valores superiores a R$30,00 (trinta reais), devendo os valores inferiores serem recolhidos, preferencialmente, por meio de GRU-Simples.

§ 3º. Deverá ser utilizada uma GRU para cada multa eleitoral a ser paga, observando o tipo de receita e a espécie de multa, conforme se estabelecer em ato específico.

§ 4º. As informações gerais sobre os recolhimentos destinados ao Fundo Partidário serão fornecidas pelo Sistema Integrado de Administração Financeira do Governo Federal (SIAFI), e as detalhadas pelo SIAFI, se originárias de GRU-Simples, e pelo sistema do agente arrecadador, Banco do Brasil S/A, se provenientes da GRU-Cobrança, as quais são de responsabilidade da SOF/TSE.

Art. 5º. O Fundo Partidário, a que se refere o *caput* do art. 1º desta Resolução, é constituído por:

I – multas e penalidades pecuniárias aplicadas nos termos do Código Eleitoral e leis conexas;

II – recursos financeiros que lhe forem destinados por lei, em caráter permanente ou eventual;

III – doações de pessoas física ou jurídica, efetuadas por intermédio de depósitos bancários diretamente na conta do Fundo Partidário;

IV – dotações orçamentárias da União em valor nunca inferior, em cada ano, ao número de eleitores inscritos em 31 de dezembro do ano anterior ao da proposta orçamentária, multiplicado por trinta e cinco centavos de real, em valores de agosto de 1995 (Lei nº 9.096/1995, art. 38, IV);

V – recursos oriundos de fontes não identificadas (art. 6º, *caput*, da Resolução TSE nº 21.841, de 22 de junho de 2004).

§ 1º. Os recursos do Fundo Partidário arrecadados pelo Banco do Brasil S/A ou por agência participante do sistema de compensação serão recolhidos à Conta Única do Tesouro Nacional, por meio do SIAFI (Lei nº 10.707/2003, art. 98, e Decreto nº 4.950/2004, art. 1º).

§ 2º. Os recursos previstos nos incisos I, II, III e V deste artigo, após o trânsito pelas contas do Tesouro Nacional, serão depositados na conta especial do Tribunal Superior Eleitoral, até o segundo dia útil posterior ao efetivo ingresso dos valores na conta reserva bancária do Banco do Brasil S/A, e repassados pela SOF/TSE à Coordenadoria de Execução Orçamentária e Financeira (CEOF/SA) no 3º dia útil do mês subsequente à arrecadação (Lei nº 9.096/1995, art. 40, § 2º, e Instrução Normativa STN nº 3/2004, art. 2º, § 1º).

§ 3º. Os créditos orçamentários previstos no inciso IV deste artigo, após o trânsito pelas contas do Tesouro Nacional, serão transferidos mensalmente à Conta Única do órgão setorial do TSE e repassados pela SOF/TSE à CEOF/SA, para os fins previstos no art. 7º desta Resolução (Lei nº 9.096/1995, art. 40, § 1º).

Art. 6º. A dotação orçamentária a que se refere o inciso IV do art. 5º desta Resolução deverá ser consignada no Anexo da Proposta Orçamentária da Justiça Eleitoral (Lei nº 9.096/1995, art. 40).

Parágrafo único. Compete à SOF/TSE a elaboração do documento constante do *caput* deste artigo.

Art. 7º. A Secretaria de Administração, por intermédio da CEOF/SA, no prazo de cinco dias a contar da data do repasse a que se referem os §§ 2º e 3º do art. 5º desta Resolução, fará a distribuição das quantias arrecadadas aos órgãos nacionais dos partidos políticos, obedecendo aos seguintes critérios:

I – um por cento do total do Fundo Partidário será destacado para entrega, em partes iguais, a todos os partidos que tenham seus estatutos definitivamente registrados no Tribunal Superior Eleitoral;

II – noventa e nove por cento do total do Fundo Partidário será distribuído aos partidos com direito a funcionamento parlamentar na Câmara dos Deputados, na proporção dos votos obtidos na última eleição geral para a Câmara dos Deputados, observando-se, ainda, o disposto no § 6º do art. 29 da Lei nº 9.096/1995 (Lei nº 9.096/1995, arts. 13 e 41, I e II).

§ 1º. Para o cumprimento do disposto no inciso II deste artigo, o Tribunal Superior Eleitoral, no início de cada Legislatura, solicitará à Mesa da Câmara dos Deputados a relação dos partidos em funcionamento.

§ 2º. Os órgãos nacionais dos partidos políticos procederão à redistribuição da cota recebida às seções regionais, e estas às municipais, na forma do que dispuserem os respectivos estatutos.

§ 3º. Em caso de cancelamento ou caducidade do órgão de direção nacional do partido, reverterá ao Fundo Partidário a cota que a este caberia.

§ 4º. Compete à Secretaria Judiciária do TSE informar, mensalmente, à Secretaria de Administração do TSE os partidos políticos com registro definitivo na Justiça Eleitoral.

Art. 8º. No período compreendido entre 15 de fevereiro de 2005, data do início da próxima legislatura, e a proclamação dos resultados da eleição geral subsequente para a Câmara dos Deputados, o disposto nos incisos I e II do art. 7º desta Resolução somente será aplicado após o destaque do percentual de vinte e nove por cento do total do Fundo Partidário, que será distribuído aos partidos políticos em funcionamento, de conformidade com a Lei nº 9.096/1995, arts. 13 e 57, I, "a" e "b", e II, na proporção dos votos obtidos na última eleição geral para a Câmara dos Deputados.

Art. 9º. Os depósitos e movimentações dos recursos oriundos do Fundo Partidário deverão ser feitos, pelos partidos políticos, em estabelecimentos bancários controlados pelo poder público federal e Estadual e, inexistindo estes, no banco escolhido pelo órgão diretivo do partido (Lei nº 9.096/1995, art. 43).

Art. 10. A Diretoria-Geral, a Corregedoria-Geral Eleitoral, a Secretaria Judiciária, a Secretaria de Orçamento e Finanças, a Secretaria de Administração e a Secretaria de Informática, observadas as competências constantes do Regulamento Interno da Secretaria do TSE e de instruções específicas, implementarão as normas definidas nesta Resolução e os procedimentos complementares.

Art. 11. A Presidência do TSE expedirá normas complementares à execução desta Resolução, especialmente no tocante à implementação da GRU.

Art. 12. Esta Resolução entra em vigor na data de sua publicação.

Art. 13. Fica revogada a Resolução TSE nº 20.405, de 1º de dezembro de 1998, e demais disposições em contrário.

Sala de Sessões do Tribunal Superior Eleitoral.

Brasília, 16 de dezembro de 2004.

Ministro Sepúlveda Pertence – Presidente

DJ de 30.12.2004

Fonte: www.tse.gov.br/legislacao

RESOLUÇÃO TSE Nº 22.142, DE 2 DE MARÇO DE 2006

Dispõe sobre as reclamações e representações de que cuida o art. 96 da Lei nº 9.504/1997.

O Tribunal Superior Eleitoral, usando das atribuições que lhe conferem o art. 23, IX, do Código Eleitoral e o art. 105 da Lei nº 9.504, de 30 de setembro de 1997, resolve:

Capítulo I – Disposições Preliminares

Art. 1º. Os tribunais eleitorais designarão, até o dia 20 de março de 2006, entre os seus integrantes substitutos, três juízes auxiliares para a apreciação das reclamações e das representações (Lei nº 9.504/1997, art. 96, § 3º).

Parágrafo único. A atuação dos juízes auxiliares encerrar-se-á com a diplomação dos eleitos.

Capítulo II
Do Processamento das Reclamações e Representações

Art. 2º. As reclamações ou as representações poderão ser ajuizadas por partido político, coligação, candidato e Ministério Público e deverão dirigir-se (Lei nº 9.504/1997, art. 96, *caput*, incisos II e III):

I – ao Tribunal Superior Eleitoral, na eleição presidencial;

II – aos tribunais regionais eleitorais, nas eleições federais, estaduais e distritais.

Art. 3º. As reclamações e representações deverão ser apresentadas em duas vias e relatar fatos, indicando provas, indícios e circunstâncias (Lei nº 9.504/1997, art. 96, § 1º).

Parágrafo único. Quando o representante ou reclamante instruir o pedido com mídia de áudio e/ou vídeo, deverá, obrigatoriamente, apresentar a respectiva degravação em duas vias.

Art. 4º. A Secretaria Judiciária notificará o reclamado ou representado, entre 10h e 19h, para apresentar defesa em quarenta e oito horas, exceto quando se tratar de direito de resposta, quando o prazo será de vinte e quatro horas (Lei nº 9.504/1997, arts. 58, § 2º, e 96, § 5º).

§ 1º. Quando o reclamado ou representado for candidato, partido político ou coligação, as notificações serão feitas por fac-símile ou correio eletrônico, no endereço informado por ocasião do pedido de registro.

§ 2º. Na hipótese de pedido de liminar, a notificação para defesa deverá ser expedida ao mesmo tempo em que os autos forem conclusos ao juiz, ficando a cópia da liminar à disposição das partes na Secretaria Judiciária.

§ 3º. O arquivamento de procuração na Secretaria Judiciária dos tribunais eleitorais tornará dispensável a juntada de mandato em cada processo, desde que ajuizados até a data da publicação do resultado da eleição, devendo o fato ser certificado nos autos.

Art. 5º. Constatado vício de representação processual das partes, o relator determinará a sua regularização no prazo de vinte e quatro horas, sob pena de indeferimento (CPC, art. 13).

Art. 6º. O feito será encaminhado ao Ministério Público para parecer, a ser proferido no prazo máximo de vinte e quatro horas; vencido esse prazo, com ou sem manifestação, os autos deverão ser imediatamente devolvidos ao relator.

Art. 7º. Transcorrido o prazo previsto no art. 4º destas instruções, apresentada ou não a defesa, o relator decidirá e fará publicar a decisão em vinte e quatro horas (Lei nº 9.504/1997, art. 96, § 7º).

Parágrafo único. A decisão sobre pedido de resposta deverá ser prolatada no prazo máximo de setenta e duas horas da data da sua formulação (Lei nº 9.504/1997, art. 58, § 2º).

Art. 8º. As decisões serão publicadas mediante afixação na Secretaria Judiciária dos tribunais eleitorais, entre 10h e 19h, salvo quando o relator determinar sua realização fora desse horário, independentemente da publicação em Secretaria, devendo o fato ser certificado nos autos.

Art. 9º. Contra a decisão dos juízes auxiliares caberá recurso, no prazo de vinte e quatro horas contado da publicação da decisão em Secretaria, salvo quando a parte for notificada anteriormente à publicação, caso em que o prazo terá início da efetiva notificação, assegurado ao recorrido o oferecimento de contrarrazões, em igual prazo, a contar de sua notificação (Lei nº 9.504/1997, art. 96, § 8º; Ac.-TSE nº 2.008, de 21.9.1999).

Parágrafo único. Nos casos em que o Ministério Público for parte, sua notificação será acompanhada de cópia da decisão e da respectiva certidão de publicação.

Art. 10. Quando as notificações forem realizadas após o horário fixado, a contagem do prazo terá início no dia subsequente, trinta minutos após o horário normal de abertura do protocolo (Ac.-TSE nº 21.724, de 17.8.2004).

Art. 11. O recurso será levado a julgamento em sessão pelo próprio juiz auxiliar, que substituirá membro da mesma representação no Tribunal, no prazo de quarenta e oito horas, a contar da conclusão dos autos, independentemente de publicação de pauta (Lei nº 9.504/1997, art. 96, § 9º).

§ 1º. Caso o Tribunal não se reúna no prazo previsto no *caput* deste artigo, o recurso deverá ser julgado na primeira sessão subsequente.

§ 2º. Na hipótese de o recurso não ser julgado nos prazos indicados, será ele incluído em pauta, cuja publicidade se dará mediante afixação na Secretaria das Sessões, com o prazo mínimo de vinte e quatro horas.

§ 3º. Só poderão ser apreciados em cada sessão os recursos relacionados até o seu início.

§ 4º. Ao advogado de cada parte será assegurado o uso da tribuna pelo prazo de dez minutos.

§ 5º. Os acórdãos serão publicados em sessão.

Art. 12. O relator poderá levar a reclamação ou a representação diretamente ao plenário; nesta hipótese, a sustentação oral dar-se-á após a leitura do voto do relator (Resolução TSE nº 20.951, de 13.12.2001 – Instrução nº 66, questão de ordem, de 23.9.2002).

Art. 13. Da decisão do Tribunal Regional Eleitoral caberá recurso especial para o Tribunal Superior Eleitoral, no prazo de três dias, a contar da publicação da decisão em sessão.

§ 1º. Interposto recurso especial, os autos serão conclusos ao presidente do respectivo tribunal, que, no prazo de vinte e quatro horas, proferirá decisão admitindo ou não o recurso.

§ 2º. Admitido o recurso especial, será assegurado ao recorrido o oferecimento de contrarrazões, no prazo de três dias, contados da intimação, por publicação na Secretaria.

§ 3º. Oferecidas contrarrazões ou decorrido o seu prazo, serão os autos imediatamente remetidos ao Tribunal Superior Eleitoral, inclusive por portador, se necessário.

§ 4º. Não admitido o recurso especial, caberá agravo de instrumento para o Tribunal Superior Eleitoral, no prazo de três dias, contados da publicação do despacho na Secretaria.

§ 5º. Formado o instrumento, será intimado o agravado para oferecer resposta ao agravo e ao recurso especial, no prazo de três dias, contados da publicação na Secretaria.

Capítulo III – Do Direito de Resposta

Art. 14. A partir da escolha de candidatos em convenção, será assegurado o exercício do direito de resposta ao candidato, ao partido político ou à coligação atingidos, ainda que de forma indireta, por conceito, imagem ou afirmação caluniosa, difamatória, injuriosa ou sabidamente inverídica, difundidos por qualquer veículo de comunicação social (Lei nº 9.504/1997, art. 58, *caput*).

Art. 15. Observar-se-ão, ainda, as seguintes regras no caso de pedido de resposta relativo à ofensa veiculada (Lei nº 9.504/1997, art. 58, § 3º, incisos I a III):

I – em órgão da imprensa escrita:

a) o pedido deverá ser feito no prazo de setenta e duas horas, a contar das 19h da data constante da edição em que veiculada a ofensa, salvo prova documental de que a circulação, no domicílio do ofendido, se deu após esse horário;

b) o pedido deverá ser instruído com um exemplar da publicação e o texto da resposta;

c) deferido o pedido, a divulgação da resposta dar-se-á no mesmo veículo, espaço, local, página, tamanho, caracteres e outros elementos de realce usados na ofensa, em até quarenta e oito horas após a decisão ou, tratando-se de veículo com periodicidade de circulação maior que quarenta e oito horas, na primeira edição;

d) por solicitação do ofendido, a divulgação da resposta será feita no mesmo dia da semana em que a ofensa for divulgada, ainda que fora do prazo de quarenta e oito horas;

e) se a ofensa for produzida em dia e hora que inviabilizem sua reparação dentro dos prazos estabelecidos nas alíneas anteriores, a Justiça Eleitoral determinará a imediata divulgação da resposta;

f) o ofensor deverá comprovar nos autos o cumprimento da decisão, mediante dados sobre a regular distribuição dos exemplares, a quantidade impressa e o raio de abrangência na distribuição;

II – em programação normal das emissoras de rádio e de televisão:

a) o pedido, com a transcrição do trecho considerado ofensivo ou inverídico, deverá ser feito no prazo de quarenta e oito horas, contado da veiculação da ofensa;

b) a Secretaria Judiciária notificará o responsável pela emissora que realizou o programa, o mais rápido possível, entre 10h e 19h, para que confirme data e horário da veiculação e entregue em vinte e quatro horas, sob as penas do art. 347 do Código Eleitoral, a mídia da transmissão, que será devolvida após a decisão;

c) o responsável pela emissora, ao ser notificado pelo órgão competente da Justiça Eleitoral ou informado pelo reclamante ou representante, por cópia do pedido de resposta protocolizado, preservará a gravação até a decisão final do processo;

d) deferido o pedido, a resposta será dada em até quarenta e oito horas após a decisão, em tempo igual ao da ofensa, nunca inferior a um minuto;

III – no horário eleitoral gratuito:

a) o pedido deverá ser feito no prazo de vinte e quatro horas, contado a partir da veiculação da ofensa;

b) o pedido deverá especificar o trecho considerado ofensivo ou inverídico e ser instruído com fita contendo a gravação do programa, acompanhado da respectiva degravação;

c) deferido o pedido, o ofendido usará, para a resposta, tempo igual ao da ofensa, porém nunca inferior a um minuto;

d) a resposta será veiculada no horário destinado ao partido político ou coligação responsável pela ofensa, devendo dirigir-se aos fatos nela veiculados;

e) se o tempo reservado ao partido político ou à coligação responsável pela ofensa for inferior a um minuto, a resposta será levada ao ar tantas vezes quantas forem necessárias para a sua complementação;

f) deferido o pedido para resposta, a emissora geradora e o partido político ou a coligação atingidos deverão ser notificados imediatamente da decisão, entre 10h e 19h, na qual deverão estar indicados o período, diurno ou noturno, para a veiculação da resposta, sempre no início do programa do partido político ou coligação, devendo, ainda, ser indicado o bloco de audiência, caso se trate de inserção;

g) o meio de armazenamento com a resposta deverá ser entregue à emissora geradora, até trinta e seis horas após a ciência da decisão, para veiculação no programa subsequente do partido político ou da coligação em cujo horário se praticar a ofensa;

h) se o ofendido for candidato, partido político ou coligação que tiver usado o tempo concedido sem responder aos fatos veiculados na ofensa, terá subtraído tempo idêntico ao do respectivo programa eleitoral; tratando-se de terceiros, ficarão sujeitos à suspensão de igual tempo em eventuais novos pedidos de resposta e à multa no valor de R$ 2.128,20 (dois mil cento e vinte e oito reais e vinte centavos) a R$ 5.320,50 (cinco mil trezentos e vinte reais e cinquenta centavos).

§ 1º. Se a ofensa ocorrer em dia e hora que inviabilizem sua reparação dentro dos prazos estabelecidos neste artigo, a resposta será divulgada nos horários que a Justiça Eleitoral determinar, ainda que nas quarenta e oito horas anteriores ao pleito, em termos e forma por ela previamente aprovados, de modo a não ensejar tréplica (Lei nº 9.504/1997, art. 58, § 4º).

§ 2º. Apenas as decisões comunicadas à emissora geradora até uma hora antes da geração ou do início do bloco de audiência, quando se tratar de inserções, poderão interferir no conteúdo a ser transmitido; após esse prazo, as decisões somente poderão ter efeito na geração ou no bloco seguinte.

§ 3º. Caso a emissora geradora seja comunicada de decisão proibindo trecho da propaganda, entre a entrega do material e o horário de geração dos programas, deverá aguardar a substituição do meio de armazenamento até o limite de uma hora antes do início do programa; no caso de o novo material não ser entregue, a emissora veiculará programa anterior, desde que não contenha propaganda proibida.

Art. 16. Os pedidos de resposta formulados por terceiro, em relação ao que veiculado no horário eleitoral gratuito, serão examinados pela Justiça Eleitoral.

Parágrafo único. Quando o terceiro se considerar atingido por ofensa ocorrida no curso de programação normal das emissoras de rádio e de televisão ou veiculada por órgão da imprensa escrita, deverá observar os procedimentos previstos na Lei nº 5.250/1967.

Art. 17. Da decisão sobre o exercício do direito de resposta caberá recurso às instâncias superiores, em vinte e quatro horas, da data de sua publicação em sessão, assegurado ao recorrido oferecer contrarrazões em igual prazo, a contar da sua notificação (Lei nº 9.504/1997, art. 58, § 5º).

§ 1º. Oferecidas contrarrazões ou decorrido o seu prazo, serão os autos imediatamente remetidos ao Tribunal Superior Eleitoral, inclusive por portador, caso necessário, dispensado o juízo de admissibilidade.

§ 2º. A Justiça Eleitoral deverá proferir suas decisões no prazo máximo de vinte e quatro horas, observando-se o disposto nas alíneas "f" e "g" do inciso III do art. 15 destas instruções para a restituição do tempo em caso de provimento de recurso (Lei nº 9.504/1997, art. 58, § 6º).

§ 3º. A inobservância injustificada dos prazos previstos para as decisões sujeitará a autoridade judiciária às penas previstas no art. 345 do Código Eleitoral (Lei nº 9.504/1997, art. 58, § 7º).

§ 4º. O não cumprimento integral ou em parte da decisão que conceder a resposta sujeitará o infrator ao pagamento de multa no valor de R$ 5.320,50 (cinco mil trezentos e vinte reais e cinquenta centavos) a R$ 15.961,50 (quinze mil novecentos e sessenta e um reais e cinquenta centavos), duplicada em caso de reiteração de conduta, sem prejuízo do disposto no art. 347 do Código Eleitoral (Lei nº 9.504/1997, art. 58, § 8º).

Capítulo IV – Disposições Finais

Art. 18. Os prazos relativos às reclamações ou representações serão contínuos e peremptórios e não se suspenderão aos sábados, domingos e feriados entre 5 de julho do ano da eleição e a proclamação dos eleitos, inclusive em segundo turno.

Art. 19. As representações que visarem à apuração da hipótese disciplinada no art. 41-A da Lei nº 9.504/1997 seguirão o rito previsto nos incisos I a XIII do art. 22 da Lei Complementar nº 64/1990, sendo facultativa a adoção do mesmo procedimento no que se refere a apreciação das chamadas condutas vedadas aos agentes públicos em campanha.

Art. 20. A Secretaria Judiciária notificará as emissoras de rádio e televisão da decisão dos juízes auxiliares, com indicação precisa das partes, da propaganda questionada e do que deve ser excluído ou substituído.

Art. 21. Os advogados que se cadastrarem na Secretaria dos tribunais como patronos de candidatos, de partidos políticos ou de coligações serão notificados para o feito, com a antecedência mínima de vinte e quatro horas do vencimento do prazo previsto no art. 4º destas instruções.

Art. 22. Poderá o candidato, partido político ou coligação representar ao Tribunal Superior Eleitoral contra o Tribunal Regional Eleitoral que descumprir as disposições destas instruções ou der causa ao seu descumprimento, inclusive quanto aos prazos processuais; neste caso, ouvido o representado em vinte e quatro horas (Lei nº 9.504/1997, art. 97, *caput* e parágrafo único).

Art. 23. Ao juiz eleitoral que for parte em ações judiciais que envolverem determinado candidato será defeso exercer suas funções em processo eleitoral no qual o mesmo candidato for interessado (Lei nº 9.504/ 1997, art. 95).

§ 1º. A existência de conflito judicial entre magistrado e candidato que preceda ao registro da respectiva candidatura deverá ser entendida como impedimento absoluto ao exercício da judicatura eleitoral pelo juiz nele envolvido, como autor ou réu.

§ 2º. Se a iniciativa judicial superveniente ao registro da candidatura for tomada pelo magistrado, resultará ele, automaticamente, impedido de exercer funções eleitorais.

§ 3º. Se, posteriormente ao registro da candidatura, candidato ajuizar ação contra juiz que exerça função eleitoral, seu afastamento somente poderá decorrer de declaração espontânea de suspeição ou do acolhimento de exceção.

Art. 24. Da convenção partidária até a apuração final da eleição, não poderão servir como juízes eleitorais o cônjuge ou companheiro, parente consanguíneo ou afim, até o segundo grau, de candidato a cargo eletivo registrado na circunscrição (Código Eleitoral, art. 14, § 3º).

Parágrafo único. Não poderão servir como escrivão eleitoral ou chefe de cartório, sob pena de demissão, membro de diretório de partido político, candidato a cargo eletivo, seu cônjuge ou companheiro e parente consanguíneo ou afim, até o segundo grau (Código Eleitoral, art. 33, § 1º).

Art. 25. A filiação a partido político impede o exercício das funções eleitorais por membro do Ministério

Público, até dois anos do seu cancelamento (Lei Complementar nº 75/93, art. 80).

Art. 26. Os feitos eleitorais, no período entre o registro das candidaturas até cinco dias após a realização do segundo turno das eleições, terão prioridade perante o Ministério Público e os juízes de todas as justiças e instâncias, ressalvados os processos de *habeas corpus* e mandado de segurança (Lei nº 9.504/1997, art. 94, *caput*).

§ 1º. É defeso às autoridades mencionadas neste artigo deixar de cumprir prazo destas instruções em razão do exercício de suas funções regulares (Lei nº 9.504/1997, art. 94, § 1º).

§ 2º. O descumprimento do disposto neste artigo constitui crime de responsabilidade e será objeto de anotação funcional para efeito de promoção na carreira (Lei nº 9.504/1997, art. 94, § 2º).

§ 3º. Além das polícias judiciárias, os órgãos da receita federal, estadual e municipal, os tribunais e os órgãos de contas auxiliarão a Justiça Eleitoral na apuração dos delitos eleitorais, com prioridade sobre suas atribuições regulares (Lei nº 9.504/1997, art. 94, § 3º).

Art. 27. Estas instruções entrarão em vigor na data de sua publicação.

Sala de Sessões do Tribunal Superior Eleitoral.

Brasília, 2 de março de 2006.

Ministro Gilmar Mendes – Presidente

DJU de 10.3.2006

Fonte: www.tse.gov.br/legislacao

RESOLUÇÃO TSE Nº 22.156, DE 3 DE MARÇO DE 2006

Dispõe sobre a escolha e registro de candidatos nas eleições.

O Tribunal Superior Eleitoral, usando das atribuições que lhe conferem o art. 23, IX, do Código Eleitoral e o art. 105 da Lei nº 9.504, de 30 de setembro de 1997, resolve:

Capítulo I – Dos Partidos Políticos e das Coligações

Art. 1º. As eleições para presidente e vice-presidente da República, governador e vice-governador de Estado e do Distrito Federal, senador e respectivos suplentes, deputado federal, deputado estadual ou deputado distrital dar-se-ão, em todo o país, no primeiro domingo de outubro do ano da eleição (Lei nº 9.504/1997, art. 1º, *caput*).

Parágrafo único. Na eleição para senador, a representação de cada Estado e do Distrito Federal será renovada por um terço (Constituição Federal, art. 46, § 2º).

Art. 2º. Poderá participar das eleições o partido político que, até o primeiro domingo de outubro do ano anterior ao do pleito, tenha registrado seu estatuto no Tribunal Superior Eleitoral e tenha, até a data da convenção, órgão de direção constituído na circunscrição, de acordo com o respectivo estatuto, e anotado no tribunal eleitoral competente (Lei nº 9.504/1997, art. 4º).

Art. 3º. É facultado aos partidos políticos, dentro da mesma circunscrição, celebrar coligações para eleição majoritária, para proporcional, ou para ambas, podendo, neste último caso, formar-se mais de uma coligação para a eleição proporcional entre os partidos políticos que integram a coligação para o pleito majoritário (Lei nº 9.504/1997, art. 6º, *caput*).

§ 1º. Os partidos políticos que lançarem, isoladamente ou em coligação, candidato à eleição de presidente da República não poderão formar coligações para eleição de governador de Estado ou do Distrito Federal, senador, deputado federal e deputado estadual ou distrital com partido político que tenha, isoladamente ou em aliança diversa, lançado candidato à eleição presidencial (Lei nº 9.504/1997, art. 6º; Resolução TSE nº 21.002, Consulta nº 715, de 26.2.2002).

§ 2º. Um mesmo partido político não poderá integrar coligações diversas para a eleição de governador e a de senador; porém, a coligação poderá se limitar à eleição de um desses cargos, podendo os partidos políticos que a compuserem indicar, isoladamente, candidato a outro cargo.

§ 3º. Poderá o partido político integrante de coligação majoritária, compondo-se com outro ou outros, dessa mesma aliança, para eleição proporcional, constituir lista própria de candidatos à Câmara dos Deputados, Assembleia ou Câmara Legislativa (Resolução TSE nº 20.121, de 12.3.1998).

§ 4º. É vedada a inclusão de partido político estranho à coligação majoritária, para formar com integrante do referido bloco partidário aliança diversa destinada a disputar a eleição proporcional (Resolução TSE nº 20.121, de 12.3.1998).

Art. 4º. A coligação terá denominação própria, que poderá ser a junção de todas as siglas dos partidos políticos que a integram, sendo a ela atribuídas as prerrogativas e as obrigações dos partidos políticos no que se refere ao processo eleitoral, devendo funcionar como um só partido no relacionamento com a Justiça Eleitoral e no trato dos interesses interpartidários (Lei nº 9.504/1997, art. 6º, § 1º).

§ 1º. O órgão competente da Justiça Eleitoral decidirá sobre denominações idênticas de coligações, observadas as regras relativas à homonímia de candidatos.

§ 2º. A denominação da coligação não poderá coincidir, incluir ou fazer referência a nome ou número de candidato, nem conter pedido de voto para partido político.

Art. 5º. Na formação de coligações, devem ser observadas as seguintes normas (Lei nº 9.504/1997, art. 6º, § 3º, I, III e IV):

I – os partidos políticos integrantes da coligação devem designar um representante, que terá atribuições equivalentes às de presidente de partido político no trato dos interesses e na representação da coligação, no que se refere ao processo eleitoral;

II – a coligação será representada perante a Justiça Eleitoral pela pessoa designada na forma do inciso I deste artigo, ou por delegados indicados pelos partidos que a compõem, podendo nomear até:

a) três delegados perante o juízo eleitoral;

b) quatro delegados perante o Tribunal Regional Eleitoral;

c) cinco delegados perante o Tribunal Superior Eleitoral;

III – na chapa da coligação para as eleições proporcionais, podem inscrever-se candidatos filiados a qualquer partido político dela integrante, em número sobre o qual deliberem.

Art. 6º. Da realização da convenção até a diplomação dos eleitos, o partido político coligado possui legitimidade para agir isoladamente somente na hipótese de dissidência interna, ou quando questionada a validade da própria coligação (Ac.-TSE nº 18.421, de 28.6.2001).

Capítulo II – Das Convenções

Art. 7º. As convenções destinadas a deliberar sobre escolha dos candidatos e das coligações serão realizadas no período de 10 a 30 de junho do ano da eleição, lavrando-se a respectiva ata em livro aberto e rubricado pela Justiça Eleitoral, podendo ser utilizados os já existentes (Lei nº 9.504/1997, arts. 7º, *caput*, e 8º).

§ 1º. Em caso de omissão do estatuto sobre normas para escolha e substituição dos candidatos e para a formação de coligações, caberá ao órgão de direção nacional do partido político estabelecê-las, publicando-as no Diário Oficial da União até cento e oitenta dias antes da eleição e encaminhando-as ao Tribunal Superior Eleitoral antes da realização das convenções (Lei nº 9.504/1997, art. 7º, § 1º e Lei nº 9.096/1995, art. 10).

§ 2º. Para a realização das convenções, os partidos políticos poderão usar gratuitamente prédios públicos, responsabilizando-se por danos causados com a realização do evento (Lei nº 9.504/1997, art. 8º, § 2º).

§ 3º. Para os efeitos do § 2º deste artigo, os partidos políticos deverão comunicar por escrito ao responsável pelo local, com antecedência mínima de setenta e duas horas, a intenção de ali realizar a convenção; na hipótese de coincidência de datas, será observada a ordem de protocolo das comunicações.

Art. 8º. As convenções partidárias para escolha de candidatos sortearão, em cada Estado, os números com que cada candidato concorrerá, consignando na ata o resultado do sorteio (Código Eleitoral, art. 100, § 2º).

Art. 9º. Se a convenção partidária de nível inferior se opuser, na deliberação sobre coligações, às diretrizes legitimamente estabelecidas pela convenção nacional, os órgãos superiores do partido político poderão, nos termos do respectivo estatuto, anular a deliberação e os atos dela decorrentes, comunicando o fato aos tribunais eleitorais até o fim do prazo para impugnação do registro de candidatos (Lei nº 9.504/1997, art. 7º, § 2º).

Parágrafo único. Se da anulação decorrer a necessidade de escolha de novos candidatos, o pedido de registro deverá ser apresentado aos tribunais eleitorais até o dia 5 de julho do ano da eleição, ou nos dez dias seguintes à deliberação, se esse prazo vencer após aquela data (Lei nº 9.504/1997, art. 7º, § 3º).

Capítulo III – Dos Candidatos

Art. 10. Qualquer cidadão pode pretender investidura em cargo eletivo, respeitadas as condições constitucionais e legais de elegibilidade e as causas de inelegibilidades (Código Eleitoral, art. 3º; Lei Complementar nº 64/1990, art. 1º).

§ 1º. São condições de elegibilidade, na forma da lei (Constituição Federal, art. 14, § 3º, I a VI):

I – a nacionalidade brasileira;

II – o pleno exercício dos direitos políticos;

III – o alistamento eleitoral;

IV – o domicílio eleitoral na circunscrição;

V – a filiação partidária;

VI – a idade mínima de: trinta e cinco anos para presidente e vice-presidente da República e senador; trinta anos para governador e vice-governador de Estado e do Distrito Federal; e vinte e um anos para deputado federal, deputado estadual ou distrital.

§ 2º. A idade mínima constitucionalmente estabelecida como condição de elegibilidade é verificada tendo por referência a data da posse (Lei nº 9.504/1997, art. 11, § 2º).

Art. 11. Para concorrer às eleições, o candidato deverá possuir domicílio eleitoral na respectiva circunscrição desde um ano antes da eleição e estar com a filiação deferida pelo partido na mesma data, desde que o estatuto partidário não estabeleça prazo superior (Lei nº 9.504/1997, art. 9º, *caput*).

§ 1º. Havendo fusão ou incorporação de partidos políticos após o prazo estipulado no *caput* deste artigo, será considerada, para efeito de filiação partidária, a data de filiação do candidato ao partido de origem (Lei nº 9.504/1997, art. 9º, parágrafo único).

§ 2º. Nos municípios criados até 31 de dezembro do ano anterior às eleições, o domicílio eleitoral será comprovado pela inscrição nas seções eleitorais que funcionem dentro dos limites territoriais do novo município.

Art. 12. O militar alistável é elegível, atendidas as seguintes condições (Constituição Federal, art. 14, § 8º, I e II):

I – se contar menos de dez anos de serviço, deverá afastar-se da atividade;

II – se contar mais de dez anos de serviço, será agregado pela autoridade superior e, se eleito, passará automaticamente, no ato da diplomação, para a inatividade.

§ 1º. A condição de elegibilidade relativa à filiação partidária não é exigível ao militar da ativa que pretenda concorrer a cargo eletivo, bastando o pedido de registro de candidatura, após prévia escolha em convenção partidária.

§ 2º. O militar da reserva remunerada deve ter filiação partidária deferida um ano antes do pleito.

§ 3º. O militar que passar à inatividade após o prazo de um ano para filiação partidária, mas antes da escolha em convenção, deverá filiar-se a partido político, no prazo de quarenta e oito horas, após se tornar inativo.

§ 4º. Deferido o registro de militar candidato, o Tribunal comunicará a decisão à autoridade a que o militar estiver subordinado, cabendo igual obrigação ao partido político, quando o escolher candidato (Código Eleitoral, art. 98, parágrafo único).

Art. 13. Os magistrados, os membros dos tribunais de contas e os do Ministério Público devem filiar-se a partido político e afastar-se definitivamente de suas funções até seis meses antes das eleições.

Art. 14. São inelegíveis:

I – os inalistáveis e os analfabetos (Constituição Federal, art. 14, § 4º);

II – no território de jurisdição do titular, o cônjuge e os parentes consanguíneos ou afins, até o segundo grau ou por adoção, do presidente da República, de governador de Estado, de território, ou do Distrito Federal, de prefeito ou de quem os haja substituído dentro dos seis meses anteriores ao pleito, salvo se já titular de mandato eletivo e candidato à reeleição (Constituição, art. 14, § 7º);

III – os que se enquadrarem nas hipóteses previstas na Lei Complementar nº 64/1990.

§ 1º. Para se beneficiar da ressalva prevista no § 7º do art. 14 da Constituição, o suplente precisa ter assumido definitivamente o mandato (Ac.-TSE nº 19.422, de 23.8.2001).

§ 2º. O cônjuge e os parentes consanguíneos ou afins, até o segundo grau ou por adoção, do presidente da República, de governador de Estado, de território, ou do Distrito Federal são inelegíveis para sua sucessão, salvo se este, não tendo sido reeleito, se desincompatibilizar seis meses antes do pleito.

§ 3º. São inelegíveis a cargo diverso no mesmo município o cônjuge e os parentes consanguíneos ou afins, até o segundo grau ou por adoção, do presidente da República, de governador de Estado, de território, ou do Distrito Federal já reeleito, salvo se este renunciar até seis meses antes das eleições.

§ 4º. A dissolução da sociedade conjugal, no curso do mandato, não afasta a inelegibilidade de que cuida o § 7º do art. 14 da Constituição da República (Resolução TSE nº 21.495, de 9.9.2003).

Art. 15. O presidente da República, os governadores de Estado e do Distrito Federal e quem os houver sucedido ou substituído no curso dos mandatos poderão concorrer à reeleição para um único período subsequente (Constituição Federal, art. 14, § 5º).

§ 1º. Para concorrerem a outros cargos, o presidente da República, os governadores de Estado e do Distrito Federal e os prefeitos devem renunciar aos respectivos mandatos até seis meses antes do pleito (Constituição Federal, art. 14, § 6º).

§ 2º. O presidente da República e os governadores de Estado e do Distrito Federal reeleitos não poderão candidatar-se ao mesmo cargo, nem ao cargo de vice, para mandato consecutivo na mesma circunscrição.

Capítulo IV
Do Número das Legendas Partidárias e dos Candidatos

Art. 16. Aos partidos políticos ficará assegurado o direito de manter os números atribuídos à sua legenda na eleição anterior, e aos candidatos, nessa hipótese, o direito de manter os números que lhes foram atribuídos na eleição anterior para o mesmo cargo (Lei nº 9.504/1997, art. 15, § 1º).

§ 1º. Aos candidatos de partidos políticos resultantes de fusão será permitido:

I – desde que o número do novo partido político coincida com aquele ao qual pertenciam, manter os números que lhes foram atribuídos na eleição anterior para o mesmo cargo;

II – quando o número do novo partido político não coincidir com aquele ao qual pertenciam e desde que outro candidato não tenha preferência sobre o número que vier a ser composto, manter, para o mesmo cargo, os dois dígitos finais dos números que lhes foram atribuídos na eleição anterior para a Câmara dos Deputados e três dígitos para as Assembleias Legislativas e Câmara Distrital.

§ 2º. Os candidatos de coligações, nas eleições majoritárias, serão registrados com o número da legenda do respectivo partido e, nas eleições proporcionais, com o número da legenda do respectivo partido, acrescido do número que lhes couber.

Art. 17. A identificação numérica dos candidatos dar-se-á mediante a observação dos seguintes critérios (Lei nº 9.504/1997, art. 15, I a IV e § 3º):

I – os candidatos aos cargos de presidente da República e governador concorrerão com o número identificador do partido político ao qual estiverem filiados;

II – os candidatos ao cargo de senador concorrerão com o número identificador do partido político ao qual estiverem filiados, seguido de um algarismo à direita;

III – os candidatos ao cargo de deputado federal concorrerão com o número identificador do partido político ao qual estiverem filiados, acrescido de dois algarismos à direita;

IV – os candidatos aos cargos de deputado estadual ou distrital concorrerão com o número identificador do partido político ao qual estiverem filiados, acrescido de três algarismos à direita.

§ 1º. Nos Estados em que for possível que o número de candidatos a deputado federal por um mesmo partido político exceda a centena, serão observados os seguintes critérios:

I – ao número do partido político ao qual estiverem filiados serão acrescidos três algarismos à direita;

II – aos candidatos que concorreram na eleição anterior ao mesmo cargo será facultado manter os mesmos dois algarismos finais;

III – não poderá haver número idêntico para candidato a deputado federal e a deputado estadual ou distrital, tendo este último preferência na utilização do número que lhe foi atribuído na eleição anterior.

§ 2º. A aplicação da regra do § 1º deste artigo será afastada desde que todos os partidos políticos participantes do pleito tenham apresentado ao Tribunal Regional Eleitoral renúncia ao direito de indicação de mais de cem candidatos.

Capítulo V – Do Registro dos Candidatos

Seção I
Do Número de Candidatos a Serem Registrados

Art. 18. Não é permitido registro de um mesmo candidato para mais de um cargo (Código Eleitoral, art. 88, *caput*).

Art. 19. Cada partido político ou coligação poderá requerer registro de um candidato a presidente da República, de um candidato a governador em cada Estado e no Distrito Federal, com seus respectivos vices, e de um candidato para o Senado Federal em cada unidade da Federação, estes com dois suplentes cada um (Constituição Federal, arts. 28, *caput*, 46, §§ 1º a 3º, e 77, *caput*).

Art. 20. Cada partido político poderá requerer o registro de candidatos para a Câmara dos Deputados e para as Câmara e Assembleias Legislativas até cento e cinquenta por cento do número de lugares a preencher (Lei nº 9.504/1997, art. 10, *caput*).

§ 1º. No caso de coligação para as eleições proporcionais, independentemente do número de partidos políticos que a integrem, poderão ser registrados candidatos até o dobro do número de lugares a preencher (Lei nº 9.504/1997, art. 10, § 1º).

§ 2º. Nas unidades da Federação em que o número de lugares a preencher para a Câmara dos Deputados não exceder vinte, cada partido político poderá requerer o registro de candidatos a deputado federal e a deputado estadual ou distrital até o dobro das respectivas vagas; havendo coligação, estes números poderão ser acrescidos de até mais cinquenta por cento (Lei nº 9.504/1997, art. 10, § 2º; Resolução TSE nº 20.046, de 9.12.1997).

§ 3º. No cálculo do número de lugares previsto no *caput* deste artigo, será sempre desprezada a fração, se inferior a meio, e igualada a um, nos demais casos (Lei nº 9.504/1997, art. 10, § 4º).

§ 4º. Do número de vagas resultante das regras previstas neste artigo, cada partido político ou coligação deverá reservar o mínimo de trinta por cento e respeitar o máximo de setenta por cento para candidaturas de cada sexo (Lei nº 9.504/1997, art. 10, § 3º).

§ 5º. Na reserva de vagas prevista no § 4º deste artigo, qualquer fração resultante será igualada a um no cálculo do percentual mínimo estabelecido para um dos sexos e desprezada no cálculo das vagas restantes para o outro sexo.

§ 6º. No caso de as convenções para a escolha de candidatos não indicarem o número máximo de candidatos previsto no *caput* e nos §§ 1º e 2º deste artigo, os órgãos de direção dos partidos políticos respectivos poderão preencher as vagas remanescentes até sessenta dias antes da eleição (Lei nº 9.504/1997, art. 10, § 5º; Código Eleitoral, art. 101, § 5º).

§ 7º. Não será possível a substituição de candidatos fora dos percentuais estabelecidos para cada sexo, nem mesmo por ocasião do preenchimento das vagas remanescentes (despacho no REsp nº 17.433, de 20.9.2000).

Seção II – Do Pedido de Registro

Art. 21. Os partidos políticos e as coligações solicitarão à Justiça Eleitoral o registro de seus candidatos até as dezenove horas do dia 5 de julho do ano da eleição (Lei nº 9.504/1997, art. 11, *caput*).

Art. 22. Os candidatos a presidente e vice-presidente da República serão registrados no Tribunal Superior Eleitoral; os candidatos a governador e vice-governador, senador e respectivos suplentes, e a deputado federal, estadual ou distrital serão registrados nos tribunais regionais eleitorais (Código Eleitoral, art. 89, I e II).

§ 1º. O registro de candidatos a presidente e a vice-presidente da República e a governador e a vice-governador de Estado ou do Distrito Federal far-se-á sempre em chapa única e indivisível, ainda que resulte da indicação de coligação (Código Eleitoral, art. 91).

§ 2º. O registro de candidato a senador far-se-á com os dos respectivos suplentes (Código Eleitoral, art. 91, § 1º).

Art. 23. O pedido de registro deverá ser apresentado pelos partidos políticos e coligações por meio dos formulários Demonstrativo de Regularidade de Atos Partidários (DRAP) e Requerimento de Registro de Candidatura (RRC), acompanhados de via impressa assinada pelo requerente.

§ 1º. Os formulários deverão ser apresentados em meio magnético e gerados pelo programa desenvolvido pelo Tribunal Superior Eleitoral.

§ 2º. O programa poderá ser obtido na página do Tribunal Superior Eleitoral (www.tse.gov.br), na dos tribunais regionais eleitorais ou fornecido pela Secretaria dos Tribunais, desde que providenciadas pelos interessados as mídias para gravação.

§ 3º. O pedido será subscrito pelo presidente do diretório nacional ou regional, ou da respectiva comissão diretora provisória, ou por delegado autorizado (Código Eleitoral, art. 94).

§ 4º. Na hipótese de coligação, o pedido de registro dos candidatos deverá ser subscrito pelos presidentes dos partidos políticos coligados, por seus delegados, pela maioria dos membros dos respectivos órgãos executivos de direção ou por representante da coligação designado na forma do inciso I do art. 5º destas instruções (Lei nº 9.504/1997, art. 6º, § 3º, II).

§ 5º. Com o requerimento de registro, o partido político ou a coligação fornecerá o número de fac-símile e o endereço de correio eletrônico no qual poderá receber intimações e comunicados e, no caso de coligação, deverá indicar, ainda, o nome da pessoa designada para representá-la perante a Justiça Eleitoral (Lei nº 9.504/1997, art. 6º, § 3º, IV, "a", "b" e "c").

Art. 24. Na hipótese de o partido político ou a coligação não requerer o registro de seus candidatos, estes poderão fazê-lo perante o Tribunal Eleitoral competente até as dezenove horas do dia 7 de julho do ano da eleição, apresentando o formulário Demonstrativo de Regularidade de Atos Partidários (DRAP) e o formulário Requerimento de Registro de Candidatura Individual (RRCI) (Lei nº 9.504/1997, art. 11, § 4º).

Parágrafo único. Caso o partido político ou a coligação já tenha requerido o registro de algum de seus candidatos, apresentando o Demonstrativo de Regularidade de Atos Partidários (DRAP), os candidatos cujos registros não foram solicitados deverão apresentar somente os Requerimentos de Registro de Candidatura Individual (RRCI).

Art. 25. O pedido de registro deverá ser instruído com os seguintes documentos (Lei nº 9.504/1997, art. 11, § 1º, II, IV, VII e VIII):

I – declaração de bens do candidato atualizada e por ele assinada;

II – certidões criminais fornecidas pela Justiça Federal e Estadual com jurisdição no domicílio eleitoral do candidato e pelos tribunais competentes quando os candidatos gozarem de foro especial;

III – fotografia recente do candidato, preferencialmente em preto e branco, observado o seguinte:

a) dimensões: 5 x 7cm, sem moldura;

b) papel fotográfico: fosco ou brilhante;

c) cor de fundo:uniforme, preferencialmente branca;

d) características: frontal (busto), trajes adequados para fotografia oficial e sem adornos que tenham conotação de propaganda eleitoral, que induzam ou dificultem o reconhecimento pelo eleitor;

IV – comprovante de escolaridade;

V – prova de desincompatibilização, quando for o caso.

§ 1º. As certidões a que se refere o inciso II deste artigo poderão ser obtidas pela Internet, quando tal serviço estiver disponível.

§ 2º. A ausência do comprovante a que se refere o inciso IV deste artigo poderá ser suprida por declaração de próprio punho, podendo a exigência de alfabetização do candidato ser aferida por outros meios, desde que individualmente.

Art. 26. Os requisitos legais referentes à filiação partidária, domicílio e quitação eleitoral, e à inexistência de crimes eleitorais serão aferidos com base nas informações constantes dos bancos de dados da Justiça Eleitoral, sendo dispensada a apresentação dos documentos comprobatórios pelos requerentes (Lei nº 9.504/1997, art. 11, § 1º, III, V, VI e VII).

Art. 27. Os formulários e todos os documentos que acompanharem o pedido de registro serão públicos e poderão ser livremente consultados pelos interessados.

Art. 28. O formulário Demonstrativo de Regularidade de Atos Partidários (DRAP) deverá ser apresentado com cópia da ata da convenção, digitada ou datilografada e conferida pela Secretaria do Tribunal (Lei nº 9.504/1997, art. 11, § 1º, I; Código Eleitoral, art. 94, § 1º, I).

Art. 29. O candidato será identificado pelo nome e número indicados no pedido de registro.

Art. 30. O nome indicado, que será também utilizado na urna eletrônica, terá no máximo trinta caracteres, incluindo-se o espaço entre os nomes, podendo ser o prenome, sobrenome, cognome, nome abreviado, apelido ou nome pelo qual o candidato é mais conhecido, desde que não se estabeleça dúvida quanto à sua identidade, não atente contra o pudor e não seja ridículo ou irreverente.

Parágrafo único. O candidato que, mesmo depois de intimado, não indicar o nome que deverá constar da urna eletrônica, concorrerá com seu nome próprio, o qual, no caso de homonímia ou de ultrapassar o limite de caracteres, será adaptado na oportunidade do julgamento do pedido de registro.

Art. 31. Verificada a ocorrência de homonímia, a Justiça Eleitoral procederá atendendo ao seguinte (Lei nº 9.504/1997, art. 12, § 1º, I a V):

I – havendo dúvida, poderá exigir do candidato prova de que é conhecido pela opção de nome indicada no pedido de registro;

II – ao candidato que, até 5 de julho do ano da eleição, estiver exercendo mandato eletivo, ou o tenha exercido nos últimos quatro anos, ou que, nesse mesmo prazo, se tenha candidatado com o nome que indicar, será deferido o seu uso, ficando outros candidatos impedidos de fazer propaganda com esse mesmo nome;

III – ao candidato que, por sua vida política, social ou profissional, for identificado pelo nome que tiver indicado será deferido o seu uso, ficando outros candidatos impedidos de fazer propaganda com o mesmo nome;

IV – tratando-se de candidatos cuja homonímia não se resolva pelas regras dos incisos II e III deste artigo, a Justiça Eleitoral deverá notificá-los para que, em dois dias, cheguem a acordo sobre os respectivos nomes a serem usados;

V – não havendo acordo no caso do inciso IV deste artigo, a Justiça Eleitoral registrará cada candidato com o nome e sobrenome constantes do pedido de registro.

§ 1º. A Justiça Eleitoral poderá exigir do candidato prova de que é conhecido por determinado nome por ele indicado, quando seu uso puder confundir o eleitor (Lei nº 9.504/1997, art. 12, § 2º).

§ 2º. A Justiça Eleitoral indeferirá todo pedido de nome coincidente com nome de candidato à eleição majoritária, salvo para candidato que esteja exercendo mandato eletivo ou o tenha exercido nos últimos quatro anos, ou que, nesse mesmo prazo, tenha concorrido em eleição com o nome coincidente (Lei nº 9.504/1997, art. 12, § 3º).

Art. 32. Havendo qualquer falha ou omissão no pedido de registro que possa ser suprida pelo candidato, partido político ou coligação, o relator converterá o julgamento em diligência para que o vício seja sanado, no prazo de setenta e duas horas, contado da respectiva intimação, que poderá ser feita por fac-símile, correio eletrônico ou telegrama (Lei nº 9.504/1997, art. 11, § 3º).

Art. 33. Nos casos de dissidência partidária interna, de que resulte mais de um pedido de registro de candidatura para o mesmo cargo, a Secretaria Judiciária submeterá os pedidos ao relator.

Seção III – Das Impugnações

Art. 34. Caberá a qualquer candidato, a partido político, a coligação ou ao Ministério Público, no prazo de cinco dias, contados da publicação, na imprensa oficial, do edital relativo ao pedido de registro, impugná-lo em petição fundamentada (Lei Complementar nº 64/1990, art. 3º, *caput*).

§ 1º. A impugnação por parte do candidato, do partido político ou da coligação não impede a ação do Ministério Público no mesmo sentido (Lei Complementar nº 64/1990, art. 3º, § 1º).

§ 2º. Não poderá impugnar o registro de candidato o representante do Ministério Público que, nos dois anos anteriores, tenha disputado cargo eletivo, integrado diretório de partido político ou exercido atividade político-partidária (Lei Complementar nº 64/1990, art. 3º, § 2º; Lei Complementar nº 75/1993, art. 80).

§ 3º. O impugnante especificará, desde logo, os meios de prova com que pretende demonstrar a veracidade do alegado, arrolando testemunhas, se for o caso, no máximo de seis (Lei Complementar nº 64/1990, art. 3º, § 3º).

Art. 35. Qualquer cidadão no gozo de seus direitos políticos poderá, no mesmo prazo previsto no art. 34

destas instruções, mediante petição fundamentada, dar notícia de inelegibilidade, sobre a qual, após a audiência do candidato, se manifestará o Ministério Público Eleitoral no prazo de dois dias (Ac.-TSE nº 12.375, DJ de 21.9.1992).

Art. 36. A partir da data em que terminar o prazo para impugnação, passará a correr, após notificação via telegrama, fac-símile ou correio eletrônico, o prazo de sete dias para que o candidato, o partido político ou a coligação possa contestá-la ou se manifestar sobre a notícia de inelegibilidade, juntar documentos, indicar rol de testemunhas e requerer a produção de outras provas, inclusive documentais, que se encontrarem em poder de terceiros, de repartições públicas ou em procedimentos judiciais, ou administrativos, salvo os processos que estiverem tramitando em segredo de justiça (Lei Complementar nº 64/1990, art. 4º).

Art. 37. Decorrido o prazo do art. 36 destas instruções, se não se tratar apenas de matéria de direito, e a prova protestada for relevante, o relator designará os quatro dias seguintes para inquirição das testemunhas do impugnante e do impugnado, as quais comparecerão por iniciativa das partes que as tiverem arrolado, após notificação (Lei Complementar nº 64/1990, art. 5º, *caput*).

§ 1º. As testemunhas do impugnante e do impugnado serão ouvidas em uma só assentada (Lei Complementar nº 64/1990, art. 5º, § 1º).

§ 2º. Nos cinco dias subsequentes, o relator procederá a todas as diligências que determinar, de ofício ou a requerimento das partes (Lei Complementar nº 64/1990, art. 5º, § 2º).

§ 3º. No mesmo prazo, o relator poderá ouvir terceiros referidos pelas partes ou testemunhas, como conhecedores dos fatos e das circunstâncias que possam influir na decisão da causa (Lei Complementar nº 64/1990, art. 5º, § 3º).

§ 4º. Quando qualquer documento necessário à formação da prova se achar em poder de terceiro, o relator poderá, ainda, no mesmo prazo de cinco dias, ordenar o respectivo depósito (Lei Complementar nº 64/1990, art. 5º, § 4º).

§ 5º. Se o terceiro, sem justa causa, não exibir o documento, ou não comparecer a juízo, poderá o relator contra ele expedir mandado de prisão e instaurar processo por crime de desobediência (Lei Complementar nº 64/1990, art. 5º, § 5º).

Art. 38. Encerrado o prazo da dilação probatória, nos termos do art. 37 destas instruções, as partes, inclusive o Ministério Público, poderão apresentar alegações no prazo comum de cinco dias (Lei Complementar nº 64/1990, art. 6º).

Art. 39. Encerrado o prazo para alegações ou para manifestação do Ministério Público, quando se tratar de notícia de inelegibilidade, os autos serão conclusos ao relator no dia imediato (Lei Complementar nº 64/1990, art. 7º, *caput*).

Seção IV – Do Julgamento dos Pedidos de Registro

Art. 40. O registro de candidato inelegível ou que não atenda às condições de elegibilidade será indeferido, ainda que não tenha havido impugnação.

Art. 41. O Tribunal formará sua convicção pela livre apreciação da prova, atendendo aos fatos e às circunstâncias constantes dos autos, ainda que não alegados pelas partes, mencionando, na decisão, os que motivaram seu convencimento (Lei Complementar nº 64/1990, art. 7º, parágrafo único).

Art. 42. O pedido de registro, com ou sem impugnação, será julgado no prazo de três dias após a conclusão dos autos, independentemente de publicação de pauta (Lei Complementar nº 64/1990, art. 13, *caput*).

Parágrafo único. A impugnação, o registro do candidato e as questões relativas à homonímia serão julgados em uma só decisão.

Art. 43. Na sessão de julgamento, feito o relatório, será facultada a palavra às partes e ao Ministério Público pelo prazo de dez minutos (Lei Complementar nº 64/1990, art. 11, *caput*, c/c art. 13, parágrafo único).

§ 1º. Havendo pedido de vista, o julgamento deverá ser retomado na sessão seguinte.

§ 2º. Proclamado o resultado, o Tribunal se reunirá para a lavratura do acórdão, no qual serão indicados o direito, os fatos e as circunstâncias, com base nos fundamentos do voto proferido pelo relator ou do voto vencedor (Lei Complementar nº 64/1990, art. 11, § 1º).

§ 3º. Terminada a sessão, far-se-ão a leitura e a publicação do acórdão, passando a correr dessa data o prazo de três dias para a interposição de recurso (Lei Complementar nº 64/1990, art. 11, § 2º).

Art. 44. Todos os pedidos de registro, inclusive os impugnados, deverão estar julgados e as respectivas decisões publicadas até o dia 23 de agosto do ano da eleição (Lei Complementar nº 64/1990, art. 3º e seguintes).

Parágrafo único. Após decidir sobre os pedidos de registro, a Justiça Eleitoral publicará no Diário Oficial relação dos nomes dos candidatos e respectivos números com os quais concorrerão nas eleições, inclusive daqueles cujos pedidos indeferidos se encontrem em grau de recurso.

Art. 45. Havendo recurso para o Tribunal Superior Eleitoral, a partir da data em que for protocolizada a petição, passará a correr o prazo de três dias para a apresentação de contrarrazões, notificado o recorrido por telegrama, fac-símile ou correio eletrônico. (Lei Complementar nº 64/1990, art. 12, *caput*).

§ 1º. Apresentadas as contrarrazões ou transcorrido o respectivo prazo, os autos serão remetidos ao Tribunal Superior Eleitoral no dia seguinte, inclusive por portador, correndo as despesas do transporte, nesse último caso, por conta do recorrente (Lei Complementar nº 64/1990, art. 8º, § 2º, c/c art. 12, parágrafo único).

§ 2º. O recurso para o Tribunal Superior Eleitoral subirá imediatamente, dispensado o juízo de admissibilidade (Lei Complementar nº 64/1990, art. 12, parágrafo único).

§ 3º. A Secretaria do Tribunal Regional Eleitoral comunicará, imediatamente, à Secretaria do Tribunal Superior Eleitoral, por telex, fac-símile ou correio eletrônico, a remessa dos autos, indicando o meio, a data e, se houver, o número do conhecimento.

§ 4º. Os recursos e as respectivas contrarrazões poderão ser enviados por fac-símile, dispensado o envio dos originais, salvo os interpostos da decisão do Tribunal Superior Eleitoral para o Supremo Tribunal Federal.

Seção V – Do Julgamento dos Recursos no Tribunal Superior Eleitoral

Art. 46. Recebidos os autos na Secretaria do Tribunal Superior Eleitoral, estes serão autuados e apresentados no mesmo dia ao presidente, que, também na mesma data, os distribuirá a um relator e mandará abrir vista ao Ministério Público Eleitoral, pelo prazo de dois dias (Lei Complementar nº 64/1990, art. 10, *caput*).

Parágrafo único. Findo o prazo, com ou sem parecer, os autos serão enviados ao relator, que os apresentará em mesa para julgamento, em três dias, independentemente de publicação de pauta (Lei Complementar nº 64/1990, art. 10, parágrafo único).

Art. 47. Na sessão de julgamento, feito o relatório, será facultada a palavra às partes e ao Ministério Público pelo prazo de dez minutos (Lei Complementar nº 64/1990, art. 11, *caput*; RITSE, art. 23, *caput*).

§ 1º. Havendo pedido de vista, o julgamento deverá ser retomado na sessão seguinte.

§ 2º. Proclamado o resultado, o Tribunal se reunirá para a lavratura do acórdão, no qual serão indicados o direito, os fatos e as circunstâncias, com base nos fundamentos contidos do voto proferido pelo relator ou do voto vencedor (Lei Complementar nº 64/1990, art. 11, § 1º).

§ 3º. Terminada a sessão, far-se-ão a leitura e a publicação do acórdão, passando a correr dessa data o prazo de três dias para a interposição de recurso extraordinário para o Supremo Tribunal Federal (Constituição Federal, art. 121, § 3º; Lei Complementar nº 64/1990, art. 11, § 2º).

Art. 48. Havendo recurso, a partir da data em que for protocolizada a petição, passará a correr o prazo de três dias para a apresentação de contrarrazões, notificado o recorrido por telegrama, fac-símile ou correio eletrônico (Lei Complementar nº 64/1990, art. 12, *caput*).

Art. 49. Todos os recursos sobre pedido de registro de candidatos deverão estar julgados e publicadas as respectivas decisões até o dia 20 de setembro do ano da eleição (Lei Complementar nº 64/1990, arts. 3º e seguintes).

Capítulo VI – Da Substituição de Candidatos

Art. 50. O partido político poderá requerer, até a data da eleição, o cancelamento do registro do candidato que dele for expulso, em processo no qual seja assegurada ampla defesa e sejam observadas as normas estatutárias (Lei nº 9.504/1997, art. 14).

Art. 51. Será facultado ao partido político ou à coligação substituir candidato que for considerado inelegível, renunciar ou falecer após o termo final do prazo do registro ou, ainda, tiver seu registro cassado, indeferido ou cancelado (Lei nº 9.504/1997, art. 13, *caput*; Lei Complementar nº 64/1990, art. 17; Código Eleitoral, art. 101, § 1º).

§ 1º. O ato de renúncia, datado e assinado, deverá ser expresso em documento com firma reconhecida por tabelião ou por duas testemunhas, e o prazo para substituição será contado da publicação da decisão que a homologar.

§ 2º. A escolha do substituto far-se-á na forma estabelecida no estatuto do partido político a que pertencer o substituído, e o registro deverá ser requerido até dez dias contados do fato ou da decisão judicial que deu origem à substituição (Lei nº 9.504/1997, art. 13, § 1º).

Art. 52. Nas eleições majoritárias, a substituição poderá ser requerida até vinte e quatro horas antes da eleição, desde que observado o prazo de dez dias contados do fato ou da decisão judicial que deu origem à substituição.

§ 1º. Se o candidato for de coligação, a substituição deverá ser feita por decisão da maioria absoluta dos órgãos executivos de direção dos partidos políticos coligados, podendo o substituto ser filiado a qualquer partido dela integrante, desde que o partido político ao qual pertencia o substituído renuncie ao direito de preferência (Lei nº 9.504/1997, art. 13, § 2º).

§ 2º. Se ocorrer a substituição de candidatos ao cargo majoritário após a geração das tabelas para elaboração da lista de candidatos e preparação das urnas, o substituto concorrerá com o nome, o número e, na urna eletrônica, com a fotografia do substituído, computando-se-lhe os votos a este atribuídos.

Art. 53. Nas eleições proporcionais, a substituição só se efetivará se o novo pedido, com a observância de todas as formalidades exigidas para o registro, for apresentado até dez dias contados do fato ou da decisão judicial que deu origem à substituição, observado o limite legal de sessenta dias antes do pleito (Lei nº 9.504/1997, art. 13, § 3º; Código Eleitoral, art. 101, § 1º).

Art. 54. O pedido de registro de substituto deverá ser apresentado por meio do Requerimento de Registro de Candidatura (RRC), instruído com a documentação do candidato e com a comprovação de ter sido escolhido na forma do estatuto partidário, dispensada a apresentação de Demonstrativo de Regularidade de Atos Partidários (DRAP) e dos demais documentos que o acompanham.

Capítulo VII
Dos Procedimentos Técnicos-Operacionais

Art. 55. Decididos todos os pedidos de registro, os partidos políticos, as coligações e os candidatos serão notificados, por edital, publicado na Imprensa Oficial, para a audiência de verificação das fotografias e dos dados que constarão na urna eletrônica, a ser realizada anteriormente ao fechamento do sistema de candidaturas.

§ 1º. Constatado que a definição da foto digitalizada poderá dificultar o reconhecimento do candidato, a fotografia poderá ser substituída no prazo de dois dias, desde que requerido na audiência de verificação.

§ 2º. O não comparecimento dos interessados ou de seus representantes implica aceite tácito, não podendo ser suscitada questão relativa a problemas de exibição devido à má qualidade da foto apresentada.

§ 3º. Da audiência de verificação será lavrada ata, consignando as ocorrências e manifestações dos interessados.

Capítulo VIII – Disposições Gerais

Art. 56. A declaração de inelegibilidade do candidato à presidência da República, ou a governador de Estado ou do Distrito Federal, não atingirá o candidato/a a vice-presidente ou a vice-governador, assim como a destes não atingirá aqueles (Lei Complementar nº 64/1990, art. 18).

Art. 57. Os tribunais eleitorais deverão cancelar automaticamente o registro de candidato que venha a renunciar ou falecer.

Art. 58. O candidato que tiver seu registro indeferido poderá recorrer da decisão e, enquanto estiver *sub judice*, prosseguir em sua campanha e ter seu nome mantido na urna eletrônica.

Art. 59. Transitada em julgado a decisão que declarar a inelegibilidade do candidato, ser-lhe-á negado o registro, ou cancelado, se já tiver sido feito, ou declarado nulo o diploma, se já expedido (Lei Complementar nº 64/1990, art. 15).

Art. 60. Constitui crime eleitoral a arguição de inelegibilidade ou a impugnação de registro de candidato feita por interferência do poder econômico, desvio ou abuso do poder de autoridade, deduzida de forma temerária ou de manifesta má-fé, incorrendo os infratores na pena de detenção de seis meses a dois anos e multa (Lei Complementar nº 64/1990, art. 25).

Art. 61. Os prazos a que se referem estas instruções serão peremptórios e contínuos e não se suspendem aos sábados, domingos e feriados, entre 5 de julho do ano da eleição e a proclamação dos eleitos, inclusive em segundo turno. (Lei Complementar nº 64/1990, art. 16).

Art. 62. Estas instruções entrarão em vigor na data de sua publicação.

Sala de Sessões do Tribunal Superior Eleitoral.

Brasília, 3 de março de 2006.

Ministro Gilmar Mendes – Presidente

DJU de 14.3.2006

Fonte: www.tse.gov.br/legislacao

RESOLUÇÃO TSE Nº 22.250, DE 29 DE JUNHO DE 2006

Dispõe sobre a arrecadação e a aplicação de recursos nas campanhas eleitorais e sobre a prestação de contas.

O Tribunal Superior Eleitoral, usando das atribuições que lhe conferem o art. 23, IX, do Código Eleitoral, o art. 105 da Lei nº 9.504, de 30 de setembro de 1997, e o art. 2º da Lei nº 11.300, de 10 de maio de 2006, resolve:

TÍTULO I
DA ARRECADAÇÃO E APLICAÇÃO DE RECURSOS

Capítulo I – Das Disposições Gerais

Art. 1º. Sob pena de rejeição das contas, a arrecadação de recursos e a realização de gastos por candidatos e comitês financeiros só poderão ocorrer após observância dos seguintes requisitos:

I – solicitação do registro do candidato;

II – solicitação do registro do comitê financeiro;

III – inscrição no Cadastro Nacional da Pessoa Jurídica (CNPJ);

IV – abertura de conta bancária específica para a movimentação financeira de campanha, salvo para os candidatos a vice e a suplente;

V – obtenção dos recibos eleitorais.

Parágrafo único. Para os fins destas instruções, são considerados recursos, ainda que fornecidos pelo próprio candidato:

I – cheque ou transferência bancária;

II – título de crédito;

III – bens e serviços estimáveis em dinheiro.

Seção I – Do Limite de Gastos

Art. 2º. Juntamente com o pedido de registro de seus candidatos, os partidos políticos comunicarão à Justiça Eleitoral os valores máximos de gastos que farão por candidatura em cada eleição em que concorrerem (Lei nº 9.504/1997, art. 18, cabeça do artigo).

§ 1º. Os valores máximos de gastos relativos à candidatura de vice ou de suplente serão incluídos naqueles pertinentes à candidatura do titular e serão informados pelo partido político a que forem filiados os candidatos a presidente da República, governador ou senador.

§ 2º. Tratando-se de coligação, cada partido político que a integra fixará para seus candidatos o valor máximo de gastos de que trata este artigo (Lei nº 9.504/1997, art. 18, § 1º).

§ 3º. Gastar recursos além dos valores declarados nos termos deste artigo sujeita o responsável ao pagamento de multa no valor de cinco a dez vezes a quantia em excesso, a qual deverá ser recolhida no prazo de cinco dias úteis, contados da intimação; o responsável pode responder, ainda, por abuso do poder econômico, nos termos do art. 22 da Lei Complementar nº 64/1990 (Lei nº 9.504/1997, art. 18, § 2º).

Seção II – Dos Recibos Eleitorais

Art. 3º. Os recibos eleitorais são documentos oficiais que viabilizam e tornam legítima a arrecadação de recursos para a campanha, considerando-se imprescindíveis seja qual for a natureza do recurso, ainda que do próprio candidato, não se eximindo desta obrigação aquele que, por qualquer motivo, não disponha dos recibos.

Art. 4º. Os diretórios nacionais dos partidos políticos são responsáveis pela confecção dos recibos eleitorais, conforme anexo I, e pela distribuição aos respectivos comitês financeiros nacionais, estaduais ou distritais, que deverão repassá-los aos candidatos antes do início da arrecadação de recursos.

§ 1º. O diretório nacional poderá delegar aos diretórios regionais, por autorização expressa, competência para confecção e distribuição dos recibos eleitorais, sem prejuízo da responsabilidade prevista no *caput* deste artigo.

§ 2º. Os recibos terão numeração seriada única com onze dígitos, devendo ser iniciada com o número do partido político.

§ 3º. O candidato que não receber os recibos eleitorais deverá retirá-los no respectivo comitê financeiro, antes do início da arrecadação.

Art. 5º. Os diretórios nacionais dos partidos políticos deverão informar, por meio do Sistema de Recibos Eleitorais, instituído pelo Tribunal Superior Eleitoral:

I – a relação dos recibos eleitorais distribuídos, com indicação da numeração sequencial e dos respectivos comitês financeiros beneficiários;

II – o nome, o endereço, o número de inscrição no CNPJ e o telefone da empresa responsável pela confecção dos recibos eleitorais, bem como o valor, o número, a data de emissão do documento fiscal e a quantidade de recibos confeccionados.

Parágrafo único. As informações de que trata este artigo deverão ser encaminhadas até oito dias após cada eleição.

Seção III
Dos Comitês Financeiros dos Partidos Políticos

Art. 6º. Até dez dias úteis após a escolha de seus candidatos em convenção, o partido constituirá comitês financeiros, com a finalidade de arrecadar recursos e aplicá-los nas campanhas eleitorais, podendo optar pela criação de (Lei nº 9.504/1997, art. 19, cabeça do artigo):

I – um único comitê que compreenda todas as eleições de determinada circunscrição; ou

II – um comitê para cada eleição em que o partido apresente candidato próprio, na forma descrita a seguir:

a) comitê financeiro nacional para presidente da República;

b) comitê financeiro estadual ou distrital para governador;

c) comitê financeiro estadual ou distrital para senador;

d) comitê financeiro estadual ou distrital para deputado federal;

e) comitê financeiro estadual ou distrital para deputado estadual ou distrital.

§ 1º. Na eleição presidencial é obrigatória a criação de comitê financeiro nacional e facultativa a de comitês estaduais ou distrital (Lei nº 9.504/1997, art. 19, § 2º).

§ 2º. Os comitês financeiros serão constituídos por tantos membros quantos forem indicados pelo partido, sendo obrigatória a designação de, no mínimo, um presidente e um tesoureiro.

§ 3º. O partido coligado, nas eleições majoritárias, estará dispensado de constituir comitê financeiro, desde que não apresente candidato próprio.

§ 4º. Não será admitida a constituição de comitê financeiro de coligação partidária.

Art. 7º. O comitê financeiro tem por atribuição (Lei nº 9.504/1997, arts. 19, 28, §§ 1º e 2º, e 29):

I – arrecadar e aplicar recursos de campanha;

II – distribuir aos candidatos os recibos eleitorais;

III – fornecer aos candidatos orientação sobre os procedimentos de arrecadação e de aplicação de recursos e sobre as respectivas prestações de contas;

IV – encaminhar à Justiça Eleitoral a prestação de contas dos candidatos às eleições majoritárias, que abrangerá a de seus vices e suplentes;

V – encaminhar à Justiça Eleitoral a prestação de contas dos candidatos às eleições proporcionais, caso estes não o façam diretamente.

Art. 8º. Os comitês financeiros serão registrados, até cinco dias após sua constituição, perante o tribunal eleitoral responsável pelo registro dos candidatos (Lei nº 9.504/1997, art. 19, § 3º).

Art. 9º. O pedido de registro do comitê financeiro será protocolado, autuado em classe própria, distribuído por dependência ao relator do pedido de registro dos respectivos candidatos e instruído com:

I – cópia da ata da reunião lavrada pelo partido, na qual foi deliberada sua constituição, com a data desta e especificação do tipo de comitê;

II – relação nominal de seus membros, com suas funções, os números de identificação no Cadastro de Pessoas Físicas (CPF) e respectivas assinaturas;

III – endereço, número do fac-símile ou endereço do correio eletrônico por meio dos quais receberá intimações e comunicados da Justiça Eleitoral.

§ 1º. A Justiça Eleitoral colocará à disposição dos comitês financeiros sistema próprio para registro das informações a que se referem os incisos II e III deste artigo.

§ 2º. O comitê financeiro deverá encaminhar os formulários devidamente assinados e acompanhados dos respectivos disquetes.

§ 3º. Distribuídos os autos, a Secretaria Judiciária do tribunal eleitoral, de ofício, remeterá o processo à unidade técnica responsável pela análise das contas, para manifestação sobre a regularidade, ou não, da constituição do comitê financeiro, sugerindo, se for o caso, as diligências necessárias.

§ 4º. Em seguida, os autos serão conclusos ao relator, que, se for o caso, determinará o cumprimento de diligências, assinalando prazo não superior a setenta e duas horas, sob pena de indeferimento do pedido de registro do comitê.

§ 5º. Regular a documentação, será deferido o registro do comitê e remetidos os autos à unidade técnica, onde permanecerão até a prestação de contas.

§ 6º. Não apresentado o pedido de registro do comitê financeiro, a Secretaria Judiciária certificará o fato nos autos do processo de registro de candidatura, comunicando-o à unidade técnica responsável pela análise das contas partidárias.

Seção IV – Da Conta Bancária

Art. 10. É obrigatória a abertura de conta bancária específica em nome do candidato e do comitê financeiro, para registro de todo o movimento financeiro da campanha, inclusive dos recursos próprios dos candidatos e dos oriundos da comercialização de produtos e realização de eventos, vedado o uso de conta bancária preexistente (Lei nº 9.504/1997, art. 22, cabeça do artigo).

§ 1º. A obrigação prevista neste artigo independe de o candidato ou comitê disporem de recursos financeiros.

§ 2º. Os candidatos a vice e os suplentes não serão obrigados a abrir conta bancária específica, mas, se o fizerem, os documentos respectivos deverão compor a prestação de contas dos titulares.

§ 3º. A conta bancária vincular-se-á à inscrição no CNPJ que será atribuída em conformidade com o disposto na Instrução Normativa Conjunta SRF/TSE nº 609, de 10 de janeiro de 2006.

§ 4º. A movimentação bancária de qualquer natureza será feita por meio de cheque nominal ou transferência bancária.

§ 5º. Os bancos são obrigados a acatar o pedido de abertura de conta de qualquer comitê financeiro ou candidato escolhido em convenção, sendo-lhes vedado condicioná-la a depósito mínimo (Lei nº 9.504/1997, art. 22, § 1º).

§ 6º. O uso de recursos financeiros para pagamentos de gastos eleitorais que não provenham da conta específica de que trata a cabeça deste artigo implicará a desaprovação da prestação de contas do partido ou candidato; comprovado abuso do poder econômico, será cancelado o registro da candidatura ou cassado o diploma, se já houver sido outorgado (Lei nº 9.504/1997, art. 22, § 3º, acrescentado pela Lei nº 11.300/2006).

Art. 11. A conta bancária deve ser aberta mediante a apresentação dos seguintes documentos:

I – Requerimento de Abertura de Conta Eleitoral (RACE), conforme anexo II, disponível na página dos tribunais eleitorais;

II – comprovante de inscrição no CNPJ para as eleições, disponível na página da Secretaria da Receita Federal.

§ 1º. No caso de comitê financeiro, a conta bancária aberta para campanha eleitoral deve ser identificada com a denominação "ELEIÇÕES (ano) – COMITÊ FINANCEIRO – cargo eletivo ou a expressão ÚNICO – sigla do partido".

§ 2º. No caso de candidato, a conta bancária aberta para campanha eleitoral deve ser identificada com a denominação "ELEIÇÕES (ano) – nome do candidato – cargo eletivo".

Capítulo II – Da Arrecadação

Seção I – Das Origens dos Recursos

Art. 12. Os recursos destinados às campanhas eleitorais, respeitados os limites previstos nestas instruções, são os seguintes:

I – recursos próprios;

II – doações de pessoas físicas;

III – doações de pessoas jurídicas;

IV – doações de comitês financeiros ou partidos;

V – repasse de recursos provenientes do Fundo Partidário;

VI – receita decorrente da comercialização de bens ou da realização de eventos.

Art. 13. É vedado a partido e a candidato receber, direta ou indiretamente, doação em dinheiro ou estimável em dinheiro, inclusive por meio de publicidade de qualquer espécie, procedente de (Lei nº 9.504/1997, art. 24, I a XI – incisos VIII a XI acrescentados pela Lei nº 11.300/2006):

I – entidade ou governo estrangeiro;

II – órgão da administração pública direta e indireta ou fundação mantida com recursos provenientes do poder público;

III – concessionário ou permissionário de serviço público;

IV – entidade de direito privado que receba, na condição de beneficiária, contribuição compulsória em virtude de disposição legal;

V – entidade de utilidade pública;

VI – entidade de classe ou sindical;

VII – pessoa jurídica sem fins lucrativos que receba recursos do exterior;

VIII – entidades beneficentes e religiosas;

IX – entidades esportivas que recebam recursos públicos;

X – organizações não governamentais que recebam recursos públicos;

XI – organizações da sociedade civil de interesse público.

Parágrafo único. O uso de recursos recebidos de fontes vedadas constitui irregularidade insanável e causa para rejeição das contas, ainda que o valor seja restituído.

Seção II – Das Doações

Art. 14. A partir do registro dos comitês financeiros, pessoas físicas e jurídicas poderão fazer doações mediante cheque ou transferência bancária, ou ainda em bens e serviços estimáveis em dinheiro, para campanhas eleitorais. As doações e contribuições ficam limitadas (Lei nº 9.504/1997, arts. 23, § 1º, I e II e 81, § 1º):

I – a 10% dos rendimentos brutos auferidos no ano anterior à eleição, no caso de pessoa física;

II – a 2% do faturamento bruto do ano anterior à eleição, no caso de pessoa jurídica;

III – ao valor máximo do limite de gastos estabelecido pelo partido e informado à Justiça Eleitoral, caso o candidato utilize recursos próprios.

§ 1º. Toda doação a candidato ou a comitê financeiro, inclusive recursos próprios aplicados na campanha, deverá fazer-se mediante recibo eleitoral (Lei nº 9.504/1997, art. 23, § 2º).

§ 2º. A doação de quantia acima dos limites fixados neste artigo sujeita o infrator ao pagamento de multa no valor de cinco a dez vezes a quantia em excesso, sem prejuízo de responder o candidato por abuso do poder econômico, nos termos do art. 22 da Lei Complementar nº 64/1990 (Lei nº 9.504/1997, arts. 23, § 3º, e 81, § 2º).

§ 3º. Sem prejuízo do disposto no § 2º deste artigo, a pessoa jurídica que ultrapassar o limite de doação, fixado no inciso II deste artigo, estará sujeita à proibição de participar de licitações públicas e de celebrar contratos com o poder público pelo período de cinco anos, por decisão da Justiça Eleitoral, em processo no qual seja assegurada a ampla defesa (Lei nº 9.504/1997, art. 81, § 3º).

§ 4º. Para verificação da observância dos limites estabelecidos, após consolidação dos valores doados, a Justiça Eleitoral poderá solicitar informações de todos os órgãos que, em razão de sua competência, possam colaborar na apuração.

Art. 15. As doações realizadas entre candidatos e comitês financeiros deverão fazer-se mediante recibo eleitoral e não estarão sujeitas aos limites fixados no art. 14 destas instruções, à exceção daquelas oriundas de recursos próprios dos doadores, se candidatos.

Art. 16. As doações de recursos financeiros somente poderão ser efetuadas na conta mencionada no art. 10 desta Resolução por meio de (Lei nº 9.504/1997, art. 23, § 4º, com nova redação dada pela Lei nº 11.300/2006, e § 5º, acrescentado pela Lei nº 11.300/2006):

I – cheques cruzados e nominais ou transferência eletrônica de depósitos;

II – depósitos em espécie devidamente identificados com o nome e o número de inscrição no CPF ou CNPJ do doador até os limites fixados nos incisos I e II do art. 14.

Parágrafo único. O depósito de doações, em qualquer montante, realizado diretamente em conta bancária, não exime o candidato ou comitê financeiro de emitir o correspondente recibo eleitoral.

Art. 17. Ficam vedadas quaisquer doações em dinheiro, bem como de troféus, prêmios, ajudas de qualquer espécie feitas por candidato, entre o registro e a eleição, a pessoas físicas ou jurídicas (Lei nº 9.504/1997, art. 23, § 5º, acrescentado pela Lei nº 11.300/2006).

Seção III – Da Comercialização de Bens e da Realização de Eventos

Art. 18. Para a comercialização de bens ou a promoção de eventos que se destinem a arrecadar recursos para campanha eleitoral, o comitê financeiro ou candidato deverá:

I – comunicar sua realização, formalmente e com antecedência mínima de cinco dias, ao tribunal eleitoral, que poderá determinar a sua fiscalização;

II – comprovar a sua realização na prestação de contas, apresentando todos os documentos a ela pertinentes, inclusive os de natureza fiscal.

§ 1º. Os recursos arrecadados com a venda de bens ou com a realização de eventos, destinados a angariar recursos para a campanha eleitoral, serão considerados doação e estarão sujeitos aos limites legais e à emissão de recibos eleitorais.

§ 2º. O montante bruto dos recursos arrecadados deverá, antes de sua utilização, ser depositado na conta bancária específica.

Seção IV
Da Data Limite para a Arrecadação e Despesas

Art. 19. Os candidatos e comitês financeiros poderão arrecadar recursos e contrair obrigações até o dia da eleição.

§ 1º. Excepcionalmente, será permitida a arrecadação de recursos após o prazo fixado na cabeça deste artigo, exclusivamente para quitação de despesas já contraídas e não pagas até aquela data, as quais deverão estar integralmente quitadas até a data da entrega da prestação de contas à Justiça Eleitoral.

§ 2º. As despesas já contraídas e não pagas até a data a que se refere a cabeça deste artigo deverão ser comprovadas por documento fiscal emitido na data de sua realização.

Capítulo III – Dos Gastos Eleitorais

Seção I – Disposições Preliminares

Art. 20. São considerados gastos eleitorais, sujeitos a registro e aos limites fixados (Lei nº 9.504/1997, art. 26, com incisos acrescentados pela Lei nº 11.300/2006):

I – confecção de material impresso de qualquer natureza e tamanho;

II – propaganda e publicidade direta ou indireta, por qualquer meio de divulgação, destinada a conquistar votos;

III – aluguel de locais para a promoção de atos de campanha eleitoral;

IV – despesas com transporte ou deslocamento de candidato e de pessoal a serviço das candidaturas (Lei nº 9.504/1997, art. 26, inciso IV, com nova redação dada pela Lei nº 11.300/2006);

V – correspondências e remessas postais;

VI – instalação, organização e funcionamento de comitês e serviços necessários às eleições;

VII – remuneração ou gratificação de qualquer espécie, paga a quem preste serviços às candidaturas ou aos comitês eleitorais;

VIII – montagem e operação de carros de som, de propaganda e de assemelhados;

IX – a realização de comícios ou eventos destinados à promoção de candidatura (Lei nº 9.504/1997, art. 26, inciso IX, com nova redação dada pela Lei nº 11.300/2006);

X – produção de programas de rádio, televisão ou vídeo, inclusive os destinados à propaganda gratuita;

XI – realização de pesquisas ou testes pré-eleitorais;

XII – aluguel de bens particulares para veiculação, por qualquer meio, de propaganda eleitoral;

XIII – criação e inclusão de páginas na Internet;

XIV – multas aplicadas, até as eleições, aos partidos ou aos candidatos por infração do disposto na legislação eleitoral;

XV – doações para outros candidatos ou comitês financeiros;

XVI – produção de jingles, vinhetas e slogans para propaganda eleitoral (Lei nº 9.504/1997, art. 26, inciso XVII, acrescentado pela Lei nº 11.300/2006).

§ 1º. O material impresso deve conter o número de inscrição, no CNPJ, da empresa que o confeccionou.

§ 2º. Os gastos efetuados por comitê financeiro, em benefício de candidato ou de outro comitê, serão considerados doações e computados no limite de gastos do doador.

§ 3º. O beneficiário das doações referidas no § 2º deste artigo deverá registrá-las como receita estimável em dinheiro, emitindo o correspondente recibo eleitoral.

§ 4º. O pagamento das despesas contraídas pelos candidatos será de sua responsabilidade, cabendo aos comitês financeiros responder apenas pelos gastos que realizarem.

Art. 21. É vedada na campanha eleitoral a confecção, utilização, distribuição por comitê, candidato, ou com a sua autorização, de camisetas, chaveiros, bonés, canetas, brindes, cestas básicas ou quaisquer outros bens ou materiais que possam proporcionar vantagem ao eleitor (Lei nº 9.504/1997, art. 39, § 6º, acrescentado pela Lei nº 11.300/2006).

Art. 22. Qualquer eleitor poderá realizar gastos, em apoio a candidato de sua preferência, até a quantia equivalente a um mil UFIR, não sujeitos a contabilização, desde que não reembolsados (Lei nº 9.504/1997, art. 27).

Seção II – Dos Recursos Não Identificados

Art. 23. Os recursos de origem não identificada não poderão ser utilizados pelos candidatos ou comitês financeiros.

§ 1º. A falta de identificação do doador e/ou da informação de números de identificação inválidos no CPF ou no CNPJ caracteriza o recurso como de origem não identificada.

§ 2º. Os recursos de que trata este artigo comporão sobras de campanha.

TÍTULO II – DA PRESTAÇÃO DE CONTAS

Art. 24. O candidato é solidariamente responsável com a pessoa indicada na forma do art. 20 da Lei nº 9.504/1997 pela veracidade das informações financeiras e contábeis de sua campanha, devendo ambos assinar a respectiva prestação de contas (Lei nº 9.504/1997, art. 21, com nova redação dada pela Lei nº 11.300/2006).

Parágrafo único. O candidato não se exime da responsabilidade prevista neste artigo, alegando ignorância sobre a origem e a destinação dos recursos recebidos em campanha, ou deixando de assinar as peças integrantes da prestação de contas.

Capítulo I – Do Prazo para a Prestação de Contas

Art. 25. As contas de candidatos e de comitês financeiros deverão ser prestadas à Justiça Eleitoral até o trigésimo dia posterior à eleição (Lei nº 9.504/1997, art. 29, III).

§ 1º. O candidato que disputar o segundo turno deverá apresentar as contas referentes aos dois turnos até o trigésimo dia após a sua realização (Lei nº 9.504/1997, art. 29, IV).

§ 2º. A prestação de contas de comitê financeiro único de partido que tenha candidato ao segundo turno, relativa à movimentação financeira realizada até o primeiro turno, deverá ser apresentada no prazo referente às eleições proporcionais e à de senador.

§ 3º. Encerrado o segundo turno, o comitê financeiro de que trata o § 2º deste artigo deverá encaminhar, no prazo fixado para apresentação de contas de segundo turno, a prestação de contas complementar, que abrange a arrecadação e a aplicação dos recursos de toda a campanha eleitoral.

Capítulo II – Da Obrigação de Prestar Contas

Art. 26. Deverão prestar contas à Justiça Eleitoral:

I – os candidatos;

II – os comitês financeiros de partidos políticos.

§ 1º. O candidato que renunciar à candidatura ou dela desistir, bem como aquele que tiver seu registro indeferido pelo tribunal eleitoral deverão prestar contas correspondentes ao período em que participaram do processo eleitoral.

§ 2º. Se o candidato falecer, a obrigação de prestar contas, referentes ao período em que realizou campanha, será de responsabilidade de seu administrador financeiro, ou, na sua ausência, no que for possível, da respectiva direção partidária.

§ 3º. Os candidatos às eleições majoritárias elaborarão a prestação de contas abrangendo as de seus vices ou suplentes, encaminhando-a, por intermédio do comitê financeiro, à Justiça Eleitoral (Lei nº 9.504/1997, art. 28, § 1º).

§ 4º. Os candidatos às eleições proporcionais elaborarão a prestação de contas, que será encaminhada à Justiça Eleitoral, diretamente por eles ou por intermédio do comitê financeiro (Lei nº 9.504/1997, art. 28, § 2º).

§ 5º. A ausência de movimentação de recursos de campanha, financeiros ou não, não isenta o candidato ou o comitê financeiro do dever de prestar contas na forma estabelecida nestas instruções, com a prova dessa ausência por extratos bancários, sem prejuízo de outras provas que a Justiça Eleitoral entenda necessárias.

Capítulo III
Das Sobras de Campanha

Art. 27. Se, ao final da campanha, ocorrer sobra de recursos financeiros, em qualquer montante, essa deverá ser declarada na prestação de contas e, após julgados todos os recursos, transferida ao partido ou coligação, neste caso para divisão entre os partidos que a compõem (Lei nº 9.504/1997, art. 31, cabeça do artigo).

Parágrafo único. As sobras de recursos financeiros de campanha serão utilizadas pelos partidos políticos, de forma integral e exclusiva, na criação e manutenção de instituto ou fundação de pesquisa e de doutrinação e educação política (Lei nº 9.504/1997, art. 31, parágrafo único).

Art. 28. Constituem sobras de campanha:

I – a diferença positiva entre os recursos arrecadados e as despesas realizadas em campanha;

II – os recursos de origem não identificada.

Capítulo IV
Das Peças e Documentos a serem Apresentados

Art. 29. A prestação de contas deverá ser instruída com os seguintes documentos, ainda que não haja movimentação de recursos financeiros ou estimáveis em dinheiro:

I – Ficha de Qualificação do Candidato ou do Comitê Financeiro, conforme o caso;

II – Demonstrativo dos Recibos Eleitorais Recebidos;

III – Demonstrativo dos Recibos Eleitorais Distribuídos, no caso de prestação de contas de comitê financeiro;

IV – Demonstrativo dos Recursos Arrecadados;

V – Demonstrativo das Despesas Pagas após a Eleição;

VI – Demonstrativo de Receitas e Despesas;

VII – Demonstrativo do Resultado da Comercialização de Bens e da Realização de Eventos;

VIII – Conciliação Bancária;

IX – Termo de Entrega à Justiça Eleitoral dos recibos eleitorais não utilizados, acompanhado dos respectivos recibos;

X – Relatório de Despesas Efetuadas;

XI – Demonstrativo de Doações Efetuadas a Candidatos ou a Comitês Financeiros;

XII – extratos da conta bancária aberta em nome do candidato ou do comitê financeiro, conforme o caso, demonstrando a movimentação ou a ausência de movimentação financeira ocorrida no período de campanha;

XIII – canhotos dos recibos eleitorais utilizados em campanha.

§ 1º. O Demonstrativo dos Recursos Arrecadados conterá todas as doações recebidas, devidamente identificadas, inclusive os recursos próprios, as quais, quando forem estimáveis em dinheiro, serão acompanhadas de notas explicativas com descrição, quantidade, valor unitário e avaliação pelos preços praticados no mercado, com indicação da origem da avaliação e do respectivo recibo eleitoral.

§ 2º. O Demonstrativo das Despesas Pagas após a Eleição deverá discriminar as obrigações assumidas até a data do pleito e pagas após esta data.

§ 3º. O Demonstrativo de Receitas e Despesas especificará as receitas, as despesas, os saldos e as eventuais sobras de campanha.

§ 4º. O Demonstrativo do Resultado da Comercialização de Bens e da Realização de Eventos evidenciará:

I – o período da comercialização ou realização do evento;

II – seu valor total;

III – o valor da aquisição dos bens e serviços ou de seus insumos, ainda que recebidos em doação;

IV – as especificações necessárias à identificação da operação;

V – a identificação dos doadores.

§ 5º. A Conciliação Bancária, contendo os débitos e os créditos ainda não lançados pela instituição bancária, deverá ser apresentada quando houver diferença entre o saldo financeiro do Demonstrativo de Receitas e Despesas e o saldo bancário registrado em extrato, de forma a justificá-la.

§ 6º. Os extratos bancários referidos no inciso XII deste artigo deverão ser entregues em sua forma definitiva, sendo vedada a apresentação de extratos parciais ou que omitam qualquer movimentação ocorrida, sem validade legal ou sujeitos à alteração.

§ 7º. O Termo de Entrega dos recibos eleitorais não utilizados, referidos no inciso IX deste artigo, integrará os autos de prestação de contas, e ao tribunal eleitoral caberá a guarda dos recibos eleitorais até o trânsito em julgado da decisão sobre prestação de contas, após o que deverão ser inutilizados.

§ 8º. Os documentos integrantes da prestação de contas deverão ser obrigatoriamente assinados:

I – pelo candidato e respectivo administrador financeiro de campanha, caso exista; ou

II – no caso de comitê financeiro, pelo seu presidente e pelo tesoureiro.

§ 9º. As peças referidas nos incisos I a XI deste artigo serão impressas exclusivamente mediante a utilização do Sistema de Prestação de Contas Eleitorais (SPCE), sem prejuízo de sua apresentação em disquete.

Art. 30. A comprovação das receitas arrecadadas dar-se-á pelos canhotos dos recibos eleitorais emitidos e extratos bancários, juntamente com a apresentação dos recibos eleitorais não utilizados.

Parágrafo único. Na hipótese da arrecadação de bens e serviços estimáveis em dinheiro, a comprovação das receitas dar-se-á pela apresentação, além dos canhotos de recibos eleitorais emitidos, dos seguintes documentos:

I – nota fiscal de doação de bens ou serviços, quando o doador for pessoa jurídica;

II – documentos fiscais emitidos em nome do doador ou termo de doação por ele firmado, quando se tratar de bens ou serviços doados por pessoa física;

III – termo de cessão, ou documento equivalente, quando se tratar de bens pertencentes ao doador, pessoa física ou jurídica, cedidos temporariamente ao candidato ou ao comitê.

Art. 31. A documentação fiscal relacionada aos gastos eleitorais realizados pelos candidatos ou comitês financeiros deverá ser emitida em nome destes, observada a exigência de apresentação, em original ou cópia autenticada, da correspondente nota fiscal ou recibo, este último apenas nas hipóteses permitidas pela legislação fiscal.

Capítulo V
Do Processamento da Prestação de Contas

Art. 32. A prestação de contas deverá ser elaborada por meio do SPCE, instituído pelo Tribunal Superior Eleitoral.

Art. 33. Apresentada a prestação de contas, se o número de controle gerado pelo sistema no disquete for idêntico ao existente nas peças por esse impressas, o tribunal eleitoral emitirá o correspondente termo de recebimento da prestação de contas.

§ 1º. Não serão consideradas recebidas na base de dados da Justiça Eleitoral as prestações de contas que apresentarem:

I – divergência entre o número de controle constante das peças impressas e o constante do disquete;

II – inconsistência ou ausência de dados;

III – falha de leitura do disquete;

IV – ausência do número de controle nas peças impressas;

V – qualquer outra falha que impeça a recepção eletrônica das contas na base de dados da Justiça Eleitoral.

§ 2º. Ocorrendo quaisquer das hipóteses especificadas no § 1º deste artigo, o SPCE emitirá aviso de impossibilidade técnica de análise da prestação de contas, a qual deverá ser reapresentada.

Capítulo VI – Da Análise e Julgamento das Contas

Art. 34. Para efetuar o exame das contas, a Justiça Eleitoral poderá requisitar técnicos do Tribunal de Contas da União, dos Estados, do Distrito Federal, bem como de tribunais e conselhos de contas dos municípios, pelo tempo que for necessário (Lei nº 9.504/1997, art. 30, § 3º).

§ 1º. Para a requisição de técnicos prevista nestas instruções, devem ser observados os impedimentos aplicáveis aos integrantes de mesas receptoras de votos, previstos no art. 120, § 1º, incisos I, II e III, do Código Eleitoral.

§ 2º. As razões de recusa apresentadas pelos técnicos requisitados serão submetidas à apreciação da Justiça Eleitoral e somente poderão ser alegadas até cinco dias a contar da designação, salvo na hipótese de motivos supervenientes (Código Eleitoral, art. 120, § 4º).

Art. 35. Havendo indício de irregularidade na prestação de contas, a Justiça Eleitoral poderá requisitar diretamente do candidato ou do comitê financeiro informações adicionais, bem como determinar diligências para a complementação dos dados ou para o saneamento das falhas (Lei nº 9.504/1997, art. 30, § 4º).

§ 1º. Sempre que o cumprimento de diligências implicar alteração das peças, será obrigatória a apresentação da prestação de contas retificadora, impressa e em novo disquete gerado pelo SPCE.

§ 2º. As diligências mencionadas na cabeça deste artigo devem ser cumpridas no prazo de setenta e duas horas, a contar da intimação, o qual poderá ser prorrogado a critério do relator.

Art. 36. Emitido parecer técnico pela rejeição das contas ou pela aprovação com ressalvas, o relator abrirá vista dos autos ao candidato ou ao comitê financeiro, para manifestação em setenta e duas horas, a contar da intimação.

Parágrafo único. Na hipótese da cabeça deste artigo, havendo a emissão de novo parecer técnico que conclua pela existência de irregularidades sobre as quais não se tenha dado oportunidade de manifestação ao candidato ou ao comitê financeiro, o relator abrirá nova vista dos autos para manifestação em igual prazo.

Art. 37. O Ministério Público Eleitoral terá vista dos autos da prestação de contas, devendo emitir parecer no prazo de quarenta e oito horas.

Art. 38. Erros formais e materiais corrigidos não implicam rejeição das contas, nem aplicação de sanção a candidato ou partido (Lei nº 9.504/1997, art. 30, § 2º).

Art. 39. O tribunal eleitoral verificará a regularidade das contas, decidindo (Lei nº 9.504/1997, art. 30, cabeça do artigo):

I – pela aprovação, quando estiverem regulares;

II – pela aprovação com ressalvas, quando verificadas falhas que não lhes comprometam a regularidade;

III – pela rejeição, quando verificadas falhas que lhes comprometam a regularidade.

Art. 40. A decisão que julgar as contas dos candidatos eleitos será publicada em sessão até 8 (oito) dias antes da diplomação (Lei nº 9.504/1997, art. 30, § 1º, com nova redação dada pela Lei nº 11.300/2006).

Parágrafo único. Rejeitadas as contas, a Justiça Eleitoral remeterá cópia de todo o processo ao Ministério Público Eleitoral para os fins previstos no art. 22 da Lei Complementar nº 64, de 18 de maio de 1990 (Lei nº 9.504/1997, art. 22, § 4º, acrescentado pela Lei nº 11.300/2006).

Art. 41. Nenhum candidato poderá ser diplomado até que as suas contas tenham sido julgadas.

Art. 42. A Justiça Eleitoral divulgará os nomes dos candidatos que não apresentaram as contas referentes às campanhas e encaminhará cópia dessa relação ao Ministério Público.

§ 1º. A não apresentação de contas de campanha impede a obtenção de certidão de quitação eleitoral no curso do mandato ao qual o interessado concorreu (Resolução TSE nº 21.823, de 15.6.2004).

§ 2º. A partir do dia imediato ao término do prazo para apresentação das contas, proceder-se-á, no cadastro eleitoral, ao registro relativo à apresentação, ou não, da prestação de contas, com base nas informações inseridas no SPCE.

Capítulo VII – Da Fiscalização

Art. 43. Os candidatos e os partidos políticos deverão manter à disposição da Justiça Eleitoral, pelo prazo de 180 dias, contados da decisão final que tiver julgado as contas, todos os documentos a elas concernentes, inclusive os relativos à movimentação de recursos (Lei nº 9.504/1997, art. 32).

Parágrafo único. Pendente de julgamento qualquer processo judicial relativo às contas, a documentação correspondente deverá ser conservada até a sua decisão final.

Art. 44. O Ministério Público Eleitoral e os partidos políticos participantes das eleições poderão acompanhar o exame das prestações de contas.

Parágrafo único. No caso de acompanhamento por partidos políticos, será exigida indicação expressa e formal, respeitado o limite de um por partido, em cada circunscrição.

Art. 45. Os processos relativos às prestações de contas são públicos e podem ser livremente consultados pelos interessados na Justiça Eleitoral, que poderão obter cópia de suas peças, respondendo pelos custos e pelo uso que fizerem dos documentos recebidos.

Art. 46. Os partidos políticos, as coligações e os candidatos são obrigados, durante a campanha eleitoral, a divulgar, pela rede mundial de computadores (Internet), nos dias 6 de agosto e 6 de setembro, relatório discriminando os recursos em dinheiro ou estimáveis em dinheiro que tenham recebido para financiamento da campanha eleitoral e os gastos que realizarem, em sítio criado pela Justiça Eleitoral para esse fim, exigindo-se a indicação dos nomes dos doadores e os respectivos valores doados somente na prestação de contas final de que tratam os incisos III e IV do art. 29 da Lei nº 9.504/1997 (Lei nº 9.504/1997, art. 28, § 4º, acrescentado pela Lei nº 11.300/2006).

§ 1º. Doadores e fornecedores poderão, no curso da campanha, prestar informações, diretamente à Justiça Eleitoral, sobre doações aos candidatos e comitês financeiros e sobre despesas por eles efetuadas. Identificado o responsável pelas informações, inclusive com o número de inscrição no CPF ou no CNPJ, o relator determinará, imediatamente, quando possível, a sua inclusão em sistema informatizado específico para divulgação nas páginas dos tribunais eleitorais.

§ 2º. As informações prestadas à Justiça Eleitoral poderão ser utilizadas para subsidiar o exame das prestações de contas de campanha eleitoral.

§ 3º. A falsidade das informações prestadas sujeitará o infrator às penas dos arts. 348 e seguintes do Código Eleitoral.

Art. 47. Qualquer partido político ou coligação poderá representar à Justiça Eleitoral relatando fatos e indicando provas e pedir a abertura de investigação judicial para apurar condutas em desacordo com as normas desta Lei, relativas à arrecadação e aos gastos de recursos.

§ 1º. Na apuração de que trata este artigo, aplicar-se-á o procedimento previsto no art. 22 da Lei Complementar nº 64, de 18 de maio de 1990, no que couber.

§ 2º. Comprovados captação ou gastos ilícitos de recursos, para fins eleitorais, será negado diploma ao candidato, ou cassado, se já houver sido outorgado (Lei nº 9.504/1997, art. 30-A, acrescentado pela Lei nº 11.300/2006).

Capítulo VIII – Das Disposições Finais

Art. 48. O partido político que, por intermédio do comitê financeiro, descumprir as normas referentes à arrecadação e aplicação de recursos fixadas na Lei nº 9.504/1997, bem como nestas instruções, perderá o direito ao recebimento da quota do Fundo Partidário do ano seguinte, sem prejuízo de os candidatos beneficiados responderem por abuso do poder econômico (Lei nº 9.504/1997, art. 25).

Parágrafo único. A sanção a que se refere este artigo será aplicada exclusivamente ao órgão partidário a que estiver vinculado o comitê financeiro.

Art. 49. Estas instruções entrarão em vigor na data de sua publicação.

Art. 50. Fica revogada a Resolução TSE nº 22.160, de 3 de março de 2006.

Sala de Sessões do Tribunal Superior Eleitoral.

Brasília, 29 de junho de 2006.

Marco Aurélio – Presidente

• *Vide Anexos no site: www.tse.gov.br/legislacao*

DJU de 10.7.2006

Fonte: www.tse.gov.br/legislacao

RESOLUÇÃO TSE Nº 22.261, DE 29 DE JUNHO DE 2006

Dispõe sobre a propaganda eleitoral e as condutas vedadas aos agentes públicos em campanha eleitoral.

O Tribunal Superior Eleitoral, usando das atribuições que lhe conferem o art. 23, IX, do Código Eleitoral, o art. 105 da Lei nº 9.504, de 30 de setembro de 1997, e o art. 2º da Lei nº 11.300, de 10 de maio de 2006, resolve:

Capítulo I – Disposições Preliminares

Art. 1º. A propaganda eleitoral somente será permitida a partir de 6 de julho do ano da eleição (Lei nº 9.504/1997, art. 36, cabeça do artigo).

§ 1º. Ao postulante a candidatura a cargo eletivo será permitida a realização, na quinzena anterior à escolha pelo partido político, de propaganda intrapartidária com vista à indicação de seu nome, permitida a afixação de faixas e cartazes em local próximo da convenção, com mensagem aos convencionais, vedado o uso de rádio, televisão, *outdoor* e Internet (Lei nº 9.504/1997, art. 36, § 1º).

§ 2º. A violação do disposto no parágrafo anterior sujeitará o responsável pela divulgação da propaganda e, quando comprovado seu prévio conhecimento, o beneficiário, à multa no valor de R$ 21.282,00 (vinte e um mil duzentos e oitenta e dois reais) a R$ 53. 205,00 (cinquenta e três mil duzentos e cinco reais) ou equivalente ao custo da propaganda, se este for maior.

§ 3º. Não caracterizará propaganda extemporânea a manutenção de página na Internet, desde que nela não haja pedido de votos, menção ao número do candidato ou ao de seu partido ou qualquer outra referência à eleição.

Art. 2º. Será vedada, desde quarenta e oito horas antes até vinte e quatro horas depois da eleição, a veiculação de qualquer propaganda política na Internet ou mediante rádio ou televisão – incluídos, entre outros, as rádios comunitárias e os canais de televisão VHF, UHF e por assinatura, e, ainda, a realização de comícios ou reuniões públicas (Código Eleitoral, art. 240, parágrafo único).

Art. 3º. A partir de 1º de julho do ano da eleição, não será veiculada a propaganda partidária gratuita, prevista na Lei nº 9.096, de 19 de setembro de 1995, nem permitido nenhum tipo de propaganda política paga no rádio ou na televisão (Lei nº 9.504/1997, art. 36, § 2º).

Capítulo II – Da Propaganda em Geral

Art. 4º. A propaganda, qualquer que seja a sua forma ou modalidade, mencionará sempre a legenda partidária (Código Eleitoral, art. 242, cabeça do artigo).

§ 1º. Na propaganda para eleição majoritária, a coligação usará, obrigatoriamente e de modo legível, sob sua denominação, as legendas de todos os partidos políticos que a integram; na propaganda para eleição proporcional, cada partido político usará apenas sua legenda sob o nome da coligação (Lei nº 9.504/1997, art. 6º, § 2º).

§ 2º. Da propaganda dos candidatos a presidente da República, a governador de Estado ou do Distrito Federal e a senador, deverá constar, também, o nome do candidato a vice-presidente, a vice-governador e dos candidatos a suplente de senador.

§ 3º. A propaganda só poderá ser feita em língua nacional, não devendo empregar meios publicitários destinados a criar, artificialmente, na opinião pública, estados mentais, emocionais ou passionais (Código Eleitoral, art. 242, cabeça do artigo).

§ 4º. Sem prejuízo do processo e das penas cominadas, a Justiça Eleitoral adotará medidas para impedir ou fazer cessar imediatamente a propaganda realizada com infração do disposto na cabeça deste artigo (Código Eleitoral, art. 242, parágrafo único; Resolução TSE nº 18.698/1992).

Art. 5º. Em páginas de provedores de serviços de acesso à Internet, não será admitido nenhum tipo de propaganda eleitoral, em nenhum período.

Art. 6º. Não será tolerada propaganda (Código Eleitoral, art. 243, I a IX):

I – de guerra, de processos violentos para subverter o regime, a ordem política e social, ou de preconceitos de raça ou de classes;

II – que provoque animosidade entre as Forças Armadas ou contra elas, ou delas contra as classes e as instituições civis;

III – de incitamento de atentado contra pessoa ou bens;

IV – de instigação à desobediência coletiva ao cumprimento de lei de ordem pública;

V – que implique oferecimento, promessa ou solicitação de dinheiro, dádiva, rifa, sorteio ou vantagem de qualquer natureza;

VI – que perturbe o sossego público, com algazarra ou abuso de instrumentos sonoros ou sinais acústicos;

VII – por meio de impressos ou de objetos que pessoa inexperiente ou rústica possa confundir com moeda;

VIII – que prejudique a higiene e a estética urbana ou contravenha a posturas municipais ou a qualquer restrição de direito;

IX – que calunie, difame ou injurie qualquer pessoa, bem como atinja órgãos ou entidades que exerçam autoridade pública;

X – que desrespeite os símbolos nacionais.

Parágrafo único. O ofendido por calúnia, difamação ou injúria, sem prejuízo e independentemente da ação penal competente, poderá demandar, no juízo cível, a reparação do dano moral, respondendo por este o ofensor e, solidariamente, o partido político deste, quando responsável por ação ou omissão, e quem quer que, favorecido pelo crime, haja de qualquer modo contribuído para ele (Código Eleitoral, art. 243, § 1º).

Art. 7º. A realização de qualquer ato de propaganda partidária ou eleitoral, em recinto aberto ou fechado, não dependerá de licença da polícia (Lei nº 9.504/1997, art. 39, cabeça do artigo).

§ 1º. O candidato, o partido político ou a coligação promotora do ato fará a devida comunicação à autoridade policial com, no mínimo, vinte e quatro horas de antecedência, a fim de que esta lhe garanta, segundo a prioridade do aviso, o direito contra quem pretenda usar o local no mesmo dia e horário (Lei nº 9.504/1997, art. 39, § 1º).

§ 2º. A autoridade policial tomará as providências necessárias à garantia da realização do ato e ao funcionamento do tráfego e dos serviços públicos que o evento possa afetar (Lei nº 9.504/1997, art. 39, § 2º).

§ 3º. Aos juízes eleitorais designados pelos tribunais regionais eleitorais, nas capitais e nos municípios onde houver mais de uma zona eleitoral, e aos juízes eleitorais, nas demais localidades, competirá julgar as reclamações sobre a localização dos comícios e tomar providências sobre a distribuição equitativa dos locais aos partidos políticos e às coligações (Código Eleitoral, art. 245, § 3º).

Art. 8º. Será assegurado aos partidos políticos e às coligações o direito de, independentemente de licença da autoridade pública e de pagamento de qualquer contribuição (Lei nº 9.504/1997, art. 39, §§ 3º e 5º; Código Eleitoral, art. 244, I e II):

I – fazer inscrever, na fachada de suas sedes e dependências, o nome que os designe, pela forma que melhor lhes parecer;

II – instalar e fazer funcionar, normalmente, das 8h às 22h, no período compreendido entre o início da propaganda eleitoral e a véspera da eleição, alto-falantes ou amplificadores de voz, nos locais referidos, assim como em veículos seus ou à sua disposição, em território nacional, com observância da legislação comum;

III – comercializar material de divulgação institucional, desde que não contenha nome e número de candidato, bem como cargo em disputa.

§ 1º. São vedados a instalação e o uso de alto-falantes ou amplificadores de som em distância inferior a duzentos metros (Lei nº 9.504/1997, art. 39, § 3º, I a III):

I – das sedes dos Poderes Executivo e Legislativo da União, dos Estados, do Distrito Federal e dos municípios, das sedes dos órgãos judiciais, dos quartéis e de outros estabelecimentos militares;

II – dos hospitais e casas de saúde;

III – das escolas, bibliotecas públicas, igrejas e teatros, quando em funcionamento.

§ 2º. A realização de comícios e a utilização de aparelhagem de sonorização fixa são permitidas no horário compreendido entre as 8 (oito) e as 24 (vinte e quatro) horas (Lei nº 9.504/1997, art. 39, § 4º, com nova redação dada pela Lei nº 11.300/2006).

§ 3º. É proibida a realização de *showmício* e de evento assemelhado para promoção de candidatos, bem como a apresentação, remunerada ou não, de artistas com a finalidade de animar comício e reunião eleitoral (Lei nº 9.504/1997, art. 39, § 7º, acrescentado pela Lei nº 11.300/2006).

§ 4º. É vedada na campanha eleitoral a confecção, utilização, distribuição por comitê, candidato, ou com a sua autorização, de camisetas, chaveiros, bonés, canetas, brindes, cestas básicas ou quaisquer outros bens ou materiais que possam proporcionar vantagem ao eleitor (Lei nº 9.504/1997, art. 39, § 6º, acrescentado pela Lei nº 11.300/2006).

Art. 9º. Nos bens cujo uso dependa de cessão ou permissão do poder público, ou que a ele pertençam, e nos de uso comum, inclusive postes de iluminação pública e sinalização de tráfego, viadutos, passarelas, pontes, paradas de ônibus e outros equipamentos urbanos, é vedada a veiculação de propaganda de qualquer natureza, inclusive pichação, inscrição a tinta, fixação de placas, estandartes, faixas e assemelhados (Lei nº 9.504/1997, art. 37, cabeça do artigo, com nova redação dada pela Lei nº 11.300/2006).

§ 1º. A veiculação de propaganda em desacordo com o disposto na cabeça deste artigo sujeita o responsável, após a notificação e comprovação, à restauração do bem e, caso não cumprida no prazo, à multa no valor de R$ 2. 000,00 (dois mil reais) a R$ 8.000,00 (oito mil reais) (Lei nº 9.504/1997, art. 37, § 1º, com nova redação dada pela Lei nº 11.300/2006).

§ 2º. Bens de uso comum, para fins eleitorais, são os assim definidos pelo Código Civil e também aqueles a que a população em geral tem acesso, tais como cinemas, clubes, lojas, centros comerciais, igrejas, ginásios, estádios, ainda que de propriedade privada.

§ 3º. Será permitida a colocação de bonecos e de cartazes não fixos ao longo das vias públicas, desde que não dificulte o bom andamento do trânsito.

§ 4º. Será vedada a fixação de propaganda com arames em locais de trânsito de pedestres.

§ 5º. Nas dependências do Poder Legislativo, a veiculação de propaganda eleitoral ficará a critério da Mesa Diretora (Lei nº 9.504/1997, art. 37, § 3º).

Art. 10. Em bens particulares, independerá de obtenção de licença municipal e de autorização da Justiça Eleitoral a veiculação de propaganda eleitoral por meio da fixação de faixas, placas, cartazes, pinturas ou inscrições, desde que não contrariem o disposto na legislação ou nestas instruções (Lei nº 9.504/1997, art. 37, § 2º).

§ 1º. A colocação em bens particulares de placas, cartazes, ou outro tipo de propaganda eleitoral, em tamanho, características ou quantidade que possa configurar uso indevido, desvio ou abuso do poder econômico, deverá ser apurada e punida nos termos do art. 22 da Lei Complementar nº 64/1990.

§ 2º. Compete à Justiça Comum processar e julgar as demandas que versem sobre pedido de indenização pela veiculação de propaganda eleitoral em bem particular, sem autorização do proprietário.

Art. 11. Independerá da obtenção de licença municipal e de autorização da Justiça Eleitoral a veiculação de propaganda eleitoral pela distribuição de folhetos, volantes e outros impressos, os quais deverão ser editados sob a responsabilidade do partido político, da coligação ou do candidato (Lei nº 9.504/1997, art. 38).

Parágrafo único. Todo material impresso deverá conter o número de inscrição no CNPJ da empresa que o confeccionou.

Art. 12. O candidato cujo registro estiver *sub judice* poderá efetuar todos os atos relativos à sua campanha eleitoral, inclusive utilizar o horário eleitoral gratuito para sua propaganda, no rádio e na televisão.

Capítulo III
Da Propaganda Eleitoral Mediante *Outdoors*

Art. 13. É vedada a propaganda eleitoral mediante *outdoors*, sujeitando-se a empresa responsável, os partidos, coligações e candidatos à imediata retirada da propaganda irregular e ao pagamento de multa no valor de 5.000 (cinco mil) a 15.000 (quinze mil) UFIRs (Lei nº 9.504/1997, art. 39, § 8º, com nova redação dada pela Lei nº 11.300/2006).

Parágrafo único. Considera-se *outdoor*, para efeitos destas instruções, os engenhos publicitários explorados comercialmente.

Capítulo IV – Da Propaganda Eleitoral na Imprensa

Art. 14. É permitida, até a antevéspera das eleições, a divulgação paga, na imprensa escrita, de propaganda eleitoral, no espaço máximo, por edição, para cada candidato, partido ou coligação, de um oitavo de página de jornal padrão e um quarto de página de revista ou tabloide (Lei nº 9.504/1997, art. 43, cabeça do artigo, com nova redação dada pela Lei nº 11.300/2006).

§ 1º. A inobservância do disposto neste artigo sujeita os responsáveis pelos veículos de divulgação e os partidos, coligações ou candidatos beneficiados a multa no valor de R$ 1.000,00 (mil reais) a R$ 10.000,00 (dez mil reais) ou equivalente ao da divulgação da propaganda paga, se este for maior (Lei nº 9.504/1997, art. 43, parágrafo único, com nova redação dada pela Lei nº 11.300/2006).

§ 2º. Ao jornal de dimensão diversa do padrão e do tabloide aplica-se a regra da cabeça do artigo, de acordo com o tipo de que mais se aproxime (Ac. -TSE nº 15.897, de 2.9.1999).

§ 3º. Não caracterizará propaganda eleitoral a divulgação de opinião favorável a candidato, a partido político ou a coligação pela imprensa escrita, desde que não seja matéria paga, mas os abusos e os excessos serão apurados e punidos nos termos do art. 22 da Lei Complementar nº 64/1990.

Capítulo V – Da Programação Normal e Noticiário no Rádio e na Televisão

Art. 15. A partir de 1º de julho do ano da eleição, será vedado às emissoras de rádio e televisão, em sua programação normal e noticiário (Lei nº 9.504/1997, art. 45, I a VI):

I – transmitir, ainda que sob a forma de entrevista jornalística, imagens de realização de pesquisa ou qualquer outro tipo de consulta popular de natureza eleitoral em que seja possível identificar o entrevistado ou em que haja manipulação de dados;

II – usar trucagem, montagem ou outro recurso de áudio ou vídeo que, de qualquer forma, degradem ou ridicularizem candidato, partido político ou coligação, bem como veicular programa com esse efeito;

III – veicular propaganda política ou difundir opinião favorável ou contrária a candidato, partido político ou coligação e a seus órgãos ou representantes;

IV – dar tratamento privilegiado a candidato, partido político ou coligação;

V – veicular ou divulgar filmes, novelas, minisséries ou qualquer outro programa com alusão ou crítica a candidato ou partido político, mesmo que dissimuladamente, exceto programas jornalísticos ou debates políticos;

VI – divulgar nome de programa que se refira a candidato escolhido em convenção, ainda quando preexistente, inclusive se coincidente com o nome do candidato ou o nome por ele indicado para uso na urna eletrônica, e, sendo o nome do programa o mesmo que o do candidato, fica proibida a sua divulgação, sob pena de cancelamento do respectivo registro.

§ 1º. Entende-se por trucagem todo e qualquer efeito realizado em áudio ou vídeo que possa degradar ou ridicularizar candidato, partido político ou coligação, ou que desvirtue a realidade e beneficie ou prejudique qualquer candidato, partido político ou coligação.

§ 2º. Entende-se por montagem toda e qualquer junção de registros de áudio ou vídeo que possa degradar ou ridicularizar candidato, partido político ou coligação, ou desvirtue a realidade e beneficie ou prejudique qualquer candidato, partido político ou coligação.

§ 3º. A inobservância do disposto neste artigo sujeita a emissora ao pagamento de multa no valor de R$ 21.282,00 (vinte e um mil duzentos e oitenta e dois reais) a R$ 106.410,00 (cento e seis mil quatrocentos e dez reais), duplicada em caso de reincidência (Lei nº 9.504/1997, art. 45, § 2º).

§ 4º. As disposições deste artigo aplicam-se às páginas mantidas pelas empresas de comunicação social na Internet e demais redes destinadas à prestação de serviços de telecomunicações de valor adicionado, inclusive provedores da Internet (Lei nº 9.504/1997, art. 45, § 3º).

Art. 16. A partir do resultado da convenção, é vedado, ainda, às emissoras transmitir programa apresentado ou comentado por candidato escolhido em convenção (Lei nº 9.504/1997, art. 45, § 1º, com nova redação dada pela Lei nº 11.300/2006).

§ 1º. A inobservância do disposto neste artigo sujeita a emissora ao pagamento de multa no valor de R$ 21.282,00 (vinte e um mil duzentos e oitenta e dois reais) a R$ 106.410,00 (cento e seis mil quatrocentos e dez reais), duplicada em caso de reincidência (Lei nº 9.504/1997, art. 45, § 2º).

§ 2º. As disposições deste artigo aplicam-se às páginas mantidas pelas empresas de comunicação social na Internet e demais redes destinadas à prestação de serviços de telecomunicações de valor adicionado (Lei nº 9.504/1997, art. 45, § 3º).

Art. 17. Independentemente da veiculação de propaganda eleitoral gratuita no horário definido nestas instruções, será facultada a transmissão, por emissora de rádio ou televisão, de debates sobre as eleições majoritária ou proporcional (Lei nº 9.504/1997, art. 46).

Parágrafo único. O debate será realizado segundo regras estabelecidas em acordo celebrado entre todos os partidos políticos e coligações com candidatos ao pleito e a emissora de rádio ou televisão interessada na realização do evento, o qual deverá ser submetido à homologação da Justiça Eleitoral.

Art. 18. Inexistindo acordo, o debate, inclusive os realizados na Internet ou em qualquer outro meio eletrônico de comunicação, seguirá as seguintes regras, sendo assegurada a participação de candidatos dos partidos políticos com representação na Câmara dos Deputados, e facultada a dos demais (Lei nº 9.504/1997, art. 46, I a III):

I – nas eleições majoritárias, a apresentação dos debates poderá ser feita:

a) em conjunto, estando presentes todos os candidatos;

b) em grupos, estando presentes, no mínimo, três candidatos;

II – nas eleições proporcionais, os debates deverão ser organizados de modo que assegurem a presença de número equivalente de candidatos de todos os partidos políticos e coligações a um mesmo cargo eletivo, podendo desdobrar-se em mais de um dia;

III – os debates deverão ser parte de programação previamente estabelecida e divulgada pela emissora, fazendo-se mediante sorteio a escolha do dia e da ordem de fala de cada candidato, salvo se celebrado acordo em outro sentido entre os partidos políticos e coligações interessados.

§ 1º. Será admitida a realização de debate sem a presença de candidato de algum partido político ou de coligação, desde que o veículo de comunicação responsável comprove havê-lo convidado com a antecedência mínima de setenta e duas horas da realização do debate (Lei nº 9.504/1997, art. 46, § 1º).

§ 2º. Será vedada a presença de um mesmo candidato à eleição proporcional em mais de um debate da mesma emissora (Lei nº 9.504/1997, art. 46, § 2º).

§ 3º. O descumprimento do disposto neste artigo sujeitará a empresa infratora à suspensão, por vinte e quatro horas, da sua programação e à transmissão a cada quinze minutos da informação de que se encontra fora do ar por haver desobedecido à lei eleitoral; em cada reiteração de conduta, o período de suspensão será duplicado (Lei nº 9.504/1997, art. 46, § 3º, c/c art. 56, §§ 1º e 2º).

§ 4º. (Revogado).

- *§ 4º revogado pela Resolução TSE nº 22.318/2006.*

§ 5º. O horário destinado à realização de debate poderá ser destinado à entrevista de candidato, caso apenas este tenha comparecido ao evento.

Art. 19. Os pré-candidatos poderão participar de entrevistas, debates e encontros antes de 6 de julho do ano da eleição (Resolução TSE nº 21.072, de 23.4.2002).

Capítulo VI
Da Propaganda Eleitoral Gratuita no Rádio e na Televisão

Art. 20. A propaganda eleitoral no rádio e na televisão restringir-se-á ao horário gratuito, vedada a veiculação de propaganda paga (Lei nº 9.504/1997, art. 44).

Parágrafo único. Será punida, na forma da lei, por veiculação de propaganda eleitoral irregular, a emissora não autorizada a funcionar pelo poder competente (Lei nº 4.117/1962, art. 70; Lei Complementar nº 64/1990, art. 22).

Art. 21. As emissoras de rádio e de televisão e os canais de televisão por assinatura, referidos no art. 68 destas instruções, reservarão, no período de quarenta e cinco dias anteriores à antevéspera das eleições, horário destinado à divulgação, em rede, da propaganda eleitoral gratuita, a ser feita da seguinte forma (Lei nº 9.504/1997, art. 47, cabeça do artigo, § 1º, I a V):

I – na eleição para presidente da República, às terças e quintas-feiras e aos sábados:

a) das 7h às 7h25 e das 12h às 12h25, no rádio;

b) das 13h às 13h25 e das 20h30 às 20h55, na televisão;

II – nas eleições para deputado federal, às terças e quintas-feiras e aos sábados:

a) das 7h25 às 7h50 e das 12h25 às 12h50, no rádio;

b) das 13h25 às 13h50 e das 20h55 às 21h20, na televisão;

III – nas eleições para governador de Estado e do Distrito Federal, às segundas, quartas e sextas-feiras:

a) das 7h às 7h20 e das 12h às 12h20, no rádio;

b) das 13h às 13h20 e das 20h30 às 20h50, na televisão;

IV – nas eleições para deputado estadual e deputado distrital, às segundas, quartas e sextas-feiras:

a) das 7h20 às 7h40 e das 12h20 às 12h40, no rádio;

b) das 13h20 às 13h40 e das 20h50 às 21h10, na televisão;

V – na eleição para senador, às segundas, quartas e sextas-feiras:

a) das 7h40 às 7h50 e das 12h40 às 12h50, no rádio;

b) das 13h40 às 13h50 e das 21h10 às 21h20, na televisão.

Parágrafo único. Na veiculação da propaganda eleitoral gratuita, será considerado o horário de Brasília/DF.

Art. 22. O Tribunal Superior Eleitoral e os tribunais regionais eleitorais distribuirão os horários reservados à propaganda de cada eleição entre os partidos políticos e as coligações que tenham candidato, observados os seguintes critérios (Lei nº 9.504/1997, art. 47, § 2º, I e II; Ac.-TSE nº 8.427, de 30.10.1986):

I – um terço, igualitariamente;

II – dois terços, proporcionalmente ao número de representantes na Câmara dos Deputados, considerado, no caso de coligação, o resultado da soma do número de representantes de todos os partidos políticos que a integrarem.

§ 1º. Para efeito do disposto no inciso II deste artigo, a representação de cada partido político na Câmara dos Deputados será a existente na data de início da legislatura que estiver em curso, considerando-se o número de deputados que tomaram posse nessa data e a legenda à qual estavam filiados no momento da votação (Lei nº 9.504/1997, art. 47, § 3º; Resolução TSE nº 21.805, de 8.6.2004).

§ 2º. O número de representantes de partido político que tiver resultado de fusão ou a que se tiver incorporado outro corresponderá à soma dos representantes que os partidos políticos de origem possuíam na data mencionada no parágrafo anterior (Lei nº 9.504/1997, art. 47, § 4º).

§ 3º. Aos partidos políticos e coligações que, após a aplicação dos critérios de distribuição referidos na cabeça deste artigo, obtiverem direito a parcela do horário eleitoral inferior a trinta segundos, será assegurado o direito de acumulá-lo para uso em tempo equivalente (Lei nº 9.504/1997, art. 47, § 6º).

§ 4º. Se o candidato a presidente, a governador ou a senador deixar de concorrer, em qualquer etapa do pleito, e não havendo substituição, far-se-á nova distribuição do tempo entre os candidatos remanescentes (Lei nº 9.504/1997, art. 47, § 5º).

§ 5º. Para fins de divisão do tempo reservado à propaganda, não serão consideradas as frações de segundo; as sobras que resultarem desse procedimento serão adicionadas ao tempo destinado ao último partido político ou à coligação a se apresentar para determinada eleição, a cada dia.

§ 6º. A Justiça Eleitoral, os representantes das emissoras de rádio e televisão e os representantes dos partidos políticos, por ocasião da elaboração do plano de mídia, compensarão sobras e excessos, respeitando-se o horário reservado para propaganda eleitoral gratuita.

§ 7º. As coligações serão sempre tratadas como um único partido político.

Art. 23. Será vedado aos partidos políticos e coligações incluir, no horário destinado aos candidatos proporcionais, propaganda das candidaturas majoritárias, ou vice-versa, ressalvada a utilização, durante a exibição do programa, de legendas e acessórios com referência a candidatos majoritários, ou, ao fundo, cartazes ou fotografias desses candidatos.

Parágrafo único. O partido político ou a coligação que não observar a regra contida na cabeça deste artigo perderá, em seu horário de propaganda gratuita, tempo equivalente no horário reservado à propaganda da eleição disputada pelo candidato beneficiado.

Art. 24. Se houver segundo turno, as emissoras de rádio e televisão reservarão, a partir de quarenta e oito horas da proclamação dos resultados do primeiro turno pelo respectivo tribunal até a antevéspera da eleição, horário destinado à divulgação da propaganda eleitoral gratuita, dividido em dois períodos diários de vinte minutos para cada eleição, inclusive aos domingos, iniciando-se às 7h e às 12h, no rádio, e às 13h e às 20h30, na televisão, horário de Brasília (Lei nº 9.504/1997, art. 49, cabeça do artigo).

§ 1º. Em circunscrição onde houver segundo turno para presidente e governador, o horário reservado à propaganda deste iniciar-se-á imediatamente após o término do horário reservado ao primeiro (Lei nº 9.504/1997, art. 49, § 1º).

§ 2º. O tempo de cada período diário será dividido igualitariamente entre os candidatos (Lei nº 9.504/1997, art. 49, § 2º).

§ 3º. Se não houver segundo turno para presidente, a propaganda para governador, em dois períodos diários de vinte minutos, terá início às 7h e às 12h, no rádio, e às 13h e às 20h30, na televisão, e o tempo será integralmente a ela destinado.

Art. 25. O Tribunal Superior Eleitoral e os tribunais regionais eleitorais efetuarão o sorteio para a escolha da ordem de veiculação da propaganda de cada partido político ou coligação no primeiro dia do horário eleitoral gratuito; a cada dia que se seguir, a propaganda veiculada por último, na véspera, será a primeira, apresentando-se as demais na ordem do sorteio (Lei nº 9.504/1997, art. 50).

Art. 26. Durante o período mencionado nos arts. 21 e 24 destas instruções, as emissoras de rádio e televisão e os canais por assinatura, referidos no art. 68 destas instruções, reservarão, ainda, trinta minutos diários, inclusive aos domingos, para a propaganda eleitoral gratuita, a serem usados em inserções de até sessenta segundos, a critério do respectivo partido político ou coligação, assinadas obrigatoriamente pelo partido político ou coligação, e distribuídas, ao longo da programação veiculada entre 8h e 24h, nos termos do art. 22 destas instruções, obedecido o seguinte (Lei nº 9.504/1997, art. 51, I, III e IV; Resolução TSE nº 20.265, de 1º.7.1998):

I – o tempo será dividido em partes iguais – seis minutos para cada cargo – para a utilização nas campanhas dos candidatos às eleições majoritárias e proporcionais, bem como de suas legendas partidárias ou das que componham a coligação, quando for o caso;

II – a distribuição levará em conta os blocos de audiência entre 8h e 12h, 12h e 18h, 18h e 21h, 21h e 24h, de modo que o número de inserções seja dividido igualmente entre eles;

III – na veiculação das inserções, será vedada a utilização de gravações externas, montagens ou trucagens, computação gráfica, desenhos animados e efeitos espe-ciais, e a veiculação de mensagens que possam degradar ou ridicularizar candidato, partido político ou coligação.

§ 1º. As inserções no rádio e na televisão serão calculadas à base de trinta segundos e poderão ser divididas em módulos de quinze segundos, ou agrupadas em módulos de sessenta segundos, a critério de cada partido político ou coligação (Resolução TSE nº 20.698, de 15.8.2000).

§ 2º. As emissoras de rádio e televisão deverão evitar a veiculação de inserções idênticas no mesmo intervalo, ou, não sendo isso possível, deverão evitar que sejam transmitidas uma em sequência à outra.

§ 3º. Se houver segundo turno, o tempo diário reservado às inserções será de trinta minutos diários, sendo quinze minutos para campanha de presidente da República e quinze minutos para campanha de governador, divididos igualitariamente entre os candidatos; se, após proclamados os resultados, não houver segundo turno para presidente da República, o tempo será integralmente destinado à eleição de governador, onde houver (Resolução TSE nº 20.377, de 6.10.1998).

Art. 27. A partir de 8 de julho do ano da eleição, o Tribunal Superior Eleitoral e os tribunais regionais eleitorais convocarão os partidos políticos e a representação das emissoras de televisão e de rádio para elaborarem o plano de mídia, para o uso da parcela do horário eleitoral gratuito a que tenham direito, garantida a todos participação nos horários de maior e menor audiência (Lei nº 9.504/1997, art. 52).

Parágrafo único. Caso os representantes dos partidos políticos e das emissoras não cheguem a um acordo, a Justiça Eleitoral deverá elaborar o plano de mídia, utilizando o sistema desenvolvido pelo Tribunal Superior Eleitoral (Resolução TSE nº 21.725, de 27.4.2004).

Art. 28. Os partidos políticos e as coligações deverão apresentar mapas de mídia às emissoras, observados os seguintes requisitos (Resolução TSE nº 20.329, de 25.8.1998):

I – nome do partido político ou da coligação;

II – título ou número do filme a ser veiculado;

III – duração do filme;

IV – dias e faixas de veiculação;

V – nome e assinatura de pessoa credenciada pelos partidos políticos e pelas coligações para a entrega das fitas com os programas que serão veiculados.

§ 1º. Sem prejuízo do prazo para a entrega das fitas, os mapas de mídia deverão ser apresentados até as 14h da véspera de sua veiculação.

§ 2º. Para as transmissões previstas para sábados, domingos e segundas-feiras, os mapas deverão ser apresentados até as 14h da sexta-feira imediatamente anterior.

§ 3º. As emissoras ficarão eximidas de responsabilidade decorrente de transmissão de programa em desacordo com os mapas de mídia apresentados, quando não observado o prazo estabelecido nos §§ 1º e 2º deste artigo.

§ 4º. Os partidos políticos e as coligações deverão indicar ao Tribunal Superior Eleitoral e aos tribunais regionais eleitorais, previamente, para posterior comunicação às emissoras, as pessoas autorizadas a apresentar o mapa de mídia e as fitas com os programas que serão veiculados, bem como informar o número de telefone em que poderão ser encontradas em caso de necessidade, devendo a substituição das pessoas indicadas ser feita com vinte e quatro horas de antecedência.

§ 5º. As emissoras estarão desobrigadas do recebimento de mapas de mídia e material que não forem encaminhados pelas pessoas credenciadas.

§ 6º. As emissoras deverão fornecer à Justiça Eleitoral, previamente, a indicação dos endereços, telefones, números de fac-símile e os nomes das pessoas responsáveis pelo recebimento de fitas e mapas de mídia.

§ 7º. A propaganda de candidato de coligação não será admitida se a fita for entregue apenas em nome de um dos partidos políticos dela integrantes.

Art. 29. Os programas de propaganda eleitoral gratuita deverão ser gravados em meio de armazenamento compatível com as condições técnicas da emissora geradora.

§ 1º. As gravações deverão ser conservadas pelo prazo de vinte dias depois de transmitidas pelas emissoras de até um quilowatt e pelo prazo de trinta dias, pelas demais (Lei nº 4.117/1962, art. 71, § 3º, com alterações do Decreto Legislativo nº 236/1967).

§ 2º. As emissoras e os partidos políticos ou coligações acordarão, sob a supervisão da Justiça Eleitoral, sobre a entrega das gravações, obedecida a antecedência mínima de quatro horas do horário previsto para o início da transmissão, dos programas divulgados em rede; e de doze horas do início do bloco no caso das inserções, sempre no local da geração.

§ 3º. A propaganda eleitoral a ser veiculada no programa de rádio que vai ao ar às 7h deverá ser entregue até as 22h do dia anterior.

§ 4º. Em cada fita a ser encaminhada à emissora, o partido político ou a coligação deverá incluir a claquete, na qual deverão constar as informações constantes dos incisos I a IV da cabeça do art. 28 destas instruções, que servirão para controle interno da emissora, não devendo ser veiculada ou computada no tempo reservado para o programa eleitoral.

§ 5º. Cumprida a determinação do parágrafo anterior, o partido político ou a coligação deve encaminhar à Secretaria Judiciária do juízo competente cópia da claquete.

§ 6º. A fita para a veiculação da propaganda eleitoral deverá ser entregue à emissora geradora pelo representante legal do partido político ou da coligação, ou por pessoa por eles indicada, a quem será dado recibo após a verificação da qualidade técnica da fita contra recibo.

§ 7º. Caso o material e/ou o mapa de mídia não sejam entregues no prazo ou pelas pessoas credenciadas, as emissoras veicularão o último material por elas exibido, independentemente de consulta prévia ao partido político ou coligação.

§ 8º. Durante os períodos mencionados no § 1º deste artigo, as gravações ficarão no arquivo da emissora, mas à disposição da autoridade eleitoral competente, para servir como prova dos abusos ou dos crimes porventura cometidos.

§ 9º. A inserção cuja duração ultrapasse o estabelecido no plano de mídia terá a sua parte final cortada.

§ 10. Na propaganda em bloco, as emissoras deverão cortar de sua parte final o que ultrapasse o tempo determinado e, caso a duração seja insuficiente, o tempo será completado pela emissora geradora com a veiculação dos seguintes dizeres: "Horário reservado à propaganda eleitoral gratuita – Lei nº 9.504/1997".

Art. 30. Não serão admitidos cortes instantâneos ou qualquer tipo de censura prévia nos programas eleitorais gratuitos (Lei nº 9.504/1997, art. 53, cabeça do artigo).

§ 1º. Será vedada a veiculação de propaganda que possa degradar ou ridicularizar candidatos, sujeitando-se o partido político ou a coligação infratores à perda do direito à veiculação de propaganda no horário eleitoral gratuito do dia seguinte ao da decisão (Lei nº 9.504/1997, art. 53, § 1º).

§ 2º. Sem prejuízo do disposto no parágrafo, a requerimento de partido político, coligação ou candidato, a Justiça Eleitoral impedirá a reapresentação de propaganda ofensiva à honra de candidato, à moral e aos bons costumes (Lei nº 9.504/1997, art. 53, § 2º).

Art. 31. Dos programas de rádio e televisão destinados à propaganda eleitoral gratuita de cada partido político ou coligação poderá participar, em apoio aos candidatos, qualquer cidadão não filiado a outra agremiação partidária ou a partido político integrante de outra coligação, sendo vedada a participação de qualquer pessoa mediante remuneração (Lei nº 9.504/1997, art. 54, cabeça do artigo).

Parágrafo único. No segundo turno das eleições, não será permitida, nos programas de que trata este artigo, a participação de filiados a partidos políticos que tenham formalizado apoio a outros candidatos (Lei nº 9.504/1997, art. 54, parágrafo único; Resolução TSE nº 20.383, de 8.10.1998).

Art. 32. Na propaganda eleitoral no horário gratuito, são aplicáveis ao partido político, coligação ou candidato as seguintes vedações (Lei nº 9.504/1997, art. 55, cabeça do artigo, c/c art. 45, I e II):

I – transmitir, ainda que sob a forma de entrevista jornalística, imagens de realização de pesquisa ou qualquer outro tipo de consulta popular de natureza eleitoral em que seja possível identificar o entrevistado ou em que haja manipulação de dados;

II – usar trucagem, montagem ou outro recurso de áudio ou vídeo que, de alguma forma, degradem ou ridicularizem candidato, partido político ou coligação, ou produzir ou veicular programa com esse efeito.

Parágrafo único. A inobservância do disposto neste artigo sujeitará o partido político ou a coligação à perda de tempo equivalente ao dobro do usado na prática do ilícito, no período do horário gratuito subsequente, dobrada a cada reincidência, devendo, no mesmo período, exibir-se a informação de que a não veiculação do programa resulta de infração da lei eleitoral (Lei nº 9.504/1997, art. 55, parágrafo único).

Art. 33. Competirá aos partidos políticos e às coligações distribuir entre os candidatos registrados os horários que lhes forem destinados pela Justiça Eleitoral.

Capítulo VII – Das Condutas Vedadas aos Agentes Públicos na Campanha Eleitoral

Art. 34. São proibidas aos agentes públicos, servidores ou não, as seguintes condutas tendentes a afetar a igualdade de oportunidades entre candidatos nos pleitos eleitorais (Lei nº 9.504/1997, art. 73, cabeça do artigo, I a VIII):

I – ceder ou usar, em benefício de candidato, partido político ou coligação, bens móveis ou imóveis pertencentes à administração direta ou indireta da União, dos Estados, do Distrito Federal, dos territórios e dos municípios, ressalvada a realização de convenção partidária;

II – usar materiais ou serviços, custeados pelos governos ou casas legislativas, que excedam as prerrogativas consignadas nos regimentos e normas dos órgãos que integram;

III – ceder servidor público ou empregado da administração direta ou indireta federal, estadual ou municipal do Poder Executivo, ou usar de seus serviços, para comitês de campanha eleitoral de candidato, partido político ou coligação, durante o horário de expediente normal, salvo se o servidor ou o empregado estiver licenciado;

IV – fazer ou permitir uso promocional em favor de candidato, partido político ou coligação, de distribuição gratuita de bens e serviços de caráter social custeados ou subvencionados pelo poder público;

V – nomear, contratar ou de qualquer forma admitir, demitir sem justa causa, suprimir ou readaptar vantagens ou por outros meios dificultar ou impedir o exercício funcional e, ainda, *ex officio*, remover, transferir ou exonerar servidor público, na circunscrição do pleito, nos três meses que o antecedem e até a posse dos eleitos, sob pena de nulidade de pleno direito, ressalvadas:

a) a nomeação ou exoneração de cargos em comissão e designação ou dispensa de funções de confiança;

b) a nomeação para cargos do Poder Judiciário, do Ministério Público, dos Tribunais ou Conselhos de Contas e dos órgãos da Presidência da República;

c) a nomeação dos aprovados em concursos públicos homologados até o início daquele prazo;

d) a nomeação ou contratação necessária à instalação ou ao funcionamento inadiável de serviços públicos essenciais, com prévia e expressa autorização do chefe do Poder Executivo;

e) a transferência ou remoção *ex officio* de militares, policiais civis e de agentes penitenciários;

VI – nos três meses que antecedem o pleito:

a) realizar transferência voluntária de recursos da União aos Estados e municípios, e dos Estados aos municípios, sob pena de nulidade de pleno direito, ressalvados os recursos destinados a cumprir obrigação formal preexistente para a execução de obra ou serviço em andamento e com cronograma prefixado, e os destinados a atender situações de emergência e de calamidade pública;

b) com exceção da propaganda de produtos e serviços que tenham concorrência no mercado, autorizar publicidade institucional dos atos, programas, obras, serviços e campanhas dos órgãos públicos, ou das respectivas entidades da administração indireta, salvo em caso de grave e urgente necessidade pública, assim reconhecida pela Justiça Eleitoral;

c) fazer pronunciamento em cadeia de rádio e televisão fora do horário eleitoral gratuito, salvo quando, a critério da Justiça Eleitoral, se tratar de matéria urgente, relevante e característica das funções de governo;

VII – realizar, em ano de eleição, antes do prazo fixado no inciso VI deste artigo, despesas com publicidade dos órgãos públicos, ou das respectivas entidades da administração indireta, que excedam a média dos gastos nos três últimos anos que antecedem o pleito ou do último ano imediatamente anterior à eleição, prevalecendo o que for menor;

VIII – fazer, na circunscrição do pleito, revisão geral da remuneração dos servidores públicos que exceda a recomposição da perda de seu poder aquisitivo ao longo do ano da eleição, a partir de cento e oitenta dias antes da eleição e até a posse dos eleitos.

§ 1º. Reputa-se agente público, para os efeitos deste artigo, quem exerce, ainda que transitoriamente ou sem remuneração, por eleição, nomeação, designação, contratação ou qualquer outra forma de investidura ou vínculo, mandato, cargo, emprego ou função nos órgãos ou entidades da administração pública direta, indireta ou fundacional (Lei nº 9.504/1997, art. 73, § 1º).

§ 2º. A vedação do inciso I da cabeça deste artigo não se aplicará ao uso, em campanha, de transporte oficial pelo presidente da República, obedecido o disposto no art. 35 destas instruções, nem ao uso, em campanha, pelos candidatos à reeleição de presidente e vice-presidente da República, de governador e vice-governador de Estado e do Distrito Federal, de suas residências oficiais, com os serviços inerentes à sua utilização normal, para realização de contatos, encontros e reuniões pertinentes à própria campanha, desde que não tenham caráter de ato público (Lei nº 9.504/1997, art. 73, § 2º).

§ 3º. Também não caracterizará a hipótese do inciso I da cabeça deste artigo a permanência de candidato a cargo eletivo em residência oficial, com o uso dos serviços inerentes à sua utilização normal e eventual realização de contatos, encontros e reuniões pertinentes à própria campanha, desde que não tenham caráter público.

§ 4º. O ocupante de residência oficial poderá, no seu interior, gravar mensagens para propaganda eleitoral, desde que não se utilize de imagens externas do local ou que a ele se refira.

§ 5º. As vedações do inciso VI da cabeça deste artigo, alíneas "b e "c", aplicar-se-ão apenas aos agentes públicos das esferas administrativas cujos cargos estejam em disputa na eleição (Lei nº 9.504/1997, art. 73, § 3º).

§ 6º. As exceções referidas nas alíneas "b e "c" do inciso VI deste artigo serão examinadas e reconhecidas pelo presidente do Tribunal Superior Eleitoral quando se tratar de órgão ou entidade federal, ou pelo presidente do respectivo Tribunal Regional Eleitoral quando se tratar de órgão ou entidade estadual; dessas decisões caberá agravo para o Tribunal pleno.

§ 7º. O descumprimento do disposto neste artigo acarretará a suspensão imediata da conduta vedada, quando for o caso, e sujeitará os agentes responsáveis à multa no valor de R$ 5.320,50 (cinco mil trezentos e vinte reais e cinquenta centavos) a R$ 106.410,00 (cento e seis mil quatrocentos e dez reais), sem prejuízo de outras sanções de caráter constitucional, administrativo ou disciplinar fixadas pelas demais leis vigentes (Lei nº 9.504/1997, art. 73, § 4º, c/c art. 78).

§ 8º. No caso de descumprimento dos incisos I, II, III, IV e VI da cabeça do art. 36, sem prejuízo do disposto no § 7º deste artigo, o candidato beneficiado, agente público ou não, ficará sujeito à cassação do registro ou do diploma (Lei nº 9.504/1997, art. 73, § 5º, c/c art. 78, com redação dada pela Lei nº 9.840/1999, art. 2º).

§ 9º. As multas de que trata este artigo serão duplicadas a cada reincidência (Lei nº 9.504/1997, art. 73, § 6º).

§ 10. As condutas enumeradas na cabeça deste artigo caracterizam, ainda, atos de improbidade administrativa, a que se refere o art. 11, I, da Lei nº 8.429, de 2 de junho de 1992, e sujeitam-se às disposições daquele diploma legal, em especial, às cominações do art. 12, III (Lei nº 9.504/1997, art. 73, § 7º).

§ 11. Aplicar-se-ão as sanções do § 7º deste artigo aos agentes públicos responsáveis pelas condutas vedadas e aos partidos políticos, às coligações e aos candidatos que delas se beneficiarem (Lei nº 9.504/1997, art. 73, § 8º).

§ 12. No ano em que se realizar eleição, fica proibida a distribuição gratuita de bens, valores ou benefícios por parte da Administração Pública, exceto nos casos de calamidade pública, de estado de emergência ou de programas sociais autorizados em lei e já em execução orçamentária no exercício anterior, casos em que o Ministério Público poderá promover o acompanhamento de sua execução financeira e administrativa (Lei nº 9.504/1997, art. 73, § 10, com nova redação dada pela Lei nº 11.300/2006).

Art. 35. O ressarcimento das despesas com o uso de transporte oficial pelo presidente da República e sua comitiva em campanha ou evento eleitoral será de responsabilidade do partido político ou da coligação a que esteja vinculado (Lei nº 9.504/1997, art. 76, cabeça do artigo).

§ 1º. O ressarcimento de que trata este artigo terá por base o tipo de transporte usado e a respectiva tarifa de mercado cobrada no trecho correspondente, ressalvado o uso do avião presidencial, cujo ressarcimento corresponderá ao aluguel de uma aeronave de propulsão a jato do tipo táxi aéreo (Lei nº 9.504/1997, art. 76, § 1º).

§ 2º. Considerar-se-ão como integrantes da comitiva de campanha eleitoral todos os acompanhantes que não estiverem em serviço oficial.

§ 3º. No transporte do presidente em campanha ou evento eleitoral, serão excluídas da obrigação de ressarcimento as despesas com o transporte dos servidores indispensáveis à sua segurança e atendimento pessoal, que não podem desempenhar atividades relacionadas com a campanha, bem como a utilização de equipamentos, veículos e materiais necessários à execução daquelas atividades, que não podem ser empregados em outras.

§ 4º. O vice-presidente da República, o governador ou o vice-governador de Estado ou do Distrito Federal em campanha eleitoral não poderão utilizar transporte oficial, que, entretanto, poderá ser usado exclusivamente pelos servidores indispensáveis à sua segurança e atendimento pessoal, sendo-lhes vedado desempenhar atividades relacionadas com a campanha.

§ 5º. No prazo de dez dias úteis após a realização do pleito, em primeiro turno, ou segundo, se houver, o órgão competente de controle interno procederá *ex officio* à cobrança dos valores devidos nos termos dos §§ 1º ao 4º deste artigo (Lei nº 9.504/1997, art. 76, § 2º).

§ 6º. A falta do ressarcimento, no prazo estipulado, implicará a comunicação do fato ao Ministério Público Eleitoral, pelo órgão de controle interno (Lei nº 9.504/1997, art. 76, § 3º).

§ 7º. Recebida a denúncia do Ministério Público, a Justiça Eleitoral apreciará o feito no prazo de trinta dias, aplicando aos infratores pena de multa correspondente ao dobro das despesas, duplicada a cada reiteração de conduta (Lei nº 9.504/1997, art. 76, § 4º).

Art. 36. A publicidade dos atos, programas, obras, serviços e campanhas dos órgãos públicos deverá ter caráter educativo, informativo ou de orientação social, dela não podendo constar nomes, símbolos ou imagens que caracterizem promoção pessoal de autoridades ou servidores públicos (Constituição Federal, art. 37, § 1º).

Parágrafo único. Configura abuso de autoridade, para os fins do disposto no art. 22 da Lei Complementar nº 64, de 1990, a infringência do disposto na cabeça deste artigo, ficando o responsável, se candidato, sujeito ao cancelamento do registro de sua candidatura (Lei nº 9.504/1997, art. 74).

Art. 37. Nos três meses que antecederem as eleições, será vedada a contratação de *shows* artísticos pagos com recursos públicos na realização de inaugurações (Lei nº 9.504/1997, art. 75).

Parágrafo único. A inobservância do disposto neste artigo caracterizará abuso do poder econômico (Lei Complementar nº 64/1990, art. 22).

Art. 38. Será proibido aos candidatos a cargos do Poder Executivo participar, nos três meses que precederem o pleito, de inaugurações de obras públicas (Lei nº 9.504/1997, art. 77, cabeça do artigo).

Parágrafo único. A inobservância do disposto neste artigo sujeitará o infrator à cassação do registro (Lei nº 9.504/1997, art. 77, parágrafo único).

Capítulo VIII – Disposições Penais

Art. 39. Constituem crimes, no dia da eleição, puníveis com detenção de seis meses a um ano, com a alternativa de prestação de serviços à comunidade pelo mesmo período, e multa no valor de R$ 5.320,50 (cinco mil trezentos e vinte reais e cinquenta centavos) a R$ 15.961,50 (quinze mil novecentos e sessenta e um reais e cinquenta centavos) (Lei nº 9.504/1997, art. 39, § 5º, I e II):

I – o uso de alto-falantes e amplificadores de som ou a promoção de comício ou carreata;

II – a arregimentação de eleitor ou a propaganda de boca de urna (Lei nº 9.504/1997, art. 39, inciso II, com nova redação dada pela Lei nº 11.300/2006);

III – a divulgação de qualquer espécie de propaganda de partidos políticos ou de seus candidatos, mediante publicações, cartazes, camisas, bonés, broches ou dísticos em vestuário (Lei nº 9.504/1997, art. 39, § 5º, inciso III, acrescentado pela Lei nº 11.300/2006).

Art. 40. Constitui crime, punível com detenção de seis meses a um ano, com a alternativa de prestação de serviços à comunidade pelo mesmo período, e multa no valor de R$ 10.641,00 (dez mil seiscentos e quarenta e um reais) a R$ 21.282,00 (vinte e um mil duzentos e oitenta e dois reais), o uso, na propaganda eleitoral, de símbolos, frases ou imagens, associadas ou semelhantes às empregadas por órgão de governo, empresa pública ou sociedade de economia mista (Lei nº 9.504/1997, art. 40).

Art. 41. Constitui crime, punível com detenção de dois meses a um ano ou pagamento de cento e vinte a cento e cinquenta dias-multa, divulgar, na propaganda, fatos que se sabem inverídicos, em relação a partidos ou a candidatos, capazes de exercerem influência perante o eleitorado (Código Eleitoral, art. 323).

Parágrafo único. A pena é agravada se o crime é cometido pela imprensa, rádio ou televisão (Código Eleitoral, art. 323, parágrafo único).

Art. 42. Constitui crime, punível com detenção de seis meses a dois anos e pagamento de dez a quarenta dias-multa, caluniar alguém, na propaganda eleitoral ou visando a fins de propaganda, imputando-lhe falsamente fato definido como crime (Código Eleitoral, art. 324).

§ 1º. Nas mesmas penas incorre quem, sabendo falsa a imputação, a propala ou a divulga (Código Eleitoral, art. 324, § 1º).

§ 2º. A prova da verdade do fato imputado exclui o crime, mas não será admitida:

I – se, constituindo o fato imputado crime de ação privada, o ofendido não for condenado por sentença irrecorrível;

II – se o fato for imputado ao presidente da República ou a chefe de governo estrangeiro;

III – se do crime imputado, embora de ação pública, o ofendido for absolvido por sentença irrecorrível (Código Eleitoral, art. 324, § 2º, I a III).

Art. 43. Constitui crime, punível com detenção de três meses a um ano e pagamento de cinco a trinta dias-multa, difamar alguém, na propaganda eleitoral ou visando a fins de propaganda, imputando-lhe fato ofensivo a sua reputação (Código Eleitoral, art. 325).

Parágrafo único. A exceção da verdade somente se admite se o ofendido é funcionário público e a ofensa é relativa ao exercício de suas funções (Código Eleitoral, art. 325, parágrafo único).

Art. 44. Constitui crime, punível com detenção de até seis meses ou pagamento de trinta a sessenta dias-multa, injuriar alguém, na propaganda eleitoral ou visando a fins de propaganda, ofendendo-lhe a dignidade ou o decoro (Código Eleitoral, art. 326).

§ 1º. O juiz poderá deixar de aplicar a pena:

I – se o ofendido, de forma reprovável, provocar diretamente a injúria;

II – no caso de retorsão imediata que consista em outra injúria (Código Eleitoral, art. 326, § 1º, I e II).

§ 2º. Se a injúria consiste em violência ou em vias de fato, que, por sua natureza ou meio empregado, se considerem aviltantes, a pena será de detenção de três meses a um ano e pagamento de cinco a vinte dias-multa, além das penas correspondentes à violência, prevista no Código Penal (Código Eleitoral, art. 326, § 2º).

Art. 45. As penas cominadas nos arts. 42, 43 e 44 destas instruções serão aumentadas em um terço, se qualquer dos crimes for cometido:

I – contra o presidente da República ou chefe de governo estrangeiro;

II – contra funcionário público, em razão de suas funções;

III – na presença de várias pessoas, ou por meio que facilite a divulgação da ofensa (Código Eleitoral, art. 327, I a III).

Art. 46. Constitui crime, punível com detenção de até seis meses ou pagamento de noventa a cento e vinte dias-multa, inutilizar, alterar ou perturbar meio de propaganda devidamente empregado (Código Eleitoral, art. 331).

Art. 47. Constitui crime, punível com detenção de até seis meses e pagamento de trinta a sessenta dias-multa, impedir o exercício de propaganda (Código Eleitoral, art. 332).

Art. 48. Constitui crime, punível com detenção de seis meses a um ano e cassação do registro se o responsável for candidato, utilizar organização comercial de vendas, distribuição de mercadorias, prêmios e sorteios para propaganda ou aliciamento de eleitores (Código Eleitoral, art. 334).

Art. 49. Constitui crime, punível com detenção de três a seis meses e pagamento de trinta a sessenta dias-multa, fazer propaganda, qualquer que seja a sua forma, em língua estrangeira (Código Eleitoral, art. 335).

Parágrafo único. Além da pena cominada, a infração ao presente artigo importa a apreensão e a perda do material utilizado na propaganda (Código Eleitoral, art. 335, parágrafo único).

Art. 50. Na sentença que julgar ação penal pela infração de qualquer dos arts. 41 a 44 e 46 a 49 destas instruções, deve o juiz verificar, de acordo com o seu livre convencimento, se o diretório local do partido político, por qualquer dos seus membros, concorreu para a prática de delito, ou dela se beneficiou conscientemente (Código Eleitoral, art. 336).

Parágrafo único. Nesse caso, imporá o juiz ao diretório responsável pena de suspensão de sua atividade eleitoral pelo prazo de seis a doze meses, agravada até o dobro nas reincidências (Código Eleitoral, art. 336, parágrafo único).

Art. 51. Constitui crime, punível com detenção de até seis meses e pagamento de noventa a cento e vinte dias-multa, participar o estrangeiro ou brasileiro que não estiver no gozo dos seus direitos políticos de atividades partidárias, inclusive comícios e atos de propaganda em recintos fechados ou abertos (Código Eleitoral, art. 337).

Parágrafo único. Na mesma pena incorrerá o responsável pelas emissoras de rádio ou televisão que autorizar transmissões de que participem os mencionados neste artigo, bem como o diretor de jornal que lhes divulgar os pronunciamentos (Código Eleitoral, art. 337, parágrafo único).

Art. 52. Constitui crime, punível com o pagamento de trinta a sessenta dias-multa, não assegurar o funcionário postal a prioridade prevista no art. 239 do Código Eleitoral (Código Eleitoral, art. 338).

Art. 53. Aplicam-se aos fatos incriminados na legislação eleitoral as regras gerais do Código Penal (Código Eleitoral, art. 287; Lei nº 9.504/1997, art. 90, cabeça do artigo).

Art. 54. As infrações penais previstas nesta Instrução são de ação pública, e o processo seguirá o disposto nos arts. 357 e seguintes do Código Eleitoral (Código Eleitoral, art. 355; Lei nº 9.504/1997, art. 90, cabeça do artigo).

Art. 55. Todo cidadão que tiver conhecimento de infração penal prevista na legislação eleitoral deverá comunicá-la ao juiz da zona eleitoral onde ela se verificou (Código Eleitoral, art. 356, cabeça do artigo).

§ 1º. Quando a comunicação for verbal, mandará a autoridade judicial reduzi-la a termo, assinado pelo apresentante e por duas testemunhas, e remetê-la-á ao órgão do Ministério Público local, que procederá na forma do Código Eleitoral (Código Eleitoral, art. 356, § 1º).

§ 2º. Se o Ministério Público julgar necessários maiores esclarecimentos e documentos complementares ou outros elementos de convicção, deverá requisitá-los diretamente de quaisquer autoridades ou funcionários que possam fornecê-los (Código Eleitoral, art. 356, § 2º).

Art. 56. Para os efeitos da Lei nº 9.504/1997, respondem penalmente pelos partidos políticos e pelas coligações os seus representantes legais (Lei nº 9.504/1997, art. 90, § 1º).

Art. 57. Nos casos de reincidência, as penas pecuniárias previstas nesta Instrução aplicar-se-ão em dobro (Lei nº 9.504/1997, art. 90, § 2º).

Capítulo IX – Disposições Gerais

Art. 58. A propaganda eleitoral gratuita na televisão deverá utilizar a Linguagem Brasileira de Sinais (Libras) ou os recursos de legenda.

Art. 59. Ressalvado o disposto no art. 26 e seus incisos, da Lei nº 9.504/1997, constitui captação ilegal de sufrágio a doação, o oferecimento, a promessa, ou a entrega, pelo candidato, ao eleitor, com o fim de obter-lhe o voto, bem ou vantagem pessoal de qualquer natureza, inclusive emprego ou função pública, desde o registro da candidatura até o dia da eleição, inclusive, sob pena de multa de R$ 1.064,10 (mil e sessenta e quatro reais e dez centavos) a R$ 53.205,00 (cinquenta e três mil duzentos e cinco reais) e cassação do registro ou do diploma, observado o procedimento previsto nos incisos I a XIII do art. 22 da Lei Complementar nº 64, de 1990 (Lei nº 9.504/1997, art. 41-A).

Art. 60. Ninguém poderá impedir a propaganda eleitoral nem inutilizar, alterar ou perturbar os meios lícitos nela empregados, bem como realizar propaganda eleitoral vedada por lei ou por estas instruções (Código Eleitoral, art. 248).

Art. 61. A propaganda exercida nos termos da legislação eleitoral não poderá ser objeto de multa nem cerceada sob alegação do exercício do poder de polícia (Lei nº 9.504/1997, art. 41).

§ 1º. O poder de polícia sobre a propaganda será exercido exclusivamente pelos juízes eleitorais, nos municípios, e pelos juízes designados pelos tribunais regionais eleitorais, nas capitais e municípios com mais de uma zona eleitoral.

§ 2º. Compete ao juiz eleitoral, na fiscalização da propaganda, tomar as providências para impedir práticas ilegais, não lhe sendo permitido, entretanto, instaurar procedimento de ofício para aplicação de sanções.

§ 3º. O juiz eleitoral deverá comunicar o fato ao Ministério Público, para que proceda como entender necessário.

Art. 62. No horário reservado para a propaganda eleitoral, não se permitirá utilização comercial, ou seja, propaganda realizada com a intenção, ainda que disfarçada ou subliminar, de promover marca ou produto (Resolução TSE nº 21.078, de 23.4.2002).

Art. 63. A propaganda eleitoral deverá respeitar o direito do autor, protegido pelo art. 5º, XXVII, da Constituição da República, o que significa que a utilização de qualquer fruto da criação intelectual depende da autorização de seu autor ou titular (Resolução TSE nº 21.078, de 23.4.2002).

Parágrafo único. À Justiça Eleitoral compete adotar as providências necessárias para coibir toda e qualquer irregularidade que venha a ocorrer no horário eleitoral gratuito, inclusive fazendo cessar imediatamente qualquer abuso ou ilegalidade, cabendo à justiça comum examinar e julgar os pedidos de indenização por violação ao direito autoral ou por prejuízos materiais causados a terceiros.

Art. 64. Aos partidos políticos, coligações e candidatos será vedada a utilização de simulador de urna eletrônica na propaganda eleitoral.

Art. 65. Para a procedência da representação e imposição de penalidade pecuniária por realização de propaganda irregular, é necessário que a representação seja instruída com prova de sua autoria e do prévio conhecimento do beneficiário, caso este não seja por ela responsável.

Parágrafo único. O prévio conhecimento do candidato estará demonstrado se este, intimado da existência da propaganda irregular, não providenciar, no prazo de vinte e quatro horas, sua retirada ou regularização e, ainda, se as circunstâncias e as peculiaridades do caso específico revelarem a impossibilidade de o beneficiário não ter tido conhecimento da propaganda (Ac.-TSE nº 21.262, de 7.8.2003).

Art. 66. Serão permitidos, na véspera do dia da eleição, caminhada, carreata, passeata ou carro de som que transite pela cidade divulgando jingles ou mensagens de candidatos, desde que os microfones não sejam usados para transformar o ato em comício (Ac.-TSE nº 3.107, de 25.10.2002).

Art. 67. Não caracteriza o tipo previsto no art. 39, § 5º, II e III, da Lei nº 9.504/1997 a manifestação individual e silenciosa da preferência do cidadão por partido político, coligação ou candidato, incluída a que se contenha no próprio vestuário ou que se expresse no porte de bandeira ou de flâmula ou pela utilização de adesivos em veículos ou objetos de que tenha posse (Resolução TSE nº 14.708, de 22.9.1994; Lei nº 9.504/1997, art. 39, § 5º, II e III, respectivamente, com nova redação e acrescentado pela Lei nº 11.300/2006).

§ 1º. Será vedada, durante todo o dia da votação e em qualquer local público ou aberto ao público, a aglomeração de pessoas portando os instrumentos de propaganda referidos na cabeça deste artigo, de modo a caracterizar manifestação coletiva, com ou sem utilização de veículos.

§ 2º. No recinto das seções eleitorais e juntas apuradoras, será proibido aos servidores da Justiça Eleitoral, aos mesários e aos escrutinadores o uso de vestuário ou objeto que contenha qualquer propaganda de partido político, coligação ou candidato.

§ 3º. Aos fiscais partidários, nos trabalhos de votação, só será permitido que, em suas vestes utilizadas, constem o nome e a sigla do partido político ou coligação a que sirvam.

- *Art. 67 regulamentado pela Resolução TSE nº 22.426/ 2006.*

Art. 68. As disposições desta instrução aplicam-se às emissoras de rádio e de televisão comunitárias, às emissoras de televisão que operam em VHF e UHF e aos canais de televisão por assinatura sob a responsabilidade do Senado Federal, da Câmara dos Deputados, das assembleias legislativas e da Câmara Legislativa do Distrito Federal ou das câmaras municipais (Lei nº 9.504/ 1997, art. 57).

Parágrafo único. Aos canais de televisão por assinatura não compreendidos na cabeça deste artigo será vedada a veiculação de qualquer propaganda eleitoral, salvo a retransmissão integral do horário eleitoral gratuito e a realização de debates, observadas as disposições legais.

Art. 69. As emissoras de rádio e televisão terão direito à compensação fiscal pela cedência do horário gratuito previsto nestas instruções (Lei nº 9.504/1997, art. 99).

Art. 70. A requerimento do Ministério Público, de partido político, de coligação ou de candidato, a Justiça Eleitoral poderá determinar a suspensão, por vinte e quatro horas, da programação normal de emissora que deixar de cumprir as disposições da Lei nº 9.504/1997 sobre propaganda (Lei nº 9.504/1997, art. 56, cabeça do artigo).

§ 1º. No período de suspensão, a emissora transmitirá, a cada quinze minutos, a informação de que se encontra fora do ar por ter desobedecido à Lei Eleitoral (Lei nº 9.504/1997, art. 56, § 1º).

§ 2º. Em cada reiteração de conduta, o período de suspensão será duplicado (Lei nº 9.504/1997, art. 56, § 2º).

Art. 71. Os candidatos poderão manter página na Internet com a terminação can.br, ou com outras terminações, como mecanismo de propaganda eleitoral (Resolução TSE nº 21.901/2004).

§ 1º. O candidato interessado deverá providenciar o cadastro do respectivo domínio no órgão gestor da Internet Brasil, responsável pela distribuição e pelo registro de domínios (www.registro.br), observando a seguinte especificação: *http://www.nomedocandidatonumerodocandidato.can.br*, em que *nomedocandidato* deverá corresponder ao nome indicado para constar da urna eletrônica e *numerodocandidato* deverá corresponder ao número com o qual concorre.

§ 2º. O registro do domínio de que trata este artigo somente poderá ser realizado após o efetivo requerimento do registro de candidatura perante a Justiça Eleitoral e será isento de taxa, ficando a cargo do candidato as despesas com criação, hospedagem e manutenção da página.

§ 3º. Os domínios com a terminação can.br serão automaticamente cancelados após a votação em primeiro turno, salvo os pertinentes a candidatos que estejam concorrendo em segundo turno, que serão cancelados após essa votação.

Art. 72. Em páginas de provedores de serviços de acesso à Internet, não será admitido nenhum tipo de propaganda eleitoral, em qualquer período.

Art. 73. Não caracterizam propaganda eleitoral o uso e a divulgação regulares do nome comercial de empresa, ou grupo de empresas, no qual se inclui o nome pessoal de seu dono, ou presidente, desde que feitos habitualmente e não apenas no período que antecede às eleições.

Art. 74. O Tribunal Superior Eleitoral poderá requisitar das emissoras de rádio e televisão, no período compreendido entre 31 de julho do ano da eleição e o dia do pleito, até dez minutos diários, contínuos ou não, que poderão ser somados e usados em dias espaçados, para a divulgação de seus comunicados, boletins e instruções ao eleitorado (Lei nº 9.504/1997, art. 93).

Art. 75. As autoridades administrativas federais, estaduais e municipais proporcionarão aos partidos políticos e às coligações, em igualdade de condições, as facilidades permitidas para a respectiva propaganda (Código Eleitoral, art. 256).

Parágrafo único. Nos três meses que antecedem o pleito, independentemente do critério de prioridade, os serviços telefônicos oficiais ou concedidos farão instalar, nas sedes dos diretórios nacionais e regionais devidamente registrados, telefones necessários, mediante requerimento do respectivo presidente e pagamento das taxas devidas (Código Eleitoral, art. 256, § 1º).

Art. 76. O serviço de qualquer repartição federal, estadual ou municipal, autarquia, fundação estadual, sociedade de economia mista, entidade mantida ou subvencionada pelo poder público, ou que realize contrato com este, inclusive o respectivo prédio e suas dependências, não poderá ser utilizado para beneficiar partido político ou coligação (Código Eleitoral, art. 377, cabeça do artigo).

Parágrafo único. O disposto na cabeça deste artigo será tornado efetivo, a qualquer tempo, pelo órgão competente da Justiça Eleitoral, conforme o âmbito nacional, regional ou municipal do órgão infrator, mediante representação fundamentada de autoridade pública, de representante partidário ou de qualquer eleitor (Código Eleitoral, art. 377, parágrafo único).

Art. 77. Aos partidos políticos e às coligações será assegurada a prioridade postal durante os sessenta dias anteriores à realização das eleições, para a remessa de material de propaganda de seus candidatos (Lei nº 9.504/1997, art. 36, cabeça do artigo; Código Eleitoral, art. 239).

Art. 78. Os órgãos e entidades da Administração Pública direta e indireta poderão, quando solicitados, em casos específicos e de forma motivada, pelos Tribunais Eleitorais:

I – fornecer informações na área de sua competência;

II – ceder funcionários no período de 3 (três) meses antes a 3 (três) meses depois de cada eleição (Lei nº 9.504/1997, art. 94-A, acrescentado pela Lei nº 11.300/2006).

Art. 79. As reclamações, as representações e os recursos sobre a matéria disciplinada nesta Instrução são considerados de natureza urgente, devendo seu julgamento preferir aos demais.

Art. 80. No prazo de até trinta dias após o pleito, os candidatos, os partidos políticos e as coligações deverão remover a propaganda eleitoral, com a restauração do bem em que fixada, se for o caso.

Parágrafo único. O descumprimento da cabeça deste artigo sujeitará os responsáveis às consequências previstas na legislação comum aplicável.

Art. 81. Estas instruções entrarão em vigor na data de sua publicação.

Art. 82. Fica revogada a Resolução TSE nº 22.158, de 2 de março de 2006.

Sala de Sessões do Tribunal Superior Eleitoral.

Brasília, 29 de junho de 2006.

Marco Aurélio – Presidente

DJU de 10.7.2006

Fonte: www.tse.gov.br/legislacao

RESOLUÇÃO TSE Nº 22.426, DE 27 DE SETEMBRO DE 2006

Regulamenta o art. 67 da Resolução TSE nº 22.261, de 29 de junho de 2006, que dispõe sobre a propaganda eleitoral e as condutas vedadas aos agentes públicos em campanha eleitoral.

O Tribunal Superior Eleitoral, no uso das atribuições que lhe confere o art. 23, IX, do Código Eleitoral e visando a dar uniformidade à inteligência e à aplicação do teor do disposto no art. 67 da Resolução TSE nº 22.261, de 29 de junho de 2006, resolve:

Art. 1º. É permitida, no dia das eleições, a manifestação individual e silenciosa da preferência do eleitor por partido político, coligação ou candidato, revelada no uso de camisas, bonés, broches ou dísticos e pela utilização de adesivos em veículos particulares.

Art. 2º. Esta Resolução entrará em vigor na data de sua publicação.

Sala de Sessões do Tribunal Superior Eleitoral.

Brasília, 27 de setembro de 2006.

Marco Aurélio – Presidente

DJU de 28.9.2006

Fonte: www.tse.gov.br/legislacao

RESOLUÇÃO TSE Nº 22.610, DE 25 DE OUTUBRO DE 2007

Disciplina o processo de perda de cargo eletivo, bem como de justificação de desfiliação partidária.

O Tribunal Superior Eleitoral, no uso das atribuições que lhe confere o art. 23, XVIII, do Código Eleitoral, e na observância do que decidiu o Supremo Tribunal Federal nos Mandados de Segurança nºs 26.602, 26.603 e 26.604, resolve disciplinar o processo de perda de cargo eletivo, bem como de justificação de desfiliação partidária, nos termos seguintes:

Art. 1º. O partido político interessado pode pedir, perante a Justiça Eleitoral, a decretação da perda de cargo eletivo em decorrência de desfiliação partidária sem justa causa.

§ 1º. Considera-se justa causa:

I – incorporação ou fusão do partido;

II – criação de novo partido;

III – mudança substancial ou desvio reiterado do programa partidário;

IV – grave discriminação pessoal.

§ 2º. Quando o partido político não formular o pedido dentro de 30 (trinta) dias da desfiliação, pode fazê-lo, em nome próprio, nos 30 (trinta) subsequentes, quem tenha interesse jurídico ou o Ministério Público eleitoral.

§ 3º. O mandatário que se desfiliou ou pretenda desfiliar-se pode pedir a declaração da existência de justa causa, fazendo citar o partido, na forma desta Resolução.

Art. 2º. O Tribunal Superior Eleitoral é competente para processar e julgar pedido relativo a mandato federal; nos demais casos, é competente o tribunal eleitoral do respectivo Estado.

Art. 3º. Na inicial, expondo o fundamento do pedido, o requerente juntará prova documental da desfiliação, podendo arrolar testemunhas, até o máximo de 3 (três), e requerer, justificadamente, outras provas, inclusive requisição de documentos em poder de terceiros ou de repartições públicas.

Art. 4º. O mandatário que se desfiliou e o eventual partido em que esteja inscrito serão citados para responder no prazo de 5 (cinco) dias, contados do ato da citação.

Parágrafo único. Do mandado constará expressa advertência de que, em caso de revelia, se presumirão verdadeiros os fatos afirmados na inicial.

Art. 5º. Na resposta, o requerido juntará prova documental, podendo arrolar testemunhas, até o máximo de 3 (três), e requerer, justificadamente, outras provas, inclusive requisição de documentos em poder de terceiros ou de repartições públicas.

Art. 6º. Decorrido o prazo de resposta, o tribunal ouvirá, em 48 (quarenta e oito) horas, o representante do Ministério Público, quando não seja requerente, e, em seguida, julgará o pedido, em não havendo necessidade de dilação probatória.

Art. 7º. Havendo necessidade de provas, deferi-las-á o Relator, designando o 5º (quinto) dia útil subsequente para, em única assentada, tomar depoimentos pessoais e inquirir testemunhas, as quais serão trazidas pela parte que as arrolou.

Parágrafo único. Declarando encerrada a instrução, o Relator intimará as partes e o representante do Ministério Público, para apresentarem, no prazo comum de 48 (quarenta e oito) horas, alegações finais por escrito.

Art. 8º. Incumbe aos requeridos o ônus da prova de fato extintivo, impeditivo ou modificativo da eficácia do pedido.

Art. 9º. Para o julgamento, antecipado ou não, o Relator preparará voto e pedirá inclusão do processo na pauta da sessão seguinte, observada a antecedência de 48 (quarenta e oito) horas. É facultada a sustentação oral por 15 (quinze) minutos.

Art. 10. Julgando procedente o pedido, o tribunal decretará a perda do cargo, comunicando a decisão ao presidente do órgão legislativo competente para que emposse, conforme o caso, o suplente ou o vice, no prazo de 10 (dez) dias.

Art. 11. São irrecorríveis as decisões interlocutórias do Relator, as quais poderão ser revistas no julgamento final, de cujo acórdão cabe o recurso previsto no art. 121, § 4º, da Constituição da República.

- *Art. 11 com redação dada pela Resolução TSE nº 22.733/2008.*

Art. 12. O processo de que trata esta Resolução será observado pelos Tribunais Regionais eleitorais e terá preferência, devendo encerrar-se no prazo de 60 (sessenta) dias.

Art. 13. Esta Resolução entra em vigor na data de sua publicação, aplicando-se apenas às desfiliações consumadas após 27 (vinte e sete) de março deste ano, quanto a mandatários eleitos pelo sistema proporcional, e, após 16 (dezesseis) de outubro corrente, quanto a eleitos pelo sistema majoritário.

Parágrafo único. Para os casos anteriores, o prazo previsto no art. 1º, § 2º, conta-se a partir do início de vigência desta Resolução.

Brasília, 25 de outubro de 2007.

Ministro Marco Aurélio – Presidente

DJU de 30.10.2007 – Republicação em 27.3.2008

RESOLUÇÃO TSE Nº 22.624, DE 13 DE DEZEMBRO DE 2007

Dispõe sobre representações, reclamações e pedidos de resposta previstos na Lei nº 9.504/1997.

O Tribunal Superior Eleitoral, usando das atribuições que lhe conferem o art. 23, inciso IX, do Código Eleitoral e o art. 105 da Lei nº 9.504, de 30 de setembro de 1997, resolve expedir a seguinte instrução:

Capítulo I – Disposições Iniciais

Art. 1º. A presente Resolução disciplina o processamento das representações e das reclamações previstas na Lei nº 9.504/1997, bem como os pedidos de resposta, salvo aquelas de que trata o art. 23, *caput*, desta Resolução.

Parágrafo único. O procedimento é único, salvo as seguintes regras especiais atinentes ao pedido de resposta: a do art. 6º que assina prazo de defesa em face da petição inicial; a do art. 11 que prevê prazo para a decisão de primeiro grau; a do art. 20, § 1º, que estipula prazo para o julgamento do recurso no Tribunal Regional Eleitoral; a do art. 22 que prevê prazo para a interposição do recurso especial, dispensa o juízo de admissibilidade e determina a intimação do recorrido para o oferecimento de contrarrazões.

Art. 2º. As reclamações ou as representações poderão ser feitas por qualquer partido político, coligação, candidato ou pelo Ministério Público e devem dirigir-se aos juízes eleitorais (Lei nº 9.504/1997, art. 96, *caput* e inciso I).

§ 1º. Nos municípios com mais de uma zona eleitoral, o Tribunal Regional Eleitoral designará, até o dia 14 de dezembro de 2007, um ou mais juízes para processar e julgar as reclamações e representações (Lei nº 9.504/1997, art. 96, § 2º).

§ 2º. A atuação dos juízes designados encerrar-se-á com a diplomação dos eleitos.

§ 3º. A representação que visar à cassação do registro ou do diploma deverá ser apreciada pelo juiz competente para deferir o registro de candidatos.

Art. 3º. A partir da escolha de candidatos em convenção, é assegurado o exercício do direito de resposta ao candidato, ao partido político ou à coligação atingidos, ainda que de forma indireta, por conceito, imagem ou afirmação caluniosa, difamatória, injuriosa ou sabidamente inverídica, difundidos por qualquer veículo de comunicação social (Lei nº 9.504/1997, art. 58, *caput*).

Capítulo II – Do Processamento das Representações

Seção I – Disposições Gerais

Art. 4º. As representações, subscritas por advogados, serão apresentadas em duas vias e relatarão fatos, indicando provas, indícios e circunstâncias (Lei nº 9.504/1997, art. 96, § 1º).

§ 1º. A representação a que se refere esta Resolução abrange a representação propriamente dita, assim entendida aquela que atacar ato de partido político, de coligação, de candidato ou de terceiros; a reclamação, aquela que tiver como objeto ato de servidor da Justiça Eleitoral; e, finalmente, aquela que pedir resposta.

§ 2º. A representação, a reclamação e o pedido de resposta, aludidos no parágrafo anterior, serão processados na classe processual Representação (Rp) se a zona eleitoral dispuser do Sistema de Acompanhamento de Documentos e Processos (SADP).

Art. 5º. Salvo aqueles endereçados ao Supremo Tribunal Federal, as petições ou recursos relativos às representações serão admitidos, quando possível, via fac-símile, dispensado o encaminhamento do texto original.

§ 1º. O chefe do cartório eleitoral providenciará cópia dos documentos recebidos, que permanecerá nos autos.

§ 2º. Nos cartórios eleitorais onde houver aparelhos de fac-símile, o chefe tornará público o fato mediante a afixação de aviso em quadro próprio, com os números de fac-símile disponíveis.

§ 3º. O envio do requerimento por via eletrônica e sua tempestividade serão de inteira responsabilidade do remetente, correndo por sua conta e risco eventuais defeitos.

§ 4º. A fita de áudio e/ou vídeo que instruir a petição deverá vir obrigatoriamente acompanhada da respectiva degravação em duas vias.

Art. 6º. Recebida a petição, o chefe do cartório eleitoral notificará imediatamente o representado para apresentar defesa no prazo de 48 horas (Lei nº 9.504/1997, art. 96, § 5º), exceto quando se tratar de pedido de resposta, cujo prazo será de 24 horas (Lei nº 9.504/1997, art. 58, § 2º).

§ 1º. Se houver pedido de medida liminar, os autos serão conclusos ao juiz e, depois da respectiva decisão, dela será o representado notificado, juntamente com o conteúdo da petição inicial.

§ 2º. Quando o representado for candidato, partido político ou coligação, o respectivo advogado – se arquivada a procuração no cartório eleitoral – será intimado, nos mesmos prazos, ainda que por telegrama ou fac-símile, da existência do feito (Lei nº 9.504/1997, art. 94, § 4º).

Art. 7º. Constatado vício de representação processual das partes, o juiz determinará a respectiva regularização no prazo de 24 horas, sob pena de indeferimento da petição inicial (CPC, arts. 13 e 284).

Art. 8º. A notificação será instruída com a cópia da petição inicial e, se o representado for candidato, partido político ou coligação, endereçada para o número de fac-símile nela indicado ou no pedido de registro de candidatura; na falta dessa indicação, a notificação será feita no endereço apontado na petição inicial por correspondência ou telegrama com aviso de recebimento ou, ainda, por oficial de justiça.

Parágrafo único. Quando outro for o representado, observar-se-á o número de fac-símile indicado na petição inicial, e, se dela não constar esse dado, seguir-se-á o procedimento regulado no *caput*.

Art. 9º. As notificações, as comunicações, as publicações e as intimações serão feitas no horário das 10 horas às 19 horas, salvo se o juiz dispuser que se faça de outro modo ou em horário diverso.

Parágrafo único. A concessão de medida liminar será comunicada das 8 horas às 24 horas, salvo quando o juiz determinar horário diverso, independentemente da publicação em cartório; o termo inicial do prazo de recurso para impugná-la será o recebimento da respectiva comunicação.

Art. 10. Apresentada a resposta ou decorrido o respectivo prazo, os autos serão encaminhados ao Ministério Público para parecer no prazo de 24 horas, findo o qual, com ou sem parecer, o processo será imediatamente devolvido ao juiz.

Art. 11. Transcorrido o prazo previsto no artigo anterior, o juiz decidirá e fará publicar a decisão em 24 horas (Lei nº 9.504/1997, art. 96, § 7º), exceto quando se tratar de pedido de resposta, cuja decisão deverá ser proferida no prazo máximo de 72 horas da data em que for protocolado o pedido (Lei nº 9.504/1997, art. 58, § 2º).

Art. 12. A publicação das decisões será feita pela imprensa oficial, salvo entre 5 de julho de 2008 e a data da proclamação dos eleitos, quando far-se-á em cartório, neste último caso, certificando-se nos autos o horário.

Parágrafo único. Quando for parte, o Ministério Público será intimado mediante cópia da decisão.

Seção II – Do Direito de Resposta

I – Disposições Específicas

Art. 13. Os pedidos de resposta devem dirigir-se ao juiz eleitoral encarregado da propaganda eleitoral.

Art. 14. Observar-se-ão, ainda, as seguintes regras no caso de pedido de resposta relativo à ofensa veiculada (Lei nº 9.504/1997, art. 58, § 3º):

I – em órgão da imprensa escrita:

a) o pedido deverá ser feito no prazo de 72 horas, a contar das 19 horas da data constante da edição em que veiculada a ofensa, salvo prova documental de que a circulação, no domicílio do ofendido, se deu após esse horário (Lei nº 9.504/1997, art. 58, § 1º, III);

b) o pedido deverá ser instruído com um exemplar da publicação e o texto da resposta (Lei nº 9.504/1997, art. 58, § 3º, I, "a");

c) deferido o pedido, a divulgação da resposta dar-se-á no mesmo veículo, espaço, local, página, tamanho, caracteres e outros elementos de realce usados na ofensa, em até 48 horas após a decisão ou, tratando-se de veículo com periodicidade de circulação maior do que 48 horas, na primeira vez em que circular (Lei nº 9.504/1997, art. 58, § 3º, I, "b");

d) por solicitação do ofendido, a divulgação da resposta será feita no mesmo dia da semana em que a ofensa for divulgada, ainda que fora do prazo de 48 horas (Lei nº 9.504/1997, art. 58, § 3º, I, "c");

e) se a ofensa for produzida em dia e hora que inviabilizem sua reparação dentro dos prazos estabelecidos nas alíneas anteriores, a Justiça Eleitoral determinará a imediata divulgação da resposta (Lei nº 9.504/1997, art. 58, § 3º, I, "d");

f) o ofensor deverá comprovar nos autos o cumprimento da decisão, mediante dados sobre a regular distribuição dos exemplares, a quantidade impressa e o raio de abrangência na distribuição (Lei nº 9.504/1997, art. 58, § 3º, I, "e");

II – em programação normal das emissoras de rádio e de televisão:

a) o pedido, com a transcrição do trecho considerado ofensivo ou inverídico, deverá ser feito no prazo de 48 horas, contado a partir da veiculação da ofensa (Lei nº 9.504/1997, art. 58, § 1º, II);

b) a Justiça Eleitoral, à vista do pedido, deverá notificar imediatamente o responsável pela emissora que realizou o programa, para que confirme data e horário da veiculação e entregue em 24 horas, sob as penas do art. 347 do Código Eleitoral, cópia da fita da transmissão, que será devolvida após a decisão (Lei nº 9.504/1997, art. 58, § 3º, II, "a");

c) o responsável pela emissora, ao ser notificado pela Justiça Eleitoral ou informado pelo representante, por cópia protocolada do pedido de resposta, preservará a gravação até a decisão final do processo (Lei nº 9.504/1997, art. 58, § 3º, II, "b");

d) deferido o pedido, a resposta será dada em até 48 horas após a decisão, em tempo igual ao da ofensa, nunca inferior a um minuto (Lei nº 9.504/1997, art. 58, § 3º, II, "c");

III – no horário eleitoral gratuito:

a) o pedido deverá ser feito no prazo de 24 horas, contado a partir da veiculação da ofensa (Lei nº 9.504/1997, art. 58, § 1º, I);

b) o pedido deverá especificar o trecho considerado ofensivo ou inverídico e ser instruído com a fita da gravação do programa, acompanhada da respectiva degravação;

c) deferido o pedido, o ofendido usará, para a resposta, tempo igual ao da ofensa, porém nunca inferior a um minuto (Lei nº 9.504/1997, art. 58, § 3º, III, "a");

d) a resposta será veiculada no horário destinado ao partido político ou coligação responsável pela ofensa, devendo dirigir-se aos fatos nela veiculados (Lei nº 9.504/1997, art. 58, § 3º, III, "b");

e) se o tempo reservado ao partido político ou à coligação responsável pela ofensa for inferior a um minuto, a resposta será levada ao ar tantas vezes quantas forem necessárias para a sua complementação (Lei nº 9.504/1997, art. 58, § 3º, III, "c");

f) deferido o pedido para resposta, a emissora geradora e o partido político ou a coligação atingidos deverão ser notificados imediatamente da decisão, na qual deverão estar indicados o período, diurno ou noturno, para a veiculação da resposta, sempre no início do programa do partido político ou coligação, e, ainda, o bloco de audiência, caso se trate de inserção (Lei nº 9.504/1997, art. 58, § 3º, III, "d");

g) o meio de armazenamento com a resposta deverá ser entregue à emissora geradora até 36 horas após a ciência da decisão, para veiculação no programa subsequente do partido político ou da coligação em cujo horário se praticou a ofensa (Lei nº 9.504/1997, art. 58, § 3º, III, "e");

h) se o ofendido for candidato, partido político ou coligação que tenha usado o tempo concedido sem responder aos fatos veiculados na ofensa, terá subtraído do respectivo programa eleitoral tempo idêntico; tratando-se de terceiros, ficarão sujeitos à suspensão de igual tempo em eventuais novos pedidos de resposta e à multa no valor de R$ 2.128,20 (dois mil cento e vinte e oito reais e vinte centavos) a R$ 5.320,50 (cinco mil trezentos e vinte reais e cinquenta centavos) (Lei nº 9.504/1997, art. 58, § 3º, III, "f").

§ 1º. Se a ofensa ocorrer em dia e hora que inviabilizem sua reparação dentro dos prazos estabelecidos neste artigo, a resposta será divulgada nos horários que a Justiça Eleitoral determinar, ainda que nas 48 horas anteriores ao pleito, em termos e forma previamente aprovados, de modo a não ensejar tréplica (Lei nº 9.504/1997, art. 58, § 4º).

§ 2º. Apenas as decisões comunicadas à emissora geradora até uma hora antes da geração ou do início do bloco de audiência, quando se tratar de inserções, poderão interferir no conteúdo a ser transmitido; após esse prazo, as decisões somente poderão ter efeito na geração ou no bloco seguintes.

§ 3º. Caso a emissora geradora seja comunicada de decisão proibindo trecho da propaganda entre a entrega do material e o horário de geração dos programas, essa deverá aguardar a substituição do meio de armazenamento até o limite de uma hora antes do início do programa; no caso de o novo material não ser entregue, a emissora veiculará programa anterior, desde que não contenha propaganda proibida.

Art. 15. Os pedidos de resposta formulados por terceiro, em relação ao que foi veiculado no horário eleitoral gratuito, serão examinados pela Justiça Eleitoral.

Parágrafo único. Quando se considerar atingido por ofensa ocorrida no curso de programação normal das emissoras de rádio e de televisão ou veiculada por órgão da imprensa escrita, o terceiro deverá observar os procedimentos previstos na Lei nº 5.250/1967.

Art. 16. Quando o provimento do recurso cassar o direito de resposta já exercido, os tribunais eleitorais deverão observar o disposto nas alíneas "f" e "g" do inciso III do art. 14 desta Resolução, para a restituição do tempo (Lei nº 9.504/1997, art. 58, § 6º).

II – Das Penalidades

Art. 17. A inobservância dos prazos previstos para as decisões sujeitará a autoridade judiciária às penas previstas no art. 345 do Código Eleitoral (Lei nº 9.504/1997, art. 58, § 7º).

Art. 18. O não cumprimento integral ou em parte da decisão que reconhecer o direito de resposta sujeitará o infrator ao pagamento de multa no valor de R$ 5.320,50 (cinco mil trezentos e vinte reais e cinquenta centavos) a R$ 15.961,50 (quinze mil novecentos e sessenta e um reais e cinquenta centavos), duplicada em caso de reiteração de conduta, sem prejuízo do disposto no art. 347 do Código Eleitoral (Lei nº 9.504/1997, art. 58, § 8º).

Seção III
Do Recurso para o Tribunal Regional Eleitoral

Art. 19. A decisão estará sujeita a recurso para o Tribunal Regional Eleitoral, no prazo de 24 horas, assegurado o oferecimento de contrarrazões, em igual prazo, a contar da intimação em cartório (Lei nº 9.504/1997, art. 96, § 8º).

Parágrafo único. Oferecidas as contrarrazões ou decorrido o respectivo prazo, os autos serão imediatamente remetidos ao Tribunal Regional Eleitoral, inclusive por portador, se necessário.

Art. 20. Recebido na Secretaria do Tribunal Regional Eleitoral, o processo será autuado e apresentado no mesmo dia ao presidente, que, também na mesma data, o distribuirá a um relator, remetendo-o ao Ministério Público pelo prazo de 24 horas.

§ 1º. Findo o prazo, com ou sem parecer, os autos serão enviados ao relator, que os apresentará em mesa para julgamento em 48 horas, independentemente de pauta (Lei nº 9.504/1997, art. 96, § 9º), exceto quando se tratar de direito de resposta, cujo prazo para julgamento será de 24 horas a contar da conclusão dos autos (Lei nº 9.504/1997, art. 58, § 6º).

§ 2º. Caso o Tribunal não se reúna no prazo previsto no parágrafo anterior, o recurso deverá ser julgado na primeira sessão subsequente.

§ 3º. Na hipótese de o recurso não ser julgado nos prazos indicados, será ele incluído em pauta e julgado na sessão aprazada ou nas sessões subsequentes, independentemente de nova publicação; a publicação da pauta dar-se-á mediante a respectiva afixação em secretaria, com o prazo mínimo de 24 horas.

§ 4º. Só poderão ser apreciados os recursos relacionados até o início de cada sessão plenária.

§ 5º. Ao advogado de cada parte é assegurado o uso da tribuna pelo prazo máximo de 10 minutos, para sustentação oral de suas razões.

§ 6º. Os acórdãos serão publicados na sessão em que os recursos forem julgados.

Seção IV
Dos Recursos para o Tribunal Superior Eleitoral

Art. 21. Salvo se se tratar de direito de resposta, da decisão do Tribunal Regional Eleitoral caberá recurso especial para o Tribunal Superior Eleitoral, no prazo de 3 dias, a contar da publicação em sessão (Código Eleitoral, art. 276, § 1º).

§ 1º. Interposto o recurso especial, os autos serão conclusos ao presidente do Tribunal Regional Eleitoral, que, no prazo de 24 horas, proferirá decisão fundamentada, admitindo ou não o recurso.

§ 2º. Admitido o recurso especial, será assegurado ao recorrido o oferecimento de contrarrazões no prazo de 3 dias, contados da intimação, por publicação em secretaria.

§ 3º. Oferecidas as contrarrazões ou decorrido o seu prazo, serão os autos imediatamente remetidos ao Tribunal Superior Eleitoral, inclusive por portador, se necessário.

§ 4º. Não admitido o recurso especial, caberá agravo de instrumento para o Tribunal Superior Eleitoral, no prazo de 3 dias, contados da publicação da decisão em secretaria.

§ 5º. Formado o agravo de instrumento, com observância do disposto na Resolução TSE nº 21.477, de 29.8.2003, será intimado o agravado para oferecer resposta ao agravo e ao recurso especial, no prazo de 3 dias da publicação em secretaria.

§ 6º. O relator negará seguimento a pedido ou recurso intempestivo, manifestamente inadmissível, improcedente, prejudicado ou em confronto com súmula ou com jurisprudência dominante do Tribunal Superior Eleitoral, do Supremo Tribunal Federal ou de Tribunal Superior (CPC, art. 557, *caput*, e RITSE, art. 36, § 6º); poderá o relator, nos próprios autos do agravo de instrumento, dar provimento ao recurso especial se o acórdão recorrido estiver em manifesto confronto com súmula ou com jurisprudência dominante do Supremo Tribunal Federal ou de Tribunal Superior (CPC, art. 544, § 3º, e RITSE, art. 36, § 7º).

Art. 22. Quando se tratar de direito de resposta, o prazo para interposição do recurso especial será de 24 horas, a contar da publicação em sessão, dispensado o juízo de admissibilidade, com a imediata intimação do recorrido, por publicação em secretaria, para o oferecimento de contrarrazões no mesmo prazo (Lei nº 9.504/1997, art. 58, § 5º).

Capítulo III – Disposições Finais

Art. 23. As representações que visarem à apuração das condutas vedadas pelos arts. 30-A e 41-A da Lei nº 9.504/1997 seguirão o rito previsto nos incisos I a XIII do art. 22 da Lei Complementar nº 64/1990.

Parágrafo único. O rito aludido no *caput* poderá ser adotado pelo juiz para a apuração das chamadas condutas vedadas aos agentes públicos em campanha e, nesse caso, isso deverá constar do despacho inicial.

Art. 24. Os prazos relativos às representações serão contínuos e peremptórios, não se suspendendo aos sábados, domingos e feriados, entre 5 de julho de 2008 e a proclamação dos eleitos, inclusive em segundo turno (Lei Complementar nº 64/1990, art. 16).

Parágrafo único. Nesse período, os advogados estarão dispensados da juntada de procuração em cada processo, se arquivarem no cartório eleitoral mandato genérico relativo às eleições de 2008; a circunstância deverá ser informada na petição em que ele se valer dessa faculdade, e certificada nos autos.

Art. 25. Decorrido o prazo legal sem que a representação seja julgada, a demora poderá, a critério do interessado, autorizar a renovação do pedido perante o Tribunal Regional Eleitoral ou a formulação de outra representação com o objetivo de ver prolatada a decisão pelo juiz eleitoral, sob pena deste ser responsabilizado disciplinar e penalmente, seguindo-se em ambos os casos o rito adotado nesta Resolução (Lei nº 9.504/1997, art. 96, § 10).

Art. 26. A competência do juiz eleitoral encarregado da propaganda eleitoral não exclui o respectivo poder de polícia, que será exercido pelos juízes eleitorais e pelos juízes designados pelos tribunais regionais eleitorais, nos municípios com mais de uma zona eleitoral.

§ 1º. O poder de polícia se restringe às providências necessárias para inibir práticas ilegais, vedada a censura prévia sobre o teor dos programas a serem exibidos na televisão e no rádio.

§ 2º. No caso de condutas sujeitas a penalidades, o juiz eleitoral delas cientificará o Ministério Público, para os efeitos desta Resolução.

Art. 27. As decisões dos juízes eleitorais indicarão de modo preciso o que, na propaganda impugnada, deverá ser excluído ou substituído.

Parágrafo único. O teor da decisão será comunicado às emissoras de rádio e televisão segundo o modelo de notificação constante do Anexo I.

Art. 28. Da convenção partidária até a apuração final da eleição, não poderão servir como juízes eleitorais o cônjuge ou companheiro, parente consanguíneo ou afim, até o segundo grau, de candidato a cargo eletivo registrado na circunscrição (Código Eleitoral, art. 14, § 3º).

Art. 29. Não poderão servir como chefe de cartório eleitoral, sob pena de demissão, membro de diretório de partido político, candidato a cargo eletivo, seu cônjuge ou companheiro e parente consanguíneo ou afim até o segundo grau (Código Eleitoral, art. 33, § 1º).

Art. 30. O membro do Ministério Público que mantém o direito a filiação partidária não poderá exercer funções eleitorais enquanto não decorridos 2 anos do cancelamento da aludida filiação (Lei Complementar nº 75/1993, art. 80).

Art. 31. Ao juiz eleitoral que seja parte em ações judiciais que envolvam determinado candidato é defeso exercer suas funções em processo eleitoral no qual o mesmo candidato seja interessado (Lei nº 9.504/1997, art. 95).

Parágrafo único. Se, posteriormente ao registro da candidatura, candidato propõe ação contra juiz que exerce função eleitoral, o afastamento deste somente decorrerá de declaração espontânea de suspeição ou de procedência da respectiva exceção.

Art. 32. Poderá o candidato, o partido político, a coligação ou o Ministério Público reclamar ao Tribunal Regional Eleitoral contra o juiz eleitoral que descumprir as disposições desta Resolução ou der causa a seu descumprimento, inclusive quanto aos prazos processuais; nesse caso, ouvido o representado em 24 horas, o Tribunal ordenará a observância do procedimento que explicitar, sob pena de incorrer o juiz em desobediência (Lei nº 9.504/1997, art. 97, *caput*).

Parágrafo único. No caso do descumprimento de disposições desta Resolução por Tribunal Regional Eleitoral, a representação poderá ser feita ao Tribunal Superior Eleitoral, observado o disposto neste artigo (Lei nº 9.504/1997, art. 97, parágrafo único).

Art. 33. Os feitos eleitorais, no período entre 10 de junho e 31 de outubro de 2008, terão prioridade para a participação do Ministério Público e dos juízes de todas as justiças e instâncias, ressalvados os processos de *habeas corpus* e mandado de segurança (Lei nº 9.504/1997, art. 94, *caput*).

§ 1º. É defeso às autoridades mencionadas neste artigo deixar de cumprir qualquer prazo desta Resolução em razão do exercício de suas funções regulares (Lei nº 9.504/1997, art. 94, § 1º).

§ 2º. O descumprimento do disposto neste artigo constitui crime de responsabilidade e será objeto de anotação funcional para efeito de promoção na carreira (Lei nº 9.504/1997, art. 94, § 2º).

§ 3º. Além das polícias judiciárias, os órgãos da Receita Federal, estadual e municipal, os tribunais e os órgãos de contas auxiliarão a Justiça Eleitoral na apuração dos delitos eleitorais, com prioridade sobre suas atribuições regulares (Lei nº 9.504/1997, art. 94, § 3º).

Art. 34. Esta Resolução entrará em vigor na data de sua publicação, dela fazendo parte 4 anexos: Anexo I – Modelo de notificação de decisão para emissoras de rádio e televisão; Anexo II – Fluxograma do procedimento das representações e reclamações em sentido estrito; Anexo III – Fluxograma do procedimento do direito de resposta; e Anexo IV – Tabela de prazos processuais previstos na Resolução.

Brasília, 13 de dezembro de 2007.

Marco Aurélio – Presidente

DJ de 21.12.2007

ANEXO I

JUSTIÇA ELEITORAL

Juízo da ___ Zona Eleitoral

<Município/UF>

NOTIFICAÇÃO DE DECISÃO

1. REFERÊNCIA:

Nº DO PROCESSO/ANO	

NOME(S) DO(S) REPRESENTANTE(S)	NOME(S) DO(S) REPRESENTADO(S)

2. REMETENTE:

JUÍZO ELEITORAL	MUNICÍPIO	ESTADO
Zona Eleitoral		

3. DESTINATÁRIA:

EMISSORA GERADORA DA VEICULAÇÃO DA PROPAGANDA ELEITORAL	CARGO DO RESPONSÁVEL
	Diretor de Programação

5. DADOS DA DESTINATÁRIA:

ENDEREÇO DA EMISSORA	FAC-SÍMILE

Prezado Senhor,

Pela presente, notifico Vossa Senhoria de que, nos autos do processo em referência, proferi sentença acolhendo o pedido para *<transcrever a parte dispositiva>*.

Em consequência, DETERMINO: *<o juiz eleitoral deverá adotar, preferencialmente, uma das seguintes alternativas>*

(__) Suspender totalmente a veiculação da propaganda eleitoral do *<partido político/coligação>* nos dias <___>.

(__) Suspender parcialmente a veiculação da propaganda eleitoral do *<partido político/coligação>* nos dias <___>, período(s) <___>, dela suprimindo o seguinte trecho *<detalhar o que deve ser suprimido>*, que se inicia <___> minutos/segundos do início da citada propaganda e tem duração de <..... > minutos/segundos.

(__) Não retransmitir a propaganda eleitoral do *<partido político/da coligação>* veiculada no(s) dias(s) <___>, período(s) ___>.

(__) Não retransmitir parte da propaganda eleitoral do *<partido político/coligação>* veiculada no(s) dias(s) <___>, período(s)<___>, dela suprimindo o trecho *<detalhar o que não deve ser retransmitido>*, que se inicia <___> minutos/segundos do início da citada propaganda e tem duração de <..... > minutos/segundos.

(__) Veicular direito de resposta no horário de propaganda eleitoral do *<partido político/coligação>*, no período(s) <___>, com duração de <___>, a favor de <___>, sendo que a transmissão da resposta deverá ocorrer no primeiro programa subsequente à entrega do material com a resposta, entrega que deverá se dar no prazo de 36 horas contadas de *<mencionar o horário e a data da publicação da decisão em cartório)>* .

(__) Veicular direito de resposta em *<indicar a quantidade>* inserções do *<partido/coligação>*, nos dias <___>, no(s) bloco(s) *<mencionar o(s) respectivo(s) bloco(s) de audiência>*, a favor de <___>, sendo que a transmissão da resposta deverá ocorrer no primeiro bloco de audiência subsequente à entrega do material com a resposta, entrega que deverá se dar no prazo de 36 horas contadas de *<mencionar o horário e a data da publicação da decisão em cartório>*.

<Local>, <data> <Nome e assinatura do Juiz Eleitoral>

ANEXO II
FLUXOGRAMA DO PROCEDIMENTO DAS REPRESENTAÇÕES E RECLAMAÇÕES EM SENTIDO ESTRITO

NO CARTÓRIO ELEITORAL – PROCESSAMENTO DA PETIÇÃO

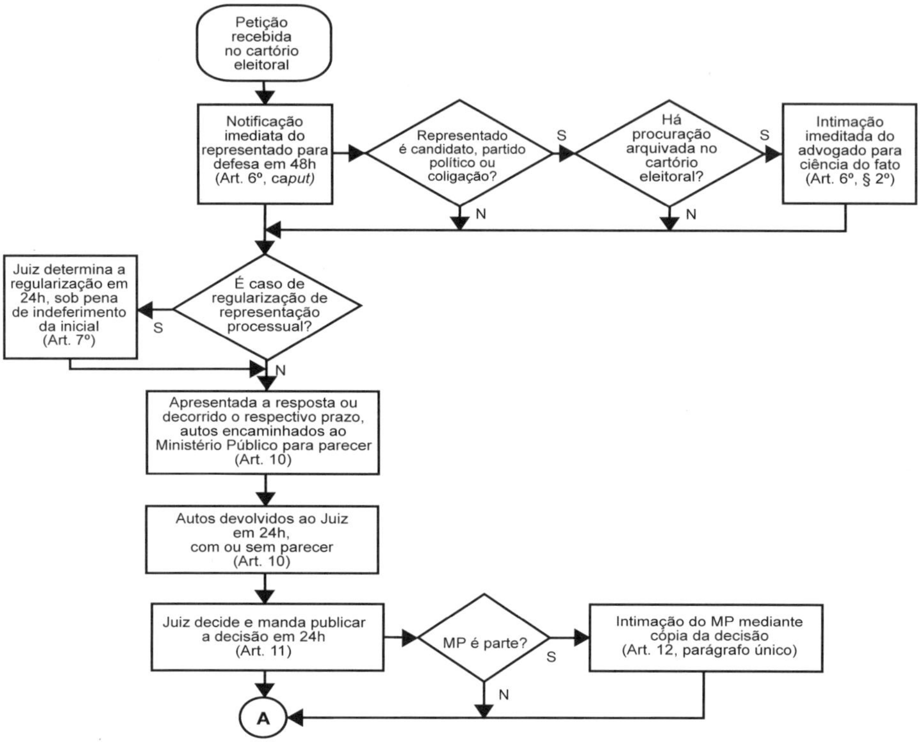

NO CARTÓRIO ELEITORAL – PROCESSAMENTO DO RECURSO

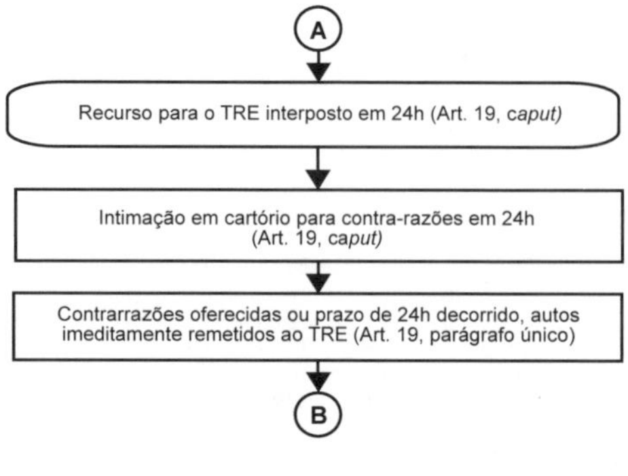

NO TRE – PROCESSAMENTO DO RECURSO

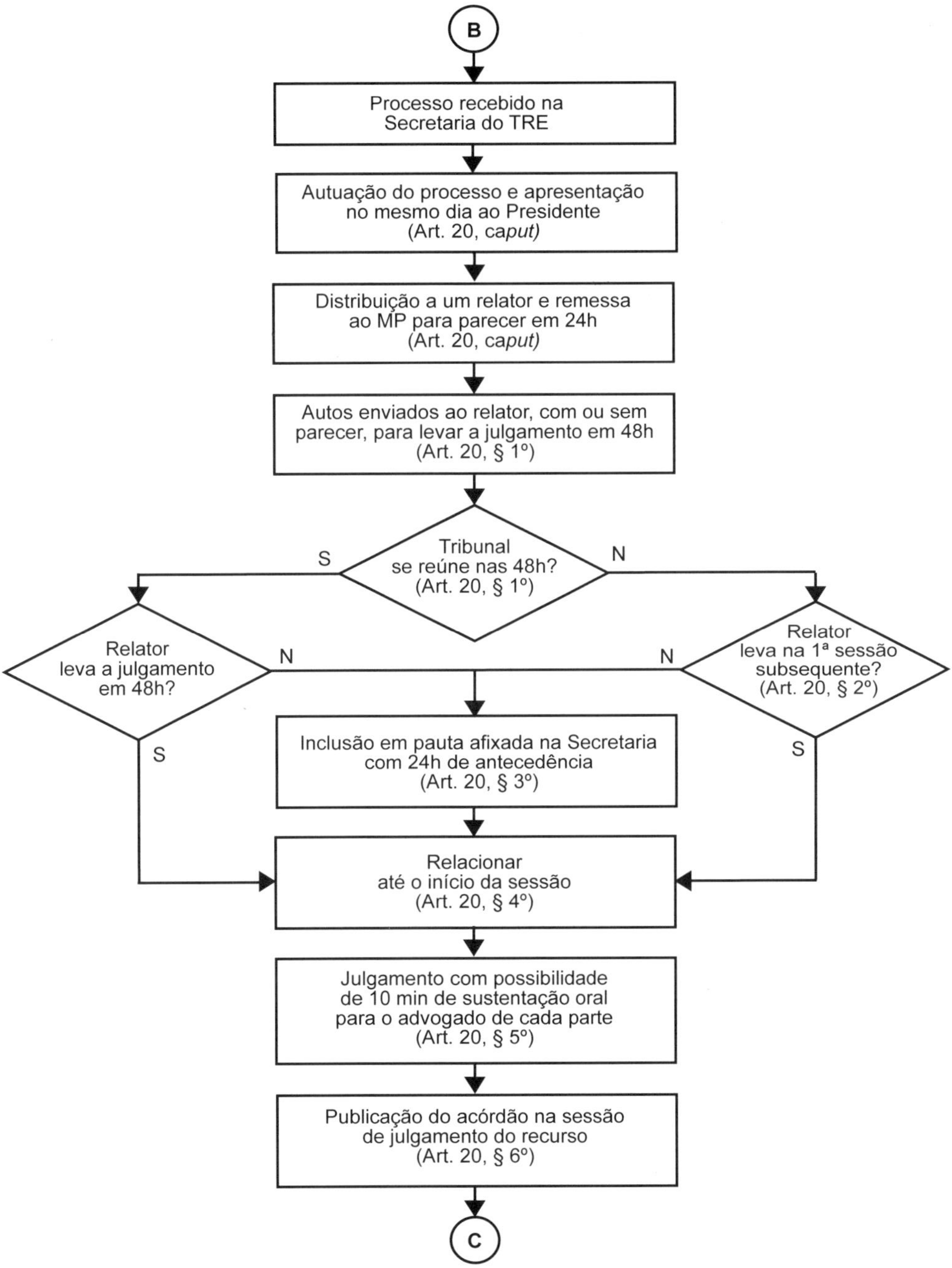

NO TRE – PROCESSAMENTO DO RECURSO

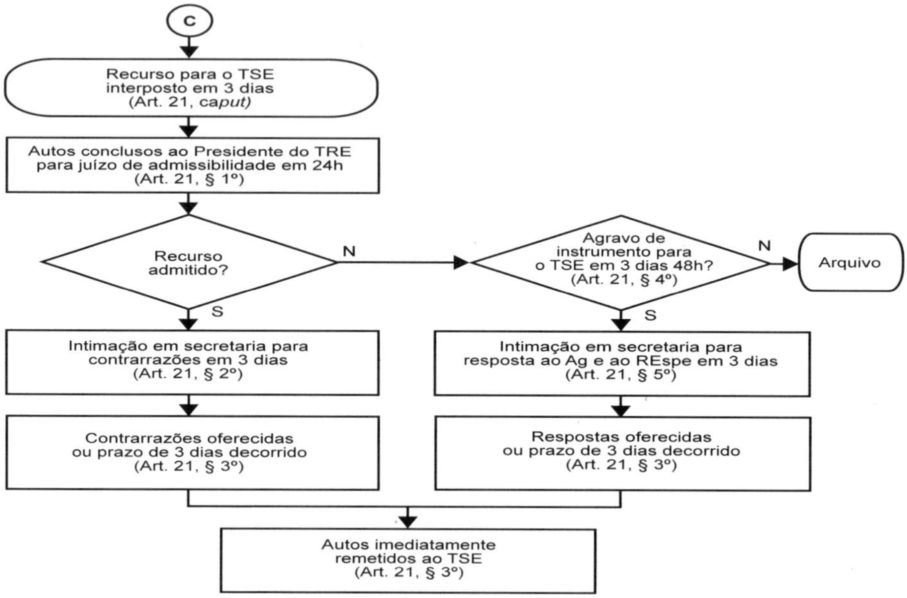

ANEXO III – FLUXOGRAMA DO PROCEDIMENTO DO DIREITO DE RESPOSTA

NO CARTÓRIO ELEITORAL – PROCESSAMENTO DA PETIÇÃO

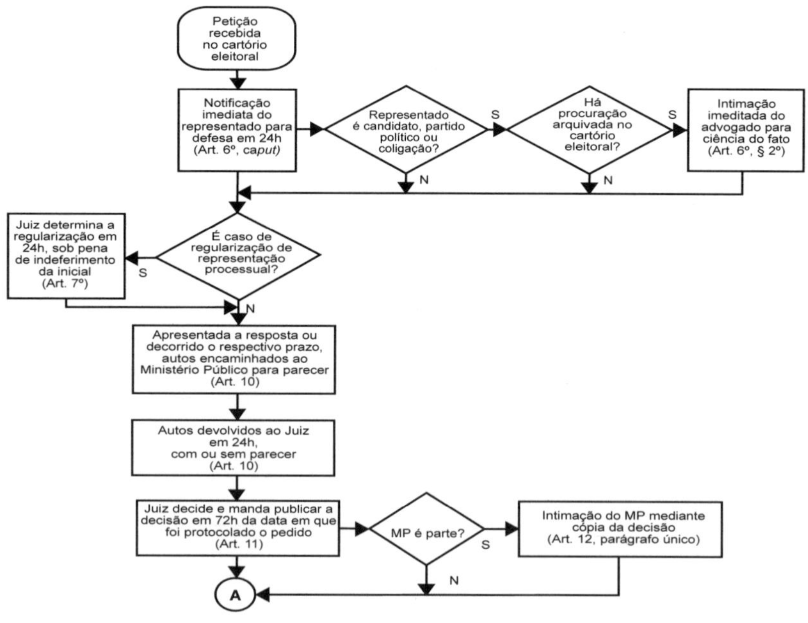

NO CARTÓRIO ELEITORAL – PROCESSAMENTO DO RECURSO

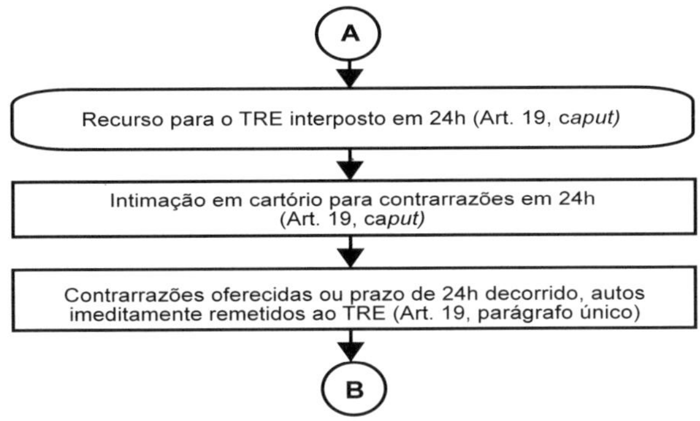

NO TRE – PROCESSAMENTO DO RECURSO

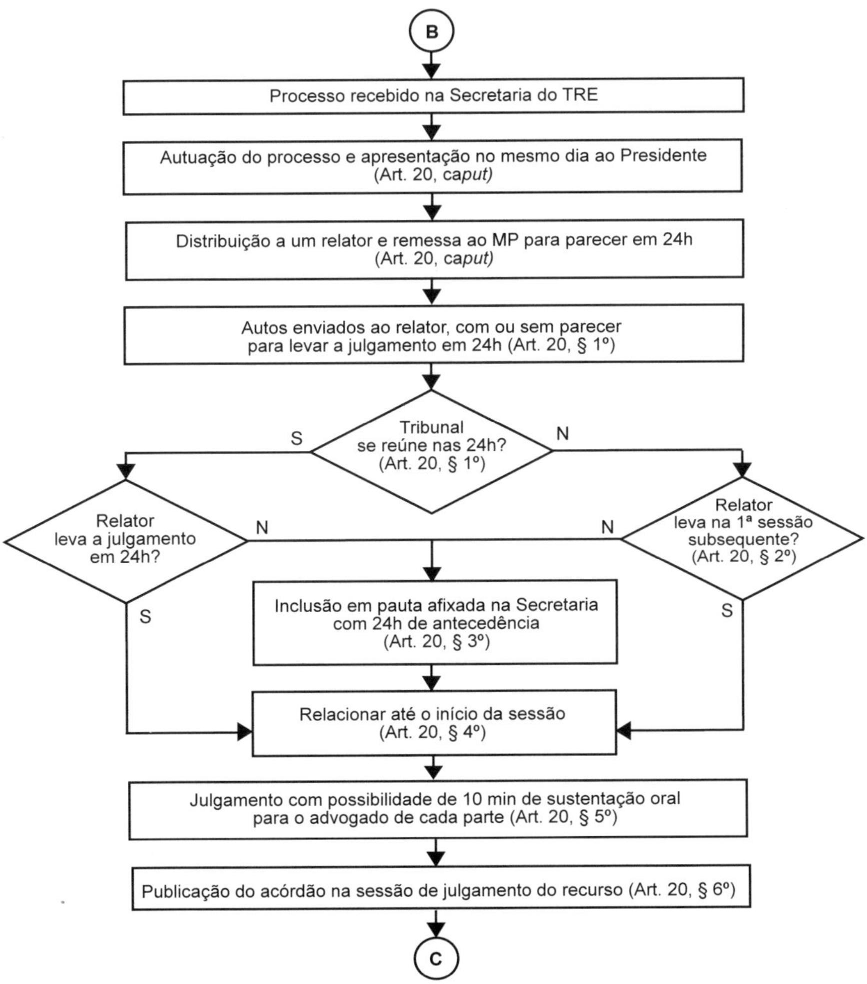

NO TRE – PROCESSAMENTO DO RECURSO

(C)

↓

Recurso para o TRE interposto em 24h, dispensado o juízo de admissibilidade (Art. 22)

↓

Intimação em secretaria para contrarrazões em 24h (Art. 22)

↓

Contrarrazões oferecidas ou prazo de 24h decorrido autos imeditamente remetidos ao TSE (Art. 21, § 3º)

ANEXO IV – TABELA DE PRAZOS PROCESSUAIS PREVISTOS NA RESOLUÇÃO TSE Nº 22.624/2007

	REPRESENTAÇÕES	DIREITO DE RESPOSTA
Regularização da representação processual	24 horas (art. 7º)	24 horas (art. 7º)
Defesa	48 horas (art. 6º, *caput*)	24 horas (art. 6º, *caput*)
Intimação do advogado que tiver procuração arquivada em cartório para ciência do feito	Simultânea à notificação para defesa (art. 6º, § 2º)	Simultânea à notificação para defesa (art. 6º, § 2º)
Parecer do Ministério Público	24 horas (art. 10)	24 horas (art. 10)
Decisão de primeiro grau	24 horas (art. 11)	72 horas da protocolização do pedido (art. 11)
Recurso para o Tribunal Regional Eleitoral	24 horas (art. 19, *caput*)	24 horas (art. 19, *caput*)
Contrarrazões ao recurso para o Tribunal Regional Eleitoral	24 horas (art. 19, *caput*)	24 horas (art. 19, *caput*)
Parecer do Ministério Público	24 horas (art. 20, *caput*)	24 horas (art. 20, *caput*)
Julgamento do recurso no Tribunal Regional Eleitoral	48 horas (art. 20, § 1º)	24 horas (art. 20, § 1º)
Publicação de pauta	24 horas (art. 20, § 3º)	24 horas (art. 20, § 3º)
Recurso especial para o Tribunal Superior Eleitoral	3 dias (art. 21, *caput*)	24 horas (art. 22)
Decisão de admissão ou não do recurso especial	24 horas (art. 21, § 1º)	Dispensado o juízo de admissibilidade (art. 22)
Contrarrazões ao recurso para o Tribunal Superior Eleitoral	3 dias (art. 21, § 2º)	24 horas (art. 22)
Agravo de instrumento	3 dias (art. 21, § 4º)	-------------
Contrarrazões ao agravo de instrumento e ao recurso especial	3 dias (art. 21, § 5º)	-------------

RESOLUÇÃO TSE Nº 22.676, DE 13 DE DEZEMBRO DE 2007

Dispõe sobre as classes processuais e as siglas dos registros processuais no âmbito da Justiça Eleitoral.

O Tribunal Superior Eleitoral, usando das atribuições que lhe confere o art. 23, IX, do Código Eleitoral, resolve:

Art. 1º. A classificação dos feitos e a formação das siglas processuais no âmbito da Justiça Eleitoral regem-se por esta Resolução.

Parágrafo único. Não se aplica o disposto na cabeça do artigo:

I – ao registro de procedimentos administrativos constituídos pela mera sucessão de atos coordenados, visando à obtenção de decisões administrativas;

II – ao registro de procedimentos judiciais constituídos pela mera sucessão de atos coordenados, com vistas à instrução processual, a exemplo das cartas em geral e do agravo de instrumento na instância de origem;

III – ao registro de procedimentos de competência das corregedorias eleitorais que prescindam de apreciação pelo Tribunal e dos juízos eleitorais executados sob orientação daquelas.

Art. 2º. O registro dos feitos na Justiça Eleitoral far-se-á em numeração contínua e seriada em cada uma das classes constantes do anexo desta Resolução.

Art. 3º. A classificação dos feitos observará as seguintes regras:

I – a classe Ação Cautelar (AC) compreende todos os pedidos de natureza cautelar;

II – a classe Ação de Investigação Judicial Eleitoral (AIJE) compreende as ações que incluem o pedido previsto no art. 22 da Lei Complementar nº 64/1990;

III – a classe Ação Rescisória (AR), nos tribunais regionais eleitorais, somente é cabível em matéria não eleitoral, aplicando-se a essa classe a legislação processual civil (Acórdãos/TSE nºs 19.617/2002 e 19.618/2002);

IV – a classe Apuração de Eleição (AE) engloba também os respectivos recursos;

V – a classe Conflito de Competência (CC) abrange todos os conflitos que ao Tribunal cabe julgar;

VI – a classe Correição (Cor) compreende as hipóteses previstas no art. 71, § 4º, do Código Eleitoral;

VII – a classe Criação de Zona Eleitoral ou Remanejamento (CZER) compreende a criação de zona eleitoral e quaisquer outras alterações em sua organização;

VIII – a classe Embargos à Execução (EE) compreende as irresignações do devedor aos executivos fiscais impostos em matéria eleitoral;

IX – a classe Execução Fiscal (EF) compreende as cobranças de débitos inscritos na dívida ativa da União;

X – a classe Instrução (Inst) compreende a regulamentação da legislação eleitoral e partidária, inclusive as instruções previstas no art. 8º da Lei nº 9.709/1998;

XI – a classe Mandado de Segurança (MS) engloba o mandado de segurança coletivo;

XII – a classe Prestação de Contas (PC) abrange as contas de campanha eleitoral e a prestação anual de contas dos partidos políticos;

XIII – a classe Processo Administrativo (PA) compreende os procedimentos que versam sobre requisições de servidores, pedidos de créditos e outras matérias administrativas encaminhadas por juiz ou tribunal e que devam ser submetidos a julgamento do Tribunal.

- *Inciso XIII com redação dada pela Resolução TSE nº 23.119/2009.*

XIV – a classe Propaganda Partidária (PP) refere-se aos pedidos de veiculação de propaganda partidária gratuita em bloco ou em inserção na programação das emissoras de rádio e televisão;

XV – a Reclamação (Rcl) é cabível para preservar a competência do Tribunal ou garantir a autoridade das suas decisões, e nas hipóteses previstas na legislação eleitoral e nas instruções expedidas pelo Tribunal;

XVI – a classe Recurso Especial Eleitoral (REspe) engloba o recurso de registro de candidatos, quando se tratar de eleições municipais (art. 12, parágrafo único, da Lei Complementar nº 64/1990);

XVII – as classes Recurso em *Habeas Corpus* (RHC), Recurso em *Habeas Data* (RHD), Recurso em Mandado de Segurança (RMS), Recurso em Mandado de Injunção (RMI) compreendem os recursos ordinários interpostos na forma do disposto no art. 121, § 4º, V, da Constituição Federal;

XVIII – a classe Recurso Ordinário (RO), relativa às eleições federais e estaduais, compreende os recursos que versam sobre elegibilidade, expedição de diploma e anulação ou perda de mandato eletivo (art. 121, § 4º, III e IV, da Constituição Federal);

XIX – a classe Revisão de Eleitorado (RvE) compreende as hipóteses de fraude em proporção comprometedora no alistamento eleitoral, além dos casos previstos na legislação eleitoral;

§ 1º. As classes nºs 6, 8, 20, 32, 37 e 41 são de competência privativa do Tribunal Superior Eleitoral; as classes nos 11, 30, 31 e 40 são de competência privativa dos tribunais regionais eleitorais; as classes nºs 5, 9, 10, 12, 19, 23, 27, 28, 29, 33, 34, 35, 36, 43, 44 e 45 são de competência comum dos tribunais eleitorais; as demais classes são comuns a todas as instâncias.

§ 2º. O registro na respectiva classe processual terá como parâmetro a classe eventualmente indicada pela parte na petição inicial ou no recurso, não cabendo sua alteração pelo serviço administrativo.

§ 3º. Não se altera a classe do processo:

I – pela interposição de Agravo Regimental (AgR), de Embargos de Declaração (ED), de Embargos Infringentes (EI) opostos em Execução Fiscal e de Embargos Infringentes e de Nulidade (EIN) relativos ao processo penal nos tribunais regionais eleitorais;

- *Inciso I com redação dada pela Resolução TSE nº 23.119/2009.*

II – pelos pedidos incidentes ou acessórios;

III – pela impugnação ao registro de candidatura;

IV – pela instauração de tomada de contas especial;

V – pela restauração de autos.

§ 4º. Os expedientes que não tenham classificação específica, nem sejam acessórios ou incidentes, serão incluídos na classe Petição (Pet).

§ 5º. Os presidentes dos tribunais eleitorais ou o juiz eleitoral resolverão as dúvidas que surgirem na classificação dos feitos.

Art. 4º. Os processos de competência das corregedorias eleitorais que devam ser apreciados pelo Tribunal serão registrados na respectiva classe processual e distribuídos pela Secretaria Judiciária aos corregedores eleitorais.

Art. 5º. As siglas das classes processuais são formadas:

I – pelas letras iniciais maiúsculas correspondentes a cada uma das palavras que compõem o nome, caso este seja formado por mais de uma palavra;

II – pela letra inicial maiúscula, acrescida de até três letras minúsculas, vogais ou consoantes, considerando-se a melhor sonorização, caso o nome seja formado por apenas uma palavra.

§ 1º. As siglas que coincidirem com outras deverão ser diferenciadas pelo acréscimo de uma vogal ou consoante minúscula, considerando-se a melhor sonorização.

§ 2º. Excetuam-se do disposto neste artigo as classes Recurso Especial Eleitoral e Registro de Candidatura, cujas siglas serão, respectivamente, REspe e RCand.

Art. 6º. Os recursos de Embargos de Declaração (ED) e Agravo Regimental (AgR), assim como a Questão de Ordem (QO), terão suas siglas acrescidas às siglas das classes processuais em que forem apresentados.

Parágrafo único. As siglas a que se refere a cabeça deste artigo serão acrescidas à esquerda da sigla da classe processual, separadas por hífen, observada a ordem cronológica de apresentação, sem limite quanto à quantidade de caracteres da nova sigla formada.

Art. 7º. A criação de novas classes processuais, assim como de suas siglas, para inclusão nos bancos de dados, obedecerá aos critérios previstos nesta Resolução e far-se-á mediante proposta dos presidentes dos tribunais eleitorais.

Parágrafo único. As classes processuais e as siglas, aprovadas na forma da cabeça deste artigo, serão comunicadas aos tribunais regionais eleitorais e aos juízos eleitorais, cabendo à Secretaria de Tecnologia da Informação do TSE implementá-las nos bancos de dados.

Art. 8º. Os tribunais regionais eleitorais deverão, no prazo de noventa dias da publicação desta Resolução, adequar seus regimentos internos ao disposto nesta Resolução.

Art. 9º. A Secretaria de Tecnologia da Informação do TSE deverá, no prazo de noventa dias da publicação desta Resolução, adotar os procedimentos necessários à implantação, nos bancos de dados, das classes processuais e siglas a que se refere esta Resolução.

Art. 10. Esta Resolução entra em vigor na data da publicação.

Brasília, 13 de dezembro de 2007.

Marco Aurélio – Presidente

DJU de 7.2.2008

ANEXO
CLASSES PROCESSUAIS
NO ÂMBITO DA JUSTIÇA ELEITORAL

Denominação da Classe	Sigla	Código
Ação Cautelar	AC	1
Ação de Impugnação de Mandato Eletivo	AIME	2
Ação de Investigação Judicial Eleitoral	AIJE	3
Ação Penal	AP	4
Ação Rescisória	AR	5
Agravo de Instrumento	AI	6
Apuração de Eleição	AE	7
Cancelamento de Registro de Partido Político	CRPP	8
Conflito de Competência	CC	9
Consulta	Cta	10
Correição	Cor	11
Criação de Zona Eleitoral ou Remanejamento	CZER	12
Embargos à Execução	EE	13
Exceção	Exc	14
Execução Fiscal	EF	15
Habeas Corpus	HC	16
Habeas Data	HD	17
Inquérito	Inq	18
Instrução	Inst	19
Lista Tríplice	LT	20
Mandado de Injunção	MI	21
Mandado de Segurança	MS	22
Pedido de Desaforamento	PD	23
Petição	Pet	24
Prestação de Contas	PC	25
Processo Administrativo	PA	26
Propaganda Partidária	PP	27
Reclamação	Rcl	28
Recurso contra Expedição de Diploma	RCED	29
Recurso Eleitoral	RE	30
Recurso Criminal	RC	31
Recurso Especial Eleitoral	REspe	32
Recurso em *Habeas Corpus*	RHC	33
Recurso em *Habeas Data*	RHD	34
Recurso em Mandado de Injunção	RMI	35
Recurso em Mandado de Segurança	RMS	36
Recurso Ordinário	RO	37
Registro de Candidatura	RCand	38
Registro de Comitê Financeiro	RCF	39
Registro de Órgão de Partido Político em Formação	ROPPF	40
Registro de Partido Político	RPP	41
Representação	Rp	42
Revisão Criminal	RvC	43
Revisão de Eleitorado	RvE	44
Suspensão de Segurança/ Liminar	SS	45

RESOLUÇÃO TSE Nº 22.747, DE 27 DE MARÇO DE 2008

Aprova instruções para aplicação do art. 98 da Lei nº 9.504/1997, que dispõe sobre dispensa do serviço pelo dobro dos dias prestados à Justiça Eleitoral nos eventos relacionados à realização das eleições.

O Tribunal Superior Eleitoral, no uso das suas atribuições, tendo em vista o disposto no parágrafo único do art. 1º da Lei nº 4.737, de 15 de julho de 1965, e no art. 98 da Lei nº 9.504/1997, resolve:

Art. 1º. Os eleitores nomeados para compor Mesas Receptoras ou Juntas Eleitorais e os requisitados para auxiliar seus trabalhos serão dispensados do serviço, mediante declaração expedida pela Justiça Eleitoral, sem prejuízo do salário, vencimento ou qualquer outra vantagem, pelo dobro dos dias de convocação. (art. 98 da Lei nº 9.504, de 30.9.1997).

§ 1º. O direito ao gozo em dobro pelos dias trabalhados alcança instituições públicas e privadas.

§ 2º. A expressão dias de convocação abrange quaisquer eventos que a Justiça Eleitoral repute necessários à realização do pleito, inclusive as hipóteses de treinamentos e de preparação ou montagem de locais de votação (Resolução TSE nº 22.424, de 26 de setembro de 2006).

§ 3º. Compreendem-se como vantagens, para efeitos de aplicação deste artigo, todas as parcelas de natureza remuneratória, ou não, que decorram da relação de trabalho.

§ 4º. Os dias de compensação pela prestação de serviço à Justiça Eleitoral não podem ser convertidos em retribuição pecuniária.

§ 5º. A concessão do benefício previsto no art. 98 da Lei nº 9.504/1997 será adequada à respectiva jornada do beneficiário, inclusive daquele que labora em regime de plantão, não podendo ser considerados para este fim os dias não trabalhados em decorrência da escala de trabalho.

Art. 2º. O direito de gozo do benefício previsto no *caput* do artigo anterior pressupõe a existência de vínculo laboral à época da convocação e, como tal, é oponível à parte com a qual o eleitor mantinha relação de trabalho ao tempo da aquisição do benefício e limita-se à vigência do vínculo.

Parágrafo único. Nos casos em que ocorra suspensão ou interrupção do contrato de trabalho ou do vínculo, a fruição do benefício deve ser acordada entre as partes a fim de não impedir o exercício do direito.

Art. 3º. Na hipótese de ausência de acordo entre as partes quanto à compensação, caberá ao Juiz Eleitoral aplicar as normas previstas na legislação; não as havendo, resolverá a controvérsia com base nos princípios que garantem a supremacia do serviço eleitoral, observado especialmente o seguinte:

I – O serviço eleitoral prefere a qualquer outro, é obrigatório e não interrompe o interstício de promoção dos funcionários para ele requisitados (art. 365 do Código Eleitoral);

II – A relevância da contribuição social prestada por aqueles que servem à Justiça Eleitoral;

III – O direito assegurado por lei ao eleitor que prestou serviço à Justiça Eleitoral é personalíssimo, só podendo ser pleiteado e exercido pelo titular.

Art. 4º. Esta Resolução entra em vigor na data de sua publicação.

Brasília, 27 de março de 2008.

Marco Aurélio – Presidente

DJ de 6.5.2008

RESOLUÇÃO TSE Nº 22.867, DE 24 DE JUNHO DE 2008

Dispõe sobre o encaminhamento de extratos bancários eletrônicos à Justiça Eleitoral.

O Tribunal Superior Eleitoral, usando das atribuições que lhe confere o art. 23, inciso IX, do Código Eleitoral, c/c o § 1º do art. 28 da Lei nº 9.504, de 30 de setembro de 1997, resolve:

Art. 1º. As instituições financeiras que procederem à abertura de conta bancária específica de campanha eleitoral, a que se refere o art. 22 da Lei nº 9.504, de 1997, fornecerão aos órgãos da Justiça Eleitoral os extratos bancários eletrônicos de todo o movimento financeiro para fins de instrução dos processos de prestação de contas dos candidatos.

Art. 2º. Os extratos eletrônicos serão padronizados conforme layout da Circular nº 3.290, de 5 de setembro de 2005, e da Carta-Circular nº 3.254, de 8 de dezembro de 2006, do Banco Central do Brasil, além de outras normas específicas que venham a ser editadas pela referida Autarquia, contemplando a movimentação financeira integral das contas bancárias de que trata o artigo anterior.

- *Art. 2º,* caput, *com redação dada pela Resolução TSE nº 22.897/2008.*

§ 1º. Além dos arquivos contendo os extratos eletrônicos a que se refere o *caput*, as instituições financeiras deverão encaminhar arquivo contendo extrato de toda a movimentação das contas de campanha no modelo fornecido pelos bancos.

- *§ 1º acrescido pela Resolução TSE nº 22.897/2008.*

§ 2º. A partir das eleições de 2010, os extratos eletrônicos de que trata o *caput* deverão ser entregues sem condicioná-los a valor mínimo.

- *§ 2º acrescido pela Resolução TSE nº 22.897/2008.*

Art. 3º. Os extratos eletrônicos deverão ser encaminhados aos órgãos da Justiça Eleitoral, por intermédio do Banco Central mediante o canal de comunicação existente entre aquela entidade e as instituições financeiras – PSTAW10 – em até cinco dias úteis após encerrado o prazo de entrega da prestação de contas.

Parágrafo único. O prazo fixado no *caput* deste artigo deverá ser observado tanto em relação ao primeiro turno quanto ao segundo turno das eleições.

Art. 4º. Os extratos a que se refere o art. 2º deverão compreender o registro da movimentação financeira entre a abertura da conta bancária até o trigésimo dia posterior à realização das eleições à realização das eleições nos primeiro e segundo turnos.

- *Art. 4º com redação dada pela Resolução TSE nº 22.897/2008.*

Art. 5º. A Justiça Eleitoral poderá ter acesso às informações do Cadastro de Clientes do Sistema Financeiro Nacional (CCS), na forma disciplinada em Termo de Cooperação Técnica específico celebrado entre o Tribunal Superior Eleitoral e o Banco Central do Brasil, para subsidiar a análise de regularidade das prestações de contas de campanha eleitoral e dos partidos políticos.

Art. 6º. Esta Resolução entrará em vigor na data de sua publicação.

Brasília, 24 de junho de 2008.

Carlos Ayres Britto – Presidente

DJ de 2.7.2008

RESOLUÇÃO TSE Nº 22.868, DE 24 DE JUNHO DE 2008

Disciplina as prestações de contas parciais pela Internet.

O Tribunal Superior Eleitoral, usando das atribuições que lhe confere o art. 23, inciso IX, do Código Eleitoral, resolve:

Art. 1º. As prestações de contas parciais, instituídas pela Lei nº 11.300/2006, a serem apresentadas à Justiça Eleitoral por candidatos e Comitês Financeiros participantes das eleições de 2008, nos dias 6 de agosto e 6 de setembro, poderão ser encaminhadas pela Internet, nos termos desta resolução (Resolução TSE nº 22.715/2008, art. 48).

Art. 2º. O envio das prestações de contas parciais à Justiça Eleitoral deve observar os procedimentos descritos neste artigo.

§ 1º. O arquivo contendo toda a movimentação da campanha até as datas previstas no art. 1º desta resolução deve ser gerado utilizando-se o sistema SPCE Fase I (Sistema de Prestação de Contas de Campanha Eleitoral).

§ 2º. São imprescindíveis, para a validação dos dados de identificação de candidato e comitê financeiro, o preenchimento das informações de qualificação do candidato ou do comitê financeiro, conforme o caso.

§ 3º. Gerada a prestação de contas, com o respectivo número de controle, deve ser acessada a página da Internet do Tribunal Superior Eleitoral (www.tse.jus.br), no link específico para esta finalidade, indicando o arquivo a ser enviado.

§ 4º. O sistema disponibilizará ao candidato e comitê, no ato da entrega da prestação de contas via Internet, recibo de entrega, contendo a identificação do prestador das contas, data e hora de envio, bem como a informação de que a prestação de contas foi recebida ou notificação motivada de impossibilidade de recepção, solicitando, nesta hipótese, que o prestador corrija os dados ou que se dirija ao juízo eleitoral responsável pelo registro da candidatura ou do comitê financeiro.

§ 5º. Para a entrega da segunda prestação de contas parcial via Internet, será requerido o número de controle constante do recibo de entrega da primeira parcial, ainda que não tenha sido entregue via Internet.

Art. 3º. O arquivo para divulgação na rede mundial de computadores pode, facultativamente, ser entregue em meio magnético no juízo eleitoral responsável pelo registro de candidatos e comitês financeiros.

Art. 4º. Candidatos e comitês financeiros deverão apresentar as prestações de contas parciais nos prazos fixados pela Lei nº 9.504/1997, art. 28, § 4º, sob pena de considerar-se desatendida a obrigação.

Art. 5º. Esta Resolução entrará em vigor na data de sua publicação.

Brasília, 24 de junho de 2008.

Carlos Ayres Britto – Presidente

DJ de 3.7.2008

RESOLUÇÃO TSE Nº 23.093 DE 4 DE AGOSTO DE 2009

Dispõe sobre o Sistema de Gerenciamento de Informações Partidárias (SGIP).

O Tribunal Superior Eleitoral, usando das atribuições que lhe confere o art. 61 da Lei nº 9.096, de 19 de setembro de 1995, resolve:

Capítulo I – Disposições Preliminares

Art. 1º. Implantar, no âmbito da Justiça Eleitoral, o Sistema de Gerenciamento de Informações Partidárias (SGIP).

Art. 2º. O SGIP, desenvolvido pela Secretaria de Tecnologia da Informação do TSE, é composto por três módulos: Módulo Interno, Módulo Consulta Web e Módulo Externo (SGIPex).

Capítulo II – Do Módulo Interno

Art. 3º. O Módulo Interno, de uso obrigatório e exclusivo da Justiça Eleitoral, objetiva o gerenciamento das informações dos partidos políticos, referentes aos seus órgãos de direção, respectivos integrantes e delegados.

Capítulo III – Do Módulo Consulta Web

Art. 4º. O Módulo Consulta Web, disponível na internet e na intranet do TSE, possibilita o acesso aos dados inseridos no Módulo Interno e permite a emissão de certidões com certificação ou autenticação digital.

Capítulo IV – Do Módulo Externo (SGIPex)

Seção I – Disposições Gerais

Art. 5º. O Módulo Externo (SGIPex), de uso da Justiça Eleitoral e dos partidos políticos, permite aos representantes das agremiações partidárias a remessa à Justiça Eleitoral, por meio da internet, dos dados referentes à constituição, alterações dos órgãos de direção partidários, em qualquer âmbito, bem como credenciamento e descredenciamento de delegados perante a Justiça Eleitoral.

§ 1º. A Justiça Eleitoral utilizará o Módulo Externo (SGIPex) para cadastrar usuários indicados pelos partidos políticos, recepcionar e validar os dados inseridos por eles.

§ 2º. O Módulo Externo (SGIPex) estará disponível no endereço eletrônico "http://www.tse.jus.br".

Seção II – Do Cadastramento de Usuários

Art. 6º. O pedido de cadastramento de usuários do Módulo Externo (SGIPex) será encaminhado pelo interessado por meio de endereço eletrônico, que deverá ser fornecido pelo respectivo Tribunal, e nele deverão constar os seguintes dados:

I – nome completo do usuário;

II – número de inscrição no Cadastro de Pessoas Físicas (CPF);

III – número do título de eleitor;

IV – endereço eletrônico (e-mail);

V – denominação e sigla partidária, no caso de partido político.

Art. 7º. O cadastramento de usuários do Módulo Externo (SGIPex) deverá ser procedido da seguinte forma:

I – a Secretaria de Tecnologia da Informação do TSE cadastra os servidores do TSE e dos tribunais regionais;

II – a Secretaria Judiciária do TSE cadastra os usuários indicados pelo órgão de direção nacional dos partidos políticos;

III – as secretarias judiciárias dos tribunais regionais cadastram os usuários indicados pelo órgão de direção regional dos partidos políticos;

IV – os usuários indicados pelo órgão de direção regional dos partidos políticos cadastram, a seu critério, os usuários do órgão de direção municipal.

Seção III – Da Inserção de Dados

Art. 8º. O órgão de direção partidária comunicará à Justiça Eleitoral, imediatamente, por meio do Módulo Externo (SGIPex), os dados referentes à constituição de seu órgão de direção, seu início e fim de vigência, os nomes, números de inscrição no CPF e do título de eleitor dos respectivos integrantes, bem como as alterações promovidas.

§ 1º. Deverão ser informados, além dos dados exigidos no *caput*, os números de telefone, fac-símile e endereço residencial atualizado dos membros da comissão provisória, comissão executiva ou órgão equivalente.

§ 2º. Após a conclusão da inserção dos dados no Módulo Externo (SGIPex), o sistema emitirá formulário, que, em via impressa subscrita pelo representante legal do partido, será submetido ao presidente do Tribunal, que determinará à Secretaria que proceda à anotação.

Art. 9º. O credenciamento e o descredenciamento de delegados estaduais e nacionais serão realizados perante o Tribunal competente por meio do Módulo Externo (SGIPex), a requerimento do presidente do respectivo órgão de direção.

§ 1º. O usuário informará os nomes, endereços residenciais atualizados, números dos títulos de eleitor e telefones dos delegados, e, se houver, o número de inscrição na Ordem dos Advogados do Brasil (OAB).

§ 2º. Após a conclusão da inserção dos dados no Módulo Externo (SGIPex), o sistema emitirá formulário, que, em via impressa subscrita pelo presidente do respectivo órgão de direção do partido, será submetido ao presidente do Tribunal, que determinará à Secretaria que proceda à anotação.

Capítulo V – Disposições Finais

Art. 10. O credenciamento e o descredenciamento de delegados municipais serão realizados perante o competente juízo eleitoral, que encaminhará, imediatamente, por meio eletrônico, as informações ao Tribunal Regional Eleitoral respectivo, para inserção dos dados no Módulo Interno do sistema.

Art. 11. Os dados inseridos no Módulo Interno estarão disponíveis aos juízos eleitorais pelo Módulo Consulta Web do sistema, considerando-se efetivada a comunicação, para os fins previstos no art. 19 da Resolução TSE nº 19.406, de 5 de dezembro de 1995, independentemente de qualquer outro expediente ou aviso.

Art. 12. O cadastramento dos usuários para acesso ao Módulo Interno será realizado pela Secretaria de Tecnologia da Informação do TSE e pela unidade correspondente em cada Tribunal Regional.

Art. 13. O Módulo Externo (SGIPex) é de utilização obrigatória pelos partidos políticos e será colocado à disposição dos interessados pela Secretaria de Tecnologia da Informação do TSE.

Parágrafo único. O Tribunal Superior Eleitoral e os tribunais regionais eleitorais promoverão, em sua respectiva jurisdição, o treinamento dos partidos políticos na utilização do Módulo Externo (SGIPex).

Art. 14. A Justiça Eleitoral e os partidos políticos deverão adequar-se ao disposto nesta resolução até o dia 3 de outubro de 2009.

Art. 15. Esta Resolução entrará em vigor na data de sua publicação.

Brasília, 4 de agosto de 2009.

Carlos Ayres Britto – Presidente

DJ de 17.8.2009

RESOLUÇÃO TSE Nº 23.117, DE 20 DE AGOSTO DE 2009

- *V. Resolução TSE nº 21.574/2003, que dispõe sobre o Sistema de Filiação Partidária.*

Dispõe sobre a filiação partidária, aprova nova sistemática destinada ao encaminhamento de dados pelos partidos à Justiça Eleitoral e dá outras providências.

O Tribunal Superior Eleitoral, no uso de suas atribuições, diante do disposto no art. 61 da Lei nº 9.096, de 19 de setembro de 1995, resolve:

Capítulo I – Das Disposições Gerais

Art. 1º. Somente poderá filiar-se a partido o eleitor que estiver no pleno gozo de seus direitos políticos (Lei nº 9.096/1995, art. 16), ressalvada a possibilidade de filiação do eleitor considerado inelegível (Ac.-TSE nºs 12.371, de 27 de agosto de 1992, 23.351, de 23 de setembro de 2004 e 22.014, de 18 de outubro de 2004).

Art. 2º. Para concorrer a cargo eletivo, o eleitor deverá estar filiado ao respectivo partido pelo prazo mínimo definido em lei antes da data fixada para as eleições majoritárias ou proporcionais.

§ 1º. O partido político pode estabelecer, em seu estatuto, prazos de filiação partidária superiores ao definido em lei, para a candidatura a cargos eletivos, os quais não poderão ser alterados no ano da eleição (Lei n° 9.096/1995, art. 20, *caput* e parágrafo único).

§ 2º. Os militares, magistrados, membros dos tribunais de contas e do Ministério Público devem observar as disposições legais próprias sobre prazos de filiação.

Art. 3º. São hipóteses de cancelamento imediato da filiação partidária:

I – morte;

II – perda dos direitos políticos;

III – expulsão;

IV – outras formas previstas no estatuto, com comunicação obrigatória ao atingido no prazo de quarenta e oito horas da decisão (Lei nº 9.096/1995, art. 22, I a IV).

Art. 4º. Na segunda semana dos meses de abril e outubro de cada ano, o partido, por seus órgãos de direção municipais, regionais ou nacional, enviará à Justiça Eleitoral para arquivamento, publicação e cumprimento dos prazos de filiação para efeito de candidatura, a relação atualizada dos nomes de todos os seus filiados na respectiva zona eleitoral, da qual constará, também, o número dos títulos eleitorais e das seções em que estão inscritos e a data do deferimento das respectivas filiações (Lei nº 9.096/1995, art. 19, *caput*).

§ 1º. Se a relação não for submetida nos prazos mencionados neste artigo, será considerada a última relação apresentada pelo partido.

§ 2º Os prejudicados por desídia ou má-fé poderão requerer, diretamente ao juiz da zona eleitoral, a intimação do partido para que cumpra, no prazo que fixar, não superior a 10 (dez) dias, o que prescreve o *caput* deste artigo, sob pena de desobediência.

Art. 5º. As filiações efetuadas perante órgãos de direção nacional ou estadual, quando admitidas pelo estatuto do partido, deverão ser informadas aos diretórios municipais correspondentes à zona de inscrição do eleitor, com a finalidade de comunicação à Justiça Eleitoral nos períodos previstos em lei.

Capítulo II – Do Sistema de Filiação Partidária

Art. 6º. O sistema de filiação partidária desenvolvido pela Secretaria de Tecnologia da Informação do Tribunal Superior Eleitoral será utilizado em todo o território nacional, para anotação das filiações partidárias a que se refere o art. 19 da Lei nº 9.096/1995.

Art. 7º. Para utilização do *Filiaweb*, o usuário deverá estar habilitado perante a Justiça Eleitoral, mediante obtenção de senha.

§ 1º. O representante legal do diretório municipal ou zonal, comprovada sua legitimidade para o ato, terá seu número de inscrição eleitoral cadastrado pelo cartório eleitoral como administrador do respectivo órgão de direção partidária e obterá a senha provisória para uso do sistema, a ser alterada no primeiro acesso, a qual ficará sob sua exclusiva responsabilidade.

§ 2º. O usuário habilitado na forma do § 1º deste artigo poderá fazer o cadastramento, em ambiente específico do *Filiaweb*, de outros administradores e operadores do sistema.

§ 3º. O sistema de filiação fará o controle do período de validade da composição do diretório partidário, de acordo com a documentação apresentada perante o cartório ou, desde que haja viabilidade técnica, a partir de banco de dados de gerenciamento de informações partidárias, na forma estabelecida em instruções específicas do Tribunal Superior Eleitoral.

§ 4º. Expirado o prazo de validade do órgão de direção partidária, será cancelada automaticamente a habilitação de todos os usuários a ele vinculados.

§ 5º. Estabelecido internamente pelo partido que a entrega da relação de filiados de uma ou mais zonas eleitorais será feita por órgão de direção diverso do municipal, o representante legal respectivo deverá requerer sua habilitação para uso do *Filiaweb* perante a Corregedoria-Geral ou as corregedorias regionais eleitorais, conforme a instância partidária, observadas as regras definidas nos parágrafos deste artigo, hipótese na qual será cancelada a habilitação de todos os usuários de nível municipal ou zonal correspondentes.

Art. 8º. As relações de que trata o art. 4º desta Resolução deverão ser elaboradas pelo partido em aplicação específica do sistema de filiação, intitulada *Filiaweb*, e submetidas à Justiça Eleitoral pela rede mundial de computadores, em ambiente próprio do sítio do Tribunal Superior Eleitoral reservado aos partidos políticos.

Parágrafo único. Para efeito do disposto nesta resolução, adotar-se-á a seguinte nomenclatura:

I – relação interna – conjunto de dados de eleitores filiados a partido político, relativos a um município e zona eleitoral, destinada ao gerenciamento pelo órgão partidário responsável por seu fornecimento à Justiça Eleitoral;

II – relação submetida – relação interna liberada pelo órgão partidário para processamento pela Justiça Eleitoral;

III – relação fechada – situação da relação submetida pelo órgão partidário após o encerramento do prazo legal para fornecimento dos dados à Justiça Eleitoral;

IV – relação oficial – relação fechada que, desconsiderados eventuais erros pelo processamento, será publicada pela Justiça Eleitoral e cujos dados servirão de base para o cumprimento das finalidades legais;

V – relação ordinária – relação cujos dados serão fornecidos pelos partidos políticos nos meses de abril e outubro de cada ano;

VI – relação especial – relação cujos dados serão fornecidos pelos partidos políticos em cumprimento a determinação judicial, nos termos do § 2º do art. 4º desta resolução.

Art. 9º. No momento da elaboração das relações será informada pelo sistema a ocorrência de eventual erro no registro de dados cadastrais do filiado, o que impedirá sua inclusão na relação oficial até que providenciada a correção pelo partido.

§ 1º. A submissão de relações ordinárias de filiados poderá ocorrer a qualquer tempo até o fim do prazo para entrega das relações a que se refere o art. 19 da Lei nº 9.096/1995, a partir do qual será processada a última relação elaborada pelo partido.

§ 2º. No último dia do prazo fixado, a submissão de relações de filiados dos partidos políticos pela Internet dar-se-á até as 19 horas, observado o horário de Brasília.

§ 3º. Ultrapassado o prazo estabelecido no § 2º deste artigo, a submissão de relações somente será possível a partir do dia imediato, considerando-se os respectivos dados apenas para o processamento subsequente.

Art. 10. Expirado o prazo legal destinado à entrega dos dados, a relação interna submetida pelo partido terá sua situação modificada para fechada, a partir da qual o sistema gerará nova relação interna, de idêntico conteúdo, para posteriores alterações pelo órgão partidário responsável.

Parágrafo único. Desconsiderados pelo processamento os erros constantes da relação fechada, o sistema a converterá em relação oficial.

Art. 11. No processamento levado a efeito pela Justiça Eleitoral nos meses de abril e outubro de cada ano será verificada novamente a existência de erros nos registros, bem assim a ocorrência de duplicidades de filiação.

Capítulo III – Da Duplicidade de Filiação Partidária

Art. 12. Detectada duplicidade de filiação, serão expedidas, pelo Tribunal Superior Eleitoral, notificações ao filiado e aos partidos envolvidos.

- *Art. 12,* caput, *com redação dada pela Resolução TSE nº 23.198/2009.*

§ 1º. As notificações de que trata o *caput* serão expedidas por via postal ao endereço constante do cadastro eleitoral, quando dirigidas a eleitor filiado, e pela rede mundial de computadores, no espaço destinado à manutenção de relações de filiados pelos partidos, quando dirigidas aos diretórios partidários.

§ 2º. A competência para processo e julgamento da duplicidade identificada será do juízo eleitoral em cuja circunscrição tiver ocorrido a filiação mais recente, considerando-se a data de ingresso no partido indicada na respectiva relação.

§ 3º. As partes envolvidas terão o prazo de 20 (vinte) dias para apresentar resposta, contados da realização do processamento das informações.

§ 4º. Expirado o prazo de que trata o § 3º deste artigo, nos 10 (dez) dias subsequentes, o juiz eleitoral declarará a nulidade de ambas as filiações, caso não haja comprovação da inexistência da filiação ou de regular desfiliação.

§ 5º. Não havendo registro de decisão no *Filiaweb* até o décimo dia posterior ao prazo estabelecido no § 4º deste artigo, a situação das filiações será automaticamente atualizada, passando ambas a figurar como canceladas, consoante prevê o parágrafo único do art. 22 da Lei nº 9.096/1995.

§ 6º. Para os fins do disposto no § 1º deste artigo, incumbirá aos partidos políticos orientar seus filiados a manterem atualizados seus dados cadastrais perante a Justiça Eleitoral.

Capítulo IV – Da Desfiliação

Art. 13. Para desligar-se do partido, o filiado fará comunicação escrita ao órgão de direção municipal ou zonal e ao juiz eleitoral da zona em que for inscrito.

§ 1º. A desfiliação comunicada pelo eleitor, consoante prevê o art. 21 da Lei nº 9.096/1995, deverá ser registrada na relação correspondente no sistema de filiação partidária.

§ 2º. Decorridos dois dias da data da entrega da comunicação no cartório eleitoral, o vínculo torna-se extinto para todos os efeitos.

§ 3º. Não comunicada a desfiliação à Justiça Eleitoral, o registro de filiação ainda será considerado, inclusive para o fim de identificação de dupla filiação.

- *§ 3º com redação dada pela Resolução TSE nº 23.198/2009.*

§ 4º. Quem se filia a outro partido terá até o dia seguinte ao da nova filiação para fazer a comunicação, à Justiça Eleitoral, da desfiliação ao partido anterior.

§ 5º. Na hipótese de inexistência de órgão municipal ou zonal partidário ou de comprovada impossibilidade de localização de quem o represente, o filiado poderá fazer a comunicação prevista no *caput* deste artigo apenas ao juiz da zona eleitoral em que for inscrito.

§ 6º. Quando a comunicação de que trata o § 4º deste artigo for recebida no cartório após o dia imediato ao da nova filiação, o sistema alterará a situação das filiações anotadas para os partidos envolvidos, que passarão a figurar como *sub judice*, e gerará ocorrência relativa à duplicidade de filiações, nos termos da lei, a ser examinada e decidida pelo juiz eleitoral competente, na forma desta resolução.

Art. 14. As funcionalidades de reversão de cancelamento e de reversão de exclusão de registro de filiação estarão disponíveis no Sistema de Filiação Partidária exclusivamente para cumprimento de determinações judiciais, sendo necessária, para utilizá-las, a identificação do processo em que determinada a providência.

- *Art. 14 com redação dada pela Resolução TSE nº 23.198/2009.*

Capítulo V – Da Disponibilidade das Informações

Art. 15. A publicação das relações oficiais de que cuida o parágrafo único do art. 10 desta norma se fará no sítio do Tribunal Superior Eleitoral na Internet, permanecendo os dados disponíveis para consulta por qualquer interessado, juntamente com serviço de emissão de certidão de filiação partidária.

Parágrafo único. O serviço de que cuida o *caput* deste artigo estará disponível no sítio do Tribunal Superior Eleitoral na Internet, ficando autorizada a criação de link de acesso nas páginas dos tribunais regionais eleitorais.

Art. 16. A validação da certidão de filiação partidária emitida na forma do art. 15 desta norma será feita com emprego de código de assinatura digital, baseada em rotina de autenticação desenvolvida pela Justiça Eleitoral.

Art. 17. No ato da conferência de validade, deverão ser informados o número de inscrição, a data e o horário de emissão e o código alfanumérico constantes da certidão emitida.

Parágrafo único. O sistema de validação efetuará o cotejo entre as informações fornecidas pelo usuário e as constantes da assinatura digital geradas pela página e arquivada na base de dados da Justiça Eleitoral.

Capítulo VI – Das Disposições Finais e Transitórias

Art. 18. A última relação de filiados apresentada pelo partido constante do sistema de filiação partidária será migrada para o *Filiaweb* e constituirá a primeira relação interna do correspondente órgão partidário.

Art. 19. A entrega das relações ordinárias do mês de outubro de 2009 e de eventuais relações especiais de dezembro de 2009 poderá ser feita, a critério dos órgãos partidários, utilizando-se o *Filiaweb* ou o módulo externo do sistema de filiação aprovado pela Res.-TSE nº 21.574, de 27 de novembro de 2003, observadas as regras nela definidas, com posterior comparecimento ao cartório eleitoral competente.

§ 1º. A habilitação de dirigente partidário para acesso ao *Filiaweb*, no período de que cuida o *caput* deste artigo, tornará obrigatório o uso da aplicação.

§ 2º. A partir da entrega das relações ordinárias do mês de abril de 2010, a utilização da nova sistemática será obrigatória em todo o território nacional, quando estarão revogadas as disposições da norma mencionada no *caput* e suas alterações posteriores.

Art. 20. As relações submetidas à Justiça Eleitoral em decorrência de determinação de que trata o § 2º do art. 4º desta resolução serão processadas em procedimento próprio nos meses de junho e dezembro.

Art. 21. A prova da filiação partidária, inclusive com vista à candidatura a cargo eletivo, será feita com base na última relação oficial de eleitores recebida e armazenada no sistema de filiação.

Parágrafo único. A omissão do nome do filiado na última relação entregue à Justiça Eleitoral ou o mero registro de sua desfiliação perante o órgão partidário não descaracteriza a filiação partidária, cujo cancelamento somente se completará com a comunicação escrita ao juiz da zona em que for inscrito, nos termos da lei.

- *Parágrafo único acrescido pela Resolução TSE nº 23.198/2009.*

Art. 22. Os dados inseridos no *Filiaweb* terão por base as informações fornecidas pelos partidos políticos e por seus próprios filiados, ressalvado o disposto no art. 9º desta resolução.

Parágrafo único. Além dos campos de preenchimento obrigatório, cujos dados deverão subsidiar a elaboração da relação de filiados a ser entregue à Justiça Eleitoral, na forma do art. 19 da Lei nº 9.096/1995, o *Filiaweb* conterá campos para registro, a critério dos órgãos partidários, de endereço e telefone, cujos dados não serão submetidos a processamento pelo sistema nem constarão das relações oficiais.

Art. 23. Em caso de fusão ou incorporação, a Secretaria de Tecnologia da Informação do Tribunal Superior Eleitoral providenciará a conversão, no *Filiaweb*, de todas as anotações de filiação dos partidos políticos envolvidos.

Parágrafo único. A Corregedoria-Geral comunicará às corregedorias regionais eleitorais a providência de que trata o *caput* deste artigo, para idêntica medida em relação aos juízos eleitorais.

Art. 24. Ocorrendo transferência de domicílio do eleitor filiado, o *Filiaweb* a informará aos diretórios partidários dos municípios de origem e de destino.

Parágrafo único. O filiado somente passará a compor a relação interna de filiados do novo município a partir da confirmação realizada pelo diretório correspondente no sistema.

Art. 25. Ocorrendo movimentação de ofício de eleitores filiados em decorrência de desmembramento de zona, o sistema promoverá as atualizações necessárias nas relações dos partidos envolvidos.

Art. 26. Caberá à Corregedoria-Geral o gerenciamento do *Filiaweb*, com o apoio da Secretaria de Tecnologia da Informação/TSE.

Art. 27. O uso inadequado dos procedimentos estabelecidos nesta resolução, com a intenção de causar prejuízo ou lesão ao direito das partes ou ao serviço judiciário, implicará responsabilidade civil e criminal e imediato descredenciamento dos usuários, além das sanções cabíveis.

Art. 28. A adequada e tempestiva submissão das relações de filiados pelo sistema eletrônico será de inteira responsabilidade do órgão partidário.

- *Art. 28,* caput, *com redação dada pela Resolução TSE nº 23.198/2009.*

Parágrafo único. Os riscos de não obtenção de linha ou de conexão, de defeito de transmissão ou de recepção, correrão à conta do usuário e não escusarão o cumprimento dos prazos legais, cabendo ao interessado certificar-se da regularidade da recepção.

Art. 29. A Corregedoria-Geral e as corregedorias regionais eleitorais exercerão supervisão, orientação e fiscalização direta do exato cumprimento das instruções contidas nesta resolução.

Art. 30. A Corregedoria-Geral expedirá provimentos destinados a regulamentar esta resolução, para sua fiel execução.

Art. 31. Esta Resolução entra em vigor na data de sua publicação, observado o disposto em seu art. 19 e revogadas as disposições em contrário.

Brasília, 20 de agosto de 2009.

Carlos Ayres Britto – Presidente

DJe de 28.8.2009

RESOLUÇÃO TSE Nº 23.193, DE 18 DE DEZEMBRO DE 2009

Dispõe sobre representações, reclamações e pedidos de resposta previstos na Lei nº 9.504/1997.

O Tribunal Superior Eleitoral, usando das atribuições que lhe conferem o art. 23, inciso IX, do Código Eleitoral e o art. 105 da Lei nº 9.504, de 30 de setembro de 1997, resolve expedir a seguinte instrução:

Capítulo I – Disposições Preliminares

Art. 1º. A presente Resolução disciplina o processamento das representações e das reclamações previstas na Lei nº 9.504/1997, bem como os pedidos de resposta.

Parágrafo único. A representação, a reclamação e o pedido de resposta aludidos no *caput* serão processados e autuados na classe processual Representação (Rp).

Art. 2º. Os tribunais eleitorais designarão, até o dia 18 de dezembro de 2009, entre os seus integrantes substitutos, 3 juízes auxiliares para a apreciação das representações, das reclamações e dos pedidos de resposta (Lei nº 9.504/1997, art. 96, § 3º).

§ 1º. A atuação dos juízes auxiliares se encerrará com a diplomação dos eleitos.

§ 2º. Caso o mandato de juiz auxiliar termine antes da diplomação dos eleitos sem a sua recondução, o tribunal eleitoral designará novo juiz, dentre os seus substitutos, para sucedê-lo.

§ 3º. Após o prazo de que trata o § 1º, as representações, reclamações e os pedidos de resposta, ainda pendentes de julgamento, serão redistribuídos a um relator do respectivo tribunal eleitoral, dentre os seus juízes efetivos.

Art. 3º. As representações e as reclamações poderão ser feitas por qualquer partido político, coligação, candidato ou pelo Ministério Público e deverão dirigir-se (Lei nº 9.504/1997, art. 96, *caput*, incisos II e III):

I – ao Tribunal Superior Eleitoral, na eleição presidencial;

II – aos tribunais regionais eleitorais, nas eleições federais, estaduais e distritais.

Art. 4º. A partir da escolha de candidatos em convenção, é assegurado o exercício do direito de resposta ao candidato, ao partido político ou à coligação atingidos, ainda que de forma indireta, por conceito, imagem ou afirmação caluniosa, difamatória, injuriosa ou sabidamente inverídica, difundidos por qualquer veículo de comunicação social (Lei nº 9.504/1997, art. 58, *caput*).

Capítulo II – Do Processamento das Representações

Seção I – Disposições Gerais

Art. 5º. As representações, subscritas por advogado ou representante do Ministério Público, serão apresentadas em 2 vias, de igual teor, e relatarão fatos, indicando provas, indícios e circunstâncias (Lei nº 9.504/1997, art. 96, § 1º).

§ 1º. A representação relativa à propaganda irregular deve ser instruída com prova da autoria ou do prévio conhecimento do beneficiário, caso este não seja por ela responsável, observando-se o disposto no art. 40-B da Lei nº 9.504/1997.

Art. 6º. As petições ou recursos relativos às representações serão admitidos, quando possível, por petição eletrônica ou via fac-símile, dispensado o encaminhamento do texto original, salvo aqueles endereçados ao Supremo Tribunal Federal.

§ 1º. A Secretaria Judiciária providenciará a impressão ou cópia dos documentos recebidos, que serão juntados aos autos.

§ 2º. Os tribunais eleitorais tornarão públicos, mediante a afixação de aviso em quadro próprio e divulgação nos seus respectivos sítios, os números de fac-símile disponíveis e, se for o caso, o manual de utilização do serviço de petição eletrônica.

§ 3º. O envio do requerimento por via eletrônica e sua tempestividade serão de inteira responsabilidade do remetente, correndo por sua conta e risco eventuais defeitos.

§ 4º. A mídia de áudio e/ou vídeo que instruir a petição deverá vir obrigatoriamente acompanhada da respectiva degravação em 2 vias, observado o formato mp3 para as mídias de áudio; wmv, mpg, mpeg ou avi para as de vídeo digital e VHS para fitas de vídeo.

Art. 7º. Recebida a petição, a Secretaria Judiciária do tribunal eleitoral notificará imediatamente o representado para apresentar defesa no prazo de 48 horas (Lei nº 9.504/1997, art. 96, § 5º), exceto quando se tratar de pedido de resposta, cujo prazo será de 24 horas (Lei nº 9.504/1997, art. 58, § 2º).

§ 1º. Se houver pedido de medida liminar, os autos serão conclusos ao juiz auxiliar ou relator e, depois da respectiva decisão, dela será o representado notificado, juntamente com o conteúdo da petição inicial.

§ 2º. Quando o representado for candidato, partido político ou coligação, o respectivo advogado – se arquivada a procuração na Secretaria Judiciária – será notificado, nos mesmos prazos, ainda que por telegrama ou fac-símile, da existência do feito (Lei nº 9.504/1997, art. 94, § 4º).

Art. 8º. Constatado vício de representação processual das partes, o juiz auxiliar ou relator determinará a respectiva regularização no prazo de 24 horas, sob pena de indeferimento da petição inicial (CPC, arts. 13 e 284).

Art. 9º. A notificação será instruída com cópia da petição inicial e dos documentos que a acompanham e, se o representado for candidato, partido político ou coligação, será endereçada para o número de fac-símile indicado na inicial ou no pedido de registro de candidatura (Lei nº 9.504/1997, art. 96-A, *caput*).

§ 1º. É facultado às emissoras de rádio, televisão e demais veículos de comunicação, inclusive provedores e servidores de internet, comunicar aos tribunais eleitorais o número de fac-símile pelo qual receberão notificações e intimações.

§ 2º. Inexistindo a comunicação na forma do parágrafo anterior, as notificações e intimações serão encaminhadas ao número constante da petição inicial.

Art. 10. As notificações, as comunicações, as publicações e as intimações serão feitas no horário das 10 horas às 19 horas, salvo se o juiz auxiliar ou relator dispuser que se faça de outro modo ou em horário diverso.

Parágrafo único. A concessão de medida liminar será comunicada das 8 horas às 24 horas, salvo quando o juiz auxiliar ou relator determinar horário diverso, independentemente da publicação em cartório; o termo inicial do prazo para impugnação ou recurso será o recebimento da respectiva comunicação da decisão.

Art. 11. Apresentada a resposta ou decorrido o respectivo prazo, os autos serão encaminhados ao Ministério Público para parecer no prazo de 24 horas, findo o qual, com ou sem parecer, o processo será imediatamente devolvido ao juiz auxiliar ou relator.

Art. 12. Transcorrido o prazo previsto no artigo anterior, o juiz auxiliar ou relator decidirá e fará publicar a decisão em 24 horas (Lei nº 9.504/1997, art. 96, § 7º), exceto quando se tratar de pedido de resposta, cuja decisão deverá ser proferida no prazo máximo de 72 horas da data em que for protocolado o pedido (Lei nº 9.504/1997, art. 58, § 2º).

Art. 13. A intimação das decisões e acórdãos será feita por publicação no Diário da Justiça Eletrônico (DJe).

§ 1º. No período entre 5 de julho de 2010 e a data fixada no calendário eleitoral, a publicação de que trata o *caput* será feita na Secretaria Judiciária, certificando-se no edital e nos autos o horário, ou em sessão, salvo nas representações previstas nos arts. 30-A, 41-A, 73 e nos §§ 2º e 3º do art. 81 da Lei nº 9.504/1997.

§ 2º. O Ministério Público será pessoalmente intimado das decisões pela Secretaria Judiciária, mediante cópia, e dos acórdãos, em sessão de julgamento, quando nela publicados.

Seção II – Do Direito de Resposta

Subseção I – Disposições Específicas

Art. 14. Os pedidos de resposta devem dirigir-se ao juiz auxiliar encarregado da propaganda eleitoral.

Art. 15. Observar-se-ão, ainda, as seguintes regras no caso de pedido de resposta relativo à ofensa veiculada (Lei nº 9.504/1997, art. 58, § 3º, I):

I – em órgão da imprensa escrita:

a) o pedido deverá ser feito no prazo de 72 horas, a contar das 19 horas da data constante da edição em que veiculada a ofensa, salvo prova documental de que a circulação, no domicílio do ofendido, se deu após esse horário (Lei nº 9.504/1997, art. 58, § 1º, III);

b) o pedido deverá ser instruído com um exemplar da publicação e o texto da resposta (Lei nº 9.504/1997, art. 58, § 3º, I, "a");

c) deferido o pedido, a divulgação da resposta dar-se-á no mesmo veículo, espaço, local, página, tamanho, caracteres e outros elementos de realce usados na ofensa, em até 48 horas após a decisão ou, tratando-se de veículo com periodicidade de circulação maior do que 48 horas, na primeira oportunidade em que circular (Lei nº 9.504/1997, art. 58, § 3º, I, "b");

d) por solicitação do ofendido, a divulgação da resposta será feita no mesmo dia da semana em que a ofensa for divulgada, ainda que fora do prazo de 48 horas (Lei nº 9.504/1997, art. 58, § 3º, I, "c");

e) se a ofensa for produzida em dia e hora que inviabilizem sua reparação dentro dos prazos estabelecidos nas alíneas anteriores, a Justiça Eleitoral determinará a imediata divulgação da resposta (Lei nº 9.504/1997 art. 58, § 3º, I, "d");

f) o ofensor deverá comprovar nos autos o cumprimento da decisão, mediante dados sobre a regular distribuição dos exemplares, a quantidade impressa e o raio de abrangência na distribuição (Lei nº 9.504/1997, art. 58, § 3º, I, "e").

II – em programação normal das emissoras de rádio e de televisão:

a) o pedido, com a transcrição do trecho considerado ofensivo ou inverídico, deverá ser feito no prazo de 48 horas, contado a partir da veiculação da ofensa (Lei nº 9.504/1997, art. 58, § 1º, II);

b) a Justiça Eleitoral, à vista do pedido, deverá notificar imediatamente o responsável pela emissora que realizou o programa, para que confirme data e horário da veiculação e entregue em 24 horas, sob as penas do art. 347 do Código Eleitoral, cópia da fita da transmissão, que será devolvida após a decisão (Lei nº 9.504/1997, art. 58, § 3º, II, "a");

c) o responsável pela emissora, ao ser notificado pela Justiça Eleitoral ou informado pelo representante, por cópia protocolada do pedido de resposta, preservará a gravação até a decisão final do processo (Lei nº 9.504/1997, art. 58, § 3º, II, "b");

d) deferido o pedido, a resposta será dada em até 48 horas após a decisão, em tempo igual ao da ofensa, nunca inferior a um minuto (Lei nº 9.504/1997, art. 58, § 3º, II, "c").

III – no horário eleitoral gratuito:

a) o pedido deverá ser feito no prazo de 24 horas, contado a partir da veiculação do programa (Lei nº 9.504/1997, art. 58, § 1º, I);

b) o pedido deverá especificar o trecho considerado ofensivo ou inverídico e ser instruído com a mídia da gravação do programa, acompanhada da respectiva degravação;

c) deferido o pedido, o ofendido usará, para a resposta, tempo igual ao da ofensa, porém nunca inferior a um minuto (Lei nº 9.504/1997, art. 58, § 3º, III, "a");

d) a resposta será veiculada no horário destinado ao partido político ou coligação responsável pela ofensa, devendo dirigir-se aos fatos nela veiculados (Lei nº 9.504/1997, art. 58, § 3º, III, "b");

e) se o tempo reservado ao partido político ou à coligação responsável pela ofensa for inferior a um minuto, a resposta será levada ao ar tantas vezes quantas forem necessárias para a sua complementação (Lei nº 9.504/1997, art. 58, § 3º, III, "c");

f) deferido o pedido para resposta, a emissora geradora e o partido político ou a coligação atingidos deverão ser notificados imediatamente da decisão, na qual deverão estar indicados o período, diurno ou noturno, para a veiculação da resposta, sempre no início do programa do partido político ou coligação, e, ainda, o bloco de audiência, caso se trate de inserção (Lei nº 9.504/1997, art. 58, § 3º, III, "d");

g) o meio de armazenamento com a resposta deverá ser entregue à emissora geradora até 36 horas após a ciência da decisão, para veiculação no programa subsequente do partido político ou da coligação em cujo horário se praticou a ofensa (Lei nº 9.504/1997, art. 58, § 3º, III, "e");

h) se o ofendido for candidato, partido político ou coligação que tenha usado o tempo concedido sem responder aos fatos veiculados na ofensa, terá subtraído do respectivo programa eleitoral tempo idêntico; tratando-se de terceiros, ficarão sujeitos à suspensão de igual tempo em eventuais novos pedidos de resposta e à multa no valor de R$ 2.128,20 (dois mil cento e vinte e oito reais e vinte centavos) a R$ 5.320,50 (cinco mil trezentos e vinte reais e cinquenta centavos) (Lei nº 9.504/1997, art. 58, § 3º, III, "f").

IV – em propaganda eleitoral pela internet:

a) deferido o pedido, a divulgação da resposta dar-se-á no mesmo veículo, espaço, local, horário, página eletrônica, tamanho, caracteres e outros elementos de realce usados na ofensa, em até 48 horas após a entrega da mídia física com a resposta do ofendido;

b) a resposta ficará disponível para acesso pelos usuários do serviço de internet por tempo não inferior ao dobro em que esteve disponível a mensagem considerada ofensiva;

c) os custos de veiculação da resposta correrão por conta do responsável pela propaganda original.

§ 1º. Se a ofensa ocorrer em dia e hora que inviabilizem sua reparação dentro dos prazos estabelecidos neste artigo, a resposta será divulgada nos horários que a Justiça Eleitoral determinar, ainda que nas 48 horas anteriores ao pleito, em termos e forma previamente aprovados, de modo a não ensejar tréplica (Lei nº 9.504/1997, art. 58, § 4º).

§ 2º. Apenas as decisões comunicadas à emissora geradora até 1 hora antes da geração ou do início do bloco, quando se tratar de inserções, poderão interferir no conteúdo a ser transmitido; após esse prazo, as decisões somente poderão ter efeito na geração ou no bloco seguintes.

§ 3º. Caso a emissora geradora seja comunicada de decisão proibindo trecho da propaganda entre a entrega do material e o horário de geração dos programas, essa deverá aguardar a substituição do meio de armazenamento até o limite de uma hora antes do início do programa; no caso de o novo material não ser entregue, a emissora veiculará programa anterior, desde que não contenha propaganda proibida.

Art. 16. Os pedidos de resposta formulados por terceiro, em relação ao que foi veiculado no horário eleitoral gratuito, serão examinados pela Justiça Eleitoral e deverão observar os procedimentos previstos na Lei nº 9.504/1997, naquilo que couber.

Art. 17. Quando o provimento do recurso cassar o direito de resposta já exercido, os tribunais eleitorais deverão observar o disposto nas alíneas "f" e "g" do inciso III do art. 15 desta resolução, para a restituição do tempo (Lei nº 9.504/1997, art. 58, § 6º).

Subseção II – Das Penalidades

Art. 18. A inobservância dos prazos previstos para as decisões sujeitará a autoridade judiciária às penas previstas no art. 345 do Código Eleitoral (Lei nº 9.504/1997, art. 58, § 7º).

Art. 19. O não cumprimento integral ou em parte da decisão que reconhecer o direito de resposta sujeitará o infrator ao pagamento de multa no valor de R$ 5.320,50 (cinco mil trezentos e vinte reais e cinquenta centavos) a R$ 15.961,50 (quinze mil novecentos e sessenta e um reais e cinquenta centavos), duplicada em caso de reiteração de conduta, sem prejuízo do disposto no art. 347 do Código Eleitoral (Lei nº 9.504/1997, art. 58, § 8º).

Seção III – Das Representações Específicas

Art. 20. As representações que visarem à apuração das hipóteses previstas nos arts. 30-A, 41-A, 73 e 81 da Lei nº 9.504/1997 observarão o rito estabelecido pelo art. 22 da Lei Complementar nº 64/1990, sem prejuízo da competência regular do Corregedor Eleitoral.

Parágrafo único. As representações de que trata o *caput* deste artigo poderão ser ajuizadas até a data da diplomação, exceto as do art. 30-A e do art. 81 da Lei nº 9.504/1997, que poderão ser propostas, respectivamente, no prazo de 15 dias e no de 180 dias a partir da diplomação.

- *Parágrafo único com redação dada pela Resolução TSE nº 23.267/2010.*

Art. 21. No caso de a inicial indicar infração à Lei nº 9.504/1997 e também as transgressões citadas nos arts. 19 e 22 da Lei Complementar nº 64/1990, com ou sem pedido expresso das partes, o relator determinará o desmembramento do feito, remetendo-se cópia integral à Corregedoria Eleitoral para apuração das transgressões referentes à Lei Complementar nº 64/1990 (Resolução TSE nº 21.166/2002).

§ 1º. Caso a representação, nas mesmas circunstâncias previstas no caput, seja inicialmente encaminhada ao Corregedor Eleitoral, este determinará o desmembramento do feito, remetendo-se cópia integral a um dos juízes auxiliares para apuração das infrações à Lei nº 9.504/1997.

§ 2º. Não se aplica o disposto neste artigo se o autor da representação informar, na inicial, haver ajuizado, ainda que concomitantemente, duas ou mais representações sobre os mesmos fatos, já previamente distribuídas ao Corregedor Eleitoral e aos juízes eleitorais.

§ 3º. Contra a decisão que determinar o desmembramento do feito caberá agravo regimental, no prazo de 3 dias, podendo, também, ser ela revista por ocasião do julgamento da representação.

Art. 22. Ao despachar a inicial, o relator do feito adotará as seguintes providências:

a) ordenará que se notifique o representado, encaminhando-lhe a segunda via da petição acompanhada das cópias dos documentos, para que, no prazo de 5 dias, contados da notificação, ofereça defesa;

b) determinará que se suspenda o ato que deu origem à representação, quando relevante o fundamento e puder resultar na ineficácia da medida, caso seja julgada procedente;

c) indeferirá desde logo a inicial, quando não for caso de representação ou lhe faltar algum requisito essencial.

§ 1º. No caso de representação instruída com imagem e/ou áudio, a respectiva degravação será encaminhada juntamente com a notificação, devendo uma cópia da mídia permanecer no processo e a outra mantida em secretaria, sendo facultado às partes e ao Ministério Público, a qualquer tempo, requerer cópia, independentemente de autorização específica do relator.

§ 2º. O relator do feito, a requerimento das partes, do Ministério Público ou de ofício poderá, em decisão fundamentada, limitar o acesso aos autos às partes, a seus representantes e ao Ministério Público.

§ 3º. No caso de o relator indeferir a representação ou retardar-lhe a solução, poderá o interessado renová-la perante o Tribunal, que a resolverá dentro de 24 horas.

§ 4º. O interessado, quando não for atendido ou ocorrer demora, poderá levar o fato ao conhecimento do Tribunal Superior Eleitoral, a fim de que sejam tomadas as providências necessárias.

§ 5º. Sem prejuízo do disposto no § 3º deste artigo, da decisão que indeferir liminarmente o processamento da representação caberá agravo regimental, no prazo de 3 dias.

Art. 23. Feita a notificação, a Secretaria Judiciária do tribunal juntará aos autos cópia autêntica do ofício endereçado ao representado, bem como a prova da entrega ou da sua recusa em aceitá-la ou em dar recibo.

Art. 24. Se a defesa for instruída com documentos, a Secretaria Judiciária do tribunal intimará o representante a se manifestar sobre eles, no prazo de 48 horas.

Art. 25. Não sendo apresentada a defesa, ou, apresentada sem a juntada de documentos ou, ainda, decorrido o prazo para que o representante se manifeste sobre documentos juntados, os autos serão imediatamente conclusos ao relator que designará, nos 5 dias seguintes, data, hora e local para a realização, em única assentada, de audiência para oitiva de testemunhas arroladas.

§ 1º. As testemunhas deverão ser arroladas pelo representante, na inicial, e pelo representado, na defesa, com o limite de 6 para cada parte, sob pena de preclusão.

§ 2º. As testemunhas deverão comparecer à audiência independentemente de intimação.

Art. 26. Ouvidas as testemunhas ou indeferida a oitiva, o relator, nos 3 dias subsequentes, procederá a todas as diligências que determinar, de ofício ou a requerimento das partes.

§ 1º. Nesse mesmo prazo de 3 dias, o relator poderá, na presença das partes e do Ministério Público, ouvir terceiros, referidos pelas partes, ou testemunhas, como conhecedores dos fatos e circunstâncias que possam influir na decisão do feito.

§ 2º. Quando qualquer documento necessário à formação da prova se achar em poder de terceiro, inclusive estabelecimento de crédito, oficial ou privado, o relator poderá, ainda, no mesmo prazo, ordenar o respectivo depósito ou requisitar cópias.

§ 3º. Se o terceiro, sem justa causa, não exibir o documento ou não comparecer a juízo, o relator poderá expedir contra ele mandado de prisão e instaurar processo por crime de desobediência.

Art. 27. As decisões interlocutórias proferidas no curso da representação não são preclusivas, devendo ser analisadas pelo tribunal por ocasião do julgamento, caso assim o requeiram as partes ou o Ministério Público em suas alegações finais.

Parágrafo único. Modificada a decisão interlocutória pelo tribunal, somente serão anulados os atos que não puderem ser aproveitados, com a subsequente realização ou renovação dos que forem necessários.

Art. 28. Encerrado o prazo da dilação probatória, as partes, inclusive o Ministério Público, poderão apresentar alegações finais no prazo comum de 2 dias.

Art. 29. Terminado o prazo para alegações finais, os autos serão conclusos ao relator, no dia imediato, para elaboração de relatório, no prazo de 3 dias.

Art. 30. Apresentado o relatório, os autos da representação serão encaminhados à Secretaria Judiciária do tribunal, com pedido de inclusão incontinenti em pauta, para julgamento na primeira sessão subsequente.

Art. 31. Julgada a representação, o tribunal lavrará o acórdão para imediata publicação no Diário da Justiça Eletrônico.

Parágrafo único. No caso de ser cassado registro de candidato, a Secretaria Judiciária notificará o partido político ou a coligação pela qual concorre, encaminhando-lhe cópia do acórdão (Lei nº 9.504/1997, art. 13, § 1º).

Art. 32. Os recursos contra as decisões e acórdãos que julgarem as representações previstas nesta Seção deverão ser interpostos no prazo de 3 dias contados da publicação no Diário da Justiça Eletrônico, observando-se o mesmo prazo para os recursos subsequentes, inclusive recurso especial e agravo de instrumento, bem como as respectivas contrarrazões e respostas.

Seção IV – Do Recurso perante o Tribunal Eleitoral

Art. 33. A decisão proferida por juiz auxiliar estará sujeita a recurso para o Plenário do tribunal eleitoral, no prazo de 24 horas da publicação da decisão em secretaria, assegurado ao recorrido o oferecimento de contrarrazões, em igual prazo, a contar da sua notificação (Lei nº 9.504/1997, art. 96, §§ 4º e 8º).

§ 1º. Oferecidas contrarrazões ou decorrido o respectivo prazo, o recurso será levado a julgamento em sessão pelo próprio juiz auxiliar, que substituirá membro da mesma representação no tribunal, no prazo de 48 horas, a contar da conclusão dos autos, independentemente de publicação de pauta (Lei nº 9.504/1997, art. 96, § 9º), exceto quando se tratar de direito de resposta, cujo prazo para julgamento será de 24 horas (Lei nº 9.504/1997, art. 58, § 6º).

§ 2º. Caso o Tribunal não se reúna no prazo previsto no parágrafo anterior, o recurso deverá ser julgado na primeira sessão subsequente.

§ 3º. Só poderão ser apreciados os recursos relacionados até o início de cada sessão plenária.

§ 4º. Ao advogado de cada parte é assegurado o uso da tribuna pelo prazo máximo de 10 minutos, para sustentação oral de suas razões.

§ 5º. Os acórdãos serão publicados na sessão em que os recursos forem julgados, salvo disposição diversa prevista nesta resolução.

Seção V – Do Recurso Especial

Art. 34. Do acórdão de tribunal regional eleitoral caberá recurso especial para o Tribunal Superior Eleitoral, no prazo de 3 dias, a contar da publicação (Código Eleitoral, art. 276, § 1º), salvo se se tratar de direito de resposta.

§ 1º. Interposto o recurso especial, os autos serão conclusos ao presidente do respectivo tribunal, que, no prazo de 24 horas, proferirá decisão fundamentada, admitindo ou não o recurso.

§ 2º. Admitido o recurso especial, será assegurado ao recorrido o oferecimento de contrarrazões, no prazo de 3 dias, contados da publicação em secretaria.

§ 3º. Oferecidas as contrarrazões ou decorrido o prazo sem o seu oferecimento, serão os autos imediatamente remetidos ao Tribunal Superior Eleitoral, inclusive por portador, se necessário.

§ 4º. Não admitido o recurso especial, caberá agravo de instrumento para o Tribunal Superior Eleitoral, no prazo de 3 dias, contados da publicação em secretaria.

§ 5º. Formado o agravo de instrumento, com observância do disposto na Resolução TSE nº 21.477, de 29.8.2003, será intimado o agravado para oferecer resposta ao agravo e ao recurso especial, no prazo de 3 dias, contados da publicação em secretaria.

§ 6º. O relator, no Tribunal Superior Eleitoral, negará seguimento a pedido ou recurso intempestivo, manifestamente inadmissível, improcedente, prejudicado ou em confronto com súmula ou com jurisprudência dominante do Tribunal Superior Eleitoral, do Supremo Tribunal Federal ou de Tribunal Superior (CPC, art. 557, *caput*, e RITSE, art. 36, § 6º); poderá o relator, nos próprios autos do agravo de instrumento, dar provimento ao recurso especial se o acórdão recorrido estiver em manifesto confronto com súmula ou com jurisprudência dominante do próprio Tribunal Superior Eleitoral, do Supremo Tribunal Federal ou de Tribunal Superior (CPC, art. 544, § 3º, e RITSE, art. 36, § 7º).

Art. 35. Quando se tratar de direito de resposta, o prazo para interposição do recurso especial será de 24 horas, a contar da publicação em sessão, dispensado o juízo de admissibilidade, com a imediata intimação do recorrido, por publicação em secretaria, para o oferecimento de contrarrazões no mesmo prazo (Lei nº 9.504/1997, art. 58, § 5º).

Capítulo III – Disposições Finais

Art. 36. Os pedidos de direito de resposta e as representações por propaganda eleitoral irregular em rádio, televisão e internet tramitarão preferencialmente em relação aos demais processos em curso na Justiça Eleitoral (Lei nº 9.504/1997, art. 58-A).

Art. 37. Os prazos relativos às representações serão contínuos e peremptórios, não se suspendendo aos sábados, domingos e feriados, entre 5 de julho de 2010 e a proclamação dos eleitos, inclusive em segundo turno.

§ 1º. Nesse período, os advogados, inclusive os que representarem as emissoras de rádio, televisão, provedores e servidores de internet e demais veículos de comunicação, estarão dispensados da juntada de procuração em cada processo, se arquivarem, na Secretaria Judiciária, mandato genérico relativo às eleições de 2010; a circunstância deverá ser informada na petição em que ele se valer dessa faculdade e certificada nos autos.

§ 2º. O requisito de admissibilidade dos recursos pela instância superior será verificado a partir da certidão constante dos autos, sendo a parte interessada responsável pela verificação da existência da referida certidão.

Art. 38. A competência do juiz encarregado da propaganda eleitoral não exclui o respectivo poder de polícia, que será exercido pelos juízes eleitorais e pelos juízes auxiliares designados pelos tribunais eleitorais.

§ 1º. O poder de polícia se restringe às providências necessárias para inibir práticas ilegais, vedada a censura prévia sobre o teor dos programas a serem exibidos na televisão, no rádio e na internet.

§ 2º. No caso de condutas sujeitas a penalidades, o juiz cientificará o Ministério Público, para os efeitos desta resolução.

Art. 39. As decisões dos juízes auxiliares indicarão de modo preciso o que, na propaganda impugnada, deverá ser excluído ou substituído; nas inserções de que trata o art. 51 da Lei nº 9.504/1997, as exclusões ou substituições observarão o tempo mínimo de 15 segundos e os respectivos múltiplos.

Parágrafo único. O teor da decisão será comunicado às emissoras de rádio e televisão e aos provedores e servidores de internet pela Secretaria Judiciária.

Art. 40. Da convenção partidária até a apuração final da eleição, não poderão servir como ministros, no Tribunal Superior Eleitoral, como juízes, nos tribunais eleitorais, ou como juízes auxiliares, o cônjuge ou companheiro, parente consanguíneo ou afim, até o segundo grau, de candidato a cargo eletivo registrado na circunscrição (Código Eleitoral, art. 14, § 3º).

Art. 41. O representante do Ministério Público que mantiver o direito a filiação partidária não poderá exercer funções eleitorais enquanto não decorridos 2 anos do cancelamento da aludida filiação (Lei Complementar nº 75/1993, art. 80).

Art. 42. Ao juiz eleitoral que for parte em ações judiciais que envolvam determinado candidato é defeso exercer suas funções em processo eleitoral no qual o mesmo candidato seja interessado (Lei nº 9.504/1997, art. 95).

Parágrafo único. Se, posteriormente ao pedido de registro da candidatura, candidato propuser ação contra juiz que exerce função eleitoral, o afastamento deste somente decorrerá de declaração espontânea de suspeição ou de procedência da respectiva exceção.

Art. 43. Poderá o candidato, o partido político, a coligação ou o Ministério Público representar ao tribunal regional eleitoral contra o juiz eleitoral que descumprir as disposições desta resolução ou der causa a seu descumprimento, inclusive quanto aos prazos processuais; nesse caso, ouvido o representado em 24 horas, o tribunal ordenará a observância do procedimento que explicitar, sob pena de incorrer o juiz em desobediência (Lei nº 9.504/1997, art. 97, *caput*).

§ 1º. É obrigatório, para os membros dos tribunais eleitorais e para os representantes do Ministério Público, fiscalizar o cumprimento das disposições desta resolução pelos juízes e promotores eleitorais das instâncias inferiores, determinando, quando for o caso, a abertura de procedimento disciplinar para apuração de eventuais irregularidades que verificarem.

§ 2º. No caso de descumprimento das disposições desta resolução por tribunal regional eleitoral, a representação poderá ser feita ao Tribunal Superior Eleitoral, observado o disposto neste artigo.

Art. 44. Os feitos eleitorais, no período entre 10 de junho e 5 de novembro de 2010, terão prioridade para a participação do Ministério Público e dos juízes de todas as justiças e instâncias, ressalvados os processos de *habeas corpus* e mandado de segurança (Lei nº 9.504/1997, art. 94, *caput*).

§ 1º. É defeso às autoridades mencionadas neste artigo deixar de cumprir qualquer prazo desta resolução em razão do exercício de suas funções regulares (Lei nº 9.504/1997, art. 94, § 1º).

§ 2º. O descumprimento do disposto neste artigo constitui crime de responsabilidade e será objeto de anotação funcional para efeito de promoção na carreira (Lei nº 9.504/1997, art. 94, § 2º).

§ 3º. Além das polícias judiciárias, os órgãos da Receita Federal, estadual e municipal, os tribunais e os órgãos de contas auxiliarão a Justiça Eleitoral na apuração dos delitos eleitorais, com prioridade sobre suas atribuições regulares (Lei nº 9.504/1997, art. 94, § 3º).

Art. 45. Esta resolução entra em vigor na data de sua publicação.

Brasília, 18 de dezembro de 2009.

Carlos Ayres Britto – Presidente

DJ de 24.12.2009 – Republicação em 24.5.2010

RESOLUÇÃO TSE Nº 23.216, DE 2 DE MARÇO DE 2010

Dispõe sobre a arrecadação de recursos financeiros de campanha eleitoral por cartões de crédito.

O Tribunal Superior Eleitoral, no uso das atribuições que lhe conferem o art. 23, inciso IX, do Código Eleitoral e o art. 105 da Lei nº 9.504, de 30 de setembro de 1997, resolve expedir a seguinte instrução:

Título I – Disposições Gerais

Art. 1º. No ano da realização de eleições, candidatos, inclusive a vice e a suplentes, comitês financeiros e partidos políticos poderão arrecadar recursos para gastos em campanhas eleitorais por meio de cartão de crédito (Lei nº 9.504/1997, art. 23, III).

Art. 2º. As doações mediante cartão de crédito somente poderão ser realizadas por pessoa física, vedado o seu parcelamento (Lei nº 9.504/1997, art. 23, III).

Art. 3º. São vedadas doações por meio dos seguintes tipos de cartão de crédito (Lei nº 9.504/1997, arts. 23 e 24):

I – emitido no exterior;

II – corporativo ou empresarial.

Parágrafo único. Incluem-se no conceito de cartão de crédito corporativo os cartões de pagamento utilizados por empresas privadas e por órgãos da administração pública direta e indireta de todas as esferas.

Capítulo I – Dos Requisitos para a Arrecadação

Art. 4º. Antes de proceder à arrecadação de recursos por meio de cartão de crédito, candidatos e comitês financeiros deverão:

I – solicitar registro na Justiça Eleitoral;

II – obter inscrição no Cadastro Nacional da Pessoa Jurídica (CNPJ);

III – abrir conta bancária eleitoral específica para a movimentação financeira de campanha;

IV – receber números de recibos eleitorais;

V – desenvolver página de internet específica para o recebimento dessas doações;

VI – contratar instituição financeira ou credenciadora de cartão de crédito para habilitar o recebimento de recursos por meio de cartão de crédito.

§ 1º. Os recursos financeiros arrecadados por meio de cartão de crédito deverão ser creditados na conta bancária mencionada no inciso III deste artigo e no inciso II do art. 5º desta Resolução (Lei nº 9.504/1997, art. 23, § 4º).

§ 2º. Será permitida a utilização do terminal de captura de transações com cartões para as doações por meio de cartão de crédito e de cartão de débito.

Art. 5º. Os diretórios partidários nacional e/ou estadual/distrital em todos os níveis poderão arrecadar recursos financeiros para campanha eleitoral mediante doações por meio de cartão de crédito e de cartão de débito, desde que atendam previamente aos seguintes requisitos:

I – registrar os diretórios nacionais no Tribunal Superior Eleitoral e anotar os diretórios partidários nacional e/ou estadual/distrital nos Tribunais Regionais Eleitorais;

II – abrir conta bancária eleitoral específica para o registro das doações eleitorais, aberta com o seu respectivo número de inscrição no Cadastro Nacional da Pessoa Jurídica (CNPJ);

III – criar sítio na internet específico para o recebimento dessas doações;

IV – firmar contrato com instituição financeira ou credenciadora para habilitar o recebimento de recursos por meio de cartão de crédito;

V – receber números de recibos eleitorais.

Parágrafo único. Os recursos financeiros arrecadados por meio de cartão de crédito e de cartão de débito deverão ser creditados na conta bancária exclusiva para a movimentação financeira de campanha, constante do inciso II deste artigo.

Art. 6º. A arrecadação de recursos financeiros anterior ao cumprimento dos requisitos indicados nos arts. 4º e 5º desta Resolução ensejará a desaprovação das contas.

Art. 7º. Os sítios na internet de candidatos, inclusive a vice e a suplentes, comitês financeiros e partidos políticos deverão ser registrados em domínio com a extensão ".br", sediado no país.

Capítulo II
Da Emissão do Recibo Eleitoral e da Identificação da Origem da Doação

Art. 8º. Os recibos eleitorais são documentos oficiais que legitimam o ingresso de recursos em campanha eleitoral e deverão ser emitidos conforme modelo constante do Anexo I, da seguinte forma:

I – eletronicamente, pelo sítio do candidato, do comitê financeiro ou do partido político, dispensada, neste caso, a emissão da via do beneficiário da doação;

II – pelo Sistema de Prestação de Contas Eleitorais (SPCE);

III – preenchido manualmente em formulário impresso, no caso das doações recebidas mediante terminal de captura de transações com cartão de crédito.

Art. 9º. Observados os critérios estabelecidos no Anexo II desta Resolução, deverá ser emitido recibo eleitoral para cada doação, contendo obrigatoriamente (Lei nº 9.504/1997, art. 23, III):

I – registro;

II – número do recibo eleitoral;

III – número do documento;

IV – tipo de doação;

V – espécie do recurso;

VI – número do CPF do doador;

VII – nome do doador;

VIII – data da doação;

IX – valor da doação;

X – número da autorização.

- *Art. 9º,* caput, *com redação dada pela Resolução TSE nº 23.248/2010, que revogou o inciso IV (quantidade de parcelas) e renumerou os demais incisos.*

Parágrafo único. As doações sem identificação ou com incorreção não poderão ser utilizadas em campanha eleitoral e comporão os recursos de origem não identificada que deverão ser transferidos ao Tesouro Nacional no prazo de 5 dias após a decisão definitiva que julgar a prestação de contas de campanha correspondente.

Capítulo III – Do Período de Arrecadação

Art. 10. As doações efetuadas por meio de cartão de crédito a candidatos, comitês financeiros e partidos políticos somente poderão ser realizadas até a data das eleições, inclusive na hipótese de segundo turno.

Art. 11. O mecanismo disponível no sítio do candidato, do comitê financeiro e do partido político para a arrecadação via cartão de crédito deverá ser encerrado no dia seguinte à data da eleição, inclusive na hipótese de segundo turno.

Capítulo IV
Do Ingresso das Informações na Prestação de Contas de Candidatos, Comitês Financeiros e Partidos Políticos

Art. 12. Todas as doações recebidas mediante o uso de cartão de crédito deverão ser lançadas individualmente na prestação de contas de campanha eleitoral de candidatos, comitês financeiros e partidos políticos.

Parágrafo único. As taxas cobradas pelas credenciadoras de cartão de crédito deverão ser consideradas despesas de campanha eleitoral e lançadas na prestação de contas de candidatos, partidos políticos e comitês financeiros.

Art. 13. Os dados obrigatórios de identificação das doações, exigidos no art. 9º desta Resolução, deverão ser lançados no Sistema de Prestação de Contas Eleitoral (SPCE), manualmente ou a partir da importação de dados, respeitado o formato definido no leiaute constante do Anexo II desta Resolução.

Capítulo V – Das Disposições Finais

Art. 14. Na hipótese de doações realizadas por meio da internet, as fraudes ou erros cometidos pelo doador sem conhecimento dos candidatos, comitês financeiros e partidos políticos não ensejarão a responsabilidade deles, nem a rejeição de suas contas eleitorais (Lei nº 9.504/1997, art. 23, § 6º).

§ 1º. As operadoras de cartão de crédito deverão definir procedimentos, regras e obrigações por meio de contrato de afiliação a ser firmado com candidatos, partidos políticos ou comitês financeiros.

- *§ 1º acrescido pela Resolução TSE nº 23.309/2010.*

§ 2º. Na hipótese de não cumprimento das obrigações previstas no contrato de afiliação de que trata o parágrafo anterior, o valor da doação não será repassado ao candidato, ao partido político ou ao comitê financeiro ou, caso já tenha sido creditado, ficará sujeito a estorno, se o doador não reconhecer ou discordar da doação, ainda que ela tenha recebido código de autorização pelas operadoras.

- *§ 2º acrescido pela Resolução TSE nº 23.309/2010.*

Art. 15. As operadoras de cartão de crédito, demais participantes do sistema de operações com cartão de crédito e instituições financeiras deverão informar aos candidatos, comitês financeiros e partidos políticos, antes do prazo final para entrega da prestação de contas de campanha, inclusive na hipótese de segundo turno, o detalhamento das doações recebidas.

- *Art. 15 com redação dada pela Resolução TSE nº 23.285/2010.*

Art. 16. As credenciadoras de cartão de crédito deverão encaminhar ao Tribunal Superior Eleitoral arquivo eletrônico contendo:

I – CNPJ do candidato, comitê financeiro ou partido político;

II – data da operação;

III – número da operação;

IV – valor bruto da operação de débito;

V – valor bruto da operação de crédito.

§ 1º. O arquivo a que se refere o *caput* deverá ser encaminhado ao Tribunal Superior Eleitoral antes do prazo final para entrega da prestação de contas de campanha, inclusive na hipótese de segundo turno, da seguinte forma:

I – até 4 de novembro de 2010 para os candidatos que concorrerem ao primeiro turno;

II – até 30 de novembro de 2010 para os candidatos que concorrerem ao segundo turno.

§ 2º. O leiaute do arquivo obedecerá ao modelo do Protocolo do Emissor de Cupom Fiscal (ECF) nº 02/05, do Conselho Nacional de Política Fazendária.

Art. 17. Esta Resolução entra em vigor na data de sua publicação, dela fazendo parte: Anexo I – Modelo de Recibo Eleitoral, Anexo II – Modelo do Leiaute de Importação.

Brasília, 2 de março de 2010.

Ayres Britto – Presidente

DJe de 4.3.2010 – Republicação em 13.5.2010

ANEXO I

<table>
<tr><td colspan="5">RECIBO ELEITORAL</td><td colspan="2">ELEIÇÕES 2010</td></tr>
<tr><td colspan="4">Partido Político</td><td colspan="3">Numeração</td></tr>
<tr><td>Nº Banco</td><td>Nº Agência</td><td>Nº Conta Corrente</td><td>Nº Cheque</td><td colspan="2">Nº DOC/TED/Operação</td><td>Cartão de Crédito</td></tr>
<tr><td colspan="7">Outra forma de arrecadação – descrição da modalidade</td></tr>
<tr><td colspan="7">Estimável em dinheiro – descrição resumida dos bens/serviços recebidos em doação</td></tr>
<tr><td colspan="3">Valor em R$</td><td colspan="4">Valor por extenso</td></tr>
<tr><td colspan="5">Nome do doador</td><td colspan="2">CPF/CNPJ do doador</td></tr>
<tr><td colspan="7">Endereço do doador</td></tr>
<tr><td colspan="4">Assinatura do doador</td><td colspan="3">Telefone do doador (com DDD)</td></tr>
<tr><td colspan="4">Nome do responsável pela emissão do recibo</td><td colspan="3">CPF do responsável pela emissão do recibo</td></tr>
<tr><td colspan="4">Assinatura do responsável pela emissão do recibo</td><td colspan="3">Data da emissão do recibo</td></tr>
<tr><td colspan="7">Via do candidato/comitê/partido.
EMISSÃO VÁLIDA ATÉ 2/11/2010 PARA O 1º TURNO E, NO CASO DE 2º TURNO, ATÉ O DIA 30/11/2010.</td></tr>
</table>

<table>
<tr><td colspan="5">RECIBO ELEITORAL</td><td colspan="2">ELEIÇÕES 2010</td></tr>
<tr><td colspan="4">Partido Político</td><td colspan="3">Numeração</td></tr>
<tr><td>Nº Banco</td><td>Nº Agência</td><td>Nº Conta Corrente</td><td>Nº Cheque</td><td colspan="2">Nº DOC/TED/Operação</td><td>Cartão de Crédito</td></tr>
<tr><td colspan="7">Outra forma de arrecadação – descrição da modalidade</td></tr>
<tr><td colspan="7">Estimável em dinheiro – descrição resumida dos bens/serviços doados</td></tr>
<tr><td colspan="3">Valor em R$</td><td colspan="4">Valor por extenso</td></tr>
<tr><td colspan="5">Nome do doador</td><td colspan="2">CPF/CNPJ do doador</td></tr>
<tr><td colspan="3">Nº do CNPJ partido/candidato/comitê</td><td colspan="4">Nome do partido/candidato/comitê</td></tr>
<tr><td colspan="4">Nome do responsável pela emissão do recibo</td><td colspan="3">CPF do responsável pela emissão do recibo</td></tr>
<tr><td colspan="4">Assinatura do responsável pela emissão do recibo</td><td colspan="3">Data da emissão do recibo</td></tr>
<tr><td colspan="7">Via do doador.
EMISSÃO VÁLIDA ATÉ 2/11/2010 PARA O 1º TURNO E, NO CASO DE 2º TURNO, ATÉ O DIA 30/11/2010.</td></tr>
<tr><td colspan="7">Colabore com a Justiça Eleitoral, informe sua doação de campanha no endereço http://www.tse.jus.br/doacao</td></tr>
</table>

Medidas e impressão do Recibo Eleitoral:
Largura: 190mm (cada via)
Altura: 125mm (cada via)
Papel: A4 (210 x 297mm) de 75g/m²
Cor de impressão: Preta

ANEXO II
Leiaute de importação de dados para o SPCE

Registro HEADER do arquivo de doações pela internet (Tamanho 63)

Campo		Posição		Tamanho	Formato	Default	Descrição
		De	Até				
1	Registro	1	1	1	NUMBER	0	Identificador do registro HEADER. Fixo "0".
2	CNPJ	2	15	14	NUMBER		Número do CNPJ/CPF do candidato. Preencher com zeros à esquerda.
3	Data da movimentação	16	27	12	NUMBER		Data e hora da movimentação. Máscara DDMMAAAAHHMM
4	Banco	28	30	3	NUMBER		Código do banco. Preencher com zeros à esquerda.

5	Agência	31	40	10	ALFA		Número da agência com o dígito verificador. Preencher com zeros à esquerda.
6	Conta bancária	41	60	20	NUMBER		Número da conta bancária. Preencher com zeros à esquerda.
7	Versão Leiaute	61	63	3	NUMBER	100	Versão do arquivo de doações pela internet. Fixo "100".

Registro DETALHE do arquivo de doações pela internet (Tamanho 158)

Campo		Posição		Tamanho	Formato	Default	Descrição
		De	Até				
1	Registro	1	1	1	NUMBER	1	Identificador do registro DETALHE. Fixo "1".
2	Número do recibo	2	12	11	NUMBER		Número do recibo eleitoral.
3	Número do documento	13	32	20	ALFA		Número identificador da transação. Preencher com espaço em branco à direita.
4	Número da autorização	33	52	20	ALFA		Número de autorização da transação. Exceto para espécie de recurso tipo *03 – Boleto bancário*. Preencher com espaço em branco à direita.
5	Tipo doação	53	54	2	NUMBER	01	Tipo de doação pela internet. Fixo "01".
6	Espécie do recurso	55	56	2	NUMBER		Espécie do recurso. Os valores permitidos são: *01 – Transferência eletrônica (TED/DOC, débito on-line); 02 – Cartão de crédito; 03 – Boleto bancário*.
7	Nome do doador	73	132	60	ALFA		Nome do doador. Preencher com espaço em branco à direita.
8	Data da doação	133	140	8	NUMBER		Data da doação. Máscara DDMMAAAA
9	Valor da doação	141	158	18	NUMBER		Valor da doação. Número com 18 posições, sendo que os dois últimos dígitos são para as casas decimais sem separador. Preencher com zeros à esquerda.

• *Original item 7 revogado e demais renumerados pela Resolução TSE nº 23.248/2010.*

Registro TRAILER do arquivo de doações pela internet (Tamanho 10)

Campo		Posição		Tamanho	Formato	Default	Descrição
		De	Até				
1	Registro	1	1	1	NUMBER	9	Identificador do registro TRAILER. Fixo "9".
2	Total de doações	2	10	9	NUMBER		Quantidade total de doações presentes no arquivo

RESOLUÇÃO TSE Nº 23.282, DE 22 DE JUNHO DE 2010

Disciplina a criação, organização, fusão, incorporação e extinção de partidos políticos.

O Tribunal Superior Eleitoral, usando das atribuições que lhe confere o art. 61 da Lei nº 9.096, de 19 de setembro de 1995, resolve expedir a seguinte Resolução:

TÍTULO I – DISPOSIÇÕES PRELIMINARES

Art. 1º. O partido político, pessoa jurídica de direito privado, destina-se a assegurar, no interesse do regime democrático, a autenticidade do sistema representativo e a defender os direitos fundamentais definidos na Constituição Federal (Lei nº 9.096/1995, art. 1º).

Art. 2º. É livre a criação, fusão, incorporação e extinção de partidos políticos cujos programas respeitem a soberania nacional, o regime democrático, o pluripartidarismo e os direitos fundamentais da pessoa humana, observadas as normas desta Resolução (Lei nº 9.096/1995, art. 2º).

Art. 3º. É assegurada, ao partido político, autonomia para definir sua estrutura interna, organização e funcionamento (Lei nº 9.096/1995, art. 3º).

Art. 4º. Os filiados de um partido político têm iguais direitos e deveres (Lei nº 9.096/1995, art. 4º).

Art. 5º. A ação dos partidos políticos será exercida, permanentemente, em âmbito nacional, de acordo com seu estatuto e programa, sem subordinação a entidades ou governos estrangeiros (Lei nº 9.096/1995, art. 5º).

Art. 6º. É vedado ao partido político ministrar instrução militar ou paramilitar, utilizar-se de organização da mesma natureza e adotar uniforme para seus membros (Lei nº 9.096/1995, art. 6º).

Art. 7º. O partido político, após adquirir personalidade jurídica na forma da lei civil, registrará seu estatuto no Tribunal Superior Eleitoral (Lei nº 9.096/1995, art. 7º, *caput*).

§ 1º. Só será admitido o registro do estatuto de partido político que tenha caráter nacional, considerando-se como tal aquele que comprove o apoiamento de eleitores correspondente a, pelo menos, meio por cento dos votos dados na última eleição geral para a Câmara dos Deputados, não computados os votos em branco e os nulos, distribuídos por um terço, ou mais, dos estados, com um mínimo de um décimo por cento do eleitorado que haja votado em cada um deles (Lei nº 9.096/1995, art. 7º, § 1º).

§ 2º. Somente o partido político que tenha registrado o seu estatuto no Tribunal Superior Eleitoral poderá participar do processo eleitoral, receber recursos do Fundo Partidário, ter acesso gratuito ao rádio e à televisão, e ter assegurada a exclusividade da sua denominação, número da legenda, sigla e símbolos, vedada a utilização, por outros partidos políticos, de variações que venham a induzir a erro ou confusão (Lei nº 9.096/1995, art. 7º, § 2º e § 3º).

TÍTULO II
DA ORGANIZAÇÃO E FUNCIONAMENTO DOS PARTIDOS POLÍTICOS

Capítulo I
Da Criação e do Registro dos Partidos Políticos

Seção I – Da Criação

Art. 8º. Os fundadores, em número nunca inferior a cento e um eleitores no gozo de seus direitos políticos, com domicílio eleitoral em, no mínimo, um terço dos estados, elaborarão o programa e o estatuto do partido político em formação, e elegerão, na forma do estatuto, os seus dirigentes nacionais provisórios, os quais se encarregarão das providências necessárias para o registro do estatuto perante o cartório do Registro Civil competente e no Tribunal Superior Eleitoral (Lei nº 9.096/1995, art. 8º).

Parágrafo único. Deverão ser publicados no *Diário Oficial da União* o inteiro teor do programa e do estatuto aprovados na reunião de fundadores do partido político.

Seção II – Do Registro Civil

Art. 9º. O requerimento do registro de partido político em formação, dirigido ao cartório competente do Registro Civil das Pessoas Jurídicas, da Capital Federal, deverá ser subscrito pelos seus fundadores, em número nunca inferior a cento e um, com domicílio eleitoral em, no mínimo, um terço dos estados, e será acompanhado de (Lei nº 9.096/1995, art. 8º, incisos I a III, § 1º e § 2º):

I – cópia autêntica da ata da reunião de fundação do partido político;

II – exemplares do *Diário Oficial da União* que publicou, no seu inteiro teor, o programa e o estatuto;

III – relação de todos os fundadores com o nome completo, naturalidade, número do título eleitoral com a zona, seção, município e unidade da Federação, profissão e endereço da residência.

§ 1º. O requerimento indicará o nome e função dos dirigentes provisórios e o endereço da sede nacional do partido político, que deverá ser sempre na Capital Federal.

§ 2º. Satisfeitas as exigências deste artigo, além dos requisitos estabelecidos na Lei de Registros Públicos, o Oficial do Registro Civil efetuará o registro no livro correspondente, expedindo certidão de inteiro teor.

Seção III – Do Apoiamento de Eleitores

Art. 10. Adquirida a personalidade jurídica na forma do artigo anterior, o partido político em formação promoverá a obtenção do apoiamento mínimo de eleitores a que se refere o § 1º do art. 7º desta Resolução (Lei nº 9.096/1995, art. 8º, § 3º).

§ 1º. O apoiamento de eleitores será obtido mediante a assinatura do eleitor em listas ou formulários organizados pelo partido político em formação, para cada zona eleitoral, encimados pela denominação da sigla partidária e o fim a que se destina a adesão do eleitor, devendo deles constar, ainda, o nome completo do eleitor e o número do respectivo título eleitoral.

§ 2º. O eleitor analfabeto manifestará seu apoio mediante aposição da impressão digital, devendo constar das listas ou formulários a identificação pelo nome, número de inscrição, zona e seção, município, unidade da Federação e data de emissão do título eleitoral (Resolução TSE nº 21.853/2004).

§ 3º. A assinatura ou impressão digital aposta pelo eleitor nas listas ou formulários de apoiamento a partido político em formação não implica filiação partidária (Resolução TSE nº 21.853/2004).

Art. 11. O partido político em formação, por meio de seu representante legal, em requerimento acompanhado de certidão do Registro Civil das Pessoas Jurídicas, da Capital Federal, informará aos tribunais regionais eleitorais a comissão provisória ou pessoas responsáveis para a apresentação das listas ou formulários de assinaturas e solicitação de certidão de apoiamento perante os cartórios.

§ 1º. Os tribunais regionais eleitorais encaminharão aos cartórios eleitorais as informações prestadas na forma do *caput*.

§ 2º. O chefe de cartório dará imediato recibo de cada lista ou formulário que lhe for apresentado e, no prazo de 15 (quinze) dias, após conferir as assinaturas e os números dos títulos eleitorais, lavrará o seu atestado na própria lista ou formulário, devolvendo-o ao interessado, permanecendo cópia em poder do cartório eleitoral (Lei nº 9.096/1995, art. 9º, § 2º c.c. o art. 4º da Lei nº 10.842/2004).

§ 3º. No caso de dúvida acerca da autenticidade das assinaturas ou da sua correspondência com os números dos títulos eleitorais informados, o chefe de cartório determinará diligência para a sua regularização.

§ 4º. O chefe de cartório dará publicidade à lista ou aos formulários de apoiamento mínimo, publicando-os em cartório.

§ 5º. Os dados constantes nas listas ou formulários publicados em cartório poderão ser impugnados por qualquer interessado, em petição fundamentada, no prazo de 5 (cinco) dias contados da publicação.

Art. 12. Obtido o apoiamento mínimo de eleitores no estado, o partido político em formação constituirá, definitivamente, na forma de seu estatuto, órgãos de direção regional e municipais, designando os seus dirigentes, organizados em, no mínimo, um terço dos estados, e constituirá, também definitivamente, o seu órgão de direção nacional (Lei nº 9.096/1995, art. 8º, § 3º).

Seção IV – Do Registro dos Órgãos Partidários nos Tribunais Regionais Eleitorais

Art. 13. Feita a constituição definitiva e designação dos órgãos de direção regional e municipais, o presidente regional do partido político em formação solicitará o registro no respectivo tribunal regional eleitoral, por meio de requerimento acompanhado de:

I – exemplar autenticado do inteiro teor do programa e do estatuto partidários, inscritos no registro civil;

II – certidão do cartório do registro civil da pessoa jurídica a que se refere o § 2º do art. 9º desta Resolução;

III – certidões fornecidas pelos cartórios eleitorais que comprovem ter o partido político em formação obtido, no estado, o apoiamento mínimo de eleitores a que se refere o § 1º do art. 7º desta Resolução;

IV – prova da constituição definitiva dos órgãos de direção regional e municipais, com a designação de seus dirigentes, na forma do respectivo estatuto, autenticada por tabelião de notas, quando se tratar de cópia.

Parágrafo único. Da certidão a que se refere o inciso III deste artigo deverá constar, unicamente, o número de eleitores que apoiaram o partido político em formação até a data de sua expedição, certificado pelo chefe de cartório da respectiva zona eleitoral, com base nas listas ou formulários conferidos ou publicados na forma prevista, respectivamente, nos § 2º e § 3º do art. 11 desta Resolução.

Art. 14. Protocolizado o pedido de registro, será autuado e distribuído, no prazo de 48 (quarenta e oito) horas a um relator, devendo a Secretaria do Tribunal publicar, imediatamente, na imprensa oficial, edital para ciência dos interessados.

Art. 15. Caberá a qualquer interessado impugnar, no prazo de 3 (três) dias, contados da publicação do edital, em petição fundamentada, o pedido de registro.

Art. 16. Havendo impugnação, será aberta vista ao requerente do registro, para contestação, pelo mesmo prazo.

Art. 17. Em seguida, será ouvida a Procuradoria Regional Eleitoral, que se manifestará em 3 (três) dias; devolvidos os autos, serão imediatamente conclusos ao relator que, no mesmo prazo, os apresentará em Mesa para julgamento, independentemente de publicação de pauta.

Art. 18. Não havendo impugnação, os autos serão imediatamente conclusos ao relator, para julgamento, observado o disposto no artigo anterior.

Seção V – Do Registro do Estatuto e do Órgão de Direção Nacional no Tribunal Superior Eleitoral

Art. 19. Registrados os órgãos de direção regional em, pelo menos, um terço dos estados, o presidente do partido político em formação solicitará o registro do estatuto e do respectivo órgão de direção nacional no Tribunal Superior Eleitoral, por meio de requerimento acompanhado de:

I – exemplar autenticado do inteiro teor do programa e do estatuto partidários, inscritos no cartório competente do Registro Civil das Pessoas Jurídicas, da Capital Federal;

II – certidão do cartório do registro civil da pessoa jurídica, a que se refere o § 2º do art. 9º desta Resolução;

III – certidões expedidas pelos tribunais regionais eleitorais que comprovem ter o partido político em formação obtido, nos respectivos estados, o apoiamento mínimo de eleitores a que se refere o § 1º do art. 7º desta Resolução (Lei nº 9.096/1995, art. 9º, I a III);

IV – prova da constituição definitiva do órgão de direção nacional, com a designação de seus dirigentes, autenticada por tabelião de notas, quando se tratar de cópia.

§ 1º. Das certidões a que se refere o inciso III deverão constar, unicamente, o número de eleitores que apoiaram o partido político no estado e o número de votos dados na última eleição geral para a Câmara dos Deputados, não computados os votos em branco e os nulos.

§ 2º. O partido político em formação deve indicar, no pedido de registro, o número da legenda.

Art. 20. Protocolizado o pedido de registro, será autuado e distribuído, no prazo de 48 (quarenta e oito) horas, a um relator, devendo a Secretaria publicar, imediatamente, na imprensa oficial, edital para ciência dos interessados (Lei nº 9.096/1995, art. 9º, § 3º).

Art. 21. Caberá a qualquer interessado impugnar, no prazo de 3 (três) dias, contados da publicação do edital, em petição fundamentada, o pedido de registro.

Art. 22. Havendo impugnação, será aberta vista ao requerente do registro, para contestação, pelo mesmo prazo.

Art. 23. Em seguida, será ouvida a Procuradoria-Geral Eleitoral, em 10 (dez) dias; havendo falhas, o relator baixará o processo em diligência, a fim de que o partido político possa saná-las, em igual prazo (Lei nº 9.096/1995, art. 9º, § 3º).

§ 1º. Se não houver diligências a determinar, ou após o seu atendimento, o relator apresentará os autos em Mesa para julgamento, no prazo de 30 (trinta) dias, independentemente de publicação de pauta (Lei nº 9.096/1995, art. 9º, § 4º).

§ 2º. Na sessão de julgamento, após o relatório, as partes, inclusive o procurador-geral eleitoral, poderão sustentar oralmente suas razões, no prazo improrrogável de 20 (vinte) minutos cada.

Art. 24. Deferido ou não o registro do estatuto e do órgão de direção nacional, o Tribunal fará imediata comunicação aos tribunais regionais eleitorais, e estes, da mesma forma, aos juízos eleitorais.

Art. 25. Após o deferimento do registro do estatuto, o partido político deverá informar ao Tribunal Superior Eleitoral o número da inscrição no Cadastro Nacional da Pessoa Jurídica (CNPJ), para anotação.

Art. 26. Ficarão automaticamente sem efeito, independentemente de decisão de qualquer órgão da Justiça Eleitoral, os registros dos órgãos de direção municipais e regionais, se indeferido o pedido de registro do estatuto e do órgão de direção nacional.

Capítulo II
Da Anotação dos Órgãos Diretivos Partidários e dos Delegados

Seção I – Da Anotação dos Órgãos Partidários nos Tribunais Regionais Eleitorais

Art. 27. O órgão de direção regional comunicará ao respectivo tribunal regional eleitoral, imediatamente, por meio de sistema específico disponibilizado pela Justiça Eleitoral, a constituição de seus órgãos de direção partidária regional e municipais, seu início e fim de vigência, os nomes, números de inscrição no Cadastro de Pessoas Físicas (CPF) e do título de eleitor dos respectivos integrantes, bem como as alterações que forem promovidas, para anotação (Resolução TSE nº 23.093/2009).

§ 1º. Deverão ser informados, além dos dados exigidos no *caput*, os números de telefone, fac-símile e endereço residencial atualizado dos membros da comissão provisória, comissão executiva ou órgão equivalente (Resolução TSE nº 23.093/2009).

§ 2º. Apenas no Distrito Federal será autorizada a anotação de órgãos de direção zonais, que corresponderão aos órgãos de direção municipais para fins de aplicação das normas estabelecidas nesta Resolução (Lei nº 9.096/1995, art. 54 c. c. o art. 1º da Lei nº 9.259/1996).

§ 3º. Nos demais tribunais regionais eleitorais, as anotações restringir-se-ão exclusivamente aos órgãos de direção regionais e municipais.

§ 4º. Os tribunais regionais eleitorais poderão solicitar que o órgão nacional do partido político comunique diretamente ou ratifique a anotação de órgão regional.

§ 5º. Protocolizado o pedido, o presidente do tribunal regional eleitoral determinará à secretaria que proceda à anotação.

Art. 28. Anotada a composição de órgão de direção municipal e eventuais alterações, os dados estarão disponíveis para consulta na intranet do Tribunal Superior Eleitoral e em seu endereço eletrônico na internet, considerando-se efetivada a comunicação aos juízes eleitorais, independentemente de qualquer outro expediente ou aviso (Resolução TSE nº 23.093/2009).

Art. 29. Os órgãos de direção regional e municipais deverão manter atualizados perante a Justiça Eleitoral o seu endereço, telefone, fac-símile e *e-mail*, bem como dos integrantes de sua comissão provisória, comissão executiva ou órgão equivalente.

Parágrafo único. Os dados a que se refere o *caput* deste artigo serão anotados pela secretaria judiciária do respectivo tribunal regional eleitoral.

Seção II – Da Anotação dos Órgãos Partidários no Tribunal Superior Eleitoral

Art. 30. O órgão de direção nacional comunicará ao Tribunal Superior Eleitoral, imediatamente, por meio de sistema específico disponibilizado pela Justiça Eleitoral, a constituição de seu órgão de direção, seu início e fim de vigência, os nomes, números de inscrição no Cadastro de Pessoas Físicas (CPF) e do título de eleitor dos respectivos integrantes, bem como as alterações que forem promovidas, para anotação (Resolução TSE nº 23.093/2009).

§ 1º. Deverão ser informados, além dos dados exigidos no *caput*, os números de telefone, fac-símile e endereço residencial atualizado dos membros da comissão executiva ou órgão equivalente (Resolução TSE nº 23.093/2009).

§ 2º. Protocolizado o pedido, o presidente do Tribunal determinará à secretaria que proceda à anotação.

Art. 31. O órgão de direção nacional deverá manter atualizado perante a Justiça Eleitoral o seu endereço, telefone, fac-símile e *e-mail*, bem como dos integrantes de sua comissão executiva ou órgão equivalente.

§ 1º. Os dados a que se refere o *caput* deste artigo serão anotados pela Secretaria Judiciária do Tribunal Superior Eleitoral.

§ 2º. A sede nacional dos partidos políticos será sempre na Capital Federal (Resolução TSE nº 22.316/2006).

Seção III – Dos Delegados

Art. 32. O partido político com registro no Tribunal Superior Eleitoral poderá credenciar, respectivamente (Lei nº 9.096/1995, art. 11, *caput*, I a III):

I – três delegados perante o juízo eleitoral;

II – quatro delegados perante o tribunal regional eleitoral;

III – cinco delegados perante o Tribunal Superior Eleitoral.

§ 1º. Os delegados serão credenciados no órgão competente da Justiça Eleitoral, a requerimento do presidente do respectivo órgão de direção partidária.

§ 2º. Quando o município abarcar mais de uma zona eleitoral, o tribunal regional eleitoral designará uma delas para o credenciamento dos delegados; quando uma zona eleitoral abranger mais de um município, o credenciamento deverá ser realizado naquele juízo separadamente, por município.

§ 3º. Protocolizado o pedido, que deverá conter os nomes, endereços, números dos títulos de eleitor e telefones dos delegados, e, se houver, o número de inscrição na Ordem dos Advogados do Brasil (OAB), o presidente do tribunal ou o juiz eleitoral determinará, conforme o caso, à secretaria ou ao cartório eleitoral que proceda à anotação.

§ 4º. Os delegados credenciados pelo órgão de direção nacional representam o partido político perante quaisquer tribunais ou juízes eleitorais; os credenciados pelos órgãos estaduais, somente perante o tribunal regional eleitoral e os juízes eleitorais do respectivo estado, do Distrito Federal ou território federal; e os credenciados pelo órgão municipal, perante o juiz eleitoral do respectivo município (Lei nº 9.096/1995, art. 11, parágrafo único).

Capítulo III – Do Programa e do Estatuto

Art. 33. Observadas as disposições constitucionais e as desta Resolução, o partido é livre para fixar, em seu programa, seus objetivos políticos e para estabelecer, em seu estatuto, a sua estrutura interna, organização e funcionamento (Lei nº 9.096/1995, art. 14).

Art. 34. O estatuto do partido político deverá conter, entre outras, normas sobre:

I – nome, denominação abreviada e o estabelecimento da sede na Capital Federal;

II – filiação e desligamento de seus membros;

III – direitos e deveres dos filiados;

IV – modo como se organiza e administra, com a definição de sua estrutura geral e identificação, composição e competência dos órgãos partidários nos níveis municipal, estadual e nacional, duração dos mandatos e processo de eleição dos seus membros;

V – fidelidade e disciplina partidárias, processo para apuração das infrações e aplicação das penalidades, assegurado amplo direito de defesa;

VI – condições e forma de escolha de seus candidatos a cargos e funções eletivas;

VII – finanças e contabilidade, estabelecendo, inclusive, normas que os habilitem a apurar as quantias que os seus candidatos possam despender com a própria eleição, que fixem os limites das contribuições dos filiados e definam as diversas fontes de receita do partido político, além daquelas previstas nesta Resolução;

VIII – critérios de distribuição dos recursos do Fundo Partidário entre os órgãos de nível municipal, estadual e nacional que compõem o partido político;

IX – procedimento de reforma do programa e do estatuto partidários (Lei nº 9.096/1995, art. 15, I a IX).

Art. 35. As alterações programáticas ou estatutárias, após registradas no ofício civil competente, deverão ser encaminhadas ao Tribunal Superior Eleitoral, cujo pedido será juntado aos respectivos autos do processo de registro do partido político, ou, se for o caso, aos da petição que deferiu o registro do estatuto partidário adaptado à Lei nº 9.096/1995, obedecido, no que couber, o procedimento previsto nos arts. 19 a 23 desta Resolução, acompanhado de:

I – exemplar autenticado do inteiro teor do novo programa ou novo estatuto partidário inscrito no cartório competente do Registro Civil das Pessoas Jurídicas, da Capital Federal;

II – certidão do cartório do registro civil da pessoa jurídica, a que se refere o § 2º do art. 9º desta Resolução.

Capítulo IV
Da Fusão, Incorporação e Extinção dos Partidos Políticos

Art. 36. Ficará cancelado, junto ao Ofício Civil e ao Tribunal Superior Eleitoral, o registro do partido político que, na forma de seu estatuto, se dissolva, se incorpore ou venha a se fundir a outro (Lei nº 9.096/1995, art. 27).

Art. 37. O Tribunal Superior Eleitoral, após trânsito em julgado de decisão, determinará o cancelamento do registro civil e do estatuto do partido político contra o qual fique provado (Lei nº 9.096/1995, art. 28, I a IV):

I – ter recebido ou estar recebendo recursos financeiros de procedência estrangeira;

II – estar subordinado a entidade ou governo estrangeiros;

III – não ter prestado, nos termos da legislação em vigor, as devidas contas à Justiça Eleitoral;

IV – que mantém organização paramilitar.

§ 1º. A decisão judicial a que se refere este artigo deverá ser precedida de processo regular, que assegure ampla defesa (Lei nº 9.096/1995, art. 28, § 1º).

§ 2º. O processo de cancelamento será iniciado pelo Tribunal à vista de denúncia de qualquer eleitor, de representante de partido político, ou de representação do procurador-geral eleitoral (Lei nº 9.096/1995, art. 28, § 2º).

Art. 38. Por decisão de seus órgãos nacionais de deliberação, dois ou mais partidos políticos poderão fundir-se num só ou incorporar-se um ao outro (Lei nº 9.096/1995, art. 29, *caput*).

§ 1º. No primeiro caso, observar-se-ão as seguintes normas:

I – os órgãos de direção dos partidos políticos elaborarão projetos comuns de estatuto e programa;

II – os órgãos nacionais de deliberação dos partidos políticos em processo de fusão votarão em reunião conjunta, por maioria absoluta, os projetos, e elegerão o órgão de direção nacional que promoverá o registro do novo partido político (Lei nº 9.096/1995, art. 29, § 1º, I e II).

III – deferido o registro do novo partido político, serão cancelados, de ofício, os registros dos órgãos de direção regionais e municipais dos partidos políticos extintos.

§ 2º. No caso de incorporação, observada a lei civil, caberá ao partido político incorporando deliberar por maioria absoluta de votos, em seu órgão de direção nacional, sobre a adoção do estatuto e do programa de outra agremiação partidária (Lei nº 9.096/1995, art. 29, § 2º).

§ 3º. Adotados o estatuto e o programa do partido político incorporador, realizar-se-á, em reunião conjunta dos órgãos nacionais de deliberação, a eleição do novo órgão de direção nacional (Lei nº 9.096/1995, art. 29, § 3º).

§ 4º. O novo órgão de direção nacional providenciará a realização de reuniões municipais e regionais conjuntas, que constituirão os novos órgãos municipais e regionais.

§ 5º. Nos estados e municípios em que apenas um dos partidos políticos possuía órgão regional ou municipal, o novo órgão nacional ou regional poderá requerer ao tribunal regional eleitoral que seja averbada, à margem do registro, a alteração decorrente da incorporação.

§ 6º. Na hipótese de fusão, a existência legal do novo partido político tem início com o registro, no ofício civil competente da Capital Federal, do estatuto e do programa, cujo requerimento deverá ser acompanhado das atas das decisões dos órgãos competentes (Lei nº 9.096/1995, art. 29, § 4º).

§ 7º. No caso de incorporação, o instrumento respectivo deve ser levado ao ofício civil competente, que deverá, então, cancelar o registro do partido político incorporado a outro (Lei nº 9.096/1995, art. 29, § 5º).

§ 8º. O novo estatuto, no caso de fusão, ou instrumento de incorporação, deverá ser levado a registro e averbado, respectivamente, no ofício civil e no Tribunal Superior Eleitoral, obedecido, no que couber, o procedimento previsto nos arts. 19 a 23 desta Resolução (Lei nº 9.096/1995, art. 29, § 7º).

Art. 39. O Tribunal Superior Eleitoral fará imediata comunicação do trânsito em julgado da decisão que determinar registro, cancelamento de registro, incorporação e fusão de partido político, bem como alteração de denominação e sigla partidárias à Câmara dos Deputados, ao Senado Federal, ao cartório competente do Registro Civil das Pessoas Jurídicas e aos tribunais regionais eleitorais, e estes, da mesma forma, aos juízos eleitorais.

§ 1º. Transitada em julgado a decisão de que trata o *caput* deste artigo, as agremiações partidárias extintas, incorporadas ou fundidas deverão, no prazo de 30 (trinta) dias, apresentar no Tribunal Superior Eleitoral comprovação do pedido de cancelamento de contas bancárias e da inscrição no Cadastro Nacional da Pessoa Jurídica (CNPJ), na Secretaria da Receita Federal.

§ 2º. O não cumprimento do disposto no parágrafo anterior poderá ensejar a desaprovação das contas dos partidos políticos extintos ou originários da fusão ou incorporação.

TÍTULO III

DISPOSIÇÕES FINAIS

Art. 40. Os partidos políticos deverão encaminhar ao Tribunal Superior Eleitoral, para anotação, o nome da fundação de pesquisa, doutrinação e educação política de que trata o inciso IV do art. 44 da Lei nº 9.096/1995, a indicação do seu representante legal, número de inscrição no CNPJ, endereço da sede, telefone, *e-mail* e fac-símile.

Art. 41. Para fins de aplicação das normas estabelecidas nesta Resolução, consideram-se como equivalentes a estados e municípios o Distrito Federal e os territórios e respectivas divisões político-administrativas (Lei nº 9.096/1995, art. 54).

Art. 42. Esta Resolução entra em vigor na data de sua publicação, revogadas as Resoluções-TSE nº 19.406, de 5.12.95, nº 19.443, de 22.2.1996, nº 20.519, de 2.12.1999, nº 21.405, de 10.6.2003, nº 21.577, de 2.12.2003, e nº 22.086, de 20.9.2005.

Brasília, 22 de junho de 2010.

Ricardo Lewandowski, Presidente

DJe de 6.8.2010

RESOLUÇÃO TSE Nº 23.325, DE 19 DE AGOSTO DE 2010

Dispõe sobre comunicação eletrônica no âmbito das secretarias judiciárias dos tribunais eleitorais e entre estas e os juízos eleitorais de primeiro grau de jurisdição e dá outras providências.

- *Ementa com redação dada pela Resolução TSE nº 23.330/2010.*

O Tribunal Superior Eleitoral, no uso da atribuição que lhe confere o art. 8º, alínea V, do Regimento Interno do Tribunal Superior Eleitoral (RITSE), resolve:

Art. 1º. Instituir a comunicação oficial eletrônica entre as secretarias judiciárias dos tribunais eleitorais e entre estas e os juízos eleitorais de primeiro grau de jurisdição, para cumprimento dos seguintes atos:

I – cartas de ordem e precatórias;

II – ofícios;

III – comunicação de determinações e autorizações judiciais, inclusive quando dirigidas aos tribunais regionais eleitorais e aos juízos eleitorais de primeiro grau de jurisdição, com vista aos cartórios eleitorais e órgãos dos poderes Executivo, Legislativo e Judiciário das esferas estadual e municipal, conforme inciso XVI do art. 30 do Código Eleitoral; e

IV – respostas aos atos elencados nos incisos I a III deste artigo.

Parágrafo único. A comunicação oficial instituída por esta Resolução é de uso exclusivo das secretarias judiciárias e dos juízos eleitorais, para envio de matérias afetas à área judiciária, sendo vetada a sua utilização por outras unidades.

- *Parágrafo único acrescido pela Resolução TSE nº 23.330/2010.*

Art. 2º. As comunicações oficiais de que trata o art. 1º serão realizadas por meio de mensagem de correio eletrônico e obedecerão à seguinte estrutura:

I – o título da mensagem, no campo “Assunto”, deverá conter a identificação do documento encaminhado;

II – o documento encaminhado e seus anexos deverão estar no formato padrão PDF (*Portable Document Format*), livres de qualquer restrição a impressão ou salvamento pelo destinatário;

III – o endereço eletrônico destinatário de cada tribunal eleitoral e de cada juízo eleitoral de primeiro grau de jurisdição será único e constará de cadastro disponível para consulta via intranet, conforme disciplinado nos arts. 5º e 6º.

Parágrafo único. O conteúdo das comunicações oficiais é de inteira responsabilidade do remetente.

Art. 3º. O termo inicial do prazo para resposta às comunicações, quando estipulado, será o horário da transmissão da mensagem eletrônica, respeitado o horário de funcionamento da unidade destinatária.

Parágrafo único. O termo inicial do prazo de que trata o *caput* deste artigo será contado a partir da primeira hora do dia útil seguinte à transmissão da mensagem eletrônica se esta ocorrer após o horário de funcionamento da unidade destinatária.

Art. 4º. Serão tidas como inexistentes, vedada a protocolização:

I – as comunicações destinadas a endereços constantes dos cadastros nacional ou estaduais cujo remetente não seja unidade interna das secretarias judiciárias ou juízos eleitorais de primeiro grau de jurisdição;

II – as comunicações que pretendam a realização de atos distintos daqueles previstos no art. 1º.

III – as comunicações feitas pelas secretarias judiciárias e suas unidades ou pelos juízos eleitorais de primeiro grau de jurisdição para endereçamento distinto daquele constante dos cadastros nacional ou estaduais.

IV – as comunicações recebidas em formato distinto do padrão explicitado no inciso II do art. 2º.

Art. 5º. O Tribunal Superior Eleitoral manterá disponível, em lugar de destaque no seu portal da intranet, cadastro nacional dos endereços eletrônicos dos tribunais regionais eleitorais.

§ 1º. Os tribunais regionais eleitorais deverão formalizar, por ofício ao Tribunal Superior Eleitoral, em até 30 (trinta) dias contados da publicação desta Resolução, o endereço eletrônico único para recebimento das comunicações.

§ 2º. Eventual falha no recebimento ou na leitura das mensagens será da responsabilidade dos tribunais regionais eleitorais.

§ 3º. Eventuais alterações nos endereços eletrônicos referidos no *caput* deste artigo deverão ser informadas imediatamente por ofício ao Tribunal Superior Eleitoral.

§ 4º. As comunicações dos tribunais regionais eleitorais ao Tribunal Superior Eleitoral deverão ser encaminhadas ao endereço ce@tse.jus.br e protocolizadas após recebimento.

- *§ 4º com redação dada pela Resolução TSE nº 23.330/2010.*

Art. 6º. Os tribunais regionais eleitorais manterão disponível, em lugar de destaque no seu portal da intranet, cadastro dos endereços eletrônicos dos juízos eleitorais de primeiro grau de jurisdição.

§ 1º. Os juízos eleitorais de primeiro grau de jurisdição deverão formalizar, por ofício ao respectivo tribunal regional eleitoral, o endereço eletrônico único para recebimento das comunicações, no prazo disposto no § 1º do art. 5º.

§ 2º. Eventual falha no recebimento ou na leitura das mensagens será da responsabilidade dos juízos eleitorais de primeiro grau de jurisdição.

§ 3º. Eventuais alterações nos endereços eletrônicos referidos no *caput* deste artigo deverão ser informadas imediatamente por ofício ao respectivo tribunal regional eleitoral.

§ 4º. As comunicações dos juízos eleitorais de primeiro grau de jurisdição ao tribunal regional eleitoral deverão ser encaminhadas a endereço eletrônico a ser divulgado pelo respectivo regional, no prazo de até 30 (trinta) dias contados da publicação desta Resolução, e protocolizadas após recebimento.

Art. 7º. Caberá aos tribunais eleitorais tomar as providências necessárias para que os endereços eletrônicos constantes dos cadastros suportem o recebimento de mensagens eletrônicas com até 10 (dez) megabytes.

Art. 8º. A Secretaria de Tecnologia da Informação do Tribunal Superior Eleitoral desenvolverá, em até 90 (noventa) dias contados da publicação desta Resolução, funcionalidade no Sistema de Acompanhamento de Documentos e Processos (SADP) que permita a criação e o envio das comunicações e a manutenção dos cadastros nacional e estaduais por intermédio do próprio sistema.

Art. 9º. Esta Resolução entra em vigor na data de sua publicação.

Brasília, 19 de agosto de 2010.

Ricardo Lewandowski – Presidente

DJe de 31.8.2010

RESOLUÇÃO TSE Nº 23.326, DE 19 DE AGOSTO DE 2010

Dispõe sobre as diretrizes para a tramitação de documentos e processos sigilosos no âmbito da Justiça Eleitoral.

O Tribunal Superior Eleitoral, no uso das suas atribuições legais e regimentais, resolve:

Capítulo I – Disposições Gerais

Art. 1º. Esta Resolução regulamenta os procedimentos para registro, manuseio, guarda, processamento, transporte, divulgação de dados no sistema informatizado de acompanhamento processual, acesso, reprodução, publicação, julgamento, arquivamento e desarquivamento dos documentos e processos sigilosos.

Art. 2º. Consideram-se sigilosos os documentos ou processos:

I – que, por lei, tramitem em segredo de justiça;

II – que, em razão de decisão fundamentada da autoridade judicial competente, devam tramitar em segredo de justiça.

Parágrafo único. Tratando-se de documento que deva ser de conhecimento restrito, somente ao conteúdo deste será atribuído o sigilo, mantendo-se pública a tramitação do processo a que está juntado.

Art. 3º. Aplicam-se ao processo judicial eletrônico, no que couber, as disposições desta Resolução.

Capítulo II
Do Registro, do Processamento, do Manuseio, da Guarda e do Transporte

Art. 4º. Os documentos e processos que ingressarem na Justiça Eleitoral já identificados como sigilosos serão submetidos à autoridade competente, que deverá manifestar-se sobre o sigilo.

Art. 5º. O processo originário que contiver pedido de decretação de sigilo será autuado como sigiloso, distribuído e imediatamente submetido à apreciação da autoridade competente, nos termos desta Resolução.

Parágrafo único. Na hipótese de indeferimento do pedido, será retirado dos autos o atributo de sigilo.

Art. 6º. Verificada a existência de documentos sigilosos em petições e processos recebidos, serão eles submetidos, pela unidade responsável, à apreciação da autoridade competente.

Art. 7º. Os documentos sigilosos serão identificados pela expressão "SIGILOSO", a ser afixada na primeira folha do documento.

§ 1º. Os documentos sigilosos que acompanham petição ou processo serão destacados e acondicionados em anexos lacrados, lavrando-se certidão circunstanciada.

§ 2º. A capa do respectivo processo receberá a identificação "CONTÉM ANEXOS SIGILOSOS".

Art. 8º. Os processos cuja tramitação deva ocorrer em sigilo serão identificados pela expressão "SEGREDO DE JUSTIÇA".

Art. 9º. O manuseio dos documentos e processos sigilosos em tramitação na Justiça Eleitoral serão limitados aos servidores que realizam os atos processuais.

Art. 10. A expedição de documentos e processos sigilosos para outros órgãos deverá atender às seguintes prescrições:

I – acondicionamento dos anexos, em envelope opaco ou caixa, devidamente lacrados, no qual serão inscritos o número do documento ou do processo a que se referem, bem como a indicação "CONTEÚDO SIGILOSO";

II – o envelope ou a caixa mencionados no inciso I deverão, necessariamente, ser acondicionados em outra caixa, que não terá qualquer indicação do caráter sigiloso ou do teor do seu conteúdo;

III – na caixa externa serão inscritos os nomes e endereços do remetente e do destinatário;

Parágrafo único. Na hipótese de processo em que a lei estabeleça o trâmite em segredo de justiça, todos os volumes do feito serão acondicionados no envelope ou na caixa a que se refere o inciso I deste artigo.

Capítulo III – Da Divulgação dos Dados Processuais em Sistema Informatizado

Art. 11. A divulgação dos dados processuais para os públicos externo e interno, por meio de sistema informatizado, obedecerá aos seguintes termos:

I – a causa de pedir, o município, o assunto e o nome das partes serão omitidos e no local constará a expressão "SIGILOSO";

II – os andamentos processuais de juntada deverão mencionar somente a data, sem qualquer referência ao assunto nem ao número de identificação do documento;

III – nos registros de decurso de prazo e de trânsito em julgado não constará o nome das partes;

IV – a tramitação e a localização atual serão disponibilizadas;

V – os despachos e as decisões de natureza interlocutória serão omitidos e no local constará a data em que foram proferidos.

§ 1º. As regras deste artigo não se aplicam aos servidores listados no art. 9º, que terão total acesso aos dados processuais.

§ 2º. Determinada a retirada do atributo de sigilo, serão divulgados na sua totalidade os dados processuais anteriormente protegidos.

Art. 12. A unidade responsável pela distribuição processual terá acesso aos dados mencionados nos incisos I e V do art. 11 desta Resolução, a fim de apurar eventual prevenção com outro processo.

Parágrafo único. A Secretaria de Tecnologia da Informação providenciará o acesso de que trata o *caput* deste artigo.

Capítulo IV – Do Acesso e da Reprodução

Art. 13. Além das pessoas mencionadas no artigo 9º desta Resolução, o acesso aos documentos e processos sigilosos somente será permitido às partes e aos seus advogados legalmente constituídos.

Art. 14. A extração de cópias de documentos ou processos sigilosos somente poderá ser feita na seção de reprografia do tribunal ou no cartório eleitoral.

Art. 15. Na reprodução do todo ou de parte do documento ou processo sigiloso, a cópia receberá o mesmo tratamento do original.

Capítulo V – Das Publicações e do Julgamento

Art. 16. Os despachos e as decisões interlocutórias proferidas, bem como as pautas de julgamento referentes aos documentos e processos sigilosos serão publicados observadas as seguintes regras:

I – o nome das partes será omitido e no local constará a expressão "SIGILOSO";

II – no cabeçalho constará o número do processo, o número do protocolo e os nomes dos advogados;

III – na hipótese de a decisão monocrática conter transcrição de documentos sigilosos ou de quaisquer dados que comprometam o sigilo, somente a parte dispositiva será publicada.

Art. 17. Finda-se o sigilo do processo que tramita em segredo de justiça com o seu julgamento, salvo nos casos de decisão interlocutória.

Parágrafo único. No julgamento de processo sigiloso, poderá ser limitada a presença no recinto às partes e a seus procuradores, ou somente a estes, caso em que o tribunal adotará as providências necessárias para que não seja transmitido em qualquer meio de comunicação.

Art. 18. Ao julgar processo que contenha documento sigiloso, o juiz ou o tribunal deverá manifestar-se sobre a manutenção do sigilo.

Capítulo VI Do Arquivamento e do Desarquivamento

Art. 19. Transitado em julgado e permanecendo com o atributo de sigiloso, o processo será imediatamente remetido ao Arquivo.

Parágrafo único. Os documentos e processos sigilosos serão arquivados em condições especiais e em local de acesso restrito.

Art. 20. O pedido de empréstimo ou desarquivamento de documentos e processos sigilosos será fundamentado e somente será atendido após a autorização da autoridade judicial competente.

Capítulo VII – Disposições Finais

Art. 21. Esta Resolução não se aplica aos documentos e processos sigilosos em tramitação.

Art. 22. Os órgãos da Justiça Eleitoral terão o prazo de 120 dias para se adequarem à presente Resolução.

Art. 23. Esta Resolução entra em vigor na data de sua publicação.

Brasília, 19 de agosto de 2010.

Ricardo Lewandowski – Presidente

DJe de 30.8.2010

RESOLUÇÃO TSE Nº 23.328, DE 2 DE AGOSTO DE 2010

Dispõe sobre os procedimentos de intimação dos partidos políticos e respectivos representantes no âmbito da Justiça Eleitoral.

O Tribunal Superior Eleitoral, usando das atribuições que lhe confere o art. 61 da Lei nº 9.096, de 19 de setembro de 1995, resolve normatizar, no âmbito da Justiça Eleitoral, os procedimentos a serem utilizados quanto às intimações de partidos políticos e respectivos representantes:

Art. 1º. Consideram-se realizadas as intimações aos partidos políticos referentes a processos judiciais e/ou administrativos no âmbito da Justiça Eleitoral, mediante publicação no Diário da Justiça Eletrônico.

Parágrafo único. É indispensável, sob pena de nulidade, que da publicação constem o nome do partido político, o documento ou o processo a que se refere, bem como o nome do advogado constituído.

Art. 2º. Excetuam-se da regra contida no art. 1º os casos em que haja outra forma prevista em lei ou expressa determinação judicial em sentido diverso.

§ 1º. Sendo realizada a intimação pelo correio ou por mandado, a intimação se dará no último endereço anotado nos assentamentos da Justiça Eleitoral.

§ 2º. Na impossibilidade de proceder-se à intimação pelos meios previstos no parágrafo anterior, considerar-se-á realizada ante publicação de edital no Diário da Justiça Eletrônico.

Art. 3º. Os partidos políticos deverão manter atualizados, perante a Justiça Eleitoral, os cadastros com endereço completo, número de telefone, fac-símile e endereço eletrônico, para os quais serão encaminhadas as intimações nos casos de expressa determinação judicial, ou nos casos em que houver disposição legal ou regulamentar nesse sentido.

§ 1º. No caso de intimação efetuada ao partido ou ao respectivo representante no endereço constante nos assentamentos da Justiça Eleitoral, por meio de postagem pelo correio, com aviso de recebimento, ou mandado, não se exigirá a assinatura pessoal do intimado.

§ 2º. Sendo o caso de intimação do órgão diretivo partidário de âmbito nacional, por mandado, inexistente sede na Capital Federal, será considerada cumprida pela publicação no Diário da Justiça Eletrônico.

Art. 4º. Esta Resolução entra em vigor na data de sua publicação.

Brasília, 2 de agosto de 2010.

Ricardo Lewandowski – Presidente

DJe de 13.9.2010

RESOLUÇÃO TSE Nº 23.363, DE 17 DE NOVEMBRO DE 2011

Dispõe sobre a apuração de crimes eleitorais.

O Tribunal Superior Eleitoral, no uso das atribuições que lhe conferem o art. 23, inciso IX, do Código Eleitoral e o art. 105 da Lei nº 9.504, de 30 de setembro de 1997, resolve expedir a seguinte instrução:

Capítulo I – Da Polícia Judiciária Eleitoral

Art. 1º. O Departamento de Polícia Federal ficará à disposição da Justiça Eleitoral sempre que houver eleições, gerais ou parciais, em qualquer parte do Território Nacional (Decreto-Lei nº 1.064/1969, art. 2º).

Art. 2º. A Polícia Federal exercerá, com prioridade sobre as suas atribuições regulares, a função de polícia judiciária em matéria eleitoral, limitada às instruções e requisições do Tribunal Superior Eleitoral, dos Tribunais Regionais, dos Juízes Eleitorais ou do Ministério Público Eleitoral (Lei nº 9.504/1997, art. 94, § 3º, e Resolução TSE nº 8.906/70).

Parágrafo único. Quando no local da infração não existirem órgãos da Polícia Federal, a Polícia do respectivo Estado terá atuação supletiva (Resolução TSE nº 11.494/82 e HC nº 439, de 15 de maio de 2003).

Capítulo II – Da Notícia-Crime Eleitoral

Art. 3º. Qualquer pessoa que tiver conhecimento da existência de infração penal eleitoral deverá, verbalmente ou por escrito, comunicá-la ao Juiz Eleitoral (Código Eleitoral, art. 356, e Código de Processo Penal, art. 5º, § 3º).

Art. 4º. Recebida a notícia-crime, o Juiz Eleitoral a encaminhará ao Ministério Público Eleitoral ou, quando necessário, à polícia, com requisição para instauração de inquérito policial (Código Eleitoral, art. 356, § 1º).

Art. 5º. Verificada a sua incompetência, o Juízo Eleitoral determinará a remessa dos autos ao Juízo competente.

Art. 6º. Quando tiver conhecimento da prática da infração penal eleitoral, a autoridade policial deverá informar imediatamente o Juiz Eleitoral.

Parágrafo único. Se necessário, a autoridade policial adotará as medidas acautelatórias previstas no art. 6º do Código de Processo Penal.

Art. 7º. As autoridades policiais deverão prender quem for encontrado em flagrante delito pela prática de infração eleitoral, comunicando imediatamente o fato ao Juiz Eleitoral, ao Ministério Público Eleitoral e à família do preso ou a pessoa por ele indicada (Código de Processo Penal, art. 306).

§ 1º. Em até 24 horas após a realização da prisão, será encaminhado ao Juiz Eleitoral o auto de prisão em flagrante e, caso o autuado não informe o nome de seu advogado, cópia integral para a Defensoria Pública (Código de Processo Penal, art. 306, § 1º).

§ 2º. No mesmo prazo de até 24 horas após a realização da prisão, será entregue ao preso, mediante recibo, a nota de culpa, assinada pela autoridade policial, com o motivo da prisão, o nome do condutor e os das testemunhas (Código de Processo Penal, art. 306, § 2º).

§ 3º. A apresentação do preso ao Juiz Eleitoral, bem como os atos subsequentes, observarão o disposto no art. 304 do Código de Processo Penal.

§ 4º. Ao receber o auto de prisão em flagrante, o Juiz Eleitoral deverá fundamentadamente:

I – relaxar a prisão ilegal; ou

II – converter a prisão em flagrante em preventiva, quando presentes os requisitos constantes do art. 312 do Código de Processo Penal, e se revelarem inadequadas ou insuficientes as medidas cautelares diversas da prisão; ou

III – conceder liberdade provisória, com ou sem fiança (Código de Processo Penal, art. 310).

§ 5º. Se o juiz verificar, pelo auto de prisão em flagrante, que o agente praticou o fato nas condições constantes dos incisos I a III do *caput* do art. 23 do Código Penal, poderá, fundamentadamente, conceder ao acusado liberdade provisória, mediante termo de comparecimento a todos os atos processuais, sob pena de revogação (Código de Processo Penal, art. 310, parágrafo único).

§ 6º. Ausentes os requisitos que autorizam a decretação da prisão preventiva, o Juiz Eleitoral deverá conceder liberdade provisória, impondo, se for o caso, as medidas cautelares previstas no art. 319 e observados os critérios constantes do art. 282, ambos do Código de Processo Penal (Código de Processo Penal, art. 321).

§ 7º. A fiança e as medidas cautelares serão aplicadas com a observância das respectivas disposições do Código de Processo Penal pela autoridade competente.

§ 8º. Quando a infração for de menor potencial ofensivo, a autoridade policial elaborará termo circunstanciado de ocorrência e providenciará o encaminhamento ao Juiz Eleitoral.

Capítulo III – Do Inquérito Policial Eleitoral

Art. 8º. O inquérito policial eleitoral somente será instaurado mediante requisição do Ministério Público Eleitoral ou determinação da Justiça Eleitoral, salvo a hipótese de prisão em flagrante.

Art. 9º. Se o indiciado tiver sido preso em flagrante ou preventivamente, o inquérito policial eleitoral será concluído em até 10 dias, contado o prazo a partir do dia em que se executar a ordem de prisão (Código de Processo Penal, art. 10).

§ 1º. Se o indiciado estiver solto, o inquérito policial eleitoral será concluído em até 30 dias, mediante fiança ou sem ela (Código de Processo Penal, art. 10).

§ 2º. A autoridade policial fará minucioso relatório do que tiver sido apurado e enviará os autos ao Juiz Eleitoral (Código de Processo Penal, art. 10, § 1º).

§ 3º. No relatório, poderá a autoridade policial indicar testemunhas que não tiverem sido inquiridas, mencionando o lugar onde possam ser encontradas (Código de Processo Penal, art. 10, § 2º).

§ 4º. Quando o fato for de difícil elucidação e o indiciado estiver solto, a autoridade policial poderá requerer ao Juiz Eleitoral a devolução dos autos, para ulteriores diligências, que serão realizadas no prazo marcado pelo Juiz Eleitoral (Código de Processo Penal, art. 10, § 3º).

Art. 10. O Ministério Público Eleitoral poderá requerer novas diligências, desde que necessárias à elucidação dos fatos.

Parágrafo único. Se o Ministério Público Eleitoral considerar necessários maiores esclarecimentos e documentos complementares ou outros elementos de convicção, deverá requisitá-los diretamente de quaisquer autoridades ou funcionários que possam fornecê-los (Código Eleitoral, art. 356, § 2º).

Art. 11. Quando o inquérito for arquivado por falta de base para o oferecimento da denúncia, a autoridade policial poderá proceder a nova investigação se de outras provas tiver notícia, desde que haja nova requisição, nos termos dos arts. 4º e 6º desta Resolução (Código de Processo Penal, art. 18).

Art. 12. Aplica-se subsidiariamente ao inquérito policial eleitoral o disposto no Código de Processo Penal.

Art. 13. Esta Resolução entra em vigor na data de sua publicação, revogadas a Resolução TSE nº 22.376, de 17 de agosto de 2006 e a Resolução TSE nº 23.222, de 4 de março de 2010.

Brasília, 17 de novembro de 2011.

Ministro Ricardo Lewandowski – Presidente

DJe de 2.12.2011

RESOLUÇÃO TSE Nº 23.367, 13 DE DEZEMBRO DE 2011

Dispõe sobre representações, reclamações e pedidos de resposta previstos na Lei nº 9.504/1997.

O Tribunal Superior Eleitoral, no uso das atribuições que lhe conferem o art. 23, inciso IX, do Código Eleitoral e o art. 105 da Lei nº 9.504, de 30 de setembro de 1997, resolve expedir a seguinte instrução:

Capítulo I – Disposições Gerais

Art. 1º. As representações e as reclamações relativas ao descumprimento da Lei nº 9.504/1997, bem como os pedidos de resposta, referentes às eleições de 2012, serão autuados:

I – na classe processual Representação para as representações e os pedidos de resposta;

II – na classe processual Reclamação para as reclamações.

Art. 2º. As reclamações e as representações poderão ser feitas por qualquer partido político, coligação, candidato ou pelo Ministério Público (Lei nº 9.504/1997, art. 96, *caput* e inciso I).

§ 1º. São competentes para apreciar as reclamações, as representações e os pedidos de resposta o Juiz que exerce a jurisdição eleitoral no Município e, naqueles com mais de uma Zona Eleitoral, os Juízes Eleitorais designados pelos respectivos Tribunais Regionais Eleitorais (Lei nº 9.504/1997, art. 96, § 2º).

§ 2º. As representações e as reclamações que versarem sobre a cassação do registro ou do diploma deverão ser apreciadas pelo Juízo Eleitoral competente para julgar o registro de candidatos.

Art. 3º. A partir da escolha de candidatos em convenção, é assegurado o exercício do direito de resposta ao candidato, ao partido político ou à coligação atingidos, ainda que de forma indireta, por conceito, imagem ou afirmação caluniosa, difamatória, injuriosa ou sabidamente inverídica, difundidos por qualquer veículo de comunicação social (Lei nº 9.504/1997, art. 58, *caput*).

Art. 4º. Os pedidos de direito de resposta e as representações por propaganda eleitoral irregular em rádio, televisão e internet tramitarão preferencialmente em relação aos demais processos em curso na Justiça Eleitoral (Lei nº 9.504/1997, art. 58-A).

Art. 5º. Os prazos relativos às reclamações, às representações e aos pedidos de resposta são contínuos e peremptórios e não se suspendem aos sábados, domingos e feriados entre 5 de julho e 16 de novembro de 2012, inclusive em segundo turno, se houver (Lei Complementar nº 64/1990, art. 16).

§ 1º. Nesse período, o arquivamento de procuração dos advogados, inclusive daqueles que representarem as emissoras de rádio, televisão, provedores e servidores de internet, demais veículos de comunicação, e empresas e entidades realizadoras de pesquisas eleitorais, no Cartório Eleitoral, torna dispensável a juntada do instrumento de procuração, exclusivamente para as representações e reclamações de que trata esta Resolução, devendo a circunstância ser registrada na petição em que se valerem dessa faculdade, o que será certificado nos autos.

§ 2º. Na hipótese de recurso, a representação processual será atestada pela instância superior se dos autos constar a certidão de que trata o parágrafo anterior, sendo a parte interessada responsável pela verificação da sua existência.

Capítulo II
Do Processamento das Reclamações, Representações e Pedidos de Resposta

Seção I – Disposições Gerais

Art. 6º. As representações e reclamações, subscritas por advogado ou por representante do Ministério Público, relatarão fatos, indicando provas, indícios e circunstâncias (Lei nº 9.504/1997, art. 96, § 1º).

Parágrafo único. As representações relativas à propaganda irregular devem ser instruídas com prova da autoria ou do prévio conhecimento do beneficiário, caso este não seja por ela responsável, observando-se o disposto no art. 40-B da Lei nº 9.504/1997.

Art. 7º. As petições e recursos relativos às representações e às reclamações serão admitidos, quando possível, por meio eletrônico ou via fac-símile, dispensado o encaminhamento do original, salvo aqueles endereçados ao Supremo Tribunal Federal.

§ 1º. O Cartório Eleitoral providenciará a impressão ou cópia dos documentos recebidos, que serão juntados aos autos.

§ 2º. Para atender ao disposto no *caput* deste artigo, os Cartórios Eleitorais tornarão públicos, mediante a afixação de aviso em quadro próprio e a divulgação no sítio do respectivo Tribunal Regional Eleitoral, os números fac-símile disponíveis e, se for o caso, o manual de utilização do serviço de petição eletrônica.

§ 3º. O envio das petições e recursos por meio eletrônico ou via fac-símile e sua tempestividade serão de inteira responsabilidade do remetente, correndo por sua conta e risco eventuais defeitos ou descumprimentos dos prazos legais.

§ 4º. As duas mídias de áudio e/ou vídeo que instruírem a petição deverão vir obrigatoriamente acompanhadas da respectiva degravação em 2 vias, observados os formatos mp3, aiff e wav para as mídias de áudio; wmv, mpg, mpeg ou avi para as mídias de vídeo digital; e VHS para fitas de vídeo.

Art. 8º. Recebida a petição, o Cartório Eleitoral notificará imediatamente o(s) representado(s) ou reclamado(s) para apresentar(em) defesa no prazo de 48 horas (Lei nº 9.504/1997, art. 96, § 5º), exceto quando se tratar de pedido de resposta, cujo prazo será de 24 horas (Lei nº 9.504/1997, art. 58, § 2º).

Parágrafo único. Se houver pedido de medida liminar, os autos serão conclusos ao Juiz Eleitoral e, depois da respectiva decisão, o Cartório Eleitoral dela notificará o representado ou reclamado, juntamente com a contrafé da petição inicial.

Art. 9º. Constatado vício de representação processual das partes, o Juiz Eleitoral determinará a sua regularização no prazo de 24 horas, sob pena de indeferimento da petição inicial (CPC, arts. 13 e 284).

Art. 10. A notificação será instruída com a contrafé da petição inicial e dos documentos que a acompanham e, se o representado ou reclamado for candidato, partido político ou coligação, será encaminhada para o número de fac-símile ou para o correio eletrônico cadastrados no pedido de registro de candidatura (Lei nº 9.504/1997, art. 96-A).

§ 1º. Na ausência de número de fac-símile, a notificação será realizada no endereço apontado na petição inicial ou no endereço indicado no pedido de registro de candidato, por via postal com aviso de recebimento ou, ainda, por Oficial de Justiça ou por servidor designado pelo Juiz Eleitoral.

§ 2º. Quando outro for o representado ou reclamado, a notificação será feita no endereço ou número de fac-símile indicado na petição inicial, e, se dela não constar, será feita por via postal com aviso de recebimento, ou, ainda, por Oficial de Justiça ou por servidor designado pelo Juiz Eleitoral.

§ 3º. Na hipótese de a petição inicial de que trata o parágrafo anterior não indicar o endereço ou fac-símile do representado ou reclamado, o Juiz Eleitoral abrirá diligência para emenda da inicial no prazo máximo de 48 horas, sob pena de indeferimento liminar.

Art. 11. As notificações, as comunicações, as publicações e as intimações serão feitas por fac-símile ou outro meio eletrônico, no horário das 10 às 19 horas, salvo se o Juiz Eleitoral dispuser que se faça de outro modo ou em horário diverso.

Parágrafo único. As decisões de concessão de medida liminar serão comunicadas das 8 às 24 horas, salvo quando o Juiz Eleitoral determinar horário diverso.

Art. 12. Apresentada a defesa, ou decorrido o respectivo prazo, os autos serão encaminhados ao Ministério Público Eleitoral, quando estiver atuando exclusivamente como fiscal da lei, para emissão de parecer no prazo de 24 horas, findo o qual, com ou sem parecer, serão imediatamente devolvidos ao Juiz Eleitoral.

Art. 13. Transcorrido o prazo previsto no artigo anterior, o Juiz Eleitoral decidirá e fará publicar a decisão em 24 horas (Lei nº 9.504/1997, art. 96, § 7º), exceto quando se tratar de pedido de resposta, cuja decisão deverá ser proferida no prazo máximo de 72 horas da data em que for protocolado o pedido (Lei nº 9.504/1997, art. 58, § 2º).

Art. 14. A publicação dos atos judiciais será realizada no Diário de Justiça Eletrônico ou, na impossibilidade, em outro veículo da imprensa oficial.

§ 1º. No período compreendido entre 5 de julho de 2012 e a proclamação dos eleitos, a publicação dos atos judiciais será realizada em cartório, devendo ser certificado nos autos o horário da publicação.

§ 2º. No período a que se refere o § 1º deste artigo, os acórdãos serão publicados em sessão de julgamento, devendo ser certificada nos autos a publicação.

§ 3º. O Ministério Público Eleitoral será pessoalmente intimado das decisões pelo Cartório Eleitoral, mediante cópia, e dos acórdãos, em sessão de julgamento, quando nela forem publicados.

§ 4º. O disposto nos § 1º, § 2º e § 3º não se aplica às representações previstas nos arts. 23, 30-A, 41-A, 73, 74, 75, 77 e nos § 2º e § 3º do art. 81 da Lei nº 9.504/1997.

Seção II – Do Direito de Resposta

Art. 15. Os pedidos de resposta devem dirigir-se ao Juiz Eleitoral encarregado da propaganda eleitoral.

Art. 16. Serão observadas, ainda, as seguintes regras no caso de pedido de resposta relativo à ofensa veiculada (Lei nº 9.504/1997, art. 58, § 3º):

I – em órgão da imprensa escrita:

a) o pedido deverá ser feito no prazo de 72 horas, a contar das 19 horas da data constante da edição em que veiculada a ofensa, salvo prova documental de que a circulação, no domicílio do ofendido, deu-se após esse horário (Lei nº 9.504/1997, art. 58, § 1º, III);

b) o pedido deverá ser instruído com um exemplar da publicação e o texto da resposta (Lei nº 9.504/1997, art. 58, § 3º, I, "a");

c) deferido o pedido, a divulgação da resposta será dada no mesmo veículo, espaço, local, página, tamanho, caracteres e outros elementos de realce usados na ofensa, em até 48 horas após a decisão ou, tratando-se de veículo com periodicidade de circulação maior do que 48 horas, na primeira oportunidade em que circular (Lei nº 9.504/1997, art. 58, § 3º, I, "b");

d) por solicitação do ofendido, a divulgação da resposta será feita no mesmo dia da semana em que a ofensa for divulgada, ainda que fora do prazo de 48 horas (Lei nº 9.504/1997, art. 58, § 3º, I, "c");

e) se a ofensa for produzida em dia e hora que inviabilizem sua reparação dentro dos prazos estabelecidos nas alíneas anteriores, a Justiça Eleitoral determinará a imediata divulgação da resposta (Lei nº 9.504/1997, art. 58, § 3º, I, "d");

f) o ofensor deverá comprovar nos autos o cumprimento da decisão, mediante dados sobre a regular distribuição dos exemplares, a quantidade impressa e o raio de abrangência na distribuição (Lei nº 9.504/1997, art. 58, § 3º, I, "e").

II – em programação normal das emissoras de rádio e de televisão:

a) o pedido, com a transcrição do trecho considerado ofensivo ou inverídico, deverá ser feito no prazo de 48 horas, contado a partir da veiculação da ofensa (Lei nº 9.504/1997, art. 58, § 1º, II);

b) a Justiça Eleitoral, à vista do pedido, deverá notificar imediatamente o responsável pela emissora que realizou o programa, para que confirme data e horário da veiculação e entregue em 24 horas, sob as penas do art. 347 do Código Eleitoral, cópia da fita da transmissão, que será devolvida após a decisão (Lei nº 9.504/1997, art. 58, § 3º, II, "a");

c) o responsável pela emissora, ao ser notificado pela Justiça Eleitoral ou informado pelo representante, por cópia protocolada do pedido de resposta, preservará a gravação até a decisão final do processo (Lei nº 9.504/1997, art. 58, § 3º, II, "b");

d) deferido o pedido, a resposta será dada em até 48 horas após a decisão, em tempo igual ao da ofensa, nunca inferior a 1 minuto (Lei nº 9.504/1997, art. 58, § 3º, II, "c");

III – no horário eleitoral gratuito:

a) o pedido deverá ser feito no prazo de 24 horas, contado a partir da veiculação do programa (Lei nº 9.504/1997, art. 58, § 1º, I);

b) o pedido deverá especificar o trecho considerado ofensivo ou inverídico e ser instruído com a mídia da gravação do programa, acompanhada da respectiva degravação;

c) deferido o pedido, o ofendido usará, para a resposta, tempo igual ao da ofensa, porém nunca inferior a 1 minuto (Lei nº 9.504/1997, art. 58, § 3º, III, "a");

d) a resposta será veiculada no horário destinado ao partido político ou coligação responsável pela ofensa, devendo dirigir-se aos fatos nela veiculados (Lei nº 9.504/1997, art. 58, § 3º, III, "b");

e) se o tempo reservado ao partido político ou à coligação responsável pela ofensa for inferior a 1 minuto, a resposta será levada ao ar tantas vezes quantas forem necessárias para a sua complementação (Lei nº 9.504/1997, art. 58, § 3º, III, "c");

f) deferido o pedido para resposta, a emissora geradora e o partido político ou a coligação atingidos deverão ser notificados imediatamente da decisão, na qual deverão estar indicados o período, diurno ou noturno, para a veiculação da resposta, sempre no início do programa do partido político ou coligação, e, ainda, o bloco de audiência, caso se trate de inserção (Lei nº 9.504/1997, art. 58, § 3º, III, "d");

g) o meio de armazenamento com a resposta deverá ser entregue à emissora geradora até 36 horas após a ciência da decisão, para veiculação no programa subsequente do partido político ou da coligação em cujo horário se praticou a ofensa (Lei nº 9.504/1997, art. 58, § 3º, III, "e");

h) se o ofendido for candidato, partido político ou coligação que tenha usado o tempo concedido sem responder aos fatos veiculados na ofensa, terá subtraído tempo idêntico do respectivo programa eleitoral; tratando-se de terceiros, ficarão sujeitos à suspensão de igual tempo em eventuais novos pedidos de resposta e à multa no valor de R$ 2.128,20 (dois mil cento e vinte e oito reais e vinte centavos) a R$ 5.320,50 (cinco mil trezentos e vinte reais e cinquenta centavos) (Lei nº 9.504/1997, art. 58, § 3º, III, "f").

IV – em propaganda eleitoral pela internet:

a) deferido o pedido, a divulgação da resposta será dada no mesmo veículo, espaço, local, horário, página eletrônica, tamanho, caracteres e outros elementos de realce usados na ofensa, em até 48 horas após a entrega da mídia física com a resposta do ofendido (Lei nº 9.504/1997, art. 58, § 3º, IV, "a");

b) a resposta ficará disponível para acesso pelos usuários do serviço de internet por tempo não inferior ao dobro em que esteve disponível a mensagem considerada ofensiva (Lei nº 9.504/1997, art. 58, § 3º, IV, "b");

c) os custos de veiculação da resposta correrão por conta do responsável pela propaganda original (Lei nº 9.504/1997, art. 58, § 3º, IV, "c").

§ 1º. Se a ofensa ocorrer em dia e hora que inviabilizem sua reparação dentro dos prazos estabelecidos neste artigo, a resposta será divulgada nos horários que a Justiça Eleitoral determinar, ainda que nas 48 horas anteriores ao pleito, em termos e forma previamente aprovados, de modo a não ensejar tréplica (Lei nº 9.504/1997, art. 58, § 4º).

§ 2º. Apenas as decisões comunicadas à emissora geradora até 1 hora antes da geração ou do início do bloco, quando se tratar de inserções, poderão interferir no conteúdo a ser transmitido; após esse prazo, as decisões somente poderão ter efeito na geração ou no bloco seguinte.

§ 3º. Caso a emissora geradora seja comunicada de decisão proibindo trecho da propaganda no período compreendido entre a entrega do material e o horário de geração dos programas, ela deverá aguardar a substituição do meio de armazenamento até o limite de 1 hora antes do início do programa; no caso de o novo material não ser entregue, a emissora veiculará programa anterior, desde que não contenha propaganda já declarada proibida pela Justiça Eleitoral.

Art. 17. Os pedidos de resposta formulados por terceiro, em relação ao que foi veiculado no horário eleitoral gratuito, serão examinados pela Justiça Eleitoral e deverão observar os procedimentos previstos na Lei nº 9.504/1997, naquilo que couber.

Art. 18. Quando o provimento do recurso cassar o direito de resposta já exercido, os Tribunais Eleitorais deverão observar o disposto nas alíneas "f" e "g" do inciso III do art. 16 desta Resolução, para a restituição do tempo (Lei nº 9.504/1997, art. 58, § 6º).

Art. 19. A inobservância dos prazos previstos para as decisões sujeitará a autoridade judiciária às penas previstas no art. 345 do Código Eleitoral (Lei nº 9.504/1997, art. 58, § 7º).

Art. 20. O não cumprimento integral ou em parte da decisão que reconhecer o direito de resposta sujeitará o infrator ao pagamento de multa no valor de R$ 5.320,50 (cinco mil trezentos e vinte reais e cinquenta centavos) a R$ 15.961,50 (quinze mil novecentos e sessenta e um reais e cinquenta centavos), duplicada em caso de reiteração de conduta, sem prejuízo do disposto no art. 347 do Código Eleitoral (Lei nº 9.504/1997, art. 58, § 8º).

Seção III – Das Representações Específicas

Art. 21. As representações que visarem à apuração das hipóteses previstas nos arts. 23, 30-A, 41-A, 73, 74, 75, 77 e 81 da Lei nº 9.504/1997 observarão o rito estabelecido pelo art. 22 da Lei Complementar nº 64/1990.

Parágrafo único. As representações de que trata o *caput* deste artigo poderão ser ajuizadas até a data da diplomação, exceto as do art. 30-A e dos arts. 23 e 81 da Lei nº 9.504/1997, que poderão ser propostas, respectivamente, no prazo de 15 dias e no de 180 dias a partir da diplomação.

Art. 22. Nas eleições de 2012, o Juiz Eleitoral será competente para conhecer e processar a representação prevista na Lei Complementar nº 64/1990, exercendo todas as funções atribuídas ao Corregedor-Geral ou Regional, cabendo ao representante do Ministério Público Eleitoral em função na Zona Eleitoral as atribuições deferidas ao Procurador-Geral e Regional Eleitoral, nos termos dos incisos I a XV do art. 22 e das demais normas de procedimento previstas na Lei Complementar nº 64/1990.

Art. 23. Ao despachar a inicial, o Juiz Eleitoral adotará as seguintes providências:

I – ordenará que se notifique a parte representada e que lhe seja encaminhada a contrafé da petição inicial, acompanhada das cópias dos documentos, para que, no prazo de 5 dias, contados da notificação, ofereça defesa;

II – determinará que se suspenda o ato que deu origem à representação, quando relevante o fundamento e puder resultar na ineficácia da medida, caso seja julgada procedente;

III – indeferirá desde logo a inicial, quando não for caso de representação ou lhe faltar algum requisito essencial.

§ 1º. No caso de representação instruída com imagem e/ou áudio, a respectiva degravação será encaminhada juntamente com a notificação, devendo uma cópia da mídia permanecer nos autos e a outra mantida em cartório, facultado às partes e ao Ministério Público, a qualquer tempo, requerer cópia, independentemente de autorização específica do Juiz Eleitoral.

§ 2º. O Juiz Eleitoral, a requerimento das partes, do Ministério Público ou de ofício poderá, em decisão fundamentada, limitar o acesso aos autos às partes, a seus representantes e ao Ministério Público.

§ 3º. No caso de o Juiz Eleitoral retardar solução na representação, poderá o interessado renová-la perante o respectivo Tribunal Regional Eleitoral, que a resolverá dentro de 24 horas.

§ 4º. O interessado, quando não for atendido ou ocorrer demora, poderá levar o fato ao conhecimento do Tribunal Superior Eleitoral, a fim de que sejam tomadas as providências necessárias.

§ 5º. Da decisão que indeferir liminarmente o processamento da representação, caberá recurso no prazo de 3 dias.

Art. 24. Feita a notificação, o Cartório Eleitoral juntará aos autos cópia autêntica do ofício endereçado ao representado, bem como a prova da entrega ou da sua recusa em aceitá-la ou em dar recibo (Lei Complementar nº 64, art. 22, IV).

Art. 25. Se a defesa for instruída com documentos, o Juiz Eleitoral determinará a intimação do representante a se manifestar sobre eles no prazo de 48 horas.

Art. 26. Não sendo apresentada a defesa, ou apresentada sem a juntada de documentos, ou, ainda, decorrido o prazo para manifestação do representante sobre os documentos juntados, os autos serão imediatamente conclusos ao Juiz Eleitoral, que designará, nos 5 dias seguintes, data, hora e local para a realização, em única assentada, de audiência para oitiva de testemunhas arroladas.

§ 1º. As testemunhas deverão ser arroladas pelo representante, na inicial, e pelo representado, na defesa, com o limite de 6 para cada parte, sob pena de preclusão.

§ 2º. As testemunhas deverão comparecer à audiência independentemente de intimação.

Art. 27. Ouvidas as testemunhas, ou indeferida a oitiva, o Juiz Eleitoral, nos 3 dias subsequentes, procederá a todas as diligências que determinar, de ofício ou a requerimento das partes.

§ 1º. Nesse prazo de 3 dias, o Juiz Eleitoral poderá, na presença das partes e do Ministério Público, ouvir terceiros, referidos pelas partes, ou testemunhas, como conhecedores dos fatos e circunstâncias que possam influir na decisão do feito.

§ 2º. Quando qualquer documento necessário à formação da prova se achar em poder de terceiro, inclusive estabelecimento de crédito, oficial ou privado, o Juiz Eleitoral poderá ainda, naquele prazo, ordenar o respectivo depósito ou requisitar cópias.

§ 3º. Se o terceiro, sem justa causa, não exibir o documento ou não comparecer a juízo, o Juiz Eleitoral poderá expedir contra ele mandado de prisão e instaurar processo por crime de desobediência.

Art. 28. Encerrada a dilação probatória, o Juiz abrirá prazo comum de 2 dias para que as partes, inclusive o Ministério Público, possam apresentar alegações finais.

Parágrafo único. Nas ações em que não for parte o Ministério Público Eleitoral, apresentadas as alegações finais, ou decorrido seu prazo, os autos lhe serão remetidos para que se manifeste no prazo de 2 dias.

Art. 29. Terminado o prazo para alegações finais, os autos serão conclusos ao Juiz Eleitoral, no dia imediato, para decisão, a ser proferida no prazo de 3 dias.

Art. 30. Proferida a decisão, o Cartório Eleitoral providenciará a imediata publicação no Diário de Justiça Eletrônico ou, na impossibilidade, em outro veículo da imprensa oficial.

Parágrafo único. No caso de cassação de registro de candidato, o Juiz Eleitoral determinará a notificação do partido político ou da coligação pela qual concorre, encaminhando-lhe cópia da decisão, para os fins previstos no § 1º do art. 13 da Lei nº 9.504/1997.

Art. 31. Os recursos eleitorais contra as sentenças que julgarem as representações previstas nesta Seção deverão ser interpostos no prazo de 3 dias, contados da publicação, observando-se o mesmo prazo para os recursos subsequentes, inclusive recurso especial e agravo, bem como as respectivas contrarrazões e respostas.

Art. 32. Decorrido o prazo legal sem que a representação seja julgada, a demora poderá, a critério do interessado, ensejar a renovação do pedido perante o Tribunal Regional Eleitoral ou a formulação de outra representação com o objetivo de ver prolatada a decisão pelo Juiz Eleitoral, sob pena de o magistrado ser responsabilizado disciplinar e penalmente, seguindo-se em ambos os casos o rito adotado nesta Seção.

Capítulo III – Dos Recursos

Seção I
Do Recurso para o Tribunal Regional Eleitoral

Art. 33. Contra sentença proferida por Juiz Eleitoral é cabível recurso eleitoral para o respectivo Tribunal Regional Eleitoral, no prazo de 24 horas da publicação em cartório, assegurado à parte recorrida o oferecimento de contrarrazões, em igual prazo, a contar da sua notificação, ressalvadas as hipóteses previstas no art. 31 desta Resolução (Lei nº 9.504/1997, art. 96, § 8º).

§ 1º. Oferecidas as contrarrazões, ou decorrido o respectivo prazo, serão os autos imediatamente remetidos ao Tribunal Regional Eleitoral, inclusive mediante portador, se necessário.

§ 2º. Não cabe agravo de instrumento contra decisão proferida por Juiz Eleitoral que concede ou denega medida liminar.

Art. 34. Recebido na Secretaria do Tribunal Regional Eleitoral, o recurso eleitoral será autuado e distribuído na mesma data, devendo ser remetido ao Ministério Público para manifestação no prazo de 24 horas.

§ 1º. Findo o prazo, os autos serão enviados ao relator, o qual poderá:

I – negar seguimento a pedido ou recurso intempestivo, manifestamente inadmissível, improcedente, prejudicado ou em confronto com súmula ou com jurisprudência dominante do próprio Tribunal, do Tribunal Superior Eleitoral, do Supremo Tribunal Federal ou de Tribunal Superior (CPC, art. 557, *caput*, e RITSE, art. 36, § 6º);

II – dar provimento ao recurso se a decisão recorrida estiver em manifesto confronto com súmula ou com jurisprudência dominante do próprio Tribunal, do Tribunal Superior Eleitoral, do Supremo Tribunal Federal ou de Tribunal Superior;

III – apresentá-los em mesa para julgamento em 48 horas, independentemente de publicação de pauta (Lei nº 9.504/1997, art. 96, § 9º), exceto quando se tratar de direito de resposta, cujo prazo para julgamento será de 24 horas, contado da conclusão dos autos (Lei nº 9.504/1997, art. 58, § 6º).

§ 2º. Caso o Tribunal não se reúna no prazo previsto no § 1º deste artigo, o recurso deverá ser julgado na primeira sessão subsequente.

§ 3º. Somente poderão ser apreciados os recursos relacionados até o início da sessão plenária.

§ 4º. Ao advogado de cada parte é assegurado o uso da tribuna pelo tempo máximo de 10 minutos, para sustentação oral de suas razões.

§ 5º. Os acórdãos serão publicados na sessão em que os recursos forem julgados, salvo disposição diversa prevista nesta Resolução.

§ 6º. Os embargos de declaração interrompem o prazo para a interposição de recursos subsequentes.

Seção II
Do Recurso para o Tribunal Superior Eleitoral

Art. 35. Do acórdão do Tribunal Regional Eleitoral caberá recurso especial para o Tribunal Superior Eleitoral, no prazo de 3 dias, a contar da publicação (Código Eleitoral, art. 276, § 1º), salvo quando se tratar de direito de resposta.

§ 1º. Interposto o recurso especial, os autos serão conclusos ao Presidente do Tribunal Regional Eleitoral, que, no prazo de 24 horas, apreciará a admissibilidade do recurso.

§ 2º. Admitido o recurso especial, será assegurado à parte recorrida o oferecimento de contrarrazões no prazo de 3 dias, contados da intimação em secretaria.

§ 3º. Oferecidas as contrarrazões, ou decorrido o prazo sem o seu oferecimento, serão os autos imediatamente remetidos ao Tribunal Superior Eleitoral, inclusive por portador, se necessário.

§ 4º. Não admitido o recurso especial, caberá agravo para o Tribunal Superior Eleitoral, no prazo de 3 dias, contados da publicação da decisão em secretaria.

§ 5º. Interposto o agravo, será intimada a parte agravada para oferecer resposta ao agravo e ao recurso especial, no prazo de 3 dias da publicação em secretaria.

§ 6º. Recebido na Secretaria do Tribunal Superior Eleitoral, o recurso será autuado e distribuído na mesma data, devendo ser remetido ao Ministério Público para manifestação.

§ 7º. O relator negará seguimento a pedido ou recurso intempestivo, manifestamente inadmissível, improcedente, prejudicado ou em confronto com súmula ou com jurisprudência dominante do Tribunal Superior Eleitoral, do Supremo Tribunal Federal ou de Tribunal Superior (CPC, art. 557, *caput*, e RITSE, art. 36, § 6º); ou poderá, ao analisar o agravo, dar provimento ao recurso especial se o acórdão recorrido estiver em manifesto confronto com súmula ou com jurisprudência dominante do Supremo Tribunal Federal ou de Tribunal Superior (CPC, art. 544, § 3º, e RITSE, art. 36, § 7º).

Art. 36. Quando se tratar de direito de resposta, o prazo para interposição do recurso especial será de 24 horas, a contar da publicação em sessão, dispensado o juízo de admissibilidade, com a imediata intimação do recorrido, por publicação em secretaria, para o oferecimento de contrarrazões no mesmo prazo (Lei nº 9.504/1997, art. 58, § 5º).

Capítulo IV – Disposições Finais

Art. 37. A competência do Juiz Eleitoral encarregado da propaganda eleitoral não exclui o poder de polícia, que será exercido pelos Juízes Eleitorais e pelos Juízes designados pelos Tribunais Regionais Eleitorais, nos Municípios com mais de uma Zona Eleitoral.

§ 1º. O poder de polícia se restringe às providências necessárias para inibir práticas ilegais, vedada a censura prévia sobre o teor dos programas e matérias jornalísticas a serem exibidos na televisão, no rádio, na internet e na imprensa escrita.

§ 2º. No caso de condutas sujeitas a penalidades, o Juiz Eleitoral delas cientificará o Ministério Público, para os efeitos desta Resolução.

Art. 38. As decisões dos Juízes Eleitorais indicarão de modo preciso o que, na propaganda impugnada, deverá ser excluído ou substituído.

§ 1º. Nas inserções de que trata o art. 51 da Lei nº 9.504/1997, as exclusões ou substituições observarão o tempo mínimo de 15 segundos e os respectivos múltiplos.

§ 2º. O teor da decisão será comunicado às emissoras de rádio e televisão e aos provedores e servidores de internet pelo Cartório Eleitoral.

§ 3º. É facultado às emissoras de rádio, televisão e demais veículos de comunicação, inclusive provedores e servidores de internet, comunicar aos Tribunais Regionais Eleitorais o número de fac-símile pelo qual receberão notificações e intimações.

§ 4º. Inexistindo a comunicação na forma do parágrafo anterior, as notificações e intimações serão encaminhadas ao número constante da petição inicial.

Art. 39. Da convenção partidária até a apuração final da eleição, não poderão servir como Juízes nos Tribunais Regionais Eleitorais, ou como Juiz Eleitoral, o cônjuge ou companheiro, parente consanguíneo ou afim, até o segundo grau, de candidato a cargo eletivo registrado na circunscrição (Código Eleitoral, art. 14, § 3º).

Art. 40. Não poderá servir como chefe de Cartório Eleitoral, sob pena de demissão, membro de órgão de direção partidária, candidato a cargo eletivo, seu cônjuge ou companheiro e parente consanguíneo ou afim até o segundo grau (Código Eleitoral, art. 33, § 1º).

Art. 41. O representante do Ministério Público que mantiver o direito a filiação partidária não poderá exercer funções eleitorais enquanto não decorridos 2 anos do cancelamento da aludida filiação (Lei Complementar nº 75/1993, art. 80).

Art. 42. Ao Juiz Eleitoral que for parte em ações judiciais que envolvam determinado candidato é defeso exercer suas funções em processo eleitoral no qual o mesmo candidato seja interessado (Lei nº 9.504/1997, art. 95).

Parágrafo único. Se, posteriormente ao pedido de registro da candidatura, candidato propuser ação contra Juiz que exerce função eleitoral, o afastamento deste somente decorrerá de declaração espontânea de suspeição ou de procedência da respectiva exceção.

Art. 43. Poderá o candidato, o partido político, a coligação ou o Ministério Público apresentar reclamação ao Tribunal Regional Eleitoral contra o Juiz Eleitoral que descumprir as disposições desta Resolução ou der causa a seu descumprimento, inclusive quanto aos prazos processuais; neste caso, ouvido o representado em 24 horas, o Tribunal ordenará a observância do procedimento que explicitar, sob pena de incorrer o Juiz Eleitoral em desobediência (Lei nº 9.504/1997, art. 97, *caput*).

§ 1º. É obrigatório, para os membros dos Tribunais Eleitorais e para os representantes do Ministério Público, fiscalizar o cumprimento das disposições desta Resolução pelos Juízes e Promotores Eleitorais das instâncias inferiores, determinando, quando for o caso, a abertura de procedimento disciplinar para apuração de eventuais irregularidades verificadas.

§ 2º. No caso de descumprimento das disposições desta Resolução por Tribunal Regional Eleitoral, a representação poderá ser feita ao Tribunal Superior Eleitoral, observado o disposto neste artigo.

Art. 44. Os feitos eleitorais previstos nesta Resolução, no período compreendido entre 10 de junho e 2 de novembro de 2012, terão prioridade para a participação do Ministério Público e dos Juízes de todas as justiças e instâncias, ressalvados os processos de *habeas corpus* e mandado de segurança (Lei nº 9.504/1997, art. 94, *caput*).

§ 1º. É defeso às autoridades mencionadas neste artigo deixar de cumprir qualquer prazo desta Resolução em razão do exercício de suas funções regulares (Lei nº 9.504/1997, art. 94, § 1º).

§ 2º. O descumprimento do disposto neste artigo constitui crime de responsabilidade e será objeto de anotação funcional para efeito de promoção na carreira (Lei nº 9.504/1997, art. 94, § 2º).

§ 3º. Além das polícias judiciárias, os órgãos da Receita Federal, Estadual e Municipal, os Tribunais e os órgãos de contas auxiliarão a Justiça Eleitoral na apuração dos delitos eleitorais, com prioridade sobre suas atribuições regulares (Lei nº 9.504/1997, art. 94, § 3º).

Art. 45. Esta Resolução entra em vigor na data de sua publicação.

Brasília, 13 de dezembro de 2011.

Ministro Ricardo Lewandowski – Presidente

DJe de 28.12.2011

PORTARIAS

PORTARIA TSE Nº 288, DE 9 DE JUNHO DE 2005

Estabelece normas e procedimentos visando à arrecadação, recolhimento e cobrança das multas previstas no Código Eleitoral e leis conexas, e à utilização da Guia de Recolhimento da União (GRU).

O Presidente do Tribunal Superior Eleitoral, no uso das atribuições conferidas pela Resolução TSE nº 21.975, de 16 de dezembro de 2004, e

Considerando a necessidade de disciplinar em seus aspectos de padronização e uniformidade, no âmbito da Justiça Eleitoral, o procedimento de arrecadação, recolhimento e cobrança de multas eleitorais, e de implantação da Guia de Recolhimento da União (GRU), e

Considerando, ainda, a necessidade de dotar os tribunais e cartórios eleitorais de instrumentos de trabalho que lhes permitam prestar os serviços inerentes à arrecadação, recolhimento e cobrança das multas previstas no Código Eleitoral e leis conexas, por intermédio da Guia de Recolhimento da União – GRU, nos períodos em que o Sistema ELO ficar inoperante ou com as linhas de acesso congestionadas, ou, ainda, durante o atendimento a eleitores em postos localizados em municípios distantes da sede da zona eleitoral e que não dispõem do Sistema ELO, resolve:

Capítulo I – Das Disposições Iniciais

Art. 1º. A arrecadação, o recolhimento e a cobrança de multas eleitorais, disciplinados pela Resolução TSE nº 21.975/2004, em face do que estabelecem o inciso I do art. 38 da Lei nº 9.096, de 19 de setembro de 1995, e o § 1º do art. 105 da Lei nº 9.504, de 30 de setembro de 1997, assim como o art. 98 da Lei nº 10.707, de 30 de julho de 2003, regulamentado pelo Decreto nº 4.950, de 9 de janeiro de 2004, e pela Instrução Normativa STN nº 3, de 12 de fevereiro de 2004, serão feitos de acordo com os procedimentos adotados por esta Portaria.

Parágrafo único. Para os fins desta Portaria, participam das atividades referidas no *caput*:

I – o Tribunal Superior Eleitoral, na condição de órgão responsável pelas seguintes atividades:

a) estabelecimento de normas gerais, visando ao disciplinamento da arrecadação, recolhimento e cobrança de multas no âmbito de sua jurisdição;

b) imposição e cobrança de multas no âmbito de sua jurisdição;

c) centralização dos depósitos feitos pelo agente financeiro arrecadador – Banco do Brasil S/A, relativos ao Fundo Partidário (Fundo Especial de Assistência Financeira aos Partidos Políticos), e distribuição do produto recolhido para os partidos políticos, por intermédio da Secretaria de Administração/TSE (arts. 40 e 41 da Lei nº 9.096/1995 e Resolução TSE nº 21.975/2004).

II – os tribunais regionais eleitorais, na condição de órgãos gerenciadores do processo de imposição e cobrança das multas eleitorais, no âmbito de suas respectivas jurisdições;

III – os juízos eleitorais, responsáveis pela imposição de penalidades pecuniárias aos infratores da legislação eleitoral, no âmbito de suas respectivas jurisdições.

Capítulo II
Da Arrecadação e Recolhimento de Multas

Art. 2º. A arrecadação e o recolhimento de multas eleitorais serão processados por intermédio dos formulários da Guia de Recolhimento da União – GRU (Simples e Cobrança), constantes dos Anexos I e II, extraídos diretamente do Sistema ELO, e dos Anexos III e IV, pré-impressos, todos desta Portaria, com a destinação abaixo especificada:

I – 1ª via – Recibo do sacado – destinada ao responsável pelo recolhimento, como seu comprovante de pagamento;

II – 2ª via – Controle do cedente – destinada ao órgão da Justiça Eleitoral responsável pela imposição da penalidade pecuniária;

III – 3ª via – Ficha de caixa – destinada ao Banco do Brasil S/A ou à entidade arrecadadora, caso se trate de GRU-Cobrança.

§ 1º. A 2ª via da GRU, após o pagamento, deverá ser entregue pelo infrator ao órgão da Justiça Eleitoral responsável pelo arbitramento da multa, como comprovante de quitação da dívida.

§ 2º. Em se tratando de quitação de dívida paga mediante os formulários pré-impressos, constantes dos Anexos III e IV, após o recebimento da 2ª via da GRU, o atendente cartorário registrará, no Sistema ELO, os dados mencionados no § 1º do art. 3º desta portaria.

§ 3º. As guias a que se referem os Anexos I, II, III e IV serão emitidas pelo Tribunal Superior Eleitoral, pelos tribunais regionais eleitorais e cartórios eleitorais, observado o disposto neste artigo e no art. 3º desta Portaria.

§ 4º. A Guia de Recolhimento da União (GRU), será emitida, obrigatoriamente, com código de barras, sob a forma de documento compensável (GRU-Cobrança), destinado a recolhimento no Banco do Brasil S/A e em qualquer instituição bancária, inclusive Casas Lotéricas, Correios-Banco Postal, utilizando-se os serviços disponíveis na rede bancária como autoatendimento, internet personal banking, e gerenciador financeiro, ou (GRU-Simples), para recolhimento exclusivo no Banco do Brasil S/A.

§ 5º. A GRU-Cobrança destina-se ao recolhimento de valores superiores a R$30,00 (trinta reais), devendo os valores inferiores serem recolhidos, preferencialmente, por meio de GRU-Simples.

§ 6º. A arrecadação das receitas provenientes de multas eleitorais far-se-á por intermédio dos mecanismos da Conta Única do Tesouro Nacional, na forma do Decreto nº 4.950, de 2004, da Instrução Normativa STN nº 3, de 2004 e da Resolução TSE nº 21.975/2004.

§ 7º. A arrecadação e o recolhimento, por intermédio da Guia de Recolhimento da União (GRU), de multas eleitorais e penalidades pecuniárias, bem como de doações de pessoas física ou jurídica destinadas ao Fundo Partidário não deverão gerar custo para a Justiça Eleitoral.

§ 8º. As informações gerais sobre os recolhimentos destinados ao Fundo Partidário serão fornecidas pelo Sistema Integrado de Administração Financeira do Governo Federal (SIAFI), e as detalhadas pelo SIAFI, se originárias de GRU-Simples, e pelo sistema do agente arrecadador, Banco do Brasil S/A, se provenientes da GRU-Cobrança, observado o disposto nos §§ 2º e 3º do art. 5º da Resolução TSE nº 21.975/2004.

§ 9º. Os recursos previstos nos incisos I, II, III, IV e V do art. 5º da Resolução TSE nº 21.975/2004, após o trânsito pelas contas do Tesouro Nacional, serão repassados ao órgão setorial de programação financeira da Justiça Eleitoral (SOF/TSE), que os analisará e transferirá à Coordenadoria de Execução Orçamentária e Financeira (CEOF/SA), até o 2º dia útil após o depósito a que se referem os §§ 1º e 2º do art. 40 da Lei nº 9.096/1995.

Capítulo III
Da Utilização e Preenchimento da Guia de Recolhimento da União (GRU)

Art. 3º. As Guias de Recolhimento da União – GRU (Simples e Cobrança) deverão ser utilizadas para recolhimento de multas eleitorais, bem como de doações, observando que cada recolhimento deverá ocorrer em uma única guia.

§ 1º. As Guias de Recolhimento da União – GRU (Simples e Cobrança), destinadas ao recolhimento de multas, deverão conter dados necessários à identificação do infrator, do tipo de receita, da espécie e do motivo da multa eleitoral aplicada e da unidade gestora favorecida, conforme Anexos V, VI, VII e VIII desta Portaria.

§ 2º. A emissão ou pré-impressão das GRU (Simples e Cobrança) pelos órgãos da Justiça Eleitoral observará as instruções constantes dos Anexos I, II, III e IV desta Portaria.

Capítulo IV
Das Multas Eleitorais Não Satisfeitas no Prazo Legal

Art. 4º. As multas não satisfeitas no prazo de (30) trinta dias do trânsito em julgado da decisão serão consideradas dívida líquida e certa, para efeito de cobrança, mediante executivo fiscal, devendo os juízos eleitorais enviar os respectivos autos ao tribunal eleitoral competente, em cinco dias após o decurso daquele prazo (Código Eleitoral, art. 367, III, e Resolução TSE nº 21.975/2004, art. 3º).

§ 1º. Não recolhida a multa no prazo previsto no *caput* deste artigo, o juiz eleitoral ou o seu preposto, no juízo de primeiro grau, ou, ainda, o Secretário Judiciário, no Tribunal, certificará nos autos e formalizará o registro em livro próprio.

§ 2º. O livro a que se refere o parágrafo anterior deverá conter termo de abertura, especificando sua finalidade exclusiva para o registro das multas de que trata o § 1º do art. 1º da Resolução TSE nº 21.975/2004, e termo de encerramento, ambos assinados pelo juiz eleitoral ou pelo seu preposto, ou, ainda, pelo Secretário Judiciário, no Tribunal, o qual, também, rubricará suas folhas numeradas.

§ 3º. O registro da multa será numerado sequencialmente, em ordem cronológica, e deverá conter:

I – número do processo que deu origem à multa;

II – nome e qualificação do devedor, inclusive dos solidários, se houver;

III – dispositivo legal infringido;

IV – valor da multa, em algarismo e por extenso;

V – data da publicação ou notificação da decisão;

VI – data do trânsito em julgado da decisão;

VII – data do registro da multa;

VIII – termo final do prazo para recolhimento da multa;

IX – assinatura do juiz eleitoral ou de seu preposto ou, ainda, do Secretário Judiciário, conforme o caso.

Art. 5º. A autoridade competente do tribunal eleitoral, nos processos de sua competência originária e naqueles advindos dos juízos eleitorais, encaminhará os autos e o respectivo Termo de Inscrição de Multa Eleitoral, na forma do Anexo IX, à Procuradoria da Fazenda Nacional nos Estados ou no Distrito Federal para fins de cobrança mediante executivo fiscal.

Parágrafo único. Comunicada pela Procuradoria da Fazenda Nacional a liquidação da dívida, o Secretário Judiciário ou o juiz eleitoral ou o seu preposto:

I – certificará nos autos e registrará no Livro de Inscrição de Multas Eleitorais, informando o número e a data do documento recebido;

II – comunicará o fato ao TSE para fins de acompanhamento e controle das multas pela SOF.

Art. 6º. Concluídas as atividades dos juízes auxiliares, designados nos termos da legislação eleitoral, os procedimentos relativos às multas por eles aplicadas serão de competência do presidente do tribunal eleitoral.

Capítulo V – Das Atribuições dos Tribunais Regionais Eleitorais

Art. 7º. Compete aos tribunais regionais eleitorais:

I – imprimir a GRU (Simples ou Cobrança), com código de barras, diretamente pelo Sistema ELO, na forma dos Anexos I e II, e mediante formulário pré-impresso, na forma dos Anexos III e IV, desta Portaria;

II – colocar à disposição do infrator a GRU (Simples ou Cobrança), conforme o caso, com código de barras, extraída diretamente do Sistema ELO, na forma dos Anexos I e II, ou em formulário pré-impresso, na forma dos Anexos III e IV, desta Portaria, nas hipóteses de imposição e cobrança de multas no âmbito de sua jurisdição;

III – observar, no caso de pagamento realizado por meio de cheque, que o cumprimento da obrigação somente será reconhecido após a devida compensação bancária, a ser informada pelo TSE após a disponibilização das informações no sistema denominado "autoatendimento" do Banco do Brasil S/A e no Sistema de Administração Financeira do Governo Federal – SIAFI.

Parágrafo único. Os tribunais regionais eleitorais poderão baixar instruções subsidiárias à Resolução TSE nº 21.975/2004 e a esta Portaria, se entenderem conveniente, objetivando o bom andamento e desempenho do serviço de arrecadação e recolhimento de multas eleitorais, no âmbito de suas jurisdições.

Capítulo VI – Das Atribuições dos Juízos Eleitorais

Art. 8º. Compete aos juízos eleitorais:

I – imprimir a GRU (Simples ou Cobrança), com código de barras, diretamente pelo Sistema ELO, na forma dos Anexos I e II, e mediante formulário pré-impresso, na forma dos Anexos III e IV, desta Portaria;

II – colocar à disposição do infrator a GRU (Simples ou Cobrança), conforme o caso, com código de barras, extraída diretamente do Sistema ELO, na forma dos Anexos I e II, ou em formulário pré-impresso, na forma dos Anexos III e IV, desta Portaria, nas hipóteses de imposição e cobrança de multas no âmbito de sua jurisdição;

III – observar, no caso de pagamento realizado por meio de cheque, que o cumprimento da obrigação somente será reconhecido após a devida compensação bancária, a ser informada pelo TSE após a disponibilização das informações no sistema denominado "autoatendimento" do Banco do Brasil S/A e no Sistema de Administração Financeira do Governo Federal – SIAFI.

Capítulo VII
Das Atribuições das Unidades do TSE

Art. 9º. A Secretaria de Orçamento e Finanças do TSE, na qualidade de participante do Sistema de Programação Financeira do Governo Federal, como setorial, realizará o controle e gerenciamento dos recursos arrecadados e destinados ao Fundo Partidário, referentes a multas e penalidades pecuniárias, previstas na legislação eleitoral, assim como a doações de pessoas física ou jurídica, cujo recolhimento se verificar por intermédio da GRU, ao lado dos recursos financeiros destinados por lei e das dotações orçamentárias da União (Lei nº 10.180, de 6 de fevereiro de 2001, Decreto nº 4.950/2004, art. 1º, Resolução TSE nº 20.323/1998, Regulamento Interno da Secretaria do TSE, arts. 36 e 42), cabendo-lhe ainda:

I – acompanhar as informações gerais sobre as arrecadações e os recolhimentos de multas eleitorais destinadas ao Fundo Partidário pelo SIAFI, e pelo sistema do agente arrecadador;

II – repassar à Coordenadoria de Execução Orçamentária e Financeira (CEOF/SA), até o 2º dia útil a partir do depósito a que se referem os §§ 1º e 2º do art. 40 da Lei nº 9.096/1995, os recursos previstos nos incisos I, II, III, IV e V do art. 5º da Resolução TSE nº 21.975/2004, após o trânsito pelas contas do Tesouro Nacional, para fins de distribuição aos partidos políticos (Lei nº 9.096/ 1995, art. 41 e Resolução TSE nº 21.975/2004, art. 7º);

III – instruir os órgãos da Justiça Eleitoral sobre a sistemática de arrecadação e recolhimento das multas eleitorais no âmbito de sua área de atuação;

IV – prestar os esclarecimentos necessários ao desempenho das atribuições das entidades envolvidas na execução dos procedimentos relativos à implementação do recolhimento e arrecadação de multas eleitorais por intermédio da GRU;

V – informar, tempestivamente, ao Banco do Brasil S/A quaisquer alterações que vierem a ser processadas nos modelos da GRU (Simples e Cobrança), aperfeiçoadas pela Justiça Eleitoral para fins de controle do recolhimento de multas eleitorais;

VI – realizar o ressarcimento ao agente financeiro (Banco do Brasil S/A) dos valores de cheques devolvidos, antecipadamente repassados à conta do Fundo Partidário, no prazo de 72 horas, contados da data de comunicação do Banco do Brasil S/A;

VII – informar aos tribunais regionais eleitorais, após a disponibilização do "arquivo retorno" pelo Banco do Brasil S/A e o registro da arrecadação no SIAFI, mediante divulgação na página da Secretaria de Orçamento e Finanças, os recolhimentos de multas efetuados por meio de cheques e que tenham sido compensados ou devolvidos, para efeito de quitação da obrigação eleitoral.

Art. 10. A Secretaria de Administração, por intermédio da CEOF/SA, no prazo de cinco dias a contar da data do depósito a que se referem os §§ 1º e 2º do art. 40 da Lei nº 9.096/1995, fará a distribuição das quantias arrecadadas aos órgãos nacionais dos partidos políticos, obedecendo aos seguintes critérios:

I – um por cento do total do Fundo Partidário será destacado para entrega, em partes iguais, a todos os partidos que tenham seus estatutos definitivamente registrados no Tribunal Superior Eleitoral;

II – noventa e nove por cento do total do Fundo Partidário será distribuído aos partidos com direito a funcionamento parlamentar na Câmara dos Deputados, na proporção dos votos obtidos na última eleição geral para a Câmara dos Deputados, observando-se, ainda, o disposto no § 6º do art. 29 da Lei nº 9.096/1995 (Lei nº 9.096/1995, arts. 13 e 41, I e II).

§ 1º. No período compreendido entre 15 de fevereiro de 2005, data do início da próxima Legislatura, e a proclamação dos resultados da próxima eleição geral subsequente para a Câmara dos Deputados, o disposto nos incisos I e II do art. 7º da Resolução TSE nº 21.975/2004 somente será aplicado após o destaque do percentual de 29% (vinte e nove por cento) do total do Fundo Partidário, que será distribuído aos partidos políticos em funcionamento, de conformidade com a Lei nº 9.096/1995, arts. 13 e 57, I, "a" e "b", e II, na proporção dos votos obtidos na última eleição geral para a Câmara dos Deputados.

§ 2º. Compete, ainda, à CEOF:

I – manter em arquivo relação dos partidos em funcionamento, para cumprimento do disposto no inciso II, *caput*, com base em informação obtida pelo TSE, perante a Mesa da Câmara dos Deputados, no início de cada Legislatura;

II – dar cumprimento, antes da distribuição do produto das multas eleitorais aos partidos políticos, ao disposto no § 9º do art. 73 da Lei nº 9.504, de 30 de setembro de 1997, caso os recursos das multas recolhidas sejam decorrentes da aplicação do preceito previsto no § 4º do art. 73 da mesma Lei (art. 2º, parágrafo único, da Resolução TSE nº 21.975/2004).

Art. 11. A Secretaria Judiciária informará, mensalmente, à Secretaria de Administração os partidos políticos com órgão de direção nacional, para efeito de distribuição da cota do Fundo Partidário.

Art. 12. A Secretaria de Informática prestará o suporte técnico à implementação da GRU pelos órgãos da Justiça Eleitoral, cabendo-lhe:

I – formatar as GRU (Simples e Cobrança), constantes dos Anexos I e II da Instrução Normativa STN nº 3, de 12 de fevereiro de 2004, para inserir os dados necessários ao controle do recolhimento das multas eleitorais, e permitir o uso de formulários pré-impressos, conforme especificações oriundas da Secretaria de Orçamento e Finanças;

II – tornar disponíveis, no Sistema ELO, os modelos de GRU (Simples e Cobrança), Anexos I, II, III e IV desta Portaria, a serem utilizados para recolhimento de multas eleitorais;

III – realizar a manutenção do Sistema ELO e prestar assistência técnica aos usuários, TSE, tribunais regionais eleitorais e cartórios eleitorais.

Capítulo VIII – Das Disposições Finais

Art. 13. O valor proveniente de multas, na forma da Resolução TSE nº 21.975/2004, será recolhido à conta do Fundo Partidário, passando a integrar a composição do Fundo Especial de Assistência Financeira aos Partidos Políticos e somente estará disponível, para todos os fins, a partir do repasse pela SOF, na forma do inciso II do art. 9º desta Portaria (Lei nº 9.096/1995, art. 38, I)

Art. 14. Os prazos estabelecidos na Resolução TSE nº 21.975/2004 e nesta Portaria consideram-se prorrogados até o 1º dia útil se o vencimento ocorrer em feriados ou dias não úteis, ou ainda, se não houver expediente forense.

Art. 15. Esta Portaria entra em vigor na data de sua publicação, revogada a Portaria nº 43, de 18 de janeiro de 2005 e demais disposições em contrário.

Brasília, 9 de junho de 2005.

Ministro Carlos Velloso

DOU de 13.6.2005.

ANEXOS

Anexo I – Guia de Recolhimento da União – GRU Simples – (arts. 2º e 3º)

Anexo II – Guia de Recolhimento da União – GRU Cobrança – (arts. 2º e 3º)

Anexo III – Guia de Recolhimento da União – GRU Simples – (arts. 2º e 3º) (Pré-impressão)

Anexo IV – Guia de Recolhimento da União – GRU Cobrança – (arts. 2º e 3º) (Pré-impressão)

- *Anexos I a IV são impressos oficiais do Governo Federal.*

Anexo V
Códigos dos Tipos de Receitas – (art. 3º, § 1º)

20001-8 – multas do Código Eleitoral e leis conexas.

20006-9 – recursos oriundos de fontes não identificadas dos partidos políticos – prestação de contas.

28843-8 – transferência de pessoas (doações ao Fundo Partidário).

Anexo VI
Códigos das Espécies de Multas Eleitorais (art. 3º, § 1º)

01 – Multas aplicadas a eleitores

02 – Multas aplicadas a órgãos partidários

03 – Multas aplicadas a candidatos

04 – Multas aplicadas a entidades privadas

05 – Multas aplicadas a agentes públicos

06 – Multas aplicadas a doadores (pessoa física)

07 – Multas aplicadas a doadores (pessoa jurídica)

08 – Multas aplicadas a mesários

09 – Multas aplicadas decorrentes de condenação criminal

10 – Outras espécies de multas eleitorais

Anexo VII
Códigos dos Motivos das Multas Eleitorais
(art. 3º, § 1º)

1 – Art. 8º do Código Eleitoral

2 – Art. 7º do Código Eleitoral

3 – Art. 124 do Código Eleitoral

4 – Arts. 7º e 124 do Código Eleitoral

5 – Art. 159, § 5º, do Código Eleitoral

6 – Art. 164, § 1º, do Código Eleitoral

7 – Art. 198, § 2º, do Código Eleitoral

8 – Art. 267, § 6º, do Código Eleitoral

9 – Art. 279, § 6º, do Código Eleitoral

10 – Art. 18, § 2º, da Lei nº 9.504/1997

11 – Art. 23, § 3º, da Lei nº 9.504/1997

12 – Art. 33, § 3º, da Lei nº 9.504/1997

13 – Art. 36, § 3º, da Lei nº 9.504/1997

14 – Art. 37, § 1º, da Lei nº 9.504/1997

15 – Art. 42, § 11, da Lei nº 9.504/1997

16 – Art. 43, parágrafo único, da Lei nº 9.504/1997

17 – Art. 45, § 2º, da Lei nº 9.504/1997

18 – Art. 58, § 3º, inciso III, alínea "f", da Lei nº 9.504/1997

19 – Art. 73, § 4º, da Lei nº 9.504/1997

20 – Art. 81, § 2º, da Lei nº 9.504/1997

21 – Art. 289 do Código Eleitoral

22 – Art. 290 do Código Eleitoral

23 – Art. 291 do Código Eleitoral

24 – Art. 292 do Código Eleitoral

25 – Art. 293 do Código Eleitoral

26 – Art. 295 do Código Eleitoral

27 – Art. 296 do Código Eleitoral

28 – Art. 297 do Código Eleitoral

29 – Art. 299 do Código Eleitoral

30 – Art. 300 do Código Eleitoral

31 – Art. 301 do Código Eleitoral

32 – Art. 302 do Código Eleitoral

33 – Art. 303 do Código Eleitoral

34 – Art. 304 do Código Eleitoral

35 – Art. 305 do Código Eleitoral

36 – Art. 306 do Código Eleitoral

37 – Art. 307 do Código Eleitoral

38 – Art. 308 do Código Eleitoral

39 – Art. 310 do Código Eleitoral

40 – Art. 313 do Código Eleitoral

41 – Art. 314 do Código Eleitoral

42 – Art. 315 do Código Eleitoral

43 – Art. 316 do Código Eleitoral

44 – Art. 318 do Código Eleitoral

45 – Art. 319 do Código Eleitoral

46 – Art. 320 do Código Eleitoral

47 – Art. 321 do Código Eleitoral

48 – Art. 323 do Código Eleitoral

49 – Art. 324 do Código Eleitoral

50 – Art. 325 do Código Eleitoral

51 – Art. 326 do Código Eleitoral

52 – Art. 331 do Código Eleitoral

53 – Art. 332 do Código Eleitoral

54 – Art. 335 do Código Eleitoral

55 – Art. 337 do Código Eleitoral

56 – Art. 338 do Código Eleitoral

57 – Art. 339 do Código Eleitoral

58 – Art. 340 do Código Eleitoral

59 – Art. 341 do Código Eleitoral

60 – Art. 342 do Código Eleitoral

61 – Art. 343 do Código Eleitoral

62 – Art. 344 do Código Eleitoral

63 – Art. 345 do Código Eleitoral

64 – Art. 346 do Código Eleitoral

65 – Art. 347 do Código Eleitoral

66 – Art. 348 do Código Eleitoral

67 – Art. 349 do Código Eleitoral

68 – Art. 350 do Código Eleitoral

69 – Art. 352 do Código Eleitoral

70 – Art. 41-A da Lei nº 9.504/1997

71 – Art. 9º do Código Eleitoral

72 – Art. 146, inciso VIII, do Código Eleitoral

73 – Art. 311 do Código Eleitoral

74 – Art. 326, § 2º, do Código Eleitoral

75 – Art. 353 do Código Eleitoral

76 – Art. 354 do Código Eleitoral

77 – Art. 33, § 4º, da Lei nº 9.504/1997

78 – Art. 34, § 2º, da Lei nº 9.504/1997

79 – Art. 34, § 3º, da Lei nº 9.504/1997

80 – Art. 39, § 5º, da Lei nº 9.504/1997

81 – Art. 40 da Lei nº 9.504/1997

82 – Art. 58, § 7º, da Lei nº 9.504/1997

83 – Art. 58, § 8º, da Lei nº 9.504/1997

84 – Art. 68, § 2º, da Lei nº 9.504/1997

85 – Art. 76, § 4º, da Lei nº 9.504/1997

86 – Art. 87, § 4º, da Lei nº 9.504/1997

87 – Art. 91, parágrafo único, da Lei nº 9.504/1997

Anexo VIII

(1) Códigos da Unidade Gestora e Gestão Favorecida da GRU (art. 3º, § 1º)

(2) Códigos do Branco do Brasil correspondente à UG/Gestão da GRU-Simples (apelido)

Sigla do Tribunal	(1)	(2)
TSE	070001/00001	00060
TRE/AC	070002/00001	00061
TRE/AM	070003/00001	00062
TRE/PA	070004/00001	00063
TRE/MA	070005/00001	00064
TRE/PI	070006/00001	00065
TRE/CE	070007/00001	00066
TRE/RN	070008/00001	00067
TRE/PB	070009/00001	00068
TRE/PE	070010/00001	00069
TRE/AL	070011/00001	00070
TRE/SE	070012/00001	00071
TRE/BA	070013/00001	00072
TRE/MG	070014/00001	00073
TRE/ES	070015/00001	00074
TRE/MS	070016/00001	00075
TRE/RJ	070017/00001	00076
TRE/SP	070018/00001	00077
TRE/PR	070019/00001	00078
TRE/SC	070020/00001	00079
TRE/RS	070021/00001	00080
TRE/MT	070022/00001	00081
TRE/GO	070023/00001	00082
TRE/RO	070024/00001	00083
TRE/DF	070025/00001	00084
SOF/TRE	070026/00001	00085
TRE/TO	070027/00001	00086
TRE/RR	070028/00001	00087
TRE/AP	070029/00001	00088

Anexo IX

Termo de Inscrição de Multa Eleitoral (art. 5º)

DEVEDOR: Nome: Qualificação: Endereço: CPF/CNPJ:
CORRESPONSÁVEIS E DEVEDORES SOLIDÁRIOS: 1. Nome: Qualificação: Endereço: CPF/CNPJ: 2. Nome: Qualificação: Endereço: CPF/CNPJ: 3. Nome: Qualificação: Endereço: CPF/CNPJ:
VALOR DA MULTA:
Dispositivo legal infringido:
Número do Processo/Acórdão:
Data da publicação ou notificação da decisão: / /
Data do trânsito em julgado: / /
Termo final do prazo para recolhimento da multa:
Inscrição nº , às fls. , em / /
Assinatura

PORTARIA TSE Nº 168, DE 18 DE ABRIL DE 2007

Estabelece normas de organização e apresentação de processos de tomada e prestação de contas, revogando as Portarias nº 309, de 28 de junho de 2005, e nº 150, de 5 de abril de 2006.

O Presidente do Tribunal Superior Eleitoral, no uso das atribuições legais e regimentais, e Considerando as disposições da Instrução Normativa nº 47, de 27 de outubro de 2004, do Tribunal de Contas da União – TCU, que estabelece normas de organização e apresentação de tomadas e prestações de contas, obrigando o seu cumprimento, sob pena de responsabilidade;

Considerando que o ordenador de despesas está sujeito à tomada de contas, a ser realizada pelo órgão de contabilidade e verificada pela auditoria interna, antes de ser encaminhada ao TCU;

Considerando que as atividades desenvolvidas pelos órgãos de controle interno dos tribunais regionais eleitorais estão sujeitas à orientação normativa, supervisão técnica e fiscalização específica do órgão central, integrante da estrutura da Secretaria do Tribunal Superior Eleitoral – TSE, sem prejuízo da subordinação hierárquica dos dirigentes dos tribunais eleitorais (Lei nº 8.868, de 14 de abril de 1994);

Considerando os princípios da racionalidade administrativa e da economicidade, que devem ser observados na organização de toda atividade dos órgãos públicos, nos termos do artigo 14 do Decreto-Lei nº 200, de 25 de fevereiro de 1967, resolve:

Estabelecer normas para elaboração, exame, pronunciamento e encaminhamento dos processos de tomadas de contas anual dos gestores de recursos públicos, no âmbito da Justiça Eleitoral.

TÍTULO I

Capítulo I – Dos Conceitos

Art. 1º. Para os efeitos desta Portaria, considera-se:

I – *agente responsável* – toda pessoa que utilize, arrecade, guarde, gerencie, administre ou responda por dinheiros, bens e valores públicos da União ou que em nome dela assuma obrigação de natureza pecuniária, ou que seja gestor de quaisquer recursos repassados pela União, mediante convênio, acordo, ajuste ou outros instrumentos congêneres, a Estado, ao Distrito Federal, a Município, a entidades públicas e a organizações particulares;

II – *tomada de contas anual* – processo de contas relativo à gestão dos responsáveis do tribunal eleitoral, referente aos atos de administração orçamentária, financeira e patrimonial e à guarda de bens e valores públicos, contendo documentos e informações, obtidos direta ou indiretamente, que permitam avaliar a conformidade e o desempenho da gestão;

III – *ordenador de despesas* – autoridade a quem o Regimento Interno do Tribunal, ou o Regulamento Interno da Secretaria do Tribunal, atribui competência para praticar atos de gestão orçamentária, financeira e patrimonial;

IV – *encarregado do setor financeiro* – autoridade incumbida de assinar, de acordo com o Regulamento Interno, juntamente com o ordenador de despesas, os atos de gestão orçamentária, financeira e patrimonial;

V – *encarregado do almoxarifado* – autoridade responsável pelo recebimento, pela entrega e guarda dos materiais no almoxarifado da unidade gestora, conforme Regulamento Interno;

VI – *unidade gestora* – nome da unidade organizacional responsável pelos atos praticados e registrados de gestão orçamentária, financeira e patrimonial, cujo dirigente está sujeito à tomada de contas anual;

VII – *dirigente da unidade administrativa* – Presidente do Tribunal, Diretor-Geral ou Secretário de Administração;

VIII – *exame do desempenho* – análise da eficácia, eficiência e efetividade da gestão em relação a padrões administrativos e gerenciais, expressos em metas e resultados negociados com a administração superior ou definidos nas leis orçamentárias, e da capacidade dos controles internos de minimizar riscos e evitar falhas e irregularidades.

Art. 2º. Os órgãos de controle interno utilizarão sistema de informações para validação dos dados atualizados relativos às unidades gestoras e rol de responsáveis.

§ 1º. A atualização do sistema indicado na cabeça deste artigo ficará a cargo de cada unidade gestora, devendo aquela que não estiver interligada proceder à informação dos dados necessários à compreensão das alterações promovidas ao respectivo órgão de controle interno, no prazo máximo de dez dias, a contar da publicação oficial.

§ 2º. Os órgãos de controle interno da Justiça Eleitoral deverão informar ao TCU, no prazo de trinta dias a contar da publicação dos respectivos atos legais e regimentais, os dados necessários para se conhecer a extensão e a amplitude das alterações promovidas pelos gestores na estrutura e no funcionamento das unidades jurisdicionadas, em especial as que afetem os procedimentos de administração orçamentária, financeira e patrimonial.

Capítulo II – Do Rol de Responsáveis

Art. 3º. Serão arrolados nos processos de contas os titulares e substitutos que desempenharem, durante a gestão de que tratam as contas, as seguintes naturezas de responsabilidade:

I – dirigente de unidade administrativa ou gerente responsável pela gestão de programa governamental definido no Plano Plurianual ou na Lei Orçamentária Anual;

II – responsável pela definição de critérios de distribuição e pela aprovação de plano de trabalho e das prestações de contas de recursos concedidos, mediante convênio, acordo, ajuste, termo de parceria ou outro instrumento de execução indireta ou descentralizada;

III – dirigente de unidade administrativa ou gerente responsável pela gestão patrimonial;

IV – ordenador de despesas;

V – encarregado da gestão orçamentária e financeira ou outro corresponsável por atos de gestão; e

VI – encarregado de almoxarifado ou de material em estoque.

§ 1º. Constarão do Rol de Responsáveis os seguintes dados:

I – nome completo e por extenso, e número do Cadastro de Pessoa Física do Ministério da Fazenda (CPF/MF);

II – identificação das naturezas de responsabilidade, conforme descrito no artigo anterior, e dos cargos ou funções exercidos;

III – indicação dos períodos de gestão, por cargo ou função;

IV – identificação dos atos de nomeação, designação ou exoneração, incluindo a data de publicação no Diário Oficial da União – DOU;

V – endereço residencial completo; e

VI – endereço eletrônico, se houver.

§ 2º. Quando os atos de gestão forem praticados por delegação de competência, constarão do Rol de Responsáveis as autoridades delegante e delegada, desde a delegação originária.

§ 3º. Os agentes responsáveis, titulares e substitutos, constarão do rol de responsáveis pelo período de efetiva gestão.

TÍTULO II

Capítulo I – Da Tomada de Contas Anual

Art. 4º. Estão sujeitos à tomada de contas anual os que figurem no Rol de Responsáveis, sendo o processo elaborado em conformidade com as disposições contidas nesta Portaria.

Art. 5º. Deverão ser remetidos aos respectivos órgãos de controle interno, até noventa dias contados da data do encerramento do correspondente exercício financeiro, os processos de tomada de contas anual, com vistas à realização tempestiva dos exames de auditoria e emissão dos laudos e pareceres correspondentes, bem como do pronunciamento da autoridade máxima do tribunal eleitoral.

Art. 6º. O processo de tomada de contas anual deverá ser apresentado ao TCU no prazo máximo de duzentos e dez dias, contados da data do encerramento do exercício financeiro a que se referir.

Parágrafo único. O prazo indicado na cabeça deste artigo somente poderá ser prorrogado, em caráter excepcional, mediante solicitação fundamentada formulada pelo Presidente do TSE ao Presidente do TCU.

Art. 7º. A inobservância do prazo fixado no artigo 6º ou do prazo adicional concedido pelo TCU, no caso de prorrogação, configurará omissão no cumprimento do dever de prestar contas, sujeitando os responsáveis à instauração de tomada de contas especial.

Art. 8º. O processo de tomada de contas anual será composto das peças a seguir, contendo as informações dos Anexos I a IX desta Portaria:

I – rol dos responsáveis, nos termos do artigo 3º desta Norma;

II – relatório de gestão, emitido pelos responsáveis;

III – declaração expressa da unidade de pessoal de que os responsáveis referidos no inciso I estão em dia com a exigência de apresentação das declarações de bens e rendas de que trata a Lei nº 8.730, de 10 de novembro de 1993;

IV – relatório de auditoria emitido pelo órgão de controle interno do tribunal eleitoral;

V – certificado de auditoria emitido pelo órgão de controle interno do tribunal eleitoral, nas modalidades regular, regular com ressalva ou irregular;

VI – demonstrativos contábeis encaminhados na forma de extratos, cujos conteúdos serão definidos pelo TCU, mediante decisão normativa específica;

VII – parecer conclusivo do dirigente do órgão de controle interno do tribunal eleitoral que examinou as contas, à luz das situações de normalidade, impropriedade ou irregularidade detectadas nos exames de auditoria;

VIII – pronunciamento expresso do presidente do tribunal eleitoral sobre as contas e o parecer do órgão de controle interno, atestando ter conhecimento das conclusões nele contidas.

§ 1º. Caso o ordenador de despesas seja o próprio presidente do tribunal eleitoral, cabe à respectiva Corte exarar o pronunciamento de que trata o inciso VIII deste artigo.

§ 2º. Os laudos mencionados nos incisos IV e V deste artigo serão emitidos por servidores designados pelos próprios tribunais eleitorais, salvo caracterização de incompatibilidade de atribuições cumuladas pelos referidos servidores.

§ 3º. As peças contábeis referidas no inciso VI deste artigo deverão ser assinadas por profissional legalmente habilitado, mencionando sua categoria funcional e profissional e o número de registro no Conselho Regional de Contabilidade.

§ 4º. A tomada de contas anual conterá, exclusivamente, os documentos indispensáveis à sua apresentação, vedada a inclusão de extratos, gráficos, relatórios, diagramas ou outras informações não previstas nas disposições contidas nesta Portaria.

§ 5º. Os processos de contas deverão incluir todos os recursos, orçamentários e extra-orçamentários, utilizados, arrecadados, guardados ou geridos pela unidade jurisdicionada ou pelos quais ela responda, inclusive aqueles oriundos de fundos de natureza contábil, recebidos de entes da administração pública federal ou descentralizados para execução indireta.

Art. 9º. A tomada de contas anual será entregue ao TCU somente com todas as peças estabelecidas por esta Portaria.

Capítulo II
Da Tomada de Contas Anual Simplificada

Art. 10. A unidade da Justiça Eleitoral que gerir, no exercício, volume de recursos inferior ao limite estabelecido pelo TCU organizará os processos de contas na forma simplificada.

§ 1º. O disposto neste artigo não se aplica às unidades alcançadas por uma das seguintes hipóteses:

I – cujos processos de contas contenham parecer do órgão de controle interno pela irregularidade;

II – cujos processos de contas do exercício anterior tenham responsáveis com contas julgadas irregulares ou que, caso ainda não julgadas, tenham recebido parecer do órgão de controle interno pela irregularidade;

III – envolvam recursos destinados a custear o pagamento de despesas de natureza sigilosa;

IV – tenham determinações expedidas pelo TCU não cumpridas pelos gestores ou pela unidade jurisdicionada, no exercício em referência;

V – tenham sido objeto de específica deliberação em contrário do TCU.

§ 2º. Para os efeitos desta Portaria, consideram-se recursos geridos o valor total da despesa realizada constante do balanço financeiro do final do exercício.

Capítulo III – Do Processo de Contas Consolidado

Art. 11. Os processos de tomada de contas anual poderão ser apresentados de forma consolidada, incluindo, neste caso, o conteúdo pertinente às unidades indicadas pelo TCU.

§ 1º. O conteúdo dos processos consolidados constitui elemento necessário à avaliação sistêmica da gestão das unidades envolvidas e das relações de subordinação, coordenação e supervisão entre as unidades gestoras e a unidade central, responsável pela definição dos objetivos, metas e formas de atuação das primeiras.

§ 2º. Para que o processo de contas possa ser apresentado na forma consolidada, deverá haver manifestação do órgão de controle interno competente pela regularidade ou pela irregularidade com ressalvas das contas dos responsáveis das unidades gestoras que integram o processo consolidado.

§ 3º. O órgão de controle interno competente deverá fazer constar do processo de contas consolidado os esclarecimentos individualmente oferecidos pelos responsáveis quanto às ressalvas apontadas, bem como se posicionar acerca da regularidade das contas.

§ 4º. As contas da unidade gestora constante do processo de contas consolidado deverão ser apresentadas e autuadas separadamente, caso haja manifestação do órgão de controle interno pela irregularidade das contas de qualquer um de seus responsáveis.

§ 5º. A Secretaria de Controle Interno do TSE submeterá à apreciação do TCU, até 30 de abril de cada ano, proposta detalhada das contas a serem apresentadas de forma consolidada, no exercício seguinte.

Capítulo IV
Da Tomada de Contas Anual Informatizada

Art. 12. Os processos de contas ordinárias poderão ser organizados e remetidos ao TCU por meio informatizado, considerando as necessidades de racionalização e simplificação do exame e do julgamento.

Parágrafo único. Os critérios de aplicabilidade e as orientações para a remessa e a apresentação das contas previstas neste artigo serão fixados pelo TCU em decisão normativa.

Art. 13. No caso de apresentação das contas de forma informatizada, deverá ser utilizado o Sistema de Coleta Eletrônica de Contas – Siscontas, disponibilizado pelo TCU para unidades e respectivos órgãos de controle interno, que possibilitará o encaminhamento das contas em meio informatizado, inclusive as simplificadas, via internet ou por meio magnético.

TÍTULO III – DAS DISPOSIÇÕES FINAIS

Art. 14. As tomadas de contas anuais deverão incluir os recursos orçamentários e extraorçamentários.

Art. 15. O pronunciamento a que se refere o inciso VIII do artigo 8º desta Portaria não poderá ser objeto de delegação.

Art. 16. Os gestores consignados no rol de responsáveis a que se refere o artigo 3º desta Portaria, salvo ação ou omissão dolosa ou culposa, não serão responsabilizados por prejuízo causado ao Erário em decorrência de ato praticado por agente subordinado que exorbitar das ordens recebidas.

Art. 17. Os responsáveis pelo órgão de controle interno, ao tomarem conhecimento de qualquer irregularidade ou ilegalidade, darão ciência de imediato ao TCU, sob pena de responsabilidade solidária e sujeição às sanções previstas na Lei Orgânica e no Regimento Interno do TCU.

Parágrafo único. Na comunicação ao TCU, o dirigente do órgão de controle interno deverá indicar as providências adotadas com relação à irregularidade ou ilegalidade constatada e as medidas implementadas, para evitar ocorrências semelhantes, bem como, se houver débito, deverá informar sobre a instauração do respectivo processo de tomada de contas especial.

Art. 18. As unidades dos tribunais eleitorais deverão indicar, quando for o caso, quais informações, entre as apresentadas no processo de contas, estão sujeitas a sigilo bancário, fiscal ou comercial, de forma a possibilitar tratamento adequado pelo TCU.

Art. 19. Os órgãos da Justiça Eleitoral deverão manter, para fins de fiscalização, os documentos comprobatórios, inclusive as de natureza sigilosa, pelo prazo mínimo de cinco anos, a partir da decisão definitiva de julgamento das contas pelo TCU.

Art. 20. A Secretaria de Controle Interno e Auditoria do TSE baixará as instruções que se fizerem necessárias ao cumprimento desta Portaria.

Art. 21. Ficam revogadas as Portarias nº 309, de 28 de junho de 2005, e nº 150, de 5 de abril de 2006.

Art. 22. Esta Portaria entra em vigor na data da publicação.

Brasília, 18 de abril de 2007.

Ministro Marco Aurélio – Presidente

DOU de 23.4.2007

ANEXO I
CONTEÚDO DO RELATÓRIO DE GESTÃO
DOCUMENTOS E INFORMAÇÕES GERAIS A CONSTAR DO RELATÓRIO DE GESTÃO

1. Dados gerais de identificação da unidade jurisdicionada, compreendendo nome, sigla, Cadastro Nacional de Pessoas Física – CNPJ, natureza jurídica, vinculação, endereço completo, gestões e unidades gestoras (UGs) utilizadas no Sistema Integrado de Administração Financeira do Governo Federal – SIAFI, norma de criação, finalidade, normas que estabeleceram a estrutura organizacional adotada no período, função de governo predominante, tipo de atividade e situação da unidade (se em funcionamento, em liquidação, em extinção, extinta no exercício etc.).

2. Descrição dos objetivos e metas (físicas e financeiras) pactuados nos programas sob sua gerência, previstos na Lei Orçamentária Anual, e das ações administrativas (projetos e atividades) contidas no seu plano de ação.

3. Descrição dos indicadores e outros parâmetros utilizados para gerenciar a conformidade e o desempenho dos programas governamentais e/ou das ações administrativas.

4. Medidas implementadas e a implementar com vistas ao saneamento de eventuais disfunções estruturais ou situacionais que prejudicaram ou inviabilizaram o alcance dos objetivos e metas colimados, inclusive aquelas de competência de outras unidades da administração pública.

5. Discriminação das transferências e recebimentos de recursos mediante convênio, acordo, ajuste, termo de parceria ou outros instrumentos congêneres, bem como a título de subvenção, auxílio ou contribuição, destacando, dentre outros aspectos, a correta aplicação dos recursos repassados ou recebidos e o atingimento dos objetivos e metas colimados, parciais e/ou totais, sendo que, nas hipóteses do artigo 8º da Lei nº 8.443, de 16 de julho de 1992, deverão constar, ainda, informações sobre as providências adotadas para a devida regularização de cada caso, inclusive sobre a instauração da correspondente tomada de contas especial.

6. Demonstrativo sintético dos valores gastos com cartões de crédito, discriminando o total de despesas pagas mediante fatura e saques no período a que se

referem as contas, apresentando, sempre que possível, uma série histórica desses valores, considerando o exercício a que se referem as contas e os dois exercícios anteriores.

7. Informação quanto ao efetivo encaminhamento ao órgão de controle interno dos dados e informações relativos aos atos de admissão e desligamento exigíveis no exercício a que se referem as contas, nos termos do artigo 8º da Instrução Normativa – IN/TCU nº 44, de 2 de outubro de 2002.

8. Informação quanto ao efetivo encaminhamento ao órgão de controle interno dos dados e informações relativos aos atos de concessão de aposentadoria, reforma e pensão exigíveis no exercício a que se referem as contas, nos termos do artigo 8º da IN/TCU nº 44, de 2 de outubro de 2002;

9. Providências adotadas para dar cumprimento às determinações do TCU expedidas no exercício ou as justificativas para o caso de não cumprimento.

10. Demonstrativo sintético das tomadas de contas especiais cujo valor seja inferior àquele estabelecido pelo TCU em normativo específico, emitido pelo setor competente, conforme inciso I do artigo 7º da IN/TCU nº 13, de 4 de dezembro de 1996 (Deve ser apresentado e capeado em volume destacável das contas com numeração própria de folhas).

11. Demonstrativo relacionando as tomadas de contas especiais em que, antes de serem encaminhadas ao TCU, tenha ocorrido a aprovação da prestação de contas dos recursos financeiros repassados, mesmo que apresentada intempestivamente, ou tenha ocorrido o recolhimento do débito imputado, desde que comprovada a ausência de má-fé do responsável, conforme inciso II do artigo 7º da IN/TCU nº 13, de 4 de dezembro 1996.

12. Demonstrativo contendo informações relativas às ocorrências de perdas, extravios ou outras irregularidades em que o dano foi imediatamente ressarcido, sem que tenha sido caracterizada a má-fé de quem lhe deu causa, tendo, assim, ficado a autoridade administrativa competente dispensada da instauração de tomada de contas especial, conforme § 3º do artigo 197 do Regimento Interno – RI/TCU;

13. Manifestação acerca da observância às normas legais e regulamentares, pelos partidos políticos, na aplicação dos recursos que compõem o Fundo Partidário, sendo que, nas hipóteses do artigo 8º da Lei nº 8.443, de 1992, deverão constar, ainda, informações sobre as providências adotadas para a devida regularização de cada caso, inclusive sobre a instauração da correspondente tomada de contas especial. A manifestação deverá ser acompanhada de demonstrativo anual contendo:

a. valor total de recursos recebidos do Fundo Partidário;

b. identificação do partido político e dos responsáveis (incluindo registro no TSE);

c. valor da cota recebida;

d. situação da prestação de contas (regular, regular com ressalva, irregular); e

e. no caso de instauração de tomada de contas especial, informar o número do processo, fato que a originou, data de instauração, responsáveis indicados e valores envolvidos.

14. Quantidade percentual das funções comissionadas e dos cargos de comissão ocupadas por servidores integrantes das carreiras judiciárias da União, de acordo com os § 1º e § 2º do artigo 9º da Lei nº 9.421, de 24 de dezembro de 1996, com redação dada pela Lei nº 10.475, de 27 de junho de 2002;

15. Outras informações consideradas pelos responsáveis como relevantes para a avaliação da conformidade e do desempenho da gestão.

ANEXO II
CONTEÚDO DOS DEMONSTRATIVOS CONTÁBEIS

1. Balanço Orçamentário previsto na Lei nº 4.320, de 17 de março de 1964;

2. Balanço Financeiro previsto na Lei nº 4.320, de 17 de março de 1964;

3. Balanço Patrimonial previsto na Lei nº 4.320, de 17 de março de 1964;

4. Demonstração das Variações Patrimoniais, previsto na Lei nº 4.320, de 17 de março de 1964.

ANEXO III
CONTEÚDO
DA DECLARAÇÃO DA UNIDADE DE PESSOAL

1. Indicação, para cada responsável arrolado nas contas, se está, ou não, em dia com a obrigação de apresentar a declaração de bens e rendas de que trata a Lei nº 8.730, de 10 de novembro de 1993, perante a respectiva unidade de pessoal.

ANEXO IV
CONTEÚDO DO RELATÓRIO DE AUDITORIA DE GESTÃO PARA PROCESSOS COMPLETOS

1. Avaliação dos resultados quantitativos e qualitativos da gestão, em especial quanto à eficácia e eficiência no cumprimento dos objetivos e metas (físicas e financeiras) planejados e/ou pactuados, apontando as causas que prejudicaram o desempenho da ação administrativa e as providências adotadas.

2. Avaliação sobre a qualidade e confiabilidade dos indicadores utilizados para avaliar o desempenho da gestão, bem como dos controles internos implementados pelos gestores para evitar ou minimizar os riscos inerentes à execução orçamentária, financeira, operacional e patrimonial.

3. Situação das transferências e recebimentos de recursos mediante convênio, acordo, ajuste, termo de parceria ou outros instrumentos congêneres, bem como a título de subvenção, auxílio ou contribuição, destacando, entre outros aspectos, a observância às normas legais e regulamentares pertinentes, em especial às exigências para a realização de transferência voluntária estabelecidas nos artigos 11 e 25 da Lei Complementar nº 101, de 4 de maio de 2000, a correta aplicação dos recursos repassados e o atingimento dos objetivos e metas colimados, parciais e/ou totais, sendo que, nas hipóteses do art. 8º da Lei nº 8.443, de 1992, deverão constar, ainda, informações sobre as providências adotadas para a de-

vida regularização de cada caso, inclusive sobre a instauração da correspondente tomada de contas especial.

4. Regularidade dos processos licitatórios, dos atos relativos a dispensa e inexigibilidade de licitação, bem como dos contratos administrativos.

5. Política de recursos humanos, destacando, em especial, a força de trabalho existente e a observância à legislação sobre admissão, remuneração, cessão e requisição de pessoal, bem como, se for o caso, sobre concessão de aposentadoria, reforma e pensão.

6. Cumprimento, pelo órgão ou entidade, das determinações e recomendações expedidas pelo TCU no exercício em referência.

7. Auditorias planejadas e realizadas pelos órgãos de controle interno da própria entidade jurisdicionada, com as justificativas, se for o caso, quanto ao não cumprimento das metas previstas, e a indicação dos resultados e providências adotadas a partir desses trabalhos.

8. Regularidade da utilização de cartões de crédito para pagamentos de despesas efetuadas pelo órgão ou entidade.

9. Falhas e irregularidades constatadas que não resultaram em dano ou prejuízo, indicando os responsáveis e as providências adotadas.

10. Irregularidades que resultaram em dano ou prejuízo, indicando os atos de gestão ilegais, ilegítimos ou antieconômicos, os responsáveis, o valor do débito e as medidas implementadas com vistas à correição e ao pronto ressarcimento.

11. Análise conclusiva sobre as justificativas apresentadas pelos responsáveis sobre as irregularidades que forem apontadas.

12. Manifestação, ante o disposto no artigo 32 da Lei nº 9.096, de 19 de setembro de 1995, sobre a observância, ou não, pelo órgão auditado, das normas legais referentes à cobrança e análise das prestações de contas relativas à aplicação dos recursos do Fundo Partidário pelos partidos políticos.

CONTEÚDO DO RELATÓRIO DE AUDITORIA DE GESTÃO PARA PROCESSOS SIMPLIFICADOS

1. Total da despesa realizada, da receita arrecadada ou do patrimônio gerido.

2. Regularidade da utilização de cartões de crédito para pagamentos de despesas efetuadas pelo órgão ou entidade.

3. Sinopse das falhas detectadas, indicando as medidas saneadoras adotadas.

4. Cumprimento, pelo órgão ou entidade, das determinações expedidas pelo TCU no exercício em referência.

5. Justificativas apresentadas pelo responsável sobre as irregularidades que forem apontadas;

6. Manifestação, ante o disposto no art. 32 da Lei nº 9.096, de 1995, sobre a observância, ou não, pelo órgão auditado, das normas legais referentes à cobrança e análise das prestações de contas relativas à aplicação dos recursos do Fundo Partidário pelos partidos políticos.

ANEXO V
CONTEÚDO DO CERTIFICADO DE AUDITORIA

Avaliação sobre a regularidade da gestão dos responsáveis arrolados (regular, regular com ressalva ou irregular), com a síntese das falhas e irregularidades constatadas após análise das justificativas apresentadas, identificando, quando for o caso, quais as falhas que resultaram na(s) ressalva(s) indicadas e quais irregularidades que resultaram no parecer pela irregularidade.

CONTEÚDO DO PARECER DO DIRIGENTE DO ÓRGÃO DE CONTROLE INTERNO

1. Avaliação das conclusões sobre a regularidade da gestão (regular, regular com ressalva ou irregular) constantes do certificado de auditoria, indicando, sinteticamente, as falhas e irregularidades verificadas e as medidas já adotadas pelos gestores para corrigir e evitar ocorrências similares.

ANEXO VI
CONTEÚDO DO PRONUNCIAMENTO MINISTERIAL OU AUTORIDADE EQUIVALENTE

1. Pronunciamento expresso do Ministro de Estado supervisor da unidade jurisdicionada ou da autoridade de nível hierárquico equivalente sobre as contas e o parecer do órgão de controle interno, atestando haver tomado conhecimento das conclusões nele contidas.

ANEXO VII
REFERÊNCIAS PARA COMPOSIÇÃO DAS INFORMAÇÕES SOLICITADAS NO RELATÓRIO DE GESTÃO

1. DADOS GERAIS SOBRE A UNIDADE JURISDICIONADA:

a. nome completo e oficial do órgão, entidade, empresa, fundo etc.

b. número do CNPJ;

c. natureza jurídica;

d. vinculação ministerial;

e. endereço completo da sede (logradouro, bairro, cidade, CEP, UF, números de telefone e fac-símile para contato);

f. endereço da página institucional na internet;

g. código e nome do órgão, das unidades gestoras (UGs) e gestões utilizados no Siafi, quando houver;

h. norma(s) de criação e finalidade da unidade jurisdicionada;

i. norma(s) que estabelece(m) a estrutura orgânica no período de gestão sob exame; e

j. publicação no Diário Oficial da União – DOU do Regimento Interno ou Estatuto da Unidade Jurisdicionada de que tratam as contas.

2. OBJETIVOS E METAS:

a. identificação do programa governamental e/ou das ações administrativas do plano de ação do período de que tratam as contas;

b. descrição do programa, projeto/atividade ou ação administrativa em termos do objetivo geral, dos objetivos específicos e dos beneficiários;

c. indicadores utilizados para avaliar o desempenho do programa, projeto/atividade ou ação administrativa; e

d. metas físicas e financeiras previstas na Lei Orçamentária e/ou pactuadas com o supervisor ministerial para o período sob exame nas contas.

3. INDICADORES OU PARÂMETROS DE GESTÃO:

a. nome do indicador ou parâmetro utilizado para avaliar o desempenho da gestão sob exame nas contas;

b. descrição (o que pretende medir) e tipo de indicador (de eficácia, de eficiência ou de efetividade);

c. fórmula de cálculo e método de medição;

d. responsável pelo cálculo/medição.

4. ANÁLISE CRÍTICA DOS RESULTADOS ALCANÇADOS:

a. identificação do programa, projeto/atividade ou ação administrativa;

b. indicadores ou parâmetros utilizados na análise;

c. metas físicas e financeira realizadas (valor alcançado); e

d. avaliação do resultado, indicando as causas de sucesso ou insucesso.

5. MEDIDAS ADOTADAS PARA SANEAR DISFUNÇÕES DETECTADAS:

a. identificação do programa, projeto/atividade ou ação administrativa;

b. disfunção estrutural ou situacional que prejudicou ou inviabilizou o alcance dos objetivos e metas colimados;

c. medidas implementadas e/ou a implementar para tratar as causas de insucesso; e

d. responsáveis pela implementação das medidas.

6. TRANSFERÊNCIAS DE RECURSOS (CONVÊNIOS E OUTROS MEIOS):

(01)	(02)	(03)	(04)	(05)	(06)	(07)	(08)	(09)	(10)

01 – Tipo (Tipo de transferência: convênio, acordo, ajuste, parceria, subvenção, auxílio ou contribuição)

02 – Código Siafi/Siasg

03 – Identificação do Termo Inicial ou Aditivos (nº do processo e do termo, data assinatura, vigência etc.)

04 – Objeto da avença

05 – Data de publicação no DOU

06 – Valor total pactuado

07 – Valor total recebido/transferido no Exercício

08 – Contrapartida

09 – Beneficiário (Razão Social e CNPJ)

10 – Situação da Avença (alcance de objetivos e metas, prestação de contas, sindicância, TCE S/N?)

Obs.: no caso de instauração de processo administrativo para sindicância ou de tomada de contas especial, informar:

— número do processo;

— fato que originou;

— identificação da unidade ou do responsável pela apuração;

— identificação dos responsáveis (nome, CPF e cargo/função);

— valores originais e datas de competência; e

— situação do processo (providências adotadas e a adotar, inclusive quanto à suspensão de transferência, prazo de conclusão do processo etc.).

7. GASTOS COM CARTÕES DE CRÉDITO:

a. total de despesas realizadas mediante o uso de cartões de crédito;

b. total de saques realizados mediante o uso de cartões de crédito;

c. série histórica de gastos com cartões de crédito, considerados o exercício a que se referem as contas e os dois exercícios anteriores.

ANEXO VIII
REFERÊNCIAS PARA COMPOSIÇÃO DAS INFORMAÇÕES SOLICITADAS NO RELATÓRIO DE AUDITORIA DE GESTÃO

1. CUMPRIMENTO DAS METAS PREVISTAS NO PLANO PLURIANUAL E NA LEI DE DIRETRIZES ORÇAMENTÁRIAS:

a. Programas de governo ou programa de trabalho da unidade jurisdicionada:

I – programa/ação administrativa;

II – objetivos gerais e específicos;

III – metas previstas (unidade);

IV – resultados alcançados;

V – avaliação crítica dos resultados alcançados e do desempenho da unidade jurisdicionada;

VI – No caso em que não houver atingimento das metas, relacionar os fatos que prejudicaram o desempenho administrativo e as providências adotadas.

1. AVALIAÇÃO DOS INDICADORES(*):

a. Constar nome do indicador, acompanhado da descrição e avaliação da sua qualidade(**) e da sua confiabilidade(***).

(*) Para ser satisfatório (avaliação da sua qualidade), o indicador deverá possuir as seguintes características:

— representatividade: o indicador deve ser a expressão dos produtos essenciais de uma atividade ou função; o enfoque deve ser no produto: medir aquilo que é produzido, identificando produtos intermediários e finais, além dos impactos desses produtos;

— homogeneidade: na construção de indicadores devem ser consideradas apenas variáveis homogêneas;

— praticidade: garantia de que o indicador realmente funciona na prática e permite a tomada de decisões gerenciais. Para tanto, deve ser testado;

— validade: o indicador deve refletir o fenômeno a ser monitorado;

— independência: o indicador deve medir os resultados atribuíveis às ações que se quer monitorar, devendo ser evitados indicadores que possam ser influenciados por fatores externos à ação do gestor;

— simplicidade: o indicador deve ser de fácil compreensão e não envolver dificuldades de cálculo ou de uso;

— cobertura: os indicadores devem representar adequadamente a amplitude e a diversidade de características do fenômeno monitorado, resguardado o princípio da seletividade e da simplicidade;

— economicidade: as informações necessárias ao cálculo do indicador devem ser coletadas e atualizadas a um custo razoável, em outras palavras, a manutenção da base de dados não pode ser dispendiosa;

— acessibilidade: deve haver facilidade de acesso às informações primárias bem como de registro e manutenção para o cálculo dos indicadores;

— estabilidade: a estabilidade conceitual das variáveis componentes e do próprio indicador bem como a estabilidade dos procedimentos para sua elaboração são condições necessárias ao emprego de indicadores para avaliar o desempenho ao longo do tempo.

(**) Para que haja confiabilidade, é necessário que a fonte dos dados utilizada para o cálculo do indicador seja confiável, de tal forma que diferentes avaliadores possam chegar aos mesmos resultados.

• *No DOU de 23.4.2007, págs. 71/72, consta a chamada (***) mas não consta a nota.*

b. Seguir o princípio da seletividade, estabelecendo um número equilibrado de indicadores que enfoquem os aspectos essenciais do que se quer monitorar.

2. *(Omissis).*

• *Não consta o item 2 no DOU de 23.4.2007, pág. 72.*

3. SITUAÇÃO DAS TRANSFERÊNCIAS VOLUNTÁRIAS CONCEDIDAS E RECEBIDAS:

(01)	(02)	(03)	(04)	(05)	(06)	(07)

01 – Identificação (nº do convênio, acordo, ajuste, termo de parceria ou outros), objeto e valor

02 – Observância aos arts. 11 e 25 da Lei Complementar nº 101/2000

03 – Meta ou objetivo previsto

04 – Resultados alcançados

05 – Situação da prestação de contas

06 – Atos e fatos que prejudicam o desempenho (*)

07 – Providências adotadas.

(*) No caso da unidade ser concedente de recursos, apresentar providências adotadas para os casos onde houver atraso ou ausência das prestações de contas parcial ou final, conforme previsão do art. 8º da Lei nº 8.443, de 1992.

4. REGULARIDADE DOS PROCEDIMENTOS LICITATÓRIOS:

a. Identificação dos contratos relativos à dispensa e inexigibilidade de licitação:

I – objeto da contratação e valor (R$);

II – fundamentação da dispensa ou inexigibilidade;

III – responsável pela fundamentação e CPF;

IV – identificação do Contratado (nome/razão social e CPF/CNPJ);

V – avaliação se o contrato é regular ou irregular;

b. Análise da regularidade dos demais processos licitatórios (incluindo percentual examinado).

5. POLÍTICA DE RECURSOS HUMANOS:

a. Servidores ativos.

I – número de servidores por categoria funcional.

b. Aspectos legais observados (inclusive registro do ato no TCU) quanto à:

I – admissão;

II – remuneração;

III – cessão;

IV – requisição;

V – concessão de aposentadoria;

VI – concessão de reforma;

VII – concessão de pensão.

6. CUMPRIMENTO DAS DETERMINAÇÕES E RECOMENDAÇÕES EXARADAS PELO TCU:

a. Número do acórdão e descrição da determinação/recomendação exarada; e

b. Avaliação do órgão de controle interno sobre o atendimento de determinação (parcial ou total), incluindo análise sobre eventuais justificativas do gestor para o descumprimento e providências adotadas.

7. AUDITORIAS PLANEJADAS E REALIZADAS PELO CONTROLE INTERNO DA UNIDADE JURISDICIONADA:

a. Descrição das auditorias realizadas:

b. Verificação de que as auditorias inicialmente planejadas foram realmente realizadas;

c. Resultados e providências adotadas a partir das constatações feitas pelas auditorias;

d. Justificativas, se for o caso, quanto ao não cumprimento das metas de fiscalizações previstas.

8. ANÁLISE DO USO DE CARTÕES DE CRÉDITO

a. Análise da regularidade da utilização de cartões de crédito para pagamentos de despesas, observadas, no caso de órgãos ou entidades da administração pública federal direta, autárquica ou fundacional, as disposições do Decreto nº 5.355, de 25 de janeiro de 2005.

9. FALHAS E/OU IRREGULARIDADES (ESTRUTURA PADRÃO PARA DESCRIÇÃO DE IRREGULARIDADES VERIFICADAS, COM OU SEM DANO APURADO, E CONSEQUENTE CARACTERIZAÇÃO DA RESPONSABILIDADE DOS GESTORES ENVOLVIDOS):

(01)	(02)	(03)	(04)	(05)	(06)

01 – ACHADO

02 – RESPONSÁVEL(EIS)

03 – PERÍODO DE EXERCÍCIO

04 – CONDUTA

05 – NEXO DE CAUSALIDADE (entre a conduta e o resultado ilícito)

06 – CULPABILIDADE

ACHADO/CONSTATAÇÃO: descrição sucinta da situação encontrada, caracterizada como falha ou irregularidade:

FALHA: Quando não resulta dano ao erário, necessitando da adoção de medidas corretivas (Lei 8.443, de 1992).

IRREGULARIDADE: Resulta dano ao erário ou decorre de infração à norma legal ou regulamentar de natureza contábil, financeira, orçamentária, operacional ou patrimonial.

DANO OU PREJUÍZO: informar os valores correspondentes ao dano ou prejuízo apurado, se houver, indicando os valores originais e data da ocorrência.

RESPONSÁVEL(EIS): nome, CPF e Cargo/Função.

PERÍODO DE EXERCÍCIO: período efetivo de exercício no cargo/função, seja como titular ou substituto, no caso de não constarem do rol de responsáveis.

CONDUTA: ação ou omissão, culposa (por negligência, imprudência ou imperícia) ou dolosa (por ter o responsável querido produzir o resultado ou ter assumido o risco de produzi-lo), praticada pelo responsável.

Indicar a norma que especifique as atribuições dos cargos/funções (Lei, Decreto, Estatuto, Regimento Interno, Portaria etc.). Para cada conduta irregular, deve-se preencher uma linha da matriz, sendo suficiente somente uma linha no caso de vários responsáveis com idêntica conduta. Condutas e resultados repetidos de um mesmo gestor (por exemplo: várias contratações sem licitação), desde que idênticas, podem ser agrupadas em uma única linha.

NEXO DE CAUSALIDADE (entre a conduta e o resultado ilícito): evidências de que a conduta do responsável contribuiu significativamente para o resultado ilícito, ou seja, de que foi uma das causas do resultado.

Para facilitar o preenchimento do campo "nexo de causalidade", deve-se fazer o seguinte exercício hipotético: "se retirarmos do mundo a conduta do responsável, ainda assim o resultado teria ocorrido e, caso positivo, teria ocorrido com a mesma gravidade?".

CULPABILIDADE: significa a reprovabilidade da conduta do gestor. Este campo somente deve ser preenchido nos casos em que se concluir pela existência de irregularidades.

Para preenchimento do campo "culpabilidade", devem ser respondidas as seguintes perguntas:

a) houve boa-fé do gestor?

b) o gestor praticou o ato após prévia consulta a órgãos técnicos ou, de algum modo, respaldado em parecer técnico?

c) é razoável afirmar que era possível ao gestor ter consciência da ilicitude do ato que praticara?

d) era razoável exigir do gestor conduta diversa daquela que ele adotou, consideradas as circunstâncias que o cercavam? Caso afirmativo, qual seria essa conduta?

Quando for o caso, tecer considerações acerca da punibilidade do gestor (por exemplo: morte, o que impede a aplicação de multa, ou ainda a existência de circunstâncias atenuantes ou agravantes, como, por exemplo, medidas corretivas ou reparatórias adotadas pelo gestor, existência de afirmações ou documentos falsos etc.).

OBS: Devem ser anexados ao processo os papeis de trabalho que demonstrem as ocorrências que tenham motivado o parecer pela irregularidade das contas, acompanhados de documentos que atestem e comprovem os atos/fatos que geraram essa certificação. Todos os documentos e papeis de trabalho anexados devem ter sua localização no processo de contas referenciada no Relatório de Auditoria de Gestão. Informar sobre providências adotadas por parte dos gestores e dirigentes no sentido de apurar as irregularidades, punir os culpados e restituir o dano/prejuízo, bem como a instauração de processo administrativo disciplinar e de tomada de contas especial.

Aplica-se esta matriz também para os responsáveis solidários, que devem sempre ser arrolados desde o início do processo, para fins de audiência e citação no TCU.

10. ANÁLISE DAS JUSTIFICATIVAS SOBRE IRREGULARIDADES APRESENTADAS PELOS RESPONSÁVEIS:

a. Análise individualizada das justificativas apresentadas pela unidade, e, quando possível, das manifestações dos responsáveis, para cada irregularidade que tenha sido apontada, e a conclusão sobre a procedência, ou não, das alegações.

ANEXO X – ROTEIRO DE VERIFICAÇÃO DE PEÇAS E CONTEÚDOS

ROTEIRO DE VERIFICAÇÃO DE PEÇAS E CONTEÚDO – EXERCÍCIO 2006

Tomadas de Contas dos órgãos dos PODERES LEGISLATIVO E JUDICIÁRIO, DO MINISTÉRIO PÚBLICO DA UNIÃO E DO TRIBUNAL DE CONTAS DA UNIÃO

ÓRGÃO/ENTIDADE	VALOR DOS RECURSOS GERIDOS (art. 3º, § 2º DN)

PEÇAS EXIGIDAS (art. 14, IN/TCU nº 47/2004)	LOCALIZAÇÃO (Volume/fls.)
I – Rol dos Responsáveis	
II – Relatório de gestão com os conteúdos do anexo I apresentados em títulos específicos, destacando a localização dos itens abaixo discriminados	
Demonstrativo sintético de tomada de contas especial, conforme indicado no item 11 do Anexo I (Deve ser apresentado e capeado em volume destacável das contas com numeração própria de suas folhas)	
Demonstrativo relacionando tomada de contas especial, conforme indicado no item 12 do Anexo I	
Demonstrativo contendo informações de danos ressarcidos, conforme indicado no item 13 do Anexo I	
III – Demonstrativos contábeis	
Balanço Orçamentário previsto na Lei nº 4.320/1964	
Balanço Financeiro previsto na Lei nº 4.320/1964	
Balanço Patrimonial previsto na Lei nº 4.320/1964	
Demonstração das Variações Patrimoniais prevista na Lei nº 4.320/1964	
IV – Declaração da Unidade de Pessoal quanto ao atendimento por parte dos responsáveis da obrigação de apresentação da declaração de bens e rendas	
V – Relatórios e pareceres de órgãos e entidades que devam se pronunciar sobre as contas ou sobre a gestão	
Parecer do órgão de auditoria interna	
VI – Relatório de auditoria de gestão, emitido pelo órgão de controle interno competente	
VII – Certificado de auditoria emitido pelo órgão de controle interno competente	
VIII – Parecer conclusivo do dirigente do órgão de controle interno competente	
IX – Pronunciamento ministerial ou da autoridade equivalente	
SITUAÇÃO: 1 ( ) A Tomada de Contas está constituída de todas as peças relacionadas no art. 14 da IN/TCU nº 47/2004 e conteúdos constantes dos Anexos II a VIII da DN/TCU nº 81/2006, estando em condição de ser encaminhada ao TCU 2 ( ) Ausente(s) na Tomada de Contas a(s) peça(s)/conteúdo(s) exigidos pela IN/TCU nº 47/2004 e pela DN/TCU nº 81/2006, relacionado(s) abaixo, com a respectiva justificativa, se houver:	
LOCAL/DATA	

INSTRUÇÕES NORMATIVAS

INSTRUÇÃO NORMATIVA SRF Nº 36, DE 21 DE JUNHO DE 1996

Dispõe sobre a arrecadação das multas do Código Eleitoral e leis conexas pela rede arrecadadora de receitas federais.

O Secretário da Receita Federal, no uso de suas atribuições e tendo em vista o disposto na Resolução TSE nº 19.585, resolve:

Art. 1º. As multas previstas no Código Eleitoral e Leis conexas serão recolhidas ao Tesouro Nacional, por intermédio das agências bancárias integrantes da rede arrecadadora de receitas federais, mediante preenchimento de Documento de Arrecadação de Receitas Federais – DARF, preenchido de acordo com as instruções anexas.

Art. 2º. Fica revogada a Instrução Normativa nº 37, de 24 de março de 1992.

Art. 3º. Esta Instrução Normativa entra em vigor na data de sua publicação.

Everardo Maciel

INSTRUÇÕES ANEXAS PARA PREENCHIMENTO DO DOCUMENTO DE ARRECADAÇÃO DE RECEITAS FEDERAIS – DARF:

1. Número de vias: 03(três)
2. Destino das vias:

1ª: contribuinte

2ª: retida pela agência bancária

3ª: contribuinte, que a entregará ao Cartório Eleitoral.

Obs: a terceira via será autenticada a carimbo

3. Forma de preenchimento:

Datilografado ou manuscrito em letra de forma, de forma legível, sem emenda ou rasura.

4. Preenchimento:

CAMPO DO DARF	O QUE DEVE CONTER
01	Não preencher;
02	Informar a data em que o pagamento estiver sendo efetuado;
03	Indicar o número do CPF;
04	Preencher com o nº 3471;
05	Não preencher;
06	Não preencher;
07	Indicar o valor da multa em reais;
08	Não preencher;
09	Não preencher;
10	Transcrever o valor do campo 07;
11	Não preencher
12	Nome do contribuinte;
13	Número do telefone do contribuinte, se tiver;
14	Informar o número do título de eleitor e da zona eleitoral.

DOU de 28.6.1996

INSTRUÇÃO NORMATIVA CONJUNTA SRF/TSE Nº 1.019, DE 10 DE MARÇO DE 2010

Dispõe sobre atos, perante o Cadastro Nacional da Pessoa Jurídica (CNPJ), dos comitês financeiros de partidos políticos e de candidatos a cargos eletivos, inclusive vices e suplentes.

O Secretário da Receita Federal do Brasil e o Diretor-Geral da Secretaria do Tribunal Superior Eleitoral, no uso de suas atribuições, resolvem:

Art. 1º. Estão obrigadas à inscrição no Cadastro Nacional da Pessoa Jurídica (CNPJ), na forma estabelecida por esta Instrução Normativa, as seguintes pessoas físicas e entidades:

I – candidatos a cargos eletivos, inclusive vices e suplentes;

II – comitês financeiros dos partidos políticos.

§ 1º. A inscrição de que trata este artigo destina-se à abertura de contas bancárias e ao controle de documentos relativos à captação, movimentação de fundos e gastos de campanha eleitoral.

§ 2º. A natureza jurídica a ser atribuída na inscrição cadastral será:

I – para os comitês financeiros dos partidos políticos: 399-9 – Associação Privada;

II – para os candidatos a cargos eletivos: 409-0 – Candidato a Cargo Político Eletivo.

§ 3º. Para fins do disposto neste artigo, o código da Classificação Nacional de Atividades Econômicas (CNAE) a ser atribuído na inscrição será 9492-8/00 – Atividades de Organizações Políticas.

§ 4º. Para a finalidade prevista no § 1º, os diretórios partidários deverão utilizar sua inscrição no CNPJ já existente, nos termos do inciso I do § 4º do art. 11 da Instrução Normativa RFB nº 1.005, de 8 de fevereiro de 2010.

Art. 2º. A Secretaria de Tecnologia da Informação do Tribunal Superior Eleitoral (STI/TSE) encaminhará, em cada eleição, observados o cronograma e os procedimentos estabelecidos pelo TSE, à Secretaria da Receita Federal do Brasil (RFB) relação das pessoas e entidades mencionadas nos incisos I e II do caput art. 1º, por meio eletrônico, de acordo com modelo a ser fornecido pela RFB, dispensada qualquer outra exigência para efetivação das inscrições no CNPJ.

§ 1º. Para fins de inscrição, a RFB considerará:

I – no caso de candidato a cargo eletivo, inclusive vices e suplentes, o respectivo número de inscrição no Cadastro da Pessoa Física (CPF) e do título de eleitor, e o cargo eletivo ao qual concorre;

II – no caso de comitê financeiro de partido político, o município, o partido, o tipo de comitê financeiro constituído e o número de inscrição do seu presidente no CPF.

§ 2º. No caso de eleição ordinária, a denominação a ser utilizada como nome empresarial, para fins de inscrição no CNPJ, deverá conter:

- *§ 2º,* caput, *com redação dada pela Instrução Normativa Conjunta RFB/TSE nº 1.179/2011.*

I – para os candidatos a cargos eletivos, inclusive vices e suplentes, a expressão "ELEIÇÃO – (ano da eleição) – (nome do candidato) – (cargo eletivo)";

II – para o comitê financeiro de partido político, a expressão "ELEIÇÃO – (ano da eleição) – Comitê Financeiro – (Município, no caso de pleitos municipais) – (UF, no caso de pleitos municipais ou estaduais) – (cargo eletivo ou a expressão ÚNICO, seguida da sigla do Partido)".

§ 3º. No caso de eleição suplementar, a denominação a ser utilizada como nome empresarial, para fins de inscrição no CNPJ, deverá conter:

I – para os candidatos a cargos eletivos, inclusive vices e suplentes, a expressão "ELEIÇÃO SUPLEMENTAR – (nome do candidato) – (cargo eletivo)";

II – para o comitê financeiro de partido político, a expressão "ELEIÇÃO SUPLEMENTAR – Comitê Financeiro – (Município, no caso de pleitos municipais) – (UF, no caso de pleitos municipais ou estaduais) – (cargo eletivo ou a expressão ÚNICO, seguida da sigla do Partido)".

- *§ 3º acrescido pela Instrução Normativa Conjunta RFB/TSE nº 1.179/2011, com a consequente renumeração do primitivo § 3º para o atual § 4º.*

§ 4º. O endereço de candidatos e comitês financeiros, para fins de inscrição no CNPJ, será o constante na base de dados do Tribunal Superior Eleitoral, assim definido:

I – o endereço de funcionamento da sede nacional do partido em Brasília para os cargos eletivos de Presidente da República e Vice-Presidente da República;

II – o endereço do Cadastro Eleitoral para os demais cargos eletivos, inclusive os cargos de Vice-Governador e Suplente de Senador;

III – o endereço de funcionamento do comitê financeiro de campanha declarado no ato do seu registro junto à Justiça Eleitoral.

- *§ 4º, primitivo § 3º, renumerado pela Instrução Normativa Conjunta RFB/TSE nº 1.179/2011.*

Art. 3º. A RFB, após recepção dos dados fornecidos de acordo com o art. 2º, efetuará de ofício as inscrições no CNPJ no prazo máximo de 48 (quarenta e oito) horas, a contar da recepção dos dados.

Parágrafo único. Na hipótese de alteração de candidatura, a RFB, mediante solicitação do TSE, tornará disponível, na forma desta Instrução Normativa, novo número de inscrição no CNPJ, procedendo ao imediato cancelamento da inscrição anterior.

Art. 4º. Os números de inscrição no CNPJ serão divulgados nas páginas da RFB e do TSE, na Internet, nos endereços e, respectivamente, até 31 de dezembro do ano em que foram feitas, ou em data posterior, a critério de cada instituição.

Art. 5º. Os candidatos a cargos eletivos, inclusive vices e suplentes, e os comitês financeiros dos partidos políticos, de posse do número de inscrição no CNPJ, obtido mediante consulta aos endereços referidos no art. 4º, deverão providenciar abertura de contas bancárias destinadas à arrecadação de fundos para financiamento da campanha eleitoral.

Parágrafo único. Os diretórios partidários que optarem pela arrecadação de recursos e aplicação nas campanhas eleitorais, devem providenciar a abertura da conta bancária com sua respectiva inscrição no CNPJ já existente.

Art. 6º. Até a antevéspera da data das eleições, a RFB encaminhará, por meio eletrônico, ao TSE, em conformidade com modelo aprovado pelo Tribunal, listas contendo:

I – nome do candidato ou comitê financeiro;

II – número do título de eleitor e de inscrição no CPF do candidato ou do presidente do comitê financeiro, conforme o caso;

III – número de inscrição no CNPJ;

IV – data da inscrição.

Art. 7º. As inscrições realizadas na forma desta Instrução Normativa serão canceladas de ofício:

- *Art. 7º,* caput, *com redação dada pela Instrução Normativa Conjunta RFB/TSE nº 1.179/2011.*

I – no caso de eleição ordinária, no dia 31 de dezembro do ano em que foram feitas;

- *Inciso I acrescido pela Instrução Normativa Conjunta RFB/TSE nº 1.179/2011.*

II – no caso de eleição suplementar, no último dia do 6º (sexto) mês subsequente à inscrição.

- *Inciso II acrescido pela Instrução Normativa Conjunta RFB/TSE nº 1.179/2011.*

Art. 8º. As inscrições e os cancelamentos de ofício de que trata esta Instrução Normativa serão efetuados automaticamente pela RFB.

Parágrafo único. As alterações de ofício serão efetuadas pela unidade da RFB de jurisdição do candidato a cargo eletivo, inclusive vices e suplentes, ou do comitê financeiro, mantida a jurisdição do domicílio fiscal para os demais fins.

Art. 9º. As regras contidas nesta Instrução Normativa serão também aplicadas às eleições suplementares, ocasião em que serão atribuídas novas inscrições no CNPJ.

Art. 10. Esta Instrução Normativa entra em vigor na data de sua publicação.

Art. 11. Fica revogada a Instrução Normativa RFB/TSE nº 838. de 18 de abril de 2008.

Otacílio Dantas Cartaxo – Secretário da Receita Federal do Brasil

Miguel Augusto Fonseca de Campos – Diretor-Geral da Secretaria do Tribunal Superior Eleitoral

DOU de 24.3.2010

SÚMULAS DO TSE

Súmula nº 1: Proposta a ação para desconstituir a decisão que rejeitou as contas, anteriormente à impugnação, fica suspensa a inelegibilidade (Lei Complementar nº 64/1990, art. 1º, I, "g")

Referências:

— Lei Complementar nº 64/1990, art. 1º, I, "g".

— Recursos Especiais nºs 9.816, 10.136, 10.626 e 10.503.

— Publicada no DJ de 23, 24 e 25.9.1992.

- *O Tribunal assentou que a mera propositura da ação anulatória, sem a obtenção de provimento liminar ou tutela antecipada, não suspende a inelegibilidade.*

Súmula nº 2: Assinada e recebida a ficha de filiação partidária até o termo final do prazo fixado em lei, considera-se satisfeita a correspondente condição de elegibilidade, ainda que não tenha fluído, até a mesma data, o tríduo legal de impugnação.

Referências:

— Lei nº 9.096/1995, arts. 17 a 19.

— Lei nº 5.682/1971 (LOPP), art. 65 e parágrafos.

— Acórdão nº 12.367, de 27.8.1992.

— Acórdão nº 12.368, de 27.8.1992.

— Acórdão nº 12.376, de 1º.9.1992.

— Acórdão nº 12.378, de 1º.9.1992.

— Publicada no DJ de 28, 29 e 30.10.1992.

Súmula nº 3: No processo de registro de candidatos, não tendo o juiz aberto prazo para o suprimento de defeito da instrução do pedido, pode o documento, cuja falta houver motivado o indeferimento, ser juntado com o recurso ordinário.

Referências:

— Resolução TSE nº 17.845/1992.

— Acórdão nº 12.609, de 19.9.1992.

— Acórdão nº 12.493, de 10.9.1992.

— Lei nº 9.504/1997, art. 11, § 3º: prazo de 72 horas para diligências.

— Publicada no DJ de 28, 29 e 30.10.1992.

Súmula nº 4: Não havendo preferência entre candidatos que pretendam o registro da mesma variação nominal, defere-se o do que primeiro o tenha requerido.

Referências:

— Acórdão nº 12.497, de 10.9.1992.

— Lei nº 9.504/1997, art. 12, § 1º, incisos I a V: regras para determinação da preferência.

— Publicada no DJ de 28, 29 e 30.10.1992.

Súmula nº 5: Serventuário de cartório, celetista, não se inclui na exigência do art. 1º, II, "l", da Lei Complementar nº 64/1990.

Referências:

— Lei Complementar nº 64/1990, art. 1º, II, "l".

— Acórdão nº 12.757 (RE nº 10.280).

— Acórdão nº 12.758 (RE nº 10.129).

— Publicada no DJ de 28, 29 e 30.10.1992.

Súmula nº 6: É inelegível, para o cargo de prefeito, o cônjuge e os parentes indicados no § 7º do art. 14 da Constituição, do titular do mandato, ainda que este haja renunciado ao cargo há mais de seis meses do pleito.

Referências:

— CF/1988, art. 14, § 7º.

— Recursos Especiais nºs 9.919, 9.992, 9.993 e 9.994.

— Publicada no DJ de 28, 29 e 30.10.1992.

- *O Tribunal assentou que o cônjuge e os parentes do chefe do executivo são elegíveis para o mesmo cargo do titular, quando este for reelegível e tiver se afastado definitivamente até 6 (seis) meses antes do pleito.*

Súmula nº 7: É inelegível para o cargo de prefeito a irmã da concubina do atual titular do mandato.

- *Cancelada pela Resolução TSE nº 20.920, de 16.10.2001 (PA nº 18.669-DF), DJ de 1º.2.2002.*

Referências:

— CF/1988, art. 14, § 7º.

— Recurso Especial nº 9.997/PB.

— Resolução TSE nº 18.068/1992, DJ de 12.6.1992.

— Publicada no DJ de 28, 29 e 30.10.1992.

Súmula nº 8: O vice-prefeito é inelegível para o mesmo cargo.

- *Cancelada pela Resolução TSE nº 20.920, de 16.10.2001 (PA nº 18.669-DF), DJ de 1º.2.2002.*

Referências:

— CF/1988, art. 14, § 5º.

— Lei Complementar nº 64/1990, art. 1º, § 2º.

— Recursos Especiais nºs 10.043 e 10.115-TSE, de 28.9.1992.

— Publicada no DJ de 28, 29 e 30.10.1992.

Súmula nº 9: A suspensão de direitos políticos decorrente de condenação criminal transitada em julgado cessa com o cumprimento ou a extinção da pena, independendo de reabilitação ou de prova de reparação dos danos.

Referências:

— CF/1988, art. 15, III.

— *Recurso nº 9.900/1992 (Acórdão nº 12.731).*
— *Recurso nº 9.760/1992 (Acórdão nº 12.877).*
— *Recurso nº 10.797, de 1º.10.1992.*
— *Publicada no DJ de 28, 29 e 30.10.1992.*

Súmula nº 10: No processo de registro de candidatos, quando a sentença for entregue em Cartório antes de três dias contados da conclusão ao Juiz, o prazo para o recurso ordinário,salvo intimação pessoal anterior, só se conta do termo final daquele tríduo.

Referências:
— *Lei Complementar nº 64/1990, art. 8º.*
— *Acórdão nº 12.906, de 30.9.1992.*
— *Acórdão nº 12.935, de 1º.10.1992.*
— *Publicada no DJ de 28, 29 e 30.10.1992.*

Súmula nº 11: No processo de registro de candidatos, o partido que não o impugnou não tem legitimidade para recorrer da sentença que o deferiu, salvo se se cuidar de matéria constitucional.

Referências:
— *Lei nº 9.504/1997, art. 11, § 3º.*
— *Recurso nº 9.678, de 1º.10.1992.*
— *Publicada no DJ de 28, 29 e 30.10.1992.*

Súmula nº 12: São inelegíveis, no município desmembrado, e ainda não instalado, o cônjuge e os parentes consanguíneos ou afins, até o segundo grau ou por adoção, do prefeito do município-mãe, ou de quem o tenha substituído, dentro dos seis meses anteriores ao pleito, salvo se já titular de mandato eletivo.

Referências:
— *Lei nº 9.504/1997, art. 12, § 1º, I a V.*
— *Acórdão nº 12.902 (Recurso nº 9.927), de 30.9.1992.*
— *Acórdão nº 12.956 (Recurso nº 10.402), de 1º.10.1992.*
— *Acórdão nº 12.933 (Recurso nº 10.837), de 1º.10.1992.*
— *Resolução TSE nº 18.219 (Consulta nº 12.739), de 2.6.1992.*
— *Publicada no DJ de 1º.12.1992.*

Súmula nº 13: Não é autoaplicável o § 9º, art. 14, da Constituição, com a redação da Emenda Constitucional de Revisão nº 4/1994.

Referências:
— *CF/1988, art. 14, § 9º.*
— *Recurso nº 12.082, Relator Ministro Diniz de Andrada, 4.8.1994.*
— *Recurso nº 12.107, Relator Ministro Flaquer Scartezzini, 6.8.1994.*
— *Recurso nº 12.081, Relator Ministro Flaquer Scartezzini, 6.8.1994.*
— *Publicada no DJ de 28, 29 e 30.10.1996.*

Súmula nº 14: A duplicidade de que cuida o parágrafo único do art. 22 da Lei nº 9.096/1995 somente fica caracterizada caso a nova filiação houver ocorrido após a remessa das listas previstas no parágrafo único do art. 58 da referida lei.

- *Cancelada pela Resolução TSE nº 21.885, de 17.8.2004 – DJ de 27.8.2004.*

Referências:
— *Lei nº 9.096/1995, arts. 22, parágrafo único, e 158, parágrafo único.*
— *Acórdão nº 12.851, de 9.9.1996.*
— *Acórdão nº 12.855, de 9.9.1996.*
— *Acórdão nº 12.852, de 9.9.1996.*
— *Acórdão nº 12.844, de 9.9.1996.*
— *Publicada no DJ de 25, 26 e 27.9.1996.*

Súmula nº 15: O exercício de cargo eletivo não é circunstância suficiente para, em recurso especial, determinar-se a reforma de decisão mediante a qual o candidato foi considerado analfabeto.

Referências:
— *Lei Complementar nº 64/1990, art. 1º, I, "a".*
— *Acórdão nº 13.069, de 16.9.1996.*
— *Acórdão nº 13.048, de 18.9.1996.*
— *Acórdão nº 13.216, de 23.9.1996.*
— *Acórdão nº 13.206, de 24.9.1996.*
— *Publicada no DJ de 28, 29 e 30.10.1996.*

Súmula nº 16: A falta de abertura de conta bancária específica não é fundamento suficiente para a rejeição de contas de campanha eleitoral, desde que, por outros meios, se possa demonstrar sua regularidade (art. 34 da Lei nº 9.096/1995).

- *Revogada em 5.11.2002, por uma decisão em Questão de Ordem.*

Referências:
— *Lei nº 9.096/1995, arts. 20 e 34.*
— *Acórdão nº 15.479, de 25.11.1999, Relator Ministro Maurício Corrêa.*
— *Acórdão nº 15.869, de 17.6.1999, Relator Ministro Eduardo Alckmin.*
— *Acórdão nº 15.929, de 16.12.1999, Relator Ministro Maurício Corrêa.*
— *Acórdão nº 15.952, de 16.12.1999, Relator Ministro Eduardo Ribeiro.*
— *Lei nº 9.504/1997, art. 22: abertura de conta bancária para registro do movimento financeiro da campanha.*
— *Publicada no DJ de 21, 22 e 23.8.2000.*

Súmula nº 17: Não é admissível a presunção de que o candidato, por ser beneficiário de propaganda eleitoral irregular, tenha prévio conhecimento de sua veiculação (arts. 36 e 37 da Lei nº 9.504/1997).

- *Cancelada em 16.4.2002, por decisão em Questão de Ordem no julgamento do Recurso Especial nº 19.600-CE.*

Referências:

— Lei nº 9.504/1997, arts. 36 e 37.

— Acórdão nº 1.273, de 25.8.1998, Relator Ministro Eduardo Alckmin.

— Acórdão nº 1.442, de 13.4.1999, Relator Ministro Eduardo Alckmin.

— Acórdão nº 15.995, de 17.6.1999, Relator Ministro Maurício Corrêa.

— Acórdão nº 16.114, de 9.11.1999, Relator Ministro Maurício Corrêa.

— Publicada no DJ de 21, 22 e 23.8.2000.

Súmula nº 18: Conquanto investido de poder de polícia, não tem legitimidade o juiz eleitoral para, de ofício, instaurar procedimento com a finalidade de impor multa pela veiculação de propaganda eleitoral em desacordo com a Lei nº 9.504/1997.

Referências:

— Acórdão nº 2.096, de 15.2.2000, Relator Ministro Eduardo Ribeiro.

— Acórdão nº 15.883, de 12.8.1999, Relator Ministro Eduardo Ribeiro.

— Acórdão nº 16.025, de 10.8.1999, Relator Ministro Nelson Jobim.

— Acórdão nº 16.073, de 14.9.1999, Relator Ministro Eduardo Alckmin.

— Acórdão nº 16.107, de 30.9.1999, Relator Ministro Eduardo Alckmin.

— Acórdão nº 16.195, de 14.12.1999, Relator Ministro Edson Vidigal.

— Publicada no DJ de 21, 22 e 23.8.2000.

Súmula nº 19: O prazo de inelegibilidade de três anos, por abuso de poder econômico ou político, é contado a partir da data da eleição em que se verificou (art. 22, XIV, da Lei Complementar nº 64, de 18.5.1990).

Referências:

— Lei Complementar nº 64/1990, art. 22, XIV.

— Acórdão nº 392, de 15.6.1999, Relator Ministro Eduardo Ribeiro.

— Acórdão nº 1.123C, de 31.8.1998, Relator Ministro Eduardo Alckmin.

— Acórdão nº 12.686, de 23.9.1997, Relator Ministro Costa Porto.

— Acórdão nº 12.882, de 2.9.1996, Relator Ministro Ilmar Galvão.

— Acórdão nº 13.522, de 30.9.1996, Relator Ministro Eduardo Alckmin.

— Publicada no DJ de 21, 22 e 23.8.2000.

Súmula nº 20: A falta do nome do filiado ao partido na lista por este encaminhada à Justiça Eleitoral, nos termos do art. 19 da Lei nº 9.096/1995, pode ser suprida por outros elementos de prova de oportuna filiação.

Referências:

— Lei nº 9.096/1995, art. 19.

— Acórdão nº 587, de 1º.7.1999, Relator Ministro Edson Vidigal.

— Acórdão nº 12.958C, de 23.9.1996, Relator Ministro Ilmar Galvão.

— Acórdão nº 12.961, de 12.9.1996, Relator Ministro Francisco Rezek.

— Acórdão nº 14.598C, de 13.3.1997, Relator Ministro Ilmar Galvão.

— Publicada no DJ de 21, 22 e 23.8.2000.

Súmula nº 21: O prazo para ajuizamento da representação contra doação de campanha acima do limite legal é de 180 dias, contados da data da diplomação.

Referências:

— Recurso Especial Eleitoral nº 36552, Relator Ministro Marcelo Ribeiro, DJe de 28.5.2010;

— Recurso Especial Eleitoral nº 4311116, Relatora Ministra Cármen Lúcia, DJe de 20.8.2010;

— Agravo Regimental no Recurso Especial Eleitoral nº 36403, Relator Ministro Aldir Passarinho Junior, DJe de 20.8.2010;

— Embargos de Declaração no Agravo Regimental no Recurso Especial Eleitoral nº 399341274, Relatora Ministra Cármen Lúcia, DJe de 16.8.2011;

— Agravo Regimental no Recurso Especial Eleitoral nº 4126623, Relator Ministro Aldir Passarinho Junior, DJe de 17.8.2010;

— Lei nº 9.504/1997, art. 32: prazo para ajuizamento de representação por doação de campanha acima do limite legal;

— Publicada no DJE de 6, 7 e 8.2.2012 e republicada no DJE de 9 e 10.2.2012.

Rol Histórico da Legislação Eleitoral

• Apresenta, inclusive, as normas revogadas •

Alvará de 12.11.1611 – Em que se declarou a forma de fazer as eleições de Juízes e Procuradores.

Alvará de 5.4.1618 – Em que se declaram as qualidades que devem ter as pessoas que houverem de ser eleitos para Almotacés.

Regimento de 10.5.1640 – De como se farão as eleições de Vereadores, Procuradores e Officiaes das Câmaras destes Reinos.

Alvará de 6.5.1649 – Em que se declarou não pudessem entrar nas pastas por Vereadores os Officiais de Justiça ou Fazenda.

Decreto de 7.3.1821 – Manda proceder a nomeação dos Deputados às Cortes Portuguezas, dando instrucções a respeito.

Decreto de 16.2.1822 – Crêa o Conselho de Procuradores-Geraes das Províncias do Brazil.

Decreto de 3.6.1822 – Mandar convocar uma Assembléa Geral Constituinte e Legislativa composta de Deputados das Províncias do Brazil, os quaes serão eleitos pelas instrucções que forem expedidas.

Decisão nº 57 Reino – Em 19.6.1822 – Instrucções a que se refere o Real Decreto, de 3 de junho do corrente anno que manda convocar uma Assembléa Geral Constituinte e Legislativa para o Reino do Brazil.

Carta de Lei de 25.3.1824 – Manda observar a Constituição Política do Império, oferecida e jurada por Sua Majestade o Imperador.

Decreto de 26.3.1824 – Manda proceder à eleição dos Deputados e Senadores da Assembléa Geral Legislativa e dos Membros dos Conselhos Geraes das Províncias.

Decreto de 9.8.1827 – Ordena que os eleitores, nomeados para a 1ª eleição de qualquer legislatura, sejam os competentes durante ella para proceder a eleição de Senadores e a de Deputados para substituir os que forem nomeados Ministros de Estado.

Lei de 15.10.1827 – Creando os Juízes de Paz em cada Freguezia ou Capella curada.

Decreto de 29.7.1828 – Manda fazer as eleições para a próxima legislatura pelas Instrucções de 26.3.1824, com certas declarações.

Lei de 1º.10.1828 – Dá nova fórma às Câmaras Municipaes, marca suas atribuições, e o processo para a sua eleição, e dos Juízes de Paz.

Decreto de 30.6.1830 – Determina que as qualidades exigidas nos eleitores parochiaes sejam avaliadas na consciencia dos votantes.

Lei de 14.6.1831 – Sobre a fórma da eleição da Regência permanente, e suas atribuições.

Lei de 12.10.1832 – Ordena que os eleitores dos Deputados para a seguinte Legislatura lhes confiram nas procurações, faculdade para reformarem alguns artigos da Constituição.

Decreto de 13.10.1832 – Determina que a Província do Piauhy dê dous Deputados à Assembléa Geral Legislativa.

Lei nº 16, de 12.8.1834 – Ato Adicional – Faz algumas alterações e adições à Constituição Política do Império, nos termos da Lei de 12.10.1832.

Lei nº 105, de 12.5.1840 – Interpreta alguns artigos da Reforma Constitucional.

Decreto nº 157, de 4.5.1842 – Dá instrucções sobre a maneira de se proceder às Eleições Geraes e Provinciaes.

Lei nº 387, de 19.8.1846 – Regula a maneira de proceder às Eleições de Senadores, Deputados, Membros das Assembléas Provinciaes, Juízes de Paz, e Câmaras Municipaes.

Decreto nº 484, de 25.11.1846 – Declara como deve avaliar-se a renda líquida em prata, que, na conformidade da Lei Regulamentar das Eleições, deve ter o cidadão para votar, e ser votado.

Decreto nº 565, de 10.7.1850 – Declara que os Eleitores de Parochia, uma vez eleitos na conformidade da Lei nº 387, de 19.8.1846, são competentes para proceder a todas as eleições de Senadores, durante a respectiva legislatura.

Decreto nº 842, de 19.9.1855 – Altera a Lei de 19.8.1846.

Decreto nº 1.812, de 23.8.1856 – Contêm instrucções para execução do Decreto nº 842, de 19.9.1855.

Decreto nº 1.82, de 18.8.1860 – Altera a Lei nº 387, de 19.8.1846, e o Decreto nº 842, de 19.9.1855, sobre eleições.

Decreto nº 2.675, de 20.10.1875 – Reforma a legislação eleitoral.

Decreto nº 6.097, de 12.1.1876 – Manda observar as instrucções regulamentares para execução do Decreto nº 2.675, de 30.10.1875.

Decreto nº 6.241, de 5.7.1876 – Fixa o número de Eleitores das Parochias do Império.

Decreto nº 3.029, de 9.1.1881 – Reforma a legislação eleitoral.

Decreto nº 7.981, de 29.1.1881 – Manda observar as instrucções para o primeiro alistamento dos eleitores a que se tem de proceder em virtude da Lei nº 3.029, de 9 de janeiro do corrente ano.

Decreto nº 8.100, de 21.5.1881 – Divide a Província do Amazonas em dous districtos eleitoraes.

Decreto nº 8.101, de 21.5.1881 – Divide a Província do Pará em tres districtos eleitoraes.

Decreto nº 8.102, de 21.5.1881 – Divide a Província do Maranhão em seis districtos eleitoraes.

Decreto nº 8.103, de 21.5.1881 – Divide a Província do Piauhy em tres districtos eleitoraes.

Decreto nº 8.104, de 21.5.1881 – Divide a Província do Ceará em oito districtos eleitoraes.

Decreto nº 8.105, de 21.5.1881 – Divide a Província do Rio Grande do Norte em dous districtos eleitoraes.

Decreto nº 8.106, de 21.5.1881 – Divide a Província da Parahyba em cinco districtos eleitoraes.

Decreto nº 8.107, de 21.5.1881 – Divide a Província de Pernambuco em treze districtos eleitoraes.

Decreto nº 8.108, de 21.5.1881 – Divide a Província de Alagôas em cinco districtos eleitoraes.

Decreto nº 8.109, de 21.5.1881 – Divide a Província de Sergipe em quatro districtos eleitoraes.

Decreto nº 8.110, de 21.5.1881 – Divide a Província da Bahia em quatorze districtos eleitoraes.

Decreto nº 8.111, de 21.5.1881 – Divide a Província do Espírito Santo em dous districtos eleitoraes.

Decreto nº 8.112, de 21.5.1881 – Divide o Município da Corte e a Província do Rio de Janeiro em doze districtos eleitoraes.

Decreto nº 8.113, de 21.5.1881 – Divide a Província de São Paulo em nove districtos eleitoraes.

Decreto nº 8.114, de 21.5.1881 – Divide a Província do Paraná em dous districtos eleitoraes.

Decreto nº 8.115, de 21.5.1881 – Divide a Província de Santa Catharina em dous districtos eleitoraes.

Decreto nº 8.116, de 21.5.1881 – Divide a Província de São Pedro do Rio Grande do Sul em seis districtos eleitoraes.

Decreto nº 8.117, de 21.5.1881 – Divide a Província de Minas Gerais em vinte districtos eleitoraes.

Decreto nº 8.118, de 21.5.1881 – Divide a Província de Goyas em dous districtos eleitoraes.

Decreto nº 8.119, de 21.5.1881 – Divide a Província de Mato Grosso em dous districtos eleitoraes.

Decreto nº 8.213, de 21.8.1881 – Regula a execução da Lei nº 3.029, de 9 de janeiro do corrente anno, que reforma a legislação eleitoral.

Decreto nº 8.308, de 17.11.1881 – Fixa a intelligencia do art. 177 do Regulamento nº 8.213, de 13 de agosto do corrente anno.

Decreto nº 3.122, de 7.10.1882 – Altera algumas disposições da Lei nº 3.029, de 9.1.1881.

Decreto nº 3.340, de 14.10.1887 – Altera o processo das eleições dos membros das Assembleias Legislativas Provinciaes e dos Vereadores das Câmaras Municipaes, e dá outras providências.

Decreto nº 9.790, de 17.10.1887 – Dá instrucções para a execução do Decreto Legislativo nº 3.340, de 14.10.1887.

Decreto nº 1, de 15.11.1889 – Proclama provisoriamente e decreta como fórma de governo da Nação Brazileira a República Federativa, e estabelece as normas pelas quaes se devem reger os Estados Federais.

Decreto nº 6, de 19.11.1889 – Declara que se consideram eleitores para as câmaras geraes, provinciaes e municipaes todos os cidadãos brazileiros, no gozo de seus direitos civis e políticos, que souberem ler e escrever.

Decreto nº 7, de 20.11.1889 – Declara dissolvidas e extinctas todas as assembleias provinciaes creadas pelas Leis de 12.10.1832 e 12.8.1834.

Decreto nº 58-A, de 14.12.1889 – Providencia sobre a naturalisação dos estrangeiros residentes na República.

Decreto nº 78-B, de 21.12.1889 – Designa o dia 15.9.1890 para a eleição geral da Assembleia Constituinte e convoca a sua reunião para dous mezes depois, na capital da República Federal.

Decreto nº 200-A, de 8.2.1890 – Promulga o regulamento eleitoral.

Decreto nº 277-D, de 22.3.1890 – Declara que serão considerados cidadãos brazileiros e incluídos no alistamento eleitoral os estrangeiros que o requererem, tendo os requisitos legaes.

Decreto nº 277-E, de 22.3.1890 – Determina o modo de proceder-se à eliminação dos nomes dos estrangeiros alistados eleitores que, dentro do prazo marcado no art. 1º do Decreto nº 58 A, de 14.12.1889, houverem declarado não aceitar a nacionalidade brazileira, e dá outras providências concernentes ao processo do alistamento eleitoral.

Decreto nº 511, de 23.6.1890 – Manda observar o regulamento para a eleição do primeiro Congresso Nacional.

Decreto nº 648, de 9.8.1890 – Providencia para que possam exercer direito de voto os cidadãos qualificados eleitores em virtude da Lei nº 3.029 de 9.1.1881 que não tenham sido incluidos no recente alistamento eleitoral.

Decreto nº 663, de 14.8.1890 – Addita providências relativas ao processo da eleição do primeiro Congresso Nacional.

Decreto nº 802, de 4.10.1890 – Providencia sobre a convocação das Assembleias Legislativas dos Estados e estabelece o processo para a respectiva eleição.

Decreto nº 1.189, de 20.12.1890 – Dá providências relativamente à primeira eleição das Assembleias Legislativas dos Estados.

Constituição da República dos Estados Unidos do Brasil de 24.2.1891.

Decreto nº 641, de 3.11.1891 – Dissolve o Congresso Nacional, convoca a Nação para escolher novos representantes e toma outras providências.

Decreto nº 677, de 21.11.1891 – Convoca o Congresso Nacional para o dia 3 de maio próximo, designa para a eleição geral o dia 29 de fevereiro antecedente e indica quaes os artigos da Constituição que teem de ser revistos.

Decreto nº 685, de 23.11.1891 – Convoca o Congresso Nacional para o dia 18 de novembro próximo futuro.

Decreto nº 686, de 23.11.1891 – Annulla os decretos de 3 do corrente.

Lei nº 35, de 26.1.1892 – Estabelece o processo para as eleições federaes.

Decreto nº 760, de 16.3.1892 – Approva as instrucções para execução dos arts. 59 a 60 da Lei nº 35 de 26.1.1892.

Lei nº 69, de 1º agosto de 1892 – Altera as disposições do art. 3º da Lei nº 35, de 25.1.1892.

Lei nº 85, de 20.9.1892 – Estabelece a organização municipal do Distrito Federal.

Decreto nº 153, de 3.8.1893 – Divide os Estados da União em districtos eleitoraes, de acordo com o art. 36, da Lei nº 35, de 26.1.1892.

Decreto nº 1542, de 1º.9.1893 – Aprova as instrucções para as eleições federaes a que se ha de proceder em 30 de outubro próximo.

Decreto nº 184, de 23.9.1893 – Addita providências relativas às eleições federaes de 30 de outubro do corrente anno, para membros do Congresso Nacional, e de 1º de março vindouro, para Presidente e Vice-Presidente da República.

Decreto nº 1.574, de 20.10.1893 – Adia as eleições de Deputados e Senadores ao Congresso Nacional.

Decreto nº 1.608, de 15.12.1893 – Adia as eleições de Deputados e Senadores ao Congresso Nacional.

Decreto nº 1.668, de 7.2.1894 – Dá instrucções para a eleição do Presidente e Vice-Presidente da República e consolida as disposições vigentes quanto às eleições federaes.

Lei nº 248, de 15.12.1894 – Altera as disposições do art. 7º relativas à organisação do Conselho Municipal do Districto Federal e regula o processo para as eleições de que trata o art. 83 da Lei nº 85, de 20.9.1892.

Lei nº 347, de 7.12.1895 – Regula o processo de apuração na eleição para os cargos de Presidente e Vice Presidente da República.

Decreto nº 380, de 22.8.1896 – Fixa o dia em que se deverá proceder à eleição ordinária para os cargos de Deputado e Senador ao Congresso Nacional.

Lei nº 426, de 7.12.1896 – Manda observar, nas eleições federaes, o disposto no art. 6º da Lei nº 248, de 15.12.1894, sempre que se dê o caso previsto no § 2º do art. 43 da de nº 35, de 26.1.1892, e dá outras providências.

Decreto nº 2.693, de 27.11.1897 – Dá instrucções para a eleição do Presidente e Vice Presidente da República.

Decreto nº 543, de 23.12.1898 – Regula a administração do Districto Federal.

Decreto nº 620, de 11.10.1899 – Designa a data da eleição para Deputados e para a renovação do terço do Senado, e dá outras providências.

Decreto nº 3.459, de 28.10.1899 – Dá instrucções para as eleições federaes a que se terá de proceder em 31 de dezembro próximo vindouro.

Decreto nº 4.177, de 28.9.1901 – Dá instrucções para a eleição de Presidente e de Vice Presidente da República.

Decreto nº 4.616, de 28.10.1902 – Dá instrucções para as eleições federaes a que se terá de proceder em 28 de dezembro próximo vindouro.

Decreto nº 908, de 13.11.1902 – Reduz a tres mezes o prazo estabelecido na Lei nº 35, de 26.1.1892, para duração da incompatibilidade dos magistrados estaduaes.

Decreto nº 4.686, de 26.11.1902 – Designa o dia 18 de fevereiro próximo vindouro para a eleição do Vice Presidente da República, no período presidencial de 1902 a 1906.

Decreto nº 4.695, de 11.12.1902 – Dá instrucções para a eleição do Vice Presidente da República, no período presidencial de 1902 a 1906 e para eleições federaes que se realizarão no dia 18 de fevereiro próximo vindouro.

Decreto nº 917, de 9.12.1902 – Adia para 18 de fevereiro vindouro as eleições federaes a que se tinha de proceder em 23 do corrente mez.

Lei nº 939, de 29.12.1902 – Reorganisa o Districto Federal e dá outras providencias.

Decreto nº 5.160, de 8.3.1904 – Approva a consolidação das leis federaes sobre a organização municipal do Districto Federal.

Lei nº 1.269, de 15.11.1904 – Reforma a legislação eleitoral, e dá outras providencias.

Decreto nº 5.453, de 6.2.1905 – Dá instrucções para as eleições federaes, na conformidade da Lei nº 1.269, de 15.11.1904.

Decreto nº 1.425, de 27.11.1905 – Divide o território da República em districtos eleitoraes.

Decreto nº 1.619 A, de 31.12.1906 – Adia para o último domingo do mez.3.1907, as eleições que deviam se realizar no último domingo do mez de outubro do corrente anno, para constituição do Conselho Municipal do Districto Federal e dá outras providências relativamente ao processo das mesmas eleições e expedição dos títulos de eleitores.

Decreto nº 6.321, de 10.1.1907 – Dá instrucções para a expedição e entrega de novos títulos aos eleitores no Districto Federal, na conformidade do Decreto-Legislativo nº 1.619 A, de 31.12.1906.

Decreto nº 2.419, de 11.7.1911 – Prescreve os casos de inelegibilidade para o Congresso Nacional e para a Presidência e Vice Presidência da República e altera algumas das disposições da lei eleitoral vigente.

Lei do Rio Grande do Sul, nº 153 de 14.7.1913 – Decreta e promulga a lei eleitoral do Estado.

Lei nº 3.139, de 2.8.1916 – Prescreve o modo por que deve ser feito o alistamento eleitoral e dá outras providências.

Decreto nº 12.193, de 6.9.1916 – Dá regulamento para a execução da Lei nº 3.139, de 2.8.1916, sobre o alistamento eleitoral.

Lei nº 3.208, de 27.12.1916 – Regula o processo eleitoral e dá outras providências.

Decreto nº 12.391, de 7.2.1917 – Dá instrucções para a execução da Lei nº 3.208, de 27.12.1916, sobre as eleições federaes.

Decreto nº 3.424, de 19.12.1917 – Adia para 1º.3.1918 as eleições para renovação da Câmara dos Deputados e do terço do Senado e dá outras providências.

Decreto nº 4.215, de 20.12.1920 – Modifica a legislação eleitoral vigente.

Decreto nº 4.226, de 30.12.1920 – Modifica a legislação sobre o alistamento eleitoral e dá outras providências.

Decreto nº 14.631, de 19.1.1921 – Dá novas instrucções para as eleições federaes.

Decreto nº 14.658, de 29.1.1921 – Dá novo regulamento para o alistamento eleitoral.

Emendas à Constituição Federal, de 3.9.1926.

Decreto nº 5.271, de 4.10.1927 – Dispõe sobre a presidência das mesas eleitoraes, e dá outras providências, concernentes à constituição do Conselho Municipal do Distrito Federal.

Decreto nº 19.398, de 11.11.1930 – Institui o Governo Provisório dos Estados Unidos do Brasil, e dá outras providências.

Decreto nº 21.076, de 24.2.1932 (Código Eleitoral).

Decreto nº 21.207, de 28.3.1932 – Dispõe sobre a Presidência do Tribunal Regional no Distrito Federal.

Decreto nº 21.282, de 13.4.1932 – Altera o Código Eleitoral quanto às atribuições administrativas a que se referem os seus arts. 14 e 23, e dá outras providências.

Decreto nº 21.402, de 14.5.1932 – Fixa o dia 3.5.1933 para a realização das eleições à Assembleia Constituinte e cria uma comissão para elaborar o anteprojeto da constituição.

Decreto nº 21.411, de 17.5.1932 – Derroga o art. 1.325 do Código Civil quanto a alínea II, com relação aos membros dos Tribunais Eleitorais, Superior e Regionais, nomeados pelo Governo entre os cidadãos eleitos pelo Supremo Tribunal Federal, pelos Tribunais Judiciários dos Estados, do Distrito Federal e do Território do Acre, mas tão somente nas causas em que não tenham de intervir como juízes eleitorais.

Decreto nº 21.412, de 17.5.1932 – Regula a incompatibilidade de que trata o art. 10, do Decreto nº 21.076, de 1931.

Decreto nº 21.660, de 20.7.1932 – Cria, no Distrito Federal, três cartórios privativos de alistamentos eleitoral, abre no Ministério da Justiça e Negócios Interiores o respectivo crédito, e dá outras providências.

Decreto nº 21.669, de 25.7.1932 – Dispõe sobre a abertura dos trabalhos de alistamento eleitoral, em cada uma das Regiões Eleitoraes, em que está dividido o País.

Decreto nº 22.168, de 5.12.1932 – Estabelece providências de emergência para facilitar o alistamento dos eleitores para a Assembleia Nacional Constituinte.

Decreto nº 22.249, de 23.12.1932 – Prorroga até o dia 20.1.1933 o prazo legal para o fornecimento das listas dos cidadãos qualificáveis *ex officio* nos termos do Decreto nº 22.168, de 5 do corrente.

Decreto nº 22.364, de 17.1.1933 – Determina os casos de inelegibilidade para a Assembleia Nacional Constituinte.

Decreto nº 22.397, de 26.1.1933 – Cria postos eleitorais, no Distrito Federal, e dá outras providências.

Decreto nº 22.560, de 20.3.1933 – Prorroga o prazo de inscrição, e dá outras providências.

Decreto nº 22.573, de 24.3.1933 – Revalida as listas remetidas aos juízes eleitorais, pelos diretores dos sindicatos, para a qualificação *ex officio*, e dá outras providências.

Decreto nº 22.592, de 29.3.1933 – Concede novo prazo, improrrogável, para que sejam supridas as omissões verificadas nas listas dos cidadãos alistáveis *ex officio*, e dá outras providências.

Decreto nº 22.607, de 3.4.1933 – Dispõe sobre os prazos a que se referem os artigos 62 e 119 do Código Eleitoral.

Decreto nº 22.621, de 5.4.1933 – Dispõe sobre a convocação da Assembleia Nacional Constituinte, aprova o seu Regimento Interno; prefixa o número de Deputados à mesma, e dá outras providências.

Decreto nº 22.627, de 7.4.1933 – Aprova as instruções para a realização da eleição para a Assembleia Nacional Constituinte.

Decreto nº 22.653, de 20.4.1933 – Fixa o número e estabelece o modo de escolha dos representantes das Associações profissionais que participarão da Assembleia Constituinte.

Decreto nº 22.671, de 26.4.1933 – Considera feriado nacional o dia três de maio próximo, prefixado para as eleições à Constituinte.

Decreto nº 22.672, de 26.4.1933 – Altera, unicamente para a próxima eleição à Constituinte, o disposto no art. 59 do Código Eleitoral.

Decreto nº 22.696, de 11.5.1933 – Aprova as instruções para a execução do Decreto nº 22.653, de 20.4.1933, que fixa o número e estabelece o modo de escolha dos representantes de associações profissionais que participarão da Assembleia Constituinte.

Decreto nº 22.838, de 19.6.1933 – Regula a competência e as atribuições do Ministério Público Eleitoral.

Decreto nº 22.940, de 14.7.1933 – Esclarece e completa as instruções aprovadas pelo Decreto nº 22.696, de 11.5.1933.

Decreto nº 23.017, de 31.7.1933 – Altera a composição do Tribunal Superior de Justiça Eleitoral, e dá outras providências.

Decreto nº 23.102, de 19.8.1933 – Convoca a Assembleia Nacional Constituinte.

Decreto nº 24.129, de 16.4.1934 – Dispõe sobre o alistamento e a organização dos arquivos eleitorais e dá outras providências.

Constituição da República dos Estados Unidos do Brasil de 16.7.1934.

Resolução do Tribunal Superior de Justiça Eleitoral, de 11.9.1934 – Para a realização das eleições dos representantes profissionais na primeira legislatura nacional.

Resolução, do Tribunal Superior de Justiça Eleitoral, de 11.9.1934 – Fixa o número de representantes das associações profissionais, na Câmara dos Deputados, na primeira legislatura nacional.

Lei nº 48, de 4.5.1935 – Modifica o Código Eleitoral.

Lei nº 230, de 31.7.1936 – Providencia sobre a organização dos archivos eleitoraes e registro de óbito de eleitores.

Constituição da República dos Estados Unidos do Brasil de 10.11.1937.

Decreto-Lei nº 37, de 2.12.1937 – Dispõe sobre partidos políticos.

Lei Constitucional nº 9, de 28.2.1945 – Altera a Constituição de 1937 e autoriza a convocação de eleições.

Decreto-Lei nº 7.586, de 28.5.1945 – Regula, em todo o País, o alistamento eleitoral e as eleições a que se refere o art. 4º da Lei Constitucional nº 9, de 28.2.1945.

Decreto-Lei nº 7.700, de 3.7.1945 – Dispõe sobre o afastamento dos membros dos Tribunais Regionais e Juízes Eleitorais.

Decreto-Lei nº 7.750, de 17.7.1945 – Torna possível ao eleitor, nas capitais dos Estados e no Distrito Federal, até o ato de inscrição, escolher o domicílio eleitoral.

Decreto-Lei nº 7.926, de 3.9.1945 – Dispõe sobre o alistamento eleitoral.

Decreto-Lei nº 7.944, de 10.9.1945 – Dispõe sobre a revalidação de título eleitoral expedido na vigência do Decreto nº 21.076, de 24-2-1932, e da Lei nº 48, de 4-5-1935 (Código Eleitoral).

Decreto-Lei nº 8.155, de 1º.11.1945 – Revoga o Decreto nº 8.063, de 10.10.1945.

Decreto-Lei nº 8.162, de 7.11.1945 – Interpreta disposições do Decreto-Lei nº 7.586, de 28.5.1945.

Decreto-Lei nº 8.166, de 9.11.1945 – Concede o direito de voto a brasileiros incorporados às Forças Armadas, durante a guerra, e dá outras providências.

Lei Constitucional nº 13, de 12.11.1945 – Dispõe sobre os poderes constituintes do Parlamento que será eleito a 2.12.1945.

Decreto-Lei nº 8.216, de 23.11.1945 – Concede o direito de voto, onde se encontrarem, aos leitores que menciona.

Lei Constitucional nº 15, de 26.11.1945 – Dispõe sobre os poderes da Assembleia Constituinte e do Presidente da República.

Decreto-Lei nº 8.229, de 27.11.1945 – Fixa o subsídio dos Deputados e Senadores, e dá outras providências.

Decreto-Lei nº 8.492, de 28.12.1945 – Dispõe sobre as eleições de Governardor e Assembleia Legislativa dos Estados.

Lei Constitucional nº 19, de 31.12.1945 – Dispõe sobre a proclamação e a posse do candidato eleito a Presidente da República.

Decreto-Lei nº 8.566, de 7.1.1946 – Reabre o alistamento eleitoral, e dá outras providências.

Decreto-Lei nº 9.006, de 20.2.1946 – Aumenta o subsídio e ajuda de custo dos Deputados e Senadores.

Lei Constitucional nº 21, de 23.1.1946 – Dispõe sobre a proclamação do Presidente da República eleito em 2.12.1945.

Decreto-Lei nº 8.808, de 24.1.1946 – Dispõe sobre a presidência do Tribunal Superior Eleitoral.

Decreto-Lei nº 8.835, de 24.1.1946 – Altera dispositivos do Decreto-Lei nº 7.586, de 28.5.1945 e dá outras providências.

Decreto-Lei nº 8.954, de 28.1.1946 – Dispõe sobre a proclamação dos deputados e senadores eleitos a 2.12.1945.

Decreto-Lei nº 9.258, de 14.5.1945 – Dispõe sobre o alistamento, os partidos políticos, e dá outras providências.

Decreto-Lei nº 9.316, de 3.7.1946 – Dispõe sobre a eleição para o preenchimento de vaga de Senador pelo Estado de São Paulo.

Decreto-Lei nº 9.422, de 3.7.1946 – Dispõe sobre o registro de partidos políticos.

Decreto-Lei nº 9.504, de 23.7.1946 – Altera dispositivos do Decreto-Lei nº 9.258, de 14.5.1946.

Decreto-Lei nº 9.622, de 22.8.1946 – Prorroga prazo para registro de partidos políticos.

Constituição de 18.9.1946.

Lei nº 5, de 14.12.1946 – Regula as eleições de 19.1.1947.

Decreto nº 22.938, de 15.4.1947 – Suspende o funcionamento, em todo o Território Nacional, da associação civil "União da Juventude Comunista".

Lei nº 85, de 6.9.1947 – Lei Eleitoral de emergência.

Lei nº 211, de 7.1.1948 – Regula os casos de extinção de mandatos dos membros dos Corpos Legislativos da União, dos Estados e do Distrito Federal, dos Territórios e dos Municípios.

Lei nº 648, de 10.3.1949 – Dispõe sobre o preenchimento de vagas nos corpos legislativos, verificadas em virtude de cassação de partido político.

Lei nº 1.057 A, de 28.1.1950 – Dispõe sobre a reforma dos militares que pertencerem, forem filiados ou propaguem as doutrinas de associações ou partidos políticos que tenham sido impedidos de funcionar legalmente.

Lei nº 1.164, de 24.7.1950 – Institui o Código Eleitoral.

Lei nº 1.207, de 25.10.1950 – Dispõe sobre o direito de reunião.

Lei nº 1.395, de 13.7.1951 – Dispõe sobre a eleição do Presidente e do Vice-Presidente da República pelo Congresso Nacional.

Lei nº 1.430, de 12.9.1951 – Modifica o § 2º do art. 66 da Lei nº 1.164, de 24.7.1950 (Código Eleitoral).

Lei nº 1.447, de 5.10.1951 – Aplica a outras eleições, que se sucedam, enquanto não se der a substituição dos títulos eleitorais em vigor, o disposto no parágrafo 3º do art. 197 da Lei nº 1.164, de 24.7.1950.

Lei nº 2.140, de 17.12.1953 – Fixa o número de Deputados para a próxima legislatura.

Lei nº 2.194, de 19.3.1954 – Provê sobre a expedição e utilização dos títulos eleitorais.

Lei nº 2.550, de 25.7.1955 – Altera dispositivos do Código Eleitoral e dá outras providências.

Lei nº 2.582, de 30.8.1955 – Institui a Cédula Única de votação.

Lei nº 2.982, de 30.11.1956 – Modifica dispositivos da Lei nº 2.550, de 25.7.1955, que altera o Código Eleitoral e dá outras providências.

Lei nº 3.193, de 4.7.1957 – Dispõe sobre a aplicação do art. 32, § 5, letra "b", da Constituição Federal, que isenta de imposto templos de qualquer culto, bens e serviços de partidos políticos, instituições de educação e assistência social.

Lei nº 3.338, de 14.12.1957 – Altera disposições das Leis nºs 2.550, de 25.7.1955 e 2.982, de 30.11.1956, e dá outras providências.

Lei nº 3.416, de 30.6.1958 – Altera, para as eleições de 3.10.1958, prazos previstos na legislação eleitoral e dá outras providências.

Lei nº 3.429, de 15.7.1958 – Modifica o art. 11, da Lei nº 3.338, de 14.12.1957.

Emenda Constitucional nº 4 (Ato Adicional), de 2.9.1961 – Institui o Sistema Parlamentar de Governo.

Lei nº 4.109, de 27.6.1962 – Institui a célula oficial de votação nas eleições pelo sistema proporcional e dá outras providências.

Lei nº 4.115, de 22.8.1962 – Introduz alterações na Lei nº 4.109/1962 e dá outras providências.

Lei Complementar nº 2, de 16.9.1962, ao Ato Adicional – Dispõe sobre a vacância Ministerial e dá outras providências (cita a previsão de *referendum* em 1963).

Emenda Constitucional nº 6, de 23.1.1963 – Revoga a Emenda nº 4, que havia instituído o Sistema Parlamentar de Governo.

Lei nº 4.321, de 7.4.1964 – Dispõe sobre a eleição, pelo Congresso Nacional, do Presidente e Vice-Presidente da República.

Ato Institucional nº 1, de 9.4.1964.

Emenda Cosntitucional nº 9, de 22.7.1964.

Decreto nº 55.062, de 28.7.1964 – Dispõe sobre a não sujeição de militares da reserva e reformados às diposições dos Regulamentos Disciplinares.

Lei nº 4.410, de 24.9.1964 – Institui prioridade para os feitos eleitorais e dá outras providências.

Emenda Constitucional nº 12, de 8.4.1965.

Emenda Constitucional nº 13, de 8.4.1965.

Emenda Constitucional nº 14, de 3.6.1965.

Emenda Constitucional nº 15, de 5.7.1965.

Lei nº 4.737, de 15.7.1965 – Institui o Código Eleitoral.

Lei nº 4.738, de 15.7.1965 – Estabelece novos casos de inelegibilidades, com fundamento no art. 2º da Emenda Constitucional nº 14.

Lei nº 4.740, de 15.7.1965 – Lei Orgânica dos Partidos Políticos.

Ato Institucional nº 2, de 27.10.1965.

Ato Complementar nº 4, de 20.11.1965 – Dispõe sobre a organização dos partidos políticos.

Emenda Constitucional nº 17, de 26.11.1965.

Ato Complementar nº 6, de 3.1.1966 – Prorroga o prazo para criação e registro de organização com atribuições de partido político.

Ato Complementar nº 7, de 31.1.1966 – Altera os Atos Complementares e fixa normas para as eleições diretas e indiretas de 1966.

Ato Institucional nº 3, de 5.2.1966.

Lei nº 4.961, de 4.5.1966 – Altera a redação da Lei nº 4.737, de 15.7.1965 (Código Eleitoral).

Ato Complementar nº 9, de 11.5.1966 – Regulamenta a inscrição dos candidatos a Presidente e Vice-Presidente da República, Governador e Vice-Governador de Estado.

Ato Complementar nº 13, de 28.6.1966 – Acrescenta parágrafo ao Ato Complementar nº 9 de 1966.

Ato Complementar nº 16, de 18.7.1966 – Estabelece normas a serem adotadas nas eleições indiretas.

Ato Complementar nº 17, de 29.7.1966 – Reduz o prazo para inscrição de candidatos nas organizações partidárias.

Ato Complementar nº 20, de 9.8.1966 – Institui a cédula individual para as próximas eleições nos Municípios com menos de 100.000 habitantes.

Decreto Legislativo nº 47, de 4.10.1966 – Concede anistia aos leitores responsáveis por infrações previstas no art. 289 da Lei nº 4.737, de 15.7.1965.

Ato Complementar nº 26, de 29.11.1966 – Dispõe sobre o registro de candidatos em sublegenda.

Ato Institucional nº 4, de 7.12.1966 – Convocação do Congresso Nacional para discussão, votação e promulgação do Projeto de Constituição apresentado pelo Presidente da República.

Ato Complementar nº 29, de 26.12.1966 – Dispõe sobre a legislação relativa aos partidos políticos.

Ato Complementar nº 32, de 5.1.1967 – Altera o Ato Complementar nº 29 de 1966 no relativo à estrutura e competência dos gabinetes executivos regionais dos partidos políticos.

Constituição do Brasil de 24.1.1967.

Lei nº 5.250, de 9.2.1967 – Regula a liberdade de manifestação do pensamento e de informação.

Ato Complementar nº 37, de 14.3.1967 – Prorroga mandatos eletivos, estabelecendo calendário para novas eleições e considera Senadores e Deputados membros natos das respectivas comissões diretoras regionais.

Lei nº 5.306, de 5.7.1967 – Fxa datas para a realização das convenções para a eleição do Diretório Nacional e dos Diretórios Regionais e municipais dos partidos políticos e dá outras providências.

Lei Complementar nº 2, de 29.11.1967 – Dispõe sobre a execução do disposto no art. 15, § 2º da Constituição Federal, relativamente à remuneração dos Vereadores.

Lei nº 5.370, de 5.12.1967 – Fixa data para a realização das convenções para eleição do Diretório Nacional e dos Diretórios Regionais e Municipais e dá outras providência.

Lei nº 5.453, de 14.6.1968 – Institui o sistema de sublegendas e dá outras providências.

Ato Institucional nº 5, de 13.12.1968.

Decreto-Lei nº 441, de 29.1.1969 – Altera e revoga dispositivos da Lei nº 4.737, de 15.7.1965, modificada pela Lei nº 4.961.

Ato Institucional nº 7, de 26.2.1969.

Ato Complementar nº 54, de 20.5.1969 – Baixa normas para as convenções municipais, regionais e nacional para a eleição, respectivamente, dos Diretórios Municipais, Regionais e Nacional dos Partidos Políticos.

Ato Complementar nº 56, de 18.6.1969 – Dispõe sobre a fixação do número de membros de diretórios municipais dos partidos políticos.

Ato Institucional nº 11, de 14.8.1969.

Ato Complementar nº 62, de 22.8.1969 – Prorroga o prazo para registro de coandidatos a Diretório Regional de partido político.

Ato Complementar nº 65, de 9.9.1969 – Determina adata de escolha das Comissões Executivas dos Diretórios Regionais dos partidos políticos.

Ato Institucional nº 15, de 9.9.1969.

Decreto-Lei nº 851, de 10.9.1969 – Dispõe sobre a propaganda eleitoral.

Ato Complementar nº 66, de 19.9.1969 – Transfere data da convenção nacional dos partidos políticos.

Ato Institucional nº 16, de 14.10.1969.

Ato Complementar nº 73, de 15.10.1969 – Convoca o Congresso Nacional para a eleição do Presidente e Vice-Presidente da República.

Emenda Constitucional nº 1, de 17.10.1969.

Decreto-Lei nº 1.063, de 21.10.1969 – Estabelece, de acordo com a Emenda Constitucional nº 1, de 17.10.1969, casos de inelegibilidade e dá outras providências.

Decreto-Lei nº 1.064, de 24.10.1969 – Altera a redação do art. 302 do Código Eleitoral e dá outras providência.

Ato Complementar nº 77, de 27.10.1969 – Determina a data de realização das convenções nacionais dos partidos políticos e do término do prazo para registro de candidatos ao diretório nacional.

Decreto-Lei nº 1.069, de 4.11.1969 – Revoga o art. 18 do Decreto-Lei nº 1.063, de 21.10.1969 e dá outras providências.

Lei Complementar nº 5, de 29.4.1970 – Estabelece, de acordo com a Emenda Constitucional nº 1, de 17.10.1969, art. 151 e seu parágrafo único, casos de inelegibilidades e dá outras providências.

Lei nº 5.581, de 26.5.1970 – Estabelece normas sobre a realização de eleições em 1970 e dá outras providências.

Lei nº 5.607, de 9.9.1970 – Altera a Lei nº 5.581, de 26.5.1970.

Lei nº 5.682, de 21.7.1971 – Lei Orgânica dos Partidos políticos.

Lei nº 5.697, de 27.8.1971 – Dá nova redação aos artigos, que menciona, da Lei nº 5.682, de 21.7.1971 – Lei Orgânica dos Partidos Políticos.

Lei nº 5.774, de 23.12.1971 – Dispõe sobre o Estatuto dos Militares e dá outras providências.

Emenda Constitucional nº 2, de 9.5.1972 – Regula a Eleição dos Governadores e Vice-Governadores dos Estados em 1974.

Lei nº 5.779, de 31.5.1972 – Estabelece prazos para escolha de candidatos às eleições de Prefeitos, Vice-Prefeitos, Vereadores, Deputados Estaduais, Deputados Federais e Senadores.

Lei nº 5.780, de 5.7.1972 – Dispõe sobre a dispensa da multa prevista pelo art. 8º do Código Eleitoral (Lei nº 4.737 de 1965).

Lei nº 5.781, de 5.6.1972 – Altera dispositivos da Lei nº 5.682, de 21.7.1971 (Lei Orgânica dos Partidos políticos).

Lei nº 5.782, de 6.6.1972 – Fixa prazo para filiação partidária e dá outras providências.

Lei nº 5.784, de 14.6.1972 – Reduz o prazo para o registro de chapas de candidatos a membros de Diretórios Municipais no ano de 1972, fixa normas para escolha de candidatos nas eleições de 15 de novembro do mesmo ano e dá outras providências.

Lei nº 5.817, de 6.11.1972 – Regula a indicação de candidatos a cargos eletivos onde as convenções partidárias não as fizeram e dá outras providência.

Lei Complementar nº 15, de 13.8.1973 – Regula a composição e o funcionamento do colégio que elegerá o Presidente da República e dá outras providência.

Lei nº 6.007, de 19.12.1973 – Estabelece normas para a fixação do número de Deputados à Câmara dos Deputados e às Assembleias Legislativas.

Lei nº 6.018, de 2.1.1974 – Dispõe sobre a isenção de multa prevista pelo art. 8º da Lei nº 4.737, de 15.7.1965, que "Institui o Código Eleitoral" e acrescenta parágrafo ao seu art. 47, e dá outras providências.

Lei Complementar nº 18, de 10.5.1974 – Estabelece prazo de desincompatibilização para as eleições fixadas na Emenda Constitucional çnº 2 e altera dispositivo da Lei Complementar nº 5.

Lei nº 6.043, de 13.5.1974 – Altera dispositivos da Lei nº 5.682, de 21.7.1971 (Lei Orgânica dos Partidos Políticos).

Lei nº 6.055, de 17.6.1974 – Estabelece normas sobre a realização de eleições em 1974 e dá outras providências.

Lei nº 6.091, de 15.8.1974 – Dispõe sobre o fronecimento gratuito de transporte, em dias de eleição, de eleitores residentes nas zonas rurais e dá outras providências.

Lei Complementar nº 25, de 2.7.1975 – Estabelece critérios e limites para a fixação de remuneração dos Vereadores.

Lei nº 6.234, de 5.9.1975 – Dá nova redação ao item III e aos § 3º do artigo 55 da Lei nº 5.682, de 21.7.1971 (Lei Orgânica dos Partidos Políticos).

Lei nº 6.236, de 18.9.1975 – Determina providências para cumprimento da obrigatoriedade do alistamento eleitoral.

Lei nº 6.324, de 14.4.1976 – Acrescenta parágrafo único ao art. 92 da Lei nº 4.737, de 15.7.1965, que institui o Código Eleitoral.

Lei nº 6.336, de 1º.6.1976 – Acrescenta parágrafo ao art. 135 do Código Eleitoral, dispondo sobre Seções eleitorais em propriedades rurais.

Lei nº 6.339, de 1º.7.1976 – Dá nova redação ao art. 250 da Lei nº 4.737, de 15.7.1965, alterado pelo art. 50 da Lei nº 4.961, de 4.5.1966 e ao art. 118 da Lei nº 5.682, de 21.7.1971.

Lei nº 6.341, de 5.7.1976 – Dispõe sobre a organização e o funcionamento de Movimentos Trabalhista e Estudantil nos partidos políticos e dá outras providências.

Lei nº 6.349, de 7.7.1976 – Dispõe sobre a indicação de candidatos a cargos eletivos nos municípios onde os Partidos Políticos não constituíram Diretórios Municipais e dá outras providências.

Lei nº 6.358, de 10.9.1976 – Regula a indicação de candidatos a Prefeito, Vice-Prefeito, e Vereadores onde não se tenham realizado as convenções partidárias.

Lei nº 6.359, de 22.9.1976 – Fixa prazo para domicílio eleitoral e filiação partidária para as eleições municipais de 1976.

Lei nº 6.365, de 14.10.1976 – Dá nova redação aos artigos 99 de 106 da Lei nº 5.682, de 21.7.1971 (Lei Orgânica dos Partidos Políticos), alterada pela Lei nº 6.043, de 13.5.1974, e dá outras providências.

Lei nº 6.384, de 7.12.1976 – Regula a eleição para Prefeito, Vice-Prefeito, e Vereadores, nos municípios que deixaram de fazê-la no dia 15.11.1976.

Decreto-Lei nº 1.538, de 14.4.1977 – Altera a redação do art. 250 da Lei nº 4.737, de 15.7.1965, modificada pela Lei nº 6.399, de 1º.7.1976, e dá outras providências.

Decreto-Lei nº 1.539, de 14.4.1977 – Altera a lei Complementar nº 15, de 13.8.1973, que regula a composição e funcionamento do Colégio que elegerá o Presidente da República.

Decreto-Lei nº 1.540, de 14.4.1977 – Regula a composição e o funcionamento do Colégio Eleitoral que elegerá o Governador do Estado e dá outras providências.

Decreto-Lei nº 1.541, de 14.4.1977 – Institui sublegendas para as eleições de senador e prefeito e dá outras providências.

Decreto-Lei nº 1542, de 14.4.1977 – Altera a lei Complementar nº 5, de 29.4.1970, modificada pela Lei Complementar nº 18, de 10.5.1974.

Decreto-Lei nº 1.543, de 14.4.1977 – Regula a eleição de Senador, prevista no §2º do art. 41, *in fine*, da Constituição Federal.

Emenda Constitucional nº 8, de 14.4.1977.

Lei nº 6.414, de 16.5.1977 – Amplia o número de membros dos diretórios municipais dos partidos políticos.

Lei nº 6.415, de 24.5.1977 – Amplia os atuais mandatos partidários.

Ato Complementar nº 104, de 26.7.1977 – Suspende, provisoriamente, a garantia prevista no inciso III e no parágrafo único de art. 118 da Lei nº 5.682, de 21.7.1971, na redação dada pela Lei nº 6.339, de 1º.7.1976.

Lei nº 6.444, de 3.10.1977 – Altera a redação do artigo 10 da Lei nº 5.682, de 21.7.1971 (Lei Orgânica dos Partidos Políticos).

Lei nº 6.448, de 11.10.1977 – Dispõe sobre a organização política e administrativa dos Municípios dos Territórios Federais, e dá outras providências.

Lei Complementar nº 33, de 16.5.1978 – Dispõe sobre a renovação de eleições para Prefeito, Vice- Prefeito e Vereadores, nos municípios criados nos termos do art. 2º da Lei Complementar nº 32, de 26.12.1977, e dá outras providências.

Resolução do TSE, de nº 10.416, de 18.5.1978 – Estabelece o número de Deputados à Câmara dos Deputados e às Assembleias Legislativas, observado o disposto nos artigos 39 e 13, § 6º da Constituição Federal.

Resolução do TSE, de nº 10.421, de 23.5.1978 – Fixa o número de delegados das Assembleias Legislativas que integrarão o Colégio Eleitoral nas eleições de 15.10.1978.

Lei nº 6.534, de 26.5.1978 – Dispõe sobre a escolha e o registro, pelos Partidos políticos, de candidatos às eleições de 1978, para Governadores e Vice-Governadores, Senadores e Deputados Federais e Estaduais, e dá outras providências.

Decreto nº 82.029, de 24.7.1978 – Aplica aos militares candidatos a cargos eletivos o disposto no Decreto nº 54.062, de 28.7.1964.

Lei nº 6.553, de 19.8.1978 – Altera e acrescenta parágrafo ao art. 101 altera e acrescenta parágrafo ao art. 101 da Lei nº 4.737, de 15.7.1965 (dispõe sobre o preenchimento de vaga e a substituição de candidato às eleições proporcionais ou majoritárias).

Emenda Constitucional nº 11, de 13.10.1978 – Altera dispositivos da Constituição Federal.

Lei nº 6.767, de 20.12.1979 – Modifica dispositivos da Lei nº 5.682, de 21.7.1971 (Lei Orgânica dos Partidos Políticos), nos termos do art. 152 da Constituição, alterado pela Emenda Constitucional nº 11, de 1978; dispõe sobre preceitos do Decreto-Lei nº 1.541, de 14.4.1977; e dá outras providências.

Emenda Constitucional nº 11, de 13.10.1978 – Altera dispositivos da Constituição Federal.

Lei nº 6.767, de 20.12.1979 – Modifica dispositivos da Lei nº 5.682, de 21.7.1971 (Lei Orgânica dos Partidos Políticos), nos termos do art. 152 da Constituição, alterado pela Emenda Constitucional nº 11, de 1978; dispõe sobre preceitos do Decreto-Lei nº 1.541, de 14.4.1977; e dá outras providências.

Lei nº 6.815, de 19.8.1980 – Define a situação jurídica do estrangeiro no Brasil, cria o Conselho Nacional de Imigração e dá outras providências.

Lei nº 6.817, de 5.9.1980 – Dispõe sobre a organização dos Diretórios Municipais dos partidos políticos em formação e dá outras providências.

Emenda Constitucional nº 14, de 9.9.1980 – Altera o Título das Disposições Gerais e Transitórias, estendendo os mandatos dos atuais Prefeitos, Vice-Prefeitos, Vereadores e Suplentes até 1983, imprimindo nova redação ao art. 209.

Emenda Constitucional nº 15, de 19.11.1980 – Restabelece o sistema de voto direto nas eleições para Governador de Estado e para Senador da República.

Decreto-Lei nº 1.866, de 9.3.1981 – Dispõe sobre nomeação de Prefeito em Município declarado de interesse da Segurança Nacional.

Emenda Constitucional nº 19, de 6.8.1981 – Alterado o art. 151 da Constituição Federal.

Lei nº 6.937, de 31.8.1981 – Dispõe sobre a isenção da multa prevista no art. 80 da Lei nº 4.737, de 15.7.1965 – Código Eleitoral – estabelece critérios para distribuição dos recursos do fundo partidário, referente aos exercícios de 1979 e 1980, e dá outras providências.

Lei nº 6.948, de 28.9.1981 – Dispõe sobre a realização de convenções para renovação de diretórios que se refere o art. 6º da Lei nº 6.767, de 20.12.1979, e dá outras providências.

Lei nº 6.957, de 23.11.1981 – Dispõe sobre Convenções Municipais para a escolha de Diretórios Municipais e dá outras providências.

Lei nº 6.961, de 1º.12.1981 – Altera a redação do *caput* do art. 17, da Lei nº 6.091, de 15.8.1974, que dispõe sobre o fornecimento gratuito de transporte, em dias de eleição, a eleitores residentes em zonas rurais e dá outras providências.

Lei nº 6.978, de 19.1.1982 – Estabelece normas para a realização de eleições em 1982, e dá outras providências.

Lei Complementar nº 42, de 1º.2.1982 – Altera a Lei Complementar nº 5, de 29.4.1970, que estabelece, de acordo com o art. 151 e seu parágrafo único da Emenda Constitucional nº 1, de 17.10.1969, casos de inelegibilidade, e dá outras providências.

Lei Complementar nº 43, de 31.3.1982 – Altera a Lei Complementar nº 5, de 29.4.1970, que estabelece casos de inelegibilidades.

Decreto-Lei nº 1.937, de 27.4.1982 – Acrescenta parágrafos ao art. 1º do Decreto-Lei nº 1.866, de 9.3.1981, que dispõe sobre a nomeação de Prefeito em Município declarado de interesse da Segurança Nacional.

Lei nº 6.989, de 5.5.1982 – Dispõe sobre filiação partidária em caso de incorporação de partidos políticos, e dá outras providências.

Lei nº 6.990, de 18.5.1982 – Altera a redação do art. 92 da Lei nº 4.737, de 15.7.1965, que institui o Código Eleitoral.

Lei nº 6.996, de 7.6.1982 – Dispõe sobre a utilização do processo eletrônico de dados nos serviços eleitorais, e dá outras providências.

Lei nº 6.999, de 7.6.1982 – Dispõe sobre a requisição de servidores públicos pela Justiça Eleitoral, e dá outras providências.

Lei nº 7.008, de 29.6.1982 – Altera a redação do *caput* do art. 4º da Lei nº 6.978, de 19.1.1982, que dispõe sobre as eleições de 1982.

Emenda Constitucional nº 22, de 29.6.1982.

Resolução do TSE nº 11.355, de 1º.7.1982 – Instruções fixando o número de Deputados à Câmara dos Deputados e às Assembleias Legislativas.

Lei nº 7.015, de 16.7.1982 – Altera as Leis nºs 4.737, de 15.7.1965 e 6.978, de 19.1.1982, e dá outras providências.

Lei nº 7.021, de 6.9.1982 – Estabelece o modelo de cédula oficial única a ser usada nas eleições de 15.11.1982, e dá outras providências.

Lei nº 7.090, de 14.4.1983 – Altera dispositivos da Lei nº 5.682, de 21.7.1971 – Lei Orgância dos Partidos Políticos, e dá outras providências.

Lei nº 7.136, de 27.10.1983 – Dispõe sobre a eleição para Prefeito e Vice-Prefeito em Municípios que forem descaracterizados como de interesse da Segurança Nacional.

Lei nº 7.179, de 19.12.1983 – Acrescenta parágrafo ao art. 175 e da Lei nº 4.737, de 15.7.1965 – Código Eleitoral, alterada pela Lei nº 4.961, de 4.5.1966.

Lei nº 7.106, de 28.6.1983 – Define os crimes de responsabilidade do Governador do Distrito Federal, dos Governadores dos Territórios Federais e de seus respectivos Secretários, e dá outras providências.

Lei nº 7.191, de 4.6.1984 – Altera os arts. 16 e 25 da Lei nº 4.737, de 15.7.1965 – Código Eleitoral, alterada pela Lei nº 4.961, de 4.5.1966.

Lei Complementar nº 47, de 22.10.1984 – Adapta a Lei Complementar nº 15, de 13.8.1973, que regula a composição e o funcionamento do Colégio que elegerá o Presidente da República, e dá outras providências, às disposições da Emenda Constitucional nº 22, de 29.6.1982.

Lei nº 7.206, de 5.7.1984 – Fixa a data da eleição de Vereadores dos Municípios criados pela Lei nº 7.009, de 1º.6.1982, e dá outras providências.

Lei nº 7.222, de 2.10.1984 – Acrescenta parágrafo ao art. 31 da Lei nº 5.682, de 21.7.1971 – Lei Orgânica dos Partidos Políticos, defenindo o voto cumulativo.

Ato da Mesa do Senado Federal, nº 2, de 22.10.1984 – Organização do Colégio Eleitoral.

Resolução do Senado Federal nº 132, de 7.12.1984 – Suspende a execução da locução "ou mandado de segurança" constante da letra "e" do inciso I do artigo 22, do Código Eleitoral, instituído pela Lei nº 4.737, de 15.7.1965.

Decreto-Lei nº 2.183, de 19.12.1984 – Descaracteriza como de interesse da Segurança Nacional os Municípios que especifica.

Lei nº 7.307, de 9.4.1985 – Altera dispositivos da Constituição Federal e estabelece outras normas constitucionais de caráter transitório.

Lei nº 7.332, de 1º.7.1985 – Estabelece normas para a realização de eleições em 1985, dispõe sobre o alistamento eleitoral e o voto do analfabeto, e dá outras providências.

Lei nº 7.373, de 25.9.1985 – Dispõe sobre a isenção de multa prevista no art. 87 da Lei nº 4.737, de 15.7.1965 (Código Eleitoral).

Lei nº 7.379, de 7.10.1985 – Altera dispositivos da Lei nº 5.682, de 21.7.1971, modificada pelas Leis nºs 5.697, de 27.8.1971, 5.781, de 5.7.1972, 6.444, de 3.10.1977, e 6.767, de 20.12.1979, e dá outras providências.

Emenda Constitucional nº 26, de 27.11.1985 – Convoca Assembleia Nacional Constituinte e dá outras providências.

Lei nº 7.434, de 19.12.1985 – Altera a redação da alínea "b" do inciso IX do art. 146 da Lei nº 4.737, de 15.7.1965 – Código Eleitoral, eliminando da legislação eleitoral o voto vinculado.

Lei nº 7.444, de 20.12.1985 – Dispõe sobre a implantação do processamento eletrônico de dados no alistamento eleitoral e revisão do eleitorado e dá outras providências.

Lei nº 7.454, de 30.12.1985 – Altera dispositivo da Lei nº 4.737, de 15.7.1965, e dá outras providências.

Lei nº 7.476, de 15.5.1986 – Dá nova redação ao art. 242 da Lei nº 4.737, de 15.7.1965, que "institui o Código Eleitoral".

Lei nº 7.493, de 17.6.1986 – Estabelece normas para a realização de eleições em 1986, e dá outras providências.

Lei nº 7.508, de 4.7.1986 – Institui normas para a propaganda eleitoral, e dá outras providências.

Lei nº 7.514, de 9.7.1986 – Assegura aos partidos políticos e candidatos o direito de usar os números a eles atribuídos na eleição anterior e dá outras providências.

Lei nº 7.551, de 12.12.1986 – Revoga o Decreto-Lei nº 1.541, de 14.4.1977 (Lei das Sublegendas).

Lei nº 7.607, de 28.5.1987 – Faculta às Comissões Executivas Nacionais dos Partidos Políticos decidir sobre a realização de convenções e dá outras providências.

Lei nº 7.657, de 21.3.1988 – Altera dispositivos da Lei nº 5.682, de 21.7.1971.

Lei nº 7.663, de 27.5.1988 – Altera os arts. 7º e 71 da Lei nº 4.737, de 15.7.1965 – Código Eleitoral, e dá outras providências.

Lei nº 7.664, de 29.6.1988 – Estabelece normas para a realização das eleições municipais de 15.11.1988, e dá outras providências.

Lei nº 7.673, de 29.9.1988 – Modifica a redação do inciso I da Lei nº 7.664, de 29.6.1988, estabelecendo novo horário para a propaganda eleitoral para as eleições municipais de 15.11.1988.

Constituição da República Federativa do Brasil, de 5.10.1988.

Lei nº 7.710, de 22.12.1988 – Dispõe sobre a eleição para Prefeito, Vice-Prefeitos e Vereadores dos Municípios novos criados até 15.7.1988 e determina outras providências.

Lei nº 7.773, de 8.6.1989 – Dispõe sobre a eleição para Presidente e Vice-Presidente da República.

Resolução TSE nº 15.374, de 29.6.1989 – Dispõe sobre o alistamento e serviços eleitorais, mediante processamento eletrônico de dados, a manutenção dos cadastros eleitorais em meio magnético, e a fiscalização dos partidos, dando outras providências.

Lei nº 7.914, de 7.12.1989 – Revoga dispositivos do Código Eleitoral e dá outras providências.

Resolução do TSE nº 16.336, de 22.3.1990 – Fixa o número de membros à Câmara de Deputados, às Assembleias e Câmaras Legislativas para eleições de 3.10.1990.

Lei Complementar nº 64, de 18.5.1990 – Estabelece, de acordo com o art. 14, § 9º, da Constituição Federal, casos de inelegibilidade, prazos de cessação e determina outras providências.

Lei nº 8.037, de 25.5.1990 – Altera os arts. 176 e 177 da Lei nº 4.737, de 15.7.1965, que institui o Código Eleitoral, com as alterações promovidas pelas Leis nºs 6.989, de 5.5.1982 e 7.332, de 1º.7.1985, e dá outras providências.

Lei nº 8.054, de 21.6.1990 – Prorroga o prazo de vencimento do registro de partidos com representação parlamentar, federal ou estadual.

Lei nº 8.214, de 24.7.1991 – Estabelece normas para a realização das eleições municipais de 3.10.1992, e dá outras providências.

Lei nº 8.247, de 23.10.1991 – Altera dispositivos da Lei nº 5.682, de 21.7.1971 – Lei Orgânica dos Partidos Políticos.

Lei nº 8.624, de 4.2.1993 – Dispõe sobre o plebiscito que definirá a forma e o sistema de governo e regulamenta o art. 2º do Ato das Disposições Constitucionais Transitórias, alterado pela Emenda Constitucional nº 2.

Emenda Constitucional nº 4, de 14.9.1993 – Dá nova redação ao art. 16 da Constituição Federal de 1988.

Lei nº 8.713, de 30.9.1993 – Estabelece normas para as eleições de 3.10.1994.

Lei Complementar nº 78, de 30.12.1993 – Disciplina a fixação do número de Deputados, nos termos do art. 45, § 1º, da Constituição Federal.

Lei nº 9.100, de 29.9.1995 – Estabelece normas para a realização das eleições municipais de 3.10.1996.

Resolução TSE nº 19.380, de 24.10.1995 – Instruções para o acesso gratuito ao rádio e à televisão pelos partidos políticos.

Resolução TSE nº 19.406, de 5.12.1995 – Instruções para fundação, organização, funcionamento e extinção dos partidos políticos.

Lei Complementar nº 86, de 14.5.1996 – Acrescenta dispositivo ao Código Eleitoral, a fim de permitir a ação rescisória em casos de inelegibilidade.

Lei nº 9.301, de 29.8.1996 – Revoga o art. 75 da Lei nº 9.100, de 29.9.1995, que estabelece normas para a realização das eleições municipais de 3.10.1996.

Lei nº 9.504, de 30.9.1997 – Estabelece normas para as eleições.

Resolução TSE nº 20.034, de 27.11.1997 – Instruções para o acesso gratuito ao rádio e à televisão pelos partidos políticos.

Lei nº 9.693, de 27.7.1998 – Modifica a Lei nº 9.096, de 19.9.1995 (Lei dos Partidos Políticos), para tratar de punição ao partido político mediante suspensão de cotas do Fundo Partidário.

Resolução TSE nº 20.405, de 1º.12.1998 – Disciplina o recolhimento e cobrança das multas previstas no Código Eleitoral e leis conexas e dá outras providências.

Lei nº 9.840, de 28.9.1999 – Altera dispositivos da Lei nº 9.504, de 30.9.1997, e da Lei nº 4.737, de 15.7.1965 – Código Eleitoral.

Lei Complementar nº 101, de 4.5.2000 – Estabelece normas de finanças públicas voltadas para a responsabilidade na gestão fiscal e dá outras providências.

Decreto nº 3.516, de 20.6.2000 – Regulamenta o parágrafo único do art. 52 da Lei nº 9.096, de 19.9.1995, para os efeitos de ressarcimento fiscal pela propaganda partidária gratuita relativamente ao ano-calendário de 2000 e subsequentes.

Lei nº 10.028, de 19.10.2000 – Altera o Decreto-Lei nº 2.848, de 7.12.1940 – Código Penal, a Lei nº 1.079, de 10.4.1950, e o Decreto-Lei nº 201, de 27.2.1967.

Decreto nº 3.786, de 10.4.2001 – Regulamenta o art. 99 da Lei nº 9.504, de 30.9.1997, para os efeitos de ressarcimento fiscal pela propaganda eleitoral gratuita relativamente ao ano-calendário de 2000 e subsequentes.

Lei nº 10.226, de 15.5.2001 – Acrescenta parágrafos ao art. 135 da Lei nº 4.737, de 15.7.1965, que institui o Código Eleitoral, determinando a expedição de instruções sobre a escolha dos locais de votação de mais fácil acesso para o eleitor deficiente físico.

Resolução TSE nº 20.882, de 2.10.2001 – Regulariza uso da Internet, Intranet e correio eletrônico no âmbito da Justiça Eleitoral.

Lei nº 10.408, de 10.1.2002 – Altera a Lei nº 9.504, de 30.9.1997, que estabelece normas para as eleições, para ampliar a segurança e a fiscalização do voto eletrônico.

Decreto nº 4.199, de 16.4.2002 – Dispõe sobre a prestação de informações institucionais relativas à Administração Pública Federal a partidos políticos, coligações e candidatos à Presidência da República até a data da divulgação oficial do resultado final das eleições.

Lei nº 10.732, de 5.9.2003 – Altera a redação do art. 359 da Lei nº 4.737, de 15.7.1965 – Código Eleitoral (institui a obrigatoriedade do depoimento pessoal no processo penal eleitoral).

Lei nº 10.740, de 1º.10.2003 – Altera a Lei nº 9.504, de 30.9.1997, e a Lei nº 10.408, de 10.1.2002, para implantar o registro digital do voto.

Resolução TSE nº 21.381, de 22.4.2003 – Partido político – Propaganda partidária gratuita – Inserções nacionais e estaduais – Não obrigatoriedade de entrega de material uniforme às emissoras. Art. 7º da Resolução TSE nº 20.034/1997, que regulamentou o § 5º do art. 46 da Lei nº 9.096/1995.

Resolução TSE nº 21.404, de 3.6.2003 – Propaganda partidária – Transmissões de âmbitos nacional e regional autorizadas, em caráter excepcional, pelos tribunais competentes, para datas coincidentes – Precedentes.

Resolução TSE nº 21.461, de 19.8.2003 – Dispõe sobre o encaminhamento de lista tríplice organizada pelo Tribunal de Justiça ao Tribunal Superior Eleitoral e altera o formulário Modelo 2 (Resolução TSE nº 9.407/1972).

Resolução TSE nº 21.477, de 28.8.2003 – Dispõe sobre a formação do agravo de instrumento contra decisão que não admitir o processamento do recurso especial.

Resolução TSE nº 21.518, de 7.10.2003 – Calendário Eleitoral 2004 (atualizado).

Resolução TSE nº 21.538, de 14.10.2003 – Dispõe sobre o alistamento e serviços eleitorais mediante processamento eletrônico de dados, a regularização de situação de eleitor, a administração e a manutenção do cadastro eleitoral, o sistema de alistamento eleitoral, a revisão do eleitorado e a fiscalização dos partidos políticos, entre outros (Revoga a Resolução TSE nº 20.132 a partir de 1º.1.2004).

Resolução TSE nº 21.574, de 27.11.2003 – Dispõe sobre o Sistema de Filiação Partidária e dá outras providências.

Resolução TSE nº 21.575, 2.12.2003 – Dispõe sobre as reclamações e representações relativas ao descumprimento da Lei nº 9.504/1997 e sobre os pedidos de direito de resposta, previsto no art. 58 da mesma Lei.

Resolução TSE nº 21.576, de 2.12.2003 – Dispõe sobre pesquisas eleitorais (Eleições de 2004).

Resolução TSE nº 21.577, de 2.12.2003 – Altera o art. 36 da Resolução TSE nº 19.406, de 5.12.1995 – Instruções para fundação, organização, funcionamento e extinção dos partidos políticos.

Lei nº 10.826, de 22.12.2003 – Dispõe sobre registro, posse e comercialização de armas de fogo e munição, sobre o Sistema Nacional de Armas – Sinarm, define crimes e dá outras providências.

Resolução TSE nº 21.607, de 3.2.2004 – Para uso no dia de votação, deverá ser encaminhada às seções eleitorais apenas lista de candidatos em ordem alfabética, sem prejuízo de os cartórios eleitorais manterem e divulgarem lista dos candidatos organizada pelos números com os quais concorrem.

Resolução TSE nº 21.608, de 5.2.2004 – Dispõe sobre a escolha e o registro de candidatos nas eleições municipais de 2004.

Resolução TSE nº 21.609, de 5.2.2004 – Dispõe sobre a arrecadação e a aplicação de recursos nas campanhas eleitorais e sobre a prestação de contas nas eleições municipais de 2004.

Resolução TSE nº 21.610, de 5.2.2004 – Dispõe sobre a propaganda eleitoral e as condutas vedadas aos agentes públicos em campanha eleitoral, nas eleições municipais de 2004.

Resolução TSE nº 21.618, de 12.2.2004 – Dispõe sobre as cédulas de uso contingente para as eleições municipais de 2004.

Resolução TSE nº 21.619, de 12.2.2004 – Dispõe sobre os modelos e sobre o uso dos lacres para urnas eletrônicas, etiquetas de segurança e envelopes com lacres de segurança a serem utilizados nas eleições municipais de 2004.

Resolução TSE nº 21.620, de 12.2.2004 – Dispõe sobre a justificativa dos eleitores que se encontrarem fora do domicílio eleitoral nas eleições municipais de 2004.

Resolução TSE nº 21.621, de 12.2.2004 – Regulamenta a divulgação dos resultados das eleições municipais de 2004.

Resolução TSE nº 21.631, de 19.2.2004 – Resolução complementar a Resolução TSE nº 21.576.

Resolução TSE nº 21.632, de 19.2.2004 – Resolução complementar a Resolução TSE nº 21.633.

Resolução TSE nº 21.633, de 19.2.2004 – Dispõe sobre os atos preparatórios, a recepção de votos e as garantias eleitorais para as eleições municipais de 2004.

Resolução TSE nº 21.634, de 19.2.2004 – Resolução complementar a Resolução TSE nº 21.635.

Resolução TSE nº 21.635, de 19.2.2004 – Dispõe sobre apuração e totalização dos votos, proclamação e diplomação dos eleitos nas eleições municipais de 2004.

Resolução TSE nº 21.650, de 4.3.2004 – Altera calendário eleitoral.

Resolução TSE nº 21.665, de 18.3.2004 – Disponibilidade do formulário oficial de justificativa eleitoral nas páginas da Internet do TSE e TRE"s.

Resolução TSE nº 21.667, de 18.3.2004 – Dispõe sobre a utilização de serviço de emissão de certidão de quitação eleitoral por meio da Internet.

Resolução TSE nº 21.668, de 23.4.2004 – Altera o art. 21 e revoga os incisos X e XI do art. 42 da Resolução TSE nº 21.609/2004.

Resolução TSE nº 21.697, de 30.3.2004 – Coligação. Denominação. Utilização. Nome. Número. Candidato. Pedido de voto. Vedação.

Resolução TSE nº 21.702, de 2.4.2004 – Instruções sobre o número de vereadores a eleger segundo a população de cada município.

Resolução TSE nº 21.703, de 2.4.2004 – Altera parágrafo único do art. 15 e o § 1º do art. 47 da instrução que dispõe sobre a escolha e o registro de candidatos nas eleições municipais de 2004.

Resolução TSE nº 21.711, de 6.4.2004 – Dispõe sobre a utilização de sistema de transmissão eletrônica de dados e imagens por fac-símile ou pela Internet, para a prática de atos processuais no âmbito do TSE.

Resolução TSE nº 21.720, de 15.4.2004 – Dispõe sobre a auditoria de verificação do funcionamento das urnas eletrônicas, mediante votação paralela, nas eleições municipais de 2004.

Resolução TSE nº 21.725, de 27.4.2004 – Eleições 2004. Propaganda eleitoral. Gescape. Proposta. Critérios. Sistema informatizado de distribuição de inserções. Aprovação.

Resolução TSE nº 21.726, de 27.4.2004 – Mesário. Nomeação. Período. Início. Fim. Substituição. Recusa. Impugnação.

Resolução TSE nº 21.728, de 27.4.2004 – Candidato. Prefeito. Registro. Número identificador. Partido Político. 1. Conforme expressamente dispõe o art. 17, I, da Resolução TSE nº 21.608, os candidatos ao cargo de prefeito deverão concorrer com o número identificador do partido político ao qual estiverem filiados. Consulta respondida de forma negativa.

Resolução TSE nº 21.729, de 27.4.2004 – Número de vereadores. Omissão. Lei orgânica municipal. O número de vereadores será determinado pelo TSE, observado o número de habitantes de cada município (Resolução TSE nº 21.702/2004).

Resolução TSE nº 21.732, de 29.4.2004 – Dispõe sobre os formulários a serem utilizados nas eleições 2004.

Resolução TSE nº 21.735, de 4.5.2004 – Eleições 2004. Gescape. Proposta. Inclusão. Norma. Resolução TSE nº 21.610/2004.

Resolução TSE nº 21.740, de 6.5.2004 – Dispõe sobre a assinatura digital dos programas fontes e programas executáveis que compõem os sistemas informatizados das eleições 2004, sobre sua conferência e a dos dados das urnas eletrônicas.

Resolução TSE nº 21.742, de 11.5.2004 – Eleições 2004. Registro de candidatos. Gescape. Proposta. Procedimento. Verificação pelos partidos, coligações e candidatos dos respectivos dados, bem como das fotografias digitalizadas.

Resolução TSE nº 21.743, de 11.5.2004 – Altera a Resolução TSE nº 21.610, de 5.2.2004 – "Dispõe sobre a propaganda eleitoral e as condutas vedadas aos agentes públicos em campanha eleitoral, nas eleições municipais de 2004".

Resolução TSE nº 21.744, de 11.5.2004 – Eleições 2004. Grupo de Trabalho dos Sistemas das Urnas Eletrônicas (GT-SUE). Proposta.

Resolução TSE nº 21.772, de 25.5.2004 – Prefeito. Exercício. Presidência de associação de municípios. Candidatura. Reeleição. Desincompatibilização. Prazo. Aplicação. Membros de diretoria e/ou de conselhos dessa associação.

Resolução TSE nº 21.803, de 17.6.2004 – Dispõe sobre os critérios de fixação do número de vereadores nos municípios, de acordo com o disposto no art. 29, IV, da Constituição Federal.

Resolução TSE nº 21.819, de 15.6.2004 – Eleições 2004. Atos preparatórios. Corregedoria-Geral Eleitoral. Indagação. Arts. 57, parágrafo único, e 45, inciso III e parágrafo único, ambos da Resolução TSE nº 21.633. Alcance. Eleitor com necessidades especiais. Voto. Exercício. Sigilo. Princípios. Compatibilização. Critérios. Adoção.

Resolução TSE nº 21.821, de 15.6.2004 – Consulta. Eleições 2004. Registro. Coligação. Cálculo número candidatos vereador. Lei nº 9.504/1997, § 2º, art. 10. No caso de coligação, a regra para o cálculo é a descrita na Resolução TSE nº 20.046/1997.

Resolução TSE nº 21.827, de 17.6.2004 – Pedido. Dilação. Prazo. Entrega. Programas de verificação e assinatura digital. Deferimento parcial.

Resolução TSE nº 21.831, de 15.6.2004 – País estrangeiro. Embaixada no Brasil. Indagações. Eleição. País de origem. Campanha eleitoral. Realização. Brasil. Estrangeiros ou Membros da Sociedade Nikkei portadores de nacionalidade brasileira. Possibilidade. Asilado político. Proibição.

Resolução TSE nº 21.833, de 1º.7.2004 – Altera a Resolução TSE nº 21.609, de 5.2.2004 – Dispõe sobre a arrecadação e a aplicação de recursos nas campanhas eleitorais e sobre a prestação de contas nas eleições municipais de 2004.

Resolução TSE nº 21.834, de 1º.7.2004 – Altera a Resolução TSE nº 21.610, de 5.2.2004 – Dispõe sobre a propaganda eleitoral e as condutas vedadas aos agentes públicos em campanha eleitoral, nas eleições municipais de 2004.

Resolução TSE nº 21.843, de 1º.7.2004 – Dispõe sobre a requisição de força federal, de que trata o art. 23, inciso XIV, do Código Eleitoral, e sobre a aplicação do art. 2º do Decreto-Lei nº 1.064, de 24.10.1969.

Resolução TSE nº 21.845, de 8.7.2004 – Altera a Resolução TSE nº 21.633, de 19.2.2004 – Dispõe sobre os atos preparatórios, a recepção de votos e as garantias eleitorais para as decisões municipais de 2004.

Resolução TSE nº 21.846, de 8.7.2004 – Altera a Resolução TSE nº 21.635, de 19.2.2004 – Dispõe sobre a apuração e totalização dos votos, proclamação e diplomação dos eleitos nas eleições municipais de 2004.

Resolução TSE nº 21.848, de 24.6.2004 – Eleições 2004. Provimento do Corregedor-Geral da Justiça Eleitoral. Quitação eleitoral. Aplicação de novas regras. Mecanismo de registro no cadastro eleitoral. Criação. Prestação de contas. Pendências relativas a multas. Reflexos a partir do pleito deste ano. Referendo pelo plenário. A falta de prestação de contas de campanha pelo candidato impedirá a obtenção de certidão de quitação eleitoral, com relação às omissões verificadas a partir das eleições de 2004, aplicando-se a mesma regra aos débitos não satisfeitos dos quais não haja registro no cadastro eleitoral vigente para as eleições deste ano. Normas aprovadas pelo Ministro Corregedor-Geral da Justiça Eleitoral, referendadas pelo Plenário do Tribunal Superior Eleitoral.

Resolução TSE nº 21.852, de 1º.7.2004 – Os limites de número de vereadores são os estabelecidos pela Resolução TSE nº 21.702/2004, com vigência imediata.

Resolução TSE nº 21.864, de 3.8.2004 – Partido Democrático Trabalhista (PDT). Pedido de exclusão do Sistema de Impressão do Voto Digital (SIBVD) do conjunto de programas das urnas eletrônicas. (Indeferimento).

Resolução TSE nº 21.860, de 3.8.2004 – Revogação *ad referendum* da Resolução TSE nº 21.821/2004, que reconheceu a incidência, no caso de coligação, da regra descrita na Resolução TSE nº 20.046/1997.

Resolução TSE nº 21.871, de 5.8.2004 – Disciplina a abertura, em caráter provisório, das contas bancárias da campanha eleitoral de 2004.

Resolução TSE nº 21.878, de 12.8.2004 – Impossibilidade de transferência de recursos entre entes federados para execução de obra ou serviço que não esteja em andamento nos três meses que antecedem o pleito. Incidência da vedação do art. 73, VI, "a", da Lei nº 9.504/1997.

Resolução TSE nº 21.885, de 17.8.2004 – Petição. Solicitação de que se verifique a possibilidade de revisão do Enunciado nº 14 da súmula desta Corte.

Resolução TSE nº 21.888, de 17.8.2004 – Representação em debate. Art. 26, § 5º, da Resolução TSE nº 21.610/2004 com a redação dada pelo art. 1º da Resolução TSE nº 21.834/2004.

Resolução TSE nº 21.892, de 17.8.2004 – Alteração. Resolução TSE nº 21.725/2004. Gescape. Critérios. Sistema informatizado de distribuição de inserções. Propaganda eleitoral. Eleições municipais.

Resolução TSE nº 21.903, de 24.8.2004 – Processo administrativo. Grupo de Estudos de Prestação de Contas de Campanha Eleitoral (GESPCC 2004). Sugestão de procedimentos de exame das contas de campanha eleitoral – Eleições 2004. (Acolhimento).

Resolução TSE nº 21.901, de 24.8.2004 – Partido da Frente Liberal e Partido dos Trabalhadores. Resolução TSE nº 21.610/2004. Propaganda eleitoral. Páginas Internet. Utilização do domínio "can.br". Não obrigatoriedade. Possibilidade de utilização de outras terminações, como a "com.br", tendo em vista que não há exclusividade no uso da terminação "can.br".

Resolução TSE nº 21.917, de 14.9.2004 – Dispõe sobre os formulários a serem utilizados na prestação de contas de campanha das eleições de 2004, na hipótese prevista no parágrafo único do art. 45 da Resolução TSE nº 21.609/2004.

Resolução TSE nº 21.920 de 19.9.2004 – Dispõe sobre o alistamento eleitoral e o voto dos cidadãos portadores de deficiência, cuja natureza e situação impossibilitem ou tornem extremamente oneroso o exercício de suas obrigações eleitorais.

Resolução TSE nº 21.922, de 21.9.2004 – Dispõe sobre as pesquisas eleitorais.

Resolução TSE nº 21.924, de 29.9.2004 – Altera a Resolução TSE nº 21.803, de 8.6.2004 – Dispõe sobre os critérios de fixação do número de vereadores nos municípios, de acordo com o disposto no art. 29, IV, da Constituição Federal.

Resolução TSE nº 21.926, de 30.9.2004 – Exigir do eleitor, no dia da votação, que apresente, além do título, quando dele dispuser, documento oficial que comprove sua identidade, excede o que determina o art. 54, § 1º, da Resolução TSE nº 21.633, o qual estabelece que "o eleitor, mesmo sem a apresentação do título, poderá votar, desde que seu nome conste do caderno de votação e do cadastro de eleitores da seção constantes da urna eletrônica e exiba documento que comprove sua identidade". (Pedido indeferido)

Resolução TSE nº 21.925, de 30.9.2004 – Dispõe sobre os procedimentos para o cômputo dos votos dos candidatos que se encontram na situação *sub judice*.

Resolução TSE nº 21.929, de 1º.10.2004 – Altera a Resolução TSE nº 21.635, de 19.2.2004 – Dispõe sobre apuração e totalização dos votos, proclamação e diplomação dos eleitos nas eleições minicipais de 2004.

Resolução TSE nº 21.931, de 2.10.2004 – O procedimento de exclusão previsto pelo Código Eleitoral (arts. 71 e seguintes), observado o rito nele disciplinado, no qual se assegura ao eleitor o exercício do contraditório e da ampla defesa, admite a retirada do eleitor da folha de votação, após a sentença de cancelamento, ainda que haja recurso, cujo efeito é apenas devolutivo. Efetivada a providência em período que inviabilize a regularização do eleitor no cadastro, não ficará o excluído sujeito às sanções decorrentes do não cumprimento das obrigações eleitorais.

Resolução TSE nº 21.930, de 2.10.2004 – Altera a Resolução TSE nº 21.635, de 19.2.2004 – Dispõe sobre apuração e totalização dos votos, proclamação e diplomação dos eleitos nas eleições municipais de 2004.

Resolução TSE nº 21.933, de 5.10.2004 – Não veiculação dos *spots* nos municípios em que não será realizado segundo turno. Pedido indeferido.

Resolução TSE nº 21.934, de 5.10.2004 – Altera a Resolução TSE nº 21.610, de 5.2.2004 – Dispõe sobre a propaganda eleitoral e as condutas vedadas aos agentes públicos em campanha eleitoral, nas eleições municipais de 2004.

Resolução TSE nº 21.937, de 7.10.2004 – Altera o prazo para entrega pela direção nacional dos partidos políticos dos dados referentes à confecção e distribuição dos recibos eleitorais da campanha eleitoral 2004.

Resolução TSE nº 21.945, de 26.10.2004 – Resoluções TSE nºs 21.702 e 21.803. Revisão do número de vereadores para a legislatura 2005/2008. Art. 29, IV, Constituição Federal. Regulamentação feita pelo Tribunal Superior Eleitoral no exercício de sua competência (art. 23, IX, do Código Eleitoral). Os critérios adotados pelo TSE para a fixação do número de vereadores em cada município – a estimativa de população em 2003 e a data limite de 1º.6.2004 para a adequação – visam preservar o processo eleitoral – escolha e registro de candidatos nas eleições municipais de 2004 –, que se iniciou no dia 10 de junho. (Pedido indeferido)

Resolução TSE nº 21.975, de 16.12.2004 – Disciplina o recolhimento e a cobrança das multas previstas no Código Eleitoral e leis conexas e a distribuição do Fundo Especial de Assistência Financeira aos Partidos Políticos (Fundo Partidário).

Resolução TSE nº 21.978, de 3.2.2005 – A fiscalização da propaganda eleitoral é da competência do Juiz Eleitoral, a quem devem ser dirigidos requerimentos para fazer cessar quaisquer irregularidades praticadas durante aquela. Qualquer dano ao direito autoral, em decorrência da propaganda eleitoral, deverá ser pleiteado na Justiça Comum. (Indeferimento)

Resolução TSE nº 21.991, de 15.2.2005 – Estabelece prazos para execução dos procedimentos relativos ao cancelamento de inscrições e à regularização da situação dos eleitores que deixaram de votar nas três últimas eleições consecutivas.

Decreto nº 5.331, de 4.1.2005 – Regulamenta o parágrafo único do art. 52 da Lei nº 9.096, de 19.9.1995, e o art. 99 da Lei nº 9.504, de 30.9.1997, para os efeitos de compensação fiscal pela divulgação gratuita da propaganda partidária ou eleitoral.

Decreto Legislativo nº 780, de 7.7.2005 – Autoriza referendo acerca da comercialização de arma de fogo e munição em território nacional, a se realizar no primeiro domingo do mês de outubro de 2005.

Resolução TSE nº 22.030, de 4.8.2005 – Calendário para o Referendo de 23.10.2005.

Resolução TSE nº 22.031, de 4.8.2005 – Dispõe sobre pesquisas relativas ao Referendo de 23.10.2005.

Resolução TSE nº 22.034, de 4.8.2005 – Dispõe sobre as cédulas de uso contingente para o Referendo de 23.10.2005.

Resolução TSE nº 22.035, de 4.8.2005 – Dispõe sobre os formulários a serem utilizados no Referendo de 2005.

Resolução TSE nº 22.042, de 4.8.2005 – Altera o art. 86 da Instrução que dispõe sobre os atos preparatórios, a recepção de votos e as garantias eleitorais para o Referendo de 23.10.2005.

Resolução TSE nº 22.039, de 4.8.2005 – Dispõe sobre a fiscalização, auditoria, assinatura digital e lacração dos programas-fonte e programas-executáveis que compõem os sistemas informatizados a serem utilizados no Referendo de 23.10.2005.

Resolução TSE nº 22.032, de 4.8.2005 – Dispõe sobre as representações e reclamações relativas ao Referendo de 23.10.2005.

Resolução TSE nº 22.033, de 4.8.2005 – Dispõe sobre a propaganda no Referendo de 23.10.2005.

Resolução TSE nº 22.036, de 4.8.2005 – Dispõe sobre os atos preparatórios, a recepção de votos e as garantias eleitorais para o Referendo de 23.10.2005.

Resolução TSE nº 22.037, de 4.8.2005 – Dispõe sobre os modelos e o uso dos lacres para urnas, etiquetas de segurança e envelopes com lacres de segurança a serem utilizados no Referendo.

Resolução TSE nº 22.038, de 4.8.2005 – Dispõe sobre a apuração, totalização dos votos e divulgação dos resultados no Referendo de 23.10.2005.

Resolução TSE nº 22.040, de 4.8.2005 – Dispõe sobre a justificativa dos eleitores que se encontrarem fora do domicílio eleitoral na data do Referendo.

Resolução TSE nº 22.041, de 4.8.2005 – Dispõe sobre a arrecadação e a aplicação de recursos e sobre a prestação de contas do Referendo de 23.10.2005.

Resolução TSE nº 22.067, de 23.8.2005 – Altera a Resolução TSE nº 21.841, de 22.6.2004 – Disciplina a prestação de contas dos partidos políticos e a Tomada de Contas Especial.

Resolução TSE nº 22.078, de 8.9.2005 – Altera a Resolução TSE nº 22.033, de 4.8.2005, que dispõe sobre a propaganda no Referendo de 23.10.2005.

Resolução TSE nº 22.079, de 8.9.2005 – Altera a Resolução TSE nº 22.041, de 4.8.2005, que dispõe sobre a arrecadação e a aplicação de recursos e sobre a prestação de contas do Referendo de 23.10.2005.

Resolução TSE nº 22.081, de 13.9.2005 – Dispõe sobre a utilização do horário gratuito de propaganda para o Referendo de 23.10.2005 e aprova o plano de mídia das inserções.

Resolução TSE nº 22.085, de 20.9.2005 – Altera a Resolução TSE nº 21.574/2003, que dispõe sobre o sistema de filiação partidária.

Resolução TSE nº 22.086, de 20.9.2005 – Altera os arts. 36 e 38 da Resolução TSE nº 19.406, de 5.12.1995 – Instruções para fundação, organização, funcionamento e extinção dos partidos políticos.

Resolução TSE nº 22.124, de 6.12.2005 – Calendário eleitoral (eleições de 2006).

Resolução TSE nº 22.142, de 2.3.2006 – Dispõe sobre as reclamações e representações de que cuida o art. 96 da Lei nº 9.504/1997.

Resolução TSE nº 22.143, de 2.3.2006 – Dispõe sobre pesquisas eleitorais.

Resolução TSE nº 22.144, de 14.2.2006 – Dispõe sobre o número de membros da Câmara dos Deputados e das Câmaras e Assembleias Legislativas para as eleições de 2006.

Resolução TSE nº 22.154, de 2.3.2006 – Dispõe sobre os atos preparatórios, a recepção de votos, as garantias eleitorais, a totalização dos resultados, a justificativa eleitoral, a fiscalização, a auditoria e a assinatura digital.

Resolução TSE nº 22.155, de 2.3.2006 – Dispõe sobre o voto do eleitor residente no exterior, na eleição presidencial.

Resolução TSE nº 22.156, de 3.3.2006 – Dispõe sobre a escolha e registro de candidatos nas eleições.

Resolução TSE nº 22.157, de 2.3.2006 – Dispõe sobre os modelos dos lacres e seu uso nas urnas, etiquetas de segurança e envelopes com lacres de segurança.

Resolução TSE nº 22.158, de 2.3.2006 – Dispõe sobre a propaganda eleitoral e as condutas vedadas aos agentes públicos em campanha eleitoral nas eleições.

Resolução TSE nº 22.159, de 2.3.2006 – Dispõe sobre as cédulas oficiais a serem utlizadas nas eleições.

Resolução TSE nº 22.160, de 3.3.2006 – Dispõe sobre a arrecadação e a aplicação de recursos nas campanhas eleitorais e sobre a prestação de contas nas eleições.

Lei nº 11.300, de 10.5.2006 – Dispõe sobre propaganda, financiamento e prestação de contas das despesas com campanhas eleitorais, alterando a Lei nº 9.504, de 30.9.1997.

Resolução TSE nº 22.205, de 23.5.2006 – Regulamenta a Lei nº 11.300, de 10.5.2006, que dispõe sobre propaganda, financiamento e prestação de contas das despesas com campanhas eleitorais, alterando a Lei nº 9.504, de 30.9.1997.

Resolução TSE nº 22.208, de 30.5.2006 – Altera a Resolução TSE nº 22.154, de 2.3.2006, que dispõe sobre os atos preparatórios, a recepção de votos, as garantias eleitorais, a totalização dos resultados, a justificativa eleitoral, a fiscalização, a auditoria e a assinatura digital.

Resolução TSE nº 22.249, de 29.6.2006 – Calendário Eleitoral (Eleições de 2006).

Resolução TSE nº 22.250, de 29.6.2006 – Dispõe sobre a arrecadação e a aplicação de recursos nas campanhas eleitorais e sobre a prestação de contas.

Resolução TSE nº 22.261, de 29.6.2006 – Dispõe sobre a propaganda eleitoral e as condutas vedadas aos agentes públicos em campanha eleitoral.

Resolução TSE nº 22.318, de 3.8.2006 – Revoga o § 4º do artigo 18 da Resolução TSE nº 22.261, de 29.6.2006.

Resolução TSE nº 22.332, de 8.8.2006 – ELEIÇÕES – TRANSPARÊNCIA – BOLETINS DE URNA. Tanto quanto possível, há de se imprimir a maior transparência ao processo eleitoral, expedindo-se boletins de urna que viabilizem o acompanhamento pelos partidos políticos, coligações interessadas, imprensa e Ministério Público. Aumento na edição de boletins, alterada a Resolução TSE nº 22.154/2006.

Resolução TSE nº 22.333, de 8.8.2006 – CÉDULA DE CONTINGÊNCIA – ADMINISTRAÇÃO PÚBLICA – OTIMIZAÇÃO. O princípio da otimização dos serviços públicos direciona à adoção de cédula de contingência, para emprego em situação excepcional mobilizadora do uso da urna eletrônica, passível de ser utilizada de forma linear, observados o lugar e o fator tempo.

Resolução TSE nº 22.339, de 10.8.2006 – Dispõe sobre a utilização do horário gratuito de propaganda eleitoral reservado aos candidatos à eleição presidencial de 2006 e aprova o plano de mídia das inserções.

Resolução TSE nº 22.343, de 15.8.2006 – URNAS – LACRE. A numeração sequencial dos lacres consubstancia maior segurança. Retorno à disciplina das eleições anteriores.

Resolução TSE nº 22.376, de 17.8.2006 – Dispõe sobre a apuração de crimes eleitorais.

Resolução TSE nº 22.382, de 22.8.2006 – Dispõe sobre as cédulas de uso contingente para as eleições de 2006.

Resolução TSE nº 22.383, de 22.8.2006 – Revoga o § 7º do art. 56 da Resolução TSE nº 22.154, de 2.3.2006.

Resolução TSE nº 22.384, de 22.8.2006 – Resolução TSE nº 22.221/2006. Formulários. Alteração. Anexos I, II, IV e VI. Deferimento.

Resolução TSE nº 22.408, de 25.8.2006 – Altera a Resolução TSE nº 22.154, de 2.3.2006, para incluir os § 1º a § 4º no inciso IV do art. 20, o art. 160-A e parágrafo único, os § 2º a § 4º no art. 162, transformando o parágrafo único em § 1º, e acrescenta outras disposições.

Resolução TSE nº 22.390, de 29.8.2006 – Altera a distribuição do horário gratuito de propaganda eleitoral reservado aos candidatos à eleição presidencial de 2006.

Resolução TSE nº 22.412, de 14.9.2006 – Altera o artigo 76 e § 6º e inclui o parágrafo único no art. 78 da Resolução TSE nº 22.154, de 2.3.2006.

Resolução TSE nº 22.422, de 25.9.2006 – Comércio – Abertura e funcionamento. Eleições 2006. Possibilidade. 1. É possível o funcionamento do comércio no dia da eleição. 2. Os estabelecimentos que funcionarem no dia das eleições deverão proporcionar as condições para que seus funcionários possam exercer o direito/dever do voto.

Resolução TSE nº 22.424, de 26.9.2006 – PROCESSO ADMINISTRATIVO. CONVOCAÇÃO. MESÁRIOS. MEMBROS DE JUNTA ELEITORAL. AUXILIARES. SERVIÇOS ELEITORAIS. PARTICIPAÇÃO. TREINAMENTO. PREPARAÇÃO DE LOCAL DE VOTAÇÃO. CONCESSÃO. BENEFÍCIO. GOZO EM DOBRO. DIAS À DISPOSIÇÃO DA JUSTIÇA ELEITORAL. OBSERVÂNCIA POR INSTITUIÇÕES PÚBLICAS E PRIVADAS. Os integrantes de mesas receptoras, de juntas eleitorais e os auxiliares dos trabalhos eleitorais tem direito ao gozo em dobro pelos dias trabalhados, nos termos do art. 98 da Lei nº 9.504/1997, o mesmo se aplicando aos que tenham atendido a convocações desta Justiça especializada para a realização dos atos preparatórios do processo eleitoral, como nas hipóteses de treinamentos e de preparação ou montagem de locais de votação. Orientação a ser observada por quaisquer instituições públicas ou privadas.

Resolução TSE nº 22.426, de 27.9.2006 – Regulamenta o art. 67 da Resolução TSE nº 22.261, de 29.6.2006, que dispõe sobre a propaganda eleitoral e as condutas vedadas aos agentes públicos em campanha eleitoral.

Resolução TSE nº 22.434, de 28.9.2006 – PROCESSO DE VOTAÇÃO. IDENTIFICAÇÃO DO ELEITOR. POSSIBILIDADE DE UTILIZAÇÃO FRAUDULENTA DE TÍTULOS ELEITORAIS. MEDIDAS ASSECURATÓRIAS DA LISURA E LEGITIMIDADE DA VOTAÇÃO. AMPLA DIVULGAÇÃO. DEFERIMENTO.

Resolução TSE nº 22.427, de 28.9.2006 – Voto no exterior. Instalação de seções eleitorais fora das sedes das repartições consulares. Caráter excepcional. Deferimento. Justificada a solicitação, considerada a inadequação das instalações nas quais sediados os respectivos postos consulares, autoriza-se, em caráter excepcional, a providência, com as cautelas devidas.

Resolução TSE nº 22.437, de 9.10.2006 – Dispõe sobre a utilização do horário gratuito de propaganda eleitoral reservado aos candidatos no segundo turno da eleição presidencial de 2006 e aprova o plano de mídia das inserções.

Resolução TSE nº 22.503, de 19.12.2006 – Altera os artigos 2º, 3º, 4º e 5º da Resolução TSE nº 20.034, de 27.11.1997 – Instruções para o acesso gratuito ao rádio e à televisão pelos partidos políticos.

Resolução TSE nº 22.508, de 6.2.2007 – Estabelece prazos para execução dos procedimentos relativos ao cancelamento de inscrições e regularização da situação dos eleitores que deixaram de votar nas três últimas eleições consecutivas.

Lei nº 11.459, de 21.3.2007 – Altera a Lei nº 9.096, de 19.9.1995, para estabelecimento do critério de distribuição do Fundo Partidário.

Resolução TSE nº 22.526, de 27.3.2007 – Consulta. Eleições proporcionais. Candidato eleito. Cancelamento de filiação. Transferência de partido. Vaga. Agremiação. Resposta afirmativa.

Portaria TSE nº 168, de 18.4.2007 – Estabelece normas de organização e apresentação de processos de tomada e prestação de contas, revogando as Portarias nº 309, de 28.6.2005, e nº 150, de 5.4.2006.

Resolução TSE nº 22.610, de 25.10.2007 – Disciplina o processo de perda de cargo eletivo, bem como de justificação de desfiliação partidária.

Resolução TSE nº 22.623, de 13.11.2007 – Dispõe sobre pesquisas eleitorais (eleições de 2008).

Resolução TSE nº 22.624, de 13.12.2007 – Dispõe sobre representações, reclamações e pedidos de resposta previstos na Lei nº 9.504/1997.

Resolução TSE nº 22.676, de 13.12.2007 – Dispõe sobre as classes processuais e as siglas dos registros processuais no âmbito da Justiça Eleitoral.

Resolução TSE nº 22.712, de 28.2.2008 – Dispõe sobre os atos preparatórios, a recepção de votos, as garantias eleitorais, a totalização dos resultados e a justificativa eleitoral.

Resolução TSE nº 22.713, de 28.2.2008 – Dispõe sobre os procedimentos de identificação biométrica do eleitor e votação nas seções eleitorais dos municípios de Fátima do Sul/MS, Colorado do Oeste/RO e São João Batista/SC.

Resolução TSE nº 22.714, de 28.2.2008 – Dispõe sobre a fiscalização do sistema eletrônico de votação, a votação paralela e a cerimônia de assinatura digital.

Resolução TSE nº 22.715, de 28.2.2008 – Dispõe sobre a arrecadação e a aplicação de recursos por candidatos e comitês financeiros e prestação de contas nas eleições municipais de 2008.

Resolução TSE nº 22.716, de 28.2.2008 – Dispõe sobre os formulários a serem utilizados nas eleições municipais de 2008.

Resolução TSE nº 22.717, de 28.2.2008 – Dispõe sobre a escolha e o registro de candidatos nas eleições municipais de 2008.

Resolução TSE nº 22.718, de 28.2.2008 – Dispõe sobre a propaganda eleitoral e as condutas vedadas aos agentes públicos em campanha eleitoral (eleições de 2008).

Resolução TSE nº 22.719, de 28.2.2008 – Dispõe sobre as cédulas oficiais de uso contingente para as eleições municipais de 2008.

Resolução TSE nº 22.733, de 11.3.2008 – Altera o art. 11 da Resolução TSE nº 22.610, de 25.10.2007.

Resolução TSE nº 22.746, de 25.3.2008 – Acrescenta e altera dispositivos da Resolução TSE nº 22.121, de 9.12.2005, que dispõe regras de adequação de institutos ou fundações de pesquisa, doutrinação e educação política de partidos políticos, às normas estabelecidas no Código Civil vigente.

Resolução TSE nº 22.747, de 27.3.2008 – Aprova instruções para aplicação do art. 98 da Lei nº 9.504/1997, que dispõe sobre dispensa do serviço pelo dobro dos dias prestados à Justiça Eleitoral nos eventos relacionados à realização das eleições.

Resolução TSE nº 22.754, de 3.4.2008 – Autoriza, em caráter experimental, o pré-atendimento ao eleitor domiciliado no Distrito Federal, via Internet, para requerimento de operações de alistamento, transferência e revisão.

Instrução Normativa Conjunta SRF/TSE nº 838, de 18.4.2008 – Dispõe sobre atos, perante o Cadastro Nacional da Pessoa Jurídica (CNPJ), dos comitês financeiros de partidos políticos e de candidatos a cargos eletivos.

Resolução TSE nº 22.762, de 15.4.2008 – Altera a Resolução TSE nº 22.579/2007 – Calendário Eleitoral das Eleições de 2008.

Resolução TSE nº 22.770, de 17.4.2008 – Estabelece normas e procedimentos para a distribuição do arquivo de Registro Digital do Voto para fins de fiscalização, conferência, auditoria, estudo e estatística.

Resolução TSE nº 22.781, de 5.5.2008 – Altera a Resolução TSE nº 22.718/2008 – Dispõe sobre a propaganda eleitoral e as condutas vedadas aos agentes públicos em campanha (eleições de 2008).

Resolução TSE nº 22.791, de 5.6.2008 – Altera a Resolução TSE nº 22.712, de 28.2.2008 – Dispõe sobre os atos preparatórios, a recepção de votos, as garantias eleitorais, a totalização dos resultados e a justificativa eleitoral.

Resolução TSE nº 22.829, de 5.6.2008 – Altera a Resolução TSE nº 22.718/2008 – Dispõe sobre a propaganda eleitoral e as condutas vedadas aos agentes públicos em campanha (eleições de 2008).

Resolução TSE nº 22.830, de 5.6.2008 – Dispõe sobre os modelos dos lacres e seu uso nas urnas, etiquetas de segurança e envelopes com lacres de segurança a serem utilizados nas Eleições 2008.

Resolução TSE nº 22.848, de 17.6.2008 – Altera a Resolução TSE nº 22.712, de 28.2.2008 – Dispõe sobre os atos preparatórios, a recepção de votos, as garantias eleitorais, a totalização dos resultados e a justificativa eleitoral.

Resolução TSE nº 22.849, de 17.6.2008 – Altera a Resolução TSE nº 22.717, de 28.2.2008 – Dispõe sobre a escolha e o registro de candidatos nas eleições municipais de 2008.

Resolução TSE nº 22.850, de 17.6.2008 – Altera a Resolução TSE nº 22.714/2007 – Dispõe sobre a fiscalização do sistema eletrônico de votação, a votação paralela e a cerimônia de assinatura digital.

Resolução TSE nº 22.867, de 24.6.2008 – Dispõe sobre o encaminhamento de extratos bancários eletrônicos à Justiça Eleitoral.

Resolução TSE nº 22.868, de 24.6.2008 – Disciplina as prestações de contas parciais pela Internet.

Resolução TSE nº 22.874, de 1º.7.2008 – Altera a Resolução TSE nº 22.718/2008 – Dispõe sobre a propaganda eleitoral e as condutas vedadas aos agentes públicos em campanha (eleições de 2008).

Resolução TSE nº 22.895, de 14.8.2008 – Altera a Resolução TSE nº 22.579/2007, Calendário Eleitoral das Eleições de 2008.

Resolução TSE nº 22.896, de 14.8.2008 – Altera a Resolução TSE nº 22.718/2008 – Dispõe sobre a propaganda eleitoral e as condutas vedadas aos agentes públicos em campanha (eleições de 2008).

Resolução TSE nº 22.897, de 22.8.2008 – Dispõe sobre o encaminhamento de extratos bancários eletrônicos à Justiça Eleitoral.

Resolução TSE nº 22.930, de 10.9.2008 – Altera a Resolução TSE nº 22.718/2007 – Dispõe sobre a propaganda eleitoral e as condutas vedadas aos agentes públicos em campanha (eleições de 2008).

Resolução TSE nº 22.945, de 29.9.2008 – Altera a Resolução TSE nº 22.718/2008, que dispõe sobre a propaganda eleitoral e as condutas vedadas aos agentes públicos em campanha (eleições de 2008).

Resolução TSE nº 22.947, de 1º.10.2008 – Altera a Resolução TSE nº 22.712, de 28 de fevereiro de 2008, que dispõe sobre os atos preparatórios, a recepção de votos, as garantias eleitorais, a totalização dos resultados e a justificativa eleitoral.

Resolução TSE nº 22.949, de 2.10.2008 – Altera a Resolução TSE nº 22.714/2008, que dispõe sobre a fiscalização do sistema eletrônico de votação, a votação paralela e a cerimônia de assinatura digital.

Resolução TSE nº 22.961, de 17.10.2008 – Altera a Resolução TSE nº 22.718/2008, que dispõe sobre a propaganda eleitoral e as condutas vedadas aos agentes públicos em campanha (eleições de 2008).

Resolução TSE nº 22.967, de 30.10.2008 – Acresce o parágrafo 3º ao artigo 21 da Resolução TSE nº 22.715, de

28.2.2008, sobre a arrecadação e aplicação de recursos por candidatos e comitês financeiros e prestação de contas nas eleições municipais de 2008.

Resolução TSE nº 22.971, de 11.11.2008 – Altera a Resolução TSE nº 22.579/2007, Calendário Eleitoral das Eleições de 2008.

Resolução TSE nº 22.995, de 19.12.2008 – Dispõe sobre os modelos das telas de votação da urna eletrônica nas Eleições de 2010.

Resolução TSE nº 23.033, de 2.4.2009 – Altera a Resolução TSE nº 22.714, de 28.2.2008, que dispõe sobre a fiscalização do sistema eletrônico de votação, a votação paralela e a cerimônia de assinatura digital.

Resolução TSE nº 23.061, de 26.5.2009 – Disciplina os procedimentos para a atualização do cadastro eleitoral, decorrente da implantação, em municípios previamente selecionados pelos tribunais regionais eleitorais, de nova sistemática de identificação do eleitor, mediante incorporação de dados biométricos e fotografia, e dá outras providências.

Resolução TSE nº 23.062, de 26.5.2009 – Revisão eleitoral. Realização de ofício. Estudos comparativos. Lei nº 9.504/1997, art. 92. Identificação biométrica. Indicação prévia pelos Tribunais Regionais Eleitorais. Exigência de comprovação documental de domicílio. Fechamento do cadastro. Eleições de 2010. Fixação de prazo limite para execução das revisões e homologação pelos Tribunais Regionais Eleitorais.

Resolução TSE nº 23.088, de 30.6.2009 – Autoriza a expansão do projeto de modernização dos serviços eleitorais voltados ao pré-atendimento do cidadão, via Internet, para requerimento de operações de alistamento, transferência e revisão.

Resolução TSE nº 23.089, de 7.8.2009 – Calendário Eleitoral (Eleições de 2010).

Resolução TSE nº 23.093, de 4.8.2009 – Dispõe sobre o Sistema de Gerenciamento de Informações Partidárias (SGIP).

Resolução TSE nº 23.117, de 20.8.2009 – Dispõe sobre a filiação partidária, aprova nova sistemática destinada ao encaminhamento de dados pelos partidos à Justiça Eleitoral e dá outras providências.

Resolução TSE nº 23.119, de 20.8.2009 – Altera a Resolução TSE nº 22.676/2007, que dispõe sobre as classes processuais e as siglas dos registros processuais no âmbito da Justiça Eleitoral.

Resolução TSE nº 23.191, de 16.12.2009 – Dispõe sobre a propaganda eleitoral e as condutas vedadas em campanha eleitoral (Eleições de 2010).

Resolução TSE nº 23.193, de 18.12.2009 – Dispõe sobre representações, reclamações e pedidos de resposta previstos na Lei nº 9.504/1997.

Resolução TSE nº 23.202, de 4.2.2010 – Dispõe sobre as cédulas oficiais de uso contingente para as eleições de 2010.

Resolução TSE nº 23.203, de 4.2.2010 – Dispõe sobre os formulários a serem utilizados nas eleições de 2010.

Resolução TSE nº 23.205, de 9.2.2010 – Dispõe sobre a cerimônia de assinatura digital e fiscalização do sistema eletrônico de votação, do registro digital do voto, da votação paralela e dos procedimentos de segurança dos dados dos sistemas eleitorais.

Resolução TSE nº 23.207, de 11.2.2010 – Dispõe sobre o voto do eleitor residente no exterior, na eleição presidencial de 2010.

Resolução TSE nº 23.208, de 11.2.2010 – Dispõe sobre os procedimentos especiais de votação nas seções eleitorais dos Municípios que utilizarão a biometria como forma de identificação do eleitor.

Resolução TSE nº 23.215, de 2.3.2010 – Dispõe sobre o voto em trânsito na eleição presidencial de 2010.

Resolução TSE nº 23.220, de 2.3.2010 – Dispõe sobre o número de membros da Câmara dos Deputados e das Assembleias e Câmara Legislativa para as eleições de 2010.

Resolução TSE nº 23.216, de 2.3.2010 – Dispõe sobre a arrecadação de recursos financeiros de campanha eleitoral por cartões de crédito.

Resolução TSE nº 23.217, de 2.3.2010 – Dispõe sobre a arrecadação e os gastos de recursos por partidos políticos, candidatos e comitês financeiros e, ainda, sobre a prestação de contas nas eleições de 2010.

Resolução TSE nº 23.218, de 2.3.2010 – Dispõe sobre os atos preparatórios das eleições de 2010, a recepção de votos, as garantias eleitorais, a justificativa eleitoral, a totalização e a proclamação dos resultados, e a diplomação.

Resolução TSE nº 23.219, de 2.3.2010 – Dispõe sobre a instalação de seções eleitorais especiais em estabelecimentos penais e em unidades de internação de adolescentes e dá outras providências.

Resolução TSE nº 23.221, de 2.3.2010 – Dispõe sobre a escolha e o registro de candidatos nas eleições de 2010.

Resolução TSE nº 23.222, de 4.3.2010 – Dispõe sobre a apuração de crimes eleitorais.

Resolução TSE nº 23.223, de 4.3.2010 – Altera a Resolução TSE nº 23.089, de 1º de julho de 2009, Calendário Eleitoral das Eleições de 2010.

Resolução TSE nº 23.224, de 4.3.2010 – Altera a Resolução TSE nº 23.221, de 2 de março de 2010. Dispõe sobre a escolha e o registro de candidatos nas eleições de 2010.

Instrução Normativa Conjunta SRF/TSE nº 1.019, de 10.3.2010 – Dispõe sobre atos, perante o Cadastro Nacional da Pessoa Jurídica (CNPJ), dos comitês financeiros de partidos políticos e de candidatos a cargos eletivos, inclusive vices e suplentes.

Resolução TSE nº 23.229, de 25.3.2010 – Dispõe sobre a fixação de prazo limite para o envio do movimento RAE/ASE para processamento no Tribunal Superior Eleitoral, em razão da realização das eleições gerais de 2010, estabelece orientações e medidas assecuratórias do exercício do voto, nas situações que especifica, e dá outras providências.

Resolução TSE nº 23.246, de 8.4.2010 – Altera a Resolução TSE nº 23.191/2009, dispõe sobre a propaganda eleitoral e as condutas vedadas em campanha eleitoral (Eleições de 2010).

Resolução TSE nº 23.247, de 15.4.2010 – Calendário Eleitoral (Eleições de 2010)

Resolução TSE nº 23.248, de 15.4.2010 – Altera a Resolução TSE nº 23.216/2010, que dispõe sobre a arrecadação de recursos financeiros de campanha eleitoral por cartões de crédito.

Resolução TSE nº 23.267, de 18.5.2010 – Altera a Resolução TSE nº 23.193/2009, que dispõe sobre representações, reclamações e pedidos de direito de resposta previstos na Lei nº 9.504/1997.

Decreto nº 7.185, de 27.5.2010 – Dispõe sobre o padrão mínimo de qualidade do sistema integrado de administração financeira e controle, no âmbito de cada ente da Federação, nos termos do art. 48, parágrafo único, inciso III, da Lei Complementar nº 101, de 4.5.2000, e dá outras providências.

Lei Complementar nº 135, de 4.6.2010 – Altera a Lei Complementar nº 64, de 18.5.1990, que estabelece, de acordo com o § 9º do art. 14 da Constituição Federal, casos de inelegibilidade, prazos de cessação e determina outras providências, para incluir hipóteses de inelegibilidade que visam a proteger a probidade administrativa e a moralidade no exercício do mandato.

Resolução TSE nº 23.282, de 22.6.2010 – Disciplina a criação, organização, fusão, incorporação e extinção de partidos políticos.

Resolução TSE nº 23.280, de 22.6.2010 – Estabelece instruções para a marcação de eleições suplementares.

Resolução TSE nº 23.282, de 22.6.2010 – Disciplina a criação, organização, fusão, incorporação e extinção de partidos políticos.

Resolução TSE nº 23.285, de 29.6.2010 – Altera a Resolução TSE nº 23.216/2010, que dispõe sobre a arrecadação de recursos financeiros de campanha eleitoral por cartões de crédito.

Resolução TSE nº 23.291, de 1.7.2010 – Doação de bens – Ano eleitoral. A teor do disposto no art. 73, § 10, da Lei nº 9.504/1997, é proibida a doação de bens no ano em que se realizarem as eleições.

Resolução TSE nº 23.328, de 2.8.2010 – Dispõe sobre os procedimentos de intimação dos partidos políticos e respectivos representantes no âmbito da Justiça Eleitoral.

Resolução TSE nº 23.305, de 3.8.2010 – Processo administrativo. Legislação eleitoral. Dia-multa. Valor. Natureza criminal. Fixação. Não conhecimento. Não cabe ao Tribunal Superior Eleitoral orientar os tribunais regionais eleitorais sobre como proceder na fixação de penas pecuniárias, por se cuidar de atividade interpretativa da lei.

Resolução TSE nº 23.309, de 5.8.2010 – Altera a Resolução TSE nº 23.216/2010, que dispõe sobre a arrecadação de recursos financeiros de campanha eleitoral por cartões de crédito.

Resolução TSE nº 23.320, de 10.8.2010 – Dispõe sobre a utilização do horário gratuito de propaganda eleitoral reservado aos candidatos à eleição presidencial de 2010 e aprova o plano de mídias das inserções.

Resolução TSE nº 23.322, de 19.8.2010 – Altera a Resolução TSE nº 23.215/2010, que dispõe sobre o voto em trânsito na Eleição Presidencial de 2010.

Resolução TSE nº 23.324, de 19.8.2010 – Dispõe sobre a administração financeira da Justiça Eleitoral.

Resolução TSE nº 23.325, de 19.8.2010 – Dispõe sobre comunicação eletrônica no âmbito das secretarias judiciárias dos tribunais eleitorais e entre estas e os juízos eleitorais de primeiro grau de jurisdição e dá outras providências

Resolução TSE nº 23.326, de 19.8.2010 – Dispõe sobre as diretrizes para a tramitação de documentos e processos sigilosos no âmbito da Justiça Eleitoral.

Resolução TSE nº 23.329, de 28.9.2010 – Altera a Resolução TSE nº 23.191/2009, que dispõe sobre a propaganda eleitoral e as condutas vedadas em campanha eleitoral (Eleições de 2010).

Resolução TSE nº 23.331, de 5.10.2010 – Dispõe sobre a utilização do horário gratuito de propaganda eleitoral reservado aos candidatos no segundo turno da eleição presidencial de 2010 e aprova o plano de mídia das inserções.

Resolução TSE nº 23.332, de 28.9.2010 – Dispõe sobre a realização de eleições suplementares em anos eleitorais.

Lei nº 12.350, de 20.12.2010 – Dispõe sobre medidas tributárias referentes à realização, no Brasil, da Copa das Confederações FIFA 2013 e da Copa do Mundo FIFA 2014; promove desoneração tributária de subvenções governamentais destinadas ao fomento das atividades de pesquisa tecnológica e desenvolvimento de inovação tecnológica nas empresas; altera as Leis nºs 11.774, de 17.9.2008, 10.182, de 12.2.2001, 9.430, de 27.12.1996, 7.713, de 22.12.1988, 9.959, de 27.1.2000, 10.887, de 18.6.2004, 12.058, de 13.10.2009, 10.865, de 30.4.2004, 10.931, de 2.8.2004, 12.024, de 27.8.2009, 9.504, de 30.9.1997, 10.996, de 15.12.2004, 11.977, de 7.7.2009, e 12.249, de 11.6.2010, os Decretos-Leis nºs 37, de 18.11.1966, e 1.455, de 7.4.1976; revoga dispositivos das Leis nºs 11.196, de 21.11.2005, 8.630, de 25.2.1993, 9.718, de 27.11.1998, e 10.833, de 29.12.2003; e dá outras providências.

Resolução TSE nº 23.335, de 22.2.2011 – Disciplina os procedimentos para a realização de revisões de eleitorado de ofício, com vistas à atualização do cadastro eleitoral, decorrente da implantação, em municípios previamente selecionados pelos tribunais regionais eleitorais, de nova sistemática de identificação do eleitor, mediante incorporação de dados biométricos, e dá outras providências.

Resolução TSE nº 23.341, de 28.6.2011 – Calendário Eleitoral – Eleições de 2012.

Resolução TSE nº 23.345, de 30.6.2011 – Altera a Resolução TSE nº 23.335, de 22.2.2011, que disciplina os procedimentos para a realização de revisões de eleitorado de ofício, com vistas à atualização do cadastro eleitoral, decorrente da implantação, em municípios previamente selecionados pelos tribunais regionais eleitorais, de nova sistemática de identificação do eleitor, mediante incorporação de dados biométricos, e dá outras providências.

Resolução TSE nº 23.358, de 13.10.2011 – Dispõe sobre as cédulas oficiais de uso contingente para as eleições de 2012.

Resolução TSE nº 23.359, de 13.10.2011 – Dispõe sobre os formulários a serem utilizados nas eleições de 2012.

Resolução TSE nº 23.362, de 20.10.2011 – Dispõe sobre os modelos de lacres para as urnas, etiquetas de segurança e envelopes com lacres de segurança e seu uso nas eleições de 2012.

Resolução TSE nº 23.363, de 17.11.2011 – Dispõe sobre a apuração de crimes eleitorais.

Resolução TSE nº 23.364, de 17.11.2011 – Dispõe sobre pesquisas eleitorais para as eleições de 2012.

Resolução TSE nº 23.365, de 17.11.2011 – Dispõe sobre a cerimônia de assinatura digital e fiscalização do sistema eletrônico de votação, do registro digital do voto, da votação paralela e dos procedimentos de segurança dos dados dos sistemas eleitorais.

Resolução TSE nº 23.366, de 14.12.2011 – Altera a Resolução TSE nº 23.335, de 22.2.2011 – que disciplina os procedimentos para a realização de revisões de eleitorado de ofício, com vistas à atualização do cadastro eleitoral, decorrente da implantação, em municípios previamente selecionados pelos tribunais regionais eleitorais, de nova sistemática de identificação do eleitor, mediante incorporação de dados biométricos, e dá outras providências.

Resolução TSE nº 23.367, 13.12.2011 – Dispõe sobre representações, reclamações e pedidos de resposta previstos na Lei nº 9.504/1997.

Resolução TSE nº 23.370, de 13.12.2011 – Dispõe sobre a propaganda eleitoral e as condutas ilícitas em campanha eleitoral nas eleições de 2012.

Resolução TSE nº 23.372, de 14.12.2011 – Dispõe sobre os atos preparatórios, a recepção de votos, as garantias eleitorais, a justificativa eleitoral, a totalização, a divulgação, a proclamação dos resultados e a diplomação para as eleições de 2012.

Resolução TSE nº 23.373, de 14.12.2011 – Dispõe sobre a escolha e o registro de candidatos nas eleições de 2012.

Resolução TSE nº 23.375, de 19.12.2011 – Dispõe sobre a fixação de prazo limite para o envio do movimento RAE/ASE para processamento no Tribunal Superior Eleitoral, em razão da realização das eleições municipais de 2012, estabelece orientações e medidas assecuratórias do exercício do voto, nas situações que especifica, e dá outras providências.

Resolução TSE nº 23.376, de 1º.3.2012 – Dispõe sobre a arrecadação e os gastos de recursos por partidos políticos, candidatos e comitês financeiros e, ainda, sobre a prestação de contas nas eleições de 2012.

Resolução TSE nº 23.377, de 1º.3.2012 – Altera a Resolução TSE nº 23.370/2011, que dispõe sobre a propaganda eleitoral e as condutas ilícitas em campanha eleitoral nas eleições de 2012.

Resolução TSE nº 23.378, de 19.6.2012 – Dispõe sobre a utilização e geração do horário gratuito de propaganda eleitoral reservado aos partidos políticos e coligações nas eleições de 2012.

Resolução TSE nº 23.383, de 9.8.2012 – Dispõe sobre a representação partidária a ser considerada para a distribuição do tempo de propaganda eleitoral gratuita no rádio e na televisão previsto no art. 47, § 2º, II, da Lei nº 9.504/1997.

Resolução TSE nº 23.384, de 9.8.2012 – Dispõe sobre o Sistema de Informações de Contas Eleitorais e Partidárias (Sico), no âmbito da Justiça Eleitoral.

Resolução TSE nº 23.385, de 16.8.2012 – Estabelece diretrizes gerais para a realização de consultas populares concomitante com eleições ordinárias.

Decreto nº 7.791, de 17.8.2012 – Regulamenta a compensação fiscal na apuração o Imposto sobre a Renda da Pessoa Jurídica – IRPJ pela divulgação gratuita da propaganda partidária e eleitoral, de plebiscitos e referendos.

Resolução TSE nº 23.389, de 9.4.2013 – Dispõe sobre o número de membros da Câmara dos Deputados e das Assembleias e Câmara Legislativa para as eleições de 2014.

Resolução TSE nº 23.390, de 21.5.2013 – Calendário Eleitoral (Eleições de 2014).

Resolução TSE nº 23.391, de 16.5.2013 – Estabelece as normas gerais para a realização de concurso público para provimento de cargos efetivos dos Quadros de Pessoal da Justiça Eleitoral.

Resolução TSE nº 23.393, de 10.9.2013 – Institui o Processo Judicial Eletrônico (PJE) da Justiça Eleitoral como o sistema informatizado de constituição e tramitação de processos judiciais na esfera da Justiça Eleitoral, por meio do qual serão realizados o processamento das informações judiciais e o gerenciamento dos atos processuais, e define os parâmetros de sua implementação e funcionamento.

Lei nº 12.875, de 30.10.2013 – Altera as Leis nºs 9.096, de 19 de setembro de 1995, e 9.504, de 30 de setembro de 1997, nos termos que especifica.

Decreto Legislativo nº 424, de 4.12.2013 – Susta os efeitos da Resolução nº 23.389, de 9 de abril de 2013, expedida pelo Tribunal Superior Eleitoral, que dispõe sobre o número de membros da Câmara dos Deputados e das Assembleias e Câmaras Legislativas para as eleições de 2014.

Lei nº 12.891, de 11.12.2013 – Altera as Leis nºs 4.737, de 15 de julho de 1965, 9.096, de 19 de setembro de 1995, e 9.504, de 30 de setembro de 1997, para diminuir o custo das campanhas eleitorais, e revoga dispositivos das Leis nºs 4.737, de 15 de julho de 1965, e 9.504, de 30 de setembro de 1997.

Resolução TSE nº 23.395, de 17.12.2013 – Dispõe sobre os modelos de lacres para as urnas, etiquetas de segurança e envelopes com lacres de segurança e seu uso nas eleições de 2014.

Resolução TSE nº 23.396, de 17.12.2013 – Dispõe sobre a apuração de crimes eleitorais.

Resolução TSE nº 23.397, de 17.12.2013 – Dispõe sobre a cerimônia de assinatura digital e fiscalização do sistema eletrônico de votação, do registro digital do voto, da votação paralela e dos procedimentos de segurança dos dados dos sistemas eleitorais.

Resolução TSE nº 23.398, de 17.12.2013 – Dispõe sobre representações, reclamações e pedidos de direito de resposta previstos na Lei nº 9.504/1997.

Resolução TSE nº 23.399, de 17.12.2013 – Dispõe sobre os atos preparatórios para as Eleições de 2014.

Resolução TSE nº 23.400, de 17.12.2013 – Dispõe sobre pesquisas eleitorais para as Eleições de 2014.

ÍNDICE ALFABÉTICO-REMISSIVO

DO CÓDIGO ELEITORAL

GRÁFICA PAYM
Tel. (11) 4392-3344
paym@terra.com.br